SEIRIN PRACTICE

プラクティス
民事保全法

梶村太市
西村博一　[編]
井手良彦

青林書院

はしがき

　本書『プラクティス　民事保全法』は「青林プラクティス・シリーズ」の一環として企画されたものです。「青林プラクティス・シリーズ」は，訴訟代理人や本人が裁判手続を実践していく上で不可欠な基礎知識やノウハウを，裁判事件数の多い法律や事件類型ごとに解説する新シリーズです。

　本書はその第1号である『プラクティス　民事保全法』です。ここでいう民事保全法には，最近制定された家事事件手続法で規定する家事事件の審判前の保全処分等を含みます。本書はいわば総論部分である第1編の基礎知識部分と，各論部分である第2編・第3編のQ＆A部分とに分かれますが，いうまでもなくメインは第2編・第3編のQ＆Aの部分です。

　第1編の「民事保全法の基礎知識」では，総則，保全命令に関する手続，保全執行に関する手続と仮処分の効力など，民事保全法全般を概説し，併せて審判前の保全処分の手続について解説します。

　第2編の「保全命令・保全執行・仮処分の効力に関するQ＆A」では，仮差押命令に関するQ＆Aとして17問，仮処分命令に関するQ＆Aとして16問，保全異議に関するQ＆Aとして3問，保全取消しに関するQ＆Aとして6問，保全抗告に関するQAとして1問，仮差押えの執行に関するQ＆Aとして10問，仮処分の執行に関するQ＆Aとして6問，仮処分の効力に関するQ＆Aとして3問，書記官実務に関するQ＆Aとして2問，最後に，第3編「審判前の保全処分に関するQ＆A」として16問をもうけ，総合計80問のそれぞれについて実務的観点から詳細な解説を加えています。

　本書が，関連別書である，梶村太市＝石田賢一＝石井久美子編『家事事件手続書式体系Ⅰ』『同Ⅱ』とともに広く活用され，この分野の実務の向上にいささかでも貢献することができれば望外の幸せです。ご多忙の中をご執筆頂いた各執筆者の方々及び編集の労を惜しまなかった青林書院編集部の宮根茂樹氏に深謝します。

　　平成26年8月

編集者

梶　村　太　市
西　村　博　一
井　手　良　彦

凡　例

Ⅰ　叙述方法
(1) 叙述にあたっては，常用漢字，現代仮名遣いによることを原則としたが，引用文などは原文どおりとした。
(2) 見出し記号は，原文引用の場合を除き，原則として，〔1〕〔2〕〔3〕…，(1)(2)(3)…，(a)(b)(c)…，(イ)(ロ)(ハ)…，(ⅰ)(ⅱ)(ⅲ)…の順とした。なお，本文中の列記事項については，①②③…などを用いた。

Ⅱ　法令の引用表記
(1) 各法令の条文番号は，横組みとしたため，原則として算用数字を用いた。
(2) カッコ内における主要な法令名は，原則として，後掲の「法令名略語例」により，それ以外のものはフルネームで表した。
(3) カッコ内において複数の法令条項を引用する際，同一法令の条文番号は「・」で，異なる法令の条文番号は「，」で併記した。それぞれ条・項・号を付し，原則として「第」の文字は省いた。

Ⅲ　判例・裁判例の引用表記
(1) 主要な判例集や雑誌等の名称を含む判例・裁判例の表記には，原則として，後掲の「判例集・雑誌等略語例」による略語を用いた。
(2) 判例・裁判例は，上記略語を用いて，原則として，次のように表記した。
　　〔例〕大審院昭和13年4月20日判決，大審院民事判例集17巻8号726頁
　　　　　→　大判昭13・4・20民集17巻8号726頁
　　　　最高裁判所第一小法廷平成25年1月17日決定，判例タイムズ1386号182頁
　　　　　→　最〔1小〕決平25・1・17判タ1386号182頁
　　　　東京高等裁判所昭和30年9月29日判決，高等裁判所民事判例集8巻7号519頁
　　　　　→　東京高判昭30・9・29高民集8巻7号519頁

Ⅳ　各種略語例
　以下のとおりである。

【法令名略語例】

会	会社法		関する規則
会　更	会社更生法	手	手形法
家　手	家事事件手続法	登免税	登録免許税法
家手規	家事事件手続規則	都　計	都市計画法
旧家審	(旧)家事審判法	独　禁	私的独占の禁止及び
行　訴	行政事件訴訟法		公正取引の確保に関
漁　業	漁業法		する法律
建　基	建築基準法	任意後見	任意後見契約に関す
鉱　業	鉱業法		る法律
後見登記	後見登記等に関する	破	破産法
	法律	不　登	不動産登記法
工　抵	工場抵当法	不登令	不動産登記令
国　徴	国税徴収法	不登規	不動産登記規則
裁	裁判所法	民	民法
サービサー法	債権管理回収業に関	民　再	民事再生法
	する特別措置法	民　執	民事執行法
児　福	児童福祉法	民執規	民事執行規則
借地借家	借地借家法	民　訴	民事訴訟法
人　訴	人事訴訟法	民訴規	民事訴訟規則
人　保	人身保護法	民訴費	民事訴訟費用等に関
滞　調	滞納処分と強制執行		する法律
	等との手続の調整に	民　調	民事調停法
	関する法律	民　保	民事保全法
滞調令	滞納処分と強制執行	民保規	民事保全規則
	等との手続の調整に	立　木	立木ニ関スル法律
	関する政令	労　組	労働組合法
滞調規	滞納処分と強制執行		
	等との手続の調整に		

【判例集・雑誌等略語例】

大	大審院	民　録	大審院民事判決録
〔連〕	連合部	民　集	最高裁判所(または
最	最高裁判所		大審院)民事判例集
〔1小〕	第1小法廷	裁判集民事	最高裁判所裁判集民
高	高等裁判所		事
地	地方裁判所	高民集	高等裁判所民事判例
支	支部		集
判	判決	東高民時報	東京高等裁判所民事
決	決定		判決時報

下民集	下級裁判所民事裁判例集	金　法	金融法務事情
		最判解説	最高裁判所判例解説
判決全集	大審院判決全集	ジュリ	ジュリスト
労民集	労働関係民事裁判例集	新　聞	法律新聞
		判　時	判例時報
家裁資料	家庭裁判資料	判　タ	判例タイムズ
家　月	家庭裁判所月報	判　評	判例評論
金　判	金融・商事判例	民　商	民商法雑誌

編集者・執筆者一覧

編　集　者

梶村　太市（常葉大学法学部教授・弁護士）
西村　博一（宇治簡易裁判所判事）
井手　良彦（東京簡易裁判所判事）

執　筆　者（執筆順）

梶村　太市（上　掲）
井手　良彦（上　掲）
西村　博一（上　掲）
増田　輝夫（明石簡易裁判所判事）
辰已　　晃（大阪簡易裁判所判事）
笹本　　昇（東京簡易裁判所判事）
桐　　忠裕（札幌簡易裁判所判事）
餅井　亨一（札幌地方裁判所刑事訟廷庶務係長兼記録係長）
西村　　彬（弁護士・弁理士）
堀田　　隆（立川簡易裁判所判事）
上坂　俊二（大阪高等裁判所主任書記官）
丸尾　敏也（東京簡易裁判所判事）
中内　　篤（大阪簡易裁判所判事）
立脇　一美（大阪簡易裁判所判事）
貴島慶四郎（元横浜家庭裁判所家事調停委員）
平本美枝子（元横浜家庭裁判所家事調停委員）
石井久美子（横浜家庭裁判所小田原支部家事調停委員）

目　次

はしがき
凡　例
編集者・執筆者一覧

第1編　民事保全法の基礎知識

第1章　総　　則 ……………………………………[梶村　太市]…… 3
〔1〕　民事保全の範囲 …………………………………………………… 3
　　(1) 狭義の民事保全 (3)　　(2) 広義の民事保全 (3)
〔2〕　民事保全の機関及び保全執行裁判所 …………………………… 4
〔3〕　審理手続——決定主義の徹底 …………………………………… 4
〔4〕　担保の提供 ………………………………………………………… 4
〔5〕　事件記録の閲覧等 ………………………………………………… 5
〔6〕　専属管轄 …………………………………………………………… 5
〔7〕　民事訴訟法規の準用（民保7条）……………………………… 5
〔8〕　釈明処分の特例（民保9条）…………………………………… 5

第2章　保全命令に関する手続 ………………………………………… 7
第1節　通則の概要 ……………………………………[梶村　太市]…… 7
〔1〕　管　　轄 …………………………………………………………… 7
　　(1) 保全命令事件の国際的裁判管轄権（民保11条）(7)　　(2) 保全命令事件の国内的裁判管轄権（民保12条）(7)
〔2〕　申立て及び疎明（民保13条）…………………………………… 8
　　(1) 申立ての趣旨等（1項）(8)　　(2) 被保全権利と保全の必要性の疎明（2項）(8)　　(3) 口頭弁論期日又は審尋期日の呼出し（民保規3条）(9)　　(4) 期日調書の作成・省略（民保規7条・8条）(9)　　(5) 主張書面の提出の方法等（民保規14条）(9)　　(6) 主張書面等の直送（民保規15条）(9)
〔3〕　保全命令の担保 …………………………………………………… 10
　　(1) 立担保等の裁判等 (10)　　(2) 供託場所 (10)
〔4〕　裁判長の権限（民保15条）……………………………………… 10
〔5〕　決定の理由（民保16条）と決定書の作成（民保規9条）…… 10
〔6〕　送　　達（民保17条）…………………………………………… 11
〔7〕　保全命令の申立ての取下げ（民保18条）……………………… 11
〔8〕　却下の裁判に対する即時抗告（民保19条）…………………… 11
第2節　仮差押命令の概要 ……………………………[井手　良彦]…… 13
〔1〕　仮差押命令の必要性——被保全権利と保全の必要性 ………… 13
　　(1) 仮差押えの被保全権利 (13)　　(2) 保全の必要性 (14)
〔2〕　仮差押命令の対象 ………………………………………………… 15
　　(1) 仮差押命令 (15)　　(2) 仮差押命令の対象 (16)
〔3〕　仮差押解放金 ……………………………………………………… 17

　　　　(1)　仮差押解放金の意義，制度趣旨（17）　　(2)　仮差押解放金の供託による効果等（18）
　第3節　仮処分命令の概要……………………………………[井手　良彦]……　20
　〔1〕　仮処分命令の必要性——被保全権利と仮処分の必要性……………　20
　　　　(1)　係争物に関する仮処分（20）　　(2)　仮の地位を定める仮処分（仮地位仮処分）（30）
　〔2〕　仮処分の方法………………………………………………………………　34
　　　　(1)　仮処分の方法（34）　　(2)　仮処分の典型例（34）
　〔3〕　仮処分解放金……………………………………………………………　34
　　　　(1)　仮処分解放金の法的性質（35）　　(2)　仮処分解放金の算定（36）
　　　　(3)　仮処分解放金の供託の効果（37）
　〔4〕　債務者を特定しないで発する占有移転禁止の仮処分命令…………　39
　　　　(1)　債務者を特定しないで発する占有移転禁止の仮処分の制度趣旨（39）　　(2)　「執行前に債務者を特定することを困難とする特別の事情」という要件について（39）　　(3)　発令，送達，執行（40）
　第4節　保全異議の概要………………………………………[西村　博一]……　41
　〔1〕　保全異議の申立て…………………………………………………………　41
　　　　(1)　意　義（41）　　(2)　管轄裁判所（41）　　(3)　申立ての方式（42）
　〔2〕　保全執行の停止の裁判等…………………………………………………　42
　〔3〕　事件の移送…………………………………………………………………　43
　〔4〕　保全異議の審理及び終結…………………………………………………　43
　　　　(1)　債権者の主張疎明（43）　　(2)　債務者の主張疎明（43）　　(3)　審理方法（44）　　(4)　審理の終結（44）
　〔5〕　保全異議の申立てについての決定………………………………………　45
　〔6〕　原状回復の裁判……………………………………………………………　45
　〔7〕　保全命令を取り消す決定の効力…………………………………………　46
　〔8〕　保全異議の申立ての取下げ………………………………………………　46
　第5節　保全取消しの概要……………………………………[西村　博一]……　47
　〔1〕　保全取消しの制度…………………………………………………………　47
　〔2〕　本案の訴えの不提起等による保全取消し………………………………　47
　　　　(1)　意　義（47）　　(2)　起訴命令の申立て（47）　　(3)　審理・裁判（48）　　(4)　提起すべき本案の訴え（48）　　(5)　保全命令の取消しの申立て（49）　　(6)　審理・裁判（49）
　〔3〕　事情の変更による保全取消し……………………………………………　49
　　　　(1)　意　義（49）　　(2)　事情変更にあたる事由（49）　　(3)　保全取消しの申立て（50）　　(4)　審理・裁判（50）
　〔4〕　特別の事情による保全取消し……………………………………………　51
　　　　(1)　意　義（51）　　(2)　特別の事情にあたる事由（51）　　(3)　保全取消しの申立て（52）　　(4)　審理・裁判（53）
　第6節　保全抗告の概要………………………………………[西村　博一]……　54
　〔1〕　保全抗告……………………………………………………………………　54
　　　　(1)　保全抗告をすることのできる裁判（54）　　(2)　再度の考案の禁止（56）　　(3)　再抗告の禁止（56）
　〔2〕　保全命令を取り消す決定の効力の停止の裁判…………………………　57

第3章　保全執行に関する手続・仮処分の効力……………… 58
第1節　総　　則……………………………………[増田　輝夫]…… 58
〔1〕　保全執行の要件……………………………………………… 58
(1)　保全命令と保全執行（58）　(2)　執行期間（60）　(3)　保全命令の債務者への送達（63）

〔2〕　追加担保を提供しないことによる保全執行の取消し……… 64
(1)　追加担保の提供を条件とする裁判（64）　(2)　保全執行の取消し（64）　(3)　事情変更による保全命令の取消しとの関係（65）

〔3〕　第三者異議の訴えの管轄裁判所の特例……………………… 65
(1)　保全執行に対する第三者異議の訴えの管轄裁判所（65）　(2)　保全執行裁判所が高等裁判所である場合の第三者異議の訴えの管轄裁判所の特例（66）

第2節　仮差押執行の概要…………………………[増田　輝夫]…… 67
〔1〕　不動産に対する仮差押えの執行……………………………… 67
(1)　不動産に対する仮差押えの執行手続（67）　(2)　仮差押えの登記をする方法による不動産に対する仮差押えの執行（67）　(3)　強制管理の方法による不動産に対する仮差押えの執行（69）

〔2〕　船舶に対する仮差押えの執行………………………………… 71
(1)　船舶に対する仮差押えの執行手続（71）　(2)　仮差押えの登記をする方法による船舶に対する仮差押えの執行（72）　(3)　執行官に対し船舶国籍証書等を取り上げて保全裁判所に提出すべきことを命じる方法による船舶に対する仮差押えの執行（72）

〔3〕　動産に対する仮差押えの執行………………………………… 73
(1)　仮差押えの執行の対象物（73）　(2)　仮差押えの執行の申立て（74）　(3)　執行手続（74）　(4)　仮差押目的動産の保管等（75）　(5)　仮差押目的動産の換価（75）　(6)　金銭及び手形等に対する仮差押えの執行（76）　(7)　仮差押えの執行の効力（76）

〔4〕　債権及びその他の財産権に対する仮差押えの執行………… 77
(1)　債権に対する仮差押えの執行（77）　(2)　その他の財産権に対する仮差押えの執行（82）

〔5〕　航空機，自動車及び建設機械又は小型船舶に対する仮差押えの執行…… 82
(1)　航空機に対する仮差押えの執行（82）　(2)　自動車に対する仮差押えの執行（83）　(3)　建設機械又は小型船舶に対する仮差押えの執行（86）

〔6〕　仮差押解放金の供託による仮差押えの執行の取消し……… 86
(1)　仮差押解放金（86）　(2)　仮差押解放金の供託による仮差押えの執行の取消し（89）　(3)　仮差押解放金に対する仮差押債権者，仮差押債務者の権利関係（90）

第3節　仮処分の執行の概要………………………[増田　輝夫]…… 92
〔1〕　仮処分の執行………………………………………………… 92
(1)　仮差押えの執行又は強制執行の例による仮処分の執行（92）　(2)　仮処分命令への債務名義性の付与（92）　(3)　各種仮処分の執行の方法（93）

〔2〕　不動産の登記請求権を保全するための処分禁止の仮処分の執行… 95

(1) 処分禁止の仮処分と当事者恒定効 (95)　　(2) 不動産に関する権利についての登記請求権を保全するための処分禁止の仮処分命令 (95)　　(3) 不動産に関する権利についての登記請求権を保全するための処分禁止の仮処分命令の執行 (96)　　(4) 不動産に関する権利についての登記請求権を保全するための処分禁止の仮処分命令の効力 (98)　　(5) 第三者に対する登記の抹消の通知 (101)
　　〔3〕 不動産に関する権利以外の権利についての登記又は登記請求権を保全するための処分禁止の仮処分の執行……………………………… 102
　　　　(1) 不動産に関する権利以外の権利についての登記又は登記請求権を保全するための処分禁止の仮処分命令の執行 (102)　　(2) 不動産に関する権利以外の権利についての登記又は登記請求権を保全するための処分禁止の仮処分命令の効力 (103)
　　〔4〕 債務者を特定しないで発された占有移転禁止の仮処分命令の執行……………………………………………………………………………… 104
　　　　(1) 仮処分債務者を特定しないで発令する占有移転禁止の仮処分命令 (104)　　(2) 仮処分債務者を特定しないで発令する占有移転禁止の仮処分命令のための要件 (104)　　(3) 仮処分債務者を特定しないで発令する占有移転禁止の仮処分命令の発令と執行 (106)
　　〔5〕 建物収去土地明渡請求権を保全するための建物の処分禁止の仮処分の執行………………………………………………………………… 107
　　　　(1) 建物の処分禁止の仮処分命令と当事者恒定効 (107)　　(2) 建物収去土地明渡請求権を保全するための建物の処分禁止の仮処分命令の発令と執行 (108)　　(3) 建物収去土地明渡請求権を保全するための建物の処分禁止の仮処分命令の効力 (109)
　　〔6〕 法人の代表者の職務執行停止の仮処分等の登記の嘱託…………… 111
　　　　(1) 法人の代表者その他法人の役員の職務執行停止・職務代行者選任の仮処分命令の意義 (111)　　(2) 法人の代表者その他法人の役員の職務執行停止・職務代行者選任の仮処分命令の発令 (113)　　(3) 法人の代表者その他法人の役員の職務執行停止・職務代行者選任の仮処分命令の執行及び効力 (114)
　　〔7〕 仮処分解放金の供託による仮処分の執行の取消し………………… 116
　　　　(1) 仮処分命令における仮処分解放金の定め (116)　　(2) 仮処分解放金の供託による仮処分の執行の取消し (119)　　(3) 仮処分解放金に対する権利関係 (119)
　第4節　仮処分の効力の概要………………………………[井手　良彦]…… 124
　　〔1〕 不動産の登記請求権を保全するための処分禁止の仮処分の効力‥ 124
　　　　(1) 概　説 (124)　　(2) 類　型 (125)　　(3) 効　力 (126)
　　〔2〕 不動産に関する権利以外の権利についての登記又は登録請求権を保全するための処分禁止の仮処分の効力………………………… 132
　　〔3〕 占有移転禁止の仮処分命令の効力……………………………………… 132
　　　　(1) 意　義 (132)　　(2) 類　型 (133)　　(3) 客観的現状変更に対する効力 (135)　　(4) 主観的現状変更に対する効力 (136)
　　〔4〕 建物収去土地明渡請求権を保全するための建物の処分禁止の仮処分の効力……………………………………………………………………… 138

目　次　xiii

第4章　審判前の保全処分 ……………………………［梶村　太市］…… 140
〔1〕　沿革と目的 …………………………………………………………… 140
〔2〕　保全処分の4類型 …………………………………………………… 140
　(1)　第1類型──財産の管理者の選任等の処分（*141*）　(2)　第2類型──後見命令等の処分（*141*）　(3)　第3類型──職務執行停止等の処分（*141*）　(4)　第4類型──仮差押え・仮処分その他の保全処分（*142*）
〔3〕　申立ての手続と効力 ………………………………………………… 142
　(1)　保全処分の付随性（*142*）　(2)　保全処分の開始（*143*）　(3)　申立ての趣旨と事由（*143*）　(4)　疎明義務（*143*）　(5)　取下げの特則（*143*）　(6)　陳述の聴取（*144*）　(7)　調書の省略（*144*）　(8)　記録閲覧の制限（*144*）　(9)　処分の告知（*144*）　(10)　保全処分の効力（*144*）
〔4〕　保全処分に対する不服申立てと取消し …………………………… 145
　(1)　即時抗告（*145*）　(2)　事情変更による取消し（*145*）

第2編　保全命令・保全執行・仮処分の効力に関するQ&A

第1章　仮差押命令に関するQ&A ……………………………………… 149
Q1｜仮差押命令申立ての留意点 ………………………［辰巳　晃］…… 149
　X会社は、Y会社に対して500万円の売掛金債権を有しているが、Y会社が約束手形の不渡りを出したとの情報を得たことから、調査してみると、Y会社は、X会社以外にも多額の債務を負っており、倒産寸前であることが判明した。
　(1)　X会社がY会社所有の不動産について仮差押命令の申立てをする際に留意すべき点は何か。
　(2)　Y会社の代表取締役Zの自宅の居間には、Zがバブル最盛期に購入したモネの名画が掛けられている。この絵画について仮差押命令の申立てをすることができるか。

Q2｜保全の必要性 ………………………………………［辰巳　晃］…… 161
　Xは、Yに対し、貸金500万円の返還を求める訴えを提起し、その勝訴判決を得たことから、Y所有の土地・建物について判決主文の仮執行宣言に基づいて強制競売を申し立て、これに基づく強制競売開始決定がされた。しかし、その後、無剰余を理由として、上記強制競売開始決定は取り消された。そこで、Xは、上記判決の確定後、上記無剰余取消しによって保全の必要性が生じていると主張して、Yを債務者、上記判決の主文に表示された債権を被保全権利として、Y所有の上記土地・建物について仮差押命令の申立てをした。この申立ては認められるか。

Q3｜特定動産の仮差押え ………………………………［西村　博一］…… 165
　Xは、Yに対して500万円の貸金債権を有しているが、支払期日が経過したのにその弁済がないため、調査してみると、Yは、X以外にも多額の借金を負っており、その支払を遅滞していることや、著名画家の絵画2点を処分しようとしていることが判明した。
　(1)　Xが上記絵画2点のみについて仮差押命令の申立てをすることは認められるか。認められるとした場合、上記絵画の特定はどのようにすべきか。
　(2)　上記絵画2点の時価額は、1点が600万円で、もう1点が800万円である。2点とも仮差押えをすることができるか。

(3) 保全裁判所は，上記絵画2点について仮差押命令を発令したが，執行官がその執行に際して超過仮差押えになると判断した場合はどうなるか。
　(4) 上記(3)の超過仮差押執行がされた場合，Yは，どのような不服申立てをすることができるか。

Q4｜立担保額に対する不服申立て……………………………[辰巳　　晃]…… *173*
　立担保額の決定に対し，これを告知された債権者は，不服申立てをすることができるか。

Q5｜別個の目的物に対する後行仮差押えの可否…………[辰巳　　晃]…… *176*
　Xは，Yの連帯保証の下，Aに対し，300万円を貸し付けた。しかし，支払期日が経過したのにその弁済がないため，Yを債務者，上記連帯保証債務履行請求権を被保全権利として，Y所有の甲土地について仮差押命令を申し立て，これに基づく仮差押命令が発令されるとともに，甲土地について保全裁判所の嘱託による仮差押えの登記がされた。ところが，Xは，一部が保全されていないため完全な弁済が受けられないとして，上記仮差押命令と同一の請求権を被保全債権として，さらにY所有の乙土地について仮差押命令の申立てをした。この申立ては認められるか。

Q6｜未登記不動産の仮差押えにおいて当該不動産が債務者の所有に属することの立証の程度……………………………………………[西村　博一]…… *179*
　未登記不動産に対する仮差押命令の申立てをする場合，当該不動産が債務者の所有に属することの立証の程度はどうなるか。

Q7｜自動車の仮差押え…………………………………………[井手　良彦]…… *185*
　X会社は，Y会社に対し，800万円を貸し付けたが，Y会社は，支払期日に15万円を支払ったのみで残額を返済しようとしない。X会社が調査してみると，Y会社は，多額の不渡手形を出したためA銀行から取引停止処分を受け，事実上倒産状態にあり，自動車以外にはめぼしい財産はないことが判明した。そこで，X会社は，上記自動車について仮差押命令の申立てをした。
　これを前提に，下記事項について説明しなさい。
　(1) 自動車仮差押命令の申立て
　(2) 対象となる自動車
　(3) 自動車に対する仮差押えの執行手続
　(4) 仮差押執行済み自動車の売却申立て

Q8｜工場に備え付けられた機械・器具の仮差押え………[笹本　　昇]…… *197*
　工場に属する土地又は建物に備え付けられた機械・器具その他工場の用に供する物について仮差押命令の申立てをすることができるか。

Q9｜権利能力なき社団の不動産の仮差押え………………[桐　　忠裕]…… *205*
　Xは，権利能力なき社団Yに対して，300万円の貸金債権を有しているが，これを保全するため，社団Yの構成員全員に総有的に帰属する甲土地（社団Yのために第三者Aがその登記名義人になっている）について仮差押命令の申立てをすべく準備中である。なお，Xは，権利能力なき社団Y及びAを被告として，甲土地が社団Yの構成員全員の総有に属することの確認を求める訴えを提起しているが，審理中であって，その判決はまだ出ていない。この場合，Xが甲土地について仮差押命令の申立てをするには，どのようにすればよいか。

Q10｜滞納処分による差押えのある不動産の仮差押え……[笹本　　昇]…… *216*
　X工務店は，Yに対して1000万円の工事代金債権を有しているが，その支払がないため，Yを債務者，上記工事代金のうち500万円を被保全権利として，Y所有の甲土地（時価800万円）について仮差押命令の申立てをした。
　(1) 被保全権利の額を超過する甲土地に対する仮差押命令の申立ては認められるか。
　(2) 債権の一部を被保全権利とする仮差押命令の申立ては認められるか。
　(3) 甲土地について滞納処分による差押えがされていた場合，保全裁判所はど

のように処理すべきか。

Q11 | 預金・退職金の仮差押え………………………………[笹本　昇]…… 224
　X（妻）は，別居中のY（夫）を相手方として離婚調停の申立てをしたが，その調停期日で，Yは，離婚することに合意してもよいが財産分与には応じられないと頑強に主張したため，調停は不成立となった。そこで，Xは，Yに対し，離婚を求める訴えを提起すべく準備中であるが，Yの上記言動から推し量ると，離婚の訴えを提起した場合には，Xへの財産分与を免れようとして財産が隠匿されるおそれがある。そこで，Xは，Yの銀行預金について仮差押えをしようと考えている。
(1)　Xが債権仮差押命令の申立てをする際に留意すべき点は何か。また，C銀行とD銀行にY名義の預金があることは判明しているが，その預金の種類・金額が不明である場合，Xは，どのような手段をとることができるか。
(2)　Xは，Yが勤務会社に辞表を提出したとの情報を得たことから，Yの退職金全額について仮差押命令の申立てをした。この申立ては認められるか。
(3)　仮差押命令の送達を受けたC銀行が，裁判所に対し，仮差押命令事件記録の閲覧を申請してきた。この申請は認められるか。

Q12 | 預貯金債権の特定方法………………………………[笹本　昇]…… 235
　X会社は，Y会社に対して5000万円の貸金債権を有しているが，これを保全するため，いわゆる三大メガバンク及びゆうちょ銀行に対する預貯金債権の仮差押命令の申立てをするにあたり，①三大メガバンクに対する預金債権については，それぞれの取扱店を一切限定せずに，「複数の店舗に預金債権があるときは，支店番号の若い順序による」という順位をつける方式によって，②ゆうちょ銀行に対する貯金債権については，全国の貯金事務センターを全部列挙して，「複数の貯金事務センターの貯金債権があるときは，別紙貯金事務センター一覧表（省略）の番号の若い順による」という順位付けをする方式によって，それぞれ仮差押債権の表示をした。このような，全店一括順位付け方式によって預貯金債権について仮差押命令の申立てをすることは認められるか。

Q13 | 他人名義預金の仮差押え……………………………[餅井　亨一]…… 246
　Xは，いわゆる振り込め詐欺の被害に遭い，指定された銀行預金口座に500万円を振り込んでしまった。後日，その詐欺グループの一人であるYが逮捕され，警察の取調べによると，Xの振り込んだ銀行口座は，Yら名義ではなく他人名義になっていることが判明した。そこで，Xは，Yを債務者，騙し取られた金額と同等の損害賠償500万円及び慰謝料30万円の合計530万円を被保全権利として，上記他人名義の銀行預金について仮差押命令の申立てをした。この申立ては認められるか。

Q14 | 仮差押解放金——第三者による供託の可否…………[井手　良彦]…… 250
　X工務店は，Y会社から事務所の改修工事を代金1500万円で請け負い，その工事を完成させた。しかし，上記代金の支払がなかったので，Y会社を債務者，上記請負代金債権を被保全権利として，Y会社所有の甲土地について仮差押命令を申し立て，これに基づく仮差押命令が発令されるとともに，甲土地について保全裁判所の嘱託による仮差押えの登記がされた。ところが，ZがY会社から甲土地を買い受け，Zへの所有権移転登記手続をしてしまった。その上，Zは，上記仮差押命令において定められた仮差押解放金を供託して，上記仮差押命令の取消しの申立てをした。この場合，Zによる仮差押解放金の供託は認められるか。

Q15 | 本案訴訟から派生する民事保全手続……………………[西村　彬]…… 258
　魚の養殖業者Y会社は，平成24年3月31日，X会社に対し，○○沖漁場内で養殖されているブリ及びブリヒラ（以下「本件原魚」という）を売り，占有改定の方法によって引渡しをするが，本件原魚はそのままの状態でY会社が飼育管理を委託され，一定期間内にY会社が買い戻す旨の内容の契約を締結した。

ところが，同年 7 月 30 日，Y 会社が民事再生を申し立てた（同年 8 月 4 日に開始決定）。そこで，X 会社は，同年 8 月 21 日，本件原魚について占有移転禁止の仮処分命令（債権者による保管を許す執行官保管）の申立てをし，これが認容されて X 会社が本件原魚の保管を委託されることになった。X 会社は，民事再生手続開始決定の前後を通じて本件原魚の飼育等（その経費は 9600 万円）をしていた。これを前提に，以後派生する民事保全法上の問題点について，想定される本案の訴えに対応させつつ説明しなさい。

Q16｜担保取消し(1)——総論……………………………………[餅井　亨一]…… 267

A 銀行は，X 保証会社の連帯保証の下，Y 会社に対し，500 万円を貸し付けた。支払期日が経過したのに Y 会社からの弁済がなかったので，X 保証会社がその弁済を履行した。その後，X 保証会社は，Y 会社を債務者，上記代位弁済による求償債権を被保全権利として，Y 会社の Z 会社に対する売掛代金債権について仮差押命令を申し立てたところ，75 万円の担保を提供して，その仮差押命令が発令された。次の場合，X 保証会社は，上記担保を取り戻すことができるか。
(1) 本案の訴えにおいて X 保証会社が全部勝訴し，その判決が確定した場合
(2) 本案の訴えにおいて X 保証会社・Y 会社間に訴訟上の和解が成立した場合
(3) 本案の訴えにおいて X 保証会社が敗訴し，その判決が確定したのに，Y 会社が上記担保について権利を行使しようとしない場合
(4) 第三債務者 Z 会社に対し，仮差押命令及び陳述催告が送達されたが，Z 会社から「仮差押えにかかる売掛債権は，すでに弁済したので存在しない」との回答があったため，X 保証会社が上記仮差押命令の申立てを取り下げた場合

Q17｜担保取消し(2)——和解条項と担保取消し……………[餅井　亨一]…… 276

X 電器店は，Y に対して 70 万円の売買代金債権を有しているが，Y はその代金を支払わないため，Y を債務者，上記売掛代金を被保全権利として，Y 所有の普通乗用自動車について仮差押命令を申し立てたところ，10 万円の担保を提供して，その仮差押命令が発令された。その後，X 電器店は，Y に対して上記売買代金債権の支払を求める本案の訴えを提起し，第 2 回口頭弁論期日において，X 電器店と Y との間に，次の和解条項による裁判上の和解が成立した。そこで，X 電器店は，上記 10 万円の担保について担保事由が消滅したとして，担保取消しの申立てをした。この申立ては認められるか。
【和解条項】
1　Y は，X 電器店に対し，70 万円の支払義務があることを認める。
2　Y は，X 電器店に対し，前項の金員のうち，60 万円を平成○○年 4 月から同年 9 月まで毎月末日限り，10 万円ずつに分割して，X 電器店が指定する口座に振り込む方法により支払う。
3　Y が，前項の分割金の支払を 1 回でも怠ったときは，当然に同項の期限の利益を失い，Y は，X 電器店に対し，第 1 項の金員から既払額を控除した残金を直ちに支払う。
4　Y が前項により期限の利益を失うことなく，第 2 項の分割金を支払ったときは，X 電器店は，Y に対し，Y のその余の支払義務を免除する。
5　X 電器店は，その余の請求を放棄する。
6　X 電器店と Y は，X 電器店と Y との間には，本件に関し，この和解条項に定めるもののほかに，何らの債権債務がないことを相互に確認する。
7　訴訟費用は各自の負担とする。

第 2 章　仮処分命令に関する Q＆A ……………………………………… 284

Q18｜保全の必要性(1)——仮の地位を定める仮処分………[堀田　　隆]…… 284

X 信託銀行は，平成 22 年 5 月 21 日，Y らとの間で，Y 信託銀行の一定の営業等（以下「本件対象営業等」という）の移転等からなる事業再編及び事業提携

目 次 *xvii*

(以下「本件協働事業化」という)に関して基本合意(以下「本件基本合意」という)をし,その書面(以下「本件基本合意書」という)を作成した。本件基本合意書には,各当事者は,第三者との間で本件基本合意の目的と抵触する取引等に係る情報提供や協議を行わないものとする旨の条項(以下「本件条項」という)が設けられていた。X信託銀行とYらは,本件基本合意に基づいて,本件協働事業化の詳細条件を定める基本契約の締結を目指して交渉していた。しかし,Yらは,Yらグループの窮状を乗り切るためには,本件基本合意を白紙撤回し,Y信託銀行を含めてAグループと統合する以外に方策はないとの経営判断をするに至り,平成22年7月14日,X信託銀行に対し,本件基本合意の解約を通告するとともに,A信託銀行に対し,Y信託銀行の本件対象営業等の移転を含む経営統合の申入れをした。そこで,X信託銀行は,平成22年7月16日,YらがAグループとの間で,経営統合に関する協議を開始したことが本件条項で定められたX信託銀行の独占交渉権を侵害するものであると主張して,本件基本合意に基づいて,Yらが第三者との間で,平成24年3月末日までの間,Y信託銀行の本件対象営業等の第三者への移転等に関する情報提供又は協議を行うことの差止めを求める仮処分命令の申立てをした。この場合,X信託銀行に,保全の必要性は認められるか。

Q19 | 保全の必要性(2)――子の引渡し ··[堀田　隆]······ *291*

X(妻)は,Y(夫)の両親宅において婚姻生活を始めたが,次第にY及びその母親との仲が円満を欠くようになり,生後3ヵ月の子を連れてXの実家に戻った。その数ヵ月後,Yは,Xの実家で,子と面接するに際し,Xとその両親の隙をねらって子を連れ去り,1週間後に離婚の訴えを提起した。これに対して,Xは,Yを債務者,子の引渡請求権を被保全権利として,子の引渡しを求める仮処分命令の申立てをした。この仮処分命令が発令されるためには,最高裁平成5年10月19日判決(民集47巻8号5099頁)にいう「明白性の要件」が必要となるか。

Q20 | 仮処分の被保全権利 ···[堀田　隆]······ *299*

Aが死亡し,その妻B及び子C・D・Eの4人が,亡A所有の甲土地を共同相続した。ところが,Eは,甲土地が未登記であることを奇貨として,勝手にE単独名義による表示の登記をした上,これを不動産業者に売却しようとしている。そこで,B・C・Dは,Eに対し,共有持分権確認及び更正登記手続を求める訴えを提起すべく準備しているが,この請求権を保全するため,甲土地全部について処分禁止の仮処分命令の申立てをした。この申立ては認められるか。

Q21 | 所有権の一部についての仮処分 ··[桐　忠裕]······ *306*

Yは,Xに対し,Y所有の一筆の土地の一部のみを贈与したが,同部分についてXへの所有権移転登記手続をせず,かえって,同部分を含む一筆の土地を第三者に譲渡しようとしている。この場合,Xは,Yを債務者,Xへの所有権移転登記手続請求権を被保全権利として,上記一筆の土地の一部について処分禁止の仮処分命令の申立てをすることができるか。

Q22 | 債権者取消権保全の仮処分 ··[井手　良彦]······ *313*

Xは,Yに対して140万円の貸金債権を有している。しかし,Yは,X以外にも多額の債務を負っているのに,Y所有の土地・建物をYの妻Zに贈与して,Zへの所有権移転登記手続をしてしまった。
(1) Xは,受益者Zに対し,処分禁止の仮処分命令の申立てをすることができるか。
(2) 保全裁判所は,処分禁止の仮処分命令を発令する際に仮処分解放金を定めることができるか。
(3) Zが仮処分解放金を供託した場合,これに対するXの権利行使は,どのように行われるか。

Q23 | 抵当権設定登記手続請求権保全の仮処分……………[上坂　俊二]…… 328
　　Xは，衣料品販売店を経営するYに対し，Y所有の土地・建物に抵当権を設定することを条件に500万円を貸し付けることになっていたが，Yから「手形決済の日が3日後に差し迫っている。後日，抵当権設定登記申請に必要な登記識別情報や委任状など関係書類一式を交付するので，先に100万円を融資してくれないか」と懇願された。これを信用したXは，Yに対してまず100万円を交付した。しかし，Yが上記約束を果たさないことから，調査してみると，Yは，X以外にも多数の負債を負っており，上記土地・建物を他に売却したり，担保権を設定したりするおそれがあることが判明した。
　(1)　Xは，どのような保全命令の申立てをすることができるか。
　(2)　保全命令の発令後，Xは，どのような本案の訴えを提起すればよいか。
　(3)　上記(1)の保全命令の主文はどのようになるか。

Q24 | 占有移転禁止の仮処分……………………………[井手　良彦]…… 335
　　Xは，Yに対し，X所有のビルの1室を事務所として賃貸したが，素性の悪そうな輩が頻繁に出入りするようになったため，調査してみると，Yはすでに所在不明となっており，その代わりに第三者Zが上記事務所を占有していることが判明した。
　(1)　XがZに対し，占有移転禁止の仮処分命令の申立てをする場合，どのような申立ての趣旨を掲記したらよいか。
　(2)　占有移転禁止の仮処分命令の執行後，Zが上記事務所の内装を全面的に変更しようとしていることが判明した場合，Xは，どのような手段をとることができるか。
　(3)　占有移転禁止の仮処分命令の執行後，ZがAに占有を移転した場合，先行する仮処分命令の効力はAにも及ぶか。
　(4)　上記事務所に対する明渡断行の仮処分命令の申立ては認められるか。

Q25 | 自動車引渡しの断行の仮処分……………………[井手　良彦]…… 349
　　①自動車販売会社Aは，平成22年4月1日，Yに対して，以下の約定の下，自動車を500万円（諸費用・消費税込）で販売するという契約を結んだ（以下「本件売買契約」という）。約定代金500万円から頭金100万円を控除した400万円に分割払手数料40万円を加えた合計440万円につき，YはA社に平成22年4月から同25年11月まで毎月末日限り10万円ずつ支払う（44回分割）。②X（保証会社）は，前同日，Yとの間で，本件売買契約に基づくYのA社に対する分割払債務につき連帯保証をする旨の合意をし，後記③(i)の約定に基づき，本件自動車の所有権を取得した（以下「本件保証委託契約」という）。③本件売買契約と本件保証委託契約には，以下の共通条項がある。(i)本件自動車の所有権は，これらの本契約の効力発生と同時にA社からXへ移転するが，所有名義人はA社とする。(ii)Yが分割金の支払を怠り，怠った金額が20万円になったときには，期限の利益を失う。(iii)期限の利益を失ったときは，Yは，直ちに弁済のため，本件自動車をXに引き渡す。④A社は，平成22年4月1日，Yに対して，本件売買契約に基づき本件自動車を引き渡した。⑤Yは，平成23年12月までの分割金合計210万円（21回分）を支払ったが，同24年1月分と2月分の合計20万円の支払を怠り，期限の利益を失った（同年3月以降も支払はない）。そして，Xの本件自動車の引渡請求に対して，Yは，使用の必要性があるとして引渡しを拒んでいる。⑥XはA社に保証債務を履行し，他方，Yに求償金債務の履行と本件自動車の引渡しを求めて提訴する予定であるとして，裁判所に本件自動車の引渡しを求める断行の仮処分を申し立てた。このような申立ては認められるか。

Q26 | 不作為を命ずる仮処分(1)——無断増改築……………[井手　良彦]…… 358
　　Xは，Yに対し，X所有の甲土地を，普通建物所有目的の約定で賃貸した（普通借地契約）。その後，Xは，Yが甲土地上の普通建物を取り壊し，その跡に鉄筋コンクリート造り5階建てアパートを建築しようとしているとの情報を

得たことから，調査してみると，Yは，A工務店に上記アパートの建築工事を発注していることが判明した。
(1) Xは，どのような仮処分命令の申立てをすることができるか。その被保全権利は何か。
(2) Yが発令された仮処分命令に違反して上記建築工事を続けている場合，Xは，どのような手段をとることができるか。

Q27｜不作為を命ずる仮処分(2)——日照妨害等 ....[増田　輝夫]...... 373

Xら4名は，別紙物件目録記載の土地を各所有するとともに，その土地上に木亜鉛メッキ鋼板葺平家建の居宅を各所有し，居住している。不動産業者Yは，Xら4名の上記土地の南側隣接地を買収し，その土地上に東西40m・南北8mにわたる鉄筋コンクリート造り6階建ての賃貸マンションを建築することを計画し，A工務店がその工事を請け負って建築に着工した。上記マンションが完成すると，地上22mの高さとなるため，冬至になるとXら4名の居宅には正午の日光がまったく入らなくなり，夏になると上記マンションが障壁となって南風を遮断することになり，冬になると北風が上記マンションに沿って降下することになる。これらによって，Xら4名は，各居宅の照明費及び冷暖房費について経済的損失を被るほか，その精神的苦痛は極めて大きいものとなる。そこで，Xら4名は，Yの上記建築行為は，Xら4名の各土地・居宅を安く買収することを目的とした悪意ある行為であり，しかも，Xら4名の日照・通風等の利益が侵害されると主張して，Y及びA工務店を債務者，日照権等を被保全権利として，上記建築工事禁止の仮処分命令の申立てをした。
(1) 日照・通風妨害を理由とする建築工事禁止の仮処分命令の申立てにおける被保全権利は何か。
(2) 保全の必要性は認められるか。
(3) 建築工事禁止請求権の成否を判断する基準としての「受忍限度」とは何か。
(4) 「受忍限度」に関する主張と立証責任はどうなるか。
(5) 建築工事禁止の仮処分命令の執行はどのように行われるか。

Q28｜パブリシティの権利を被保全権利とする仮処分 ......[井手　良彦]...... 385

パブリシティの権利に基づいて，その氏名・肖像を表示した商品の製造販売等を差し止める仮処分命令の申立ては認められるか。

Q29｜抵当権実行禁止等の仮処分 ....[井手　良彦]...... 391

Y会社は，物上保証人X所有の土地・建物について抵当権を設定した上，Zに対し，800万円を貸し付けたが，支払期日にその弁済がなかったため，上記土地・建物について担保権実行としての競売の申立てをし，その開始決定を得た。これに対して，XはのY会社に対する上記貸金債務について物上保証したことはないし，Xが仕事の関係で長期にわたって外国に滞在している間，妻Aに預けておいた実印をAの兄Zが無断で持ち出し，Xの知らない間に抵当権が設定されたと主張して，Y会社に対し，所有権に基づいて，抵当権設定登記抹消登記手続を求める訴えを提起すべく準備中である。
(1) Xは，上記土地・建物について不動産競売手続を停止する旨の仮処分命令の発令を得ることができるか。
(2) Y会社が第三者に上記抵当権を譲渡するおそれがある場合，Xは，どのような仮処分命令の申立てをすることができるか。

Q30｜仮処分の競合 ....[増田　輝夫]...... 402

Xは，係争山林（甲山林）について，Yを債務者とする下記の仮処分命令の発令を得，その命令がYに送達されてその効力が生じた（第1次仮処分）。
1　Yは，甲山林に立ち入り，かつ，立木を伐採してはならない。
2　Yは，甲山林の立木について，Xのする伐採，搬出等を阻止又は妨害してはならない。
これに対して，Yは，甲山林について，Xを債務者とする下記の仮処分命令の発令を得，この命令の執行がされた（第2次仮処分）。

1　甲山林に対するXの占有を解き、○○地方裁判所執行官の保管に付する。
　2　Xは、甲山林に立ち入り、立木を伐採又は搬出してはならない。
　3　執行官は、上記執行を公示するため適当な措置をとらなければならない。
　そこで、Xは、第2次仮処分命令に対し、保全異議の申立てをするとともに、保全執行停止の申立てをした。
　この場合、上記仮処分の競合・抵触はどのように帰結するか。

Q31 | 手形の取立て・支払停止の仮処分 ……………………[丸尾　敏也]…… *408*
　手形を騙し取られた場合、その手形の支払を受けることを禁止する（支払銀行に対して手形金を支払ってはならないという命令を付加した）仮処分命令の申立てをすることができるか。

Q32 | 仮処分の流用 ………………………………………………[丸尾　敏也]…… *414*
　Aは、YからY所有の甲土地を買い受けたものの、Yがその所有権移転登記手続をしない。そこで、Aは、Yを債務者、甲土地の所有者移転登記手続請求権を被保全権利として、処分禁止の仮処分命令を申し立て、これに基づく仮処分命令が発令されるとともに、甲土地について保全裁判所の嘱託による処分禁止の登記がされた。ところが、Aへの所有権移転登記手続が未了であることを奇貨として、ZがYから甲土地を買い受け、Zへの所有権移転登記手続をしてしまった。
　Aが死亡し、その地位を承継したXは、本案の訴えを提起し、主位的請求として、Yに対しては甲土地についてA・Y間の売買を原因とする所有権移転登記手続を、Zに対しては甲土地について所有権移転登記抹消登記手続をそれぞれ求めるとともに、予備的請求として、Aが、Y・Z間の売買の前に、A・Y間の売買を占有取得原因として甲土地を時効取得したと主張して、Yに対しては甲土地について時効取得を原因とする所有権移転登記手続を求めるとともに、Zに対しては甲土地について所有権移転登記抹消登記手続をそれぞれ求めた。
　この訴訟においてA・Y間の売買契約は無効であると判断された場合、Xは、Zに対し、甲土地について取得時効が完成したことをもって上記仮処分命令の効力を主張することができるか。

Q33 | 仮処分の目的物の緊急換価 ………………………………[上坂　俊二]…… *420*
　係争物に関する仮処分の目的物の緊急換価について説明しなさい。

第3章　保全異議に関するQ&A ……………………………………… *426*

Q34 | 保全異議(1)――保全異議の申立て ……………………[中内　　篤]…… *426*
　Xは、Yの連帯保証の下、Aに対し、100万円を貸し付けたが、その支払期日に弁済がなかったため、Yを債務者、上記連帯保証債務履行請求権を被保全権利として、Y所有の土地・建物について仮差押命令を申し立て、これに基づく仮差命令が発令された。これに対して、Yが保全異議の申立てをした。保全命令に対する異議申立て及びこれに派生する問題について説明しなさい。

Q35 | 保全異議(2)――保全異議審の審理 …………………[中内　　篤]…… *436*
　Aが死亡し、その共同相続人X・Yは、亡Aの遺産である土地・建物を2分の1ずつ相続した。ところが、Yは、無断で、上記土地建物についてY名義への所有権移転登記手続をしてしまった。そこで、Xは、上記土地・建物の2分の1について処分禁止の仮処分命令を申し立て、これに基づく仮処分命令が発令された。これに対して、Yは、上記土地・建物をYに遺贈するとの亡Aの遺言が存在すると主張して、保全異議の申立てをした。これを前提に、保全異議事件の審理の方法、主張や疎明の提出等について説明しなさい。また、Xから保全裁判所に対し、本案判決が出されるまで保全異議事件の審理の進行を見合わせてほしいとの意見が述べられた場合、裁判所はどのように対応すべきか。

Q36 | 保全異議(3)――保全異議審の終結 …………………[中内　　篤]…… *446*
　Xは、Yに対し、X所有の地上・地下各1階の甲建物を賃貸した。Yは、甲建物を利用して中華料理店を経営していたが、甲建物地下1階部分をキャバ

レーに改造しようとしてその工事をA工務店に発注した。A工務店が上記改造工事を開始したことから，Xは，Yが無断増改築禁止の特約に違反したと主張して，上記賃貸借契約を解除した上，工事禁止並びに甲建物について占有移転禁止の仮処分命令を申し立て，これに基づく執行官保管，工事禁止並びに占有移転禁止の仮処分命令が発令された。これに対して，Yは，甲建物地下1階でキャバレーを経営したいとXに打診した際，Xは，甲建物地下1階を改造することを承諾してくれたと主張し，上記仮処分命令に対する異議申立てをした。
これを前提に，保全命令に対する異議の審理の終結方法，決定，執行停止の裁判及び取下げ等について説明しなさい。

第4章　保全取消しに関するQ＆A ……………………………………… 457

Q37│保全取消し⑴──取消しの事由 ……………[立脇　一美]…… 457
Xは，Yに対し，X所有の甲土地を，建物所有目的の約定で賃貸した（無断増改築禁止の特約あり）が，その後，Yが甲土地上の建物について改築工事を開始したため，Xは，無断増改築禁止の特約に違反したと主張して，上記賃貸借契約を解除した上，工事続行禁止の仮処分命令を申し立て，これに基づく仮処分命令が発令された。以下の事由がある場合，Yは，上記仮処分命令の取消しを求めることができるか。
⑴　上記仮処分命令が発令された後，Xが一向に本案の訴えを提起しない場合
⑵　Xが本案の訴えの一審と控訴審のいずれも敗訴したにもかかわらず，なお上告して争っている場合
⑶　Yは，甲土地上の建物を自宅兼店舗として使用していたが，上記仮処分命令による改築工事の中断の結果，生活上の不便はもとより，収入の途も閉ざされたため重大な損害を被っている場合

Q38│保全取消し⑵──本案の訴えの成否① ……………[立脇　一美]…… 473
Xは，衣料品販売店を経営するYに対して140万円の貸金債権を有しているが，支払期日にその弁済がなかったため，Yを債務者，上記貸金債権を被保全権利として，Y所有の建物について仮差押命令を申し立て，これに基づく仮差押命令が発令されるとともに，上記建物について保全裁判所の嘱託による仮差押えの登記がされた。これに対して，Yは起訴命令を申し立て，これに基づく起訴命令が発令された。そこで，Xは，上記起訴命令において定められた期間内に民事調停の申立てをした。この申立ては適法な起訴といえるか。

Q39│保全取消し⑶──本案の訴えの成否② ……………[井手　良彦]…… 478
X（妻）は，Y（夫）を債務者，Xが将来提起する離婚訴訟において離婚が認められることに伴う慰謝料・財産分与請求権を被保全権利として，Y所有の土地について仮差押命令を申し立て，これに基づく仮差押命令が発令された。これに対して，Yの申立てに基づく起訴命令が発令され，その命令はXに送達された。この送達時点で，すでにYからXに対する離婚の訴えが提起されていた。Xは，上記起訴命令の送達を受けた時から所定期間内に，Yが提起した離婚の訴えにおいて離婚が認容される場合に備えて，X自らはYに対する離婚の訴えを提起せずに財産分与の申立て（附帯処分）をした。その後，Xは，Y提起の離婚訴訟事件が係属したこと及び財産分与の申立て（附帯処分）をしたとの証明書を保全裁判所に提出した。このような事情の下，Yは，Xが起訴命令を遵守しなかったと主張して，保全命令取消しの申立てをした。この申立ては認められるか。

Q40│保全取消し⑷──事情の変更 …………………[立脇　一美]…… 490
Xは，甲土地にされたY所有名義の登記が不実のものであり，Xが所有権者であると主張して，これを保全するため，Yを債務者として，甲土地について処分禁止の仮処分命令を申し立てたところ，「Yは，甲土地について譲渡並びに質権，抵当権及び賃借権の設定その他一切の処分をしてはならない」との仮処分命令が発令された。その後，Xは，Yに対し，甲土地について所有権移転

登記抹消登記手続を求める本案の訴えを提起したが，審理の結果，Xの甲土地に対する所有権の存在は認められないとして，請求棄却の判決が言い渡された。そこで，Yは，上記仮処分命令の取消しの申立てをしたが，Xから上記判決を不服とする控訴があったため，その訴訟は控訴審に係属中である。この場合，Yの上記仮処分命令取消しの申立ては認められるか。

Q41｜保全取消し(5)──特別の事情①·····················[上坂　俊二]······　497
　　特別の事情による仮処分命令の取消しについて説明しなさい（保全異議との関係についても触れること）。

Q42｜保全取消し(6)──特別の事情②·····················[立脇　一美]······　502
　　Yは，X所有の甲土地について借地権を有していると主張するとともに，甲土地上にYの居宅兼店舗を建築しようとして，その工事をA工務店に請け負わせた。A工務店は，建築資材を甲土地上に運搬して，建築工事を開始した。このため，Xは，Y主張の上記借地権はすでに消滅していると主張して，建築工事禁止の仮処分命令を申し立て，これに基づく仮処分命令が発令された。その後，Xは，Yに対し工作物撤去・甲土地明渡しを求める本案の訴えを提起した。これに対して，Yは，A工務店がせっかく切込みを終えた木材がこのままでは腐朽するおそれがあり，その費用の支払等多大な損害を被ることを理由として，上記仮処分命令の取消しの申立てをした。この申立ては認められるか。

第5章　保全抗告に関するＱ＆Ａ··· 511

Q43｜許可抗告の申立て··[中内　篤]······　511
　　X新聞販売店は，Y新聞社から新聞販売契約を解除するとの意思表示を受けたことから，その無効を主張して，解除の意思表示の効力発生の停止及び新聞の供給継続を求める仮処分命令を申し立て，これに基づく仮処分命令が発令された。これに対して，Y新聞社は，保全異議の申立てをしたところ，その審理の結果，上記仮処分命令は認可されず，取り消された。そこで，X新聞店は，高等裁判所に保全抗告の申立てをしたが，棄却されたため，抗告許可の申立てをした。この申立ては認められるか。

第6章　仮差押えの執行に関するＱ＆Ａ·································· 519

Q44｜動産仮差押命令の執行··[中内　篤]······　519
　　Xは，雑貨店を経営するYに対して500万円の貸金債権を有しているが，YにはX以外にも多数の債務があり，また，Y振出しの約束手形が不渡りとなったことから，調査してみると，Yがその所有財産を第三者に売却しようとしていることが判明した。そこで，Xは，Yを債務者，上記貸金債権を被保全権利として，Y所有の動産について仮差押命令を申し立て，これに基づく仮差押命令が発令された。その後，Xは，S地方裁判所執行官に対し，Yの動産について仮差押執行の申立てをしたが，これを察知したYは，T地方裁判所の管轄区域内に転居してしまった。この場合，Xは，S地方裁判所が発令した仮差押命令に基づいて，T地方裁判所執行官に対し，仮差押執行の申立てをすることができるか。

Q45｜債権仮差押命令の執行··[増田　輝夫]······　528
　　X会社は，Y会社が振り出した額面800万円の約束手形を所持している。X会社は，満期に上記手形を支払場所に呈示したところ，契約不履行を理由としてその支払を拒絶された。他方，Y会社は，上記手形の不渡りによる銀行取引停止処分を免れるため，A銀行の加盟するA銀行協会（手形交換所）に提供させる目的で上記手形金額と同額の金員をA銀行に預託した。Y会社は，X会社以外にも相当の手形を振り出している上，営業不振が続いているため不渡手形を再発しかねず，倒産のおそれがある状態となっている。X会社は，Y会社に対し，上記手形金の支払を求める本案の訴えを提起するため準備中であるが，上記預託金をY会社に取り戻されると，上記手形金の支払を受けることは著しく困難となることが予想されると主張して，Y会社を債務者，A銀行を第三債

務者，上記手形金債権を被保全権利として，Y会社がA銀行に対して有する上記預託金返還請求権について仮差押命令を申し立てるとともに，第三債務者A銀行に対し，上記預託金返還請求権について民事保全法50条5項，民事保全規則41条2項に基づいて，民事執行法147条1項，民事執行規則135条1項に規定する事項について陳述を求める催告の申立てをした。保全裁判所は，X会社の仮差押命令の申立てを認容し，3日以内に担保を提供すべき旨の命令を発令したところ，X会社は，国庫債券をもって担保を立てたので，仮差押命令と民事執行法147条1項による催告が発せられた。これに対して，Y会社は，上記仮差押命令による解放金額を供託した。X会社は，上記解放供託金から上記手形債権の満足を受けたいが，その手続はどうなるか。

Q46｜仮処分命令の執行期間の起算点……………………[中内　篤]……536

Xは，Y会社に対して賃金債権を有するが，これを保全するため，Y会社を債務者として，仮処分命令を申し立てたところ，「Y会社は，Xに対し，平成23年4月から平成24年2月まで毎月2日限り20万円を仮に支払え」とする定期金の給付を命ずる仮処分命令が発令された。そこで，Xは，債務名義とみなされる上記仮処分命令に基づいて，うち平成23年6月2日を支払期限とする定期金を請求債権として，その支払期限から2週間以上を経過した同年7月2日，Y会社がZ銀行に対して有する預金債権について差押命令の申立てをした。この申立ては認められるか。

Q47｜強制管理………………………………………………[中内　篤]……542

Xは，Y所有の土地について仮差押命令の発令を得て，その執行として強制管理の申立てをした。これに対して，保全執行裁判所は，強制管理開始決定をするとともに，その管理人として執行官Aを選任した。これを前提に，下記事項について説明しなさい。
(1) 強制管理の方法による仮差押えの執行の申立て
(2) 強制管理を求めるに適する場
(3) 強制管理の対象となる財産

Q48｜仮差押えによる時効中断効……………………………[西村博一]……551

Xは，Yに対して2750万円の貸金債権を有しているが，うち1000万円を被保全権利として，Y所有の不動産①ないし⑤について仮差押命令を申し立て，これに基づく仮差押命令が発令されるとともに，それらの不動産について保全裁判所の嘱託による仮差押えの登記がされた。その後，Xは，Yに対し，上記貸金の返還を求める本案の訴えを提起して勝訴判決を受け，その判決は確定した。そこで，Xは，仮差押えをした不動産①・②について強制競売の申立てをし，その手続において配当を受けた。なお，不動産③ないし⑤については強制競売の申立てはされず，仮差押えがされたままであった。上記配当から約11年が経過した後に，Yは，Xに対し，上記貸金債権は10年の経過によって時効消滅したと主張して，債務不存在確認の訴えを提起した。これに対して，Xは，上記貸金債権のうち上記仮差押命令の被保全債権1000万円については，上記仮差押えによって時効が中断していると主張した。この主張は認められるか。

Q49｜仮差押執行の取消しに伴う時効中断効消滅の成否……[増田輝夫]……557

Xは，Yの連帯保証の下，A会社に対し，500万円を貸し付けた。しかし，その支払期日に弁済されないまま，A会社は倒産してしまった。そこで，Yを債務者，上記連帯保証債務履行請求権を被保全権利として，Y所有の建物について仮差押命令を申し立て，これに基づく仮差押命令が発令されるとともに，上記建物について保全執行裁判所の裁判所書記官の嘱託による仮差押えの登記がされた。しかし，Yが仮差押解放金を供託したため，上記仮差押命令の執行は取り消された。Xは，この執行取消しから5年以上を経過した後に，Yに対し，上記連帯保証債務の履行を求める本案の訴えを提起した。これに対して，Yは，仮差押執行が取り消されたことによって上記仮差押えによる時効中断効も消滅し，5年の経過によって上記連帯保証債権（商事債権）の消滅時

効が完成したと主張した。この主張は認められるか。

Q50│本執行移行後の仮差押えの取下げ……………………[西村　博一]……569
　Y宅の新築工事の下請人Xは，元請人A会社に対して500万円の請負代金債権を有すると主張して，A会社を債務者，Yを第三債務者，上記請負代金債権を被保全権利として，A会社が上記新築工事の発注者Yに対して有する2000万円の請負代金債権のうち請求債権額に満つるまでの債権について仮差押命令を申し立て，これに基づき発令された仮差押命令がYに送達された。その後，Xは，被保全債権の一部である300万円についてA会社に対する債務名義を得たことから，これを請求債権として，上記被差押債権の一部である同金額について差押命令を得，その命令はY及びA会社に送達されたので，Xは，取立権を取得した。その後，Xは，上記仮差押命令の担保について取消決定を得るため，上記仮差押命令の申立て及びその執行の申立てを取り下げた。他方，Yは，中断していたY宅の新築工事を続行してもらうため，上記差押命令の送達を受けるまでの間に，A会社の下請けとして工事を引き継いだ代理受領権者への弁済を含めて，A会社に対して負担していた請負代金債権をすべて弁済した。Yはこの弁済をもってXに対抗することができるか。

Q51│本執行への移行……………………………………………[増田　輝夫]……577
　Xは，Yに対し，損害賠償請求権（交通事故）を有しているが，これを保全するため，Yを債務者として，Y所有の土地・建物（以下「本件不動産」という）について仮差押命令を申し立て，これに基づく仮差押命令が発令されるとともに，本件不動産について保全裁判所の嘱託による仮差押えの登記がされた。その後，Xは，本案の訴えにおいて勝訴判決を得た（後に確定した）ので，これを債務名義として本件不動産について強制競売を申し立て，これに基づく強制競売手続開始決定がされたものの，その開始決定は，無剰余を理由として民事執行法63条2項に基づいて取り消された。他方，Yは，上記仮差押登記後に本件不動産をZに譲渡しており，Zへの所有権移転登記がされている。Xは，上記強制競売手続が取り消された後，上記仮差押登記の抹消登記がされていなかったことから，債務者をYとして，本件不動産について再び強制競売の申立てをした。この申立ては認められるか。

Q52│違法な仮差押命令による損害賠償責任………………[丸尾　敏也]……591
　当初から被保全権利が存在しなかったため，不動産仮差押命令の申立て及びその執行が違法であって債務者に対する不当行為となる場合，債権者が賠償すべき「損害の範囲」はどうなるか。

Q53│第三債務者の債権者に対する対抗の可否……………[丸尾　敏也]……597
　Z会社の従業員Yは，平成24年12月限りZ会社を退職し，退職金1500万円が支給されることになり，退職に先立ち，Z会社に対して上記退職金をA銀行のY名義の預金口座に振込みの方法で支払うことを依頼した。Z会社は，同月26日，B銀行〇〇支店に対し，オンラインシステムを通じて，上記退職金がYの口座に同月28日に振込入金されるよう依頼した。他方，Xは，Yに対して損害賠償請求権を（交通事故）を有するところ，Yを債務者，Z会社を第三債務者，YがZ会社から支給される給与等の債権を被保全権利として，仮差押命令の申立をした。同月26日，仮差押命令が発令されその仮差押命令は，同月27日，Z会社に送達された。Z会社は，Yが同月31日付で退職となっており，Yに対する給与及び退職金は支払済みであって，上記仮差押命令に係る債権は存在しない旨を記載した同月27日付陳述書を裁判所に提出した。同月28日，Yの口座に上記退職金が振込入金された。Xは，YがZ会社から支給される同月31日に支払期の到来した上記退職金の4分の1について債権差押命令を申し立て，これに基づく債権差押命令が発令され，その命令は，平成25年1月8日，Z会社に送達された。そこで，Xは，Z会社に対し，取立権に基づいて，差押相当額375万円の支払を求める訴えを提起した。この場合，Z会社は，上記振込みによる弁済をもってX（仮差押債権者）に対抗することができるか。

第7章　仮処分の執行に関するＱ＆Ａ……………………………… 606
Q54｜代替執行可能な時期………………………………［丸尾　敏也］…… 606
　　Xは，YがX所有の乙土地上に権限なく甲建物を所有していることから，Yを債務者，乙土地の所有権を被保全権利として，甲建物収去・乙土地明渡しの断行の仮処分命令を申し立てたところ，これが認容され，「仮処分命令送達の日から10日以内に甲建物を収去して乙土地を仮に明け渡せ」との仮処分命令が発令された。これに対して，Yが保全異議の申立てをするとともに上記仮処分命令執行停止の申立てをしたため，保全執行裁判所は，担保を提供させてこれを認めた。そして，Yの保全異議の申立てについて審理した結果，上記仮処分命令は認可された。この場合，Xは，いつまでに代替執行に着手すべきか。

Q55｜不作為を命ずる仮処分の執行………………………［丸尾　敏也］…… 610
　　Xは，Yに対し，X所有の甲土地を，普通建物所有目的の約定で賃貸した（普通借地約款）。ところが，Yは，Y所有の乙土地と借地（甲土地）上の木造2階建てアパートを取り壊し，その跡の甲・乙土地上に鉄筋コンクリート造り5階建てアパートを建築しようとしている。このため，Xは，Yに対し，用法違反を理由として，甲土地に係る建築工事を中止するよう申し入れたが，Yはこれを無視して工事を進行させている。そこで，Xは，YとZ会社（建築工事の請負業者）を債務者，建物収去・甲土地明渡請求権を被保全権利として，上記建築工事差止めの仮処分を申し立て，これに基づく仮処分命令が発令された。しかし，Y及びZ会社は，上記仮処分命令を無視して上記建築工事を進め，すでに2階部分の鉄骨組立工事の段階に至っている。この場合，Xは，どのように対処すべきか。

Q56｜占有移転禁止の仮処分の執行………………………［西村　博一］…… 615
　　Xは，Yに対し，X所有の甲土地を，普通建物所有目的の約定で賃貸した（普通借地契約）。ところが，Yは，無断で甲土地上の木造2階建て建物の一部を取り壊し，その跡に鉄筋コンクリート造り4階建てビルを建築するための基礎工事を開始した。このため，Xは，Yに対し，用法違反を理由として，上記建築工事を中止するよう申し入れたが，聞き入れられなかった。そこで，Xは，Yを債務者，建物収去・甲土地明渡請求権を被保全権利として，占有移転禁止の仮処分命令を申し立て，これに基づく仮処分命令が下記のとおり発令され，その執行がされた。しかし，Yは，上記建築工事を止めることなく継続している。この場合，Xは，執行官に対し，Yの上記違反行為を除去させ，原状回復をさせることができるか。
【仮処分命令（物件目録は省略）】
1　債務者は，別紙物件目録記載の土地及び建物に対する占有を他人に移転し，又は占有名義を変更してはならない。
2　債務者は，上記物件の占有を解いて，これを執行官に引き渡さなければならない。
3　執行官は，上記物件を保管しなければならない。
4　執行官は，債務者に上記物件の使用を許さなければならない。
5　執行官は，債務者が上記物件の占有の移転又は占有名義の変更を禁止されていること及び執行官が上記物件を保管していることを公示しなければならない。

Q57｜仮処分の執行と不当利得…………………………［西村　　彬］…… 623
　　XとYらは，化粧品会社の代表者であった亡Aの共同相続人である。亡Aは，全財産をXに相続させるとの遺言を残していた。その後，XとYらは，Yらがそれぞれ6000万円を，Xがその余の全財産を取得するとの遺産分割協議（以下「本件遺産分割協議」という）を成立させた。Xの取得する財産の中には亡Aの有していた商標権が含まれていた。その後，Yらは，本件遺産分割協議は錯誤によって無効であり，遺留分減殺請求によって上記商標権の持分を取得した

と主張して，Xを債務者，上記商標権の持分権を被保全権利として，商標権処分禁止の仮処分命令を申し立て，これに基づく仮処分命令が発令された（以下「本件仮処分命令」という）。しかし，Xは，本件仮処分命令に従わず，第三者に上記商標権の使用を許諾したため，Yらは，本件仮処分命令の保全執行として間接強制決定の申立てをしたところ，Xが本件仮処分命令記載の義務に違反したときは，Yらに対し，間接強制金を支払えとする間接強制決定が発令された。しかし，Xは，なお本件仮処分命令に従わず，その結果，Yらに合計1億8000万円の間接強制金が支払われた。Yらは，Xに対し，本件仮処分命令に係る本案の訴えを提起したが，その控訴審において，上記遺言分割協議は有効であり，Yらは，上記商標権について持分を有しないとの判決が言い渡され，これが後に確定した。そこで，Xは，本件仮処分命令の事情変更による取消しを申し立て，その旨の取消決定を得た上で，間接強制決定の取消しを申し立て，その旨の取消決定を得た。その後，Xは，上記間接強制決定に基づいて取り立てられた間接強制金1億8000万円は法律上の原因を失い，不当利得にあたると主張して，Yらに対して同額の返還を求める訴えを提起した。Xの主張は認められるか。

Q58 | 満足的仮処分の執行後における目的物の滅失 ……… [増田　輝夫] …… 633

Xは，X所有の甲建物を権原なく占有するYに対し，所有権に基づく甲建物の明渡しを求める訴えを提起した。その訴訟の係属中，Xは，Yを債務者，甲建物の明渡請求権を被保全権利として，満足的仮処分命令を申し立て，これに基づく仮処分命令が発令されるとともに，その執行として甲建物の明渡しを受けたが，その直後に甲建物を取り壊し，滅失させた。Xは，上記本案の訴えにおいて，甲建物滅失の事実を斟酌することなく，本案請求の当否について判断されるべきであると主張した。Xの主張は認められるか。

Q59 | 承継人による仮処分執行の効力の主張 ……………… [井手　良彦] …… 643

Aは，YからY所有の甲建物を買った。ところが，YがAへの所有権移転登記手続を行おうとしないため，Yを債務者，上記所有権移転登記手続請求権を被保全権利として，処分禁止の仮処分命令を申し立て，これに基づく仮処分命令が発令されるとともに，甲建物について保全裁判所の嘱託による処分禁止の登記がされた。その後，Yは，Zのために甲建物について賃借権を設定し，その登記をした。その後，Aから甲建物を買ったがXが，上記処分禁止の仮処分の効力を主張するには，承継執行文の付与を要するか。

第8章　仮処分の効力に関するQ&A ………………………………… 648

Q60 | 仮処分の効力(1)——当事者恒定① ……………………… [増田　輝夫] …… 648

Xは，Yから，Y所有の土地・建物を代金500万円で買った。その契約内容は，支払期日における代金支払と同時に上記土地・建物について所有権移転登記手続を行うというものであった。しかし，Xが支払期日に上記売買代金500万円を支払ったにもかかわらず，Yは，上記土地・建物について所有権移転登記手続を行おうとしない。そこで，Xは，Yを債務者，上記所有権移転登記手続請求権を被保全権利として，上記土地・建物について譲渡並びに質権，抵当権及び賃借権の設定その他一切の処分を禁止する旨の仮処分命令を申し立て，これに基づく仮処分命令が発令されるとともに，上記土地・建物について保全執行裁判所の裁判所書記官の嘱託による処分禁止の登記がされた。同時に，Xは，Yに対し，上記土地・建物の所有権移転登記手続を求める訴えを提起し，その勝訴判決を得た（後に確定した）。ところが，上記土地・建物について，売買を原因とするYからZへの所有権移転登記手続がされていることが判明した。この場合，上記土地・建物についてされたZ名義への所有権移転登記はどうなるか。

Q61 | 仮処分の効力(2)——当事者恒定② ……………………… [増田　輝夫] …… 660

Xは，平成23年12月1日，Aに対し，X所有の甲建物を賃貸した。以後，A

目　次　xxvii

は，甲建物で飲食店を経営していたが，平成25年1月8日，Yに対し，飲食店の営業権とともに甲建物の賃借権を譲渡したことから，Yが甲建物を占有するに至った。これに対して，Xは，上記賃借権譲渡について承諾していないと主張して，Aに対し，無断譲渡を理由に，X・A間の賃貸借契約を解除するとの意思表示をするとともに，Yに対し，甲建物の明渡しを求める訴えを提起した。そして，Xは，この訴訟係属中，Yを債務者，甲建物の明渡請求権を被保全権利として，Yに使用を許す執行官保管の占有移転禁止の仮処分命令を申し立て，これに基づく仮処分命令が発令されるとともに，その執行がされた。ところが，Yは，Y・A間の賃借権譲渡契約を解除するとの意思表示をした上でAに甲建物を引き渡し，以降，甲建物の現実の占有をしていない。この場合，Yは，甲建物の占有喪失を主張することができるか。

Q62｜仮処分の効力(3)——禁止行為の範囲……………[上坂　俊二]……　*671*
　所有権移転登記手続請求権を被保全権利とする処分禁止の仮処分命令の発令後（保全裁判所の嘱託による処分禁止の登記済み）に，同仮処分以前において設定されていた根抵当権を譲渡することは，上記仮処分命令に違反する処分行為にあたるか。

第9章　書記官事務に関するＱ＆Ａ……………………………………　*676*

Q63｜保全命令・保全執行における書記官事務(1)…………[上坂　俊二]……　*676*
　下記事項における書記官事務について説明しなさい。
　(1)　受付
　(2)　審理（期日呼出し，調書等）
　(3)　裁判（担保，解放金，決定書の作成）

Q64｜保全命令・保全執行における書記官事務(2)…………[上坂　俊二]……　*696*
　下記事項における書記官事務について説明しなさい。
　(1)　執行（保全仮登記の更正手続）
　(2)　付随申立て（保全執行の取消し，起訴命令，担保の変換・取戻し）
　(3)　保全異議・保全取消し

第3編　審判前の保全処分に関するＱ＆Ａ

Q65｜財産管理者選任等の保全処分…………………………[貴島　慶四郎]……　*719*
　Aは高齢者であり，現在は認知症により入院・退院を繰り返している。Aは過去に貯蓄から不必要な大金を下したことがある。このような場合，Aの財産を確保するために，どのような措置をとったらよいか。
　(1)　誰がどのような審判を申し立てたらよいか。高齢者の判断能力に応じて，どのような審判類型があるか。後見開始・保佐開始・補助開始の審判のそれぞれについて，判断能力の程度，申立権者等の要件について説明せよ。
　(2)　どのような保全処分を申し立てたらよいか。財産管理者の候補者としては，どのような者が望ましいか。
　(3)　財産管理者にはどのような権限があるか。

Q66｜財産管理者の後見等を受けるべきことを命ずる保全処分
　……………………………………………………………[貴島　慶四郎]……　*733*
　Aが振り込め詐欺や悪徳商法に騙されて所有財産の放出に係る契約を締結するおそれがあるような場合には，どのような措置をとったらよいか。
　(1)　後見命令の保全処分はどのような場合に発令することができるか。保佐命令・補助命令はどうか。
　(2)　後見（保佐・補助）命令の保全処分の審理手続はどのようになされるか。
　(3)　財産管理者の後見等を受けるべきことを命ずる保全処分によってどのような効力が認められるか。

Q67 | 任意後見人の職務執行停止の保全処分　　　　　　　　[貴島　慶四郎]……　743
　信頼して選任したはずの任意後見人Bが被後見人の預金を使い込むなどの不正が発覚した場合はどうか。また，Bに積極的な不正行為はないものの，任意後見監督人の財産状況の調査等に協力しない場合はどうか。
(1)　本案事件としてどのような審判を申し立てることができるか。
(2)　任意後見人の職務執行停止の保全処分を申立てることができるか。
(3)　職務代行者選任の保全処分はどうか。

Q68 | 任意後見監督人の職務執行停止と職務代行者の選任の保全処分
　　　　　　　　　　　　　　　　　　　　　　　　[貴島　慶四郎]……　755
　裁判所から選任された任意後見監督人が，被後見人の財産を任意後見人が使い込んでいる不正行為の事実を知りながら，それについて何らの監督措置を講じない。
(1)　本案事件としてどのような審判を申し立てることができるか。
(2)　任意後見監督人の職務執行停止の保全処分はどうか。
(3)　職務代行者選任の保全処分はどうか。

Q69 | 人事訴訟の保全処分と民事保全処分　　　　　　　　　[梶村　太市]……　766
(1)　離婚訴訟の前に，離婚で認められる親権者指定や子の監護に関する処分（子の引渡し・養育費など）あるいは財産分与請求権を本案として民事保全処分の申立てをすることができるか。
(2)　それは通常仮処分か特殊仮処分か。
(3)　人事訴訟の保全処分の「本案」は何か。
(4)　できるとすれば管轄裁判所はどこか。
(5)　離婚訴訟等の附帯処分等とは何か。
(6)　審判前の保全処分の申立てはどうか。
(7)　人事訴訟法上の保全処分と審判前の保全処分とのすみわけ。

Q70 | 債権仮差押えの保全処分　　　　　　　　　　　　　　[梶村　太市]……　771
　家事審判事件には，金銭や金銭債権の支払を命ずる本案審判が少なからず存在する。そこで，債権仮差押えの必要が生ずる場合がある。
(1)　金銭の支払が命じられる本案審判にはどのような類型のものがあるか。
(2)　離婚に伴う財産分与審判を本案とする場合，仮差押えの方法を選択すべき事案としてはどのような場合があるか。
(3)　仮差押えの保全処分の要件と手続を説明せよ。
(4)　債権に対する仮差押えの執行はどのように行われるか。

Q71 | 係争物に関する仮処分　　　　　　　　　　　　　　　[梶村　太市]……　774
　家事審判事件には，不動産や物の所有権移転などの給付命令を伴う本案事件が少なからず存在する。これに伴い必要となるのが係争物に関する仮処分であるが，これには処分禁止の仮処分と占有移転の仮処分の2類型がある。
(1)　係争物に関する仮処分が必要となりうる審判事件にはどのようなものがあるか。
(2)　係争物関係事件において，不動産の処分禁止を求める方法を選択すべき事案としてはどのような場合があるか。
(3)　係争物に関する仮処分の要件と手続を述べよ。
(4)　係争物に関する仮処分の執行について説明せよ。

Q72 | 仮の地位を定める仮処分　　　　　　　　　　　　　　[梶村　太市]……　777
　現在別居中の相手が離婚に応じないので，離婚調停を申し立て，それでも離婚が成立しなければ離婚訴訟を提起したいが，その前に下記の点について当面の課題を確保しておきたい。
(1)　毎月の婚姻費用あるいは養育費の仮払いを求める仮処分を申し立てることができるか。
(2)　結婚の際の持参物である家財道具や衣類等の引渡しに応じないので，それ

らの引渡しを求める仮処分を申し立てることができるか。
　(3)　子の引渡しを求める仮処分を求めることができるか。人身保護請求との関係はどうか。

Q73｜審判前の保全処分等の執行停止・執行処分取消し…［平本　美枝子］…… *780*
　審判前の保全処分に対し即時抗告が提起された。
　(1)　執行は当然に停止されるか。執行停止の裁判が必要か。保全処分の執行の停止が必要なのはどのような場合か。また，その要件は何か。
　(2)　執行処分の取消しはどうか。

Q74｜審判前の保全処分の取消し……………………………［平本　美枝子］…… *788*
　保全処分の審判が確定した。
　(1)　審判前の保全処分の取消しはどのような場合に行うのか。
　(2)　審判前の保全処分を取り消す審判の効力について説明せよ。

Q75｜財産の管理者の権限外行為許可………………………［平本　美枝子］…… *795*
　審判前の保全処分として財産の管理者が選任された。
　(1)　財産の管理者の権限外行為としてはどのようなものがあるか。
　(2)　その手続について説明せよ。

Q76｜財産の管理者に対する報酬付与………………………［平本　美枝子］…… *801*
　審判前の保全処分によって選任された財産の管理者が財産管理の職務を執行した。
　(1)　報酬を求めたい場合，どのような申立てをすればよいか。
　(2)　その手続はどうか。

Q77｜保全処分取消審判の原状回復処分……………………［石井　久美子］…… *805*
　仮の地位を定める仮処分である金銭支払や物の引渡し等の執行が完了したが，その後仮処分が事情変更により取り消された。
　(1)　その場合の原状回復の方法としてどのようなものがあるか。
　(2)　その手続はどうか。

Q78｜特別養子縁組成立審判の際の養子監護者選任処分…［石井　久美子］…… *814*
　特別養子縁組成立審判があり，現在試験養育期間中である。
　(1)　どのような場合に養子となるべき者の監護者選任の保全処分をすることができるか。
　(2)　その申立手続・審理手続はどうか。
　(3)　その効力はどうか。

Q79｜職務執行停止・職務代行者選任の保全処分…………［石井　久美子］…… *822*
　(1)　審判前の保全処分の第3類型である職務執行停止・職務代行者選任の保全処分ができる審判類型のはどのようなものがあるか。
　(2)　その申立手続・審理手続・事後手続について説明せよ。

Q80｜児童つきまとい等禁止命令……………………………［石井　久美子］…… *832*
　保護者による虐待があるとして，一時保護が加えられている。
　(1)　どのような要件の下に保護者に対し児童へのつきまとい等を禁止する保全処分をすることができるか。
　(2)　その申立手続・審理手続はどうか。
　(3)　その効力はどうか。

事項索引

第1編

民事保全法の基礎知識

第1章

総　　則

〔1〕　民事保全の範囲

(1)　狭義の民事保全

　民事保全法（平成元年法律第91号）に規定する民事保全とは，①民事訴訟の本案の権利の実現を保全するための仮差押え，及び，②係争物に関する仮処分，並びに，③民事訴訟の本案の権利関係につき仮の地位を定めるための仮処分の3種を総称する（民保1条）。これが狭義の民事保全である。

　①の仮差押えは，金銭の支払を目的とする債権について，強制執行をすることができなくなるおそれがあるとき，又は強制執行をするのに著しい困難を生ずるおそれがあるときに発せられるものである（民保20条1項）。

　②の係争物に関する仮処分は，その現状の変更により，債権者が権利を実行することができなくなるおそれがあるとき，又は権利を実行するのに著しい困難を生ずるおそれがあるときに発せられるものである（民保23条1項）。

　③の仮の地位を定める仮処分は，断行の仮処分とか満足的仮処分ともいわれるもので，争いがある権利関係について債権者に生ずる著しい損害又は急迫の危険を避けるためこれを必要とするときに発することができるものである（同条2項）。

(2)　広義の民事保全

　民事訴訟による本案の裁判を予定していない特殊仮処分，例えば，各種倒産手続に付随する手続開始決定前の保全処分（破28条，民再30条，会更28条等），仮登記仮処分（不登108条），独占禁止法上の緊急停止命令（独禁70条の13），労働委員会の救済命令に対する使用者の取消しの訴えの提起に伴う緊急命令（労組27条の20），行政処分の執行停止決定（行訴25条2項）などは民事保全の範囲外であ

る。これらは広義の民事保全である。

これに対し，人事訴訟法上の保全処分（人訴30条）や家事事件手続法上の審判前の保全処分（家手105条）は狭義の民事保全の範囲内である。

〔2〕 民事保全の機関及び保全執行裁判所

民事保全の機関及び保全執行裁判所については，民事保全法2条に規定があり，民事保全の命令（保全命令）は申立てにより裁判所（保全命令裁判所）が行う（同条1項）。民事保全の執行（保全執行）は，申立てにより，裁判所又は執行官が行う（同条2項）。裁判所が行う保全執行に関しては民事保全法の規定により執行処分を行うべき裁判所をもって，執行官が行う保全執行の執行処分に関してはその執行官が所属する地方裁判所をもって保全執行裁判所とする（同条3項）。

〔3〕 審理手続——決定主義の徹底

平成元年に制定された民事保全法までの旧法時代には，保全命令関係は民事訴訟法第6編，保全執行関係は民事執行法第3章に規定されていたが，両者を統一した民事保全法では，民事保全の迅速化，効率化，合理化の観点からいくつかの点で重要な改正を加えた。

もっとも重要な改正が，オール決定主義といわれるものである。旧法時代には，保全命令手続は仮差押え・仮処分ともに口頭弁論を開いて審理したときは判決で，開かなくて審理したときは決定で裁判するとしていたため，保全処分事件の本案化の現象を避けえなかった。しかし，新民事保全法では，民事保全に関する手続は，口頭弁論を開くと否とにかかわらず，すべて決定で裁判すべきものとされた。保全命令に対する不服申立手続も旧法下では判決手続であったが，すべて決定手続にした（同法3条）。いわば，任意的口頭弁論主義を徹底したわけである。

〔4〕 担保の提供

担保を立てるべきことを命じた裁判所又は保全執行裁判所の所在地を管轄する地方裁判所の管轄区域内の供託所（法務局）に対し，金銭又は担保を立てる

べきことを命じた裁判所が相当と認める有価証券（社債，株式等の振替に関する法律278条1項に規定する振替債を含む）を供託する方法，その他最高裁判所規則で定める方法によらなければならない（民保4条本文）。後者につき，最高裁規則である民事保全規則2条は，支払保証委託契約による方法（いわゆるボンド）を認める。

　ただし，当事者が特別の契約をしたときは，その契約による（民保4条但書）。

〔5〕 事件記録の閲覧等

　保全命令手続又は保全執行手続について，利害関係者は，裁判所書記官に対し，事件記録の閲覧・謄写，その正本・謄本・抄本の交付又は事件に関する事項の証明書の交付を請求することができる（民保5条本文）。

　ただし，債権者以外の者にあっては，保全命令申立てに関し口頭弁論若しくは債務者を呼び出す審尋期日の指定があり，又は債務者に対する保全命令の送達があるまでの間は，この限りではない（同条但書）。この点は，いわゆる保全手続の密行性の要請であることはいうまでもない。

〔6〕 専属管轄

　民事保全法に規定する裁判所の管轄は専属管轄である（民保6条）。専属管轄とは，保全関係の管轄の公益性に基づき，任意管轄を認めない趣旨である。例えば，民事保全法11条・12条など参照。

〔7〕 民事訴訟法規の準用（民保7条）

　特別の定めがあるときを除き，民事保全の手続に関しては民事訴訟法の規定を（民保7条），民事訴訟規則の規定を（民保規6条），それぞれ準用する。

〔8〕 釈明処分の特例（民保9条）

　裁判所は，争いに係る事実関係に関し，当事者の主張を明瞭にさせる必要があるときは，口頭弁論又は審尋の期日において，当事者のため事務を処理し，又は補助する者で，裁判所が相当と認めるものに陳述させることができる（民

保9条)。

〔梶村　太市〕

第2章

保全命令に関する手続

第1節　通則の概要

〔1〕　管　　轄

(1)　保全命令事件の国際的裁判管轄権（民保11条）

　保全処分の申立ては，日本の裁判所に本案の訴えを提起することができるとき，又は仮差押物若しくは係争物が日本国内にあるときに限り，することができる（民保11条）。

　本案の国際的裁判管轄権の規定は民事訴訟法3条の2～3条の12，非訟事件の管轄権は非訟事件手続法5条～10条，人事訴訟の除外規定は人事訴訟法30条1項など参照。

(2)　保全命令事件の国内的裁判管轄権（民保12条）

　保全命令事件は，本案の管轄裁判所又は仮差押物若しくは係争物の所在地を管轄する地方裁判所が管轄する（民保12条1項）。

　本案の訴えが民事訴訟法6条1項に規定する特許権等に関する訴えである場合には，保全命令事件は，前項の規定にかかわらず，本案の管轄裁判所が管轄する。ただし，仮差押物又は係争物の所在地を管轄する地方裁判所が同条1項各号に定める裁判所であるときは，その裁判所もこれを管轄する（同条2項）。

　本案の管轄裁判所は，第一審裁判所とする。ただし，本案が控訴審に係属するときは，控訴裁判所とする（同条3項）。

　仮差押物又は係争物が民事執行法143条に規定する債権であるときは，その

債権はその債権の債務者（第三債務者）の普通裁判権の所在地にあるものとする。ただし，船舶又は動産の引渡しを目的とする債権及び物上の担保権により担保される債権は，その物の所在地にあるものとする（同条4項）。

前項本文の規定は，仮差押物又は係争物が民事執行法167条1項に規定する財産権（その他の財産権）で第三債務者又はこれに準ずる者がある場合（次項規定の場合を除外）について準用する（同条5項）。

仮差押物又は係争物がその他の財産権で権利の移転について登記・登録を要するものであるときは，その財産権はその登記・登録の地にあるものとする（同条6項）。

〔2〕 申立て及び疎明（民保13条）

(1) 申立ての趣旨等（1項）

保全命令の申立ては，その趣旨及び保全すべき権利又は権利関係（被保全権利）及び保全の必要性を明らかにして，これをしなければならない（民保13条1項）。

民事保全規則1条は申立ての書面主義を採用し，①保全命令申立書，②保全命令却下裁判即時抗告書，③保全異議申立書，④保全取消申立書，⑤保全抗告申立書，⑥保全執行申立書の提出を必要的としている。

同規則13条は申立書の記載事項を規定し，当事者の氏名・名称及び住所，並びに代理人の氏名・住所（同条1項1号）及び申立ての趣旨及び理由（同項2号）である。そして，申立ての理由においては，保全すべき権利又は権利関係及び保全の必要性を具体的に記載し，かつ立証を要する事由ごとに証拠を記載しなければならない（同条2項）。

(2) 被保全権利と保全の必要性の疎明（2項）

被保全権利及び保全の必要性は疎明しなければならない（民保13条2項）。

疎明とは，証明と異なり，一応確からしいとの推測を裁判官が得た状態，あるいはこの状態に達するように証拠を提出する当事者の行為をいう。迅速処理の要請から，疎明に用いる証拠方法は，即時に取り調べることのできるものに限られる（民訴188条）。

第2章　保全命令に関する手続　第1節　通則の概要　9

(3)　**口頭弁論期日又は審尋期日の呼出し**（民保規3条）

　民事保全手続における口頭弁論期日又は審尋期日の呼出しは，相当と認める方法によることができる（民保規3条1項）。

　前項の呼出しがされたときは，裁判所書記官は，その旨及び呼出しの方法を記録上明らかにしなければならない（同条2項）。

(4)　**期日調書の作成・省略**（民保規7条・8条）

　口頭弁論調書の記載の省略等に関しては民事保全規則7条に，審尋調書の作成等に関しては民事保全規則8条に，それぞれ詳しい規定がある。

(5)　**主張書面の提出の方法等**（民保規14条）

　保全命令の申立手続において，口頭弁論期日又は債務者を呼び出す審尋期日が指定された後に主張書面を提出するには，これと同時にその写し1通（相手方の数が2以上であるときはその数の通数）を提出しなければならない。ただし，やむを得ない事由があるときは，裁判所の定める期間内に提出すれば足りる（民保14条1項）。

　保全命令申立手続において書証の提出をするには，これと同時に，口頭弁論期日又は債務者を呼び出す審尋期日が指定される前にあってはその写し1通を，これらの期日が指定された後にあってはその写し2通（相手方の数が2以上であるときはその数に1を加えた通数）を提出しなければならない。この場合も，やむを得ない事由があるときは，裁判所の定める期間内に提出すれば足りる（同条2項）。

　口頭弁論期日又は債務者を呼び出す審尋期日が指定された後に前2項の写しが提出されたときは，裁判所書記官は，当該写し（前項の写しについてはそのうちの1通を除く）を相手方に送付しなければならない（同条3項）。

(6)　**主張書面等の直送**（民保規15条）

　債権者は，保全命令手続において，口頭弁論期日の呼出し又は債務者審尋期日の通知を受けたときは，遅滞なく，すでに提出した主張書面・書証について直送しなければならない（民保規15条）。

〔3〕 保全命令の担保

(1) 立担保等の裁判等

　保全命令は，担保を立てさせて，若しくは相当と認める一定の期間内に担保を立てることを執行の実施の条件として，又は担保を立てさせないで発することができる（民保14条1項）。この担保は，債務者が被るおそれのある損害の賠償を担保する性質のものである。この立担保決定は，債務者に告知することを要しない（民保規16条2項）。

　法規が定める担保提供の基準はないが，各裁判所では内規として一定の基準表を作成しているようである。立担保保証額の決定は，債権者の債権行使を許すか許さないかを決する重大な結果をもたらすものであるから，債権者からの即時抗告（民保19条）が許される（仙台高決平4・5・27判タ805号210頁）。

　なお，担保の取戻しに関しては民事保全規則17条に，担保変換決定の通知に関しては同規則12条に規定がある。

(2) 供託場所

　前項の担保を立てる場所において，遅滞なく民事保全法4条1項の供託所に供託することが困難な事由があるときは，裁判所の許可を得て，債権者の住所地又は事務所の所在地その他裁判所が相当と認める地を管轄する地方裁判所の管轄区域内の供託所に供託することができる（民保14条2項）。

〔4〕 裁判長の権限（民保15条）

　保全命令は，急迫の事情があるときに限り，裁判長が発することができる（民保15条）。合議体で発すべき場合の例外的措置である。

〔5〕 決定の理由（民保16条）と決定書の作成（民保規9条）

　保全命令の申立てについての決定には，理由を付さなければならない。ただし，口頭弁論を経ないで決定をする場合には，理由の要旨を示せば足りる（民保16条）。

　決定にあたっては，原則として決定書を作成しなければならず（民保規9条1

項），決定の理由においては，主要な争点及びこれに対する判断を示さなければならない（同条3項）。その場合，口頭弁論又は債務者の審尋を経ないで保全命令を発する場合を除き，保全命令の申立書その他の当事者の主張書面を引用することができる（同条4項）。いわゆる調書決定をすることができる場合もある（民保規10条1項）。

〔6〕 送　　達（民保17条）

保全命令は，当事者に送達しなければならない（民保17条）。

決定の告知に関する原則は相当な方法による告知であるが，保全命令の重要性に鑑み必ず送達の方法によらなければならないものとされた。送達の方法等に関しては，民事訴訟規則39条以下に規定がある。

〔7〕 保全命令の申立ての取下げ（民保18条）

保全命令の申立てを取り下げるには，保全異議又は保全取消しの申立てがあった後においても，債務者の同意を得ることを要しない（民保18条）。

本案である訴えの取下げの場合（民訴261条2項）と異なり，相手方の利益を考慮する必要がないからである。

民事保全規則1条に定める前記①～⑥の申立ての取下げの手続については，民事保全規則4条に詳しい規定がある。

〔8〕 却下の裁判に対する即時抗告（民保19条）

保全命令の申立てを却下する裁判に対しては，債権者は告知を受けた日から2週間の不変期間内に，即時抗告をすることができる（民保19条1項）。保全命令却下決定及びこれに対する即時抗告却下決定は，債務者に対し口頭弁論期日又は審尋期日の呼出しがされた場合を除き，債務者に告知することを要しない（民保規16条1項）。

前項の即時抗告を却下する裁判に対しては，さらに抗告することができない（民保19条2項）。

理由の記載を必要とする民事保全法16条本文の規定は，1項の即時抗告についての決定について準用する（同条3項）。

通常期間が裁判所において職権で伸縮できる法定期間であるのに対し，不変期間とは裁判所においても伸縮が許されていない法定期間であり，裁判に対する不服申立期間がこれに属する。ただ，不変期間にも，遠隔の地に住んでいる者のため，特別に付加期間を定めることが許される場合もある（民訴96条2項）し，当事者がその責めに帰することができなかった場合に，その事由が終わってから1週間以内にその訴訟行為の追完が許されることもある（民訴97条）。

[梶村　太市]

第2節　仮差押命令の概要

〔1〕　仮差押命令の必要性——被保全権利と保全の必要性

　仮差押命令とは，金銭の支払を目的とする債権について，強制執行をすることが不能又は著しく困難になるおそれがあるときに，将来の強制執行を保全するため，債務者による財産の処分を禁止して，債務者の責任財産を確保しようとするものである（民保20条1項）。

　このような仮差押命令の申立てがあった場合には，管轄，当事者能力，訴訟能力，代理権，当事者適格のような形式的要件である訴訟要件についても審理することになるが，審理の中心は，実体的要件である仮差押えの被保全権利と保全（仮差押え）の必要性についての疎明の有無である（民保13条2項）。また，仮差押えの執行は，この仮差押命令の正本に基づいて実施する（民保43条1項本文）。

(1)　仮差押えの被保全権利

　(a)　仮差押えの被保全権利，すなわち仮差押えによって保全すべき権利は，金銭の支払を目的とする債権，つまり金銭債権である（民保20条1項）。

　そして，①金銭債権は，条件付のものであっても，期限付のものであってもかまわない（民保20条2項）。②いまだ金銭債権として成立していなくても，将来成立すべき金銭債権であり，その成立の基礎となる法律関係が存在しておれば，被保全権利となりうる（例えば，保証人の主債務者に対する求償権など）。また，③仮差押えは，金銭債権の将来の強制執行を保全するためのものであるから，自然債務や不執行特約のある債権は，仮差押えの被保全権利とはなりえない。

　(b)　仮差押えの申立てをする際には，被保全権利を特定しなければならない。

　被保全権利は仮差押えの審判の対象として，疎明が必要になるのであり，そのように審判の対象であるために特定が必要になる。さらには，仮差押命令に関して本案訴訟が提起されたか，本執行への移行があったかなど，仮差押命令の被保全権利と本案の訴訟物の同一性を判断しなければならない場面もあり，そのためにも被保全権利の特定が必要になるのである。

この特定は，通常，金銭債権の発生原因，種類，数額を具体的に表示して行う。金銭債権の一部を被保全権利とすることも可能である。こうすることによって，担保が高額になることを回避することができる。

(2) 保全の必要性

(a) 保全の必要性，つまり，仮差押えの場合における仮差押えの必要性とは，債務者が一般財産の現状を変更し，あるいは，変更しようとするため，金銭債権の将来の強制執行が不能又は著しく困難になるおそれが生じることになり，そのため，仮差押えによって，債務者による一般財産の現状変更を禁止しなければならない必要があるということである。すなわち，債務者の一般財産の現状変更によって，金銭債権の将来の強制執行が不能又は著しく困難になるおそれがある場合に，仮差押えの必要性があることになる。このような仮差押えの必要性は，履行期限が到来しているのに，債務者が正当な理由もなく弁済を拒んでいるというような事情だけでなく，債権者が普通に調査できる範囲内で，債務者の資産状況，負債状況，営業状況，債権者の請求をめぐる経緯，また，交渉経過などによって，具体的に疎明することが必要になる。

(b) さらに，①将来の強制執行が不能又は著しく困難になるおそれが生じることについて，債務者の故意や過失がなくても，仮差押えの必要性は認められる。また，②すでに債務名義が成立している場合には，その債務名義で強制執行をすればよく，仮差押えの必要性はない。しかし，債務名義に条件や期限がついており，直ちに執行に着手しえないような場合には，仮差押えの必要性が認められることもある。③債務者の財産に過大な負担を課さないために，継続的に給付される債権については，一定期間内に給付されるものに限って仮差押えの必要性を認める場合が多い。④同様の趣旨から，被保全権利額（被保全債権額）を超える額の財産に対する仮差押え，つまり，超過仮差押えは，原則として許されず[1]，また，数量的に可分な債権に対する仮差押えは，被保全債権額の範囲内に限って，仮差押えの必要性を認めるのが原則である。さらに，主債務者と連帯保証人の双方に仮差押えの申立があった場合には，両者に対する仮差押認容額の合計が主債務額（被保全債権額）を超えないようにすべきである。なお，主債務者がいるのに，連帯保証人だけに仮差押えの申立があった場合には，その仮差押えの必要性を判断するにあたって，主債務者の資力を

考慮しうるものと考える。

> *1 このような超過仮差押えの禁止の趣旨から，債務者の複数の不動産のいずれか1つに対する強制執行によって，債権者の被保全債権を満足させることができる場合には，複数の不動産に対する仮差押えは，仮差押えの必要性を欠くとされる。しかし，不動産の一部分の仮差押えは，登記実務上も認められていないので，ある不動産の価値が債権者の被保全債権額を上回っていても，当該不動産全体の仮差押えが認められている。

(c) 仮差押えの目的物の種類や性質等によって，一般に，債務者に与える影響や打撃に大きな違いが生じることがある。例えば，不動産の仮差押えの場合に，仮差押目的物が債務者の居住している建物か，あるいは転売するために取得した建物かによって，また，債権の仮差押えの場合に，仮差押目的物が勤務先に対する給与債権か，あるいは第三者に対する貸金債権かによって，それぞれ違いがあり，双方ともに前者のほうが債務者に与える打撃は大きいものと思われる。また，不動産の仮差押えは，債権や動産の仮差押えよりも，債務者に与える打撃は少ないものと考えられ，そのため，不動産の仮差押えから先行すべきである。さらに，事業者である債務者が銀行預金債権を有する場合などに，この銀行預金債権の仮差押えをすれば，銀行預金債権に仮差押え等があると銀行の債務者に対する貸付債権の期限の利益が喪失するという特約のため，貸付債権の回収が開始され，債務者に大きな打撃を与えることがある。そのため，債務者が銀行預金債権以外の財産も有する場合には，銀行預金債権以外の財産の仮差押えを先行すべきである。

このように仮差押えの必要性を判断する際には，仮差押えの目的物の種類や性質等も考慮しなければならない。

〔2〕 仮差押命令の対象

(1) 仮差押命令

(a) 上記〔1〕における仮差押えの被保全権利と仮差押えの必要性が疎明された場合には，保全裁判所は，仮差押えの申立てに対して，申立てを容認する裁判を行う。すなわち，主文として，債務者所有の特定不動産や特定債権を，さらに，動産*2を仮に差し押さえる旨を決定し（民保21条），さらに，仮差押

解放金の額を定めることになる（民保22条1項）。

　上記の決定には，民事訴訟法の規定が準用され（民保7条），よって，判決の規定が準用される（民訴122条，民訴規50条）。また，決定には理由を付さなければならない。ただし，口頭弁論を経ないで決定をする場合には，理由の要旨を示せば足りる（民保16条）。さらに，決定には，原則として決定書を作成しなければならず（民保規9条1項），その決定書には，当事者の氏名，住所，担保額及び担保提供方法，主文，理由（又は理由の要旨），決定の年月日などを記載しなければならない（民保規9条2項）。上記の決定の理由には，主要な争点及びこれに対する判断を示さなければならず（民保規9条3項），また，一定の場合には，当事者の主張を記載した書面（主張書面）を引用することができる（民保規9条4項）。なお，決定書の作成に代えて，審尋期日等に所要の事項を言い渡し，かつ，その事項を調書に記載させるという方法（調書決定）をとることもできる（民保規10条）。

　　＊2　下記(2)のように，動産の仮差押命令においては，目的物を特定しないで発令する
　　　ことができるとされている（民保21条但書）。

(b)　他方，上記〔1〕における仮差押えの被保全権利や仮差押えの必要性についての疎明がない場合には，保全裁判所は，仮差押えの申立てに対して，申立てを却下する裁判を行う（この場合は，実質的には棄却の裁判である）。却下の裁判は，このように申立てに理由がない場合のほか，当事者能力や当事者適格などの形式的要件を欠き，申立てが不適法である場合，さらに，民事訴訟法137条に準じて補正命令を発したのにそれに応じなかった場合にも行われる。この却下の裁判に対しては，債権者は2週間の不変期間内に即時抗告をすることができる（民保19条1項）。なお，この却下の決定及び却下の決定に対する即時抗告を却下する決定は，債務者審尋等の期日の呼出しが債務者に対して行われた場合を除き，債務者に告知する必要がない（民保規16条1項）。

(2)　**仮差押命令の対象**

(a)　仮差押命令では，裁判所は，その主文において，債権者のために債務者の財産を仮に差し押さえることができる旨を宣言する。すなわち，仮差押えの対象は，債務者の所有物でなければならない。なぜならば，仮差押えは，金銭債権の将来の強制執行を保全するために，その金銭債権額に見合う債務者所有

の財産を仮に差し押さえておき，将来の強制執行に備えようとする準備手続だからである。また，仮差押えの対象は，不動産（民保47条），船舶（民保48条），動産（民保49条），債権及びその他の財産権（民保50条）である。

(b) この仮差押命令は，動産の仮差押えの場合を除いて，仮差押目的物（目的財産）を特定して発令しなければならない（民保21条）。債権者は，仮差押命令の申立ての段階で，仮差押目的物を特定して（民保規19条1項本文），申立書に記載しなければならない（民保規13条1項2号）。仮差押命令の効力は，その主文において特定された仮差押目的物に対してのみ及ぶことになる。

ところで，仮差押えにおける発令手続と執行手続は，一般の民事訴訟手続における判決手続と強制執行手続の区別に対応するものである。そして，金銭支払請求訴訟の場合，強制執行の対象となる財産の特定は強制執行の申立ての際に行われ，訴訟提起の際には行われない。そこで，金銭債権を保全するための仮差押えの場合においても，執行の対象となる仮差押目的物の特定は，執行申立ての際にすればよく，仮差押えの申立ての際には必要でないとも解しうる（旧法当時には，このような考え方が通説であった）。しかし，仮差押えの執行の対象となる仮差押目的物の種類によって債務者の被る損害の程度が異なり，それに応じて，債権者が提供する担保の額を決定しなければならないのに，このような考え方によれば，担保の額を決定できないことになってしまう。そのため，民事保全法では，債権者は，仮差押命令の申立ての段階で，仮差押目的物を特定しなければならないとした（民保21条，民保規19条1項本文）。

なお，仮差押目的物の特定に関して，動産の仮差押えの場合が除外されているのは，動産の仮差押えにおいては，執行の現場に行かないと対象が決まらないことが多く，そのために，目的物を特定しないで発令しうるものとされているのである（民保21条但書）。

〔3〕 仮差押解放金

(1) 仮差押解放金の意義，制度趣旨

仮差押命令では，仮差押解放金の額を定めなければならない（民保22条1項）。仮差押解放金とは，仮差押債務者が供託所に供託することにより，仮差押目的物に対する仮差押えの執行の停止，その取消しを求めることのできる金銭のこ

とをいう（民保22条1項・51条1項）。

　仮差押えはそもそも金銭債権の将来の強制執行を保全するためのものであるから，債務者が被保全権利額（被保全債権額）に相当する金銭を供託することによって債権者が自らの債権に相当する額を保全できるならば，仮差押えの執行を開始したり存続させたりする必要がなく，他方，債務者にとっても，金銭の供託によって自らの所有財産につき仮差押えの執行を防止できたり解放されたりすれば所有財産の処分等が可能になるという利益があり，そのため，債権者と債務者の双方の利益を調整するために，債務者に仮差押目的物に代わるものとして金銭を供託させることにしたのが，仮差押解放金の制度である。すなわち，仮差押解放金は，仮差押命令を取り消すものではなく，仮差押命令の存続することを前提として，その執行のみを停止し又は取り消しうるとするものである。

　そして，このような仮差押解放金の金額は，実務においては，原則として，被保全債権額を基準にして決定し，ただし，仮差押目的物価額が被保全債権額よりも明らかに低い場合には，仮差押目的物価額を基準にして決定するといわれている。このように，まず被保全債権額を基準にするというのは，仮差押えが金銭債権の将来の強制執行の保全，つまり，被保全債権の保全という目的を有する点に着目するからである。また，仮差押目的物価額が被保全債権額よりも明らかに低い場合に，仮差押目的物価額を基準にするというのは，仮差押解放金が仮差押目的物に代わるものであるという点を考慮するからである。

　仮差押解放金として供託が許されるのは，金銭に限られる。有価証券や支払保証委託契約で代えることはできない。

(2) 仮差押解放金の供託による効果等

　(a)　仮差押解放金を供託したとの証明があれば，仮差押えの執行を取り消さなければならない（民保51条）。この取消しがあっても，仮差押えによる時効中断効は失われない。

　(b)　仮差押解放金が供託された場合には，仮差押えの執行は取り消されるが，仮差押えの執行の効力は，仮差押解放金，つまり，仮差押解放金（供託金）取戻請求権の上に存続することになる。すなわち，仮差押解放金は，仮差押目的物に代わるものである。この点で，仮差押解放金は，仮差押えによる損害の担

保となるものではない。

　(c)　上記のように，仮差押えの執行の効力は，仮差押解放金（供託金）取戻請求権の上に存するが，仮差押債権者が優先権を有するわけではない。仮差押債権者が権利行使をするには，仮差押解放金（供託金）取戻請求権を差し押さえる方法によらなければならない。なお，仮差押命令が効力を失った場合には，債務者は，保全裁判所の許可を得て，仮差押解放金として供託した金銭を取り戻すことができる。

〔井手　良彦〕

第3節　仮処分命令の概要

〔1〕　仮処分命令の必要性——被保全権利と仮処分の必要性

仮処分命令には，係争物に関する仮処分と仮の地位を定める仮処分（仮地位仮処分）がある。

(1)　係争物に関する仮処分

係争物に関する仮処分は，係争中の特定物に対する債権者の引渡請求権や登記請求権の実現を保全するために，債務者に属する当該特定物の現状変更や処分を仮に制限しようとする（すなわち，当該特定物の現状を仮に保全しておこうとする）ものである（民保23条1項）。

係争物に関する仮処分には，占有移転禁止の仮処分と処分禁止の仮処分がある。

(a)　占有移転禁止の仮処分

占有移転禁止の仮処分は，債務者に対する係争物についての引渡・明渡請求権の実現を確保するために，係争物に関する占有という事実状態の変更を仮に禁止する保全処分である。

債権者は，このような占有移転禁止の仮処分を得ておれば，この仮処分執行後に債務者から占有を承継した第三者など目的物の占有者に対しても，占有移転禁止という仮処分の効力を主張することができ，したがって，債務者に対して目的物の引渡・明渡請求訴訟を追行し，債務者に対する勝訴（確定）判決などの債務名義を得れば，その債務名義をもって，上記の目的物の占有者に対しても，目的物の引渡・明渡請求権について強制執行をなしうることになる（民保62条）。すなわち，当事者恒定効が認められるのである[1]。

> [1]　当事者恒定効とは，占有移転禁止の仮処分や処分禁止の仮処分を得て，その執行後，債権者が原告となり債務者を被告として訴えを提起した時点で，当事者が恒定され，その口頭弁論終結前に被告（債務者）が第三者に対し目的物を移転したり処分したりしたとしても，被告（債務者）に対する訴訟を追行して，被告（債務者）に対する勝訴（確定）判決を得れば，その判決の効力を，第三者に対しても主張す

ることができる（すなわち，その第三者に対して強制執行をなしうる）という効力のことである。

(イ) 類型　この占有移転禁止の仮処分には，その仮処分命令によって命じられる占有保管の態様に応じて，3つの類型がある。すなわち，①債務者保管型（基本型），②執行官保管型，③債権者使用型である。

　(i) 債務者保管型（基本型）　この債務者保管型は，まず，債務者に対して，目的物の占有状態の変更を禁止し，執行官への引渡しを命ずる。次に，執行官に対して，目的物の保管を命じ，債務者に目的物の使用を許すように命じて，さらに，占有移転の禁止及び執行官保管中であることの公示を命ずるものである。

　ただし，この類型の場合，実際は，執行官は，債務者に目的物を執行官保管にする旨を告げ，公示書又は公示札を貼るのみで，債務者から目的物を取り上げることをせず，そのため，債務者の占有状況に変更は生じない。

　債務者保管型の主文（典型例）は，次のようになる。

債務者は，別紙物件目録記載の物件に対する占有を他人に移転し，又は占有名義を変更*2してはならない。

債務者は，上記物件の占有を解いて，これを執行官に引き渡さなければならない。

執行官は，上記物件を保管しなければならない。

執行官は，債務者に上記物件の使用を許さなければならない。

執行官は，債務者が上記物件の占有の移転又は占有名義の変更を禁止されていること及び執行官が上記物件を保管していることを公示しなければならない。

　＊2　ここの「占有名義の変更」とは，第三者名義の表札や看板を掲げて，第三者に占有が移ったような外観を作り出すことをいう。現実にその第三者に占有が移ったかどうかを問わない。現実に占有が移らなくても，占有名義の変更があれば，円滑な強制執行を阻害することになるので，実務においては，現実の占有移転とともに，占有名義の変更も禁止することにしている。

　(ii) 執行官保管型　この執行官保管型は，目的物が美術品や貴金属など

の動産の場合に利用される。このような動産の場合，債務者の手元に置いておくと，債務者からの売却，引渡しによって，第三者が善意取得（民192条）をしてしまうおそれがあるので，そのような事態を防止するために，このような目的物を執行官が保管するという形態がとられるのである。この場合，執行官は，専門業者に保管を委託することになる。

執行官保管型の主文（典型例）は，次のようになる。

> 債務者は，別紙物件目録記載の物件に対する占有を他人に移転し，又は占有名義を変更してはならない。
> 債務者は，上記物件の占有を解いて，これを執行官に引き渡さなければならない。
> 執行官は，上記物件を保管しなければならない。

(iii) 債権者使用型　この債権者使用型は，例えば，目的物が自動車のように，債務者保管型（基本型）により債務者の使用を許すと，（可動性があるため，隠匿されたり，他に事実上処分されたりして）債権者による目的物引渡請求権の実現が困難になるおそれがあり，他方，執行官保管型により執行官が保管をしても，時間の経過によって価値が大幅に下がったり，保管費用が高額になったりする場合などに，利用される。この場合は，実質的には，仮地位仮処分における断行の仮処分に近い効果を有するので，きわめて例外的であり，要件について厳格な疎明が必要になる。なお，この場合にも，執行官に対して，占有移転の禁止及び執行官保管中であることの公示を命ずることになる。

債権者使用型の主文（典型例）は，次のようになる。

> 債務者は，別紙物件目録記載の物件に対する占有を他人に移転し，又は占有名義を変更してはならない。
> 債務者は，上記物件の占有を解いて，これを執行官に引き渡さなければならない。
> 執行官は，上記物件を保管しなければならない。
> 執行官は，債権者に上記物件の使用を許さなければならない。

> 執行官は，債務者が上記物件の占有の移転又は占有名義の変更を禁止されていること及び執行官が上記物件を保管していることを公示しなければならない。

(ロ) 占有移転禁止の仮処分における被保全権利　占有移転禁止の仮処分における被保全権利は，係争物に対する引渡・明渡請求権である。物権的請求権（所有権，占有権，地上権等に基づく引渡請求権など）であっても，債権的請求権（賃借権に基づく引渡請求権，賃貸借終了に伴う原状回復としての引渡請求権など）であってもよい。また，抵当権に基づく妨害排除のための明渡請求権も被保全権利になりうる（最判平17・3・10民集59巻2号356頁参照）。

(ハ) 占有移転禁止の仮処分における保全の必要性　占有移転禁止の仮処分は，係争物の現状変更，つまり，債務者による係争物に関する占有という事実状態の変更によって，債権者による権利の実行が不能又は著しく困難になるおそれがあるときに限り，発令することができる（民保23条1項）。

したがって，そのような「おそれがあるとき」に，この占有移転禁止の仮処分の必要性があると解しうることになる。ただし，そのような「おそれがあるとき」は，いずれも，債権者の主観的な危惧があるというだけでは足りず，客観的な事情に裏づけられたところの「おそれがあるとき」でなければならない。

(b) 処分禁止の仮処分

処分禁止の仮処分は，債務者に対する係争物についての登記手続請求権などの実現を確保するために，所有権の移転又は抵当権や賃借権の設定などの法的処分を仮に禁止する保全処分である。

(イ) 類　型　民事保全法は，この処分禁止の仮処分における3つの典型的な類型について，執行方法や仮処分の効力を規定している。すなわち，①不動産に関する権利についての登記請求権を保全するための処分禁止の仮処分（民保53条1項・58条1項・2項），②不動産に関する所有権以外の権利の保存，設定，変更についての登記請求権を保全するための処分禁止の仮処分（民保53条2項・58条3項・4項），また，③建物収去土地明渡請求権を保全するための建物の処分禁止の仮処分である（民保55条・64条）。

(i) 不動産に関する権利についての登記請求権を保全するための処分禁止の仮処分　この仮処分は，「不動産」に関する権利についての「登記請求

権」を被保全権利として，債務者の処分を禁止する仮処分である。その執行は，「処分禁止の登記」をする方法によって行う（民保53条1項）。「不動産」には，未登記の不動産を含む。一方，「登記請求権」には，仮登記請求権を含まない（民保53条1項括弧書）。これは，仮登記は，本登記をする条件が調っていない場合に本登記の順位を保全するために行うものであり，それ自体は対抗力を有しないものであるところ，仮登記請求権を被保全権利として処分禁止の仮処分ができるとすると，債権者は，民事保全法58条2項によって，（仮登記請求権を被保全権利とする）処分禁止の登記後になされた登記を抹消できることになり，実質的に仮登記に対抗力を認めることになってしまうからである。

　不動産に関する権利についての登記請求権を保全するための処分禁止の仮処分の主文（典型例）は，次のとおりである。

> 債務者は，別紙物件目録記載の不動産について，譲渡並びに質権，抵当権及び賃借権の設定その他一切の処分をしてはならない。

　この不動産に関する権利についての登記請求権を保全するための処分禁止の仮処分及び処分禁止の登記の効力は，次のようなものである。すなわち，例えば，Aが，BからB所有建物を購入し，代金を支払いその引渡しも受けたが，Bが所有権移転登記手続をしないような場合を想定すると，Aが，Bに対して，AのBに対する所有権移転登記手続請求権を被保全権利とする建物処分禁止の仮処分を得て，その執行として処分禁止の登記をしておれば，Aは，その後，AのBに対する所有権移転登記手続請求訴訟（本案訴訟）における口頭弁論終結までの間に，Bから当該建物を購入しその旨の登記をしたというCが出現しても，このようなCに対しても，自らの建物所有権の取得を対抗できる（民保58条1項）。よって，Cの出現後も，AのBに対する所有権移転登記手続請求訴訟を追行し，Bに対する所有権移転登記手続請求の勝訴（確定）判決を得れば，その判決正本をもってBからAへの所有権移転登記をすることができ（不登63条），その際に，Aの処分禁止の登記に後れるCの登記についても，その抹消を単独で申請することができ（民保58条2項，不登111条），自らの建物所有権を確保しうる。つまり，不動産に関する権利についての登記請求権を保全するた

めの処分禁止の仮処分については、その執行として処分禁止の登記をしておれば、当事者恒定効[*3]を有するのである。

  [*3] 当事者恒定効の定義については、前掲[*1]を参照のこと。

 (ⅱ) 不動産に関する所有権以外の権利の保存、設定、変更についての登記請求権を保全するための処分禁止の仮処分 この仮処分は、不動産に関する、所有権以外の権利の「保存、設定又は変更」についての登記請求権を被保全権利として、債務者の処分を禁止する仮処分である。その執行は、「処分禁止の登記」プラス「保全仮登記」（例えば、抵当権設定の仮登記）を行う方法（仮登記併用）によって行う（民保53条2項）[*4]。

 不動産に関する所有権以外の権利の保存、設定、変更についての登記請求権を保全するための処分禁止の仮処分の主文（典型例）は、次のとおりである。

（「別紙物件目録記載の不動産について、債権者の債務者に対する別紙登記目録[*5]記載の登記の請求権を保全するため、債権者に〇〇円の担保を立てさせて、次のとおり決定する」との前文に続く主文として）

 債務者は、上記不動産について、譲渡並びに質権、抵当権及び賃借権の設定その他一切の処分をしてはならない。

 この不動産に関する所有権以外の権利の保存、設定、変更についての登記請求権を保全するための処分禁止の仮処分及び「処分禁止の登記」プラス「保全仮登記」（例えば、抵当権設定の仮登記）の効力は、次のようなものである。すなわち、例えば、AがBに対しB所有地を1番抵当にとって金を貸したが、抵当権設定登記に応じてくれないというような場合を想定すると、抵当権設定登記手続請求権を被保全権利とするB所有地の処分禁止の仮処分を得て、その執行として処分禁止の登記と保全仮登記（抵当権設定の仮登記）をしておれば[*6]、Aは、その後、AのBに対する抵当権設定登記手続請求訴訟（本案訴訟）における口頭弁論終結までの間に、Bから当該土地を購入しその旨の登記を得たというCが出現したとしても、そのようなCに対して、自らの抵当権設定を対抗でき、しかも、Cに融資したとして当該土地に抵当権を設定し抵当権設定登記をしているDが出現したとしても、そのようなDに対しても、1番抵当権を

主張することができる。つまり，Aは，CやDの出現後も，Bを被告とする抵当権設定登記手続請求訴訟を追行し，Bに対する勝訴（確定）判決を得て，「保全仮登記に基づく本登記をする方法」をとれば（民保58条3項），処分禁止の登記に後れるCに対する関係で，抵当権設定登記ができ，しかも，保全仮登記（抵当権設定の仮登記）によって順位が保全され，処分禁止の登記に後れるDに対する関係で，1番抵当権を主張しうることになる。つまり，Dの抵当権設定登記を抹消しないで，保存仮登記（抵当権設定の仮登記）の順位に基づいて，先順位で抵当権設定の本登記をなしうるのである（不登112条）。

このように不動産に関する所有権以外の権利の保存，設定，変更についての登記請求権を保全するための処分禁止の仮処分については，その執行として「処分禁止の登記」プラス「保全仮登記」をしておれば，当事者恒定効と順位保全効（上記のDに対する効力が順位保全効である）を有することになる。

＊4　不動産に関する所有権以外の権利の「保存，設定又は変更」以外の登記請求権（すなわち，移転・消滅についての登記請求権）を被保全権利として債務者の処分を禁止する仮処分については，その執行は，「処分禁止の登記」だけをする方法によって行うことになる。

＊5　登記目録は，次のようになる。

【不動産に関する所有権以外の権利が抵当権で，それを設定する場合】

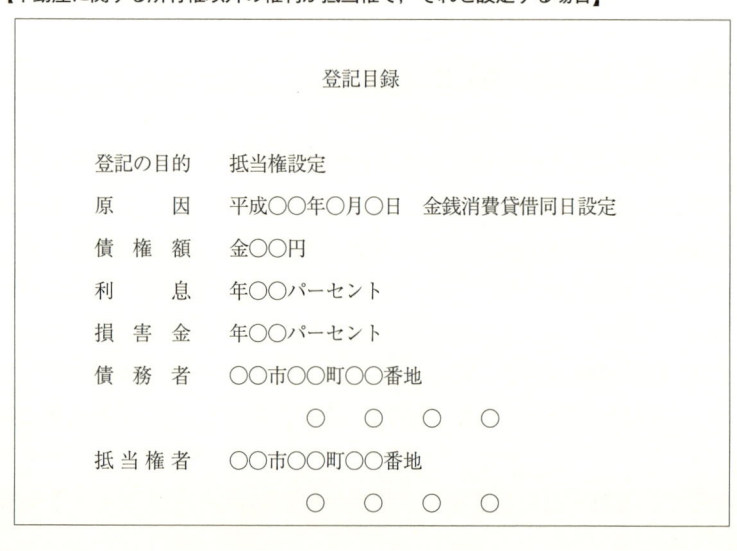

```
              登記目録

   登記の目的    抵当権設定
   原　　　因    平成○○年○月○日　金銭消費貸借同日設定
   債　権　額    金○○円
   利　　　息    年○○パーセント
   損　害　金    年○○パーセント
   債　務　者    ○○市○○町○○番地
                       ○　　○　　○
   抵当権者      ○○市○○町○○番地
                       ○　　○　　○
```

【不動産に関する所有権以外の権利が地上権で，それを設定する場合】

```
                        登記目録

      登記の目的    地上権設定
      原   因     平成○○年○月○日設定
      目   的     鉄筋コンクリート造建物所有
      存 続 期 間   ○○年
      地   代     1平方メートル1年○○円
      支 払 期    毎年○月○日
      地 上 権 者   ○○市○○町○○番地
                       ○   ○   ○
```

*6　処分禁止の登記は，登記記録の権利部の甲区欄に行われ，抵当権設定の仮登記は，乙区欄に行われる。

なお，「不動産に関する権利以外の権利」で，その処分の制限につき登記や登録を対抗要件又は効力発生要件とするもの（自動車や建築機械の所有権・抵当権，特許権，商標権，著作権など）につき，その登記や登録を請求する権利を被保全権利として債務者の処分を禁止する仮処分についても，民事保全法53条や58条ないし61条が準用されており（民保54条・61条），上記の(i)や(ii)の記述に準じて考えることができる。

(iii)　建物収去土地明渡請求権を保全するための建物の処分禁止の仮処分

この仮処分は，建物収去土地明渡請求権を被保全権利として債務者の収去されるべき地上建物の処分を禁止する仮処分である。その執行は，「処分禁止の登記」を行う方法によって行う（民保55条1項）。

建物収去土地明渡請求権を保全するための建物の処分禁止の仮処分の主文（典型例）は，次のとおりである（ただし，占有移転禁止（債務者保管型）との併用型）。

（「債権者の債務者に対する別紙物件目録記載の建物の収去及びその敷地の明渡しの請求権を保全するため，債権者に○○円の担保を立てさせて，次のとおり決定する」との前文に続く主文として）

債務者は，上記建物について，譲渡並びに質権，抵当権及び賃借権の設定その他一切の処分をしてはならない。
　債務者は，上記建物に対する占有を他人に移転し，又は占有名義を変更してはならない。
　債務者は，上記建物の占有を解いて，これを執行官に引き渡さなければならない。
　執行官は，上記建物を保管しなければならない。
　執行官は，債務者に上記建物の使用を許さなければならない。
　執行官は，債務者が上記建物の占有の移転又は占有名義の変更を禁止されていること及び執行官が上記建物を保管していることを公示しなければならない。

[参考]
　上記の主文第1項が，建物収去土地明渡請求権を保全するための建物の処分禁止の仮処分の主文に該当し，また，主文第2項ないし第6項が，建物の占有移転禁止の仮処分（債務者保管型）の主文に該当する。

　民事保全法55条1項が想定しているのは，AがBにその所有地（甲地）を賃貸し，Bは甲地の上に建物を建て所有しているような場合に，Aが，Bに対して，賃貸借契約終了を理由に建物収去土地明渡請求をしているような場合である。このような場合に，AがBに対して甲地につき占有移転禁止の仮処分を得てその執行後に，AがBを被告として建物収去土地明渡請求訴訟を提起した場合にも，その訴訟の継続中に，Bが当該建物を第三者Cに譲渡してしまえば，甲地の占有移転禁止の仮処分による当事者恒定効は甲地には及ぶが建物には及んでいないので，Bに対する建物収去土地明渡請求の勝訴（確定）判決を得ても，その判決によって，Cに対して建物収去を求めることはできないことになる。しかし，このような場合に，Aが，建物収去土地明渡請求権を保全するための建物の処分禁止の仮処分を得て，その執行として「処分禁止の登記」がなされておれば，Cに対しても，Bに対する建物収去土地明渡請求についての勝訴（確定）判決の効力を及ぼすことができ，Cに対しても建物収去土地明渡しを求めることができる（民保64条）。
　すなわち，このような建物収去土地明渡請求権を保全するための建物の処分禁止の仮処分は，その執行として「処分禁止の登記」がなされておれば，当該

建物に関する関係でも，建物収去土地明渡請求訴訟における当事者を恒定することになるのである。

(ロ) 処分禁止の仮処分における被保全権利　処分禁止の仮処分における3つの典型的な類型についての被保全権利は，次のとおりである。

(i) 不動産に関する権利についての登記請求権を保全するための処分禁止の仮処分　この仮処分は，「不動産」に関する権利についての「登記請求権」を保全するために債務者の処分を禁止する仮処分であるから，その被保全権利は，「不動産」に関する権利についての「登記請求権」である。

(ii) 不動産に関する所有権以外の権利の保存，設定，変更についての登記請求権を保全するための処分禁止の仮処分　この仮処分は，不動産に関する，所有権以外の権利の「保存，設定又は変更」についての登記請求権を保全するために債務者の処分を禁止する仮処分であるから，その被保全権利は，不動産に関する，所有権以外の権利の「保存，設定又は変更」についての登記請求権である。

(iii) 建物収去土地明渡請求権を保全するための建物の処分禁止の仮処分
　この仮処分は，建物収去土地明渡請求権を保全するために債務者による建物の処分を禁止する仮処分であるから，その被保全権利は，建物収去土地明渡請求権である。

(ハ) 処分禁止の仮処分における保全の必要性　処分禁止の仮処分は，係争物の現状変更，つまり，債務者による係争物の所有権移転又は係争物に対する抵当権や賃借権の設定などの法的処分によって，債権者による権利の実行が不能又は著しく困難になるおそれがあるときに限り，発令することができる（民保23条1項）。

したがって，そのような「おそれがあるとき」に，この処分禁止の仮処分の必要性があると解しうることになる。この場合も，客観的な事情に裏づけられたところの「おそれがあるとき」でなければならない。

処分禁止の仮処分における3つの典型的な類型のうち，その仮処分が登記請求権を保全しようとする場合（(ロ)の(i)と(ii)の場合）であれば，例えば，債権者は自らの債務の全部又は大部分を履行しているのに，債務者がなかなか登記義務を履行しようとしないとか，債務者が目的物の売却を不動産業者に依頼して

いるというような事情がある場合，さらに，処分禁止の仮処分が建物収去土地明渡請求権を保全しようとする場合（(ロ)の(iii)の場合）であれば，債務者がその建物の買主を探しているとか，その売却を不動産業者に依頼しているというような事情がある場合には，上記の「おそれがあるとき」に該当するであろう。

(2) 仮の地位を定める仮処分（仮地位仮処分）

(a) 仮地位仮処分とは

仮地位仮処分は，争いのある権利関係について，債権者に生じる著しい損害や急迫の危険を避けるために，暫定的に必要な措置を命じるものである（民保23条2項）。例えば，マンションの建築工事差止め，抵当権の実行禁止，通行妨害禁止，街頭宣伝活動禁止，出版差止め，インターネットのホームページへの掲載禁止，不法行為被害者に対する損害賠償金の一部仮払いなどが，この仮地位仮処分に該当する。この仮地位仮処分は，争いのある権利関係につき，債権者の実情に応じて発令されるものであり，そのため，内容的に多種多様であって，非定型的である。

(b) 類　　型

仮地位仮処分の代表的な類型について，以下，簡単に説明する。

(イ) 不動産明渡断行の仮処分　債務者が，債権者の所有建物を何の権原もなく占拠して返還しないために，債権者がその建物を使用できず著しい損害を被っている場合などに利用される仮処分である。満足的仮処分[7]の1つである。

その主文例は，

> 債務者は，債権者に対し，この決定送達の日から〇〇日以内に別紙物件目録記載の建物を仮に明け渡せ。

等となる。

その執行は，仮処分命令を債務名義として，執行官が，債務者の占有を解いて債権者に占有を取得させるという方法による（民保52条，民執168条・168条の2）。また，債権者の申立てがあるときは，間接強制の方法によることもできる（民保52条，民執172条）。

＊7　満足的仮処分とは，仮の地位を定める仮処分命令（民保23条2項）のうち，暫定的とはいえ，債権者に本案訴訟で勝訴した場合と同様の満足を得させるような仮処分のことである。このような満足的仮処分のうち，自動車の引渡しのための仮処分とか家屋の明渡しのための仮処分のように，特定物の給付請求権の実現を図る仮処分のことを，実務上，「断行の仮処分」という。

(ロ)　建築禁止の仮処分　　債務者が，債権者の所有地の隣接地に日照保護規定（建基56条の2）に著しく反するマンションを建築しようとしており，建築が進むとその撤去を求めるにも多大の困難が生じるような場合などに利用される仮処分である。不作為を求める仮処分の1つである。

その主文例は，

> 債務者は，別紙物件目録記載第1の土地に同目録記載第2の建物を建築してはならない。

等となる。

その執行は，仮処分命令を債務名義として，代替執行又は間接強制の方法による（民保52条，民執171条ないし173条）。

(ハ)　出版等禁止の仮処分　　債務者が，債権者の名誉やプライバシー等を侵害する書籍を出版しようとしており，そのような書籍が出版されてしまうと，債権者に回復不可能あるいは回復が著しく困難となる重大な損害が生じてしまうような場合などに利用される仮処分である。

その主文例は，

> 債務者は，別紙目録記載の書籍を出版，販売，頒布してはならない。

> 債務者が占有する前項記載の書籍に対する占有を解き，○○地方裁判所の執行官に保管を命じる。

等となる。

その禁止の執行については，仮処分命令を債務名義として，間接強制の方法による（民保52条，民執172条）。

㈡　地位保全の仮処分　　債権者が，債務者は正当な理由もないのに債権者の包括的な地位（例えば，従業員や学生としての地位など）を一方的に剥奪した（例えば，解雇した，退学処分にした）のは無効などと主張して，そのような包括的な地位の保全を求める仮処分である。

その主文例は，

> 債権者が債務者の従業員である地位を仮に定める。

等となる。

このような主文の効力は形成的であるが，その内容は執行による実現に適さず，債務者に強制的に履行させることはできない。そのため，債務者の任意の履行に期待するしかない。この点から，このような仮処分の適否が問題になるが，保全の必要がある以上，許容しうるものと考える（福永有利『民事執行法・民事保全法』〔第2版〕272頁参照）。

�　賃金等の仮払仮処分　　債務者（雇用主）から解雇を告知された債権者（労働者）が，解雇の無効等を主張して給与相当額の金員の支払を求める場合，あるいは，債務者（加害者）の起こした交通事故によって収入の途を絶たれ生活に困窮した債権者（被害者）が，債務者（加害者）に対して損害金の支払を求める場合などに利用される仮処分である。前者の賃金仮払仮処分は，上記㈡における従業員の地位の保全を求める仮処分とともに申し立てられることが多い。

この主文例は，

> 債務者は，債権者に対し，金〇〇万円を仮に支払え。

等となる。

その執行は，仮処分命令を債務名義として，金銭債権の強制的実現のための執行方法，つまり金銭執行の方法による（民保52条，民執43条ないし167条）。

(c)　仮地位仮処分における被保全権利

上記のような，仮地位仮処分における被保全権利は，広く「争いがある権利関係」である。つまり，身分関係であると，財産関係であると問わない。財産関係の場合には，債権関係であっても，物権関係であっても，知的財産権関係であっても，その他の法律関係であってもよい。また，1回の履行で終了する関係であっても，継続的な履行が要求される関係であってもよい。したがって，この仮地位仮処分の本案訴訟については，給付訴訟，確認訴訟，形成訴訟のいずれであってもよい。

(d) 仮地位仮処分における仮処分の必要性

仮地位仮処分における仮処分の必要性とは，「争いがある権利関係」につき，債権者に生ずる著しい損害又は急迫の危険を避けるために，このような仮処分が必要になることである（民保23条2項）。すなわち，仮地位仮処分は，債権者の権利関係に争いがあるため，現に著しい損害や急迫の危険に直面しており，本案訴訟による権利関係の確定を待っていては，著しい損害や急迫の危険が実現してしまい，債権者の損害の回復が不可能又は著しく困難になってしまうために，債務者に作為や不作為を命じ，暫定的に債権者の権利関係の内容に沿った法的状態や法的地位を定める必要がある場合に限って，発令することができる。

(e) 仮地位仮処分における審理手続

仮地位仮処分は，口頭弁論又は債務者が立ち会うことのできる審尋の期日を経なければ，これを発令することができない（民保23条4項本文*8）。なぜならば，仮地位仮処分の場合は，通常，密行性がなく，また，この仮処分の結果は債務者に多大の不利益を与えることになるからである。

しかし，そのような審尋等を経ると，仮処分申立ての目的を達成することができない場合，例えば，期日を開くいとまもないほどに急迫した事情がある場合，あるいは，債務者が仮処分申立ての事実を知ることによって対象となる財産を隠匿したり，妨害行為をしたりするおそれがある場合などもあって，そのような場合には，例外的に，上記のような審尋等を経る必要がないとされている（民保23条4項但書）。

なお，上記の債務者審尋期日は，実務においては，債務者の準備等の期間を考慮して，仮処分申立てから7日ないし10日の前後に指定されている。

*8　ただし，実務においては，迅速処理を図るため，債務者審尋が利用されており，

口頭弁論を開くことは稀である。

〔2〕 仮処分の方法

(1) 仮処分の方法

民事保全法24条は，仮処分の方法として，「裁判所は，仮処分命令の申立ての目的を達するため，債務者に対し一定の行為を命じ，若しくは禁止し，若しくは給付を命じ，又は保管人に目的物を保管させる処分その他の必要な処分をすることができる。」と規定している。すなわち，仮処分命令においては，裁判所は，主文において，裁判所の裁量によって仮処分の方法，つまり，仮処分の具体的な内容を定めることになる。しかし，裁判所の裁量といっても，仮処分命令の申立ての目的を達成するのに適した内容でなければならず，①被保全権利の範囲内のものであること，②保全の必要性の範囲内のものであること，また，③債権者の仮処分の方法について，申立ての範囲内であること（民訴246条参照）が必要である。

(2) 仮処分の典型例

仮処分の典型的なものは，係争物に関する仮処分として，①占有移転禁止の仮処分（上記〔1〕(1)(a)参照），また，②処分禁止の仮処分（上記〔1〕(1)(b)参照）がある。さらに，仮地位仮処分として，③不動産明渡断行の仮処分（上記〔1〕(2)(b)(イ)参照），④建築禁止の仮処分（上記〔1〕(2)(b)(ロ)参照），⑤出版等禁止の仮処分（上記〔1〕(2)(b)(ハ)参照），⑥地位保全の仮処分（上記〔1〕(2)(b)(ニ)参照），⑦賃金等仮払仮処分（上記〔1〕(2)(b)(ホ)参照），⑧職務執行停止・代行者選任の仮処分（民保56条），その他，作為（通行妨害のために設置した柵などの除去を命じるなど）や不作為（通行妨害禁止，抵当権実行禁止，街頭宣伝活動禁止など）を命じる仮処分などがある。

〔3〕 仮処分解放金

仮処分解放金とは，仮処分の執行停止又は取消しを得るために債務者が供託すべき金銭のことである。そして，民事保全法は，この仮処分解放金について，明文の規定を置いている（民保25条・57条・65条）。

(1) 仮処分解放金の法的性質

　仮処分解放金は，「係争物に関する仮処分」の中で[*9]，「保全すべき権利が金銭の支払を受けることをもってその行使の目的を達することができる」ような性質の仮処分（民保25条1項），すなわち，係争物に関する仮処分で，かつ，被保全権利は非金銭債権であるが，被保全権利の基礎あるいは背後に金銭債権があり，そのため，金銭の支払を受ければ，被保全権利を行使したのと同じ結果が得られるような仮処分であって，要するに，係争物に関する仮処分でありながら，実質的に仮差押えと同じ機能を果たしている仮処分についてだけ，仮処分解放金を定めうるのである。例えば，①自動車の所有権留保付割賦販売契約において，割賦代金債務の不履行により契約を解除し，所有権に基づき自動車の引渡請求をするについて，この引渡請求権を被保全権利とする自動車の占有移転禁止の仮処分命令を申し立てたような場合，さらには，②債権者（A）に多額の借財を負っている債務者（B）が，唯一所有する土地（甲土地）を財産隠匿のためにその妻（C）に贈与し登記も移転したような場合に，債権者（A）が，債務者（B）とその妻（C）との甲土地贈与契約を詐害行為として取り消し，詐害行為取消しによる甲土地の返還請求（よって，甲土地の贈与を原因とする所有権移転登記の抹消登記手続請求）をするについて，詐害行為取消しによる甲土地返還請求権（よって，甲土地の贈与を原因とする所有権移転登記の抹消登記手続請求権）を被保全権利として，債務者の妻（C）に対し甲土地の処分禁止の仮処分を申し立てたような場合などである（Q22参照）。

　上記のように，実質的に仮差押えと同じ機能を果たしている仮処分について仮処分解放金を定めうるのであるから，仮処分解放金の法的性質は，仮差押解放金と同様に，仮処分の目的物に代わるものであると解すべきである。

　このような仮処分解放金を定めるには，債権者の意見を聴くことが必要である（民保25条1項）。なぜならば，仮処分解放金を定めることは，債権者に対し仮処分執行の解放を受忍させることにもなるので，債権者の意見を聴かなければならないとしたものであり，さらに，仮処分解放金の額は，下記のように，被保全権利の性質，内容，目的物の価格，その他の事情等を考慮して決定することになるので，債権者に対して，そのような資料の提出の機会を与えようとしたためである。

なお，仮処分解放金の詳細については，Q22〔4〕を参照のこと。

*9　民事保全法25条は，「保全すべき権利」が金銭の支払を受けることをもってその行使の目的を達成することができるような性質の仮処分に限って，仮処分解放金を定めることができる旨を規定している。ところで，民事保全法における用語例においては，仮地位仮処分の場合には「権利関係」という用語を用い，一方，係争物に関する仮処分の場合には「権利」という用語を用いているところから（民保23条1項・2項），「権利」という用語を用いている仮処分解放金については，係争物に関する仮処分についてのみ定めうるのであり，仮地位仮処分には定められないことになる。

(2) 仮処分解放金の算定

　仮処分解放金を定めるか，定めるとすればその額をいくらにするかは，裁判所が職権で決定する（民保25条1項）。そして，仮処分解放金は，上記のように，係争物に関する仮処分で，かつ，被保全権利は非金銭債権であるが，被保全権利の基礎あるいは背後に金銭債権があり，そのため，金銭の支払を受ければ，被保全権利を行使したのと同じ結果が得られるような仮処分にのみ定めうるのであるから，仮処分解放金の額については，被保全権利を行使したのと同じ結果を債権者に与えることができる額かどうかという観点から，被保全権利の性質，内容，目的物の価格，その他の事情等を考慮して決定すべきことになる。

　そこで，例えば，上記(1)①の事例の場合のように，目的物（自動車）の引渡請求権を被保全権利とする場合には，目的物の価格を基準にすればよい。もっとも，目的物の価格が被保全権利の基礎あるいは背後にある金銭債権額を大きく上回るときは，その債権額を基準にするのが適当な場合もある。

　他方，上記(1)②の事例の場合，つまり，詐害行為取消しの場合には，第1に，目的物の価格が仮処分債権者（詐害行為取消債権者）の債権額より小さい場合には，目的物の価格を基準にし，第2に，目的物の価格が仮処分債権者（詐害行為取消債権者）の債権額より大きい場合であっても，（価格賠償しか認められない場合のように）仮処分債権者の債権額の限度でのみ取消しが認められる場合には，仮処分債権者の債権額を基準にすればよい。第3に，目的物の価格が仮処分債権者（詐害行為取消債権者）の債権額より大きい場合でも，目的物が一筆の不動産のように不可分である場合には，その目的物の処分行為がすべて詐害

行為として取り消されることになるが（最判昭30・10・11民集9巻11号1626頁参照），この場合であっても，詐害行為取消しによって保全されるのは，債務者に対する総債権ではなく，詐害行為取消権者の債権であると解されており，よって，この場合にも，原則として，仮処分債権者（詐害行為取消債権者）の債権額を基準にすべきものと考える。ただし，他の一般債権者の権利行使の可能性が明らかであるような場合にのみ，例外的にその債権額も考慮すべきである（東京地裁保全研究会編『民事保全の実務(上)』〔第3版〕371頁〔倉澤守春＝鬼澤友直〕参照）。

(3) 仮処分解放金の供託の効果

(a) 上記のように，仮処分解放金の法的性質は，仮差押解放金と同様に，仮処分の目的物に代わるものである。ところで，係争物に関する仮処分は，特定物に対する権利を保全するものであり，その仮処分の効力は特定物（仮処分の目的物）に及んでいる。そして，仮処分解放金は仮処分の目的物に代わるものであるから，仮処分解放金の供託によって，仮処分の執行の停止又は取消しのあった場合には，仮処分の目的物に及んでいた仮処分の効力は，仮処分解放金の上に及ぶことになる。とするならば，仮処分債権者は，原則として，仮処分解放金から優先的に支払を受けうるものと解すべきである。すなわち，仮処分債権者は，仮処分解放金が供託されると，本案訴訟で勝訴（確定）判決を得ることを停止条件として仮処分解放金に対する還付請求権を取得するものと考えるべきである。したがって，上記(1)①の事例の場合で，仮処分債権者が，自動車の所有権留保付割賦販売契約における割賦代金債務の不履行により契約を解除し，それに伴う自動車の引渡請求権を保全するために自動車の占有移転禁止の仮処分命令を得たところ，債務者が仮処分解放金を供託したような場合には，本案で勝訴した仮処分債権者は，仮処分解放金についての停止条件が成就するため，供託所に直接還付請求をする方法によって，自動車に代わる供託金（仮処分解放金）から優先的に支払を受けうるものと解すべきである。

したがって，この場合には，仮処分債権者は，供託金払渡請求書に，本案訴訟判決正本，その確定証明書，仮処分決定正本及び仮処分命令申立書の謄本を添付して，供託金還付請求をすることができる。

(b) これに対し，上記(1)②の事例の場合で，債権者(A)が詐害行為取消しによる目的物（甲土地）返還請求権を保全するために，債務者（詐害行為者）(B)の

妻（受益者）(C)に対して，甲土地の処分禁止の仮処分を得たところ，その妻(C)が仮処分解放金を供託したような場合には，仮処分債権者(A)が供託された仮処分解放金から優先的に支払を受けうるものと解すべきではない。

なぜならば，詐害行為取消権の場合，本来，詐害行為の債務者(B)から逸出した特定財産をその債務者の責任財産の元にまで戻すという権能しかなく，詐害行為取消権を行使した債権者(A)に優先弁済受領権までも保障するものではない。よって，そのような債権者(A)も，債務者(B)の責任財産に回復した特定財産に対して強制執行をし，他の一般債権者と平等に配当を受けうる地位を有するにすぎないからである。

そこで，仮処分債権者(A)が詐害行為取消しによる目的物返還請求権を保全するために目的物処分禁止の仮処分を得たところ，仮処分債務者(C)が仮処分解放金を供託した場合には，詐害行為の債務者(B)が供託金還付請求権を取得することになる（民保65条前段）。そして，この供託金還付請求権に対する権利行使方法については，民事保全法65条後段が規定している。この権利行使方法の大筋は，次のようになる（なお，供託金還付請求権に対する権利行使方法の詳細については，**Q22〔4〕(3)**以下を参照のこと）。

上記(1)②の事例によると，詐害行為取消しの場合に，仮処分債権者(A)が仮処分解放金に権利行使するには，①仮処分債務者(C)に対する仮処分に関する本案訴訟及び債務者(B)に対する詐害行為取消権の被保全債権に対する給付請求訴訟を提起し，ともに勝訴（確定）判決を得て，②詐害行為を行った債務者(B)に対する執行力ある債務名義に基づいて，この債務者(B)の有する仮処分解放金の還付請求権を差し押さえることになる。そして，③他の債権者が詐害行為を行った債務者(B)の有する仮処分解放金の還付請求権に対して差押えや仮差押えをしておらず，差押え等の競合がない場合には，仮処分債権者(A)は，差押債権者の取立権（民執155条1項）に基づいて，供託所に対し，供託物払渡請求書に，仮処分に関する本案訴訟の勝訴（確定）判決正本，その確定証明書，仮処分の被保全権利と本案訴訟の訴訟物の同一性を証明する書面（仮処分申立書の謄本など），及び，差押命令が詐害行為を行った債務者(B)に送達された日から1週間経過を証明する書面を添付して，供託金の払渡しを請求することになる。他方，④他の債権者との差押え等の競合がある場合には，第三債務者で

ある供託官に供託義務が生じ，供託官は執行裁判所に事情届を提出することになる。仮処分債権者(A)は，執行裁判所の配当等の実施としての支払委託によって，供託金の払渡しを受けることになる。

〔4〕 債務者を特定しないで発する占有移転禁止の仮処分命令

(1) 債務者を特定しないで発する占有移転禁止の仮処分の制度趣旨

　裁判の効力は特定の相手方に対してのみ及ぶのが原則である。そのため，相手方を特定して提訴し，その特定の相手方に対してのみ裁判がなされることになる。したがって，仮処分命令の場合にも，債務者を特定して申し立て，その特定の債務者に対してのみ発令されることになる。しかし，占有移転禁止の仮処分の場合には，このような原則を貫くと不都合な事態が生じることがある。すなわち，係争物の占有者が不明な場合には，この仮処分を発令することができず，また，占有者の調査に時間がかかる場合には，適時にこの仮処分を発令することができない。その結果，占有者側の執行妨害を助長することになる。

　そこで，平成15年の法改正によって，「係争物が不動産」である場合に，仮処分の「執行前に債務者（占有者）を特定することを困難とする特別の事情」があるときには，債務者（占有者）を特定しないで，占有移転禁止の仮処分を発令することができることになった（民保25条の2第1項）。

(2) 「執行前に債務者を特定することを困難とする特別の事情」という要件について

　この債務者を特定しないで発令する占有移転禁止の仮処分は，裁判の効力は特定の相手方に対してのみ及ぶという原則の例外となる制度であるから，上記の「執行前に債務者を特定することを困難とする特別の事情」という要件については，厳格に解釈すべきである。しかも，下記のように，仮にこの仮処分命令の発令を受けても，執行の段階で債務者（占有者）を特定できなければ，執行不能となるのであるから，この点からも，債権者は，上記の特別の事情という要件については，できる限りの調査を行う必要があると解すべきである。そのため，具体的には，①現地調査を行い，占有者の有無やその気配（電気・ガスメーターの稼働状況，建物内部に人のいる気配の有無，洗濯物の有無，自動車や自転車の存在等），表札，郵便物や新聞の存在等の外観を確認する。建物に人のいる気配

がある場合には，その人に面会し，氏名や占有権限等について質問する。また，近隣の居住者，店舗の店主，マンション管理人等に対して聞き取り調査を行う。これらの調査が1回で完了しない場合には，時間帯を変えて，複数回の調査を行う。そうして，このような現地調査や質問の内容を，調査報告者，陳述書，写真撮影報告書等にまとめ，疎明資料とする。さらに，②先行する保全執行があり，それが執行不能に終わっているときには，執行官の執行不能調書の写しを，また，先行する民事執行事件があるときには，現況調査報告書の写しを疎明資料とする。しかも，③債権者に弁護士がついているときには，電気会社，ガス会社，水道局，また，NTTなどに弁護士法23条の2による弁護士照会を行い，その報告書を疎明資料とするようなことが考えられる。

(3) 発令，送達，執行

債務者を特定しないで発する占有移転禁止の仮処分命令は，債務者につき「本件仮処分命令執行のときにおいて別紙物件目録記載の不動産を占有する者」などと表示し，その住所欄は，記載しないで発令する。上記仮処分命令の正本は，執行に先立ち債務者に送達する必要はなく，執行の時点で，現場で執行官が直接手渡す方法によって送達するか，執行官の届出（民保規44条の2）を受けた裁判所が改めて送達することになる。執行がされなかった場合には，債務者への送達は要しない（民保25条の2第3項）。なぜならば，下記のように，債務者が特定できず執行不能の場合には，そもそも送達は不可能であるし，また，執行しなかった場合には，債務者に不服申立ての機会を与える必要がなく，送達は不要だからである。

このような債務者（占有者）を特定しないで発令する占有移転禁止の仮処分についても，執行の段階，すなわち，当該不動産の占有を解く際に占有者を特定できない場合には，その執行をすることができない（民保54条の2）。

また，この仮処分の執行がなされたときは，当該執行によって占有を解かれた者が，占有移転禁止の仮処分手続の債務者となる（民保25条の2第2項）。

［井手　良彦］

第4節　保全異議の概要

〔1〕　保全異議の申立て

(1)　意　　義

保全命令の申立てが認容された場合，これに不服がある債務者は，その保全命令の取消し又は変更を求めて，保全命令を発令した裁判所に対して保全異議の申立てをすることができる（民保26条）。

なお，保全命令の申立てが却下された場合の不服申立ては，即時抗告となる。

保全異議の申立てについての審理手続は，保全命令の申立てについての審理と同様に決定手続で行われるが，口頭弁論又は当事者双方が立ち会うことができる審尋の期日を経なければならない（民保29条）。

保全異議の申立てを受けた裁判所は，保全命令の発令の直前の状態に戻って，保全命令の申立てに係る被保全権利の存否や保全の必要性の有無など保全命令の当否について再度審理することになる。

なお，保全命令の発令段階で提出された疎明資料は，保全異議の審理においてもそのまま裁判資料となる

(2)　管轄裁判所

保全命令を発令した裁判所が保全異議事件について専属管轄を有し（民保6条・26条），保全命令に係る本案訴訟がどの裁判所に継続しているかは影響を及ぼさない。

保全異議は，保全命令の申立ての当否について争う手続であるから，原則として，保全命令が有効に存続する限り，いつでも保全異議の申立てをすることができる。

例えば，解放金が供託されたため保全命令の執行が取り消された場合や，保全執行が不能となった場合であっても，保全命令自体が有効に存在している以上，①保全異議の申立てをすることができる，②本案訴訟係属の有無を問わない，③本案訴訟の勝訴判決が確定した後であっても差し支えないということになる。

ただし，①仮差押え及び係争物に関する仮処分において，債権者が本案訴訟の勝訴判決を得てその判決確定後に本執行を開始した場合や，②仮の地位を定める仮処分の場合において，債権者が本案訴訟の勝訴判決を得てその判決が確定した場合には，①・②の保全命令がその目的を達して失効すると解されるから，その後になされた保全異議の申立ては，申立ての利益を欠くこととなる。

なお，債権仮差押命令の第三債務者は，保全異議の申立てをすることができない。また，債務者に対して債権を有する者は，債権者代位権（民423条）を行使して保全異議の申立てをすることができない（大判昭13・4・20民集17巻8号726頁）。

(3) 申立ての方式

保全異議の申立ては，書面でしなければならない（民保規1条3号）。その記載事項は，①保全命令事件の表示，②債務者の氏名又は名称及び住所並びに代理人の氏名及び住所，③債権者の氏名又は名称及び住所，④申立ての趣旨及び理由である（民保規24条1項）。

すでに保全命令が発令されているため，④の申立ての趣旨には，保全命令を取り消し（又は変更し），保全命令の申立てを却下するとの裁判を求める旨を記載するが，保全命令の一部の取消し又は変更を求める場合には，その範囲を明らかにした申立ての趣旨を記載しなければならない（民保規24条2項）。

④の申立ての理由は，保全異議を申し立てた債務者の主張を明らかにするものであり，例えば，債権者が保全命令の申立ての理由中で主張する，被保全権利を基礎づける事実について否認・反論することは勿論のこと，被保全権利の成立を妨げる事実についての主張や，保全の必要性を否定する事実についての主張などがこれにあたる。また，このような実体的事由だけではなく，管轄・当事者適格の欠缺などの形式的事由についても主張することができる。

〔2〕 保全執行の停止の裁判等

保全異議の申立てをしても，当然に保全執行を停止する効力を有しない。

そこで，裁判所は，保全異議の申立てをした債務者の申立てによって，①保全命令の取消しの原因となることが明らかな事情があること，②保全執行によって償うことができない損害を生ずるおそれがあることが疎明された場合な

ど，非常に厳格な要件の下に，担保を立てさせて，又は担保を立てることを条件として，保全執行の停止又はすでにした執行処分の取消しを命ずることができる（民保27条1項）。その管轄裁判所は，保全異議の申立てをする裁判所と同一裁判所である。

②の要件はさておき，①の要件については，保全命令の発令を基礎づける疎明資料が偽造されたものであることが明白であることや，法令解釈に明白な誤謬があったことなどが必要となる。このため，実務では，極めて限定的な運用がなされており，保全異議に伴う保全執行の停止の申立てが認められる例は乏しいといえる。

〔3〕 事件の移送

保全異議の申立てを受けた裁判所は，保全異議事件について著しい遅滞を避け，又は当事者間の衡平を図るために必要があるときは，申立てにより又は職権で，当該保全命令事件について管轄権を有する他の裁判所に事件を移送することができる（民保28条）。

移送先の裁判所は，当該保全命令事件について管轄権を有する他の裁判所（民保12条参照）ということになるが，同じ審級間の裁判所に限らず，地方裁判所・高等裁判所間，簡易裁判所・地方裁判所間などの移送もありうる。

例えば，抗告審において発令された保全命令に対して保全異議の申立てがあった場合，抗告審は，これを一審管轄裁判所に移送することができる。

〔4〕 保全異議の審理及び終結

(1) 債権者の主張疎明

債権者は，被保全権利と保全の必要性について主張疎明することになる。前述したとおり，保全命令が発令された時点で提出された準備書面や書証は，そのまま保全異議の審理において裁判資料となる。

(2) 債務者の主張疎明

保全異議の申立書には，保全命令の取消し又は変更を求める事由を具体的に記載し，かつ，立証を要する事由ごとに証拠を記載しなければならない（民保規24条3項）。

債務者は，被保全権利を基礎づける事実や保全の必要性について否認ないし争いをし，また，被保全権利の消滅事由について主張疎明することができる。

例えば，①債権者主張の被保全権利は，偽造された契約書に基づくものであって，契約自体が無効である，②債権者主張の損害自体が発生していない，③債務は弁済された，④保全すべき権利の引当てとなる担保が，債権者に対して十分提供されているなどの事実を主張疎明して争うことができる。

なお，管轄違い，当事者適格，有効な代理権の不存在など手続上の瑕疵を主張して，保全命令申立却下の裁判を求めることもできる。

(3) 審理方法

裁判所は，その異議申立書で主張されている異議事由及びその証拠と債権者の主張疎明とを突き合わせ，事件の全体を把握して事案に適った審理計画を立てることになる

裁判所は，口頭弁論又は当事者双方が立ち会うことができる審尋の期日を経なければ，保全異議についての決定をすることができない（民保29条）。すなわち，最低1回は，債権者と債務者の双方が立ち会う期日を開くことが要請されている。当事者双方が立ち会うことができる審尋の期日を開く回数や時期（審理のどの段階で開くか）は，裁判所の裁量である。また，裁判所は，争いに係る事実関係に関し，当事者の主張を明確にさせる必要があるときは，口頭弁論又は審尋の期日において，相当と認める特定の者（事務処理者又は事務補助者）に陳述をさせることができる（民保9条）。

なお，実務では，口頭弁論期日が開かれることはほとんどなく，審尋の期日が開かれるのが一般的である。

(4) 審理の終結

裁判所は，不意打ち防止の観点から，保全異議事件の審理を終結するには，相当の猶予期間を置いて，審理を終結する日を決定しなければならない。ただし，口頭弁論又は当事者双方が立ち会うことができる審尋の期日においては，当事者双方に対して攻撃防御の機会が与えられていることになるから，直ちに審理を終結する旨を宣言することができる（民保31条）。

第2章　保全命令に関する手続　第4節　保全異議の概要　45

〔5〕　保全異議の申立てについての決定

　裁判所は，保全異議の申立てについての決定においては，原決定である保全命令を認可し，変更し，又は取り消さなければならない（民保32条1項）。すなわち，すでに保全命令が発令されているので，保全命令の全部又は一部を維持すべき場合には，全部認可又は一部認可の裁判をするが，これとは反対に，全部又は一部を覆す場合には，全部又は一部取消しの裁判をする。また，保全命令の実質を変えずに，発令する内容又は方法を変更する場合には，変更の裁判をする。

　なお，保全異議の申立てについての裁判に対しては，保全抗告をすることができる（民保41条）。

〔6〕　原状回復の裁判

　原状回復の問題が生ずるのは，満足的仮処分の場合に限られる。なぜなら，仮差押えや，満足的仮処分を除いた仮処分においては，保全命令が取り消されたことに基づいて，保全執行を取り消すと（民保46条，民執39条・40条），債務者は保全執行前の状態を回復することができるからである。

　しかし，満足的仮処分では，物の引渡しを命ずる仮処分命令のように，その執行が終了してしまうと執行取消しを観念できないものや，債権者に使用を許す占有移転禁止の仮処分命令のように，執行を取り消したのみでは債務者が原状を回復しえない場合もある。

　そこで，仮処分命令に基づいて，債権者が物の引渡し，明渡し若しくは金銭の支払を受け，又は物の使用若しくは保管をしているときは，保全異議の申立てについての決定において，その仮処分命令を取り消す場合には，裁判所は，債務者の申立てによって，債権者に対し，債務者が引き渡し若しくは明け渡した物の返還，債務者が支払った金銭の返還又は債権者が使用若しくは保管している物の返還を命ずることができる（民保33条）。このように，債務者は，簡易迅速な手続によって原状回復を求めることができる。

　なお，原状回復の裁判は，債務名義となる（民執22条3号）。

〔7〕 保全命令を取り消す決定の効力

　前述したとおり，裁判所は，保全命令を維持しないときは，これを取り消すが，それと同時に保全命令の申立てを却下する旨の裁判が必要となる。
　なぜなら，保全命令を取り消すとの決定があっても，その前提にある保全命令の申立て自体は，そのまま残存することになるからである。
　保全命令を取り消す決定は，告知（送達）によって直ちに効力が生ずるのが原則である（民訴119条）が，保全異議では，事案によっては直ちに取消決定の効力を生じさせることが相当でない場合があることから，裁判所は，2週間を超えない範囲内の相当と認める期間を経過しなければ，その決定の効力が生じない旨を宣言することができる（民保34条）。

〔8〕 保全異議の申立ての取下げ

　保全異議の申立てについての裁判は，当事者の権利関係を最終的に確定するものではないから，債務者は，債権者の同意を得ることなく，保全異議の申立てを取り下げることができる（民保35条）。
　保全異議の申立ての取下げは，手続の安定や明確を期するため，原則として書面でしなければならないが，口頭弁論又は審尋期日において取り下げる場合には，口頭ですることもできる（民保規4条1項）。

［西村　博一］

第5節　保全取消しの概要

〔1〕　保全取消しの制度

　保全取消しの制度は，保全命令発令後の事情を考慮して，保全命令を取り消すか否かについて審理判断するものである。このような保全取消しの制度として，①本案の訴えの不提起等による保全取消し（民保37条），②事情の変更による保全取消し（民保38条），③特別の事情による保全取消し（民保39条）がある。
　この保全取消しのほか，債務者が保全命令を争う方法として保全異議があるが，これは，保全命令が発令された時点における当否を判断するものである。これに対して，保全取消しは，保全命令を発令されたこと自体を争うのではなく，その後の事情を考慮して，保全命令を取り消すか否かを審理する手続である。

〔2〕　本案の訴えの不提起等による保全取消し

(1)　意　　義
　保全命令が執行された場合，債務者は，さまざまな不利益を被ることになるが，そもそも保全命令においては，証明ではなく疎明に基づいて，保全される権利等の一応の存在が認められるにすぎない。
　したがって，債権者としては，本案訴訟を提起し，その権利関係の存否を確定させなければならないはずであるが，その訴訟をいつまでも提起しないような場合，裁判所は，債務者の申立てによって，債権者に対し，本案訴訟を提起するよう命じ，債権者がこれに従わない場合には，債務者の申立てによって保全命令を取り消すことにした。これが，本案訴訟の不提起等による保全取消しの制度である。

(2)　起訴命令の申立て
　債務者は，保全命令の発令裁判所に対し，所定事項（①保全命令事件の表示，②債務者の氏名又は名称及び住所並びに代理人の氏名及び住所，③債権者の氏名又は名称及び住所，④申立ての趣旨及び理由）を記載した書面によって，起訴命令の申立てをす

ることができる（民保37条1項，民保規1条4号・28条・24条1項）。

　条文上は，債務者が起訴命令の申立権者となっているが，その一般承継人又は破産管財人も，起訴命令の申立てをすることができるのは当然である。

　なお，債務者が保全命令に係る被保全権利について消極的確認の訴えを提起しているときは，起訴命令を申し立てることはできない（仙台高判昭28・9・4下民集4巻9号1238頁）。

(3) 審理・裁判

　適法な起訴命令の申立てがあれば，裁判所は，本案訴訟の係属の有無を審理することなく，債権者に対し，2週間以上の一定の期間内に（民保37条2項），①本案の訴えを提起するとともにその提起を証する書面を提出すること，②既に本案の訴えを提起しているときはその係属を証する書面を提出すべきことを命ずる（民保37条1項）。その書式は，下記のとおりである。

　債権者は，この決定の送達を受けた日から○○日以内に管轄裁判所に本案の訴えを提起するとともにその提起を証する書面を当裁判所に提出し，既に本案の訴えを提起しているときはその係属を証する書面を当裁判所に提出しなければならない。

---

(4) 提起すべき本案の訴え

　本案の訴えとは，形式的な訴えの提起だけに限定されず，反訴の提起，共同訴訟参加及び独立当事者参加も本案の訴えの提起にあたる。

　仮執行宣言付支払督促に対して異議の申立てがないときは，確定判決と同一の効力を生じ（民訴396条），債務者から適法な異議の申立てがあったときは，仮執行宣言が付される前であれば，支払督促が失効するとともに通常訴訟又は手形訴訟による判決手続に移行し（民訴395条・383条2項2号・353条1項・2項），また，仮執行宣言後に適法な異議の申立てがあったときは，支払督促を失効させるものではないが，やはり判決手続に移行し，異議ある請求について支払督促申立てのときに訴えの提起があったとみなされる。

　このように，支払督促の申立てがあると，必ずその請求権の存否について最終的な判断がなされる構造になっていることからすると，起訴命令との関係に

おいて，支払督促の申立ては，本案の訴えの提起にあたることになる。

この他，本案が家事事件手続法257条1項に規定する事件であるときは家庭裁判所に対する調停の申立て，本案が労働審判法1条に規定する事件であるときは地方裁判所に対する労働審判手続の申立てが，法律上，本案の訴えの提起とみなされる（民保37条5項）。

(5) 保全命令の取消しの申立て

債権者が起訴命令で定められた一定の期間内に本案の訴えの提起又はその係属を証する書面を提出しなかったときは，債務者は，保全命令を発令した裁判所に対し，保全命令の取消しの申立てをすることができる（民保37条3項）。

(6) 審理・裁判

裁判所は，口頭弁論又は当事者双方が立ち会うことができる審尋の期日を経なければ決定をすることができない（民保40条1項・29条）。

債権者は，本案の訴えを提起したことを主張・立証しなければならない。他方，債務者は，起訴命令が発令されていることのみを主張すれば足りる。裁判所は，①本案の訴え係属を証する書面提出の有無，②その提出期間遵守の有無，③係属する訴訟が本案の訴えにあたるかどうかについて審理して，保全命令を取り消すか否かを判断することになる。

〔3〕 事情の変更による保全取消し

(1) 意　義

保全命令が発令された後に，保全すべき権利若しくは権利関係又は保全の必要性が消滅するなどの事情変更が生ずることは当然ありうるが，このような場合にまで保全命令を存続させておくとするならば，債務者に多大な不利益を強いることになる。

そこで，保全命令発令後，このような事情変更があるときは，裁判所は，債務者の申立てによって，保全命令を取り消すことができる（民保38条1項）。これが，事情変更による保全取消しの制度である。

(2) 事情変更にあたる事由

(a) 被保全権利が消滅した場合

保全命令が発令された後に，被保全権利が弁済，代物弁済，免除，相殺，取

消し，消滅時効の援用等によって消滅した場合は，保全命令はその存続基盤を失うため，これらは，いずれも事情変更の事由になる。

　事情の変更は，保全命令が発令された後に生じた事由に限定されず，例えば，発令された時点ですでに被保全権利等が消滅していたものの，後に債務者がその事情を知った場合や，後にそのような事情を疎明することができる資料が発見された場合も含まれる（丹野達『保全訴訟の実務Ⅰ』106頁，西山俊彦『新版保全処分概論』214頁）。

　(b)　保全の必要性が消滅した場合

　保全命令が発令された後に，①債務者が十分な資力を回復して財産隠匿等のおそれがなくなった場合，②債権者の経済的困窮を理由とする賃金仮払いの仮処分において，債権者の経済状態が好転した場合，③債権者が保全執行の期間を徒過してしまった場合（民保43条2項），④被保全権利について裁判上の和解が成立した場合（その具体的内容から判断して，債権者が保全命令による利益ないし保全意思を放棄したものと認められるとき），⑤本案訴訟において，被保全権利又は権利関係の不存在を理由とする債権者の請求を棄却する判決が言い渡され，これが確定した場合（最判昭41・2・25裁判集民事82号581頁）は，いずれも事情変更の事由となる。

(3)　保全取消しの申立て

　事情の変更による保全取消しを申し立てることができる者は，債務者及びその一般承継人又は破産管財人であり，その申立ては，保全命令を発令した裁判所又は本案の裁判所に対し，書面で行わなければならない（民保38条1項，民保規1条4号）。その記載事項は，起訴命令の申立ての場合（上記〔2〕⑵）と同じである（民保規29条・24条）。

　なお，本案が控訴審に係属するときは，控訴裁判所が本案の裁判所となる（民保12条3項但書）。

(4)　審理・裁判

　裁判所は，口頭弁論又は当事者双方が立ち会うことができる審尋の期日を経なければ決定をすることができない（民保40条1項・29条）。

　債務者は，期日において，保全命令に対する取消しの事由を主張し，これを疎明しなければならない（民保38条2項）。要するに，保全異議の審理方式が準

用され、必要的双方審尋事件とされている。

　裁判所は、保全取消しの申立てについて理由があると認めたときは、保全命令の全部又は一部を取り消すことができる。その裁判は、決定の形式によって行われる（民保3条）。

　保全取消しの決定をする際、保全命令の申立てを却下する旨の裁判はされない。

　なぜなら、保全命令取消しについての裁判は、保全命令の申立ての当否を審判の対象とするものではないからである。

　保全命令を取り消す決定がされると、これが当事者双方に送達され（民保41条4項・17条）、告知によって即時にその効力が生ずる（民保7条、民訴119条）から、債権者は、その効力停止の裁判（民保42条）を受けるいとまもなく、保全執行が解放されてしまうことになる。このため、裁判所は、保全命令取消決定の送達を受けた日から2週間を超えない範囲内で、相当と認める一定の期間を経過しなければ、取消決定の効力が生じない旨を宣言することができる（民保40条1項本文・34条本文）。

〔4〕 特別の事情による保全取消し

(1) 意　義

　仮処分命令は、被保全権利の存否がまだ確定していない時点で発令する暫定的な処分であるため、債務者に対し、極めて重い負担を強いる又は損害を与える可能性があり、被保全権利の性質如何によっては、金銭的補償により債権者の終局的な目的が達成される場合もありうる。

　そこで、仮処分命令を取り消すに足りる事情が存在する場合に限り、債務者による立担保を条件として保全命令の取消しを認め、債務者と債権者との間の利害の調整を図るものが、特別の事情による保全取消しの制度である（民保39条）。このように、特別の事情による保全取消しは、「仮処分命令」に特有の保全取消しの制度である。

(2) 特別の事情にあたる事由

　民事保全法39条1項は、特別の事情として、債務者に、「仮処分命令により償うことができない損害を生ずるおそれがあるとき」（以下「異常損害」という）

を例示規定しているが,「その他の特別の事情があるとき」については,解釈に委ねている。

　この点,民事保全法制定以前では,被保全権利の実現について,金銭的補償によって債権者が仮処分命令の目的を達成することができると認めるべき事情がある場合には,仮処分命令を存続する必要がないため,特段の事情がない限り,債務者の担保の提供によって仮処分命令の取消しを認めてよいと解されていた。

　金銭的補償によって仮処分命令の目的を達成することができるとした判例として,東京地判昭26・1・27（下民集2巻1号80頁）を挙げることができるが,このほかに,①債権者取消権を被保全権利とする処分禁止の仮処分命令の場合について,その法律行為の目的物である財産の価格に相当する担保が供せられたときは,これをもって,被保全権利は終局の目的を達成することができるから,金銭的補償が可能であるとしたもの（東京地判昭43・8・9判時539号49頁）,②所有権に基づく漁業用物件の使用・搬出禁止の仮処分命令の場合については,終局的には金銭的補償によって代替物を取得してその目的を達成することができるから,金銭的補償が可能であるとしたもの（最判昭27・12・25民集6巻12号1231頁）がある。

　これに対して,異常損害にあたるか否かは,仮処分命令を継続することによって債務者が被る損害と,仮処分命令の取消しによって債権者が被る不利益等を比較衡量して,債務者の損害が過大であるか否かを判断することになるであろう。

　例えば,①仮処分命令によって債務者の事業継続が不可能又は著しく困難となる場合,②債権者に建物使用を許す占有移転禁止の仮処分命令において,債権者がその目的物である建物の価値を著しく減少させるような場合,③仮処分命令によって債務者の名誉・信用が極度に損なわれるような場合は,いずれも異常損害にあたるといえるであろう。

(3) 保全取消しの申立て

　特別の事情による保全取消しを申し立てることができる者は,債務者及びその一般承継人若しくは破産管財人であり,その申立ては,保全命令を発令した裁判所又は本案の裁判所に対し,書面で行わなければならない（民保39条1項,

民保規1条4号)。その記載事項は，起訴命令の申立ての場合（上記〔2〕(2)）と同じである（民保規29条・24条）。

(4) **審理・裁判**

裁判所は，口頭弁論又は当事者双方が立ち会うことができる審尋の期日を経なければ決定をすることができない（民保40条1項本文・29条）。要するに，保全異議の審理方式が準用され，必要的双方審尋事件とされている。

債務者は，仮処分命令によって債務者に償うことができない損害が発生するおそれがあること若しくは仮処分命令の被保全権利を実現するには金銭的補償をもって足りること又はその両方について疎明しなければならない。

この審理について，最判昭23・11・9（民集2巻12号405頁）は，債務者の主張する特別の事情の存否を判断すべきであり，被保全権利の存否や保全の必要性までは審理すべきではない旨判示している。

裁判所は，特別の事情を認め，仮処分命令を取り消す決定をする場合には，債務者に担保を立てさせなければならない（民保39条1項）。

裁判所は，特別の事情による仮処分命令の申立てについて，理由を付した決定をもって判断することになる。

〔西村　博一〕

第6節　保全抗告の概要

〔1〕　保全抗告

保全抗告とは，保全異議又は保全取消しの申立てについての裁判に対して，当事者がする不服申立てである（民保41条）。

(1)　保全抗告をすることのできる裁判

保全抗告の対象となるのは，①保全異議又は保全取消しの申立てについての決定（民保32条1項・37条3項・38条1項・39条1項）であるが，これらに付随してなされた原状回復の裁判もその対象となる（民保41条1項本文括弧書）。

保全抗告の申立ては，保全異議又は保全取消しの申立てに対する裁判の送達を受けた時から2週間の不変期間内に書面で行わなければならない（民保41条1項本文，民保規1条5号）。その申立書の提出先は，抗告裁判所ではなく原裁判所となる（民訴331条・286条1項）。

保全抗告の申立書の記載事項は，保全異議の申立書の場合と同じである（民保規30条・24条）。

保全異議又は保全取消しの申立てに対する裁判が，①簡易裁判所でなされたときは地方裁判所が抗告裁判所となり，②地方裁判所でなされたときは高等裁判所が抗告裁判所となり，それぞれに移審の効果が生ずる。

保全抗告の審理方法も保全異議の場合と同様，口頭弁論又は当事者双方が立ち会うことができる審尋の期日を経なければ，保全抗告の申立てについての決定をすることができないとされている（民保41条4項・29条）が，実務では，審尋の期日が開かれる場合が圧倒的に多い。

保全抗告の申立てについての決定の主文は，その対象が保全異議・保全取消しのいずれであっても，①保全抗告の申立てが不適法のときは「本件抗告を却下する」とし，②保全抗告の申立てに理由がないときは「本件抗告を棄却する」と表現される。これに対して，保全抗告の全部又は一部に理由があるときは，その対象が保全異議であるか保全取消しであるかによって異なるが，典型的な主文を例示すると，以下のようになる。

(a)　保全異議の申立てについて，保全命令を認可するとの決定がなされていた場合
(イ)　保全抗告の全部に理由がある場合

> 　原決定及び〇〇地方裁判所が同裁判所平成〇〇年(ヨ)第〇〇号不動産仮処分命令申立事件について平成〇〇年〇月〇日にした仮処分命令を取り消す。上記仮処分命令の申立てを却下する。

(ロ)　保全抗告の一部に理由がある場合

> 　原決定を次のとおり変更する。〇〇地方裁判所が同裁判所平成〇〇年(ヨ)第〇〇号不動産仮処分命令申立事件について平成〇〇年〇月〇日にした仮処分命令の主文第1項を〇〇〇〇〇と変更して認可する。

(b)　保全異議の申立てについて，保全命令を取り消すとの決定がなされていた場合
(イ)　保全抗告の全部に理由がある場合

> 　原決定を取り消す。〇〇地方裁判所が同裁判所平成〇〇年(ヨ)第〇〇号不動産仮処分命令申立事件について平成〇〇年〇月〇日にした仮処分命令を認可する。

(ロ)　保全抗告の一部に理由がある場合

> 　原決定を次のとおり変更する。〇〇地方裁判所が同裁判所平成〇〇年(ヨ)第〇〇号不動産仮処分命令申立事件について平成〇〇年〇月〇日にした仮処分命令の主文第1項を〇〇〇〇〇と変更して認可する。

(c)　保全取消しの申立てについての決定の場合
(イ)　取消決定に対する場合

> 原決定を取り消す。本件保全取消しの申立てを却下する。

(ロ) 却下決定に対する場合

> 原決定を取り消す。○○地方裁判所が同裁判所平成○○年(ヨ)第○○号不動産仮処分命令申立事件について平成○○年○月○日にした仮処分命令を取り消す。

なお，保全抗告の申立てについての決定においても，物の引渡し，金銭支払等の仮処分命令を取り消す場合には，債務者の申立てによって，債権者に対し，原状回復を命ずることができる（民保41条4項・33条）。

(2) 再度の考案の禁止

前述したように，保全抗告の申立書は，原裁判所に提出されるが，原裁判所は，保全抗告の理由の有無について判断せずにその事件記録を抗告裁判所に送付しなければならない（民保41条2項）。

ところで，民事訴訟法333条は，「原裁判をした裁判所又は裁判長は，抗告を理由があると認めるときは，その裁判を更正しなければならない」と規定して，一般の抗告については再度の考案を認めている。

しかし，保全異議又は保全取消しの申立てについての決定は，当事者双方の主張につき実質的な審理を経て導かれた結果であるから，これを原裁判所で更正しうることを認めることは背理となり，ひいては，手続の安定を害して不当な結果となるおそれがある。このため，原裁判所は，保全抗告の理由の有無について判断することができず，その事件記録を抗告裁判所に送付しなければならないとして，再度の考案が禁止されている。

(3) 再抗告の禁止

保全抗告の決定は，当事者に送達され（民保41条4項・17条），告知によって直ちに効力が生じ（民保7条，民訴119条），これに対してはさらに抗告する方法はない（民保41条3項）。

〔2〕 保全命令を取り消す決定の効力の停止の裁判

　保全異議・保全取消しの申立てによって保全命令の取消決定がされた場合，その決定は告知によって直ちに効力が生ずる（民保7条，民訴119条）から，保全執行は停止されるともに，すでになされた執行処分も同時に取り消される（民保46条，民執39条・40条）。とすると，債権者が保全抗告の申立てをしても，債務者が保全執行の解放を受けた後に，その申立ての全部に理由があるとして保全命令が認可されるような事態になれば，その間に保全すべき財産等が散逸され，保全の目的を達成することができなくなるおそれがある。

　そこで，このような事態を防止するため，民事保全法42条は，債権者の保全抗告の申立てに併せて，保全命令を取り消す決定の効力を停止する裁判について規定している。その要件は，①原決定の取消しの原因となることが明らかな事情があること，②保全命令の取消しによって償うことができない損害を生ずるおそれのあることの2つである。

　例えば，①の要件に関しては，原取消決定の認定を覆すような重要な疎明資料が発見された場合や，原取消決定の認定の決め手となった疎明資料が偽造されたものであった場合が考えられる。また，②の要件に関しては，保全命令の取消決定が保全抗告において取り消されても，執行することができなくなるおそれがあり，代替物や金銭支払では足りないような場合が考えられる。

　保全命令を取り消す決定の効力を停止する裁判をするのは抗告裁判所であるが，事件記録が原裁判所にあるときは，原裁判所もその裁判をすることができる（民保42条2項・41条5項）。

　保全命令を取り消す決定の効力の停止が命じられた場合，債権者は，その決定正本及び担保を立てたことを証する書面を保全命令の発令裁判所の執行機関に提出して，保全執行の停止及びすでになされた執行処分の取消しを得ることができる（民保46条，民執39条1項6号）。

［西村　博一］

第3章

保全執行に関する手続・仮処分の効力

第1節 総 則

〔1〕 保全執行の要件

　保全手続は保全命令手続と保全執行手続とに分かれ，民事訴訟手続と民事執行手続とに対応している。保全手続においては，保全処分の緊急性，暫定性，密行性等の特質から，保全執行は保全命令の正本に基づいて行うことができ，原則として執行文の付与を要せず（民保43条1項本文。民執25条本文・22条参照），執行をすることができる期間は2週間に限定され（民保43条2項），保全命令が債務者に送達される前でもすることができる（民保43条3項。民執29条参照）等執行開始の積極的要件が簡略化されているなどの特色を有している。

⑴　保全命令と保全執行

⒜　執行文の原則的不要

　強制執行は，執行文が付与された債務名義の正本に基づいて行われる（民執25条本文，22条参照）のに対し，保全執行は，原則として，保全命令の正本に執行文を付与することは不要であり，保全命令の正本に基づいて実施する（民保43条1項本文）。保全命令は決定であって，告知とともに効力を生じ（民保7条，民訴119条），執行力も生じるからである。

⒝　執行文の付与

　(イ)　承継執行文の付与　　保全執行であっても，保全命令に表示された当事者以外の者に対し，又はその者のためにする保全執行については，例外的に，執行文が付与された保全命令の正本に基づいて行われる（民保43条1項但書）。

(ロ) 承継の基準時　承継執行文を必要とする承継の有無を判断する基準時は，保全命令が執行力を生じた時（保全命令が発令された時）である。
　(i) 保全命令申立後発令（基準時）前の承継
　　ⓐ 訴訟代理人がいる場合　保全命令の申立後発令前に中断事由が生じたが，訴訟代理人がいるため手続が中断せず（民保7条，民訴124条2項），かつ，訴訟代理人が承継の事実を届出（民保規6条，民訴規52条）しなかった場合は，承継前の当事者を表示した保全命令が発令されるが，保全命令の効力は，表示されていない新当事者（承継人）に及ぶと解されている。承継人に対する保全執行に際しては，基準時後の承継ではないが，当事者に不一致が生じることは基準時後の場合と同様であるので，承継執行文を付与することで，実質上の当事者である承継人を執行正本上において明らかにすることになる（民保43条1項但書類推適用）。
　　ⓑ 訴訟代理人がいない場合　保全命令の申立後発令前に中断事由が生じ，訴訟代理人がいない場合には，保全命令の効力は新当事者（承継人）には及ばず，承継執行文の付与の方法によることはできない。債権者は，再度保全命令の申立てをするしかない。
　(ii) 保全命令発令後保全執行着手前の承継　民事保全法43条1項但書の本来の適用場面であるが，保全処分の緊急性から保全命令は発令後直ちに執行されるのが通常であり（民保43条2項参照），発令から執行までの間に承継の事由が生ずることは少ない。
　(iii) 保全執行着手後終了前の承継　保全執行の着手後終了前に承継があった場合のうち，債務者側に承継が生じても，承継執行文の付与を受けることなく，執行を続行することができる（民保46条，民執41条1項）。それ以外の場合には，承継執行文の付与が必要である（民保規31条，民執規22条1項）。
　(iv) 保全執行終了後の承継　承継執行文は，保全執行をする場合に，保全命令に表示されていない者の当事者適格を執行機関に対して公証するものであるから，保全執行が終了した後に承継が生じた場合において，保全執行の効力を主張するにとどまるときは，承継執行文の付与を受ける必要はなく，実体上の権利の承継を証明すれば足りる。ただし，承継人が新たな保全執行を必要とする場合（例えば，緊急換価（民保49条3項・52条1項），執行官の点検（民保規40条，

民執規108条1項，民保52条1項）には，承継執行文の付与を求めなければならない（民保規31条，民執規22条1項）。

(2) 執行期間

(a) 執行期間の制限

保全執行は，債権者に対して保全命令が送達された日から2週間を経過したときは，行うことができない（民保43条2項）。

(b) 法的性質

執行期間は，不変期間ではなく，法定期間であるが，裁判所は期間を伸縮することはできず，債務者も期間の利益を放棄することはできない。

(c) 期間の進行

(イ) 不服申立てがあった場合

(i) 保全命令は直ちに執行することができるものであり，保全異議の申立て（民保26条）や保全取消しの申立て（民保37条以下）があった場合にも，保全執行の停止の裁判（民保27条・40条）がない限り，執行期間の進行は停止しない。

(ii) 保全異議の申立て（民保26条）について，担保を立てることを保全執行の実施又は続行の条件として，保全命令を認可する決定がされた場合（民保32条2項）においても，執行期間の進行は停止しない。

(iii) 保全異議の申立て（民保26条）について保全命令を変更する決定がされた場合は（民保32条1項），原保全命令の執行期間が守られている限り，変更により新たに必要とされる執行については，変更決定が債権者に送達された日から改めて2週間の執行期間が進行する。

(ロ) 保全命令について執行の停止を命じる裁判があった場合　保全執行の停止の裁判があった場合には，執行期間は進行を停止する。その後，停止の裁判が取り消されたときは，取消しの裁判が債権者に送達された日から改めて2週間の執行期間が進行する。

(ハ) 保全執行の申立てが却下された場合　保全執行の申立てが却下された場合には，執行期間の進行が停止し，執行抗告（民保46条，民執10条）又は執行異議（民保46条，民執11条）により執行が許容されたときは，その裁判が債権者に送達された日から改めて2週間の執行期間が進行する。

(ニ) 保全命令の執行後，保全異議又は保全取消しの手続において取り消され

第3章　保全執行に関する手続・仮処分の効力　第1節　総　　則　　61

た執行を再度行う場合　　保全命令の保全執行後，保全異議の申立て（民保26条）又は保全取消しの申立て（民保37条以下）において保全命令の取消しに伴い保全執行も取り消された後，保全抗告において債権者が勝訴して再び執行を行う場合においては，従前の執行はいったん取り消されているのであるから，執行期間は保全抗告の裁判が債権者に送達された日から改めて進行する。

　(d)　執行期間内にすべき行為
　(イ)　執行の着手　　執行期間内にすべき行為としては，執行機関に対する執行申立てだけでは足りず，執行機関が執行に着手することを要するが，執行期間内に執行を終了することまでは必要ではない。執行に着手すれば，続行は原則として執行期間経過後でも行うことができる。
　(ロ)　各種の保全命令における執行の着手
　　(i)　仮差押え
　　ⓐ　不動産仮差押え　　不動産に対する仮差押えの執行は，仮差押えの登記をする方法又は強制管理の方法により行われ，また，両者の方法を併用することができる（民保47条1項）。執行の着手時は，仮差押えの登記をする方法による場合は，保全執行裁判所の裁判所書記官が仮差押えの登記の嘱託書を発送した時（民保47条3項），強制管理の方法による場合は，強制管理開始決定が発せられた時である。両者は別個の執行であるから，執行期間内に仮差押えの登記嘱託がされている場合であっても，強制管理の方法による執行についても，執行期間内に着手しなければならない。
　　ⓑ　動産仮差押え　　動産に対する仮差押えの執行は，執行官が目的物を占有する方法により行われるので（民保49条1項），その着手時は，執行官が目的物の差押え，捜索等の強制行為に出た時である。執行期間内に執行に着手したが，日没や仮差押債務者の抵抗等やむを得ない事由により中断された場合には，その旨を調書に記載し（民保規31条，民執規13条1項），執行期間経過後においても続行することができる。
　　ⓒ　債権仮差押え　　債権についての仮差押えの執行は，保全執行裁判所が第三債務者に対し仮差押債務者への弁済を禁止する命令を発する方法により行われるので（民保50条1項），その着手時は，保全執行裁判所が第三債務者に対し保全命令を発送した時（民保50条5項，民執145条3項参照）である。執行期間

内に第三債務者に対する保全命令の送達を行ったが,「全戸不在」や「留置期間経過」の理由により不送達になった場合においては,第1回目の発送の時点で執行の着手があったと認めた上で,再送達が執行期間経過後であっても相当の期間内であれば,保全執行の続行として,送達を実施することができる。相当期間としては,実務上,仮差押債権者が第三債務者への不送達を知ってから1ヵ月程度が基準とされている（下里敬明「保全処分の書記官事務」書研所報34号63頁,藤原俊二「債権に対する仮差押えの執行手続」東京地裁保全研究会編著『民事保全の実務(下)』〔第3版〕229頁）。

(ⅱ) 係争物に関する仮処分

ⓐ 処分禁止の仮処分　　不動産等に対する処分禁止の仮処分の執行は,処分禁止の登記又は登録をする方法により行われるので（民保53条から55条）,その着手時は,保全執行裁判所の裁判所書記官が登記等の嘱託書を発送した時（民保53条3項,民執48条1項参照）である。

ⓑ 占有移転禁止の仮処分　　この場合の執行のその着手時は,執行官が仮処分債務者の目的物に対する占有を解く執行に着手した時である。

(ⅲ) 仮の地位を定める仮処分

ⓐ 定期金の給付を命じる仮処分　　賃金仮払処分のように金銭の定期金の給付を命じる仮処分については,仮処分命令の送達の日より後に支払期限が到来するものは,送達の日からではなく,定期金の支払期限から2週間の執行期間を起算することになる（最〔1小〕決平17・1・20裁判集民事216号57頁）。

ⓑ 代替的作為義務を命じる仮処分　　仮処分債務者に対し代替的作為義務を命じる仮処分命令（妨害物排除,明渡し断行等）については,仮処分債務者が履行をしない場合において仮処分命令の内容を実現するためには,仮処分債権者は授権決定を得て代替執行をしなければならないが（民保52条1項,民執171条1項,民414条3項前段）,執行期間内に授権決定を得ることまでも仮処分債権者に要求することは酷であることから,執行期間内に授権決定の申立てをすることで足りる（瀬木比呂志『民事保全法』〔第3版〕532頁）。

ⓒ 不作為を命じる仮処分　　不作為を命じる仮処分命令については,執行期間の制限の規定は適用されないと解されている。不作為を命じる仮処分命令は,仮処分債務者に対して仮処分命令を送達することによって効力を生じ,

仮処分命令の内容を実現するための執行行為はなく，仮処分債務者が仮処分命令を遵守する限り執行の必要性はなく，不作為義務に違反する行為があった場合に，初めて執行の段階に至り，代替執行（民保52条1項，民執171条1項，民414条3項前段）や間接強制（民保52条1項，民執172条1項）の問題を生じるのであり，執行期間経過後に違反が生じた場合に執行の申立てができないというのは不合理だからである（竹下守夫＝藤田耕三編『注解民事保全法(下)』123頁〔小林昭彦〕，瀬木比呂志監修『エッセンシャル・コンメンタール民事保全法』339頁〔金子直史〕）。

　(e)　期間経過の効果

　執行期間の経過の有無は，執行機関が職権で調査し，経過している場合は，執行申立てを却下する。執行期間の経過した後に保全執行がされた場合，債務者は，執行異議（民保46条，民執11条）の申立てをして，執行の取消しを求めることができる。

　執行期間経過後は，保全命令に基づく執行は許されないが，保全命令は存続しているので，債務者は，保全の必要性が欠けることを理由とする保全異議（民保26条）又は保全の必要性が消滅したことを理由とする事情変更による保全取消しの申立て（民保38条）により保全命令の取消しを求めることができる。

　債権者は，執行期間が経過すれば，その保全命令に基づいて保全執行はできないが，改めて保全の必要性の要件の存在を疎明して新たな保全命令を得ることができる。

(3)　保全命令の債務者への送達

　保全執行は，保全命令が債務者に送達される前であってもすることができる（民保43条3項）。

　債務者に対する保全命令の送達が不要になるわけではないので，保全執行と同時又は執行後相当期間内に，債務者に送達しなければならない。執行後相当の期間を経過しても送達がされない場合は，債務者は執行異議の申立て（民保46条，民執11条）により保全執行の取消しを求めることができる。

　承継執行文を付与した場合における承継執行文や承継を証明する文書の謄本（民執29条後段参照）についても，債務者への送達前であっても保全執行をすることができるが，執行後相当期間内に送達しなければならない。

〔2〕 追加担保を提供しないことによる保全執行の取消し

(1) 追加担保の提供を条件とする裁判

保全異議の申立て（民保26条），事情変更による保全取消しの申立て（民保38条1項），保全抗告の申立て（民保41条1項）についての決定においては，裁判所は，相当と認める一定の期間内に債権者に担保を立てること又は担保の額を増加した上，相当と認める一定の期間内に債権者が増加額について担保を立てることを保全執行の実施又は続行の条件とする旨を定めることができる（民保32条2項・38条3項・41条4項）。例えば，保全異議の場合には，債権者に担保を立てることを命じた上で保全命令を認可することになり，また，事情変更による保全取消しの場合には，債権者に担保を立てることを命じた上で，債務者の保全命令の取消しの申立てを却下することになる。

(2) 保全執行の取消し

(a) 債権者による追加担保の提供及び証明書の提出

追加担保の提供を命じられた場合，債権者は，担保提供期間の末日から1週間以内に，所定の期間内に担保を立てたことを証明する書面（供託書正本，支払保証委託契約締結証明書等）を保全執行を行った執行機関に提出しなければならない（民保44条1項）。

(b) 執行機関による保全執行の取消し

執行機関は，債権者が追加担保の提供をしたことを証明する書面を提出しない場合において，債務者が追加担保の提供を命じた決定の正本を提出したときは，すでにした執行処分を取り消さなければならない（民保44条2項）。

(c) 債権者による期間不遵守

債権者が所定の期間内に担保を立てなかった場合には，所定期間後に担保を立てた上で，提出期限内（所定期間の末日から1週間以内）に担保を立てたことを証明する書面を提出しても，「期間内に担保を立てたことを証明する書面」には該当しないので，執行機関は，すでにした執行処分を取り消さなければならない。

(d) 保全執行の終了後等における取消し

追加担保不提供による保全執行の取消しは，具体的な執行処分の存在を前提

とするので，保全執行の着手前は，あるいは，終了後は，これによることはできない。保全執行の実施を予定していない仮処分命令（任意の履行を期待する仮処分命令等），未だ保全執行の実施をしていない仮処分命令（不作為を命じる仮処分命令で仮差押債務者が違反していない場合等），すでに保全執行が終了している断行の仮処分命令等においては，債権者が追加担保を立てない場合であっても，追加担保不提供による保全執行の取消しの申立てをすることはできない。債務者は，事情変更による保全取消しの申立て（民保38条1項）を行い，既に保全執行が終了している場合には，併せて原状回復の申立て（民保40条1項・33条）をすることによって救済を受けることになる。

(3) 事情変更による保全命令の取消しとの関係

債務者は，追加担保不提供による保全執行の取消しの申立てをすることができる場合であっても，事情変更による保全取消しの申立て（民保38条1項）をして，保全命令の取消しを求めることができる。

〔3〕 第三者異議の訴えの管轄裁判所の特例

(1) 保全執行に対する第三者異議の訴えの管轄裁判所

(a) 保全執行に対する第三者異議の訴え

保全執行は債務者の責任財産に対して行われるものであるが，迅速性の要請や執行官も執行機関となることがある（民保2条2項）ことから，外観上，債務者の責任財産に属すると判断できる事実を標準として行わざるを得ず，保全執行の目的物について所有権その他目的物の譲渡又は引渡しを妨げる権利を有する第三者の権利が害されることがある。そこで，保全執行においても，第三者は第三者異議の訴えを提起することができる（民保46条，民執38条1項）。

(b) 第三者異議の訴えの管轄裁判所

保全執行に対する第三者異議の訴えの管轄裁判所は，保全執行裁判所である（民保46条，民執38条3項）。保全執行裁判所は，裁判所が行う保全執行に関しては執行処分を行う裁判所であり，執行官が行う保全執行の執行処分に関しては，執行官が所属する地方裁判所である（民保2条3項）。裁判所が保全執行を行う場合に，どの裁判所が執行を行うかは，個別の規定で定められるが，保全命令を発令した裁判所（保全命令裁判所）が保全執行裁判所となる場合が多い（民保47

条2項・48条2項・50条2項・4項・52条1項・53条3項・54条・55条2項)。保全命令の管轄裁判所は，本案の管轄裁判所又は仮差押えの目的物又は係争物の所在地を管轄する地方裁判所である（民保12条1項）。

(2) **保全執行裁判所が高等裁判所である場合の第三者異議の訴えの管轄裁判所の特例**

(a) 保全執行裁判所が高等裁判所である場合の第三者異議の訴えの管轄裁判所

地方裁判所又は簡易裁判所が保全執行裁判所となる場合には，保全執行に対する第三者異議の訴えも，地方裁判所又は簡易裁判所であるので，判決に不服があれば，高等裁判所又は地方裁判所に控訴をすることができ，当事者の審級の点では問題はない。しかし，高等裁判所が保全執行裁判所として保全執行を行う場合（保全命令の申立てを却下した決定に対する債権者の抗告に基づいて高等裁判所が保全命令を発したとき，本案訴訟の係属する高等裁判所が保全命令を発したとき）においては，保全執行に対する第三者異議の訴えの管轄を高等裁判所とすると，第三者の審級の利益を奪うことになる。また，第三者異議の訴えは，保全命令の当否を問題とするものではなく，目的物についての第三者の権利の有無が争点であるから，保全命令を発した裁判所が審理する必要性もない。

(b) 管轄裁判所の特例

そこで，高等裁判所が保全執行裁判所としてした保全執行に対する第三者異議の訴えについての管轄裁判所は，仮差押えの目的物又は係争物の所在地を管轄する地方裁判所となる（民保45条）。仮差押えの目的物又は係争物の所在地については，仮差押えの目的物又は係争物が債権又はその他の財産権であるときは，民事保全法12条4項から6項までの規定が類推適用される。

[増田　輝夫]

第2節　仮差押執行の概要

〔1〕　不動産に対する仮差押えの執行

(1)　不動産に対する仮差押えの執行手続
(a)　執行方法
　不動産に対する仮差押えの執行は，仮差押えの登記をする方法と強制管理の方法とがあり，両者は併用することもできる（民保47条1項）。2つの方法は，保全執行裁判所も異なることがあり，別個の執行方法である。
(b)　対象となる不動産
　不動産に対する仮差押えの執行の対象となるものには，民事執行法43条1項に規定する不動産のほか，同条2項により不動産とみなされるもの（みなし不動産），すなわち，不動産の共有持分，登記された地上権及び永小作権並びにこれらの権利の共有持分も含まれる。さらに，特別法上不動産とみなされるものとして，登記された立木（立木1条1項・2条1項），工場財団（工抵9条・14条1項）等があり，特別法により不動産（土地）に関する規定が準用されるものとして，鉱業権（鉱業12条），漁業権（漁業23条1項）等がある。
(2)　仮差押えの登記をする方法による不動産に対する仮差押えの執行
(a)　保全執行裁判所
　仮差押えの登記をする方法による仮差押えの執行は，仮差押命令を発令した裁判所（保全発令裁判所。民保12条1項）が，保全執行裁判所として管轄する（民保47条2項）。地方裁判所に限られず，仮差押命令を発令した簡易裁判所や高等裁判所の場合もある（民保12条3項参照）。
(b)　保全執行の申立て
　仮差押債権者は，仮差押えの登記をする方法による仮差押命令の申立書のほかに別途仮差押えの執行の申立書を提出する必要はない（民保規31条但書）。
(c)　執行手続
　(イ)　仮差押えの登記の嘱託　　仮差押えの登記をする方法による仮差押えの執行は，保全執行裁判所の裁判所書記官が，目的不動産の所在地を管轄する登

記所（不動産の所在地を管轄する法務局，地方法務局若しくはその支局又は出張所。不登6条1項）の登記官（不登9条）に対し，仮差押えの登記を嘱託することで行われる（民保47条3項）。裁判所書記官は，登記原因を証する情報（登記原因証明情報）の提供として（不登16条・61条，不登令7条1項5号ロ参照），嘱託書に仮差押命令（決定）の正本を添付し，又は嘱託書と登記原因を裁判所書記官が証明した書面（登記嘱託書兼登記原因証明書）により，嘱託を行う。

(ロ) 仮差押えの登記　　登記嘱託書の送付を受けた登記官は，登記の目的の記載は「仮差押」とし，登記原因の記載は「〇〇地方（簡易，高等）裁判所（〇〇支部）仮差押命令」とし，登記原因の日付は仮差押命令が発せられた日として仮差押えの登記をし（昭和55年8月28日付け法務省民三第5267号法務局長・地方法務局長あて法務省民事局長通達「民事執行法及び民事執行規則の施行に伴う登記実務の取扱いについて」第四・一・1・(一)，別紙「民事執行に関する登記記載例」第二・一・1・(一)25参照），登記が終了した後，登記事項証明書を保全執行裁判所に送付する。

(ハ) 執行期間　　執行期間（民保43条2項）との関係では，裁判所書記官が嘱託書を発送した時（郵便局の窓口に提出した時）が執行の着手であるので，執行期間（仮差押債権者に対して仮差押命令が送達された日から2週間）内に発送されれば，登記記録への記入が期間経過後になっても，執行期間を徒過したことにはならない。

(d) 仮差押えの執行の効力

(イ) 効力の発生時期　　仮差押えの登記をする方法による仮差押えの執行の効力は，仮差押えの登記がされた時に生じる（民保47条5項は民執46条1項を準用していない）。

(ロ) 処分制限の効力　　仮差押えの登記により，登記がされた目的不動産について，所有権の移転，用益権及び担保権の設定等仮差押債務者の処分行為が一切禁止される効力（処分制限効）が生じる。仮差押えの処分制限効は，絶対的なものではなく，仮差押えから移行した本執行等の執行手続との関係において相対的に生ずるので，仮差押えの登記後にされた仮差押債務者の処分行為も，仮差押債権者に対抗できないことになるが，処分当事者間では有効である。

(ハ) 使用制限の効力　　仮差押えの登記をする方法による仮差押えの執行の効力が発生しても，仮差押債務者は，目的不動産を通常の用法に従って使用し，

又は収益することができる（仮差押債務者の使用収益権原。民保47条5項，民執46条2項）。

　㈡　仮差押債権者に対する効力　　仮差押債権者は，仮差押えの執行により，将来本執行に移行し得る要件を備えたときは，売却・配当の段階に進むことができる地位を取得するが，目的不動産について，他の債権者に対する優先権を取得するものではない。

　(f)　仮差押えの執行の終了等
　㈤　本執行への移行　　仮差押債権者は，被保全権利について本案勝訴の確定判決又はその他の債務名義を取得した場合には，本執行としての強制執行をすることができる。保全執行として行われた手続の効果を，本執行の手続に引き継ぐことを，保全執行から本執行への移行という[1]。
　㈥　仮差押えの執行の効力の消滅　　仮差押えの執行の効力は，仮差押命令の申立ての取下げ（民保18条）[2]，保全異議の申立てに基づく仮差押命令の取消し（民保32条1項），本案の不提起による保全取消しの申立てに基づく仮差押命令の取消し（民保37条3項），事情変更による保全取消しの申立てに基づく仮差押命令の取消し（民保38条1項），追加担保の不提供による仮差押えの執行の取消し（民保44条2項），仮差押解放金の供託による仮差押えの執行の取消し（民保51条1項），目的不動産の滅失等による仮差押えの執行の取消し（民保47条5項，民執53条），仮差押債権者敗訴の本案判決の確定等により，消滅する[3]。保全執行裁判所の裁判所書記官は，仮差押えの登記の抹消を嘱託しなければならない（民保47条5項，民執54条）。

(3)　強制管理の方法による不動産に対する仮差押えの執行
　(a)　執行手続
　強制管理の方法による仮差押えの執行は，仮差押えの目的不動産の収益について，仮差押債務者の処分権を制限し，保全執行裁判所の選任した管理人がこれを収益・換価し，将来被保全債権の弁済に充てるため供託することにより，金銭債権の執行の保全を図ろうとするものである（民保47条4項）。
　(b)　保全執行裁判所
　強制管理の方法による仮差押えの執行については，保全執行裁判所は，仮差押えの登記をする方法による場合（民保47条2項）と異なり，不動産の所在地を

管轄する地方裁判所である（民保47条5項，民執44条1項）。仮差押命令を発令した裁判所（保全発令裁判所。民保12条）とは異なる裁判所が保全執行裁判所となることがある。

(c) 保全執行の申立て

強制管理の方法による仮差押えの執行の申立ては，仮差押えの登記をする方法による場合と異なり，仮差押命令の申立てとは別に，保全執行裁判所（民保47条5項，民執44条1項）に対し，書面でしなければならない（民保規1条6号・31条，民執規21条）。

申立書には，仮差押命令の申立てについての手続において，強制管理の方法による仮差押えの執行の申立てをする旨を明示したことを証する書面を添付しなければならない（民保規32条2項）。証明書面の添付がなく，追完の求めにも応じないときは，保全執行裁判所は，強制管理の方法による仮差押えの執行の申立てを却下することができる。

(d) 執行手続

(イ) 開始決定と差押えの登記の嘱託　強制管理の方法による仮差押えの執行は，強制管理の開始決定をし，開始決定において，仮差押債権者のために不動産を差し押さえる旨を宣言し，仮差押債務者に対し収益の処分を禁止し，給付義務者がいる場合には，給付義務者に対し収益を管理人に給付すべき旨を命じ，仮差押債務者及び給付義務者に送達することである（民保47条5項，民執93条1項・3項）。

保全執行裁判所の裁判所書記官は，開始決定を公示するため，開始決定に係る差押えの登記を嘱託しなければならない（民保47条5項，民執48条1項）。

(ロ) 効力の発生時期　強制管理の方法による仮差押えの執行の効力は，強制管理開始決定が仮差押債務者に送達された時に生ずるのが原則であるが，例外として，差押えの登記が強制管理開始決定の送達前にされたときに限り，登記がされた時に生じる（民保47条5項，民執46条1項）。

(ハ) 執行期間　執行期間（民保43条2項）との関係では，強制管理の方法による仮差押えの執行の着手は，強制管理開始決定が発せられた時である。強制管理の方法による仮差押えの執行は，仮差押えの登記の方法による仮差押えの執行と併用する場合であっても，2つの方法は別個の執行方法であるから，

執行期間内に仮差押えの登記嘱託がされている場合であっても，執行期間内に強制管理開始決定がされる必要がある。

(二) 管理人の選任　保全執行裁判所は，強制管理開始決定と同時に，管理人を選任しなければならない（民保47条5項，民執94条1項）。管理人が選任されたときは，保全執行裁判所の裁判所書記官は，仮差押債権者，仮差押債務者及び給付義務者に対し，管理人の氏名（法人のときは名称）を通知しなければならない（民保規32条，民執規65条1項）。

* 1　保全執行から本執行への移行に伴う「移行の時期」，「移行の効果」等についての詳細は，Q51「本執行への移行」を参照されたい。
* 2　取下げの場合も，別途，仮差押えの執行の申立ての取下書を提出したり，仮差押命令の申立ての取下書に仮差押えの執行の申立てを取り下げる旨を併記するまでの必要はない（最高裁判所事務総局編『条解民事保全規則』〔改訂版〕（民事裁判資料第226号）22頁注(2)）。
* 3　仮差押えにより被保全権利についての消滅時効の進行は中断するが（民147条2号），時効中断の効力の終了時期についてはQ49「仮差押執行の取消しに伴う時効中断効消滅の成否」を参照されたい。

〔2〕　船舶に対する仮差押えの執行

(1)　船舶に対する仮差押えの執行手続

(a)　執行方法

船舶に対する仮差押えの執行は，仮差押えの登記をする方法と執行官に対し船舶国籍証書等を取り上げて保全執行裁判所に提出すべきことを命じる方法とがあり，両者は併用することもできる（民保48条1項）。2つの方法は異なる種類の執行方法である。

(b)　対象となる船舶

船舶に対する仮差押えの執行の対象となるものは，民事執行法112条に規定する船舶である（民保12条4項，民保規20条2項）。船舶に対する仮差押えの執行の対象とならない船舶は，動産として取り扱われ，仮差押えの執行は民事保全法49条に基づいて行う。また，船舶の共有持分に対する仮差押えの執行は，その他の財産権に対する仮差押えとして民事保全法50条に基づいて行う。

(2) 仮差押えの登記をする方法による船舶に対する仮差押えの執行

(a) 対象となる船舶

登記能力を有する日本船舶に対してのみ行うことができる。すでに登記されているかどうかは問わない（未登記船舶につき，民保規20条2号ロ参照）。

(b) 保全執行裁判所

仮差押命令を発した裁判所（保全発令裁判所。民保12条）が，保全執行裁判所として管轄する（民保48条2項）。

(c) 保全執行の申立て

仮差押えの登記をする方法による仮差押えの執行については，仮差押命令の申立書のほかに，別途仮差押えの執行の申立書を提出する必要はない（民保規31条但書）。

(d) 仮差押えの登記手続

仮差押えの登記をする方法による不動産に対する仮差押えの執行と同様，保全執行裁判所の裁判所書記官が，目的船舶の船籍港を管轄する登記所に対し，仮差押えの登記を嘱託することで行われる（民保48条3項・47条3項）。

(e) 仮差押えの執行の効力

仮差押えの登記をする方法による仮差押えの執行の効力は，不動産に対する仮差押えの執行の場合と同様であり，手続相対効としての処分制限の効力が生じるが，仮差押債務者は，通常の用法に従って，目的船舶を使用収益することができる（仮差押債務者の使用収益権原。民保48条3項・民執46条2項）。

(3) 執行官に対し船舶国籍証書等を取り上げて保全裁判所に提出すべきことを命じる方法による船舶に対する仮差押えの執行

(a) 対象となる船舶

日本船舶はもちろん，それ以外の外国船舶や無国籍船舶も含まれる。

(b) 保全執行裁判所

保全執行裁判所は，仮差押えの登記をする方法による場合と異なり，船舶の所在地を管轄する地方裁判所である（民保48条2項）。仮差押命令を発した裁判所（保全発令裁判所。民保12条）とは必ずしも一致しない。

(c) 保全執行の申立て

船舶国籍証書等の取上げを命じる方法による仮差押えの執行の申立ては，仮

差押命令の申立てとは別に，保全執行裁判所（民保48条2項）に対し，書面でしなければならない（民保規1条6号・31条，民執規21条）。

申立書には，民事執行規則21条各号に掲げる事項のほか，船舶の所在する場所並びに船長の氏名及び現在する場所を記載しなければならない（民保規33条，民執規74条）。

申立書には，船舶国籍証書等の取上げを命じる方法による仮差押えの執行の申立てをする旨を明示したことを証する書面を添付しなければならない（民保規33条・32条2項）。

(d) 執行期間

仮差押えの登記をする方法と併用する場合であっても，船舶国籍証書等の取上げを命じる方法による仮差押えの執行は，仮差押えの登記をする方法とは別個の種類の執行方法であるから，執行期間（民保43条2項）との関係では，執行官が目的船舶に赴いて船舶国籍証書等を取り上げるべく捜索する行動に出た時に執行の着手があることになる。

(e) 執行手続

保全執行裁判所は，地方裁判所に所属する執行官（執行官法4条）に対し，船舶国籍証書等を取り上げて保全執行裁判所に提出すべきことを命じる取上命令を発する（民保48条1項）。

保全執行裁判所は，仮差押債権者の申立てにより，必要があると認めるときは，保管人を選任することができる（民保48条3項，民執116条1項）。保管人が船舶の保管のために要した費用（報酬を含む）は，手続費用となり（民執116条2項），仮差押債権者が予納又は追予納しなければならない。その他，不動産の強制管理の管理人についての規定が保管人に準用される（民保48条3項，民執116条4項）。

〔3〕 動産に対する仮差押えの執行

(1) 仮差押えの執行の対象物

動産に対する仮差押えの執行の対象物は，民法上の動産，すなわち，土地及び定着物以外の物（民86条2項）並びに無記名債権（民86条3項。現金も含まれる）のほか，登記することができない土地の定着物，土地から分離する前の天然果実で1ヵ月以内に収穫することが確実であるもの及び裏書の禁止されている

有価証券以外の有価証券も含まれる（民保12条4項，民執122条1項）。

(2) 仮差押えの執行の申立て

動産に対する仮差押えの執行の申立ては，書面で（民保規1条6号）執行すべき動産（目的動産）の所在地を管轄する地方裁判所の執行官に対して行わなければならない（民保49条1項，執行官法4条）*4。申立書には，民事執行規則21条各号に掲げる事項（民保規31条）のほか，仮差押えをすべき動産が所在する場所を記載しなければならない（民保規40条，民執規99条）。動産の特定については，仮差押債権者があらかじめ仮差押債務者の有する動産について知ることは困難であるから，申立書においては執行する場所で特定し，動産の特定は仮差押えの執行をする場所で行えば足りる*5。

(3) 執行手続

(a) 執行方法（執行官による目的動産の占有）

動産に対する仮差押えの執行は，執行官が目的動産を占有する方法により行う（民保49条1項）。

(b) 対象となる動産

仮差押えの対象となるのは，①仮差押債務者の占有する動産（民保49条4項，民執123条1項），②仮差押債権者の占有する動産（民保49条4項，民執124条），③提出を拒まない第三者の占有する動産（民保49条4項，民執124条）である。

(イ) 債務者の占有する動産　　仮差押えは仮差押債務者の責任財産についての強制執行を保全するためにされるものであるから，本来，仮差押債務者所有の動産に対してされるべきであるが，動産については，外形上，所有関係が明らかではなく，所有権の有無を執行官に判断させることも適当ではないことから，仮差押債務者が占有している物については，所有している蓋然性が高いものとして，執行の対象とされる。

共同所持に属する動産は，所持する第三者が提出を拒まなければ仮差押えをすることができる（民保49条4項，民執124条）が，第三者が提出を拒む場合には，仮差押債務者の第三者に対する動産引渡請求権の仮差押え（民保50条1項）をすることが必要である*6。

(ロ) 債権者又は提出を拒まない第三者の占有する動産　　執行官は，民事執行法124条に定める場合に限って仮差押えの執行をすることができる。第三者

は動産を提出する義務はなく，提出を拒否されると強制することはできず，仮差押債権者としては，動産引渡請求権に対する仮差押え（民保50条4項）をするほかない。

(4) 仮差押目的動産の保管等

(a) 執行官による仮差押目的動産の保管

執行官は，仮差押債務者の占有する目的動産について仮差押えの執行をした場合は，原則として，自ら保管する（民保49条1項）。特に高価な物，運搬，換金が容易な貴金属類については執行官が保管すべきである。

(b) 仮差押債務者による仮差押目的動産の保管

執行官は，相当であると認めるときは，仮差押えの執行をした目的動産を仮差押債務者に保管させることができ（民保49条4項，民執123条3項前段），さらに，相当と認めるときは目的動産の使用を仮差押債務者に許すことができる（民保49条4項，民執123条4項）。

(c) 仮差押債権者又は第三者による仮差押目的動産の保管

仮差押債権者又は提出を拒まない第三者の占有する目的動産について仮差押えの執行をした場合には，それまで占有していた者に保管させることができる（民保49条4項，民執124条）。また，それまで所持していた者以外の者である仮差押債権者又は第三者に仮差押えの執行をした目的動産を保管させることができる（民保規40条，民執規104条1項）。

(5) 仮差押目的動産の換価

(a) 換価の趣旨

仮差押目的動産について著しい価額の減少を生じるおそれのあるとき（例えば，腐敗しやすい生鮮食品等），保管のために不相応な費用を要するとき，又は特定の時期に売却しなければ価額が著しく下落することが予想されるとき（例えば，販売時期が限定された季節商品等）は，そのまま目的動産を保管しておくことは適切ではないので，一定の要件がある場合には，執行官は，目的動産を売却し，売得金を供託する制度（緊急換価）が認められている（民保49条3項）。

(b) 換価の要件

換価の要件としては，①著しい価額の減少を生ずるおそれがあること，又は②保管のために不相応な費用を要することである（民保49条3項）。緊急換価の

要件は比較的はっきりしており、執行官が判断することも可能であるから、当事者の申立て及び保全執行裁判所の換価命令によらず、執行官独自の判断で換価することができる (民保49条3項)。

(6) 金銭及び手形等に対する仮差押えの執行

仮差押えは金銭債権の保全の保全のために行われるものであるから、金銭が仮差押えの執行の対象物である場合、執行官は、仮差押えの執行に係る金銭を供託しなければならない (民保49条2項前段)。手形、小切手その他の金銭の支払を目的とする有価証券で権利行使のため所定期間内に引受、提示、請求を要するものについて、執行官が支払を受けた金銭についても、供託しなければならない (民保49条2項後段)。

(7) 仮差押えの執行の効力

(a) 処分制限の効力

動産に対する仮差押えの執行があると、仮差押債務者の処分行為を禁止する効力 (処分制限効) を生じ、違反する処分行為は仮差押債権者に対抗できない。この効力は、相対的なものであり、本執行の手続が行われる限り、その手続との関係で効力が否定されるにとどまる (手続相対効)。

(b) 引渡命令

執行官が仮差押えの執行をした後、目的動産を第三者が占有することになった場合、保全執行裁判所は、仮差押債権者の申立てにより、第三者に対して目的動産を執行官に引き渡すべき旨を命ずることができる (民保49条4項、民執127条1項)。申立ては、仮差押債権者が目的動産を第三者が占有していることを知った日から1週間以内にしなければならない (民保49条4項、民執127条2項)。執行官は、動産引渡執行 (民執169条) の方法で目的動産を取り戻すことができる。

(c) 時効中断の効力

仮差押えは、時効中断の効力を有するが (民147条2号)、動産仮差押えの時効中断の効力発生時期は、執行官に対する仮差押えの執行の申立ての時である (最〔3小〕判昭59・4・24民集38巻6号687頁)。差押えが時効中断の効力を生じるためには、執行官が (仮) 差押えの執行に着手することが必要であるから、執行官が (仮) 差押えの執行に着手したが、差し押さえるべき動産が存在せず執

行が不能となった場合には，時効中断の効力が生ずるが，債務者の所在不明等の理由により執行に着手できなかった場合には，時効中断の効力は遡及して消滅する（前掲最〔3小〕判昭59・4・24，最〔2小〕判昭43・3・29民集22巻3号725頁）。

* 4　目的動産の所在地を管轄する地方裁判所に仮差押命令の申立てを行う場合であっても，目的動産を特定しない申立てである限り，目的動産の所在地を管轄する地方裁判所であればどの地方裁判所の所属の執行官に対してでも申立てをすることができることになる（瀬木比呂志『民事保全法』〔第3版〕550頁）。

* 5　仮差押命令は特定の物について発しなければならない（民保21条本文）のに対し，動産の仮差押命令は目的物を特定しないで発することができるが（民保21条但書），特定可能な動産については，特定された動産のみを対象とする仮差押命令を発令することも許される。目的動産を特定する方法については，①動産の所在場所による特定，②動産の性質による特定，③個別動産の特定が考えられる（司法研修所編『保全命令主文例集』〔5訂〕3頁）。

* 6　銀行の貸金庫内にある仮差押債務者所有の内容物に対する強制執行の可否及び方法については，貸金庫契約の法的性質や貸金庫の内容物についての銀行の占有の有無に関する議論とも関係して見解が分かれていたが，最〔2小〕判平11・11・29（民集38巻6号687頁）は，銀行は，貸金庫の内容物に対して利用者と共同して民法上の占有を有しており，この占有は貸金庫の内容物全体について1個の包括的な占有として成立するとした上で，貸金庫の利用者は，銀行に対し，貸金庫契約に基づく内容物全体を一括して引き渡すことを請求する権利（貸金庫契約上の内容物引渡請求権）を有しており，内容物引渡請求権を差し押さえる方法による強制執行が可能であって，その際，被差押債権である内容物引渡請求権の特定については，差押債権者は，貸金庫を特定すれば足り，内容物の種類，数量等と存在を立証する必要はない旨を判示した。

〔4〕　債権及びその他の財産権に対する仮差押えの執行

(1) 債権に対する仮差押えの執行

(a) 対象となる債権

債権に対する仮差押えの執行の対象となる債権（仮差押債権）は，民事執行法143条に規定するものであり，金銭の支払又は船舶若しくは動産の引渡しを目的とする債権である。

(b) 保全執行裁判所

債権に対する仮差押えの執行は、仮差押命令を発令した裁判所（保全発令裁判所。民保12条）が、保全執行裁判所として管轄する（民保50条2項）。

(c) 仮差押えの執行の申立て

(イ) 仮差押えの執行の申立ての要否　債権に対する仮差押えにおいては、仮差押命令の申立書とは別に、執行の申立書を提出する必要はない（民保規31条但書）。

(ロ) 仮差押債権の特定

(ⅰ) 仮差押債権の特定事項の記載　債権に対する仮差押命令の申立書には、仮差押債権の種類及び額その他の債権を特定するに足りる事項を記載しなければならない（民保規19条2項1号）。

(ⅱ) 預金債権

ⓐ 預金債権の帰属　債権に対する差押えの執行においては、差押債権の存在や差押債務者への帰属の有無については、名義が差押債務者の実名と同一である限りは、実質的な審査を行うことなく差押命令を発する（外観主義）。預金債権の特定は、預金者の氏名、預金の場所（取扱店舗の指定）、預金の種類及び額その他の事項を記載することにより行う（民保規19条2項1号）。

仮差押債務者の実名以外の仮名（通称、架空人名義、実在の他人名義等）による預金については、預金債権が仮差押債務者に帰属するという外観は存在しないが、実体的には、預金債権は仮差押債務者に帰属するので、預金債権が仮差押債務者に帰属することを仮差押債権者が証明した場合に限り仮差押命令を発令する取扱いがされている。仮差押命令においては、「債務者Aが第三債務者に対してB名義で有する預金債権」と表示する（岩崎邦生「他人名義等の銀行預金の仮差押え」東京地裁保全研究会編著『民事保全の実務(上)』〔第3版〕209頁）。

ⓑ 預金の種類の特定　実務においては、複数の預金債権間において序列を付ける方法が用いられている。預金債権間の序列を決めるにあたっては、保全の必要性から、仮差押債務者の当面の生活費あるいは営業資金として必要と思われる可能性の高いものを後回しにするなどの配慮がされ、普通預金や当座預金が後順位にされている（江尻禎＝見目明夫「仮差押債権の特定」東京地裁保全研究会編著『民事保全の実務(上)』〔第3版〕178頁）。

ⓒ　預金債権の所在（取扱支店）の指定　　預金債権に対して仮差押えをする場合，第三債務者である金融機関の各支店ごとに仮差押債権を特定する必要があるのか（各支店ごとに仮差押債権の割付けをする），各支店ごとの仮差押債権の特定は不要であり（各支店ごとに仮差押債権の割付けは必要ない），全支店を対象として支店番号の若い順序により支店に順位付けをする方式（先順位の支店の預金債権の額が仮差押債権額に満たないときは，順次予備的に後順位の支店の預金債権を仮差押債権とする方式。全店一括順位付け方式）で足りるのかが議論され，高等裁判所での判断も消極説，積極説に分かれていたが，最〔3小〕決平23・9・20（民集65巻6号2710頁）は，全店一括順位付け方式による複数支店の預金債権に対する差押命令の申立ては，差押債権の特定を欠き不適法である旨を判示した。また，預金債権を差押えする場合に，同じく第三債務者である金融機関の具体的な支店を特定することなく，「複数の店舗に預金債権があるときは，預金債権額合計の最も大きな店舗の預金債権を対象とする。なお，預金債権額合計の最も大きな店舗が複数あるときは，そのうち支店番号の最も若い店舗の預金債権を対象とする。」とした上で，先行の差押えの有無や種類等による順位付けをする方式（預金額最大店舗指定方式）で足りるのかが議論され，高等裁判所での判断も消極説と積極説に分かれていたが，最〔1小〕決平25・1・17（判タ1386号182頁・判時2176号29頁・金判1412号8頁・金法1966号110頁）は消極説の立場をとることを明らかにした。

(d)　執行手続

債権に対する仮差押えの執行は，保全執行裁判所が第三債務者に対し仮差押債務者への弁済を禁止する方法により行われるが（民保50条1項），仮差押えの執行についての審理は，仮差押債務者が仮差押債権を処分するおそれがあることから，仮差押債務者及び第三債務者を審尋しないで発令される（民保50条5項，民執145条2項）。

(e)　仮差押命令の送達

(イ)　仮差押債務者及び第三債務者への送達　　仮差押命令は，職権で，仮差押債務者（民保17条）及び第三債務者（民保50条5項，民執145条3項）に送達される。第三債務者が数人いる場合には，各別に送達される。仮差押えの執行は，仮差押命令が仮差押債務者に送達される前であってもすることができるので（民保

43条3項），まず，第三債務者に送達し，送達報告書を確認した上で，仮差押債務者に送達をするのが実務の慣行である。

(ロ) 第三債務者に対する送達が不送達になった場合　第三債務者に対して仮差押命令を送達したが，第三債務者が不在のため，執行期間（民保43条2項）経過後も第三債務者に対する送達が完了していないという事態が生じることがあるが，債権に対する仮差押えの執行については，保全執行裁判所が第三債務者に対する第1回目の送達に着手した時に執行に着手したものと解されており，第1回目の送達が，「全戸不在」，「留置期間満了」の理由により不送達になった場合には，再送達が執行期間経過後であっても，第1回目の執行の着手の続行として，相当期間内（実務上，相当期間としては，仮差押債権者が第三債務者への不送達を知ってから1ヵ月程度が基準とされている）に限り送達を実施することができる。これに対し，第三債務者への送達不能の理由が「転居先不明」又は「宛所に尋ね当たらず」という場合には，送達の宛所には第三債務者は所在しないということであるから，第1回目の送達の着手をもって執行の着手があったものとは認められず，執行期間が経過すれば，仮差押えの執行をすることができない。

(f) 第三債務者に対する陳述催告と陳述

仮差押債権者の申立てがあるときは，裁判所書記官は，仮差押命令を送達する際に，第三債務者に対し，債権の存否その他一定の事項（民保規41条2項，民執規135条）について，陳述の催告をしなければならない（民保50条5項，民執147条1項。陳述催告の申立書，催告書，陳述書の記載例（書式例）については，東京地裁保全研究会編『書式民事保全の実務——申立てから執行終了までの書式と理論』〔全訂5版〕311頁から321頁）。催告を受けた第三債務者は，仮差押命令の送達を受けた日から2週間以内に陳述書を提出しなければならない（民保50条5項，民執147条1項）。

(g) 仮差押えの執行の効力

(イ) 効力の発生時期　仮差押命令は仮差押債務者に送達される前であっても第三債務者に送達することができ（民保43条3項），仮差押命令が第三債務者に送達された時に仮差押えの執行の効力が生じる（民保50条5項，民執145条4項）。

(ロ) 仮差押えの執行の効力が及ぶ範囲　仮差押えの執行の効力は，効力が生じた後に発生した利息，損害金の全部に対して及ぶ（民保50条5項，民執146条

1項)が，仮差押えの執行の効力が生じた時点ですでに発生している利息，損害金についてはその効力が及ばないから，別に仮差押えをしなければならない。

　給料債権や賃料債権のような継続的法律関係から生ずる債権に対する仮差押えの執行の効力は，仮差押債権及び執行費用の額を限度として，仮差押えの執行の後に受けるべき給付に及ぶ（民保50条5項，民執151条)。給料債権や賃料債権に対して仮差押えの執行がされた場合には，給料の昇給部分や賃料の増額部分についても仮差えの執行による効力が及ぶ。

　(ハ)　仮差押債権についての時効中断効　債権に対する仮差押えの執行により仮差押債権についての消滅時効は中断されない（東京高判平25・4・18金判1425号33頁等)。仮差押債務者が，仮差押債権についての時効中断措置をとる必要がある場合には，第三債務者を被告とする確認訴訟や給付訴訟を提起したり，第三債務者について開始された破産手続において破産債権としての届出（破111条1項）をするといった方法による。

　(h)　第三債務者の供託

　(イ)　権利供託　金銭債権に対して仮差押えの執行がされた場合には，第三債務者は，仮差押えの執行の効力により，仮差押債権について仮差押債務者への弁済が禁止されるが（民保50条1項)，仮差押債務者に対する支払義務を免れるわけではないので，仮差押債権の全額に相当する金銭を債務の履行地の供託所に供託することができる（民保50条5項，民執156条1項)。供託をした第三債務者は，保全執行裁判所に事情届出をしなければならない（民保50条5項，民執156条3項)。

　(ロ)　みなし解放金　金銭債権に対して仮差押えの執行がされ，第三債務者が仮差押債権について供託をしたとき（権利供託）は，仮差押解放金（民保22条1項）の額に相当する金銭について仮差押債務者が仮差押解放金を供託したものとみなされる（みなし解放金。民保50条3項)。仮差押債務者は，国（供託所）に対し，供託金について還付請求権を有することになり，仮差押えの効力は，仮差押債務者の有する供託金還付請求権の上に及ぶことになる（みなし解放金に対する仮差押債権者の権利行使については，**Q45**「債権仮差押命令の執行」を参照されたい)。

(2) その他の財産権に対する仮差押えの執行
(a) 対象となる債権

民事執行法167条1項に規定する「その他の財産権」、すなわち、不動産、船舶、航空機、建設機械、小型船舶、動産及び債権以外の財産権をいい、それ自体独立して財産的価値を有し、換価により仮差押債権者の満足に供することができるものである。具体的には、動産の共有権、未登記の立木、社員の持分権、特許権・実用新案権・意匠権・著作権等の知的財産権、電話加入権、ゴルフ会員権、振替社債等（民保規42条）、電子記録債権（民保規42条の2）等がある。

(b) 執行手続

その他の財産権に対する仮差押えの執行については、債権に対する仮差押えの執行の規定が準用される（民保50条4項・1項・2項・5項、民執167条。振替社債等及び電子記録債権に関する仮差押えの執行については、民事保全規則42条、42条の2において具体的に規定されている）。

(c) 保全執行裁判所

保全執行裁判所は、仮差押命令を発令した裁判所（保全発令裁判所。民保12条）である（民保50条4項・2項）。

〔5〕 航空機、自動車及び建設機械又は小型船舶に対する仮差押えの執行

(1) 航空機に対する仮差押えの執行
(a) 執行方法

航空機に対する仮差押えの執行は、仮差押えの登録をする方法と執行官に対し航空機登録証明書その他の航空機の航行のために必要な書面を取り上げて保全裁判所に提出すべきことを命じる方法とがあり、両者は併用することもできる（民保規34条、民保48条）。

(b) 仮差押えの登録をする方法による航空機に対する仮差押えの執行

(イ) 保全執行裁判所　仮差押命令を発令した裁判所（保全発令裁判所。民保12条）が保全執行裁判所となる（民保規34条、民保48条2項）。

(ロ) 仮差押えの登録手続　仮差押えの登録は、保全執行裁判所の裁判所書記官が嘱託し（民保規34条、民保48条3項・47条3項）、運輸大臣が航空機登録原簿

に行う（航空3条）。運輸大臣は，仮差押えの登録をしたときは，航空機登録原簿の謄本を保全執行裁判所に送付しなければならない（民保規34条，民保48条3項，民執48条2項）。

(c) 執行官に対し航空機登録証明書その他の航空機の航行のために必要な書面を取り上げて保全裁判所に提出すべきことを命じる方法による航空機に対する仮差押えの執行

(イ) 保全執行裁判所　航空機の所在地を管轄する地方裁判所である（民保規34条，民保48条2項）。

(ロ) 保全執行の申立て　航空機登録証明書その他の航空機の航行のために必要な書類（民保規34条，民保48条，民保規33条，民執規75条・81条。具体的には，航空機登録証明書のほかに，航空法59条1項所定の耐空証明書，航空日誌等がある）の取上げを命じる方法による仮差押えの執行の申立ては，仮差押えの登録による方法による場合と異なり，保全執行裁判所に対し，書面でしなければならない（民保規1条6号・31条，民執規21条）。申立書には，民事執行規則21条各号に掲げる事項のほか，航空機の所在する場所等を記載する（民保規34条・33条，民執規74条）ほか，航空機登録証明書等の取上げを命じる方法による仮差押えの執行の申立てをする旨を明示したことを証する書面を添付しなければならない（民保規34条・33条・32条2項）。

(ハ) 取上命令　保全執行裁判所は，その地方裁判所に所属する執行官（執行官4条）に対し，航空機登録証明書等を取り上げて保全執行裁判所に提出すべきことを命じる取上命令を発令する（民保規34条，民保48条1項）。執行官は，職務命令（取上命令）を受けて，保全執行裁判所の補助機関として航空機登録証明書等を取り上げ，保全執行裁判所に提出する。

(2) **自動車に対する仮差押えの執行**

(a) 自動車に対する仮差押えの執行手続

(イ) 執行方法　自動車に対する仮差押えの執行は，仮差押えの登録をする方法と自動車を取り上げて執行官に対して保管すべきことを命じる方法とがあり，両者は併用することもできる（民保規35条）。

(ロ) 対象となる自動車　対象となる登録自動車とは，新規登録を受けた自動車をいう（民保規20条4号，民執規86条，道路運送車両法13条1項）。未登録自動車

や登録制度の対象外である軽自動車，小型特殊自動車及び二輪の小型自動車（道路運送車両法4条）は含まれず，動産に対する仮差押えの執行になる（民保49条，民保規40条）。自動車抵当法2条但書に規定する大型特殊自動車（建設機械にあたる）で登記されたものについては，道路運送車両法97条2項の適用がないから（道路運送車両法97条4項．民保規20条4号，民執規86条参照），建設機械に対する仮差押えの執行になる（民保規39条。ただし，建設機械に対する仮差押えの執行については，自動車に対する仮差押えの執行の規定が全面的に準用されている）。

(b) 仮差押えの登録をする方法による自動車に対する仮差押えの執行

(イ) 保全執行裁判所　仮差押命令を発令した裁判所（保全発令裁判所。民保12条）が保全執行裁判所となる（民保規38条，民保48条2項）。

(ロ) 仮差押えの登録　仮差押えの登録は，裁判所書記官が，自動車の使用の本拠の位置を管轄する地方運輸局陸運支局長（道路運送車両法第2章，105条1項・2項，同法施行令15条1項1号・2項3号）に対し，嘱託をする（民保規38条，民保47条3項）。登録の嘱託を受けた自動車の使用の本拠の位置を管轄する地方運輸局陸運支局長は，備え付けられている自動車登録ファイルに仮差押命令を記入する方法によって登録を行い，登録が終了したときは，自動車登録ファイルの謄本を保全執行裁判所に送付しなければならない（民保規38条，民執48条2項）。

(ハ) 執行期間　裁判所書記官が嘱託書を発送した時が執行の着手になるので，執行期間（仮差押債権者に対して仮差押命令が送達された日から2週間。民保43条2項）内に発送されれば，執行期間を徒過したことにはならない。

(ニ) 仮差押えの執行の効力　仮差押えの登録がされたとしても，仮差押債務者は，通常の用法に従って目的自動車を使用，収益することができる（仮差押債務者の使用収益権原。民保規38条，民執46条2項）。

(c) 自動車を取り上げて執行官に対して保管すべきことを命じる方法による自動車に対する仮差押えの執行

(イ) 保全執行裁判所　自動車の取上げを命じる方法による仮差押えの執行は，自動車の所在地を管轄する地方裁判所が保全執行裁判所となる（民保規38条，民保48条2項）。

(ロ) 保全執行の申立て　仮差押命令の申立てとは別に，保全執行裁判所に対し，書面で申立てをしなければならない（民保規1条6号・31条，民執規21条）。

申立書には，民事執行規則21条各号に掲げる事項のほか，自動車を取り上げる関係上，目的自動車の所在する場所を記載する（民保規33条）ほか，仮差押命令の申立てについての手続において，自動車の取上げを命じる方法による仮差押えの執行の申立てをする旨を明示したことを証する書面を添付しなければならない（民保規38条・32条2項）。

(ハ) 執行手続

(ⅰ) 取上命令　保全執行裁判所は，その地方裁判所に所属する執行官（執行官4条）に対し，目的自動車を取り上げて保管することを命じる取上命令を発令する（民保規35条）。

(ⅱ) 執行官による目的自動車の保管　執行官は，保全執行裁判所の補助機関として取上命令を執行し，目的自動車を保管しなければならないが，相当と認めるときは，取り上げた目的自動車を，仮差押債権者，仮差押債務者その他相当と認められる者に保管させることができる（保管人選任。民保規38条，民執規91条1項）。

(ニ) 執行期間　仮差押債権者は，仮差押命令の送達を受けた日から2週間以内に保全執行に着手しなければならないが（民保43条2項），執行の着手は取上命令が発令された時である。

(d) 仮差押えの執行がされた自動車の売却（緊急換価）

(イ) 緊急換価の要件　①著しい価額の減少を生じるおそれがあること，又は保管のために不相応な費用を要すること（民保規37条1項）及び②目的自動車に抵当権が設定されていないこと（民保規37条2項但書）である。

(ロ) 執行官による緊急換価の要件の通知　執行官は，仮差押債権者，仮差押債務者及び抵当権者に対し，緊急換価の要件に該当する事実が存在することを通知しなければならない（民保規37条1項）。

(ハ) 売却決定　保全執行裁判所は，仮差押債権者又は仮差押債務者の申立てにより，緊急換価の要件を審査した上で，目的自動車を売却する旨の決定をし，同時に，強制競売の開始決定をし（民保規37条2項本文，民執規89条1項。決定書は1通でよい），裁判所書記官は差押えの登録を嘱託する（民保規37条2項本文，民執規97条，民執48条1項）。売却決定は，申立人に告知する（民保規31条，民執規2条2項）ほか，裁判書記官は，売却申立てをしていない仮差押債権者又は仮差

押債務者に対し，その旨を通知しなければならない（民保規37条3項）。

(ホ) 売却代金の供託　売却決定に基づいて目的自動車を売却した場合，保全裁判所に納付された代金は，後日，本執行に移行し，又は取下げ若しくは取消しにより仮差押えの執行が終了する場合に備えて，裁判所書記官によって供託される（民保規37条4項）。

(3) 建設機械又は小型船舶に対する仮差押えの執行

(a) 建設機械に対する仮差押えの執行

執行の対象である建築機械とは，建設業者（建設業法2条3項）が建設工事（建設業法2条1項）の用に供する一定の範囲の機械類（建設機械抵当法2条1号）で登記されたものである（民保規20条5号，民執規98条，建設機械抵当法3条1項）。

執行手続は，登録自動車に対する仮差押えの執行の方法と同一である（民保規39条前段，35条から38条）。

(b) 小型船舶に対する仮差押えの執行

執行の対象は，新規登録を受けた小型船舶（登録小型船舶）である（民保規20条6号，民執規98条の2，小型船舶の登録等に関する法律9条1項）。

執行手続は，登録自動車に対する仮差押えの執行の方法と同一である（民保規39条後段・35条から38条）。

〔6〕 仮差押解放金の供託による仮差押えの執行の取消し

(1) 仮差押解放金

(a) 意義及び法的性質

(イ) 意　義　仮差押解放金とは，仮差押債務者が，仮差押えの執行の停止又はすでにされた仮差押えの執行の取消しを得るために供託すべき金銭である（民保22条1項）。

仮差押えは，金銭債権の執行を保全するためのものであるから，仮差押債務者が金銭債権に相当する金銭を供託することにより仮差押債権者が債権額相当の価値を保全することができれば，仮差押えの執行を停止し又は取り消しても，仮差押債権者には特段の不利益はない。他方，仮差押債務者は，金銭を供託することにより，仮差押えの執行の目的物を自由に処分等することができることになり，便宜である。そこで，仮差押債権者の利益を害さずに仮差押債務者の

利益を図る方法として，仮差押債務者に仮差押えの執行を受けた目的物に代わるものとして金銭を供託させることにしたのが仮差押解放金の制度である。

仮差押債務者が仮差押解放金を供託することによって求めることができるのは，仮差押えの執行の停止又は取消しであり（民保51条1項参照），仮差押命令の取消しとは異なる。仮差押命令を取り消すには，保全異議（民保32条1項）又は保全取消し（民保37条3項・38条1項・39条1項）の手続による必要がある。

(ロ) 法的性質　仮差押解放金は，仮差押えの執行の目的物に代わるもの（仮差押目的物の代替物）であり（最〔1小〕判昭45・7・16民集24巻7号965頁），仮差押債権者は仮差押解放金について優先権を有するものではない。仮差押解放金が供託され，仮差押えの執行が停止又は取消しされた場合，仮差押債権者は，仮差押えの執行の効力が移行した仮差押債務者が国（供託所）に対して有する供託金取戻請求権の上に仮差押えの執行の効力を主張することができるにすぎない（最〔3小〕判平6・6・21民集48巻4号1101頁）。

(b) 仮差押解放金額の決定

(イ) 仮差押命令における仮差押解放金の額の定め　仮差押命令の発令裁判所は，職権で，仮差押命令において，仮差押えの執行の停止又は取消しのために，仮差押債務者が供託すべき金銭（仮差押解放金）の額を定めなければならない（民保22条1項）。仮差押解放金額は，仮差押命令の発令裁判所が仮差押命令中に金額を確定して定めなければならず，仮差押命令における必要的記載事項である。

(ロ) 仮差押解放金の決定基準　仮差押命令は，動産の場合を除き，目的物を特定して発せられるものであること（民保21条本文），仮差押解放金は仮差押目的物に代替するものであるという法的性質を有しており，仮差押債権者としては，特定された目的物に代わるものとして，目的物の価格と同額の仮差押解放金が供託されれば不利益はないはずであることから，理論的には，目的物の価額を基準とするのが正当である。ただ，目的物価額が被保全債権である請求債権額を上回る場合にまで，目的物価額を基準とし，請求債権額以上の仮差押解放金を供託しなければ仮差押えの執行から解放されないとすることは，仮差押解放金の制度の趣旨に反し，仮差押債務者に加重な負担を課すことになるので，請求債権額を基準とすることになる。反対に，目的物価額が請求債権額を

下回る場合には，請求債権額を基準とすることは相当とはいえないから，原則に戻り，目的物価額が基準とされる*7。

(ハ) 同一被保全権利に基づく追加仮差押え（仮差押解放金の共用）　仮差押債権者が被保全債権を保全するため仮差押債務者の財産について仮差押命令（先行仮差押命令）を得たが，その一部が保全されていないなどとして，同一の被保全債権に基づき，別の目的物に対して仮差押命令（後行仮差押命令）の申立てをすることが許されるかにつき実務の取扱いが肯定説，否定説に分かれていたが，最〔2小〕決平15・1・31（民集57巻1号74頁）は，肯定説に立つことを明確にした。後行の仮差押命令の主文において，仮差押解放金の額を定めた上，供託は先行仮差押命令における仮差押解放金の供託によってもすることができる（仮差押解放金の共用）旨，具体的には，「この供託は，○○地方裁判所平成○年(ヨ)第○○号仮差押命令における仮差押解放金の供託によってもすることができる。」などの付記をする（前掲最〔2小〕決平15・1・31調査官解説（髙部眞規子・最判解説民事篇平成15年度(上)）42頁，脇村真治「同一の被保全権利に基づく追加仮差押え」東京地裁保全研究会編著『民事保全の実務(上)』〔第3版〕214頁）。

(c) 仮差押解放金の定めに対する不服申立て

仮差押債権者，仮差押債務者は，仮差押解放金の額の定めに対して不服がある場合には，保全異議（民保26条）を申し立てることができる。

(d) 仮差押解放金の供託の方法

(イ) 供託物及び供託者　仮差押解放金の供託は，金銭でする必要があり，有価証券で供託することはできず，また，仮差押解放金の供託に代えて支払保証委託契約の締結によることもできない。仮差押債務者以外の第三者が仮差押解放金を供託することもできない。

(ロ) 管轄供託所　仮差押解放金の供託は，仮差押命令発令裁判所又は保全執行裁判所の所在地を管轄する地方裁判所の管轄区域内の供託所にしなければならない（民保22条2項）。

仮差押えの登記をする方法による仮差押えの執行の場合は，仮差押命令発令裁判所が保全執行裁判所とされているので（不動産につき民保47条2項，船舶につき民保48条2項），両者は一致する。動産に対する仮差押えの執行（民保49条1項，執行官法4条）や不動産に対する強制管理の方法による仮差押えの執行（民保47

条5項，民執44条1項）の場合は，執行の目的物の所在地を管轄する地方裁判所が保全執行裁判所となるため，仮差押命令裁判所とは別になることがありうる（本案の管轄裁判所が仮差押命令発令裁判所となる場合（民保12条1項参照））。管轄供託所が複数になるが，仮差押債務者は任意にいずれかの供託所を選択することができる。動産に対する仮差押命令は目的物を特定せずに発することができ（民保21条但書），目的動産の所在地を管轄する地方裁判所であればどの地方裁判所の所属の執行官に対してでも仮差押えの執行の申立てをすることができるので，その地方裁判所はすべて保全執行裁判所となる（民保2条3項参照）ことになる（山崎潮監修＝瀬木比呂志編集代表『注釈民事保全法(下)』141頁〔山崎潮〕，松本智子＝向井弘道「解放金の供託による保全執行の取消し」東京地裁保全研究会編著『民事保全の実務(下)』〔第3版〕195頁）。

(2) 仮差押解放金の供託による仮差押えの執行の取消し

(a) 仮差押えの執行取消しの申立て

仮差押債務者は，仮差押解放金を供託した後，仮差押えの執行の取消しを求めるためには，仮差押解放金を供託したことを証明して，保全執行裁判所（民保2条3項）に執行取消しの決定を求める申立てをする[*8]。仮差押解放金の供託には期間の制限はないから，仮差押債務者は，仮差押えの執行が続く限り，いつでも仮差押解放金を供託して仮差押えの執行の取消しを求めることができる。仮差押えの執行が本執行に移行した後は，仮差押解放金の供託による仮差押えの執行の取消しは認められない。

(b) 保全執行裁判所

保全執行裁判所は，すでに仮差押えの執行がされている場合は，執行を行った裁判所又は執行を行った執行官の所属する（執行官法4条）地方裁判所である（民保2条3項）。仮差押えの執行がされていない場合は，仮差押命令発令裁判所が保全執行裁判所とされているものについては，仮差押命令発令裁判所になる（民保47条2項・48条2項）。仮差押命令発令裁判所が保全執行裁判所とならない場合で，特定の目的物を対象とするときは，目的物の所在地を管轄する地方裁判所となる（民保49条1項，執行官法4条，民保47条5項，民執44条1項）。動産に対する仮差押えについては，目的動産の所在地を管轄する地方裁判所はすべて保全執行裁判所となる。

(c) 仮差押えの執行の取消決定　保全執行裁判所は，仮差押解放金の供託の事実を審査し，仮差押えの執行の取消決定をする（民保51条1項）*9。

(3) **仮差押解放金に対する仮差押債権者，仮差押債務者の権利関係**
(a) 仮差押債権者による仮差押解放金に対する権利行使

仮差押解放金の供託によって，仮差押えの執行の効力は，仮差押目的物の代替物である仮差押債務者が国（供託所）に対して有する供託金取戻請求権の上に移行して存続し，仮差押債権者は供託金取戻請求権に対する仮差押命令を得て執行を行ったのと同等の立場に立つ。仮差押債権者は，本案訴訟の認容判決を債務名義として，仮差押債務者の有する供託金取戻請求権に対して，債権執行の手続により権利行使をする。仮差押債務者に対する他の債権者も，供託金取戻請求権に対して，仮差押え又は差押えをすることができる（平2・11・13付け法務省民4第5002号法務局長・地方法務局長あて法務省民事局長通達「民事保全法等の施行に伴う供託事務の取扱いについて」第2・6・(2)・ア，イ参照）。

(b) 仮差押債務者による仮差押解放金の取戻し

仮差押解放金は仮差押目的物の代替物であり，仮差押えの執行の効力が及んでいるので，仮差押えの執行の効力が消滅しなければ，仮差押債務者が取り戻すことはできない。訴訟上の和解等において，仮差押債権者が仮差押債務者の仮差押解放金の取戻しに同意したとしても，取戻しは認められない。

仮差押えの申立てが取り下げられた場合（民保18条）や仮差押命令が取り消された場合は，仮差押えの効力は消滅するので，他の差押え又は仮差押えがない限り，仮差押債務者は，保全執行裁判所の取戻許可を得て，供託原因の消滅を理由に仮差押解放金を取り戻すことができる（仮差押債務者が仮差押解放金を取り戻す手続の詳細は，森君枝＝宮本喜恵子「解放金の取戻し」東京地裁保全研究会編著『民事保全の実務(上)』〔第3版〕243頁参照）。

* 7　結局，一般には，仮差押解放金の金額は，目的物価額又は請求債権額のいずれか低いほうを基準に定められる。動産に対する仮差押えにおいて，特定の動産について仮差押命令を発する場合には，目的物価額又は請求債権額のいずれか低いほうが基準となる（坂庭正将「仮差押解放金の算定基準」東京地裁保全研究会編著『民事保全の実務(上)』〔第3版〕233頁）。
* 8　「みなし解放金」（民保50条3項）の場合は含まれない。第三債務者の供託は弁済

供託の性質を有するので，それにより仮差押債権は消滅し，仮差押えの執行の取消しをすること自体意味がないからである（山崎潮『新民事保全法の解説』〔増補改訂版〕304頁）。

＊9　仮差押解放金の供託による仮差押えの執行の取消決定がされた場合，仮差押えによる時効の中断の効力（民147条2号）は生じず（民154条参照），遡って時効が進行することになるのかが問題となるが，詳細は**Q49**「仮差押執行の取消しに伴う時効中断効消滅の成否」を参照されたい。

[増田　輝夫]

第3節　仮処分の執行の概要

〔1〕　仮処分の執行

(1)　仮差押えの執行又は強制執行の例による仮処分の執行

(a)　仮差押えの執行又は強制執行の例

　仮処分命令の執行は，民事保全法第3章第3節（仮処分の執行の節）において個別に規定されているものを別として，仮差押えの執行又は強制執行の例によって行う（民保52条1項）。

(b)　仮差押えの執行の例による仮処分の執行

　処分禁止の仮処分の執行は，仮差押えの執行の例により行われるが，民事保全法53条から55条が，処分禁止の仮処分の執行について個別の規定を置いているので，民事保全法52条1項により仮差押えの執行の例によるとされる処分禁止の仮処分の執行の対象となるのは，債権の処分禁止の仮処分と登記又は登録を必要としないその他の財産権の処分禁止の仮処分だけとなる。

(c)　強制執行の例による仮処分の執行

　強制執行の例によるものとしては，占有移転禁止の仮処分と民事保全法52条2項によって仮処分命令に債務名義性が与えられている仮処分がある。強制執行の例によるといっても，すべて民事執行法の強制執行の規定によるという意味ではなく，保全執行に関する総則的規定（民保43条から46条）が優先的に適用されるので，抵触する民事執行法の規定は準用されない。例えば，仮処分の執行は仮処分命令の正本に基づいて執行され（民保43条1項本文），原則として執行文は不要であるので，民事執行法25条の規定は準用されず，保全執行は保全命令が債務者に送達される前にも行うことができるので（民保43条3項），民事執行法29条の規定は準用されない。

(2)　仮処分命令への債務名義性の付与

　物の給付その他の作為又は不作為を命じる仮処分の執行については，仮処分命令は債務名義とみなされる（民保52条2項）。この仮処分の執行についても，保全執行に関する総則的規定（民保43条から46条）が適用されるので，執行文の

付与は原則として必要はなく（民保43条1項本文），執行期間は2週間（民保43条2項）に限られる。

(3) 各種仮処分の執行の方法
(a) 処分禁止の仮処分

不動産の登記請求権を保全するための処分禁止の仮処分の執行については民事保全法53条，不動産に関する権利以外の権利で処分の制限に登記又は登録を対抗要件又は効力発生要件とするものについての登記又は登録を請求する権利を保全するための処分禁止の仮処分の執行については民事保全法54条，建物収去土地明渡請求権を保全するための建物の処分禁止の仮処分の執行については民事保全法55条によるため，民事保全法52条1項の適用はない。

民事保全法52条1項により仮差押えの執行の例によるとされる処分禁止の仮処分の執行の対象となるのは，債権の処分禁止の仮処分と登記又は登録を必要としないその他の財産権の処分禁止の仮処分だけとなる。

(b) 占有移転禁止の仮処分

占有移転禁止の仮処分については，民事保全法25条の2第1項本文の括弧内及び同項1号，2号において要件が，民事保全法62条において効力が規定されているが（占有移転禁止の仮処分が有する当事者恒定効については，Q61「仮処分の効力(2)——当事者恒定②」を参照されたい），執行については，民事保全法52条2項により仮処分命令に債務名義性が与えられ，民事保全法52条1項により強制執行の例によって執行されることになる。

(c) 物の給付その他の作為又は不作為を命じる仮処分

(イ) 金銭の給付を命じる仮処分（金員仮払仮処分）　金銭債権（金銭支払請求権）を被保全権利とする満足的仮処分として，執行は，仮処分命令を債務名義とみなして（民保52条2項），金銭の支払を目的とする債権についての強制執行（民執43条以下）の方法で行う。

(ロ) 物の引渡し又は明渡しを命じる仮処分（引渡し又は明渡し断行仮処分）　物の引渡し又は明渡しの請求権を被保全権利とする満足的仮処分として，仮処分命令を債務名義とみなして（民保52条2項），執行は，対象物件が不動産の場合は，不動産の引渡し等の強制執行（民執168条）の方法により，対象物件が動産の場合は，動産の引渡しの強制執行（民執169条）の方法により行う。

(ハ) 作為を命じる仮処分　作為を命じる仮処分は，仮処分債権者の仮処分債務者に対する特定の私法上の給付請求権を被保全権利とする満足的仮処分と解されるので，仮処分命令が債務名義とみなされる（民保52条2項）。執行は，代替的作為を命じる仮処分命令の場合は（例えば，工作物の撤去を求める仮処分），仮処分債権者は，民事執行法171条に基づいて，代替執行の方法による執行を申し立てることができる。不代替的作為を命じる仮処分の場合には，仮処分債権者は，民事執行法172条に基づいて，間接強制の方法によって，執行を申し立てることができる。この場合も，執行期間内に間接強制の申立てがされれば足りる。

(ニ) 不作為を命じる仮処分（不作為を命じる仮処分命令の一つである日照妨害における建築工事禁止の仮処分命令の申立てについては，**Q27**「不作為を命ずる仮処分(2)——日照妨害等」を参照されたい）　不作為を命じる仮処分は，多くは，仮処分債権者の仮処分債務者に対する特定の私法上の給付請求権を被保全権利とする満足的仮処分と解されるので，仮処分命令が債務名義とみなされる（民保52条2項）。執行は，不作為義務違反の行為があった場合に，仮差押債務者の違反行為の態様に応じて，①不作為に違反した状態が有形的存在として残っている（例えば，仮処分債務者が建築工事禁止の仮処分命令に違反して建物を建築した場合）には，違反結果を取り除いて原状に回復することが不作為義務を実現させることになるので，仮処分債務者の費用で，仮処分債務者がした違反行為の結果を排除することを保全執行裁判所が命じる決定（授権決定）をすることで行う（民414条3項前段，民執171条）。②不作為に違反する仮処分債務者の行為が有形的な結果は生じていない場合（例えば，通行妨害禁止の仮処分命令に違反して仮処分債務者自身が人力で仮処分債権者の通行を妨げる行為を繰り返しているような場合）には，保全執行裁判所が，仮処分債務者に対して，債務の履行を確保するために相当と認める一定の額の金銭を仮処分債権者に支払うべき旨を命ずることによって（間接強制），仮処分の執行を行う（民414条3項前段，民執172条1項）。

不作為を命じる仮処分命令は，仮処分債務者に対して仮処分命令を送達することによって効力を生じ，仮処分命令の内容を実現するための執行行為はなく，仮処分債務者が仮処分命令を遵守する限り執行の必要性はなく，不作為義務に違反する行為があった場合に，代替執行（民保52条1項，民執171条1項，民414

3項前段）や間接強制（民保52条1項，民執172条1項）の問題を生じるのであり，執行期間内経過後に違反が生じた場合に執行の申立てができないというのは不合理であることから，執行期間の制限の規定は適用されないと解されている（竹下守夫＝藤田耕三編・前掲書16頁〔揖斐潔〕・123頁〔小林昭彦〕，瀬木比呂志監修・前掲書339頁〔金子直史〕）。

〔2〕 不動産の登記請求権を保全するための処分禁止の仮処分の執行

(1) 処分禁止の仮処分と当事者恒定効

民事訴訟手続においては，事実審の口頭弁論終結後の係争物の承継人に対しては，判決の効力が及ぶため（当事者恒定主義。民訴115条1項3号，民執23条1項3号），訴えを提起することなく，本案訴訟の債務名義の正本に承継執行文の付与を受けて（民執27条2項），執行をすることができるが，口頭弁論終結前の係争物の承継人に対しては，判決の効力が及ばないため，原告は，訴えを提起した後も，係争物についての承継の有無を調査し，承継があった場合には，訴訟引受け（民訴50条1項）や新たな訴えの提起をしなければ，承継人に対して判決の効力を及ぼすことはできない（当事者承継主義）。そこで，原告（仮処分債権者）が，処分禁止の仮処分命令を申し立て，係争物の譲渡を禁止することを内容とする仮処分命令を受け，処分禁止の登記がされることにより，登記後に係争物についての譲渡がされても仮処分債権者（原告）との関係で対抗することができず，本案訴訟の当事者を被告（仮処分債務者）に固定され，原告（仮処分債権者）は，被告に対する確定判決に基づいて，権利を実現することができることになる。

処分禁止の仮処分命令は，当事者承継主義が執られている民事訴訟手続のもとにおいて，当初の被告に対する確定判決の効力を口頭弁論終結前の承継人に及ぼす効果により，当事者を恒定する機能（当事者恒定効）を有するものである。

(2) 不動産に関する権利についての登記請求権を保全するための処分禁止の仮処分命令

(a) 不動産に関する権利

不動産に関する権利についての登記請求権を保全するための処分禁止の仮処

分命令(民保53条1項。以下「本仮処分命令」という)にいう不動産とは，不動産登記法1条が対象としている不動産のことである。

不動産に関する権利とは，不動産登記法の対象となる権利，すなわち，不動産についての所有権，地上権，永小作権，地役権，先取特権，質権，抵当権，賃借権，採石権(採石法に規定する採石権)である(不登3条)。

(b) 被保全権利

本仮処分命令における被保全権利は，上記の意味における不動産に関する権利についての登記を請求する権利，すなわち，それら不動産に関する権利の保全，設定，移転，変更，処分の制限，消滅についての登記請求権である(不登3条)。

(3) 不動産に関する権利についての登記請求権を保全するための処分禁止の仮処分命令の執行

(a) 執行方法

被保全権利の種類及び態様により，執行方法は，処分禁止の登記のみを行う方法による場合(原則型。民保53条1項，53条2項の反対解釈。平2・11・8付け法務省民3第5000号法務局長・地方法務局長あて法務省民事局長通達「民事保全法等の施行に伴う不動産登記事務の取扱いについて」(以下「第5000号通達」という)第3・1・(1)参照)と，処分禁止の登記とともに仮処分による仮登記(保全仮登記)を併用する場合(併用型。民保53条2項。第5000号通達第3・3・(1)・ア参照)の2種類に分けられる。

処分禁止の登記は，被保全権利の種類を問わず，すべての本仮処分命令の執行として行われ，被保全権利に関する処分の制限を課すもの(処分の制限の登記。不登3条)であり，当事者恒定効を公示する。これに対し，保全仮登記は，処分の制限の登記であるが(第5000号通達第3・3・(1)・エ参照)，処分禁止の登記と一体となって機能する登記の順位を保全する目的で用いられる補助的な登記であり，登記に後れる第三者の登記を抹消することなく，被保全権利が順位保全の効力にとどめることが適切である登記請求権の場合にのみ，処分禁止の登記と併用される。

処分禁止の登記のみによって本仮処分命令を行う権利は，所有権に関するすべての登記請求権と，所有権以外の権利に関する移転又は消滅の登記請求権である(民保53条1項。「所有権の登記」につき，具体的には，第5000号通達第3・1・(2)・

イ参照。「所有権以外の権利の移転又は消滅の登記」につき，具体的には，第5000号通達第3・2・(2)・イ参照)。保全仮登記を併用する方法によって本仮処分命令を行う権利は，所有権以外の権利に関する保存，設定又は変更の登記請求権である（民保53条2項。「所有権以外の権利の保存，設定又は変更の登記」につき，具体的には，第5000号通達第3・3・(1)・イ参照）。

(b) 仮処分命令の決定書における被保全権利の内容の記載

本仮処分命令においては，原則型と併用型の両者を区別する必要があることから，併用型の本仮処分命令の決定書（又はこれに代わる調書）には，所有権以外の権利に関する保存，設定又は変更についての登記請求権を保全するための仮処分命令である旨を記載するとともに，保全仮登記によって公示されるべき保全すべき登記請求権（被保全権利）の内容を記載する（民保規22条1項）。

(c) 保全執行裁判所

本仮処分命令の保全執行裁判所は，本仮処分命令を発令した裁判所（保全発令裁判所。民保12条1項）である（民保53条3項・47条2項）。地方裁判所に限られず，本仮処分命令を発令した簡易裁判所や高等裁判所の場合もある（民保12条3項）。

(d) 裁判所書記官による登記の嘱託

保全執行裁判所の裁判所書記官は，目的建物の所在地を管轄する登記所（不動産の所在地を管轄する法務局若しくは地方法務局若しくはその支局又は出張所。不登6条1項）の登記官（不登9条）に対し，登記の嘱託をする（民保53条3項・47条3項）。併用型の本仮処分命令の決定書（又はこれに代わる調書）には，併用型である旨と被保全権利の内容が記載されるので（民保規22条1項），裁判所書記官は，記載の有無によって，原則型の本仮処分命令の場合は，処分禁止の登記のみを嘱託し，併用型の本仮処分命令の場合は，処分禁止の登記とともに保全仮登記の双方の嘱託をする。

原則型の場合は，登記の目的の記載を「処分禁止仮処分」とし，禁止事項は記載しない（第5000号通達第3・1・(1)。書式例につき，最高裁判所事務総局編・前掲『民事保全手続書式集』（民事裁判資料第191号）42頁）。併用型の場合は，登記の目的の記載を「処分禁止仮処分」と，例えば「抵当権設定保全仮登記」と，明確に区別して併記し，保全仮登記の内容は別紙を添付し，その記載を前提とした表示をする（書式例につき，最高裁判所事務総局編・前掲『民事保全手続書式集』（民事裁判

資料第191号）44頁）。

　登記嘱託書の送付を受けた登記官は，嘱託に基づいて登記をしたときは，登記事項証明書を保全執行裁判所に送付しなければならない（民保53条3項，民執48条2項）。

(e) 処分禁止の登記と保全仮登記

(イ) 処分禁止の登記　　処分禁止の登記は，被保全権利が所有権である場合には，登記記録の甲区に，所有権以外の権利である場合には，登記記録の乙区にされる（第5000号通達第3・3・(1)・ウ参照）。登記の目的の記載を「処分禁止仮処分」とし，禁止事項は記載されない（第5000号通達第3・1・(1)，別紙「仮処分に関する登記」の記載例の一・1参照）。

(ロ) 保全仮登記　　保全仮登記は，常に，登記記録の乙区にされる（第5000号通達第3・3・(1)・ウ参照）。保全仮登記は，処分禁止の登記と一体となった処分の制限の登記であり（第5000号通達第3・3・(1)・エ参照），処分禁止の登記と関連させることで被保全権利の登記に係る権利の順位が保全されるので，登記において両者の関連を明らかにする必要がある。そこで，処分禁止の登記が登記記録の甲区にされる場合には，保全仮登記の登記の目的の記載を「抵当権設定保全仮登記（甲区○番仮登記）」，処分禁止の登記の登記の目的の記載を「処分禁止仮処分（乙区○番保全仮登記）」とし（第5000号通達第3・3・(1)・ウ参照，別紙「仮処分に関する登記」の記載例の二・1参照），処分禁止の登記が登記記録の乙区にされる場合には，まず処分禁止の登記をした後に保全仮登記をする（2つの登記を連続してする。第5000号通達第3・3・(1)・ウ参照，例えば，別紙「仮処分に関する登記」の記載例の二・2参照。乙区に処分禁止の登記がされる場合の登記の目的の記載の括弧書の内容は，場合により異なる。具体的な記載は，第5000号通達の別紙「仮処分に関する登記」の記載例参照）。

(4) 不動産に関する権利についての登記請求権を保全するための処分禁止の仮処分命令の効力

(a) 一般的効力

(イ) 当事者恒定効　　本仮処分命令の執行がされ，処分禁止の登記がされた場合，原則型であると併用型であるとを問わず，処分禁止の登記の後にされた登記に係る権利の取得又は処分の制限は，仮処分債権者が，被保全権利に係る

登記をする場合には，その登記に係る権利の取得又は消滅と抵触する限度において，仮処分債権者に対抗することができない（民保58条1項）。

　(ロ)　効力発生要件

　　(i)　登記をする場合　　仮処分債権者と仮処分債務者が共同申請によって登記をする場合（不登60条。第5000号通達第3・1・(2)・エ・(エ)参照）と，仮処分債務者（被告）に対する債務名義を取得し，仮処分債権者（原告）が単独申請によって登記をする場合（不登63条1項）の双方が含まれる。

　　(ii)　保全すべき登記請求権（被保全権利）に係る場合　　民事保全法58条1項により当事者恒定効が生じるためには，保全すべき登記請求権（被保全権利）に係る場合，すなわち，本仮処分命令の被保全権利と登記によって実現される権利との間に実質的な同一性（権利の同一性）がある場合でなければならない。同一性の判断基準については，厳密な意味での権利の同一性がなくても，請求の基礎の同一性があればよい（最〔1小〕判平24・2・23民集66巻3号1163頁。民訴143条1項参照）。

　(b)　原則型（処分禁止の登記のみの場合）における仮処分命令の効力の実現

　(イ)　第三者の登記の抹消　　原則型の場合における仮処分債権者は，本仮処分命令の効力（当事者恒定効）を援用して本案訴訟における権利を実現するには，第三者に対する本案訴訟における債務名義を取得することなく，単独で，処分禁止の登記に後れる第三者の登記を抹消する方法によって行う（民保58条2項。第5000号通達第3・1・(2)・ア，エ・(ア)，第3・2・(2)・ア参照）。第三者の登記の抹消の原因は，「仮処分による失効」である（第5000号通達第3・1・(2)・カ，第3・2・(2)・ア，別紙「仮処分に関する登記」の記載例の五・1参照）。

　(ロ)　第三者の登記を抹消する手続

　　(i)　被保全権利に係る登記と第三者の登記の抹消の同時申請　　仮処分債権者が，第三者の登記を単独申請により抹消することができるのは，仮処分債務者を登記義務者として被保全権利に係る登記の申請をするのと同時に，すべての第三者の登記の抹消の申請を行う場合に限られる（第5000号通達第3・1・(2)・ア，エ・(ア)参照）。

　　(ii)　第三者に対する通知を証明する情報の添付　　仮処分債権者が処分禁止の登記に後れる第三者の登記の抹消を申請するには，申請情報と併せて，第

三者に通知したこと（民保59条）を証明する情報を登記所に提供しなければならない（不登令7条1項6号，不登令別表の71の項の添付情報欄。第5000号通達第3・1・(2)・オ・(ｱ)参照）。

　(ﾊ)　処分禁止の登記の抹消　　登記官は，仮処分債権者の申請に基づいて処分禁止の登記の後にされた第三者の登記を抹消した場合は（不登111条1項・2項），職権で，処分禁止の登記を抹消しなければならない（不登111条3項。第5000号通達第3・1・(3)・ア，及び第3・2・(3)参照）。登記の記載は，「○番仮処分登記抹消　仮処分の目的達成により平成○年○月○日登記」となる（第5000号通達第3・1・(3)・ア，別紙「仮処分に関する登記」の記載例の四・1参照）。

　(c)　併用型（保全仮登記を併用する場合）における仮処分命令の効力の実現
　(ｲ)　通常の場合
　　(i)　保全仮登記に基づく本登記（順位保全の効力）　　保全仮登記に基づいて本登記がされたときは，本登記の順位は，保全仮登記の順位による（本登記の順位保全効。不登112条）。そこで，併用型の場合における仮処分債権者が，本仮処分命令の効力（当事者恒定効）を援用して本案訴訟における権利を実現するには，保全仮登記に基づいて本登記をする方法によって行う（民保58条3項。第5000号通達第3・3・(3)・ア・(ｱ)参照）。原則として（民保58条4項参照），後順位の登記を抹消することはできない（民保58条2項の括弧書の反対解釈）。

　　(ii)　保全仮登記に基づく本登記の手続　　保全仮登記に基づく本登記を求めるには，仮処分債権者は，保全仮登記に基づく本登記をすべき旨を請求の趣旨として本案訴訟を提起し，本案訴訟の債務名義においては，保全仮登記に基づく本登記手続をすべき旨が記載されていなければならない（民保60条1項参照）。登記記録上の保全仮登記に係る被保全権利の表示が，本案訴訟の債務名義における請求権の表示と異なる場合には，保全仮登記に基づく本登記の申請は却下される。仮処分債権者は，本仮処分命令の更正等の手続を経る必要がある（民保60条）。

　　(iii)　登記官の職権による処分禁止の登記の抹消　　登記官は，保全仮登記に基づく本登記をするときは，職権で，保全仮登記と併用された処分禁止の登記を抹消しなければならない（不登114条。第5000号通達第3・3・(4)・ア参照）。登記の記載は，「○番仮処分登記抹消　仮処分の目的達成により平成○年○月○

日登記」となる（第5000号通達第3・3・(4)・ア参照）。保全仮登記は，本登記と一体となって順位を公示するものであるから，抹消されない（第5000号通達第3・3・(4)・ア参照）。

(ロ) 不動産の使用又は収益をする権利の設定等についての登記請求権を保全する場合

(i) 第三者の登記の抹消　併用型の場合であっても，不動産の使用又は収益をする権利を被保全権利とする本仮処分命令においては，保全仮登記に基づく本登記がされた場合，仮処分債権者は，第三者に対する本案訴訟における債務名義を取得することなく，処分禁止の登記に後れる所有権を除く不動産の使用若しくは収益をする権利又はその権利を目的とする権利の取得に関する第三者の登記を，単独で，抹消することができる（民保58条4項。第5000号通達第3・3・(5)・ア参照）。

(ii) 第三者の登記を抹消する手続　登記の抹消の手続は，原則型の場合（不登111条1項・2項）と同様であり，仮処分債権者は，第三者に対する本案訴訟における債務名義を取得することなく，第三者の登記の抹消を，単独で，申請することができる（不登113条）。

(iii) 第三者に対する通知を証明する情報の添付　仮処分債権者が処分禁止の登記に後れる第三者の登記の抹消を申請するには，申請情報と併せて，第三者に通知したこと（民保59条）を証明する情報を登記所に提供しなければならない（不登令7条1項6号，不登令別表の72の項の添付情報欄。第5000号通達第3・3・(5)・ウ参照）。

(5) 第三者に対する登記の抹消の通知

(a) 通知の相手方

通知すべき相手方は，登記の権利者であるが，抹消されるべき登記の種類により定まる（第5000号通達第3・1・(2)・オ・(イ)参照）。通知をする相手方は，通知を発する時点で固定されるのではなく，登記の申請時における抹消の対象となるすべての登記の権利者である（第5000号通達第3・1・(2)・オ・(ウ)参照）。通知を発した後，登記の申請までの間に新たに抹消の対象となる登記がされた場合には，その登記の権利者に対しても追加的に通知が必要である。

(b) 通知の内容

通知書には，登記がされた物件の表示，登記の目的，申請書受付の年月日及び受付番号を明示したうえ，抹消する旨を記載しなければならない（第5000号通達第3・1・(2)・オ・(エ)参照。誰が抹消しようとしているかは，通知の差出人で明示される）。

(c) 通知の到達擬制

通知は，相手方に到達することが必要であるが（民保59条1項），発する時の第三者の登記記録上の住所又は事務所に宛てて発した場合は（民保59条2項前段），遅くとも，発した日から1週間を経過した時に到達したものとみなされる（通知の到達の擬制。民保59条2項後段）。

〔3〕 不動産に関する権利以外の権利についての登記又は登記請求権を保全するための処分禁止の仮処分の執行

(1) 不動産に関する権利以外の権利についての登記又は登記請求権を保全するための処分禁止の仮処分命令の執行

(a) 不動産の登記請求権を保全するための処分禁止の仮処分命令についての執行の規定の準用

不動産に関する権利以外の権利で，処分の制限について登記又は登録を対抗要件又は効力発生要件とする登記請求権（仮登記を除く）又は登録（仮登録を除く）を請求する権利を保全するための処分禁止の仮処分命令（以下「本仮処分命令」という）の執行については，不動産の登記請求権を保全するための処分禁止の仮処分命令の執行について定める民事保全法53条の規定が準用される（民保54条）。

(b) 本仮処分命令の対象となる権利

(イ) 不動産に関する権利以外の権利　　本仮処分命令の対象となる権利は，不動産を除いた有形，無形の財産に関する権利をいう。

(ロ) 登記又は登録を対抗要件又は効力発生要件とする権利　　対象となる権利は，権利の得喪が登記又は登録によらなければ第三者に対抗することができない権利又は登録をすることにより初めて効力を発生する権利である（詳細は，竹下守夫＝藤田耕三編・『注解民事保全法(下)』152頁〔元木伸〕参照）。

(ハ) 法律上，処分禁止の仮処分命令が可能なものであること　　対象となる権利は，法律上，処分禁止の仮処分命令が可能なものでなければならない。不

動産に関する権利以外の権利の中には，登記又は登録が対抗要件又は効力発生要件であっても，法律で仮処分命令の目的とすることを禁じられているものがある。例えば，鉄道抵当法4条1項・2項は，鉄道財団及び鉄道財団に属する物を仮処分命令の目的とすることを禁じており，財団に属する権利は，本仮処分命令の適用対象とはならない。

(c) 対象となる権利の態様

民事保全法53条が準用される結果，本仮処分命令の執行においても，被保全権利を，所有権（又はこれに相当する権利）に関する登記又は登録請求権と所有権（又はこれに相当する権利）以外の権利に関する移転又は消滅の登記請求権とする場合は，処分禁止の登記又は登録のみを行う方法により（民保54条・53条1項。原則型），所有権（又はこれに相当する権利）以外の権利に関する保存，設定又は変更の登記請求権とする場合は，処分禁止の登記又は登録とともに保全仮登記又は仮登録を併用する方法により（民保54条・53条2項。併用型），それぞれ行うことになる。

(d) 本仮処分命令の執行方法

(イ) 保全執行裁判所　　本仮処分命令を発令した裁判所（保全発令裁判所。民保12条1項）である（民保54条・53条3項・47条2項）。

(ロ) 裁判所書記官による登記の嘱託　　保全執行裁判所の裁判所書記官は，登記又は登録の嘱託をする（民保54条・53条3項・47条3項）。登記又は登録官は，嘱託に基づいて処分禁止の登記又は登録，保全仮登記又は仮登録をしたときは，登記又は登録事項証明書を保全執行裁判所に送付しなければならない（民保54条・53条3項，民執48条2項）。

(2) **不動産に関する権利以外の権利についての登記又は登録請求権を保全するための処分禁止の仮処分命令の効力**

本仮処分命令の執行につき民事保全法53条が準用されている（民保54条）ことを受けて，効力についても，不動産の登記請求権を保全するための処分禁止の仮処分命令の効力についての規定である民事保全法58条，59条，60条が準用されており（民保61条），当事者恒定効が認められ，登記又は登録の順位保全が図られる。したがって，原則型の場合（所有権又はこれに相当する権利に関する登記又は登録請求権を被保全権利とし，処分禁止の登記又は登録のみをする場合）並びに併

用型における通常の場合（所有権又はこれに相当する権利以外の権利に関する保存，設定若しくは変更の登記又は登録請求権を被保全権利とする場合）及び併用型にあって用益権又は用益権に相当する権利の設定等についての登記請求権を保全する場合における本仮処分命令の効力は，いずれも不動産の登記請求権を保全するための処分禁止の仮処分命令の効力と同様である。

〔4〕 債務者を特定しないで発された占有移転禁止の仮処分命令の執行

(1) 仮処分債務者を特定しないで発令する占有移転禁止の仮処分命令

係争物が不動産である場合の占有移転禁止の仮処分においては，仮処分命令の執行前に仮処分債務者を特定することを困難とする特別の事情があるときは，仮処分命令発令裁判所は，仮処分債務者を特定しないで仮処分命令を発令することができる（民保25条の2第1項柱書）。

平成15年7月25日に成立し，平成16年4月1日から施行された平成15年法律第134号（担保物権及び民事執行制度の改善のための民法等の一部を改正する法律）により，不動産の占有者を次々に入れ替える方法等により占有者の特定を困難にする執行妨害事案に対し的確に対処できるようにすることを目的として，民事執行法上の保全処分について，相手方を特定しないで発令する売却のための保全処分の制度（民執55条の2）が創設されたのを機に，民事保全法上も，仮処分債務者を特定しないで発する占有移転禁止の仮処分命令の制度が設けられたものである。

(2) 仮処分債務者を特定しないで発令する占有移転禁止の仮処分命令のための要件

(a) 占有移転禁止の仮処分命令であること

仮処分債務者を特定しないで発する占有移転禁止の仮処分命令は，係争物の引渡し又は明渡しの請求権を保全するための仮処分命令のうち，

① 仮処分債務者に対し，目的物の占有の移転を禁止し，仮処分債務者に対し，目的物の占有の移転を解いて執行官に引き渡すことを命じていること
② 執行官に目的物を保管させ，仮処分債務者が目的物の占有の移転を禁止されている旨及び執行官が目的物を保管している旨を執行官に公示させる

ものであること

を内容とするものでなければならない（民保25条の2第1項）。

(b) 仮処分命令の執行前に仮処分債務者（占有者）を特定することができないこと

仮処分債務者の特定の判断基準については、明文の規定は設けられておらず、解釈に委ねられている。

(イ) 商号（団体名）は判明するが、代表者の氏名や登記簿が判明しない場合　法人としての占有を認めることは困難であるし、特定可能な自然人の占有も認められないとすれば、仮処分債務者は不特定とするしかない。

(ロ) 占有者が常に入れ替わっている場合　仮処分債務者が不特定とされる典型例である。占有者が常に入れ替わっていることを疎明するためには、仮処分債権者において現地調査を行い、占有者が現実に入れ替わっていることを具体的に示す必要があり、調査報告書に「占有者が頻繁に入れ替わっている模様である」というような抽象的記載をすることでは足りない。

(ハ) 占有者の一部だけが判明している場合　①特定できる仮処分債務者を相手方とする仮処分命令の申立てと不特定の仮処分債務者を相手方とする申立てを別途行う方法と、②1通の申立書により特定者と不特定者をともに仮処分債務者として申し立てる方法とが考えられる。

(d) 仮処分債務者の特定を困難とする特別の事情があること

(イ) 特別の事情　仮処分債務者の特定が困難であることは一般的に存在する問題であるから、一般的な事情ではなく、「特別の事情」があることが要件となる。仮処分債務者を特定しないで占有移転禁止の仮処分命令が発令されても、執行時には仮処分債務者が特定されなければならず（民保25条の2第2項参照）、特定することができない場合には執行不能となり（民保54条の2）、占有移転禁止の仮処分命令の当事者恒定効（民保62条参照）は生じず、結局目的が達せられないことになるので、執行までを確実にするためには、仮処分債権者としては、仮処分命令の申立前に可能な限り占有者（仮処分債務者）の特定のための調査を尽くす必要がある。

(ロ) 調査の内容　現地調査は原則として不可欠であり、外観、表札や看板、外部から見える郵便物等についての調査のほか、居住者、マンション等の管理

人，近隣住人に対する事情聴取等も必要であり，一度居住者が不在であっても，再度の現地調査を行う必要があろう。現地調査の結果は，陳述書や写真撮影報告書等の形で仮処分命令の発令裁判所に提出することになる。

(ハ) 立証の程度　仮処分債務者を特定しないで発令する占有移転禁止の仮処分命令は例外的制度であり，執行前に仮処分債務者を特定することを困難とする特別の事情は，発令のために特別に要求される要件であるから，疎明（民保13条2項参照）では足りず，証明を要する。

(3) **仮処分債務者を特定しないで発令する占有移転禁止の仮処分命令の発令と執行**

(a) 仮処分債務者を特定しないで発令する占有移転禁止の仮処分命令の発令

(イ) 当事者の表記　申立書には，仮処分債務者の氏名又は名称及び住所に代えて，仮処分債務者を特定することができない場合である旨を記載する（民保規13条1項1号括弧内）。

(ロ) 担　保　担保の額（民保14条1項）は，基本的には，通常の占有移転禁止の仮処分命令の場合の担保額の基準を目安に，事案における不動産の占有の実態に応じて，個別に加減される。担保は，担保決定の際に特段の明示がなくても，執行の結果明らかになった仮処分債務者全員のための共同担保になる。

(b) 仮処分債務者を特定しないで発する占有移転禁止の仮処分命令の執行

(イ) 執行官による執行と調査権限　執行は，執行官（執行機関）が，係争物である不動産の占有者を特定し，その者の占有を解いて行う（民保52条1項，民執168条1項）。不動産に立ち入らないと仮処分債務者を特定することが困難なことから，占有者が特定される前であっても，占有者を特定するため不動産に立ち入り，必要があれば，閉鎖した戸を開くため必要な処分（解錠等）をすることができる（民保52条1項，民執168条4項）。

(ロ) 仮処分債務者の特定と届出　仮処分命令の執行によって係争物である不動産の占有を解かれた者が，占有移転禁止の仮処分命令の債務者となる（民保25条の2第2項）。複数の者が占有者と認定されたときは，複数の者がいずれも占有移転禁止の仮処分の債務者となる。

執行官は，執行をしたときは，速やかに，仮処分命令の債務者となった者の氏名又は名称その他の当該者を特定するに足りる事項を仮処分命令発令裁判所

に届け出なければならない（民保規44条の2）。

　(ハ)　仮処分命令の執行の不能　　執行官が，係争物である不動産の占有を解く際に，調査権限を行使するなどしても占有者を特定することができない場合は，仮処分債務者を特定しないで発令する占有移転禁止の仮処分命令の執行はすることができず，執行は不能となる（民保54条の2）。

　(ニ)　執行期間の制約　　仮処分債務者を特定しないで発する占有移転禁止の仮処分命令においても，執行期間内に仮処分命令の執行をしなければならず，2週間を経過したときは仮処分命令の執行は行うことはできない（民保43条2項）。単に執行期間が徒過した場合のみならず，執行官による調査の結果占有者を特定するに至らなかったとき，執行に着手したが終了することができなかったときをも含まれる。

　(c)　仮処分命令の送達

　仮処分債務者への送達は，当然，仮処分命令の執行として，執行官が，係争物である不動産の占有者を特定し，その者の占有を解いて（民保52条1項，民執168条1項），仮処分債務者を確定した後でなければ行うことはできない。送達方法としては，①執行官による仮処分命令の執行と同時に確定した仮処分債務者に対して執行官送達を行う方法と，②仮処分命令の執行後，執行官による占有者の特定の届出（民保規44条の2）を待って送達をする方法がある。

〔5〕　建物収去土地明渡請求権を保全するための建物の処分禁止の仮処分の執行

(1)　建物の処分禁止の仮処分命令と当事者恒定効

　土地の所有者である原告が，所有権に基づいて，土地上の建物所有者を被告として，建物収去土地明渡請求訴訟を提起する場合において，被告が建物を第三者に譲渡するおそれがあるときは，現在の建物所有者を仮処分債務者とする建物についての処分禁止の仮処分命令（民保55条1項）によって建物の所有関係を固定し，建物収去土地明渡しを実現することになる。建物についての処分禁止の仮処分命令は，係争物に関する仮処分命令（民保23条1項）の一種として認められ，執行されると，建物収去土地明渡しの請求訴訟の被告は現在の建物所有者に固定され，原告は，その後の建物所有権の変動を顧慮することなく，仮

処分債務者，すなわち仮処分執行時点における建物所有者を被告として本案訴訟を提起，追行することができる（仮処分債務者の被告適格の恒定）。仮処分債務者に対する本案訴訟の債務名義を取得すれば，その執行力が訴訟係属中の建物所有権取得者に及ぼされ，建物所有権取得者に対し，本案訴訟における被告に対する債務名義に基づいて建物収去土地明渡しの強制執行をすることができる（本案訴訟の債務名義に基づく承継執行手続，執行力の拡張。民保64条）。このような効力を当事者恒定効という。

(2) 建物収去土地明渡請求権を保全するための建物の処分禁止の仮処分命令の発令と執行

(a) 仮処分命令の発令

(イ) 被保全権利　建物収去土地明渡請求権を保全するための建物の処分禁止の仮処分命令（以下「本仮処分命令」という）の被保全権利である「建物の収去及び敷地の明渡しの請求権」は，権利としては土地明渡請求権1個であり，建物の収去は土地明渡しの執行方法であると解されている（旧1個説。司法研修所編『紛争類型別の要件事実——民事訴訟における攻撃防御の構造——』〔改訂〕58頁）。

(ロ) 仮処分命令の決定書における記載　本仮処分命令は，建物に対する処分禁止を命ずるものであり，仮処分命令は「債務者は，別紙物件目録記載の建物について，譲渡並びに質権，抵当権及び賃借権その他一切の処分をしてはならない。」との主文によって発令され（司法研修所編『保全命令主文例集』〔5訂〕14～16頁），仮処分命令の執行は処分禁止の登記をする方法によって行われるが（民保55条1項・53条1項参照），登記請求権を被保全権利とする処分禁止の仮処分命令の効力とは異なるため，仮処分命令の決定書（又はこれに代わる調書）には，建物収去土地明渡請求権を保全するための仮処分命令である旨を記載しなければならない（民保規22条3項）。具体的には，仮処分命令の決定書（又はこれに代わる調書）の前文に，「当事者間の平成〇年(ヨ)第〇〇号不動産仮処分命令申立事件について，当裁判所は，債権者の申立てを相当と認め，債権者の債務者に対する別紙物件目録記載の建物の収去及びその敷地の明渡しの請求権を保全するため，債権者に〇〇万円の担保を立てさせて，次のとおり決定する。」という記載をする（最高裁判所事務総局編『民事保全手続書式集』（民事裁判資料第191号）16頁）。

(b) 仮処分命令の執行

(イ) 保全執行裁判所　本仮処分命令の保全執行裁判所は，本仮処分命令を発令した裁判所（保全発令裁判所。民保12条1項）である（民保55条2項・47条2項）。地方裁判所に限られず，本仮処分命令を発令した簡易裁判所や高等裁判所の場合もある（民保12条3項）。

(ロ) 処分禁止の登記の嘱託　本仮処分命令の執行は，処分禁止の登記をする方法によって行う（民保55条1項）。保全執行裁判所の裁判所書記官は，目的建物の所在地を管轄する登記所（不動産の所在地を管轄する法務局若しくは地方法務局若しくはその支局又は出張所。不登6条1項）の登記官（不登9条）に対し，処分禁止の登記の嘱託をする（民保55条2項・47条3項）。登記の目的の記載は「処分禁止仮処分（建物収去請求権保全）」とする（書式例につき，最高裁判所事務総局編・前掲『民事保全手続書式集』（民事裁判資料第191号）46頁）。

(ハ) 処分禁止の登記　本仮処分命令の処分禁止の登記は，登記の目的の記載を「処分禁止仮処分（建物収去請求権保全）」とし，これとは別に禁止事項は記載されない（第5000号通達第4・1，別紙「仮処分に関する登記」の記載例の一・7参照）。登記嘱託書の送付を受けた登記官は，嘱託に基づいて処分禁止の登記をしたときは，登記事項証明書を保全執行裁判所に送付しなければならない（民保55条2項，民執48条2項）。

(3) 建物収去土地明渡請求権を保全するための建物の処分禁止の仮処分命令の効力

(a) 本案訴訟における債務名義に基づく強制執行

本仮処分命令に基づいて建物についての処分禁止の登記がされた場合，仮処分債権者は，本案訴訟における債務名義（仮処分債務者に対する勝訴判決）に基づいて，処分禁止の登記がされた後に建物を譲り受けた者に対し，建物の収去及び敷地の明渡しの強制執行をすることができる（執行力の拡張。民保64条）。

(イ) 本案訴訟における債務名義　本仮処分命令の本案訴訟における勝訴判決，和解調書，認諾調書が該当することは問題がない。訴え提起前の和解申立て（民訴275条）や民事調停の申立て（民調2条）において作成された債務名義については，見解が分かれている。

(ロ) 処分禁止の仮処分の登記後の譲受人　本仮処分命令の本案訴訟における債務名義に基づいて強制執行を受けるのは，処分禁止の登記の後に建物を譲

り受けた者のみである。

（ⅰ）処分禁止の登記の前に建物を譲り受けたが，処分禁止の登記後に所有権移転登記がされた場合　建物所有権の移転の時期が処分禁止の登記より早い場合には，所有権移転登記が処分禁止の登記後であっても，執行力の拡張は認められない。

（ⅱ）仮処分債務者が建物の真の所有者ではなく，処分禁止の登記後に真の所有者が真正な登記名義の回復を原因とする所有権移転登記を取得した場合
　処分禁止の登記後に所有権移転登記はあるが，建物の譲渡があったのではないから，執行力の拡張は否定される。

（ⅲ）仮処分債務者の建物所有権の取得が無効事由や取消権，解除権の行使により処分禁止の登記後に元の所有者に対し復帰的に所有権移転登記がされた場合　仮処分債権者は建物自体に権利を有していないから，建物所有権を保持ないし再取得した元の所有者との間で対抗関係は生じず，執行力の拡張は否定される。合意解除の場合には，合意（合意解除契約）に基づく所有権の移転として，執行力の拡張の対象となる。

（ハ）承継執行文の付与　仮処分債権者は，処分禁止の登記後の建物の譲受人に対し，承継執行文の付与（民執27条2項）を受けて強制執行をする。承継執行文の付与を受けるに当たっては，民事保全法62条2項のような推定規定は置かれていないので，仮処分債権者は，建物所有権の承継の事実を文書によって証明しなければならないが，建物の登記記録により，処分禁止の登記後に建物を譲り受けた者であることが明らかになるので，登記事項証明書を提出することで，建物所有権の承継の事実を容易に立証することができる。

(b)　建物収去土地明渡請求権を保全するための建物の処分禁止の仮処分命令の限界

（イ）敷地部分への限定　本仮処分命令の効力は，現実に建物が建っている土地の敷地部分についてのみ及ぶものである。建物の敷地部分以外の土地部分が存在し，その土地部分の占有が第三者に移転されるおそれがある場合は，その土地部分についても当事者恒定効を生じさせるためには，別途，土地明渡請求権を被保全権利とし，土地賃借人を仮処分債務者として敷地以外の土地部分についての占有移転禁止の仮処分をしておく必要がある。

(ロ) 建物の占有移転　本仮処分命令の効力は，建物の占有の移転を禁止する効力はない（建物の占有関係を固定するものではない）から，建物所有者が，建物の所有権を移転することなく，占有のみを第三者に移転するおそれがある場合には，本仮処分命令とともに，建物所有者を仮処分債務者とし，建物についての占有移転禁止の仮処分をしておく必要がある。すでに第三者が建物を占有している場合には，土地の所有者は，建物の所有者に対する建物収去土地明渡請求訴訟に加えて，建物の占有者に対して建物退去土地明渡請求訴訟を提起しなければならない。建物の占有者が，建物の占有を第三者に移転するおそれがある場合には，当事者恒定効を生じさせるため，建物退去土地明渡請求権を被保全権利，建物占有者を仮処分債務者とし，建物についての占有移転禁止の仮処分をしておく必要がある。

〔6〕　法人の代表者の職務執行停止の仮処分等の登記の嘱託

(1)　法人の代表者その他法人の役員の職務執行停止・職務代行者選任の仮処分命令の意義

(a)　仮処分命令の概要

株主総会において取締役の選任決議が行われなかったり，行われても違法な場合には，取締役及び株主は，取締役選任の株主総会決議の不存在又は無効確認の訴え（会830条），株主総会決議の取消しの訴え（会831条）を提起することができ，取締役の職務執行に関し不正の行為や法令又は定款に違反する重大な事実がある場合には，一定の株主は，株主総会に対し取締役の解任を求め，否決されたときには，取締役解任の訴え（会854条1項）を提起することができる。しかし，これらの訴訟が提起されても，取締役の職務権限は影響を受けない上に，判決が確定するまでには相当の期間を要するために，本案訴訟の確定までの間に生じる回復しがたい損害が発生することを回避するための暫定的措置として，取締役又は代表取締役の職務の執行を停止し，さらに，会社の運営が休止することのないようにするため職務代行者を選任する制度が，法人を代表する者その他法人の役員の職務執行停止・職務代行者選任の仮処分命令（以下「本仮処分命令」という。民保56条参照）である。仮の地位を定める仮処分（民保23条2項）の一類型であり，満足的仮処分の典型である。

(b) 本案訴訟

　仮処分命令の発令には，仮処分によって保全されるべき権利（被保全権利）又は法律関係の存在が必要であるが（民保23条2項），被保全権利となるのは，本案訴訟における請求権（訴訟物）である。本仮処分命令の本案訴訟としては，取締役選任の株主総会決議の不存在確認の訴え・無効確認の訴え（会830条），株主総会決議の取消しの訴え（会831条），取締役解任の訴え（会854条1項），代表取締役選定の取締役会決議の無効確認の訴え，取締役資格（地位）の不存在確認の訴え，株式会社の設立無効確認の訴え（会828条1項1号）等がある。

(c) 仮処分命令の当事者

(イ) 仮処分債権者　本仮処分命令の仮処分債権者となるのは，本案訴訟の原告適格を有する者である。本案訴訟が株主総会決議の取消しの訴えである場合は，株主，取締役又は清算人，監査役設置会社の監査役，委員会設置会社の執行役等である（会831条）。本案訴訟が取締役解任の訴えである場合は，公開会社においては，①総株主の議決権の100分の3以上の議決権を6ヵ月前から引き続き有する株主，又は，②発行済株式の100分の3以上の数の株式を6ヵ月前から引き続き有する株主であるが（会854条1項），株式譲渡制限会社の場合には，持株比率要件については同じ比率であるが，6ヵ月の株式保有期間は不要である（会854条2項）。本案訴訟が株式会社の設立無効確認の訴えである場合は，株主，取締役又は清算人で，監査役設置会社では株主，取締役，監査役又は清算人，委員会設置会社では株主，取締役，執行役又は清算人である（会828条2項1号）。その他の取締役選任の株主総会決議の不存在確認の訴え・無効確認の訴え，代表取締役選定の取締役会決議の無効確認の訴え，取締役資格（地位）の不存在確認の訴えが本案訴訟である場合については，確認の利益が認められる者が原告となることができ，原告適格に制限はないから，仮処分債権者の資格にも制限はない。

(ロ) 仮処分債務者　本仮処分命令の仮処分債務者となるのは，会社か（会社説），職務の執行を停止されるべき取締役（被職務執行停止取締役）か（取締役説），双方であるか（双方説）については争いがあるが，会社及び被職務執行停止取締役の双方を仮処分債務者とする（双方説）のが多数説であり，実務である。

(d) 保全の必要性

本仮処分命令が仮の地位を定める仮処分命令である以上，仮処分を求める必要性（保全の必要性）が存在しなければならないが（民保23条2項），本案訴訟が会社の組織に関する事柄であること，株主は共益権の行使として，取締役及び監査役は業務執行ないし業務監査権の一環として，会社の利益のために本案訴訟を提起するものであることから，本仮処分命令においては，会社の損害が問題とされる。

(2) **法人の代表者その他法人の役員の職務執行停止・職務代行者選任の仮処分命令の発令**

(a) 保全発令裁判所（管轄裁判所）

本仮処分命令の保全発令裁判所（管轄裁判所）は，本案訴訟の管轄裁判所（民保12条1項），すなわち，本店の所在地を管轄する地方裁判所である（民保12条2項本文）。本案訴訟が控訴審に係属するときは，控訴裁判所が本案訴訟の管轄裁判所として保全発令裁判所になる（民保12条3項但書）。

(b) 裁　　判

(ｲ) 本仮処分命令の主文　　本仮処分命令は，取締役の職務執行を停止する仮処分命令と被職務執行停止取締役の職務代行者を選任する仮処分命令の2つの仮処分命令からなる。

職務執行停止の仮処分命令の主文は，次のようなものになる（司法研修所編『保全命令主文例集』〔5訂〕30頁）。主文例は，会社と被職務執行停止取締役の双方が仮処分債務者であるとの見解（双方説）によるものであり，主文第1項は被職務執行停止取締役を仮処分債務者とする仮処分命令であり，第2項は会社を仮処分債務者とする仮処分命令である。

1　本案判決確定（ただし，本案の第1審又は第2審において被告勝訴の判決が言い渡されたときはその言渡し）に至るまで，債務者甲会社における，債務者乙は取締役兼代表取締役の職務を，債務者丙及び債務者丁はそれぞれ取締役の職務を，いずれも執行してはならない。
2　上記の期間中，債務者甲会社は上記各債務者に上記各職務を執行させてはならない。

職務代行者選任の仮処分命令の主文は，次のようなものであり（司法研修所編・前掲書30頁），会社を仮処分債務者とする仮処分命令である。

　　上記職務執行停止期間中，職務代行者をして上記職務を代行させ，次の者を職務代行者に選任する。

　　取締役兼代表取締役職務代行者
　　　　住所
　　　　　　弁護士　A
　　取締役職務代行者
　　　　住所
　　　　　　弁護士　B

　(ロ)　職務代行者の選任　　職務代行者選任の仮処分命令は，職務執行停止の仮処分命令により会社業務に支障が生じることに備えて，職務代行者を選任する必要に応じて発令される付随的仮処分命令であり，職務代行者選任の仮処分命令だけを独立して発令することはできない。

　職務代行者選任の仮処分命令は，職務代行者の選任の仮処分命令（前記主文例における「職務執行停止期間中，職務代行者をして上記職務を代行させ」の部分）と特定の者を職務代行者に選任する執行命令（前記主文例における「次の者を職務代行者に選任する」の部分）からなる。誰を職務代行者に選任するかは，執行命令として，保全発令裁判所の裁量に委ねられる。仮処分債権者の推薦した者を職務代行者に選任することはされず，当事者のいずれとも利害関係のない者で適任者を選任することになる。通常は，弁護士が選任されている。

(3)　法人の代表者その他法人の役員の職務執行停止・職務代行者選任の仮処分命令の執行及び効力

　(a)　仮処分命令の執行

　(イ)　保全執行裁判所（管轄裁判所）　　本仮処分命令の執行は，本仮処分命令を発令した裁判所（保全発令裁判所。民保12条1項）が，保全執行裁判所として管轄する（民保56条・52条1項・47条2項・3項参照）。

(ロ) 登記の嘱託　　保全執行裁判所の裁判所書記官は，法人の本店又は主たる事務所の所在地を管轄する登記所に登記を嘱託しなければならない（民保56条本文。会917条）。支店又は従たる事務所が複数ある場合には，そのすべてに登記嘱託を行う。

(b)　仮処分命令の効力

(イ) 効力の内容　　本仮処分命令の効力は絶対的であり，本仮処分命令に違反してされた被職務執行停止取締役の行為は，単に仮処分債権者に対抗することができないという相対的無効にとどまらず，本仮処分命令による形成的効果ないし本案訴訟における判決の対世的効力により，第三者に対する関係においても無効となる。絶対的無効の効果は，後に本仮処分命令が変更若しくは取り消されても，影響を受けず，遡って有効となることはない（最〔1小〕昭39・5・21民集18巻4号608頁）。

(ロ) 職務執行停止の仮処分命令の効力

　　(i) 職務執行を停止された取締役の地位　　職務執行停止の仮処分命令により，被職務執行停止取締役の職務全部の執行が停止されるが，取締役としての地位を失うものではない。

　　(ii) 仮処分命令に対する異議申立手続及び本案訴訟における会社代表者　　代表取締役に対して本仮処分命令が発令された場合に，仮処分異議申立手続及び本案訴訟において会社を代表する者は，職務代行者か（職務代行者説），被職務執行停止取締役である代表取締役か（代表取締役説）について争いがあるが，職務代行者である（職務代行者説）と解されている（新谷勝『会社訴訟・仮処分の理論と実務』〔第2版〕256頁，山口和男編『会社訴訟非訟の実務』〔5訂版〕565頁。本案訴訟につき最〔2小〕判昭59・9・28民集38巻9号1121頁参照）。

(ハ) 職務代行者選任の仮処分命令の効力

　　(i) 職務代行者の報酬　　職務代行者は，代行される取締役の報酬額，会社の規模，職務の内容等を考慮した額の報酬の支払を受ける。報酬については直接の規定はないが，職務代行者を，裁判所が選任した管理人に準ずるものとして，民事訴訟費用等に関する法律2条15号，20条1項後段，民事執行法42条に基づき保全発令裁判所が決定する。負担は仮処分債務者である会社が負うことになるが，保全発令裁判所は，職務代行者の報酬を確保するため，仮処分

債権者に報酬額の何ヵ月分かの予納を命じる扱いである（民訴費12条。山口和男編・前掲書563頁，東京地裁商事研究会『商事非訟・保全事件の実務』350頁，新谷勝『会社仮処分』97頁）。

(ii) 職務代行者の権限，責任　取締役の職務代行者は，本仮処分命令に特段の定めがある場合を除き，原則として，会社の常務に属する行為のみを行うことができ，常務に属しない行為を行う場合には，本案訴訟の管轄裁判所（会社の本店の所在地を管轄する地方裁判所。会868条１号参照）の許可を得なければならない（会352条１項）。

〔7〕 仮処分解放金の供託による仮処分の執行の取消し

(1) 仮処分命令における仮処分解放金の定め

(a) 意義，法的性質

仮処分解放金とは，仮処分債務者が，仮処分の執行の停止又はすでにされた仮処分の執行の取消しを得るために供託すべき金銭又はその額をいい，保全すべき権利が金銭の支払をもって行使の目的を達することができるものであるときに限り，仮処分命令において定められる（民保25条１項）。仮処分解放金の法的性質については，仮差押解放金と同様，仮処分の目的物に代わるもの（仮処分目的物の代替物）と解されている。

(b) 仮処分解放金の要件

仮処分解放金を定めることができるのは「保全すべき権利が金銭の支払を受けることをもってその行使の目的を達することができるものであるとき」に限られる（民保25条１項）。「保全すべき権利」との表現は，仮処分解放金は係争物に関する仮処分（民保23条１項）に限って定めることができることを意味する。

「保全すべき権利が金銭の支払を受けることをもってその行使の目的を達することができるものであるとき」は，具体的には，例えば，①所有権留保付売買契約の解除による目的物（代替性のある場合に限る）の引渡請求権を被保全権利とする場合，②譲渡担保契約に基づく金銭債務不履行を理由とする担保物（代替性のある場合に限る）の引渡請求権を被保全権利とする場合，③詐害行為取消権（民424条）による移転登記の抹消登記請求権を被保全権利とする場合等があり，これらは，代替的な物の引渡請求権を被保全権利とする仮処分（第Ⅰ類型：

①,②)と,詐害行為取消権に基づく仮処分(第Ⅱ類型:③)とに大別される(瀬木比呂志『民事保全法』〔第3版〕386頁,山崎潮監修=瀬木比呂志編集代表『注釈民事保全法(上)』347頁〔瀬木比呂志〕)*1。

(c) 仮処分解放金の決定

(イ) 仮処分命令における仮処分解放金の額の定め　仮処分命令発令裁判所は,職権で,仮処分解放金を付する場合には,仮処分解放金(仮処分債務者が供託すべき金銭)の額を仮処分命令において定めなければならない(民保25条1項)。仮処分解放金の額は,仮処分命令の主文に記載する(司法研修所編『保全命令主文例集』〔5訂〕14頁参照)。

(ロ) 仮処分解放金の額の決定基準　仮処分解放金の法的性質は,仮処分の目的物に代わるものである(仮処分目的物の代替物)ことから,被保全権利が行使されたのと同価値の満足を仮処分債権者に与えることができる額ということになり,原則的には,目的物の価額を基準として算定するのが相当である(倉澤守春=鬼澤友直「仮処分解放金の意義と算定基準」東京地裁保全研究会編著『民事保全の実務(上)』〔第3版〕369頁)。第Ⅰ類型の場合,被保全権利は目的物の引渡請求権であるから,仮処分解放金の金額は,目的物の価額が基準となる。目的物の価額が仮処分債権者の被保全権利の背景にある債権額を大きく上回る場合には,債権額を基準とすることも考えられる(瀬木比呂志・前掲書393頁,山崎潮監修=瀬木比呂志編集代表・前掲書355頁〔瀬木比呂志〕)。第Ⅱ類型の場合,①目的物の価額が仮処分債権者の債権額を下回るときは,目的物の価額を基準とする。②目的物の価額が仮処分債権者債権額を上回る場合であっても,仮処分債権者の債権額の限度でのみ取消しが認められる場合(価格賠償しか認められない場合には原則としてそうなる)には,仮処分債権者の債権額を基準とする。③目的物が一筆の不動産のように不可分である場合には,目的物の価額が取消債権者の債権額を超えるときであっても,詐害行為取消権において保全されるべき債権は詐害行為の債務者に対する総債権ではなく取消債権者の債権であるという詐害行為取消権の制度趣旨(奥田昌道編『注釈民法(10)』841頁〔下森定〕参照)からすれば,仮処分解放金の額は,原則として仮処分債権者の債権額を基準とし,詐害行為の債務者の他の一般債権者の権利行使の可能性が明らかであるような場合にのみ,例外的に他の一般債権者の債権額をも考慮して決すべきであろうとされる(瀬木比

呂志・前掲書395頁，山崎潮監修＝瀬木比呂志編集代表・前掲書357頁〔瀬木比呂志〕，倉澤守春＝鬼澤友直・前掲書369頁）。

(ハ) **仮処分命令における還付請求権者の記載**　仮処分命令発令裁判所が仮処分解放金の額を定める場合には，仮処分命令に仮処分解放金の還付を請求することができる者（被供託者。還付請求権者）の氏名及び住所（法人であるときは，名称及び住所）を掲げなければならない（民保規21条）。

仮差押解放金（民保22条1項）の場合には，還付請求権者は，常に仮差押債権者であり，仮差押命令の決定書（調書決定の場合は，決定書に代わる調書）の当事者欄の記載から明らかになる（民保規9条2項2号・3号・10条2項）ので，仮差押命令に還付請求権者が記載されていなくても，仮差押債務者は，誰を還付請求権者として供託すべきかについて迷うことはない。これに対し，仮処分解放金が供託された場合においては，還付請求権者は，第Ⅰ類型の場合は仮処分債権者であるが，第Ⅱ類型の場合には，仮処分債権者ではなく，詐害行為の債務者となる（民保65条前段）。そこで，仮処分解放金の額が定められた場合には，還付請求権者の氏名又は名称及び住所を仮処分命令の主文に掲げなければならないものとして，仮処分命令の送達（民保17条）を受けた仮処分債務者が仮処分解放金の供託をするに際して還付請求権者（被供託者）を誤らないようにするとともに，仮処分解放金に関する供託事務が円滑適正に行われるようにするものである（還付請求権者として仮処分債権者が記載されていれば第Ⅰ類型，仮処分債権者以外の者が記載されていれば第Ⅱ類型であることが分かることになる）。還付請求権者が仮処分債権者である場合（第Ⅰ類型）には，氏名又は名称及び住所は決定書（調書決定の場合は，決定書に代わる調書）の当事者欄に記載されているから，主文においては，単に「債権者」と記載すれば足りる。還付請求権者が詐害行為の債務者である場合（第Ⅱ類型）には，主文において，詐害行為の債務者の氏名又は名称及び住所を，「債務者は，甲某（住所○○県○○市○○町○○番地）に対し○○円を供託するときは，この決定の執行停止又はその執行処分の取消しを求めることができる。」等と記載する（記載例につき，司法研修所編・前掲『保全命令主文例集』〔5訂〕14頁）。

(d)　仮処分解放金の供託
(イ)　供託の方法

(i) 供託物及び供託者　　仮処分解放金の供託は金銭でする必要があり，有価証券で供託することはできない。金銭の供託に代えて，支払保証委託契約の締結によることもできない。仮処分解放金は，仮処分の目的物に代えて供託されるものであるから，仮処分債務者以外の第三者が仮処分解放金を供託することはできない。

　(ii) 管轄供託所　　仮処分解放金の供託は，仮処分命令発令裁判所又は仮処分命令執行裁判所の所在地を管轄する地方裁判所の管轄区域内の供託所にしなければならない（民保25条2項・22条2項）。

　㋺　仮処分解放金の供託の効果　　仮処分解放金が供託され，仮処分の執行が取り消されると，仮処分の効力は，仮処分の目的物に代わって仮処分解放金の上に存続することになる。

(2) 仮処分解放金の供託による仮処分の執行の取消し

　仮処分債務者は，仮処分解放金を供託した後，仮処分の執行の取消しを求めるためには，仮処分解放金を供託したことを証明して，保全執行裁判所（民保2条3項）に執行取消しの決定を求める申立てをする。

　保全執行裁判所は，仮処分押解放金の供託の事実を審査し，それが認められれば，仮処分の執行の取消決定をする（民保57条1項）。執行取消決定を得た仮処分債務者は，決定正本を執行機関に提出して，仮処分の執行処分の取消しを求め（民保46条，民執39条1項6号），執行機関である保全執行裁判所又は執行官は，すでにした執行処分を取り消す（民保46条，民執40条1項）。

(3) 仮処分解放金に対する権利関係

　係争物に関する仮処分命令（民保23条1項）は，特定物に対する権利を保全するものであるから，仮処分解放金の供託によって目的物が金銭に変わっても，仮処分債権者に優先的に供託金（仮処分解放金）の支払を受けることができる地位を認めることができる（第Ⅰ類型）。これに対し，仮処分の被保全権利が詐害行為取消権によるものである場合（第Ⅱ類型）には，仮処分債権者は，仮処分の目的物を詐害行為の債務者の責任財産に戻した上，目的物に対して強制執行をして換価金から詐害行為の債務者の一般債権者と平等に配当を受ける地位を有するにすぎない。

　(a) 第Ⅰ類型（図1参照）

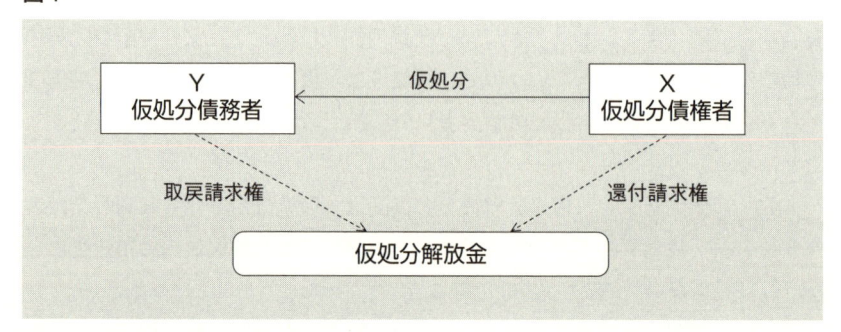

図1

```
        仮処分
Y ←─────────────── X
仮処分債務者            仮処分債権者

  取戻請求権           還付請求権
       ↘           ↙
        仮処分解放金
```

(イ) 仮処分債権者による仮処分解放金に対する権利行使　仮処分債権者は，仮処分解放金に対して優先的な権利を有するので，仮処分解放金が供託され，仮処分の執行取消決定がされることにより，仮処分解放金について，仮処分命令の本案訴訟の勝訴判決の確定を停止条件とする条件付還付請求権を取得する。

　本案訴訟の勝訴判決が確定したときは，還付請求権について条件が成就するので，仮処分債権者は，還付請求権を行使して，直接，国（供託所）に対して仮処分解放金の払渡しを受けることにより，還付請求権についての権利行使をする。仮処分債権者は，強制執行の手続を取る必要はなく，執行文の付与も必要ではない（平2・11・13付け法務省民4第5002号法務局長・地方法務局長あて法務省民事局長通達「民事保全法等の施行に伴う供託事務の取扱いについて」（以下「第5002号通達」という）第2・7・(2)・ア・(ア)・a・①参照）。

(ロ) 仮処分債務者による仮処分解放金の取戻し　仮処分の本案訴訟の判決の確定前に仮処分命令の申立てが取り下げられ，又は仮処分債権者が本案訴訟で敗訴した場合には，仮処分解放金は必要がなくなり，停止条件が成就しないことに確定し，供託原因が消滅するので，仮処分債務者（供託者）は，仮処分解放金の取戻請求をすることができる。

(b)　第Ⅱ類型（図2参照）

(イ) 仮処分債権者による仮処分解放金に対する権利行使

　（i）仮処分解放金についての還付請求権者　仮処分債務者（Y）が仮処分解放金を供託した場合，第Ⅰ類型と同様に，仮処分債権者（X）に，直接，仮処分解放金についての停止条件付還付請求権を認めることは，Xが，詐害行

第3章 保全執行に関する手続・仮処分の効力　第3節 仮処分の執行の概要　*121*

図2

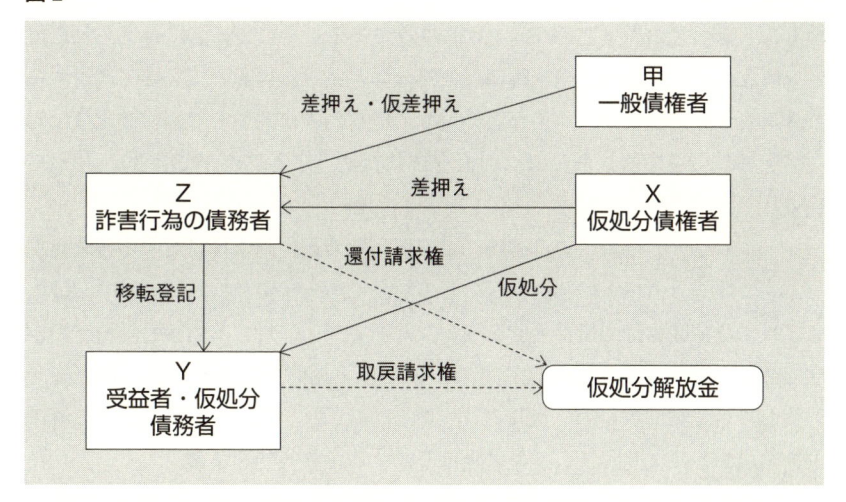

```
                          差押え・仮差押え      ┌─────────┐
                    ┌──────────────────────────│  甲     │
                    │                          │ 一般債権者│
                    ↓                          └─────────┘
            ┌─────────┐      差押え        ┌─────────┐
            │   Z     │←──────────────────│   X     │
            │詐害行為の│                    │仮処分債権者│
            │ 債務者  │    還付請求権       └─────────┘
            └─────────┘ ┈┈┈┈┈┈┈┈┈┈┈┈┈┈        │
                │                   ┈┈┈┈┈      │ 仮処分
           移転登記                        ┈┈┈   │
                │                              ↓
                ↓                        
            ┌─────────┐   取戻請求権     ┌─────────┐
            │   Y     │ ┈┈┈┈┈┈┈┈┈┈┈→   │仮処分解放金│
            │受益者・ │                  └─────────┘
            │仮処分   │
            │ 債務者  │
            └─────────┘
```

為の債務者（Z）の他の一般債権者（甲）に対して優先的な地位を取得する（事実上，優先弁済権を有する）こととなり，手続法（仮処分解放金の制度）によって実体法上の権利（詐害行為取消権）の内容が変容されて，法的整合性が損なわれ，Xが実体法上の権利の内容を超える利益を得る反面，甲が不利益を被ることとなり，相当ではない。

　第Ⅱ類型においては，Yが仮処分解放金を供託した場合，Zが停止条件付還付請求権を取得する（民保65条前段）。Zの停止条件付還付請求権の停止条件の成就時期は，仮処分の本案訴訟においてXのYに対する勝訴判決が確定した時である。Xは，Zに対する金銭給付の債務名義を取得した上で，Zの還付請求権に対して強制執行（債権差押え）の手続をとることになる。

　(ⅱ)　還付請求権者による還付請求権の行使に対する制限　Yが仮処分解放金を供託することにより，仮処分の目的物が金銭に変わるが，目的物に執行されている場合と異なって，Yの所有権移転登記の抹消というような手続を経ることなく，目的物と同等のものとして還付請求権が仮に（停止条件付）Zの責任財産に復帰し，仮処分の本案訴訟においてXのYに対する勝訴判決が確定すると停止条件が成就するので，Zの責任財産に確定的に帰属することになる。XがZに対する強制執行を開始するまでの間に，Zが還付請求権を行使あるい

は譲渡することや，甲が差押え，転付命令により満足を受けてしまうことを認めることは，Xの保護という観点から問題である。そこで，Zに与えられた仮処分解放金に対する還付請求権は，仮処分の本案訴訟においてXのYに対する勝訴判決が確定した後に，XがZに対する債務名義に基づいて還付請求権に対して強制執行をする以前には，何人も権利行使をすることができない（民保65条後段）。

(ⅲ) 仮処分債権者による詐害行為の債務者の還付請求権に対する権利行使

ⓐ 仮処分債権者の強制執行のみの場合（差押えが競合しない場合）　Xは，Zに対する金銭給付の債務名義を取得した上で，Zに対する債権差押命令の申立てをし，差押命令がZに送達された日から1週間を経過すれば，取立権を行使して（民執155条1項），直接，国（供託所）に対して仮処分解放金の払渡請求をすることにより，Zの還付請求権に対する権利行使をする。

ⓑ 詐害行為の債務者の他の債権者の強制執行が競合する場合　差押えが競合する場合には，第三債務者である供託官による執行裁判所への事情届（民執156条2項・3項），事情届を受けた執行裁判所による配当手続（民執166条），裁判所書記官による仮処分解放金の支払委託（民執規145条・61条）の手続が行われ，配当受領権者は，裁判所で交付された支払証明書を供託物払渡請求書に添付して供託所に対し払渡請求をすることにより，Zの還付請求権に対する権利行使をする（第5002号通達第2・7・⑵・イ・㈠・c参照）。

㈡ 詐害行為の債務者による仮処分解放金についての還付請求権の行使

仮処分の本案訴訟におけるXのYに対する勝訴判決が確定した後，XがZに対する還付請求権に対して強制執行をし，その後に強制執行の申立てを取り下げた場合には，民事保全法65条後段の要件は満たされ，還付請求権は行使が可能な状態になっている。Xが強制執行の申立てを取り下げたことによっても，効果は消滅しないので，甲ら他の一般債権者による差押え又は差押えの執行がされていない限り，Zは還付請求権を行使することができる。

㈢ 仮処分債務者による仮処分解放金の取戻し　仮処分の本案訴訟の判決の確定前に仮処分命令の申立てが取り下げられ，又はXが本案訴訟で敗訴した場合には，仮処分解放金は必要がなくなり，停止条件が成就しないことに確定し，供託原因が消滅するので，Yは，仮処分解放金の取戻請求をすることがで

きる。

*1　第Ⅰ類型は「優先型」,「一般型」,第Ⅱ類型は「平等型」,「特別型・特殊型」とも呼ばれる。2類型に分けて考えるのは,第Ⅰ類型の場合には,仮処分債権者は,目的物,ひいてはその代替物である仮処分解放金について優先的な権利を有するのに対し,第Ⅱ類型の場合には,詐害行為取消権の制度趣旨が,詐害行為の債務者の責任財産を保全するものにすぎないことから,仮処分債権者は,詐害行為の債務者に対する他の一般債権者と平等の立場でしか満足を受けられず,2類型で仮処分債権者が仮処分解放金に対する権利行使をする場合の方法を分けて考える必要があるからである（民保65条参照）。

［増田　輝夫］

第4節　仮処分の効力の概要

〔1〕　不動産の登記請求権を保全するための処分禁止の仮処分の効力

(1)　概　　説

　不動産に関するすべての権利（所有権とそれ以外の権利）についての登記請求権を保全するための処分禁止の仮処分は，不動産に対する将来の強制執行を保全するために，当該不動産の現状維持を目的にして，所有権の移転又は抵当権や賃借権の設定などの法的処分を仮に禁止する保全処分であるが[1]，その執行は，処分禁止の登記をする方法によって行う（民保53条1項）。さらに，そのうち所有権以外の権利（制限物権）の「保存」，「設定」，「変更」の登記請求権を保全するための処分禁止の仮処分の場合[2]については，その執行は，上記の処分禁止の登記とともに，仮処分による仮登記（保全仮登記）をする方法によって行う（民保53条2項）。

　　[1]　不動産に関する権利についての登記請求権を保全するための処分禁止の仮処分の場合，その主文（典型例）は，

> 　債務者は，別紙物件目録記載の不動産について，譲渡並びに質権，抵当権及び賃借権の設定その他一切の処分をしてはならない。

となる。

　　[2]　所有権以外の権利（制限物権）の「保存」，「設定」，「変更」の登記請求権を保全するための処分禁止の仮処分の場合，その主文（典型例）は，

> 　（「別紙物件目録記載の不動産について，債権者の債務者に対する別紙登記目録記載の登記の請求権を保全するため，債権者に○○円の担保を立てさせて，次のとおり決定する」との前文に続く主文として）
> 　債務者は，上記不動産について，譲渡並びに質権，抵当権及び賃借権の設定その他一切の処分をしてはならない。

となる。なお，上記前文における登記目録の記載例については，第1編第2章第3節の「仮処分命令の概要」の＊5を参照のこと。

(2) 類　型

上記のように，不動産の登記請求権を保全するための処分禁止の仮処分には，執行方法が処分禁止の登記だけをする場合と執行方法が処分禁止の登記と保全仮登記を併用する場合がある。

(a) 執行方法が処分禁止の登記だけをする場合

この場合は，①不動産所有権の保存，移転又は消滅についての登記請求権を保全するための処分禁止の仮処分の場合，また，②不動産の所有権以外の権利（制限物権）の移転又は消滅についての登記請求権を保全するための処分禁止の仮処分の場合である＊3。

①の場合は，例えば，Aが，BからB所有建物を購入し，代金を支払いその引渡しも受けたが，Bが所有権移転登記手続をしようとせず，その建物を第三者に二重に譲渡しようとするので，Aが，Bに対して，AのBに対する所有権移転登記手続請求権を被保全権利とする建物処分禁止の仮処分を得て，その執行として，処分禁止の登記をしたような場合である。この場合の処分禁止の登記は，甲区欄に，「処分禁止仮処分」と記載される。

②の場合は，例えば，Dが，Eから1番抵当権の譲渡を受けたが，Eが1番抵当権移転登記手続をしようとせず，その1番抵当権を第三者に二重に譲渡しようとするので，Dが，Eに対して，DのEに対する1番抵当権移転登記手続請求権を被保全権利とする1番抵当権処分禁止の仮処分を得て，その執行として，処分禁止の登記をしたような場合である。この場合の処分禁止の登記は，乙区欄に，「1番抵当権処分禁止仮処分」と記載される。

＊3　不動産の所有権以外の権利（制限物権）の「保存」，「設定」又は「変更」の登記請求権を保全するための処分禁止の仮処分は，下記(b)のように，その執行は，処分禁止の登記と仮処分による仮登記（保全仮登記）を併用する方法がとられる（民保53条2項）。そこで，不動産の所有権以外の権利（制限物権）の「保存，設定又は変更」以外の登記請求権，すなわち，「移転」又は「消滅」についての登記請求権を保全するための処分禁止の仮処分については，その執行方法は，処分禁止の登記だけとなる。

(b) 執行方法が，処分禁止の登記と仮処分による仮登記（保全仮登記）を併用する場合

この場合は，不動産の所有権以外の権利（制限物権）の「保存」，「設定」又は「変更」についての登記請求権を保全するための処分禁止の仮処分の場合である（民保53条2項）。

この場合は，例えば，GがHからH所有地に地上権を設定してもらったが，Hが地上権設定登記をしてくれず，第三者のために地上権設定契約をしようとしているので，地上権設定登記手続請求権を被保全権利とするH所有地の処分禁止の仮処分をし，その執行として，処分禁止の登記と保全仮登記（地上権設定の仮登記）をしたような場合である。この場合には，登記簿の甲区欄に「処分禁止仮処分（乙区○番保全仮登記）」と記載され，また，乙区欄に「地上権設定保全仮登記（甲区△番仮処分）」と記載される＊4。

また，KがLに対しL所有地を1番抵当にとって金を貸したが，抵当権設定登記に応じてくれないという場合に，抵当権設定登記手続請求権を被保全権利とするL所有地の処分禁止の仮処分をし，その執行として，処分禁止の登記と保全仮登記（抵当権設定の仮登記）をしたような場合である。この場合には，登記簿の甲区欄に「処分禁止仮処分（乙区○番保全仮登記）」と記載され，また，乙区欄に「抵当権設定保全仮登記（甲区△番仮処分）」と記載される（前掲＊4）。

　＊4　このような乙区欄の保全仮登記の次には，本登記に備えて余白が設けられ，債務名義に基づく本登記はその余白になされることになっている。

(3) 効　力

(a) 処分禁止の登記に後れる処分行為（権利取得等）の相対的無効

不動産の登記請求権を保全するための処分禁止の仮処分は，将来の強制執行を保全するために，目的物の現状維持をめざして行われるものである。この仮処分の執行，つまり，処分禁止の登記がなされた場合には，この処分禁止の登記に後れる不動産の処分行為は相対的に無効とされ，そのため，この処分禁止の仮処分の効力は，債務者の不動産の処分権能を「相対的に」剥奪するものである。

すなわち，処分禁止の仮処分命令の場合，その主文（典型例）は，「債務者は，別紙物件目録記載の不動産について，譲渡並びに質権，抵当権及び賃借権の設定その他一切の処分をしてはならない。」となる。上記主文によると「債務者

は……不動産について，……一切の処分をしてはならない。」となっているが，このような処分禁止の仮処分によっても，債務者はその所有する不動産の処分権能を「絶対的に」剥奪されるものではない。債務者は，処分禁止の仮処分の執行である処分禁止の登記がされた後であっても，仮処分が本執行へ移行するまでの間，すなわち，「仮処分の債権者が保全すべき登記請求権に係る登記をする」(民保58条1項)までの間に，処分禁止の対象となった不動産についての権利を第三者に譲渡したり，第三者のために権利（例えば，地上権や抵当権など）を設定したり，さらには，その登記をしたりすることもできる。ただし，そのような処分行為は，処分禁止の仮処分の被保全権利（登記請求権）との関係では，その被保全権利に抵触する場合に，抵触する範囲で相対的に無効とされ，「仮処分の債権者が保全すべき登記請求権に係る登記をする場合」には，処分禁止の登記に後れる第三者は，処分禁止の仮処分を得た債権者に対抗しえないことになる（民保58条1項）。そのため，処分禁止の仮処分は，債務者から，債権者に対する関係で，不動産の処分権能を「相対的に」剥奪するものとなるのである。

　例えば，上記(2)(a)の①の場合の例によると，Aが，BからB所有建物を購入したところ，Bが所有権移転登記手続をしないために，AのBに対する所有権移転登記手続請求権を被保全権利とする建物処分禁止の仮処分を得て，その執行として，処分禁止の登記をしたような場合であっても，その後もBは当該建物を第三者Cに売却することができ，Cは当該建物の所有権取得の登記を受けることができる。しかし，そのようなCへの売却行為は，Aとの関係では，AのBに対する所有権移転登記手続請求権に抵触するので，相対的に無効とされ，「仮処分の債権者が保全すべき登記請求権に係る登記をする場合」には，処分禁止の登記に後れる第三者Cは，処分禁止の仮処分を得たAに対抗できないことになる（民保58条1項）。よって，AがBに対する所有権移転登記手続請求訴訟で勝訴（確定）判決を得れば，この判決正本をもってBからAへの所有権移転登記をすることができ（不登63条），その際に，Aの処分禁止の登記に後れるCの登記について，その抹消を単独で申請することができる（民保58条1項・2項，不登111条）。このように，処分禁止の仮処分は，Bから，Aに対する関係で，不動産の処分権能を「相対的に」剥奪することになる*5。

　なお，上記の「仮処分の債権者が保全すべき登記請求権に係る登記をする場

合」(民保58条1項) には，債権者が本案判決（債務名義）により単独申請によって登記手続をする場合（不登63条）のほか，債権者が債務者と共同申請によって登記手続をする場合（不登60条）も含まれる。また，そのように債権者が登記手続をするのは，処分禁止の仮処分によって保全されている登記請求権（よって，この登記請求権を基礎づける権利）と同一の権利についての本登記でなくてはならない。さらに，相対的に無効とされ，処分禁止の仮処分を得た債権者に対抗しえないのは，処分禁止の登記の後になされた不動産の処分行為が，処分禁止の仮処分に抵触する場合，つまり，仮処分の被保全権利と両立しえない場合である。所有権移転登記請求権が被保全権利である処分禁止の仮処分の場合であれば，抵触するのは，第三者に対する所有権の移転行為，また，地上権や抵当権の設定行為などである。

　　＊5　同様に，上記(2)(b)の1番目の例によれば，Gは，HからH所有地に地上権を設定してもらったところ，Hが地上権設定登記をしてくれないために，GのHに対する地上権設定登記手続請求権を被保全権利とするH所有地の処分禁止の仮処分を得て，その執行として，処分禁止の登記と保全仮登記（地上権設定の仮登記）をしたような場合であっても，Hは当該土地を第三者Iに売却したり，さらに第三者Jのために地上権を設定したりすることができ，IやJはその旨の登記を受けることができる。しかし，そのようなIへの売却行為やJへの地上権設定行為は，Gとの関係では，GのHに対する地上権設定登記手続請求権に抵触するので，抵触する範囲で相対的に無効とされる。よって，GがHに対する地上権設定登記手続請求訴訟で勝訴（確定）判決を得れば，この判決正本をもって，処分禁止の登記に後れるIに対しては，自らの地上権設定を対抗でき，また，保全仮登記（地上権設定の仮登記）に後れるJに対しては，Jの地上権設定登記を抹消することができ，よって，その抹消を単独で申請することができる（民保58条1項・4項，59条，不登113条）。このようにGのHに対する地上権設定登記手続請求権を被保全権利とするH所有地の処分禁止の仮処分は，Hから，Gに対する関係で，不動産の処分権能を「相対的に」剥奪することになる。

(b)　処分禁止の登記に後れる登記の抹消

　上記(a)の場合，つまり，処分禁止の登記の後になされた不動産の処分行為が，処分禁止の仮処分に抵触する場合においては，債権者は，処分禁止の登記に後れる登記を抹消することができる（民保58条2項・4項，不登111条・113条）。上記

(a)の例でいえば，処分禁止の仮処分の被保全権利であるAのBに対する所有権移転登記請求権に抵触する第三者Cの建物の所有権取得の登記を抹消する場合である。

なお，仮処分の債権者が登記を抹消するには，あらかじめ，その登記の権利者に対して，その旨を通知しなければならない（民保59条）。

(c) 当事者恒定効・順位保全効

処分禁止の仮処分の直接的な効力は，上記(a)，(b)のとおりである。

(イ) 当事者恒定効[*6]　　上記(a)と(b)の効力の結果，当事者恒定効が生じることになる。そして，このような当事者恒定効こそが，不動産の登記請求権を保全するための処分禁止の仮処分が究極的な"ねらい"としている効力である。

すなわち，上記(a)と(b)の効力によって，不動産の登記請求権を保全するための処分禁止の仮処分を得て処分禁止の登記をしていれば，その登記の後に，債務者が当該不動産を処分しても，その処分行為は相対的に無効とされ，処分禁止の仮処分を得た債権者に対抗しえず，当該処分行為の登記は抹消されることになる。その結果，当事者恒定効が生じるのである。つまり，このような処分禁止の仮処分を得て処分禁止の登記をした債権者が，債務者を被告として訴えを提起した時点で，当事者が恒定され，それ以後，その債務者を被告として訴訟を追行すればよく，その口頭弁論終結前に被告（債務者）が第三者に対し目的不動産を処分したとしても，訴訟当事者をその第三者に変更等する必要がなく，被告に対する勝訴（確定）判決を得れば，その判決の効力を第三者に対しても主張することができる（すなわち，その第三者に対して強制執行をなしうる）という効力（当事者恒定効）を有することになるのである。

例えば，XがYを被告として不動産の所有権移転登記手続を請求する訴訟を提起し，その係属中に，YがZに当該不動産を譲渡し，所有権移転登記をしてしまうと，Xは，Zに訴訟を引き受けさせるか（民訴50条），そうでなければ，Zに対して改めて訴えを提起しなければならなくなる。なぜならば，Yを被告とする訴訟の口頭弁論終結前に，YからZに所有権が譲渡されていると，Zは口頭弁論終結後の承継人でないため，XはZに対して承継執行文を得ることができないからである（民訴115条1項3号，民執23条1項3号参照）。しかし，Xが，Zの登記に先立って，Yを債務者として当該不動産について処分禁止の仮処分

を得て，その処分禁止の登記をしていれば，上記(a)と(b)で述べたように，本案の勝訴（確定）判決によって登記申請をするときに，Ｚの登記については，Ｚに対する何らの債務名義なしにこれを抹消することができ，そのため，本案訴訟において，ＸはＹだけを被告にして手続を進めることが可能となる。すなわち，ＸがＹに本案訴訟を提起した時点で，当事者がそのＹに恒定されるのであり，Ｙが口頭弁論終結前に第三者であるＺに対し目的物を移転したとしても，Ｙに対する勝訴（確定）判決の効力を，Ｚに対しても主張することができることになるのである。

　　＊6　当事者恒定効とは，処分禁止の仮処分や占有移転禁止の仮処分を得て，その執行後，債権者が原告となり債務者を被告として訴えを提起した時点で，当事者が恒定され，その口頭弁論終結前に被告（債務者）が第三者に対し目的物を処分したり移転したりしたとしても，被告（債務者）に対する訴訟を追行して，被告（債務者）に対する勝訴（確定）判決を得れば，その判決の効力を，第三者に対しても主張することができる（すなわち，その第三者に対して強制執行をなしうる）という効力のことである。

　(ロ)　順位保全効　　また，不動産の所有権以外の権利（制限物権）の「保存」，「設定」又は「変更」の登記請求権を保全するための処分禁止の仮処分を得て，処分禁止の登記と保全仮登記を併用したような場合には，その処分禁止の仮処分の直接的な効力である上記(a)，(b)によって，権利の順位保全効が生じることになる。このような権利の順位保全効も，上記のような処分禁止の仮処分の究極的な"ねらい"としている効力といいうる。

　順位保全効は次のような効力である。上記(2)(b)の１番目の例によれば，Ｇは，ＨからＨ所有地に地上権を設定してもらったところ，Ｈが地上権設定登記をしてくれないために，ＧのＨに対する地上権設定登記手続請求権を被保全権利とするＨ所有地の処分禁止の仮処分を得て，その執行として，処分禁止の登記と保全仮登記（地上権設定の仮登記）をした場合に，その後，ＧのＨに対する地上権設定登記手続請求訴訟（本案訴訟）における口頭弁論終結までの間に，Ｈから当該土地を購入しその旨の登記をしたＩが出現したとしても，Ｇは，そのようなＩに対して，自らの地上権設定を対抗でき，しかも，Ｈから地上権の設定を受けたとして，地上権設定登記をしているＪが出現したとしても，その

ようなJに対しても，自らの地上権を主張することができる。すなわち，Gが地上権設定登記を命ずる本案（確定）判決を得た場合に，Gがその地上権設定登記をするについて保全仮登記に基づく本登記をする方法をとれば（民保58条3項)*7，処分禁止の登記の後にHから当該土地を購入しその旨の登記をしたIに対する関係でも，自らの地上権設定を対抗でき，しかも，保全仮登記（地上権設定の仮登記）によって順位が保全され，処分禁止の登記の後に地上権の設定を受け地上権設定登記をしたJに対する関係でも，自らの地上権を主張して，Jの地上権設定登記を抹消することができる（民保58条1項・4項・59条，不登113条）。この場合のJに対する効力が順位保全効である。

また，上記(2)(b)の2番目の例によれば，Kは，Lに対しL所有地を1番抵当にとって金を貸したところ，Lが抵当権設定登記をしないために，KのLに対する抵当権設定登記手続請求権を被保全権利とするL所有地の処分禁止の仮処分を得て，その執行として，処分禁止の登記と保全仮登記（抵当権設定の仮登記）をした場合に，その後，KのLに対する抵当権設定登記手続請求訴訟（本案訴訟）における口頭弁論終結までの間に，Lから当該土地を購入しその旨の登記をしたMが出現したとしても，Kは，そのようなMに対して，自らの抵当権設定を対抗でき，しかも，Mに融資したとして当該土地に抵当権を設定し，抵当権設定登記をしているNが出現したとしても，そのようなNに対しても，1番抵当権を主張することができる。すなわち，Kが抵当権設定登記を命ずる本案（確定）判決を得た場合に，Kがその抵当権設定登記をするについて保全仮登記に基づく本登記をする方法をとれば（民保58条3項）（前掲*7），処分禁止の登記の後にLから当該土地を購入しその旨の登記をしたMに対する関係でも，自らの抵当権設定を対抗でき，しかも，保全仮登記（抵当権設定の仮登記）によって順位が保全され，処分禁止の登記の後に抵当権を設定し抵当権設定登記をした他の債権者Nに対する関係でも，1番抵当権を主張することができる。つまり，Nの抵当権設定登記を抹消しないままで，その保全仮登記（抵当権設定の仮登記）の順位に基づいて，先順位で抵当権設定の本登記をすることができるのである（不登112条）。この場合のNに対する効力が順位保全効である。

　　*7　保全仮登記に基づく本登記をするときには，保全仮登記とともになした処分禁止の登記は抹消される（不登114条）。なお，保全仮登記に係る権利（登記請求権）の

表示が本案の債務名義における権利の表示と符合しないときは，債権者は更正を申し立てることができる。すなわち，不動産の所有権以外の権利（制限物権）の「保存」，「設定」又は「変更」の登記請求権を保全するための処分禁止の仮処分は，急を要するとして十分な調査をしないままに申請されることがあり，そのため，保全仮登記に保全すべきものとして記載されている権利（上記の本文中の例でいえば，地上権設定登記手続請求権，1番抵当権設定登記手続請求権）と本案の債務名義で認められた登記手続請求権が実質的には同一であるのに，表示が一致しないこともありうる。表示が一致しないと，本案の債務名義を得たとして保全仮登記に基づく本登記を申請しても却下されることになる。そこで，そのような事態を回避するために，債権者は，仮処分命令を発令した裁判所に申し立て，仮処分命令の更正を求めることができるのである（民保60条）。

〔2〕 不動産に関する権利以外の権利についての登記又は登録請求権を保全するための処分禁止の仮処分の効力

「不動産に関する権利以外の権利」で，その処分の制限につき登記や登録を対抗要件又は効力発生要件とするもの（自動車や建築機械の所有権・抵当権，特許権，商標権，著作権など）につき，その登記や登録を請求する権利を被保全権利として債務者の処分を禁止する仮処分については，その効力について，民事保全法58条ないし60条が準用されており（民保61条），よって，上記〔1〕の記述に準じて考えることができる。

〔3〕 占有移転禁止の仮処分命令の効力

(1) 意　義

占有移転禁止の仮処分は，債務者に対する係争物についての引渡・明渡請求権の実現を確保するために，係争物に関する占有という事実状態の変更を仮に禁止する保全処分である。

この占有移転禁止の仮処分においては，係争物の所在地を管轄する地方裁判所所属の執行官が執行機関となり，執行官がこの仮処分の執行を行う。すなわち，債務者は係争物の占有を解いて，執行官に引き渡さなければならず，執行官はその物を保管しなければならない。その上で，執行官は，下記(2)のように，その物を債務者に使用させたり（債務者保管型－基本型），債権者に使用させたり

(債権者使用型)，そのような使用を許さず，自ら保管したりする（執行官保管型）。しかも，執行官は，債務者がその物の占有の移転を禁止されていること及びその物を執行官が保管していることを公示する。その公示の方法は，はく離しにくい方法により公示書を掲示する方法，その他相当の方法によって行うことになる（民保規44条1項）。

(2) 類　　型

この占有移転禁止の仮処分には，仮処分命令が命ずる占有保管の態様に応じて，3つの類型に分かれる。すなわち，①債務者保管型（基本型），②執行官保管型，③債権者使用型である。

(a) 債務者保管型（基本型）

この債務者保管型は，まず，債務者に対して，目的物の占有状態の変更を禁止し，執行官への引渡しを命ずる。次に，執行官に対して，目的物の保管を命じ，債務者に目的物の使用を許すように命じて，さらに，占有移転の禁止及び執行官保管中であることの公示を命ずるものである。

ただし，この類型の場合，実際は，執行官は，債務者に目的物を執行官保管にする旨を告げ，公示書又は公示札を貼るのみで，債務者から目的物を取り上げることをせず，そのため，債務者の占有状況に変更は生じない。

債務者保管型の主文（典型例）は，次のようになる。

債務者は，別紙物件目録記載の物件に対する占有を他人に移転し，又は占有名義を変更*8してはならない。

債務者は，上記物件の占有を解いて，これを執行官に引き渡さなければならない。

執行官は，上記物件を保管しなければならない。

執行官は，債務者に上記物件の使用を許さなければならない。

執行官は，債務者が上記物件の占有の移転又は占有名義の変更を禁止されていること及び執行官が上記物件を保管していることを公示しなければならない。

＊8　上記の「占有名義の変更」とは，第三者名義の表札や看板を掲げて，第三者に占有が移ったような外観を作り出すことをいう。現実にその第三者に占有が移ったか

どうかを問わない。現実に占有が移らなくても，占有名義の変更があれば，円滑な強制執行を阻害することになるので，実務においては，現実の占有移転とともに，占有名義の変更も禁止することにしている。

(b) 執行官保管型

執行官保管型は，目的物が美術品や貴金属などの動産の場合に利用される。このような動産の場合，債務者の手元に置いておくと，債務者からの売却，引渡しによって，第三者が善意取得（民192条）をしてしまうおそれがあるので，そのような事態を防止するために，このような目的物を執行官が保管するという類型がとられるのである。この場合，執行官は，専門業者に保管を委託することになる。

執行官保管型の主文（典型例）は，次のようになる。

> 債務者は，別紙物件目録記載の物件に対する占有を他人に移転し，又は占有名義を変更してはならない。
> 債務者は，上記物件の占有を解いて，これを執行官に引き渡さなければならない。
> 執行官は，上記物件を保管しなければならない。

(c) 債権者使用型

債権者使用型は，例えば，目的物が自動車のように，債務者保管型（基本型）により債務者の使用を許すと，（可動性があるため，隠匿されたり，他に事実上処分されたりして）債権者による目的物引渡請求権の実現が困難になるおそれがあり，他方，執行官保管型により執行官が保管をしても，時間の経過によって価値が大幅に下がったり，保管費用が高額になったりする場合などに，利用される。この場合は，実質的には，仮地位仮処分における断行の仮処分に近い効果を有するので，きわめて例外的であり，要件について厳格な疎明が必要になる。なお，この場合にも，執行官に対して，占有移転の禁止及び執行官保管中であることの公示を命ずることになる。

債権者使用型の主文（典型例）は，次のようになる。

第3章　保全執行に関する手続・仮処分の効力　第4節　仮処分の効力の概要　135

> 債務者は，別紙物件目録記載の物件に対する占有を他人に移転し，又は占有名義を変更してはならない。
>
> 債務者は，上記物件の占有を解いて，これを執行官に引き渡さなければならない。
>
> 執行官は，上記物件を保管しなければならない。
>
> 執行官は，債権者に上記物件の使用を許さなければならない。
>
> 執行官は，債務者が上記物件の占有の移転又は占有名義の変更を禁止されていること及び執行官が上記物件を保管していることを公示しなければならない。

(3) 客観的現状変更に対する効力

　占有移転禁止の仮処分の執行後，債務者が目的物について客観的現状変更（例えば，目的物件の内装工事など）を行おうとしている場合に，占有移転禁止の仮処分命令の効力によって，そのような客観的現状変更を禁止したり，さらには，債務者を排除したりすることができるかという問題である。

　この点については，否定すべきものと考える。

　なぜならば，①民事保全法は，占有移転禁止の仮処分について下記(4)の当事者恒定効を認めるための仮処分と位置づけており（民保62条1項），しかも，上記(2)のように，占有移転禁止の仮処分の主文の中に，客観的現状変更の禁止を命じるような内容は明記されない。さらに，②占有移転禁止の仮処分の場合，保全の必要性の審理において，通常，占有移転のおそれがあるかについて審理され，客観的現状変更のおそれがあるかについてはほとんど審理されておらず，また，③基本型である債務者保管型の場合には，債務者の審尋なしに比較的簡単な審理で，比較的低額な担保によって発令されている。これらの点を考慮するならば，占有移転禁止の仮処分の場合には，客観的現状変更を予定しておらず，よって，この仮処分に客観的現状変更禁止の効力は含まれないものと考えるべきだからである。

　したがって，占有移転禁止の仮処分の執行後，債務者が目的物について客観的現状変更を行おうとしている場合に，そのような客観的現状変更を禁止したり，さらには，債務者を排除したりするためには，新たな仮処分が必要になる

ものと解すべきである。

(4) 主観的現状変更に対する効力

(a) 占有移転禁止の仮処分を得てその執行後に、仮処分債権者が仮処分債務者を被告として目的物の引渡・明渡請求訴訟を提起したところ、その係属中に、被告がその目的物の占有を第三者に移転する場合がある。このような場合に、仮処分債権者たる原告が目的物の引渡しとか明渡しを受けるという目的を達成するには、その第三者に訴訟を引き受けさせるか（民訴50条）、その第三者に改めて訴えを提起しなければならないとすると、原告に手続的、時間的、費用的に余計な負担を強いることになり、相当ではない。そのため、占有移転禁止の仮処分の執行後、目的物の引渡・明渡請求訴訟の係属中に、目的物の占有が仮処分債務者たる被告から第三者に移転した場合にも、その被告を相手方として訴訟を追行し、被告に対する勝訴（確定）判決を得て、その判決の効力を当該第三者に主張しえないかという点が問題となる。

(b) 民事保全法62条1項は、占有移転禁止の仮処分が執行された場合に、そのような効果（当事者恒定効）を肯定した[*9]。すなわち、占有移転禁止の仮処分を得てその執行後に、仮処分債権者が原告となり、仮処分債務者を被告として目的物の引渡・明渡請求訴訟を提起すれば、被告が当事者と恒定され、たとえ被告がその口頭弁論終結前に第三者に目的物の占有を移転したとしても、被告を相手方として訴訟を追行し、被告に対する勝訴（確定）判決を得れば、その判決の効力を、その第三者に対しても主張することができる（すなわち、その第三者に対して強制執行をなしうる）のである。

[*9] 当事者恒定効の定義については、前掲[*6]を参照のこと。

(c) 民事保全法62条1項における当事者恒定効を生じる「占有移転禁止の仮処分命令」は、同法25条の2第1項の要件を充足するものでなければならないため、①係争物の引渡・明渡請求権を被保全権利とする仮処分命令であって、②債務者に対し、その物の占有移転を禁止するものであり、③債務者に対し、その物の占有を解いて執行官への引渡しを命ずるものであり、④執行官に対し、その物を保管させるものであり、⑤執行官に対し、債務者がその物の占有移転を禁止されている旨及び執行官がその物を保管している旨を公示させるものでなければならない（民保25条の2第1項）。

なお，⑤の公示については，このような公示のなされることを根拠に，占有移転禁止の仮処分の効力が及ぶ者の範囲を拡張しており，そのため，⑤の公示は，占有移転禁止の仮処分命令が当事者恒定効を生じるための必須の要件になっているものと解される。すなわち，第三者に警告を発する程度のものではなく，したがって，仮処分執行後も公示が存続して，第三者に対する公示機能を果たすことが要請されており，そのため，執行官は，はく離しにくい方法により公示書を掲示するなど相当の方法によって公示しなければならない（民保規44条1項）。

上記の各要件を充足するものであれば，占有移転禁止の仮処分命令は，債務者に目的物の使用を許すもの（債務者保管型），また，債務者にも債権者にも目的物の使用を許さないもの（執行官保管型），さらには，債権者に目的物の使用を許すもの（債権者使用型）であってもよいとされている。

(d) 上記の①ないし⑤の各要件を充足する占有移転禁止の仮処分命令が執行されたときには，当事者恒定効が生じる。すなわち，民事保全法62条1項は，仮処分債権者が，本案の債務名義に基づき，仮処分債務者から占有を承継した者（承継占有者），さらには，仮処分命令が執行されたことを知って（つまり，悪意で）占有した非承継占有者に対して，目的物の引渡し又は明渡しの強制執行をなしうる旨を規定している*10。

これは，占有移転禁止の仮処分命令が執行されたときには，この仮処分には占有移転禁止の効力があるため，この仮処分命令執行の後に第三者に占有が移転されたとしても，元の占有者のみならず，この者から占有の移転を受けた第三者（承継占有者）についても，占有移転の効果を仮処分債権者に対抗することができないと考えるべきであり（最判昭46・1・21民集25巻1号25頁参照），さらには，非承継占有者であっても，仮処分命令が執行されたことを知って占有した者（悪意者）であれば，その者に占有移転禁止の仮処分の効力を拡張しても，不意打ちとはならず，その者を不当に害することにはならないと解せられる。そのため，仮処分債権者は，これらの者に対しては，本案の債務名義に基づき，目的物の引渡し又は明渡しの強制執行をなしうるものと考えられるからである。

*10 ただし，条文においては，民事保全法62条1項1号が，仮処分の執行されたことを知って（すなわち悪意で）占有した者に対しては，承継占有者，非承継占有者を

問わず，強制執行ができると規定し，また，62条1項2号が，善意であっても承継占有者に対して，強制執行ができると規定している。なお，62条2項は，仮処分の執行後は，現場になされる執行官占有の公示書の掲示等によって仮処分の執行につき悪意が推定されるとして，仮処分の執行後の占有者は悪意と推定されると規定している。このため，非承継占有者であっても，自ら悪意の推定を覆すことができなければ，強制執行を免れないことになる。

〔4〕 建物収去土地明渡請求権を保全するための建物の処分禁止の仮処分の効力

建物収去土地明渡請求権を保全するための建物の処分禁止の仮処分は，建物収去土地明渡請求権を被保全権利として債務者の収去されるべき地上建物の処分を禁止する仮処分である。その執行は，「処分禁止の登記」を行う方法によって行う（民保55条1項）。

建物収去土地明渡請求権を保全するための建物の処分禁止の仮処分の主文（典型例）は，次のとおりである（ただし，占有移転禁止（債務者保管型）との併用型）。

（「債権者の債務者に対する別紙物件目録記載の建物の収去及びその敷地の明渡しの請求権を保全するため，債権者に〇〇円の担保を立てさせて，次のとおり決定する」との前文に続く主文として）

　債務者は，上記建物について，譲渡並びに質権，抵当権及び賃借権の設定その他一切の処分をしてはならない。

　債務者は，上記建物に対する占有を他人に移転し，又は占有名義を変更してはならない。

　債務者は，上記建物の占有を解いて，これを執行官に引き渡さなければならない。

　執行官は，上記建物を保管しなければならない。

　執行官は，債務者に上記建物の使用を許さなければならない。

　執行官は，債務者が上記建物の占有の移転又は占有名義の変更を禁止されていること及び執行官が上記建物を保管していることを公示しなければならない。

[参考]
　上記の主文第1項が，建物収去土地明渡請求権を保全するための建物の処分禁止の仮処分の主文に該当し，また，主文第2項ないし第6項が，建物の占有移転禁止の仮処分（債務者保管型）の主文に該当する。

　民事保全法55条1項が想定しているのは，AがBにその所有地（甲地）を賃貸し，Bは甲地の上に建物を建て所有しているような場合に，Aが，Bに対して，賃貸借契約終了を理由に建物収去土地明渡請求をしているような場合である。このような場合に，AがBに対して甲地につき占有移転禁止の仮処分を得てその執行後に，AがBを被告として建物収去土地明渡請求訴訟を提起した場合にも，その訴訟の継続中に，Bが当該建物を第三者Cに譲渡してしまえば，甲地の占有移転禁止の仮処分による当事者恒定効は甲地には及ぶが建物には及んでいないので，Bに対する建物収去土地明渡請求の勝訴（確定）判決を得ても，その判決によって，Cに対して建物収去を求めることはできないことになる。しかし，このような場合に，Aが，建物収去土地明渡請求権を保全するための建物の処分禁止の仮処分を得て，その執行として「処分禁止の登記」がなされておれば，Cに対しても，Bに対する建物収去土地明渡請求についての勝訴（確定）判決の効力を及ぼすことができ，Cに対しても建物収去土地明渡しを求めることができる（民保64条）。

　すなわち，このような建物収去土地明渡請求権を保全するための建物の処分禁止の仮処分は，その執行として「処分禁止の登記」がなされておれば，当該建物に関する関係でも，建物収去土地明渡請求訴訟における当事者を恒定する効力を有するのである。

〔井手　良彦〕

第4章

審判前の保全処分

〔1〕 沿革と目的

　戦後の審判前の保全処分制度に関しては，変遷がある。家事審判法制定当初は「審判前の措置」として家事審判規則に個別的に規定されていたにすぎず，形成力や執行力についての規定もなく消極に解するのが一般的であった。そこで制度を実効あるものとするため，昭和55（1980）年の家事審判法の改正で15条の3が新設され，一般の民事訴訟における保全処分制度の一環として同趣旨の審判前の保全処分の制度が設けられた。同条6項は明文で執行力・形成力を認めた。そして，これがそのまま平成25（2013）年1月施行の新法である家事事件手続法105条1項で引き継がれた。これが新制度となるが，その要件・手続等で，それまでの規則事項を原則として法律事項に格上げするなど，若干の法規の整備が行われた。

　新法での新制度の目的は，民事保全処分と同様に，大別して，①審判の目的である財産が隠匿・処分され後日の権利の実現が困難になるのを防ぐこと（係争物仮処分），②関係人に生じた生活上の危険状態を除去すること（仮の地位を定める仮処分）にある。ただ，民事保全処分と同趣旨の制度といっても，家事審判は非訟事件であり，被保全権利の観念がないため種々の変容を受ける。

〔2〕 保全処分の4類型

　家事事件手続法105条1項は，審判前の保全処分の内容として「仮差押え，仮処分，財産の管理者の選任その他の必要な保全処分」を定める。無制限に認められるわけではなく，「この法律」すなわち家事事件手続法「の定めるところにより」認められる。審判前の保全処分は，新法の定める場合に限り，その

要件と手続の下で認められるにすぎない。保全処分事項は、この意味で審判事項と同様、限定的である。

その態様は、以下の4類型に分けて説明するのが一般的である。

(1) 第1類型——財産の管理者の選任等の処分

その典型が、①家事事件手続法126条1項に規定する「後見開始の申立てがあった場合において、成年被後見人となるべき者の生活、療養看護又は財産の管理のため必要があるときは、申立てにより又は職権で、担保を立てさせないで、後見開始の申立てについての審判が効力を生ずるまでの間、財産の管理者を選任し、又は事件の関係人に対し、成年被後見人となるべき者の生活、療養看護若しくは財産の管理に関する事項を指示することができる」とするものである。これは仮の地位を定める仮処分の性質を有する。これに類するものとして、②保佐開始の審判の申立て（家手134条1項）、③補助開始の審判の申立て（家手143条）、④夫婦財産契約による管理者変更審判（家手158条1項）、⑤特別養子縁組を成立させる審判の申立て（家手166条1項）、⑥遺産分割の審判の申立て（家手200条1項）などがある。

(2) 第2類型——後見命令等の処分

その典型が、①家事事件手続法126条2項に規定するもので「後見開始の審判の申立てがあった場合において、成年被後見人となるべき者の財産の保全のため特に必要があるときは、当該申立てをした者の申立てにより、後見開始の審判の申立てについての審判が効力を生ずるまでの間、成年被後見人となるべき者の財産上の行為（民法9条ただし書に規定する行為を除く。……）につき、……財産の管理者の後見を受けるべきことを命ずることができる」とするものである。これも仮の地位を定める仮処分の性質を有する。これに類するものとして、②保佐開始の場合（家手134条）、③補助開始の場合（家手143条）などがある。

(3) 第3類型——職務執行停止等の処分

その典型が、①家事事件手続法174条1項に規定するもので「家庭裁判所は、……親権喪失、親権停止又は管理権喪失の申立てがあった場合において、子の利益のため必要があるときは、当該申立てをした者の申立てにより、親権喪失、親権停止又は管理権喪失の申立てについての審判の効力が生ずるまでの間、親権者の職務の執行を停止し、又はその職務代行者を選任することができる」と

するものである。これも仮の地位を定める仮処分の性質を有する。これに類するものとして，②特別養子縁組成立審判の申立てがあった場合（家手166条1項），③特別養子離縁の申立ての場合（同条5項），④親権者指定変更の審判申立ての場合（家手175条3項），⑤後見人解任等の審判申立ての場合（家手127条1項・181条1項），⑥遺言執行者の解任申立ての場合（家手215条1項）などがある。

(4) 第4類型——仮差押え・仮処分その他の保全処分

その典型が，①家事事件手続法157条1項に規定するもので，婚姻等に関する審判事件を本案とする保全処分として，「強制執行を保全し，又は子その他の利害関係人の急迫の危険を防止するため必要があるときは，……当該事項についての審判を本案とする仮差押え，仮処分その他の必要な保全処分を命ずることができる」とするものである。ここでは仮差押え，係争物に関する仮処分，仮の地位を定める仮処分の性質を有する仮処分が混在する。これに類するものとして，②夫婦財産契約における管理者変更審判申立ての場合（家手158条1項），③婚姻等に関する審判申立ての場合（家手157条1項），④親権者指定変更の審判申立ての場合（家手157条1項），⑤扶養審判の申立ての場合（家手187条），⑥遺産分割審判申立ての場合（家手200条2項）などがある。

〔3〕 申立ての手続と効力

(1) 保全処分の付随性

民事訴訟法上及び人事訴訟法上の保全処分は，訴え提起前にも可能であるが，審判前の保全処分は，「本案の家事審判事件（別表第2事件について調停の申立てがあった場合にはその家事調停事件）」が係属している裁判所においてのみ認められる（家手105条1項）。これを保全処分の付随性というが，手続自体は独立のもので別個の事件番号が付される。付随性から，保全処分の管轄も本案の係属している家庭裁判所で，抗告審に係属しているときは当該高等裁判所である（同条2項）。

旧家事審判法では，この付随性を徹底し，あくまで本案審判事件の事前又は同時の係属を要件としていたが，家事事件手続法では，付随性を弱め，調停の申立てがあればよいとした。調停事件が不成立となれば当然に審判手続に移行するため，調停事件の申立てには実質的に見て審判事件の申立ても含まれると

も解され，保全処分制度の活用のためにだけ本案審判の申立てを強要する必要性や理由に乏しいからである。

家事調停の申立てがあったときにも審判前の保全処分の申立てが可能な事件としては，①夫婦間の協力扶助（家手157条1項1号），②婚姻費用分担（同項2号），③子の監護に関する処分（同項3号），④財産分与（同項4号），⑤親権者指定・変更（家手175条1項），⑥扶養順位決定等（家手187条1号），⑦扶養程度決定等（同条2号），⑧遺産分割（家手200条1項）等がある。

(2) 保全処分の開始

保全処分の申立てができる申立人資格は，家事事件手続法の保全処分の類型ごとに民法等に定められている。第1類型の申立人は利害関係人であり，第2・第3類型の申立人は本案事件の申立人であり，第4事件の申立人も本案事件の申立人によるのが本則であるが，遺産分割や夫婦財産分割等では相手方も保全処分を申し立てることができる。

(3) 申立ての趣旨と事由

保全処分の申立ては，「その趣旨」と「保全処分を求める事由」を明らかにしなければならない（家手106条1項）。前者は審判の申立ての趣旨に相当し，上記のうち求める保全処分の内容を具体的に特定する。後者は審判申立ての理由に該当し，保全処分の要件である①本案たる審判が認容される蓋然性と②保全の必要性であり，これらを疎明しなければならない（同条2項）。②が民事保全における被保全権利に相当するものであるが，家事審判事件では被保全権利は協議・調停・審判によってはじめて形成され，審判確定前には実体的権利ないし請求権は存在しないから，その前段階では「認容の蓋然性」で満足しなければならない。

(4) 疎明義務

保全処分の申立てには，その趣旨及びその事由を明らかにしなければならず（家手106条1項），保全処分の暫定的性格から，疎明に基づいて行われる（家手109条1項）。

(5) 取下げの特則

保全処分の暫定的性格から，保全処分の申立ては，審判前の保全処分がされた後であっても，これを取り下げることができる（家手106条4項）。

(6) 陳述の聴取

仮の地位を定める審判前の保全処分は，一種の断行の仮処分であり本案の内容を暫定的にせよ実現させてしまう強力なものであるため，家事事件手続法では原則として，「審判を受ける者となるべき者」の陳述の聴取を必要的なものとした。ただし，聴取の方法は限定されず，書面等の方法によることもできる（家手107条）。

(7) 調書の省略

裁判所書記官は，保全処分の手続については，調書を作成するのを原則としつつも，作成しないことも許される場合がある（家手114条1項）。

(8) 記録閲覧の制限

保全処分の密行的性格から，記録の閲覧等は，裁判所が相当と認めるときに限り，許可することができる（家手108条）。

(9) 処分の告知

保全処分の効力は，これを受ける者に告知することによってその効力を生ずる（家手74条）。告知を受ける者は，保全処分によって直接に権利義務に影響を受ける者であるが，上記4類型ごとに以下のようになる。第1類型の財産管理者の選任は選任される者に告知し，事件の関係人に対する指示は当該指示を受ける者に告知する。第2類型の後見命令については，財産の管理者に告知する（家手126条4項）。第3類型の職務執行停止については職務を停止される親権者等である（家手174条2項）。第4類型の保全処分は，これにより財産権の処分が制限される者であり，その他の場合は直接に義務を負う者に告知すべきである。

(10) 保全処分の効力

これも保全処分の類型により異なる。第1類型ないし第3類型については，形成力が認められるから，第三者に対しても認められる（いわゆる対世効（第三者効）である）。第4類型については，処分内容が強制執行できる場合には執行力を有し，民事保全法等の規定により強制執行できる（家手109条3項）。不動産に対する仮差押え若しくは処分禁止の仮処分や金銭仮払仮処分あるいは子の引渡しの仮処分などがこれに属する。

〔4〕 保全処分に対する不服申立てと取消し

(1) 即時抗告

保全処分も審判の一種であり，不服申立ては即時抗告に限られ，家事事件手続法110条の規定に従う。

保全処分の申立人は，却下審判に対して（家手110条1項），本案の家事審判に対する即時抗告権者は一定の認容審判に対して（同条2項），即時抗告ができる。

(2) 事情変更による取消し

審判前の保全処分の審判が確定した後に，その理由が消滅し，その他事情が変更したときには，家庭裁判所は当該審判を取り消すことができる（家手112条）。具体的な事情変更としては，保全処分の要件である①審判認容の蓋然性のないことが明白になった場合，②保全の必要性が消滅した場合などである。取消しの効果に遡及効はなく，将来に向かってのみ効力を生ずる。

[梶村　太市]

第2編

保全命令・保全執行・仮処分の効力に関するQ&A

第 1 章

仮差押命令に関するQ&A

Q1 | 仮差押命令申立ての留意点

X会社は，Y会社に対して500万円の売掛金債権を有しているが，Y会社が約束手形の不渡りを出したとの情報を得たことから，調査してみると，Y会社は，X会社以外にも多額の債務を負っており，倒産寸前であることが判明した。

(1) X会社がY会社所有の不動産について仮差押命令の申立てをする際に留意すべき点は何か。

(2) Y会社の代表取締役Zの自宅の居間には，Zがバブル最盛期に購入したモネの名画が掛けられている。この絵画について仮差押命令の申立てをすることができるか。

A

〔1〕 小問(1)――不動産仮差押命令の申立てをする際の留意事項について

X会社がY会社を債務者としてY会社所有の不動産について仮差押命令の申立てをする際に留意すべき点について，(1)管轄，(2)請求債権（被保全債権）の特定，(3)仮差押目的物の特定，(4)保全の必要性（本問では，仮差押えの必要性，以下，単に「保全の必要性」という）及び(5)不動産の仮差押えにつき，保全の必要性との

関係で問題となる事項の各項目に分けて解説することとした。

(1) 管　　　轄

(a) 仮差押命令申立ては，本案の管轄裁判所又は仮に差し押さえるべき物の所在地を管轄する地方裁判所にすることとされている（民保12条1項）。

(b) 本問のX会社の被保全権利となる請求債権（以下「被保全債権」という）は，Y会社に対する500万円の売掛金債権であるから，本案の管轄裁判所は，Y会社の本店若しくは営業所所在地（普通裁判籍，民訴4条4項）又はX会社の本店若しくは営業所所在地（義務履行地，民訴5条1号）のいずれかを管轄する地方裁判所（なお，本案の請求額が140万円を超えない場合には，裁判所法33条1項1号により簡易裁判所が本案の管轄裁判所となる。また，本案事件の土地管轄について管轄の合意がある場合（民訴11条）には，合意された裁判所も本案裁判所となる）である。

さらに，Y会社所有の不動産の所在地を管轄する地方裁判所に対しても，仮に差し押さえるべき物の所在地を管轄する地方裁判所として申立てができる。

なお，民事保全手続の管轄は専属管轄であると定められている（民保6条）ことから，仮差押申立事件自体の管轄合意は無効であり，事件併合による管轄の拡張や応訴管轄についても生じる余地はない。

(2) 被保全債権の特定

(a) 仮差押命令の被保全債権は金銭を目的とする債権でなければならず（民保20条），他と識別しうる程度に発生原因等を明らかにして，その内容，数額等を特定して表示しなければならない。

実務では，被保全債権を特定して記載した請求債権目録を申立書に添付して提出することが必要となる。

(b) 本問の被保全債権は売掛金債権であり，取引が複数にわたる場合には個々の取引ごとに独立して債権が発生するものと考えられるから，この場合には債権を特定するためには，取引日ごとに品目，代金額を特定して請求債権目録に記載することになる（取引が多数の場合には，適宜，別紙一覧表を作成して引用することになろう）。

(3) 仮差押目的物の特定

(a) 仮に差し押さえるべき不動産は，登記簿の記載に従って特定したうえで（申立書には登記事項証明書を添付することとされている（民保規20条1号イ）），物件目録

(b)　不動産が未登記の場合でも，仮差押えをすることができる。この場合には，登記簿謄本（登記事項証明書）に代えて，①当該不動産が債務者の所有に属することを証明する書面（同号ロ(1)），②土地については，土地所在図及び地積測量図（同号ロ(2)），③建物については，建物図面及び各階平面図（同号ロ(3)）をそれぞれ申立書に添付することを要する。

　なお，未登記不動産について仮差押えによる登記嘱託を受けた登記官は，仮差押登記をする前提として，職権で不動産の保存登記をすることになる（不登76条2項・3項）。

　(c)　ただし，上記(a)及び(b)のいずれの場合でも，不動産の一部について仮差押えをすることはできないものと解されている。これを認めると金銭債権を有するにすぎない仮差押債権者により実質的に不動産が分割され新たな物権を創設される結果になることや不動産仮差押えの執行方法は仮差押登記であるところ，不動産の一部について仮差押登記をすることはできないこと等が理由として挙げられる。

(4) 保全の必要性

　保全の必要性は，債務者の財産を現状のままにしておくと将来強制執行ができなくなるおそれがあるとき，又は強制執行をするのに著しい困難を生じるおそれがあるときに認められる（仮差押えについては民保20条）。

　保全の必要性が認められるためには，債務者の資産及び負債額，収支状況，債権者の請求態様及びこれに対する債務者の応答や対応状況などから，債務者の財産を仮に差し押さえなければ，債務者が財産を隠匿，売却，滅失等し，又は余剰価値を減少させて，強制執行により債権の満足が受けられなくなることが予想されるような事情を具体的に主張し，これらの事情を裏付けるための疎明をする必要がある。

　保全の対象として，一般に不動産は，債権や動産に比べ頻繁に取引されるものではなく，仮差押えをしても債務者に対する打撃は小さいと考えられるから，債務者が不動産を所有する場合は，本問のようにまず不動産の仮差押えが検討されることになる。

　そこで，以下，不動産の仮差押えにつき，保全の必要性との関係で問題とな

る事項につき解説する。

(5) 不動産仮差押えにつき，保全の必要性との関係で問題となる事項

(a) 複数の不動産につき，仮差押えの申立てをする場合

不動産の本執行の場合には，複数の不動産が差し押さえられ，超過差押えであると評価されたとしても，後の売却段階で超過する不動産の売却が留保され，調整されることになるが（民執73条参照），これに対し，仮差押えにおいては，保全の必要性の観点から，できるだけ超過仮差押えを避けることが要請されており，このため仮差押えの申立てのあった対象不動産について，被保全債権額（本問の場合500万円）を満足させるのに必要な範囲に限定して仮差押命令が発せられ，一部の対象不動産については仮差押えが認められない可能性も出てくる。この場合には，保全裁判所から，認められない不動産につき，一部取下げや物件目録からの削除を検討するよう勧告される（これに応じるかどうかは，申立人の任意の判断による）場合があることも考えられる。

ただし，超過の有無，程度に関する判断は換価手続に移行した場合に想定される配当額であることからすると，他の債権者からの差押え，仮差押えが競合している等の事由によって，実際の配当金額の減少が見込まれるような場合には，債権者がこれを明らかにすることにより，被保全債権額の範囲内で，超過する部分についても，仮差押えが認められる可能性があると考えられる。

(b) 1個の目的不動産の価額が被保全債権額に比べて過大な場合

1個の不動産の一部について仮差押えをすることは認められないことから（前記(3)(c)参照），被保全債権額に比べて目的不動産の価額が過大であっても，1個の不動産全体について，仮差押えの対象とすることもやむを得ない。

そして，債務者Y会社に当該不動産以外にはめぼしい財産がなく，かつY会社が不動産を処分する可能性があるといった事情が認められれば，Y会社所有の不動産が被保全債権額の数倍の価値があったとしても，仮差押えの必要性が認められるような事例もあると考えられる。

ただ，上記のような場合には，保全裁判所による一般的な保全の必要性の審査は，その超過の度合いに応じて一段と厳格に行われることになるから，それだけ，保全の必要性の疎明の程度も具体的かつ十分である必要があるし，また，立担保額についても上記事情をも考慮した金額となる可能性があることにも留

意する必要がある。

なお、被保全債権額に比べて目的不動産の価額が著しく過大であるとされた場合（目的物価額が被保全債権額の何倍を超えれば、著しく過大といえるかについては、一概にいうことはできず、事案ごとに判断されるというほかない）、特段の事情がない限り、それだけで保全の必要性が否定される場合もあろう。

〔2〕 小問(2)——Y会社の代表取締役Zの絵画に対する仮差押えについて

(1) 本問の場合（Y会社のみを債務者として仮差押申立てをした場合）

本問の被保全債権は、債権者X会社の債務者Y会社に対する500万円の売掛金債権であり、仮差押えによって保全する財産は、上記売掛金請求訴訟の確定又は仮執行宣言付勝訴判決に基づく強制執行の対象となる財産であるから、Y会社に属する財産でなければならず（なお、仮差押えの目的物が債務者の所有に属することは、疎明事項ではなく証明事項とされている）、代表者Z個人の財産である絵画については仮差押えの申立てはできない。

(2) 代表者Zが連帯保証している場合

ただし、Y会社の売掛金債務について代表者Zが個人で連帯保証している場合に、X会社が主債務者Y会社と連帯保証人Zの双方を被告とする売掛金請求訴訟又はZのみを被告とする保証債務履行請求訴訟をいずれも本案訴訟とし、債権者X会社が、Y会社とZの双方又はZのみを債務者として仮差押えの申立てをした場合には、Zの絵画についても動産として仮差押えの目的物とすることは可能となる。ただし、Zの絵画が鑑定等によりモネの真作とされた場合には、その評価額がXの被保全債権額に比べて著しく過大となることが予想されるから、保全の必要性との関係で問題が生じるものと考えられる。

〔3〕 連帯保証人を債務者とする仮差押申立ての留意点

以下、項を改めて、上記のような連帯保証人を債務者とする仮差押申立てにおいて、保全の必要性との関係で留意すべき事項についても、併せて解説する。

(1) 主債務者と連帯保証人双方を債務者とする場合（超過仮差押えの回避）

債権者は、本来、主債務者と連帯保証人のいずれに対しても、それぞれ債権

額全額について請求権を有しているわけであるが，被保全債権額の限度で経済的に満足を得られるにすぎないことから，上記債権を満足させる範囲に限定して仮差押命令が発せられるべきであり，超過仮差押えの回避が要請されることは，主債務者のみを債務者とする申立ての場合（前記〔1〕(5)(a)の場合）と同様である。

このため，実務では，被保全債権額を主債務者と連帯保証人間で割り振って請求債権目録に記載することが求められる場合がある。

(2) 連帯保証人のみを債務者とする場合（主債務者の無資力を要件とするか）

債権者の主債務者に対する請求権と連帯保証人に対する請求権は別個のものであり，連帯保証人は，検索の抗弁権（民453条）や催告の抗弁権（民452条）をいずれも有しない（民454条）ことから，主債務者の資力は問題にならないという考え方もありうる。

しかしながら，(イ)確かに連帯保証人は，上記いずれの抗弁権も有しないが，社会通念上は，連帯保証人であっても主債務者に支払能力がない場合に初めて支払を要するものと考えられていること，(ロ)主債務者に資力がある場合には，あえて連帯保証人の財産を仮に差し押さえる必要性がないとも考えられること，(ハ)連帯保証契約が比較的安易に締結される傾向が今日でもみられること等からすると，連帯保証人のみを債務者とする仮差押申立ての場合でも，主債務者の無資力は，保全の必要性の要件となるものと考えられる。

したがって，上記保全の必要性を基礎づけるため，主債務者の資産状況についての疎明が求められることになろう。具体的な疎明方法としては，主債務者の資産・財産状況に関する報告書の提出や，主債務者が不動産を所有している場合には，被保全債権を満足させるために十分な価値を有していないことの疎明として，当該不動産の登記事項証明書や評価証明書等を提出することが考えられる。

〔4〕 仮差押申立書及び各種目録の記載例

最後に，前記〔1〕ないし〔3〕の解説をふまえ，本問のX会社が，500万円の売掛金債権を保全するため，Y会社及び連帯保証人Zをいずれも債務者と

して，Y会社及びZ個人の所有不動産に対する仮差押命令を申し立てたという事例における，仮差押申立書及び各種目録の記載例を参考として掲げることとした。

なお，本事案は，X会社を，生活雑貨品の卸売業者，Y会社を，仕入れた商品を店舗販売する業者とし，Zがモネの絵画を所有していないものとして設定した。

[辰已　晃]

不動産仮差押命令申立書

収入
印紙

平成〇〇年〇月〇日

〇〇地方裁判所民事〇部　御中

債権者代理人弁護士　〇　〇　〇　〇

　　当事者の表示　　　別紙当事者目録記載のとおり
　　請求債権の表示　　別紙請求債権目録記載のとおり

申　立　て　の　趣　旨

　債権者の債務者らに対する上記請求債権の執行を保全するため，債務者ら所有の別紙物件目録各記載の不動産は，仮に差し押さえる，
との裁判を求める。

申　立　て　の　理　由

第1　被保全権利
　1　債権者は，債務者Y株式会社（以下，「債務者Y」という。）との間で，平成〇〇年〇月〇日，債権者を売主，債務者Yを買主とする，〇〇〇，△△△等の生活雑貨品の継続的販売契約を締結した（甲1）。
　　　債務者Zは，同Yの代表取締役であるが，同日，上記販売契約から生じる一切の債務につき，連帯保証した（甲1，添付書類3）。
　2　債権者は，債務者Yに対し，上記1の契約に基づき，平成〇〇年〇月〇

日から平成〇〇年〇月〇日まで，別紙請求債権目録添付の別紙一覧表記載のとおり，〇〇〇等の商品を売り渡した（甲2ないし甲4）。
3 ところが，債務者Yからは，それぞれ定められた期限を経過しても上記別紙一覧表記載の売買代金の支払が一切なく，合計500万円の売掛金全額が未収となっている（甲5ないし甲7）。
4 （被保全権利のまとめ）以上により，債権者は，債務者Yに対しては，前記2の売買契約に基づく合計500万円の売掛金債権，債務者Zに対しては，同債権に係る上記同額の連帯保証債務履行請求権をそれぞれ有する。

第2 保全の必要性
1 債務者Yは，約束手形の不渡りにより，銀行取引停止処分を受けることが確実な状況にあり，ほかに数社に対し多額の債務を負っていることから，倒産寸前の状態にある（甲10）。
　債権者は，債務者Y及び同Zを被告として，別紙請求債権目録記載の金員の支払を求める訴えを御庁に提起するため，準備中である。
2 債権者が債務者らの財産を調査したところ，債務者Yについては，店舗兼事務所として使用している別紙物件目録1記載の土地及び建物以外に見るべき財産はない（建物内部の備品や商品等の動産類はすべて何処かに搬出されており，その所在は不明である。）。また，債務者Zについても，Zが住居として所有している同目録2記載の土地及び建物のほかは，やはりめぼしい財産を有していないことが判明した。
　債務者Yの事情は上記1のとおりであり，また，債務者Zもほかにも債務者Yの関係で多額の保証債務を負担していることから，いずれも所有する上記の各不動産をいつ処分してしまうかわからない状況である（以上，甲8ないし甲10）。
3 したがって，今のうちに上記各不動産に対し，いずれも仮差押えをしておかなければ，後日，本案訴訟で勝訴判決を得ても，その執行が不能又は著しく困難になるおそれがあるので，本仮差押命令申立てに及んだ次第である。

疎　明　方　法

1　甲1　販売契約書
2　甲2　注文書
3　甲3　納品伝票控え
4　甲4　売上台帳
5　甲5　入金元帳
6　甲6　請求書
7　甲7　内容証明郵便（督促状）
8　甲8　土地（甲8-1）及び建物（甲8-2）各登記事項証明書（債務者Y関係）
9　甲9　土地（甲9-1）及び建物（甲9-2）各登記事項証明書（債務者Z関係）
10　甲10　資産状況等調査報告書

添　付　書　類

1　甲号証　　各1通
2　固定資産税評価証明書　2通
3　会社登記事項証明書（債務者Y関係）　1通
4　資格証明書　1通
5　訴訟委任状　1通

【注】
　不動産仮差押えの執行方法としては，仮差押登記によることが一般的であるといえるが，このほか強制管理による方法も認められている（民保規32条）。執行方法として，強制管理（又は強制管理と登記の併用）によることを予定している場合には，その旨申立書に明示する必要がある（同条2項）。
　その場合の申立書の記載方法としては，「申立ての理由」中に別項（本申立書の場合は第3項になる）として，保全執行は強制管理（又は強制管理と登記の併用）の方法による旨及びその理由を記載する方法が考えられる。

当 事 者 目 録

〒○○○-○○○○
　○○県○○市○○町1丁目2番3号
　　　債　権　者　　　株 式 会 社　　X
　　　上記代表者代表取締役　　○　○　○　○
〒○○○-○○○○
　○○県○○市○○町4丁目5番6号
　　　　　　○○ビル123号室（送達場所）
　　　　　　電話　　○○（○○○○）○○○○
　　　　　　FAX　　○○（○○○○）○○○○
　　　債権者代理人弁護士　○　○　○　○
〒○○○-○○○○
　○○県○○市○○町4丁目32番地1
　　　債　務　者　　　Y　株　式　会　社
　　　上記代表者代表取締役　　○　○　○　○
〒○○○-○○○○
　○○県○○市○○町4丁目32番地3
　　　債　務　者　　　Z

請 求 債 権 目 録

金250万円（債務者Yに対する分）
　　ただし，債権者が債務者Yに対して有する，平成○○年○月○日付け販売契約に基づき，別紙一覧表記載のとおり，平成○○年○月○日から平成○○年○月○日までの間に，売り渡した生活雑貨品の売掛金債権500万円の内金

金250万円（債務者Zに対する分）
　　ただし，上記売掛金債務について，債務者Zが上記販売契約と同日に連帯保証契約を締結したことに基づき，債権者が債務者Zに対して有する連帯保

第1章　仮差押命令に関するQ&A　Q1　仮差押命令申立ての留意点　159

証債務履行請求権500万円の内金

【注】
　500万円の売掛金債権を主債務者Y会社と連帯保証人Zとの間で振り分けをして記載した場合の記載である。

別　紙　一　覧　表

売渡日	品　目	単価	個数	金額	支払期限
H○○.○.○	○○○	¥8,000	100	¥800,000	H○○.○.○
H○○.○.○	△△△	¥9,000	50	¥450,000	H○○.○.○
H○○.○.○	□□□	¥7,000	100	¥700,000	H○○.○.○

（省　略）

H○○.○.○	△△△	¥9,000	50	¥450,000	H○○.○.○
合計金額				¥5,000,000	

物　件　目　録

1　債務者Y所有不動産
　(1)　所　　在　　○○県○○市○○町4丁目
　　　地　　番　　32番
　　　地　　目　　宅　地
　　　地　　積　　○○○.○○平方メートル

　(2)　所　　在　　○○県○○市○○町4丁目32番地1
　　　家屋番号　　32番1
　　　種　　類　　店舗・事務所
　　　構　　造　　鉄骨造陸屋根3階建
　　　床面積　　1階　○○○.○○平方メートル

         2階　〇〇〇．〇〇平方メートル
         3階　〇〇〇．〇〇平方メートル

2　債務者Z所有不動産
 (1)　所　　在　〇〇県〇〇市〇〇町4丁目
     地　　番　32番
     地　　目　宅　地
     地　　積　〇〇〇．〇〇平方メートル

 (2)　所　　在　〇〇県〇〇市〇〇町4丁目32番地3
     家屋番号　32番3
     種　　類　居　宅
     構　　造　木造瓦葺2階建
     床 面 積　1階　〇〇〇．〇〇平方メートル
             2階　〇〇〇．〇〇平方メートル

Q2 | 保全の必要性

　Xは、Yに対し、貸金500万円の返還を求める訴えを提起し、その勝訴判決を得たことから、Y所有の土地・建物について判決主文の仮執行宣言に基づいて強制競売を申し立て、これに基づく強制競売開始決定がされた。しかし、その後、無剰余を理由として、上記強制競売開始決定は取り消された。そこで、Xは、上記判決の確定後、上記無剰余取消しによって保全の必要性が生じていると主張して、Yを債務者、上記判決の主文に表示された債権を被保全権利として、Y所有の上記土地・建物について仮差押命令の申立てをした。この申立ては認められるか。

A

〔1〕 Xの申立ては認められるか（結論）

　債権者Xが、債務者Y所有の土地建物に対して、本問の確定判決を債務名義とし、再度強制執行の申立てをして強制競売開始決定がなされても、同決定が、無剰余を理由として再び取り消される蓋然性が高いというような事情が認められるような場合には、このような事情を明らかにすることにより、Xにはなお民事保全制度を利用する必要性（権利保護の必要性）が存在するものと解され、ほかの不動産仮差押えの要件が満たされる限りにおいて、Xの申立ては認められる場合があるものと考えられる。
　以下、その理由等につき、保全の必要性（権利保護の必要性）との関係を中心に解説する。

〔2〕 すでに債務名義が存在する場合に保全の必要性（権利保護の必要性）があるといえるか

　一般に，仮差押前に保全しようとする債権について，仮執行宣言付支払督促，確定判決等の債務名義が存在する場合には，債権者としては遅滞なく強制執行の申立てをすることによって，これに着手できるのが通常であるといえるから，原則として，保全の必要性（厳密には，実体的要件としての保全の必要性（仮差押えについては民法20条参照）とは別に具備することが必要とされる民事保全制度を利用しうる正当な必要性（権利保護の必要性）の問題であるといえるので，以下，この意味において「保全の必要性」という）は認められないと考えられている。

　ただ，債務名義が存在する場合でも，債務名義に基づく強制執行に条件が付されている場合，執行開始が期限の到来や担保の提供にかかっている場合，債務名義の送達に時間を要する場合，執行停止決定が存在する場合等，債権者が速やかに強制執行に着手することができず，着手するまでの間に債務者が自己の財産を隠匿又は処分するなどして強制執行が不能又は困難となるおそれがあるような特別の事情がある場合には，なお，保全の必要性は否定されないものと解されている。

〔3〕 本問の場合の特別事情の有無と保全の必要性

　そこで，本問のように債務者Y所有の土地・建物に関する強制競売開始決定が無剰余を理由として取り消された場合に，上記〔2〕のような特別の事情があるといえるかが問題となる。

　確かに，例えばXが債務名義によっていつでも再度Y所有の土地・建物について強制競売の申立てをすることは可能であるにもかかわらず，これら不動産の値上がりを待つために自らの意思でこれをしないでいて保全の必要性があると主張するような場合には，これを否定せざるを得ないであろう。

　しかしながら，本問の場合はこれと異なり，取消決定から短期間のうちに，大幅にY所有の土地・建物の価額が上昇したとか，先順位の抵当権が消滅したというような特別の事情がない限りは，Xが，再度強制競売の申立てをしてもやはり無剰余により強制競売開始決定が取り消される蓋然性は高いものといえ

る。

　そうすると，本問の場合には，上記〔2〕記載のような強制執行に関し期限や条件が付されている場合等と同様に，Xが直ちに強制競売を行うことを望んだとしても，現実には相当期間を経過しなければこれを行うことができない特別の事情があるものと考えられるから，保全の必要性との関係では，Xが執行に着手する前にYが自己の財産を隠匿又は処分するなどして強制執行が不能又は困難となるおそれがないとはいえず，保全の必要性をただちに否定するわけにはいかないものと解される（名古屋高決平20・10・14判時2058号54頁参照）。

　したがって，本問では，Xが現時点でY所有の土地・建物について強制競売を申し立てても，強制競売手続が無剰余として取り消される蓋然性が高いことを裏付ける具体的な事情が認められれば（なお，上記名古屋高裁の裁判例では，無剰余により再度，強制競売手続が取り消される蓋然性を裏付ける具体的な事情として，取り消されてから1年未満の場合には，取消しの時点で存在していた先順位担保権等が現時点でも消滅していないこと等で足りる旨判示している），すでに債務名義を取得しているからといって，Xの保全の必要性が直ちに否定されるわけではないと考えられる。

〔4〕　Xの申立てを認める場合の問題点——Yにとって不当な結果とならないか

　なお，本問のような事情の下で，Xの申立てが認められた場合には，執行可能な時期又は執行不可能と判明する時期がいつになるか見通しが立たないまま，仮差押えがいつまで続くのか予測できない状態になって，債務者Yに酷になるから，やはりXの申立てを認めることは不相当な結果になりはしないかという問題がある。

　一般に強制執行を行う時期については債権者の判断に委ねられており，いつ債権者が強制執行手続をとるのか，仮差押えがいつまで存続するのか債務者にとって予測できない状態にあるのは，仮差押前に債務名義を有していない通常の場合でも同様であり，また，Yが仮差押解放金の供託による仮差押えの執行停止又は取消し（民保22条）や事情変更による保全取消し（民保38条）の制度によって対処することも可能であることを考えると，Xの申立てを認めることが，常にYに酷であって不相当な結果になるとまでは必ずしもいえないのではない

かと考えられる（前掲名古屋高裁の裁判例参照）。
　ただ，この点については，仮差押えがいつまで続くのか予測しがたい点で，やはり債務者に酷であるとして，Xの申立てを認めるべきではないとする考え方も有力である。

〔辰已　晃〕

Q3 特定動産の仮差押え

　Xは、Yに対して500万円の貸金債権を有しているが、支払期日が経過したのにその弁済がないため、調査してみると、Yは、X以外にも多額の借金を負っており、その支払を遅滞していることや、著名画家の絵画2点を処分しようとしていることが判明した。

(1)　Xが上記絵画2点のみについて仮差押命令の申立てをすることは認められるか。認められるとした場合、上記絵画の特定はどのようにすべきか。

(2)　上記絵画2点の時価額は、1点が600万円で、もう1点が800万円である。2点とも仮差押えをすることができるか。

(3)　保全裁判所は、上記絵画2点について仮差押命令を発令したが、執行官がその執行に際して超過仮差押えになると判断した場合はどうなるか。

(4)　上記(3)の超過仮差押執行がされた場合、Yは、どのような不服申立てをすることができるか。

A

〔1〕　はじめに

　仮差押命令では、一般的仮差押命令の発令が禁止されるとともに、動産については目的物の特定が要求されていない（民保21条）。

　そこで、本設問では、①民事保全法施行以前の民事訴訟法（以下「旧法」という）下における実務の取扱いはどのようになっていたか、②特定の動産に対する仮差押命令の発令は認められるか、③これが認められる場合、目的物の特定方法はどのようにすべきか、④特定の動産に対する仮差押命令の申立てと処分権主義との関係はどうなるか、⑤特定の動産に対する仮差押命令の執行は、ど

のように行われるか，⑥特定の動産の評価額が被保全権利の請求債権を超過する場合はどうなるか，⑦超過仮差押執行がなされた場合の不服申立方法がそれぞれ問題となる。

〔2〕 旧法下における実務の取扱い

　旧法には，仮差押命令とその対象となる目的物との関係について明らかにする規定が存在しなかった。

　この点，最高裁昭和32年1月31日判決（民集11巻1号188頁）は，「仮差押命令は，民事訴訟法740条1項（筆者注：旧法）の法文上明らかなごとく請求と仮差押えの理由との存在によって成立し，具体的な執行の目的財産とは離れて抽象的，一般的，概括的に債権者のために債務者の財産に対し仮差押えを許容することをその内容とするものである」と判示して，いわゆる抽象的仮差押命令説を採用していた。

　この判例の見解を一般化すると，仮差押命令とは，債務者の財産一般を仮に差し押さえる旨の宣言といえるから，目的物を特定した仮差押命令は，法律上は意味を有しないことになる。

　しかし，これを貫くと，保全命令を発令する裁判所は，仮差押えの目的物の種類いかんによって，債務者に生ずべき損害について的確な判断を行うことができなくなるため，担保額の決定に困難を来し，また，超過仮差押えの有無について判断することもできない等のデメリットが生ずることになる。こうした事態を避けるため，実務では，動産を除いて，目的物を特定して仮差押命令を発令するのが一般的であった。

　これに対して，動産仮差押命令の場合，その執行機関は執行官であって（民保49条），発令裁判所ではないから，抽象的仮差押命令説に立つと，特定の動産に対する仮差押命令は，法的には無意味となる。

　したがって，旧法下の実務では，執行官は，特定の動産に対する仮差押命令を執行するに際し，仮差押命令に掲げられた目的物に拘束されず，債務者所有の動産に対して仮差押えを執行することができると解されていた（最高裁判所事務総局編『執行官事務に関する協議要録』〔改訂版〕230頁・381頁）。

　これに関する判例として，札幌地方裁判所昭和27年12月12日判決（下民集3

巻12号1758頁）が参考になる。

【事案の概要】
　債権者が債務者に対する手形金債権を被保全権利として，債務者所有の木造漁船「建生丸」及び「第八建生丸」（以下「本件漁船」という）について仮差押命令の申立てをしてその発令を得た。これに対して，債務者は，保全決定に対する異議の申立て（旧法744条・756条）をし，「仮差押手続においては，仮差押債務名義の存否を確定する裁判所とその仮差押名義に基づき仮差押の執行をする執行裁判所とは別異のものであって，凡そ，命令裁判所が有体動産の仮差押をなすにあたっては，債務者所有の全有体動産についてなすべきであるにかかわらず，命令裁判所にとどまる札幌地方裁判所は，本件仮差押決定において仮差押の目的物として本件漁船を特定表示したものであって，これは執行裁判所の権限を冒した違法があるから，本件仮差押決定は，取消さるべきものである」と主張した。

【判示内容】
　「本件漁船は，未登記の船舶で，その有体動産であることは弁論の全趣旨から明かであり，仮差押命令では，有体動産に対する場合は，不動産等に対する場合とは異なり，執行の目的物を特定しないのが通例である。しかしながら，凡そ，債務者は，総財産を以て責に任ずるのが原則であり，従って仮差押も亦債務者の総財産を対象としていることから，命令裁判所は，本来，被保全権利の範囲内で，債務者の総財産に対して仮差押を許すべき旨を宣言すれば足り，これを動産，不動産等に予め限定し，更に有体動産に対する場合以外は総て執行の目的物を表示し，有体動産にはその必要がないと区別することは理論上からは何等要求されないところである。ただ，仮差押は，その目的物の異同によって執行の方法を異にするところから実務上有体動産仮差押，不動産仮差押，債権仮差押などの項を別つのは，単に実際上の便宜にとどまる。されば，命令裁判所において，仮差押の目的物の具体的表示をなすことは，責任財産を表示する場合を除き，法律上無意味であって，別段の効力をもつものではないと解する。本件漁船も，その執行については有体動産に対すると異なる取扱を受けることから，通例に従い，本件仮差押決定にあたってその特定がなされたというだけであって，このことは，前叙の如く，何等法的効果をもつものではなく，

従って執行裁判所の権限を冒すものとはいい難いから、これを前提とする債務者の主張は採用するに由ない」と判示した。

〔3〕 特定の動産に対する仮差押命令の発令は認められるか

　民事保全法21条は、「仮差押命令は、特定の物について発しなければならない。ただし、動産の仮差押命令は、目的物を特定しないで発することができる」と規定する。この規定は、前掲最高裁判所判例の採用した抽象的仮差押命令説を否定するとともに、旧法下における実務の取扱いを取り込んだものとなっている。これを受けた民事保全規則19条1項は、「仮差押命令の申立ての趣旨の記載は、仮に差し押さえるべき物を特定してしなければならない。ただし、仮に差し押さえるべき物が民事執行法122条1項に規定する動産であるときは、その旨を記載すれば足りる」と規定する。

　ここに、民事執行法122条1項所定の動産とは、①民法上の動産（民86条）、②登記することができない土地の定着物、③土地から分離する前の天然果実で1ヵ月以内に収穫することが確実であるもの、④裏書の禁止されている有価証券以外の有価証券をいう。

　民事保全法21条は、仮差押命令は、特定の物について発することを原則とし、但書で「動産の仮差押命令は、目的物を特定しないで発することができる」と表現していることからすると、特定の動産に対する仮差押命令を否定するものではないといえ、目的物を特定して仮差押命令を発令することは認められると解される（最高裁判所事務総局編『民事保全関係執務資料』72頁）。

〔4〕 目的物の特定方法

　動産に対する仮差押えの執行は、執行官が目的物を占有する方法によって行うが、目的物の特定が不明確・不十分であった場合には、そもそも仮差押命令の執行ができないから、裁判所は、特定動産について仮差押命令を発令するにあたり、執行官が当該目的物であることを容易に判断することができるようにしなければならない。

　そこで、本設問の絵画に即して目的物の特定方法について検討すると、①絵画の所在場所による特定（例えば、○○市○○区○条○丁目○番○号所在の○○宅の応

接室にある絵画），②個別の絵画による特定（例えば，制作者画家〇〇〇〇，制作年月日〇〇〇〇年，作品名〇〇〇〇，号数，油絵・水彩画・日本画・版画等の種別（版画の場合は，さらに，木版・石版・銅版・シルクスクリーン等の種別）），③当該絵画の図版が公刊されている場合は，その図版のコピー添付による特定が考えられる。

なお，①による特定方法のみでは，債務者が仮差押えの執行を免れようとして当該絵画を他の場所に移したような場合には，仮差押押命令の申立てをし直さなければならない事態が生ずるから，特定としては不十分であり，②，③の方法を加えるべきである。

〔5〕 特定の動産に対する仮差押命令の申立てと処分権主義との関係

保全命令手続においても処分権主義が適用される（民保7条，民訴246条）ことから，債権者が目的物を特定して仮差押命令の申立てをすることになる。他方，裁判所は，保全命令の申立てによって，債務者が被る損害の程度及び保全の必要性等について審理したうえで，当該仮差押命令を発令してもよいか否かを判断することになる。

〔6〕 小問(1)へのあてはめ

以上によると，Xは，絵画の所在場所，制作者名，製作年月日，作品の題名，種別，製作年月日及び号数等によって絵画2点を特定し，その仮差押命令の申立てをすることができる。

〔7〕 特定の動産に対する仮差押命令の執行はどのように行われるか

(1) 特定された目的動産以外の物に対する仮差押えの執行は許されるか

前述したとおり，民事保全法21条は，抽象的仮差押命令説を否定したのであるから，特定の動産に対する仮差押命令が発令された場合，それは，特定の動産のみを仮差押えするという裁判となる。

したがって，特定の動産に対する仮差押命令の執行は，その命令に掲げられた特定の動産についてのみ可能となり，執行官は，特定の動産のみを仮差押え

執行の対象としなければならない（最高裁判所事務総局編『条解民事保全規則』〔改訂版〕（民事裁判資料226号）210頁）。

(2) 特定動産の評価額が被保全権利の請求債権を超過する場合

超過仮差押えの禁止（民保49条4項，民執128条）に違反する動産仮差押えの執行は許されず，これは，特定動産の仮差押えの場合であっても妥当するから，裁判所は，原則として，被保全権利の債権額を超過する目的物に対する仮差押命令を発令することはできないことになる。

ただし，特定動産1つを仮差押えする場合は，その価額が被保全権利の債権額を超過していたとしても，もともと不可分な動産の一部を仮差押えすることはできないのであり，また，複数の特定動産が存在するものの個々の動産の価額を計上していくと，最後に仮差押えした動産によって初めて被保全権利の債権額を超過する場合には，超過差押えの禁止には抵触しないといえる。

結局，特定動産の価額が被保全権利の債権額に比して著しく過大となる場合（数倍程度）には，その具体的な事情いかんによって，保全の必要性が否定される場合もありうる。

では，執行官は，仮差押命令に掲げられた特定動産の一部によって被保全権利の債権額が満たされる場合に，その動産のすべてについて仮差押えの執行をしなければならないかが問題となる。

この点，①動産仮差押えについては超過仮差押禁止の規定が準用される（民保49条4項，民執128条）から，これに反する執行はできないと解することもできる一方で，②裁判所から仮差押命令が発令された以上，仮差押命令に掲げられたすべての特定動産について仮差押えの執行をすべきであると考えることもできる。

この点，仮差押命令の発令とその執行とが密接不可分の関係にあること，裁判所は，超過仮差押えの有無について保全の必要性の観点から審理したうえで発令しなければならないこと，これを受けた仮差押えの執行は，裁判所が発令した仮差押命令に基づいてなされるものであることからすると，たとえ超過仮差押えとなる仮差押命令であったとしても，当然に無効となるとまではいえない。とすると，執行官は，仮差押命令に掲げられたすべての特定動産について仮差押えの執行をしなければならないというべきである。

したがって，①のように解するのではなく，②のように解するのが相当である。

〔8〕 小問(2)へのあてはめ

XのYに対する被保全権利の債権額が500万円であるのに対して，仮差押えの目的物である絵画は，1点が600万円で，もう1点が800万円であるから，両絵画ともに仮差押えすると，2倍以上の額になるため，Yに過度で無用な不利益を課すことになることは明らかである。上記〔7〕で述べたとおり，仮差押えは，被保全権利の債権額の限度で目的物を仮に差し押さえるのが本則であるから，裁判所は，Yが被る不利益の少ない価額が600万円の絵画を仮差押命令の目的物として選択すべきであり，Xに対し，不必要な絵画（価額800万円の絵画）については，仮差押命令の申立てを取り下げるよう勧告することになる。仮に，Xがこれに応じなければ，価額800万円の絵画に係る保全命令の申立てについては，保全の必要性がないことを理由として却下することになる。

〔9〕 小問(3)へのあてはめ

裁判所が2点の絵画について仮差押命令を発令した以上，執行官は，その保全執行が超過差押えになると判断した場合であっても，上記〔7〕(2)で述べた②の見解によると，2点の絵画に対する仮差押えの執行をしなければならないことになる。

〔10〕 超過仮差押えがなされた場合の不服申立方法

超過仮差押命令は違法となるから，債務者は，保全異議の申立て（民保26条～36条）をして，その超過仮差押命令の一部取消しを求めることができる。

では，執行異議の申立て（民保46条，民執11条）をすることができるかが一応問題となる。

しかし，上記〔7〕(2)で述べた②の見解によると，執行官は，超過仮差押命令に掲げられた特定動産のすべてについて仮差押えの執行をしなければならないのであるから，執行レベルでは超過差押禁止の規定が発動されないことになる。

したがって，債務者は，執行異議の申立てをして，超過仮差押執行の一部取消しを求めることができない。

〔11〕 小問(4)へのあてはめ

Yは，超過仮差押執行を受けたのであるから，上記〔10〕によると，その保全命令を発令した裁判所に対し，保全異議の申立てをすることができる。しかし，執行異議の申立てをすることはできない。

［西村 博一］

Q4 立担保額に対する不服申立て

立担保額の決定に対し，これを告知された債権者は，不服申立てをすることができるか。

A

〔1〕 結　　論

債権者は，決定で定められた担保額が高額すぎるとの不服がある場合には，民事保全法19条1項の即時抗告ができるものと解される。

〔2〕 担保決定に対する不服申立ての可否

保全命令は，①担保を立てさせて，若しくは②相当と認める一定の期間内に担保を立てることを保全執行の実施の条件として，又は③担保を立てさせないで発することができる（民保14条1項）。

上記のうち，担保を立てさせて保全命令が発令される場合（上記①の場合）が通常であり，この場合には，保全命令に先立って，担保の額，提供方法，場所及び提供期限が定められて，債権者に告知されている。この決定は，担保決定と呼ばれている（「立担保命令」，「立保証決定」等とも呼ばれることもある）が，担保決定は，申立てに対する裁判ではなく，裁判所の裁量により定められることから（民保14条1項），不服申立ての対象とはならないと考えることもできる。

しかしながら，担保決定で定められる事項のうち，担保の金額については，債権者の資力によっては，債権者の権利行使を許すか許さないかを決する重大な結果をもたらすものであるから，債権者が告知された担保額について高額にすぎるとして不服がある場合には，債権者からの不服申立てが許されるものと解される（仙台高決平4・5・27判タ805号210頁参照）。

〔3〕 どのような不服申立手続が相当か

　そして，担保額の決定が，形式的には担保決定として保全命令に先立って別個に発令されるものではあっても，実質的には保全命令の内容の一部をなすものと考えると，この不服申立ては，保全命令が一部却下された場合と同様に，民事保全法19条1項の即時抗告によるものということができる（したがって，即時抗告期間は告知を受けた日から2週間となる）。

　なお，担保決定があくまで保全命令の前提として判断されるものにすぎず，実質的にも，保全命令の一部をなすものとは考えられないとする解釈をとるとしても，保全手続の性質上，早期確定が要請されることや民事訴訟法において，訴訟費用に関する担保提供命令（民訴75条1項）に対しては即時抗告することができる旨の規定がある（同条7項）ことなどから考えると，やはり不服申立ては（通常）抗告ではなく即時抗告によることが相当であると考えられる（ただし，このように考えた場合の即時抗告期間については，民事保全法7条により準用される民事訴訟法332条により，告知を受けた日から1週間となると解されよう）。

〔4〕 担保を立てることを条件として保全命令が発令された場合

　実務では，保全命令に先立って担保額が決定されるのではなく，担保を立てることを条件として保全命令が発令される場合もみられる（具体的には，主文に例えば「債権者が○○○円の担保を立てたときは，……仮に差し押さえることができる。」と記載されて発令され，債権者による立担保の証明があれば保全執行がなされることになる）が，この場合には，定められた担保額が高額すぎるとの不服があれば，実質的な申立ての一部却下とみることができ，債権者は，民事保全法19条により即時抗告をすることができると解される。

〔5〕 債務者の不服申立て

　最後に，債権者ではなく，債務者が，決定された担保額に対し不服がある場合，これを理由として保全異議の申立てができるかについても，併せて説明する。

この点については，旧法下においては，一般に保全異議の理由となるものと解されていた。現行の民事保全法においても，同法32条2項が，保全異議申立てに対する決定において，裁判所は，債権者が立てた担保の額を増額し，増加された額の担保を立てることを保全執行の実施又は続行の条件とする旨を定めることができるとしていることからすると，これを積極的に解することができるものと考えられる。

[辰巳　晃]

Q5 | 別個の目的物に対する後行仮差押えの可否

Xは，Yの連帯保証の下，Aに対し，300万円を貸し付けた。しかし，支払期日が経過したのにその弁済がないため，Yを債務者，上記連帯保証債務履行請求権を被保全権利として，Y所有の甲土地について仮差押命令を申し立て，これに基づく仮差押命令が発令されるとともに，甲土地について保全裁判所の嘱託による仮差押えの登記がされた。ところが，Xは，一部が保全されていないため完全な弁済が受けられないとして，上記仮差押命令と同一の請求権を被保全債権として，さらにY所有の乙土地について仮差押命令の申立てをした。この申立ては認められるか。

A

〔1〕 Xは，乙土地についても仮差押命令申立てをすることが認められるか（結論）

Xが乙土地についてもさらに仮差押えをしなければ，被保全債権の完全な弁済を受けることができなくなるおそれがあるとき，又はその強制執行に著しい困難を生じるおそれがあるときは，Xは，上記被保全債権と同一の債権を被保全債権として，甲土地についてだけでなく，乙土地についても仮差押命令申立てをすることができる。

〔2〕 問題の所在

本問のようにすでに発せられた仮差押命令と同一の被保全債権に基づき，異なる目的物に対し，さらに仮差押命令の申立てをすることができるかという問題については，主に①申立てができるとすると，先行仮差押命令と同一の被保全債権及び同一の保全の必要性について審理を求めることができることになり，

一事不再理の原則に抵触し，権利保護の要件を欠くことにならないか，②後行仮差押命令が認められると仮差押解放金（実務上，被保全債権額を上限として定められるものと考えられている）について，仮差押命令ごとに複数定められる結果，その合計金額が被保全債権額を超えることになり，債務者に酷にはならないかといった点（ほかに，債権者が過剰な満足を受けることにならないか等の論点もある）から議論され，実務の取扱いにおいても，東京地裁保全部では消極的に解されており，大阪地裁保全部では積極的に解されるなど，解釈が分かれていた。

〔3〕 最高裁の判断（積極説）

上記問題について，最高裁は，平成15年1月31日第二小法廷決定（民集57巻1号74頁）において，積極説をとることを明らかにした。

すなわち，上記〔2〕①の一事不再理の問題については，「仮差押命令の申立てにおいては，被保全債権及び債務者の特定の物（動産については，特定を要しない）についての仮差押命令の必要性が審理の対象となるところ（13条，20条，21条），ある被保全債権に基づく仮差押命令が発せられた後でも，異なる目的物についての強制執行を保全しなければ当該債権の完全な弁済を得ることができないとして仮差押命令の必要性が認められるときは，すでに発せられた仮差押命令の必要性とは異なる必要性が存在するというべきであるから，当該目的物についての仮差押命令の申立てにつき権利保護の要件を欠くものではない。」として，権利保護の必要性を肯定したうえ，「特定の目的物についてすでに仮差押命令を得た債権者は，これと異なる目的物について更に仮差押えしなければ，金銭債権の完全な弁済を受けるに足りる強制執行をすることができなくなるおそれがあるとき，又はその強制執行に著しい困難を生じるおそれがあるときには，既に発せられた仮差押命令と同一の被保全債権に基づき，異なる目的物に対し，更に仮差押命令の申立てをすることができる。このように解しても裁判所は無用な判断を行うことにはならず，また，債権者が過剰な満足を受けることにもならない。」と結論した。

また，上記〔2〕②の仮差押解放金の問題についても，上記裁判例は，「先後両仮差押命令に定められる仮差押解放金の額の合計が被保全債権の額を超えることとなる場合にも，仮差押え解放金の供託により，仮差押の執行の停止又

は取消しを求めようとする債務者に被保全債権の額を超える仮差押解放金の供託をさせることがないような扱いをすることが可能であり，上記の場合が生ずるとしても，異なる目的物に対し更に仮差押命令を発することの障害となるものではない。」と判示し，さらに，先後両仮差押命令に定められる仮差押解放金の額の合計が被保全債権の額を超えることとなるときは，債務者が被保全債権の額を超える仮差押解放金を供託しなければならないような事態を避けるために，後行仮差押命令の主文で仮差押解放金を定めたうえで，「この供託は先行仮差押命令における仮差押解放金の供託によってもすることができる」旨付記することや，仮差押解放金の供託等に関し，上記事態回避のための具体的方法について示唆する北川弘治裁判官の補足意見が述べられた。そして，上記最高裁の決定後，仮差押解放金の供託手続について，上記の付記文言がある場合に，先行仮差押命令に係る仮差押解放金の供託書中に後行仮差押命令に係る裁判所の名称及び事件名をも併記すること等を内容とする法務省民事局長通達（平15・3・3法務省民商第631号）が発出されて，この問題についても実務上の解決がなされたものといえる。

〔4〕 本問の場合の検討

　上記の最高裁判例によれば，本問の場合，Xに乙土地についてもさらに仮差押えをしなければ，連帯保証人Yに対する300万円の（保証債務履行）債権の完全な弁済を受けることができなくなるおそれがあるというような事情が認められれば，上記債権を被保全債権として，甲土地についてだけでなく，乙土地についても仮差押命令の申立てをすることが認められるものと解される。

　なお，上記事情の有無については，事案ごとに具体的に判断されることとなるが，本問の300万円の債権の完全な弁済を受けることができなくなるおそれがあるというような事情としては，例えば，甲土地についての先行仮差押命令発令後，本執行までの間に，甲土地の価格が下落したような場合が考えられよう。

[辰巳　晃]

Q6 未登記不動産の仮差押えにおいて当該不動産が債務者の所有に属することの立証の程度

未登記不動産に対する仮差押命令の申立てをする場合，当該不動産が債務者の所有に属することの立証の程度はどうなるか。

A

〔1〕 問題の所在

民事保全法13条2項は，「保全すべき権利又は権利関係及び保全の必要性は，疎明しなければならない。」と規定する。

疎明とは，当事者の立場からすると，事実の存在について一応確からしいという心証を裁判所に抱かせる程度の証拠を提出する活動をいい，他方，裁判所の立場からすると，そのような立証活動によって得られた心証の程度をいう。疎明は，真実の確信までの心証を必要としない点で証明よりも軽減された立証といえるが，疎明に用いられる証拠は，即時に取り調べることができるものに限られる（民訴188条）。

このように，保全すべき権利又は権利関係及び保全の必要性の認定が疎明で足りるとされたのは，保全命令が権利義務の存否を暫定的に定める手続であって，緊急性があり，保全命令を発令するための実体的要件の有無について迅速に判断しなければならないからである。

ところで，民事保全法施行以前の民事訴訟法（以下「旧法」という）の下では，仮差押命令とは，債務者の一般財産を仮に差し押さえる旨を宣言する裁判であって目的物を特定して掲げることは不要であり，当該目的物の特定や債務者所有に属するかどうかは保全執行手続上の問題であるとされてきた（最判昭32・1・31民集11巻1号188頁）。

しかし，民事保全法21条は，「仮差押命令は，特定の物について発しなけれ

ばならない。ただし，動産の仮差押命令は，目的物を特定しないで発することができる」と規定し，上記のような抽象的・一般的仮差押命令の発令について明文をもって否定した。

この点，未登記不動産といえども動産ではないから，未登記不動産を特定して仮差押命令を発令しなければならないことになるが，民事保全規則20条1項ロ(1)は，未登記不動産に対する仮差押命令の申立てをする際，その添付書面として，未登記不動産が「債務者の所有に属することを証する書面」の提出を要求していることから，①未登記不動産が債務者の所有に属することを「証する」書面の解釈として，「疎明」で足りると解するのか，それとも「証明」を必要とすると解するのかが問題となる。

〔2〕 学説の概況

学説は，民事保全命令の申立手続における証明責任の分配について，以下のとおり，その見解が分かれている。

(1) A 説

民事訴訟における一般の証明責任の分配と同じように，債権者は，被保全権利を根拠づける権利根拠事由及び保全の必要性を，債務者は，権利障害及び権利滅却事由をそれぞれ疎明しなければならないとする見解である（鈴木忠一＝三ヶ月章編『注解民事執行法(6)』65頁〔西山俊彦〕）。

(2) B 説

A説を前提にしつつ，債務者審尋の必要性や担保額決定の重要な要素を検討するため，債権者において，通常予測可能な抗弁に対する反対事実についても疎明すべきとする見解である（丹野達『保全訴訟の実務Ⅰ』50頁）。

(3) C 説

証明責任の分配に関する一般原則は，当事者双方に対して出頭の機会を与えることを前提とする判決手続において公平の観点から認められたものであり，このような対立構造ではなく債権者の一方のみの審理による民事保全手続にそのまま妥当しないとして，証明責任の分配が変更され，債権者は，債務者から通常抗弁として主張されるものと予想される事項についても反対の疎明をすべきとする見解である（丹野達＝青山善充編『裁判実務大系(4)』54頁〔竜寄喜助〕）。

〔3〕 実務の取扱い

　民事保全法13条2項が，被保全権利又は権利関係及び保全の必要性について「疎明」で足りるとしているのは，保全命令手続が本案に付随する手続として迅速な処理を要するものであり，しかも，それが暫定的な性質を有するからである。とすると，被保全権利や保全の必要性などのような保全命令自体の要件ではなく，明文で「疎明」で足りると規定されていないものについては，「証明」が求められるのが原則である。

　ところで，責任財産の帰属に関する要件は，本来，執行のための要件ではあるが，当該債務者が未登記不動産の所有者であるか否かについて確定しなければ，密行性の観点から債務者審尋が行われていない仮差押命令の発令段階においては，債務者が不利益を被り，ひいては手続の公平を害することになりかねない。このような執行の性質からしても「証明」を必要とするというべきである。そして，申立人（債権者）に対し，未登記不動産が相手方（債務者）の所有に属することの証明を求めるとともに，本案の訴えでは，相手方（被告）が主張立証責任を負う「所有権喪失」等の抗弁についても，債権者がその不存在について証明責任を負うと考えるのが妥当である。

　このような観点から，実務上，申立人（債権者）に対し，未登記不動産が相手方（債務者）の所有に属することについて証明を求めるとともに，通常考えられる所有権喪失の不存在についても証明を求めるのが一般的であった。

〔4〕 判　　例

　民事保全規則20条1項ロ(1)にいう「債務者の所有に属することを証する書面」に関し，書面による「疎明」で足りるのか，あるいは，書面による「証明」まで要するのかという問題について，従前，直接判断を示した判例はなかったが，東京高裁平成3年11月18日決定（判時1443号63頁）が出現した。

【事案の概要】

　下請人Xは，元請人Yに対する請負代金債権を被保全権利として，Yが請け負って建築した未登記建物について不動産仮差押命令の申立てをしたが，その際，民事執行規則20条1号ロ(1)所定の添付書類として「建築確認概要書」の

写しを提出した。

しかし，裁判所は，当該建物がYの所有に属する点に関する「疎明」がないとして，Xの保全命令の申立てを却下した。

これに対して，Xは，当該建物がYの所有であることは疎明されているうえ，請負契約の場合には，請負人が原始的に当該建物の所有権を取得するのが原則であり，当該建物が注文者の所有になるような事情（例えば，注文者が請負代金等を支払った事実等）は，第三者異議の訴えによって注文者が疎明すべきであるとして即時抗告した。

【抗告審の判断】

「民事保全法のもとにおいては，不動産の仮差押命令は差押えるべき不動産を特定して発せられる。したがってまた，仮差押命令の申立も仮に差押えるべき不動産を特定してしなければならない（民事保全法21条，民事保全規則19条。以下それぞれを単に『法』または『規則』という。）。これは，不動産に対する仮差押命令は，保全命令（保全のための執行命令の基礎となるもので，民事執行における債務名義にたとえられるものである。）と執行命令とが一体となって発せられることを意味している。そして，保全命令を発するための要件である被保全権利の存在と保全の必要性は疎明で足りるが（法13条2項。なお，疎明で足りるというのは，同時に証明を要求してはならないとの意味を含むものである。），執行命令を発するための要件は，当該差押の目的とされる不動産が登記簿上甲区又は表題部に債務者の所有と記載されているか，そうでなければ債務者の所有に属することを書面によって証明しなければならないものとされている（規則20条1号イ，ロは，この趣旨を明らかにしたものである。）。つまり，執行命令発令の要件のうち当該不動産が債務者の責任財産に属することについては，法（規則）が明文をもって要件を定めているのであり，未登記不動産については債務者の所有に属することを書面によって証明することを求めているのである（規則20条1号が『証する』という表現を用いているのは，明文をもって『疎明』では足りないことを表したものである。なお，このことは，なにも民事保全法の場合に限った特殊なことではなく，民事執行全般の仕組みを貫く基本的な原理の表れに他ならない。）」とした上で，「利害の対立する者の対席が保障されない手続の段階にあっては，債権者としては，当該不動産の所有権が債務者に属することについて通常予測されるような障害事由の存しないことも含め

て証明しなければならないと解するのが相当である。(中略)密行性を重視して債権者側の資料のみによって手続きを進める場合，立証のための負担が加重されるのは止む得ないところであって，立証資料の入手が困難であるからといって，もっぱら注文主側に証明責任を負担させる結果となる抗告人の主張は採用することができない。」と判示して，Xの即時抗告を棄却した。

〔5〕 設問へのあてはめ

以上によると，未登記不動産については，これが債務者の所有に属することを書面によって「証明」することが必要となり，「疎明」では足りないことになる。そして，未登記不動産の所有に係る証明責任の分配に関しては，申立人において，当該未登記不動産の所有権が相手方(債務者)に属することについて通常予測されるような障害事由の存在しないことを含めて「証明」しなければならないことになる。

〔6〕 未登記不動産に対する仮差押命令の申立て

以下では，未登記不動産に対する仮差押命令の申立てにおける物件目録の記載方法，債務者の所有に属することを証する書面，添付すべき書類及び執行裁判所による登記嘱託について説明する。

(1) 物件目録の記載例

未登記建物の場合における物件目録の記載例は，次のようになる。

```
               物 件 目 録

    所　　在     ○○市○○区○○町○丁目○番地
    家屋番号     (未登記につきなし)
    構　　造     木造瓦葺平家建居宅
    面　　積     1階 ○○.○○平方メートル
                2階 ○○.○○平方メートル
```

(2) 債務者の所有に属することを証する書面

未登記不動産については，債務者の所有に属することを証する書面を添付し

なければならない（民保規20条1号ロ(1)）。

債務者の所有であることを証明する書面として，実務上よく見受けられるのものとしては，固定資産税納付証明書，建築に関して官公庁が交付する許可，認可，確認等の書面（消防法7条，建基6条），建物建築工事請負人作成の工事完了引渡証明書，借地上の建物である場合には，土地賃貸人の土地使用承諾書等がある。

(3) 添付すべき書類

(a) 地積測量図等

土地の場合には250分の1の地積測量図及びその所在図，建物の場合には500分の1の建物図面及び各階の250分の1の平面図並びに不動産登記令別表32条の項添付情報欄ハ又はニに掲げる情報を記載した書面を添付しなければならない（民保規20条1号ロ(2)・(3)，不登令2条2号・3号・5号・6号，不登規77条4項・82条3項・83条2項）。

(b) 不動産の価額を証する書面

不動産の価額を証する書面を添付しなければならない（民保規20条1号ハ）。そもそも，未登記不動産は課税台帳に登録されておらず，固定資産評価証明書を提出することができない事態が生ずる。この場合は，①鑑定書，②建築工事請負契約書，③住宅ローン融資額，④土地の公示価額又は近隣土地の取引価額等を証する書面，⑤法務局作成の新築建物価格認定基準表及び減額限度表等を提出することになるであろう。

(4) 執行裁判所による登記嘱託

登記官は，裁判所から未登記不動産についての登記嘱託があると，職権で当該不動産の保存の登記をしたうえで仮差押えの登記を記入することになる（不登76条2項・3項）。

［西村　博一］

Q7 | 自動車の仮差押え

　X会社は，Y会社に対し，800万円を貸し付けたが，Y会社は，支払期日に15万円を支払ったのみで残額を返済しようとしない。X会社が調査してみると，Y会社は，多額の不渡手形を出したためA銀行から取引停止処分を受け，事実上倒産状態にあり，自動車以外にはめぼしい財産はないことが判明した。そこで，X会社は，上記自動車について仮差押命令の申立てをした。

　これを前提に，下記事項について説明しなさい。

(1)　自動車仮差押命令の申立て
(2)　対象となる自動車
(3)　自動車に対する仮差押えの執行手続
(4)　仮差押執行済み自動車の売却申立て

A

〔1〕　はじめに

　自動車は，民法上は動産である。しかし，登録制度が設けられている（道路運送車両法4条・5条1項）。よって，自動車については，登録制度を踏まえた執行方法をとる必要があり，そのため，道路運送車両法は，登録自動車の仮差押えの執行については，地方裁判所が保全執行裁判所として管轄し（同法97条1項本文），さらに，執行に関して必要な事項は最高裁判所規則で定めるものと規定している（同法97条2項）。これを受けて，民事保全規則35条は，登録自動車に対する仮差押えの執行方法について，仮差押えの登録をする方法，また，執行官に対し自動車を取り上げて保管すべき旨を命ずる方法，さらに，両者の併用も可能であると規定している。

　以上のように登録自動車については，動産とは別個の考察が必要になる。以

下，登録自動車に対する仮差押えの場合について説明をする。

なお，〔3〕において，登録自動車の範囲について，もう一度，より具体的に検討することにしたい。

〔2〕 小問(1)（自動車仮差押命令の申立て）について

(1) 自動車の仮差押命令の申立書

X会社がY会社の自動車の仮差押命令を申し立てるについては，その自動車の仮差押命令の申立書に，以下の事項を記載しなければならない。

(a) 当事者の氏名又は名称及び住所並びに代理人の氏名及び住所（民保規13条1項1号）。

(b) 申立ての趣旨及び理由

後述する仮差押えによって保全される権利（被保全権利）は，金銭の支払を目的とする債権（金銭債権）であり，かつ，強制執行ができる債権であることを要する（民保20条1項）。金銭債権であれば，条件付又は期限付であってもよい（同条2項）。そして，申立ての趣旨には，この被保全権利（請求債権）と仮に差し押さえる自動車を特定して，請求債権を保全するため，この自動車を仮に差し押さえる旨を記載しなければならない。すなわち，申立ての趣旨として，仮差押命令の主文に相当するものを記載する。具体的には，「債権者の債務者に対する別紙請求債権目録記載の請求債権の執行を保全するため，債務者所有の別紙自動車目録記載の自動車は，仮に差し押さえるとの命令を求める。」などと記載すればよい。

また，申立ての理由には，①被保全権利（請求債権）と②保全の必要性を記載する。

このうち，①被保全権利，すなわち，請求債権については，他の債権と識別できる程度に，その発生日時，法的原因事実（契約，不法行為など）をもって，債権の種類，内容，金額を特定して記載しなければならない。なお，元金のほか，利息や遅延損害金も請求債権とする場合には，申立日までの分を計算して確定額として請求する必要がある。また，請求債権が「○○債権のうち○○円」といった内金である場合には，その旨を明らかにしなければならない。

なお，実務では，被保全権利（請求債権）を特定するために，請求債権目録

を申立書に添付するという取扱いがされている。

　さらに，②保全の必要性については，債務者の自動車を現状のままにしておくと，将来強制執行をすることができなくなるというおそれがあるか，又は強制執行するのに著しい困難を生じるおそれがあることを具体的に記載しなければならない。

　(c)　自動車の仮差押えの場合，仮差押債権者が自動車の取上げ保管による執行を希望する場合には，申立書にその旨，つまり，「執行官に対し目的自動車を取り上げて保管すべき旨を命ずる方法による執行を申し立てる」旨を明示しなければならない。

　これは，自動車の取上げ保管による執行がなされると，債務者は自動車を使用できないことから債務者の被る損害が大きく，よって，仮差押裁判所としてはそのことも考慮に入れて担保額の決定をする必要があり，そのため，申立書にその旨を明示しなければならないのである。

(2)　添付書面

(a)　登録事項等証明書（民保規20条4号）

　自動車登録ファイルに記載されている事項を証明した書面である。この書面の交付事務は，最寄りの運輸支局又は自動車検査登録事務所において，取り扱われている。

(b)　価額証明書（民保規20条4号）

　仮差押えを求める自動車の価額を証する書面も添付しなければならない。中古自動車については，「オートガイド自動車価格月報」（表紙が赤いために，一般に，「レッドブック」といわれている）等の車種，型，年式ごとに査定価額を表示した冊子が存在しており，これらを用いれば，価格の証明は比較的容易である。

(3)　費　　用

(a)　申立手数料

　仮差押命令申立手数料は，被保全権利（請求債権）の額にかかわらず，2000円であり，2000円の印紙を納付しなければならない（民訴費3条1項別表第1の11項の2ロ）。数人の債権者のため，又は数人の債務者に対する申立ては，数個の申立てとして，数個の手数料納付義務がある。

(b) 送達費用等

仮差押命令正本の送達費用及び仮差押登録嘱託のための郵送料を添付しなければならない。

(4) 管轄裁判所

自動車の仮差押命令事件は，①本案訴訟の管轄裁判所，又は②仮に差し押さえるべき自動車の自動車登録ファイルに登録された使用の本拠地を管轄する地方裁判所（請求債権額が140万円以下のときは簡易裁判所）が管轄することになる（民保12条1項・6項）。

(5) 仮差押命令の発令

仮差押裁判所は，自動車仮差押命令の申立てについて，被保全権利及び保全の必要性が疎明されており，申立てを認容すべきと判断した場合には，担保決定をし，その担保が提供されたら，仮差押命令を発令することになる。そのように発令されると，裁判所書記官は，仮差押命令正本を当事者に送達する（民保17条）。

〔3〕 小問(2)（対象となる自動車）について

(1) 登録のある自動車

自動車とは，原動機による陸上交通機関であって，ここから軌条若しくは架線を用いるものを除き，また，原動機付自転車を除いたものである（道路運送車両法2条2項）。

このような自動車は，民法上は動産であるが，軽自動車，小型特殊自動車及び二輪の小型自動車以外の自動車（軽自動車，小型特殊自動車及び二輪の小型自動車以外の自動車には，一般の乗用車，トラック，バス等の普通自動車，トレーラーバス，ブルドーザー，タンクローリー等の特殊自動車のほか，オート三輪車やサイドカーなどのように小型自動車であっても，三輪とか四輪のものは含まれる）については，登録制度が設けられており，自動車登録ファイルに登録を受けたものでなければ運行に用いてはならず（同法4条），また，登録を受けた自動車の所有権の得喪又は抵当権の得喪若しくは変更は，登録を受けなければ第三者に対抗することができない（同法5条1項，自動車抵当法5条1項）。

このように登録を受けた自動車（ただし，自動車抵当法2条但書に規定されている

大型特殊自動車を除く（この自動車は建設機械執行の対象となる））が，民事保全規則35条以下に定められた自動車に対する仮差押えの執行の対象となる。

そして，Y会社の自動車も，通常，このような登録を受けた自動車であると考えられる。

(2) 登録のない自動車など

未登録自動車並びに登録の対象外である軽自動車，小型特殊自動車及び二輪の小型自動車（道路運送車両法4条）についての仮差押えは，一般の動産仮差押えの方法によって行われ，また，その執行は動産執行（民保規40条）の例による。

自動車抵当法2条但書に規定された大型特殊自動車で登記されたものについては，建設機械に対する仮差押えになり，また，その執行は建設機械に対する執行（民保規39条）の例による（ただし，登記されていない大型特殊自動車については，動産仮差押えの方法によることになる）。

〔4〕 小問(3)（自動車に対する仮差押えの執行手続）について

(1) 執行手続

登録自動車に対する仮差押えの執行方法には，①仮差押えの登録をする方法，②執行官に対し自動車を取り上げて保管すべき旨を命ずる方法，さらには，③①の方法と②の方法を併用する方法がある（民保規35条）。

本問のY会社の自動車についても，その仮差押えの執行方法として，上記①ないし③のいずれかの方法がとられることになる。

①の方法の場合は，債務者は執行後も自動車を使用できる。しかし，②と③の方法の場合には，債務者は執行後自動車を使用できない（民保規38条，民執規91条）。

②や③の執行官保管の方法の場合，仮差押えの後本案訴訟を経て本執行に至るまでにはある程度の期間を必要とするので，その間，債権者が保管料を負担するとなると保管費用がかさみ，債権者にとっても必ずしも有利というわけではなく，他方，債務者もその間ずっと自動車を使用できないので不利益が大きく，そのため，②や③の方法がとられる場合は必ずしも多くないといわれている。

(2) 登録自動車に対する仮差押えの登録をする方法による執行

　仮差押えの登録をする方法による執行は，仮差押えの申立書のほかに，仮差押えの執行の申立書を提出する必要はない（民保規31条但書参照）。

　仮差押えの登録をする方法による執行については，民事保全規則38条によって次の規定を準用している。すなわち，①民事保全法47条3項。よって，仮差押えの登録は裁判所書記官が嘱託する。②同法48条2項。よって，仮差押えの登録の方法による執行は，仮差押命令を発した裁判所が管轄する。③民事執行法46条2項。よって，仮差押えの登録の方法による執行の場合，債務者は使用収益権限をもつ。そのほか，④民事執行法47条1項（二重の仮差押え）、⑤民事執行法48条2項（自動車登録ファイルの謄本の保全執行裁判所への送付），⑥民事執行法53条（自動車滅失等による執行の取消し），⑦民事執行法54条（仮差押えの申立ての取下げ等による仮差押えの登録の抹消の嘱託）などの規定が準用される。

(3) 第三者が登録自動車の占有を有する場合

　登録方法による仮差押えの執行しかなされていない自動車について，仮差押えの後本執行に移行するまでの間に当該自動車の占有が債務者から第三者に移った場合に，現在占有している第三者に当該自動車の引渡しを命ずることができるか。

　(a) この点について，否定説（大阪地決平22・6・1（後記大阪高決平22・6・22の原審決定）判時2107号124頁参照）がある。仮差押命令を得ていた債権者といえども，執行裁判所に，現在占有している第三者に対して執行官に当該自動車を引き渡すように命ずることを求めることはできないとする。

　このような否定説の理由は，①現在占有を有する第三者に当該自動車の引渡しを命ずることができるという明文上の根拠を欠くという点，また，②第三者に当該自動車の引渡しを命ずることができず，よって，執行官が強制競売（本執行）開始決定の発せられた日から1ヵ月以内に自動車を取り上げることができないため，強制競売の手続が取り消されるとしても（民執規97条による民執120条の読み替え準用），そのような事態を回避するために，債権者は自動車の取上げ保管命令の方法による執行を行えたのに，そのような方法を選択しなかったのであるから，債権者に非が認められるという点にある。

　(b) しかしながら，仮差押えには処分禁止効があり，そこで，仮差押えの後

にそのように仮差押えのなされた自動車の占有を第三者が取得しても，その第三者の占有取得原因である債務者との処分行為の効力は否定されるはずであるのに（そのように処分行為の効力が否定されるとしても，登録によって当該自動車に仮差押えがなされていることを知りうる第三者に不測の損害は生じないはずである），上記の否定説によれば，目的自動車の仮差押えをした債権者の犠牲の下に，第三者，さらには，債務者が強制執行を免れるという不当な結果が生じることになる。その結果，民事執行手続の適正，迅速な遂行を阻害することになる。

　そこで，担保権の実行に基づく自動車の競売手続についての民事執行規則176条2項により準用される同規則174条2項の規定を，強制競売の場合にも準用し，仮差押命令を得ていた債権者は，執行裁判所に，現在占有している第三者に対して執行官に当該自動車を引き渡すように命ずることを求めうるものと解すべきである（肯定説：大阪高決平22・6・22判時2107号122頁，東京地決平4・10・15判タ796号284頁，東京高決平6・8・10判時1508号122頁参照）。

　この場合の申立ての趣旨には，「債務者は，別紙自動車目録記載の自動車を債権者の申立てを受けた執行官に対し，引き渡せとの命令を求める。」という記載をするだけでなく，現在占有している第三者を相手方として，「相手方は，別紙自動車目録記載の自動車を債権者の申立てを受けた執行官に対し，引き渡せとの命令を求める。」という旨を記載すべきことになる。

(4) 自動車の取上保管命令の方法による執行

(a) 執行裁判所

　執行官に対し自動車を取り上げ保管を命ずる方法による仮差押えの執行の申立ては，仮差押命令の申立てとは別個に，自動車の所在地を管轄する地方裁判所にしなければならない（民保規38条，民保48条2項）。

(b) 執行期間

　債権者は，仮差押命令の送達を受けた日から2週間以内に着手しなければならない（民保43条2項）。自動車を取り上げ，保管を命ずる方法による場合，この「着手」とは，その方法による執行の申立てをするだけでは足りず，自動車取上命令が発令されたときと解される。

(c) 執行申立書

(イ) 記載事項　　自動車を取り上げ，保管を命ずる方法による仮差押えの執

行の申立書には，次の事項を記載しなければならない。すなわち，①債権者及び債務者並びに代理人の表示（民保規36条・31条，民執規21条1号），②仮差押命令の表示（民保規36条・31条，民執規21条2号），③執行の目的とする自動車の表示及び求める執行の方法（民保規36条・31条，民執規21条3号），④目的とする自動車の所在地（民保規36条）などである。

④の記載が求められたのは，申立書に，管轄権を有する地方裁判所の区域内に，取り上げて保管すべき自動車が存在していることを明らかにしなければならないからである。

(ﾛ)　添付書面　　執行申立書には，次の書面を添付する必要がある。①仮差押命令正本（民保規31条，民執規21条柱書），②仮差押命令申立手続において，自動車を取り上げ，保管を命ずる方法による執行を申し立てていたことを証する書面（民保規38条・32条2項），すなわち，自動車を取り上げ，保管を命ずる方法による執行を申し立てていたことの記載のある仮差押命令申立書謄本である。

②の証明書を添付しない場合には，自動車を取り上げ，保管を命ずる方法による執行の申立ては却下される。また，自動車の仮差押命令の申立ての時点では，執行は仮差押えの登録をする方法だけでよいと考えていたが，仮差押命令発令後，自動車を取り上げ，保管を命ずる方法による執行が必要になった場合には，先の仮差押命令の申立てを取り下げ，自動車を取り上げ，保管を命ずる方法による執行を申し立てる旨を記載した仮差押命令申立書をもって再度仮差押命令を申し立て，その仮差押命令を得た上で，そのような自動車を取り上げ，保管を命ずる方法による執行を申し立てたことの記載のある仮差押命令申立書謄本を添付して，自動車を取り上げ，保管を命ずる方法による執行を申し立てなければならない。

(ﾊ)　申立手数料　　自動車を取り上げ，保管を命ずる方法による執行の申立手数料は，4000円である（民訴費3条1項別表第1の11項イ）。4000円の印紙を貼付しなければならない。

(d)　執行官への申立て

自動車を取り上げ，保管を命ずる方法による執行の申立てが認容されて，自動車の取上保管命令が発令された場合には，債権者は，執行官に対し同命令正本を添付して自動車の取上げ，保管の申立てをすることになる。

この場合には，債権者は執行官に対して費用を予納しなければならない。

〔5〕 小問(4)（仮差押執行済み自動車の売却申立て）について

(1) 緊急換価

　自動車は，1日ごとに価値が低下するという性質を有し，また，保管には保管費用を要するものであるから，自動車を取り上げ，保管を命ずる方法によって仮差押えの執行がされた場合に，その自動車について，抵当権が設定されておらず，かつ，著しい価値の減少を生ずるおそれがあるとき，又はその保管のために不相応な費用を要するときは，一般の動産の場合（民保49条3項）と同様に，緊急換価が認められている（民保規37条）。Y会社の自動車についても，上記のような緊急換価の方法をとりうる。

　なお，抵当権の設定があるときにも緊急換価を許すとなると，売却により，買受人に抵当権を引き受けさせるか，あるいは，売却代金を抵当権の被担保債権の弁済にあて抵当権を消滅させるか（民執規97条1項，民執59条1項参照）しかないが，前者であれば，買受人が現れないであろうし，後者であれば，抵当権者の意思によらず売却を実施するのは適当ではなく，そのために，自動車に抵当権の設定がない場合に限って，緊急換価を認めることにしたのである（民保規37条2項但書）。

　上記のような著しい価値の減少を生ずるおそれがあるとか，その保管のために不相応な費用を要するといった事由があるときには，執行官は，その旨を差押債権者，債務者及び抵当権者に通知しなければならない（民保規37条1項）。差押債権者等は，通常，このような事由を知りえないから，これらの者に知らせて，緊急換価の機会（抵当権者には抵当権実行としての競売（民執規176条）の機会）を与えるために，執行官に通知義務を課したものである。

(a) 緊急換価の申立てをなすべき裁判所

　緊急換価の申立ては，保全執行裁判所に対して行う（民保規37条2項・38条，民保48条2項）。

(b) 申立書の記載事項

　緊急換価の申立書には，民事保全規則37条1項，2項の要件を充足すること及び緊急換価の申立てをする旨を記載する。具体的には，①債権者及び債務

者並びに代理人の表示，②目的自動車の表示及び緊急換価の申立てをする旨，③目的自動車が，取上げ，保管を命ずる方法による仮差押えの執行がされたものであること，④目的自動車について著しい価額の減少を生じるおそれがあるという事情，又はその保管のために不相応な費用を要するという事情などを記載する。

(c) 申立書の添付書面

申立書には，①仮差押調書謄本を添付しなければならない。これは，目的自動車が取上げ，保管を命ずる方法による仮差押えの執行がされたものであることを証明するために，執行官から交付を受けて添付するものである。②自動車登録事項等証明書も添付しなければならない。これは，目的自動車に抵当権が設定されていないこと（民保規37条2項但書）を証明するためである。

(d) 手 数 料

この申立てには，手数料は要しない。

(e) 審　　理

保全執行裁判所は，緊急換価の要件を充足しておれば，緊急換価の決定をし，同時に強制競売の開始決定をする（民執規89条1項）。そして，裁判所書記官は，差押えの登録を嘱託する。このように開始決定をして差押えの登録をするのは，買受人への所有権移転の原因があることを自動車登録ファイルの記載上明確にしておく必要があるからである。

緊急換価の決定がされたときは，申立人に対し告知される（民保規31条，民執規2条2項）。また，裁判所書記官は，緊急換価の申立てをしていない仮差押債権者及び債務者に対してもその旨を通知しなければならない（民保規37条3項）。これらの者は，緊急換価の決定に対して執行異議を申し立てることができるので（民保46条，民執11条1項前段），その機会を与えなければならないからである。

(f) 売　　却

保全執行裁判所は，評価人に評価命令を発し自動車を評価させて，最低売却価額を定める。そして，本執行の場合と同様の売却方法，つまり，期日入札，競り売り，それら以外の方法による売却（特別売却）を執行官に実施させる方法，また，仮差押債権者の買受けの申出によりその者に売却許可決定をする方法（自動車譲渡命令）のいずれか適当な方法によって売却を実施することになる。

(g) 売却代金の供託

　緊急換価の決定に基づいて自動車が売却され、納付された換価代金は、仮差押えの執行がされた自動車が形を変えたものであり、法律上の性質は、仮差押物である自動車と変わらないものである。そのように納付された換価代金は、いまだ配当等をすることができないので、本執行に備えて、保全執行裁判所の裁判所書記官によって供託され（民保規37条4項）、そして、本執行に移行したときに、執行裁判所においてかかる供託金について配当等を行うことになる（民執92条1項）。

(2) 本執行手続——自動車に対する強制競売の申立て

　仮差押債権者は、債務名義を取得し、その上で、仮差押自動車に対する強制競売を申し立てることができる。本問におけるX会社も、Y会社に対する債務名義を取得し、その自動車に対して強制競売を申し立てることができる。

　目的自動車が換価されてその代金が供託されている場合にも、債権者は、仮差押えの目的財産のそのような変動を考慮することなく、換価されていない場合と同様に、当該自動車に対して強制競売を申し立てるべきである。

(a) 強制競売の申立ては、目的自動車の自動車登録ファイルに登録されている使用の本拠地を管轄する地方裁判所に行う（道路運送車両法97条、民執規87条1項）。つまり、この地方裁判所が執行裁判所となる。

(b) 自動車強制競売申立書には、執行力のある債務名義の正本を添付する（民執規21条）。緊急換価の開始決定、売却許可決定、自動車登録ファイル登録事項証明書の添付は必要でない。

(c) 執行裁判所は、管轄の有無、執行の要件、執行開始の要件などを審査し、申立てが適法と判断したときは、強制競売開始決定をする。開始決定において、債権者のために自動車を差し押さえるべきことを宣言し、かつ、債務者に自動車を執行官へ引き渡すべきことを命じなければならない（民執規89条1項）。なお、この開始決定の時点で、仮差押えの執行として登録しかなされていなかった自動車について、当該自動車の占有が債務者から第三者へ移転していた場合に、その第三者に対して引渡命令を発することができるかについては、前記〔4〕(3)のとおりである。

　緊急換価の手続がとられている場合には、すでに競売開始決定がなされてい

るが（民保規37条2項，民執規89条1項），①仮差押債権と本案訴訟における請求債権の同一性について明らかにし，また，②本執行移行の時期を明確にする趣旨からも，さらに強制競売開始決定をすべきものと考える。ところで，仮差押解放金（民保22条1項）の供託による執行取消しの申立て（民保51条1項）は，「本執行移行時」まで可能であるとされている。そして，「本執行移行時」とは，「債権者が現実に本執行の申立てをした時」というだけでは足りず，「現実に本執行が開始された時」，すなわち，強制競売開始決定時であると解すべきであり，この点から，仮差押解放金の供託による執行取消しの申立ての終期を明確にするためにも，緊急換価の手続がなされている場合に強制競売開始決定をすべきことになる。

　緊急換価がとられている場合の強制競売開始決定では，差押えや引渡命令は問題にならないので，強制競売手続を開始することを宣言することになる。また，開始決定後の登録の嘱託（民執規97条，民執48条1項）は不要である。

　強制競売開始決定をした本執行裁判所は，保全執行裁判所に対し，仮差押事件記録の取寄せと換価代金に対する供託書正本の交付を依頼する。これにより，保全執行裁判所は，これらの記録等を本執行裁判所に送付することになる。

〔井手　良彦〕

Q8 | 工場に備え付けられた機械・器具の仮差押え

工場に属する土地又は建物に備え付けられた機械・器具その他工場の用に供する物について仮差押命令の申立てをすることができるか。

A

〔1〕 仮差押えの対象（目的物）

(1) 仮差押えの対象としての動産・不動産

仮差押えの対象としての不動産とは、民法上の不動産（土地及びその定着物。民86条）から登記することができない土地の定着物を除いたものである（民保47条1項、民執43条1項。ただし、民執43条2項によれば、不動産の共有持分、登記された地上権・永小作権、登記された地上権・永小作権の共有持分は、金銭債権に係る民事執行手続上不動産とみなされる）。土地の定着物とは、土地の構成部分ではないが土地に付着させられ、かつその土地に永続的に付着させられた状態で使用されることがその物の取引上の性質とされるものである（大判昭4・10・19新聞3081号15頁、最判昭37・3・29民集16巻3号643頁等）。建物は代表的な土地の定着物である。「登記することができない土地の定着物を除く民法上の不動産」には土地、建物及び立木法の登記がなされた立木が該当する。なお、特別法上不動産とみなされる工場財団等の財団も不動産仮差押えの対象となる。

動産仮差押えの対象としての動産は民法上の動産（不動産以外の有体物。民86条。ただし、執行手続の差異から船舶、自動車等は除かれる）のほか登記することができない土地の定着物、土地から分離する前の天然果実で1ヵ月以内に収穫することが確実であるもの及び裏書が禁止されている有価証券以外の有価証券を含む（民保12条4項、民執122条1項）。ただし、民事保全法49条4項により準用される民事執行法131条各号に規定する動産（例えば債務者の生活に欠くことができない衣服、

家具，畳及び建具など）は一般的仮差押禁止動産とされる。

　仮差押えの対象としての不動産と動産との区別は，不動産仮差押えの執行は仮差押えの登記をする方法又は強制管理の方法により（民保47条1項），動産仮差押えの執行は執行官が目的物を占有する方法により（民保49条1項）行うという執行の方法の差異に対応する。

(2) 機械及び器具その他工場の用に供する物の仮差押え

　前記の定義からすれば，工場に属する土地又は建物に備え付けられていない機械及び器具は民法上の動産であるということになろう。「その他工場の用に供する物」の具体的な内容は明らかではないが，機械及び器具に準ずるものであるから動産であると考えられる。このような機械・器具その他工場の用に供する物（以下「機械器具等」という）は，一般的差押禁止動産にあたるものではないと解されるから，これらを対象として動産に対する仮差押命令の申立てをすることができる（なお，特定の動産に対する仮差押命令の申立てについてはＱ3参照）。

　これに対し，機械器具等が工場に属する土地又は建物に備え付けられたときは，それらが備え付けられた工場に属する土地又は建物との関係から工場抵当法により仮差押えが禁止されることがある。

〔2〕 工場抵当と機械器具等の仮差押え

(1) 工場抵当の意義

　工場抵当法2条1項，2項によれば，工場の所有者が工場に属する土地又は建物に設定した抵当権の効力は，工場に属する土地又は建物に付加して一体を成した物（以下「付加物件」という）のみならず本問の問題文にある「工場に属する土地又は建物に備え付けられた機械・器具その他工場の用に供する物」（以下「供用物件」という）に及ぶ。この場合，供用物件をその備え付けられている土地又は建物と切り離して別個の仮差押えの対象とすることはできない（工抵7条・2条）。

　工場抵当は，工場を構成する施設を一体として担保に供しようとするものである。工場施設は一体であることにより，個々の物の価値の総和を超えた経済的価値ひいては担保価値を付与されるからである。付加物件については，工場

抵当法によらなくとも，工場に属する土地又は建物に設定した抵当権の効力が及ぶことになるから（民370条），供用物件にも抵当権の効力が及ぶことを明らかにしたことが工場抵当の要点であるとされる。同様の目的をより徹底するものとして後記の工場財団があるが，工場財団を設定するためにはやや複雑な手続を要するのに対し，工場抵当によれば，より簡易に工場施設を担保に供しうるので，抵当権を設定する土地建物が各1個というような中小規模の企業の担保化に便宜であるとされている。

(2) **工場抵当の要件**

機械器具等が工場に属する土地又は建物に設定した抵当権の効力が及ぶ供用物件とされる要件は，工場所有者により工場に備え付けられていること及び工場の用に供されていることである。工場抵当法2条の文言上，付加物件とされるものは除かれるものと解される。供用物件が常に工場に属する土地又は建物の従物にあたるか否かについては説が分かれる。従物にあたるとする有力説もあるが，最判平6・7・14民集48巻5号1126頁は，供用物件のうちには従物とされるものもあるが，従物にあたらないものもあることを認めている。実際，同判決の原審認定の事実によれば，問題となった供用物件は，多数の機械器具により構成されるバッチャープラントという生コンクリートを製造する設備であり，その評価額が1700万円であるのに対し，工場に属する建物は，評価額が約630万円にすぎず，構造上も当該供用物件の外装部分というべきもので，建物として，これ以外の独立の用途はないともいえるものであって，当該建物が当該供用物件の主物であるという評価をしにくい例でもあったようである。

工場に属する土地又は建物に設定された抵当権の効力が例外的に供用物件等に及ばない場合がある。①抵当権設定契約において抵当権の効力を及ぼさないという特約をした場合（工抵2条1項但書前段），②民法424条（詐害行為取消権）の要件があるとき，すなわち，抵当権設定者が一般債権者を害する事情を知りながら機械器具等を備え付け，抵当権者もこれを知っていたような場合（工抵2条1項但書後段），③民法242条但書（付合の例外）により第三者に所有権が留保されているとき，④備え付けた機械器具等が第三者の所有物であるときである（もっとも，最判昭37・5・10裁判集民事60号589頁・金法309号3頁は，A会社の債務の担

保のためにA会社代表者であるB個人所有の工場建物に設定された工場抵当法2条の根抵当権の効力が，当該建物に備え付けられ，後記三条目録に記載されたA会社所有の機械器具に及ぶことを認める。第三者の所有物であっても，その承諾があれば，抵当権の効力が及ぶのであり，本判決の事案は，これにあたる場合であると解することもできる（清水元『プログレッシブ民法［担保物権法］』〔第2版〕145頁）。なお，工場所有者が抵当権者の同意を得て備え付けた機械器具等の備付けを止めたときは，その物に対する抵当権は消滅する（工抵6条2項）。

(3) 抵当権の登記の効力

従前，後記の三条目録が供用物件についての抵当権の対抗要件か否かにつき説が分かれていたが，前掲最判平6・7・14は，工場抵当権者が供用物件につき第三者に対してその抵当権の効力を対抗するためには三条目録にその供用物件が記載されていることを要する，言い換えれば，三条目録の記載は第三者に対する対抗要件であるとして，対抗要件説に立つことを明らかにした。同判決は，その論拠を次のように説明する。すなわち，工場抵当法3条1項（平成16年6月18日法律第124号による改正前のもの。以下，この段同様）は，工場の所有者が工場に属する土地又は建物について抵当権設定登記を申請する場合には供用物件につき目録（「三条目録」といわれる）を提出すべき旨を規定し，同法3条2項の準用する同法35条によれば，三条目録は登記簿の一部とみなされ，その記載は登記とみなされており，また，同法3条2項の準用する同法38条は，三条目録の記載事項に変更が生じたときは，所有者は遅滞なくその記載の変更の登記を申請すべきであると規定していることによる（平成16年6月18日法律第124号（平成17年3月7日施行）による改正により，工場抵当法3条は改められ，35条は削除された。しかし，同改正は，不動産登記事務の電子化等を目的とする不動産登記法の全面改正に伴うものであり，抵当権の効力を及ぼすべき供用物件は登記事項とされ（3条1項），登記申請者はその登記事項を記録する目録作成に必要な情報を提供しなければならないとされたことから（同条3項），35条の引用が不要となったものである。したがって，工場抵当法の改正により，前掲最判平6・7・14の判旨が影響を受けることはないものと解される。なお，工場抵当法については，その後も若干の改正はあるが，同様である）。

このように解すると，当該供用物件が工場に属する土地又は建物の従物にあたる場合は，供用物件以外の従物の場合に比べ，主物に設定された抵当権の効

力を及ぼす要件が加重されるという結論となる。土地に対する抵当権の効力は，特段の事情のない限り，抵当権設定当時その土地の従物であった物にも及び，当該抵当権設定登記による対抗力は，その土地の従物についても生ずる（最判昭44・3・28民集23巻3号699頁）とされているからである。この点，前掲最判平6・7・14は，三条目録の記載を抵当権設定の対抗要件としなければ，抵当権設定の当事者ないし第三者が特定の供用物件が従物にあたるか否かという判断をしなければならないという困難を強いられ，執行裁判所も抵当権の実行手続において同様の判断を余儀なくされることになるから，工場抵当法は，民法の特別法としてこのような規定を設けることで，抵当権設定の当事者ないし第三者が特定の供用物件が従物にあたるか否かという判断をしなければならないという困難を回避し，執行裁判所の抵当権の実行手続を簡明にしたものであると説明している（金融実務を根拠に公示説が妥当であるとする意見とこれに対する対抗要件説からの反論につき，佐久間弘道「工場抵当法三条目録の効力」金法1581号98頁参照）。

(4) 本問の回答について

　本問の機械器具等については，それが備え付けられている工場に属する土地又は建物にその所有者が抵当権を設定し，かつ，その抵当権設定登記の三条目録に記載されている場合は，前記の例外にあたらない限り，工場に属する土地又は建物に設定された抵当権の効力が及ぶことになる。この場合は当該供用物件のみを対象として仮差押命令の申立てをすることはできない。逆にいえば，工場抵当法の適用を受けなければ，本問の機械器具等に対し，動産として仮差押命令の申立てをすることができるといえよう（ただし，後記〔4〕の問題がないわけではない）。このような機械器具等の仮差押命令の申立てに際しては，目録で動産を特定し，債務者の保管及び使用に異議がない旨の上申書を提出することにより，債務者の事業に支障が生じることがないとの理由から，申立てが認められることが比較的多いようであるともいわれている（瀬木比呂志『民事保全法』〔第3版〕157頁・320頁）。

　なお，工場抵当法の適用を受ける場合に，仮に仮差押えがなされたとしても，その仮差押執行が当然に無効になるとは解されないものの，工場抵当権者は，執行異議（民保46条，民執11条）により仮差押執行を排除することもできるし，第三者異議の訴え（民保46条，民執38条）を提起して，その無効を主張すること

もできると解されている（動産執行に対する第三者異議の訴え（旧民訴549条）についての大判昭6・3・23民集10巻3号116頁参照）。

〔3〕 工場財団と組成物件の仮差押え

　製造業等の企業の工場経営のための土地，建物，機械，器具その他の物的設備のみならず，地上権，賃借権及び工業所有権等の財産を結合して有機的な単一体である工場財団とし，そのうえに工場財団抵当という抵当権を設定することが認められている（工抵8条以下）。これを認める理由は，前記〔2〕(1)に述べたとおりである。工場財団を構成するもの（以下「組成物件」という）は①工場に属する土地及び工作物，②機械，器具，電線，配置諸管，軌条その他の付属物，③工業所有権等の権利である（工抵11条）。このうち②の機械器具等は工場抵当の場合と異なり必ずしも工場に属する土地又は建物に付加し又は備え付けられていることを要しない。組成物件の要件は，①他人の権利の目的となっていないこと（工抵13条1項），②差押え，仮差押え又は仮処分の目的となっていないこと（工抵13条1項），③他の財団に属していないこと（工抵8条2項），④登記，登録ができるものについてはその登記，登録があることである（工抵12条・13条ノ2）。工場財団は，工場財団登記簿に財団所有権の保存登記をすることにより創設される（工抵9条。保存登記は成立要件である。保存登記の申請の際は，法務省令に規定される情報と同時に財団目録に記録すべき組成物件に関する情報を提供しなければならない（工抵22条・21条））。工場財団は1個の不動産とみなされる（工抵14条1項）。工場の所有者は，抵当権の目的とするために1個又は数個の工場に工場財団を設定することができる（工抵8条1項）。抵当権設定登記は所有権保存登記後6ヵ月以内に行わなければならない（工抵10条）。

　工場財団に属するものは，個々的に差押えや仮差押えの対象とすることはできない（工抵13条2項）。個々的に仮差押え等ができるとすると，一体として有する工場財団の担保価値が毀損され，法律関係も複雑化するからである。

　工場財団の組成物件である機械器具等に対して仮差押えがなされた場合，その仮差押執行が当然に無効になるとは解されないものの，工場抵当権者は，執行異議（民保46条，民執11条）及び第三者異議の訴え（民保46条，民執38条）を提起することができると解されている。

仮差押えがなされているものを工場財団の組成物件とすることはできないが（工抵13条1項），機械器具等の動産について仮差押えがなされているか否かは登記等により知ることができないから，工場財団の所有権保存又は変更の登記申請がなされた場合，登記官は，仮差押債権者等に対して権利申出催告の公告をし（工抵24条1項・43条），公告期間内に申出がなされなかった場合にはその権利は存在しないものとみなされ，たとえ当該機械器具等に対して動産仮差押えがなされていたとしても，仮差押えの効力は失われるものとされている（工抵25条・43条）。

〔4〕 定着物である機械器具等と工場に属する不動産に設定された抵当権の効力

機械が工場に備え付けられたことにより，定着物とされることがありうる。工場抵当法施行前であるが，大判明35・1・27民録8輯1巻77頁は，工場に備え付けられた蒸気汽罐等の機械について，民法86条の定着物とは，絶対に自然の状態を毀損しなければこれを分離し若しくは他に移動することができない物に限らないから，その据え付けの程度によっては定着物となりうると判示した。この判決は，蒸気汽罐等は工場に属する建物の定着物か少なくとも従物であるから当該建物に設定された抵当権の効力が及ぶとした原審の結論を支持したもののようで，「建物の定着物」の意義は必ずしも明確ではないが，備え付けられた機械が定着物であると認定されれば，工場に属する建物に設定された抵当権の効力が当該機械に及ぶということになろう。この点，工場抵当法立法者も，機械器具のうち工場に属する土地又は建物の定着物にあたるものは民法370条により当然に土地又は建物に設定された抵当権の効力が及ぶと解していたようである（第21回帝国議会貴族院工場抵当法案特別委員会議事速記録第1号中の政府委員河村譲三郎の説明参照）。ここで，工場抵当法との関係が問題となる。定着物である機械器具は工場抵当法上の供用物件にあたる場合も，三条目録の記載によらずに，工場に属する土地又は建物に設定された抵当権の効力を対抗できることになりそうである。しかし，前記のとおり民事保全法では登記できない土地の定着物は従物と同様に動産仮差押えの対象とされること，工場抵当の場合は，供用物件が従物にあたるか否かにかかわらず三条目録の記載で対抗力を

決すべきであるとして抵当権の効力が及ぶ範囲の明確性を優先するのが前掲最判平6・7・14の趣旨であること，大判昭4・10・19新聞3081号15頁は，機械が工場内においてコンクリートの土台にボルトで固定された程度では定着物とはいえないとしていること等からすれば，工場に属する土地又は建物に備え付けた機械が定着物に該当し，三条目録に記載がなくとも工場に属する土地又は建物に付された抵当権を対抗できる場合は，定着物が工場抵当法上の付加物件にあたる場合に限定されるべきものと考える。

　なお，備え付けられた機械が定着物とされることにより，工場に属する土地に設定された抵当権の効力が及ぶとすると，当該供用物件に対する動産仮差押執行をすることは許されず，執行したとしても，抵当権者は第三者異議の訴えを起こして仮差押執行を取り消すことができることになろう（最判昭44・3・28民集23巻3号699頁参照）。

[笹本　昇]

Q9 | 権利能力なき社団の不動産の仮差押え

Xは，権利能力なき社団Yに対して，300万円の貸金債権を有しているが，これを保全するため，社団Yの構成員全員に総有的に帰属する甲土地（社団Yのために第三者Aがその登記名義人になっている）について仮差押命令の申立てをすべく準備中である。なお，Xは，権利能力なき社団Y及びAを被告として，甲土地が社団Yの構成員全員の総有に属することの確認を求める訴えを提起しているが，審理中であって，その判決はまだ出ていない。この場合，Xが甲土地について仮差押命令の申立てをするには，どのようにすればよいか。

A

〔1〕 問題の所在

(1) 権利能力なき社団の当事者能力

　権利能力なき社団*1は，民事訴訟法，民事執行法のみならず，民事保全法上も当事者能力*2を有する（民訴29条，民執20条，民保7条）。
　したがって，社団Yに対する金銭債権を有する債権者Xは，社団Yを債務者として，構成員の総有財産である甲土地に対し，仮差押命令の申立てをすることができる。

*1 権利能力のない社団と認められるためには，「団体としての組織をそなえ，そこには多数決の原則が行われ，構成員の変更にもかかわらず団体そのものが存続し，しかして，その組織によって代表の方法，総会の運営，財産の管理その他団体としての主要な点が確定しているものでなければならない」ことが，判例上確立している（最判昭39・10・19民集18巻8号1671頁）。その認定の具体的資料としては，①規約（他の名称としては，定款，会則など）……対内的な根本規則で，これにより，社団の目的から，団体の名称，事務所所在地，会員資格の得喪，代表者の任免，代

表方法，総会の運営，財産の管理等に至るまで対内的事情が明らかになる。②総会の議事録……団体としての意思決定や多数決原理の存在することを示す。③会員名簿……構成員の存在及び団体の存続性を知りうる。④会計帳簿，会計報告書……財産管理及び財産の存在を知る資料となる。⑤その他，団体としての存続性ないし実在性を推認するための資料としては，㋐代表者名義の不動産登記簿，㋑代表者肩書き付き預金通帳，㋒事務所の賃貸借契約書，㋓団体振出の手形，小切手，㋔広報誌など団体の活動を記載している書面，㋕構成員から団体への各種報告書等が考えられる。

＊2　最〔1小〕判平26・2・20（平23（受）第2196号）。
（要旨）「権利能力のない社団は，構成員全員に総有的に帰属する不動産について，その所有権の登記名義人に対し，当該社団の代表者の個人名義に所有権移転登記手続をすることを求める訴訟の原告適格を有する。」

(2)　不動産に対する仮差押命令申立書と添付書類

(a)　登記がされた不動産

登記がされた不動産を仮差押えする場合には，申立書に「登記事項証明書及び登記記録の表題部に債務者以外の者が所有者として記録されている場合にあっては，債務者の所有に属することを証する書面」を添付しなければならない（民保規20条1号イ）。

登記がされた不動産には，(イ)所有権の登記がされたものだけではなく，(ロ)表示の登記のみがされたものも含むから，①所有権の登記名義が債務者である場合と，②表示登記のみで表題部の所有者欄が債務者である場合は，登記事項証明書を添付すれば足りるが，③表示登記のみで，表題部の所有者欄が債務者以外の者である場合には，債務者の所有に属することを証する書面の添付が必要となる。

(b)　登記名義人と債務者の不一致

問題は，④所有権の登記名義が債務者以外の者である場合であるが，保全実務では，そのままでは目的不動産が債務者に帰属していないとして，申立ては却下され，しかも，手続の安定の要請から，別の文書で，債務者の所有であることを証明して，これに代えることはできないとされている。

したがって，所有権の登記名義が債務者以外の者になっている場合には，原則として，債権者は，債権者代位権に基づいて登記名義を債務者に変更した上

で，変更後の登記事項証明書を添付する必要がある*3。

　　*3　最高裁判所民事総局民事局編『条解民事保全規則』128頁以下。

(3)　権利能力のない社団と登記名義

　これに対し，権利能力のない社団の場合，判例*4及び登記実務*5は，①構成員全員の共有名義，②当該社団の代表者の名義（以下「代表者名義」という），③当該社団の規約等で社団の財産の管理者とされた構成員の名義（以下「特定構成員名義」という）で登記することを認めるが，権利能力のない社団の名義はもとより，社団の代表者である旨の肩書きを付した名義も認めない。

　そうすると，社団Yを甲土地の登記名義人と一致させることがそもそもできないのであるから，債権者Xとしては，甲土地を仮差押えするためには，どのような書類を添付すればよいのかが問題となる。

　　*4　最〔2小〕判昭47・6・2民集26巻5号957頁。
　　　「権利能力なき社団の資産たる不動産については，社団の代表者が，社団の構成員全員の受託者たる地位において個人の名義で所有権の登記をすることができるにすぎず，社団を権利者とする登記をし，または，社団の代表者である旨の肩書を付した代表者個人名義の登記をすることは許されないものと解すべきである。」
　　　最〔3小〕判平6・5・31民集48巻4号1065頁。
　　　「規約等により代表者でない構成員を登記名義人とすることとされた場合，その構成員は，当該不動産の登記手続請求の原告適格を有する。」
　　*5　昭和23年6月21日民事甲第1897号民事局長回答（登記先例集上834頁）。
　　　「権利能力なき社団を登記名義人とする登記申請は受理できない」
　　　昭和36年7月21日民三発第三課長回答（登記先例集追Ⅲ588頁）。
　　　「登記権利者を当該社団代表者何某とする記載をすることはできない」その主たる理由は，権利能力なき社団の場合，その団体の存在又は代表者の代表権限を公証する書面がないから，形式的審査権しかない有しない登記官が権利能力のない社団の存在を認定することは困難であるという。

〔2〕　強制執行の場合

(1)　執行債務者と登記名義人の不一致

　この問題は，権利能力なき社団の構成員全員の総有に属する不動産を差し押さえる場合にも，債務名義上の債務者と強制執行の対象とする不動産の登記名

義人とが一致しないため，同様の問題があった*6。

　従来，この問題の解決方法としては，債務名義を調整して，登記名義人を社団のために「目的物を所持する者」（民執23条3項）と捉え，登記名義人に対する執行文の付与を認めるという解釈がなされていたが，最高裁は，次のとおり別の解釈を示した。

　　*6　不動産に対する強制執行の場合，申立てに際して「登記がされた不動産については，登記事項証明書及び登記記録の表題部に債務者以外の者が所有者として記録されている場合にあっては，債務者の所有に属することを証する文書」を添付しなければならない（民執規23条1項1号）ところ，実務においては，登記簿上の所有名義は債務者であることを要すると解していたから（最高裁判所民事総局民事局監修『条解民事執行規則』〔改訂版〕92頁），目的不動産が債務者の責任財産に帰属していなければ強制執行できないので，債務者の名義になっていない場合は，強制競売の申立ては却下される。しかも，その場合に別の文書で，不動産が債務者の所有であることを証明して，これに代えることはできないと解していた（登記名義により一律に判断するのが手続の安定にかなうし，他人名義のままでは差押えの登記ができないからである）。したがって，債権者は，まず，債権者代位権に基づいて登記名義を債務者に変更した上で（民423条，不登59条7号），変更後の登記事項証明書を添付しなければならない。しかし，権利能力のない社団の場合は，登記名義をそもそも債務者に変更することはできないから，このような一般論では，権利能力のない社団に帰属する不動産については，結局，強制執行ができないということになる（代表者個人への所有権移転登記をしても同じことである）。そこで，最高裁は，上記のとおり判示し，強制執行開始の要件として「確定判決その他これに準ずる文書」を要求した。

(2)　最〔3小〕判平22・6・29民集64巻4号1235頁（以下「22年判決」*7という）

(a)　要　　　旨

「権利能力のない社団を債務者とする金銭債権を表示した債務名義を有する債権者が，構成員の総有不動産に対して強制執行をしようとする場合において，上記不動産につき，当該社団のために第三者がその登記名義人とされているときは，上記債権者は，強制執行の申立書に，当該社団を債務者とする執行文の付与された債務名義の正本のほか，上記不動産が当該社団の構成員全員の総有に属することを確認する旨の上記債権者と当該社団及び上記登記名義人との間

の確定判決その他これに準ずる文書を添付して、当該社団を債務者とする強制執行の申立てをすべきと解するのが相当であ」るから、民事執行法23条3項の規定を金銭債権についての強制執行の場合にまで拡張解釈することは許されない。

(b) 田原睦夫裁判官の補足意見

上記「確定判決その他これに準ずる文書」について、「具体的には、確定判決の外、判決理由中の判断（理由中に総有不動産であることが明らかな場合）、和解調書、総有に属することを記載した公正証書、登記名義人を構成員の特定の者とすることを定めた規約（公正証書又はこれに準ずる証明度の高い文書）などが考えられる。」と述べている。

*7 事案は、Xが「株式会社整理回収機構」、社団Yが「在日本朝鮮人総聯合会」、不動産の登記名義人Aが「合資会社朝鮮中央会館管理会」で、Xが登記名義人Aを民事執行法23条3項所定の「請求の目的物を所持する者」に準ずる者であると主張して、Aを相手に民事執行法27条2項の執行文付与の訴えを提起したものである。

ところで、22年判決は、登記名義人が社団の代表者でも構成員管理者の名義でもない第三者名義の事案であり、代表者ないし管理者の名義で登記されている場合にも「確定判決その他これに準ずる文書」を添付する必要があるか否かについてまでは判示していないが、田原裁判官は、補足意見で、①登記名義人が社団の代表者である等、社団との関連性が債務名義、社団の規約等から明らかな場合と、②登記名義人が社団の旧代表者である等、現在の登記名義人と社団との関連性が債務名義等から明らかでない場合とを分けて、①の場合は、総有に属することが証明されているから、執行債務者と登記名義人が一致している場合に準じて執行手続を行うことが許されるが、②の場合は、社団において登記名義人たることとされる名義人への移転登記手続を請求し、その移転登記手続を経た上で、①の執行手続をなすことが望ましい（もっとも、証明度の高い文書によって総有に属する事実が認められる場合は、①に準じて強制執行手続を開始することができる）と述べている。

〔3〕 仮差押えの場合

(1) 22年判決の影響

強制執行の申立書に添付すべき書類についての規定（民執規23条1号）と仮差押えの場合の添付書類の規定（民保規20条1号イ）とは、その文言が同じである

ため，22年判決が出たことにより，その後，仮差押え申立書にも「確定判決その他これに準ずる文書」を添付する必要があるのではないかが問題となった。

(2) 仮差押申立ての添付書類が問題となった事案の概要（当事者は22年判決とまったく同じである（前掲＊7参照））

債権者は，社団及び登記名義人を相手として，対象となる不動産が社団の構成員の総有に属することの確認を求める訴訟（仮処分の本案訴訟）を提起し，第一審＊8で勝訴判決を得たものの，控訴され未だに判決は確定していないため，強制執行ができない。

そこで，債権者は，上記訴訟で提出された主な書証及び第一審の勝訴判決書，さらに，控訴審＊9が「本件不動産は社団の構成員全員に総有的に属するとの心証を得ている」とした裁判長の発言について記載のある口頭弁論調書の写し等を添付書類として上記不動産に対する仮差押えの申立てをした。

　＊8　本案訴訟・東京地判（民事第35部）平21・3・26（判タ1314号237頁以下）。
　　　Xは，当該土地について東京地裁に処分禁止の仮処分の申立てをした。すなわち，Xは，社団YがAに対し，真正な登記名義の回復を原因として社団Yの代表者個人への所有権移転登記手続請求権を有するから，社団Yに対する債務名義をもって社団Yの上記請求権を代位行使すると主張し，上記請求権を被保全権利として仮処分命令の申立てをした。同地裁は申立てを認容する仮処分決定をし，甲土地について仮処分決定を原因とする処分禁止の登記がされた。
　　　本案訴訟は，YとAを相手に甲土地がYの構成員の総有であることの確認と真正な登記名義の回復を原因とする所有権移転登記手続を求める訴訟である。
　＊9　東京高判（第21民事部）平22・12・24（判タ1351号162頁以下），そのまま確定。

(3) 原々審（東京地決平22・9・3）及び原審（東京高決平22・11・5）

上記仮差押え申立てに対し，原審，原々審はいずれも，22年判決を引用して，仮差押えの場合であっても，確定判決その他これに準ずる文書のような証明度の高い文書を添付する必要があるが，Xの申立書に添付された上記書面等は，確定判決その他これに準ずるほど証明力の高い文書ではないとして，いずれも申立てを却下した。

(4) 最〔2小〕決平23・2・9（平22（許）第43号事件，以下「23年決定」という）

23年決定は，概要「権利能力のない社団を債務者とする金銭債権を有する

債権者が，構成員の総有不動産に対して仮差押えをする場合において，上記不動産につき，当該社団のために第三者がその登記名義人とされているときは，上記債権者は，登記記録の表題部に債務者以外の者が所有者として記録されている不動産に対する仮差押えをする場合（民保規20条1号イ）に準じて，仮差押命令の申立書に，上記不動産が当該社団の構成員全員の総有に属する事実を証する書面を添付して，当該社団を債務者とする仮差押命令の申立てをすることができるものと解すべきであり，上記書面は，強制執行の場合とは異なり，上記事実を証明するものであれば足り，必ずしも当該不動産が権利能力のない社団の構成員全員の総有に属することを確認する旨の債権者と社団及び登記名義人との間の確定判決その他これに準ずる文書であることを要しない」とした。

その理由としては，強制執行と保全処分とでは，権利の喪失，登記の抹消等，その法的効果が異なるからであるとし，結局，申立書に添付された書面は，本件不動産が社団の構成員の総有に属する事実を証明するに足るものと認める余地が十分あるとして，23年決定は，原審の決定を破棄し，原々決定を取り消して，事件を原々審に差し戻した。

(5) 23年決定の射程

(a) 添付書面の緩和と立証の程度

仮差押えの場合は，確定判決その他これに準ずる文書まで添付する必要はないが，立証の程度は，23年決定が規定の文言どおり，総有に「属する事実を証する書面」と表現しており，当該不動産の帰属についての立証は，疎明ではなく証明と解される。

問題は，その程度であるが，強制執行とは法的効果が異なることから，保全処分については，証明の程度を軽減したものと捉えることができる。また，準用規定には文書の限定がないのであるから，公的文書，私的文書を問わないと解される。

(b) 代表者や特定構成員が登記名義人の場合

23年決定は，登記名義人が第三者の場合の判断であり，代表者や特定構成員が登記名義人となっている場合には，どのような書面を添付すべきか明らかではない。

(c) 登記名義人の手続保障

仮差押命令は，債権者審尋のみで発せられ，しかも登記名義人は当事者ではないから，保全異議の機会もない。

登記名義人が固有の財産であるとして争うのであれば，債権者を被告として別途，第三者異議訴訟を提起せざるをえない（民保46条，民執38条）。

さらに，仮差押えがあると，処分制限効による取引の制限はもとより，取引上期限の利益喪失となることもありうる。

このような登記名義人の不利益を考えると，保全裁判所としては，証明されたかどうかの判断を厳格，慎重にせざるを得ない。

この点，23年決定の事案は，登記名義人である第三者が当該不動産に対する処分禁止の仮処分の相手方となり，その本案である確認訴訟の被告として所有権の帰属を争っている中での判断であり，仮差押えの手続としては特殊なケースである。

〔4〕 設問の検討

(1) Aが構成員以外の第三者の場合

以上を踏まえ，Aがどのような第三者か，場合を分けて検討する。

(a) この場合，Aには登記の推定力[*10]が及んでおり，その中で，Xとしては，不動産が社団Yに帰属することを証明しなければならないから，社団Yと登記名義人Aとの関連性を示す書面をできるだけ添付する必要がある。

(b) Xは，社団Y及びAを被告として，甲土地が社団Yの構成員全員の総有に属することの確認を求める訴えを提起しているのであるから，その訴訟の証拠書類を利用することになる。

この点，前記〔3〕(2)の第一審及び控訴審の債権者（原告）が提出した証拠書類をみると，①社団の規約，②登記名義人（合資会社）の役員や職員が社団の要職についている事実を記載した書面，③債権者と社団との和解交渉の際に社団が提出した当該不動産を含む財産一覧表，④社団に登記能力がないため，便宜上，別会社（合資会社の前の登記名義人）を登記名義人とした旨の記載がある社団とその別会社との公正証書による覚書，⑤当該不動産の課税に関する書面（固定資産税の減免決定書，東京都作成の調査復命書及び主税局長の税の減免についての回答書，その中に社団が真実の所有者であり，登記名義人に管理委任するものである等の記載が

ある）などがある。

(c) 他の方法

しかし，登記名義人の手続保障の見地から，登記名義を社団の代表者に変更させることなく，不動産をいきなり仮差押えすることには，消極的見解が多い。

23年決定が仮差押命令を肯定したのは，訴訟手続で登記名義人が当事者として所有権の帰属を争い，その点では，手続保障は満たしているということが影響していると考えられる。

したがって，関連証拠をどれだけ添付できるかによるが，債権者Xとしては，債権者代位権に基づいて社団Y（又は社団Yの代表者）が登記名義人Aに対して有する社団代表者への所有権移転登記請求権を被保全権利として，処分禁止の仮処分をするという方法も考えておく必要がある。

この方法であれば，甲土地の処分を防ぎつつ登記名義人Aが債務者として手続に関与することになり，手続保障の点でも問題はない。

なお，平成22年判決の田原補足意見も，登記名義人が第三者の場合，社団との関連性を直ちに立証することが困難であるから，仮差押手続ではなく，債権者代位権に基づく処分禁止の仮処分手続のほうが，実務上親和性があると述べている。

*10 登記簿上の記載事項は，反証のないかぎり，記載どおりの実質的権利関係が存在しているものと推定されるべきである（最判昭50・7・10金法765号37頁）。

(2) Aが社団代表者の場合

この場合は，①社団の規約，②登記名義人が社団の代表者であることを証明する書類があれば，登記名義が代表者である関連性は証明されたと見てよい。

登記名義が個人になっているとはいえ，仮差押命令に対し不服があれば，社団の代表者として，保全異議，保全抗告の機会があり，手続保障の点でも問題はないといえる。

ところで，社団の代表者が変更した場合には，登記実務では「委任の終了」を登記原因として所有権移転登記をすることになるので*11，代表者の所有権取得の登記原因が「委任の終了」となっているときは，社団の代表者は当該不動産の所有者ではないと推認できる。

*11 昭和41年4月18日民甲第1126号法務局民事局回答・先例集追Ⅳ727。

(3) Aが特定構成員の場合

　特定構成員の場合は(1)の第三者に近いと見るか，(2)の代表者に近いと見るかで見解が異なると思われるが，①社団の規約，②社団の議決書等で，当該不動産の管理を特定構成員に委託する旨の記載があれば，当該不動産について，社団と登記名義人との関連性は明らかになるから，(2)の代表者に準じて考えるべきであろう。

　特定構成員が個人の財産であると争う場合，第三者異議の訴えを提起する負担を負わせることになるが，個人の所有であることを根拠づける主な事実（当該不動産の入手経過，利用の実態，税の支払等）は，所有者であれば立証が比較的容易であるから，手続保障として衡平に反するとまではいえない。

　なお，特定構成員は，仮差押えの当事者となっていないから，仮差押命令を発令した際には，特定構成員にその旨を通知すべきであろう。

■権利能力なき社団を当事者とする不動産仮差押命令申立書

不動産仮差押命令申立書

平成〇年〇月〇日

〇〇地方裁判所民事第〇部　御中

債権者代理人弁護士　〇　〇　〇　〇　㊞

　　　当事者の表示　　別紙当事者目録記載のとおり
　　　請求債権の表示　別紙請求債権目録記載のとおり

申立ての趣旨

　債権者の債務者に対する上記請求債権の執行を保全するため，債務者構成員全員の総有である別紙物件目録記載の不動産は，仮に差し押さえる。
との裁判を求める。

申立ての理由

第1　被保全権利（省略）
第2　保全の必要性（省略）

疎明方法

甲1　規約（その他，前掲＊1参考）
甲2

(別紙)

当事者目録

　〒〇〇〇－〇〇〇〇　〇〇市〇〇区〇条〇丁目〇番〇号
　　　　　　　　　　債権者　　〇　〇　株　式　会　社
　〒〇〇〇－〇〇〇〇　〇〇市〇〇区〇条〇丁目〇番〇号
　　　　　　　　　　債務者　　〇　〇　町　〇　〇　会
　〒〇〇〇－〇〇〇〇　〇〇市〇〇区〇条〇丁目〇番〇号
　　　　　　　　　　同代表者会長　　乙　〇　〇　〇
　（登記簿上の住所）　〇〇市〇〇区〇条〇丁目〇番〇号
　　　　　　　　　　登記名義人　　　甲　〇　〇　〇

〔注〕当事者の記載（民保規13条1項1号）
　権利能力なき社団の場合，債務者の住所や氏名等が登記簿の記載と異なっているから，登記簿上の住所や氏名も記載する。

[桐　　忠裕]

Q10 滞納処分による差押えのある不動産の仮差押え

X工務店は，Yに対して1000万円の工事代金債権を有しているが，その支払がないため，Yを債務者，上記工事代金のうち500万円を被保全権利として，Y所有の甲土地（時価800万円）について仮差押命令の申立てをした。
(1) 被保全権利の額を超過する甲土地に対する仮差押命令の申立ては認められるか。
(2) 債権の一部を被保全権利とする仮差押命令の申立ては認められるか。
(3) 甲土地について滞納処分による差押えがされていた場合，保全裁判所はどのように処理すべきか。

A

〔1〕 小問(1)──目的不動産の価額が過大な場合の仮差押えの申立て

(1) 超過仮差押禁止の原則

金銭債権の債権者は，債務者が金銭債務の任意の履行に応じないとき，その債権の満足を得るために強制執行を求めるのであるから，強制執行によってその債権額に相当する金銭を取得すれば十分なのであり，その範囲を超える不利益ないし苦痛を債務者に与えることは，不必要なことである。したがって，必要の限度を超えた強制執行を禁止すること，すなわち超過執行（超過差押え）の禁止は，強制執行制度の目的から合理的に導かれる原則の1つであるということになる。ところで，債権者が確定判決等の債務名義を取得し強制執行により権利実現をするまでの間に，債務者が自己の財産を隠匿する等によって強制執行を困難にするときは，金銭債権の債権者が適法な手続により取得した，確

定判決等の債務名義が有名無実のものとなりかねない。そこで，債権者の権利実現のためには，裁判が終わるまでの期間，債務者の責任財産となる物を仮に差し押さえて隠匿行為を封じ，強制執行の実効性を担保する必要がある。これが民事保全手続の1つである仮差押えである。この仮差押えの性質からすれば，仮差押えについても超過仮差押えの禁止の原則があてはまることになる。

(2) 1筆の土地の一部の仮差押え

本問の甲土地は1筆の土地と解されるが，そのうち被保全権利，すなわち請求債権の額である500万円相当部分について仮差押え（1筆の土地の一部の仮差押え）ができるとすれば，前記の超過仮差押えの問題は生じないこととなる。

1筆の土地の一部についても，その部分が具体的に特定されている限り，分筆登記がなされる前であっても，譲渡や時効取得は可能である（最判昭30・6・24民集9巻7号919頁，最判昭45・12・18民集24巻13号2118頁等）。しかし，1筆の土地の一部に対する仮差押えはできないとするのが実務の取扱いである。仮差押命令の執行は登記によってなされるが（民保47条1項），登記実務上，1筆の土地の一部に対する仮差押登記はできないからである。もっとも，1筆の土地も，超過仮差押えとならない価額になるように分筆したうえ，分筆後の土地を仮差押えの対象とすることができれば超過仮差押えの問題を回避することができる。しかし，土地の分筆は，所有権者等の権原であるところ，金銭債権を有するにすぎない者である仮差押債権者には所有権者等に対する代位権原の根拠がなく，分筆登記の請求権が認められないから，この方法によることもできない。

したがって，本問の債権者であるX工務店が債務者Y所有の甲土地を仮差押えしようとするときは，甲土地全部を対象とせざるを得ない。そこで，このことと，前記の超過仮差押禁止の原則は，どう調整されるべきかについて，次に検討する。

(3) 保全の必要性

前記のとおり，仮差押えは，債権者の金銭債権による将来の強制執行を実効あらしめるため，債務者が財産を処分することを禁止して，債務者の財産（責任財産）を確保しておくものである。ここでいう「将来の強制執行などを実効あらしめるため」というのが仮差押えの必要性（仮差押えの保全の必要性）であり，

法文上は「強制執行をすることができなくなるおそれがあるとき，又は強制執行をするのに著しい困難を生ずるおそれがあるとき」である（民保20条1項）。保全の必要性は，保全手続によって保全される債権者の被保全権利とともに保全命令の実体的要件をなし，保全命令手続における審理の対象とされる（民保13条）。保全の必要性の理論的考察はともかく，一般の実務における仮差押えの保全の必要性の判断では，現時点で仮差押えをしておかなければ，執行力ある債務名義を取得した時点で当該仮差押えの対象となるべきものが散逸しているおそれということを中心に置いて，被保全権利，仮差押えの対象の特定や仮差押えにより債務者の被るであろう損害の程度，さらにその周辺事情を含めて総合的に判断するということがなされている（園部秀穂ほか「仮差押えの必要性とその疎明方法」判タ1078号86頁参照）。この際に考慮されるべき事項は仮差押えの対象となる不動産（以下「目的不動産」という）の価額が中心となるが，債務者の目的不動産以外の資産状況，債務者の負債状況，債権者の請求の態様及びこれに対する債務者の応答等であるということになるから，前記の不動産の超過仮差押えの可否の問題も仮差押えの保全の必要性判断の一場面ということになる。

　超過仮差押えを一律に禁止すれば，他に責任財産となりうるものがないのに債務者が当該不動産を売却した上，その代価を費消した場合などは，債権者は強制執行による債権の実現の機会を逸することとなる。そこで，実務は，目的不動産の価額が請求債権額の数倍程度であれば，債務者に過度に無用の不利益を与えるとまではいえないであろうから，債務者に他に適当な財産がないときは，債務者の負債状況，債権者の請求の態様とこれに対する債務者の応答の状況等諸般の事情をも総合考慮した上ではあるが，保全の必要性が肯定できると判断される場合が多いとされている（ただし，担保額は高額とされる）。これに対し，目的不動産の価額が著しく過大な場合は，保全の必要性が否定される場合も少なくない。債務者がそのような高額の不動産を所有していること自体が債務者の資産状況を推認させる資料となるということもある。この場合でも，債務者が他にめぼしい財産を有しておらず，かつ，当該不動産を売却して代金を費消するおそれなどの特別の事情が具体的に疎明される場合，あるいは，他の債権者が当該不動産を差押え若しくは仮差押えをすれば，その分配当金額が減少するので，現に差押え等がなされていること又はその具体的なおそれがあること

が疎明される場合は，予想される配当金額が被保全債権額に達するまで，被保全権利を超える価額の目的不動産を仮差押えする保全の必要性が肯定できるとされている（東京地裁の実務につき東京地裁保全研究会編著『民事保全の実務(上)』〔第3版〕204頁〔谷村武則〕参照）。

(4) 本問について

甲土地の価額が被保全権利である請求債権の額の2倍にも満たない本問の場合は，甲土地の価額が請求債権額を上回るという点のみから保全の必要性が否定されることはなく，甲土地に対する仮差押命令の申立ては認められるものと思われる。

なお，不動産仮差押命令の申立書に仮差押えの対象である不動産（土地及び建物の場合）を記載するときは，次のような物件目録を添付して引用するのが一般的である。

```
            物 件 目 録

 1  所     在    ○○県○○市○○町
    地     番    ○○○番地○
    地     目    宅    地
    地     積    ○○○．○○平方メートル
 2  所     在    ○○県○○市○○町○○○番地○
    家 屋 番 号   ○○番○
    種     類    居    宅
    構     造    木造瓦葺2階建
    地     積    1階  ○○．○○平方メートル
                2階  ○○．○○平方メートル
```

〔2〕 小問(2)——債権の一部を請求債権とする仮差押えの申立て

(1) 仮差押えにおける請求債権の特定

債権者が仮差押えの申立てをする際の仮差押命令申立書には，申立ての趣旨

を記載しなければならない（民保規13条1項2号，民保13条1項)。その記載は，被保全権利たる請求債権の執行を保全するために債権者の財産を仮に差し押さえる旨の宣言を求めるものである。

被保全権利たる請求債権は，仮差押命令の申立てについての審理手続において，その疎明の有無が審理の対象となる（民保13条）ほか，二重申立ての有無を判断する規準ともなるし，後日の，本執行への移行，起訴命令，担保取消し等の場面において本案訴訟の訴訟物との同一性の観点から問題となる。また，特定がないと仮差押命令の送達を受けた債務者及び第三債務者の対応に不便がある。このように多くの手続に影響を及ぼすものであるから，被保全権利たる請求債権は正確に特定されなければならない。請求債権が特定されなければならないとは，他の請求権と識別しうる程度に発生原因を明らかにして，その内容，数額を明らかにしなければならないということである。

実務上，不動産仮差押命令申立書の申立ての趣旨欄は「債権者の債務者に対する上記請求債権の執行を保全するため，債務者所有の別紙物件目録記載の不動産は，仮に差し押さえる。」等と記載し，請求債権の記載は「請求債権の表示　別紙請求債権目録記載のとおり」として添付の請求債権目録が引用されるのが普通である。

(2) 本問について

債権額の一部を請求債権として仮差押命令を申し立てることが許されることは，判例上明らかである（最判昭35・7・27民集14巻10号1894頁，最判昭40・2・4民集19巻1号23頁)。実務上，仮差押目的物に債権総額に見合う価値がない，あるいは，担保の額が高額に及ぶのを避ける必要がある等の理由から，このような申立ても少なくないといわれている。この場合，前記の請求債権特定の必要から，1つの債権のうちの元金，利息，遅延損害金等のどの部分をいくら被保全権利とするかの特定をする必要がある。この場合の請求債権目録の記載例は次頁のとおりである。債権全体の額を記載したうえ内金であることが明らかになるよう記載をするのが一般的である。

〔3〕 小問(3)——滞納処分との競合

(1) 滞納処分と仮差押えの関係

請求債権目録

金500万円

　ただし，債権者が債務者に対して有する下記工事の請負契約に基づく請負代金債権の内金。

記

　　契 約 日　　平成○年○月○日
　　請負代金　　金1000万円
　　工事期間　　平成○年○月○日から平成○年○月○日まで
　　工事場所　　○○県○○市○○町○丁目○番○号
　　工事内容　　○○○の建築工事

　滞納処分は，租税債権の満足を図るために執行機関である徴収職員が職権で進める手続である。これに対し，仮差押えの執行等の民事保全執行は，民事上の金銭債権について将来の強制執行の実現を確保するための暫定的な手段として執行機関である裁判所又は執行官が債権者の申立てに基づいて進める手続である。両手続は性質の異なった手続であり，1つの財産に対して競合する場合も起こりうる。そこで両手続の調整を図ることを目的として制定されたのが「滞納処分と強制執行等との手続の調整に関する法律」であり，そのもとに滞納処分と強制執行等との手続の調整に関する政令及び滞納処分と強制執行等との手続の調整に関する規則がある。滞納処分が先行する場合も仮差押えの執行ができ（滞調20条の9第1項・20条の3第1項），逆に仮差押えの執行が先行する場合も滞納処分による差押えができる（国徴140条）ものとして，法は両執行手続の競合を認めている。

(2)　本問について（裁判所の対応）

　甲土地につき滞納処分による差押えがされている場合も仮差押えの執行ができるから，差押えがなされていることのみを理由に仮差押命令の申立てが認められないということはなく，Xの申立てに形式的要件及び実体的要件が具備されていると認められれば，裁判所は仮差押命令を発令することになる。

　仮差押命令が発せられたときは，命令を発した裁判所の裁判所書記官はその

旨を当該滞納処分庁の徴収職員等（徴収職員，徴収吏員その他滞納処分を執行する権限を有する者（滞調2条2項））に所定の事項を記載した書面で通知しなければならない（滞調18条1項・12条2項，滞調規21条1項・15条。先行滞納処分の存在は登記事項証明書の記載により知りうる）。後記のように，残余金の交付先裁判所は仮差押えの執行裁判所ではなく，その間の連絡に必要だからである。裁判所書記官は，この通知をしたときは，その旨及び通知の方法を記録上明らかにしなければならない（滞調規3条2項）。

　国税債権は国税債務者の総財産について，原則としてすべての公課その他の債権に先立って徴収される（国徴8条。国税優先の原則）。債務者の総財産が，滞納処分，強制執行等により換価され，競合する債権の弁済に充てられる場合，原則として国税が他の債権に優先して弁済を受けられるということである。換価手続も，仮差押えに優先する（国徴140条）。徴収職員等は被差押不動産が換価された売却代金について租税債権に充当してなお残余を生じた場合（以下「残余金」という），これをその不動産に対する強制執行について管轄権を有する裁判所に交付しなければならないとされている（滞調18条2項）。本執行の管轄権を有する裁判所とは，不動産の所在地を管轄する地方裁判所であり，仮差押えの執行裁判所ではない（以下「本執行裁判所」という）。

　残余金の交付がある場合，徴収職員等は残余金交付通知書及び国税徴収法131条の配当計算書に記載すべき事項を記載した書面（残余金計算書）を送付して本執行裁判所に通知しなければならず，残余金交付通知書には仮差押えの執行裁判所，事件番号，事件名及び仮差押債権者の住所，氏名又は名称を付記することになっている（滞調令10条1項・4条，昭56・2・7徴徴4-2徴管2-3国税庁長官通達第18条関係8，第6条関係1(2)）。残余金の交付を受けた本執行裁判所の裁判所書記官は交付を受けた金銭，交付を受けた年月日を記録上明らかにする（滞調規21条2項・18条）とともに，速やかにその旨を仮差押債権者及び債務者に通知しなければならない（滞調規21条2項・9条前段）。また，交付を受けた金銭は，仮差押えの執行がされている不動産について，他の債権者のための強制競売により売却したときの売却代金とみなされる（滞調18条3項）。残余金の交付を受けた執行裁判所は，仮差押債権者のために交付を受けた金銭につき配当手続を行う（滞調20条の9第2項・20条の7第3項）。具体的には，本執行裁判所は，

その配当等に相当する金銭を仮差押債権者のために供託することになる（民執166条2項・91条1項2号）。債権者は，債務名義を取得して被保全権利について強制執行の要件を具備すれば，供託事由が消滅したことを理由として供託金の配当を受けることができる（民執92条1項）。以上に対し，残余金が生じなかった場合，徴収職員等は，その旨を仮差押えの執行裁判所に通知し（前掲国税庁長官通達第18条関係9，第6条関係3），この通知があったときは，仮差押えの執行裁判所の裁判所書記官は，速やかにその旨を仮差押債権者に通知しなければならない（平2・12・13最高裁民三第499号民事局長通達の6項・9項）。なお，後に仮差押えの執行を取り消したとき，又は，仮差押命令の申立てが取り下げられたときは，仮差押えの執行裁判所の裁判所書記官はその旨を徴収職員等に通知しなければならない（滞調18条1項・15条）。本問とは逆に，仮差押えの執行がされた不動産に対して滞納処分による差押えをした場合，徴収職員等は，その旨を仮差押えの執行裁判所に通知しなければならないことになっている（国徴55条3号）。

[笹本　昇]

Q11 | 預金・退職金の仮差押え

　X（妻）は，別居中のY（夫）を相手方として離婚調停の申立てをしたが，その調停期日で，Yは，離婚することに合意してもよいが財産分与には応じられないと頑強に主張したため，調停は不成立となった。そこで，Xは，Yに対し，離婚を求める訴えを提起すべく準備中であるが，Yの上記言動から推し量ると，離婚の訴えを提起した場合には，Xへの財産分与を免れようとして財産が隠匿されるおそれがある。そこで，Xは，Yの銀行預金について仮差押えをしようと考えている。

(1)　Xが債権仮差押命令の申立てをする際に留意すべき点は何か。また，C銀行とD銀行にY名義の預金があることは判明しているが，その預金の種類・金額が不明である場合，Xは，どのような手段をとることができるか。

(2)　Xは，Yが勤務会社に辞表を提出したとの情報を得たことから，Yの退職金全額について仮差押命令の申立てをした。この申立ては認められるか。

(3)　仮差押命令の送達を受けたC銀行が，裁判所に対し，仮差押命令事件記録の閲覧を申請してきた。この申請は認められるか。

A

〔1〕　小問(1)前段——財産分与請求権を被保全権利とする仮差押命令の申立て

(1)　財産分与請求権を被保全権利とする仮差押えの可否

　財産分与請求権とは，離婚した男女の一方が他方に対し，財産の分与を求める権利であり，抽象的には離婚によって当然に発生するが，その具体的内容

（具体的財産分与請求権）は，当事者間の協議，家庭裁判所の審判等によって形成される（民768条，最判昭55・7・11民集34巻4号628頁）。財産分与の法的性質については，①夫婦の共同生活中に形成された共同財産の清算（清算的要素），②離婚後の生活についての扶養（扶養的要素），③離婚に伴う慰謝料（慰謝料的要素）があり，①がその中心であるというのが実務の一般的理解である。財産分与に関する処分は家事審判事項であるが（家手39条別表第2の4項），家事審判事項を本案とする民事保全命令の申立ては許されず（東京高判昭29・5・31下民集5巻5号791頁，札幌高決昭41・12・5家月19巻5号83頁），家事審判事件を本案とする保全処分については，特殊保全処分として審判前の保全処分手続が定められている（家手105条以下）。ところで，当事者の便宜と訴訟経済の要請から，財産分与に関する処分を離婚訴訟に附帯して申し立てることもできることになっており（人訴32条1項・2項），このような場合には，財産分与をすべき債務者の責任財産を保全する必要がある場合が多いことも容易に想定されるが，審判前の保全処分は家事審判事件の係属を要件としていると解されており，財産分与の家事審判申立ては離婚が成立していることが前提とされるから，離婚訴訟に附帯して財産分与を申し立てる場合には審判前の保全処分では対応できない。そこで，人事訴訟法（平成16年4月1日施行）に先立つ人事訴訟手続法の時代から，実務も通説も離婚訴訟に附帯して財産分与を申し立てた場合には財産分与請求権を被保全権利とする民事保全手続ができるという結論を認めてきた。人事訴訟法の下では，同法30条が民事保全法12条に対する管轄の特則であることを明言しているから，人事訴訟における保全処分は民事保全の一部で，原則として民事保全法が適用されることがいっそう明らかになったものと解されている。離婚訴訟に附帯して財産分与に関する処分が申し立てられた場合，民事保全法1条にいう「本案」は，離婚訴訟ではなく，財産分与の申立てであるとするのが多数説であるが（東京高決昭35・5・26判時233号6頁等），その趣旨は，財産分与の申立てが離婚訴訟に附帯してなされた場合には，財産分与の申立てが本案とされるということである（審判前の保全処分と民事保全手続の関係についてQ69参照）。

　以上のとおり，離婚訴訟に附帯する財産分与の申立てについては，財産分与請求権を被保全権利とする民事保全法上の仮差押命令の申立てができるから，調停不成立のため財産分与の申立てを附帯した離婚訴訟を準備中のXは，家庭

裁判所に訴えを提起する以前においても，財産分与請求権を被保全権利とする仮差押命令の申立てをすることができる。この場合の請求債権目録の記載は次のようなものとなる。

請求債権目録

〇〇〇万円
ただし，債権者の債務者に対する離婚に伴う財産分与請求権

---

(2) 管　　轄

　人事訴訟法30条1項によれば，本問のように離婚訴訟に附帯する財産分与の申立てがなされる場合の管轄裁判所は，本案の管轄裁判所又は仮差押えの対象若しくは係争物の所在地を管轄する家庭裁判所である。ここでいう本案の管轄裁判所とは離婚訴訟の管轄裁判所であり，離婚当事者(本問ではX又はY)の住所地を管轄する家庭裁判所である(人訴4条1項)。小問(1)の仮差押えの対象はC銀行及びD銀行のY名義の預金債権であるから，第三債務者の普通裁判籍の所在地，すなわちC銀行及びD銀行の各本店所在地を管轄する家庭裁判所にも管轄が存する(民保12条4項，民訴4条4項，会4条)。この管轄は，専属管轄である(民保6条)。

(3) 被保全権利の疎明

(a) 離婚原因の疎明

　前記のとおり，財産分与請求権は離婚により発生する権利であるから，離婚請求を認容する判決をすることができなければ，財産分与の裁判もできない。したがって，債権者に離婚意思がある，あるいは合意による離婚成立の見込みがあるというだけでは不十分で，民法770条1項に規定する離婚原因があることを疎明する必要がある。

(b) 支払金額等の疎明

　中心的な清算的要素の側面からすると，①分与対象財産の基準時における夫婦名義の財産額を合計する(夫婦双方名義の負債は消極財産として算定する)。②①の金額を分与割合で乗ずる(分与割合を2分の1とする例が多い)。③②から①のうち債権者名義の財産(負債)の合計額を控除する。④③の金額に，その他の考慮

すべき金額（未払婚姻費用のうちの一定額，財産分与の先渡しと評価されるもの等）を加算又は減額することにより，支払金額が算定される。債権者は，この算定方法に沿って具体的な内容を主張，疎明することになる。

扶養的要素による財産分与は，清算的要素による財産分与を行っても不十分である場合に補充的に考慮されるとするのが実務の一般的理解であるから，これを主張する債権者は，その疎明が必要ということになる。

慰謝料的要素による財産分与について，慰謝料請求権は本来の財産分与請求権とは本質を異にし（最判昭31・2・21民集10巻2号124頁），財産分与とは別個に慰謝料を請求することもできるから（最判昭46・7・23民集25巻5号805頁），財産分与請求権を被保全権利として仮差押命令を申し立てる場合は，慰謝料的要素を含める趣旨であるのか否か，含める趣旨である場合はその額をいくらとしているのか等を明らかにする必要がある。

財産分与請求権を被保全権利とする仮差押命令申立てについて，実務家からは，申立書に慰謝料や財産分与の請求金額の記載はあるものの，その算定根拠の記載が十分ではなく，疎明資料も不足している例も多く，慰謝料的要素については，過大になりがちであるとの指摘もあり（中村也寸志「離婚に伴う財産分与請求権を被保全権利とする民事保全」東京地裁保全研究会大阪地裁保全研究会『民事保全実務ノート』190頁。なお，同208頁の注（34）は，最高裁判所事務総局編『家事事件定型調査報告書の作成要領』（家裁資料136号）17頁を引用して仮差押命令申立てに際し債権者が主張し，疎明すべき事項を挙げている），注意すべきである。なお，仮差押命令申立書の被保全権利の欄の一般的な記載例は次のようなものとなろう。

第1　被保全権利
　1　債権者と債務者は，平成○年○月○日婚姻の届出をした夫婦である。
　2　…………
　3　以上によれば，債権者と債務者の婚姻関係は破綻しており，民法770条1項5号の婚姻を継続しがたい重大な事由がある。
　4　別居時点の債権者及び債務者名義の財産については，別紙財産分与対象財産一覧表（別紙省略）記載のとおりであり，その総額は×××万円であった。

したがって，債権者が取得できる財産は，その2分の1である□□□万円であるところ，債権者名義の財産は△△万円であるから，債権者は，債務者に対し，○○○万円の財産分与請求権を有する。

(以下略)

(4) 保全の必要性の疎明

　仮差押えの対象となりうる不動産がある場合，一般論としては，銀行預金債権よりも債務者の負担が少ない不動産の仮差押えを先行させるべきであると解されている。そこで，銀行預金債権を仮差押えしようとする債権者は，債務者の不動産調査をし，債務者が不動産を有していないこと，又は現在債務者が所有する不動産では債権者の債権を保全し得ないことを疎明しなければならないとされている。債務者の住居が賃貸住宅であるとか，所有する住宅がオーバーローンの状態である等の事情を疎明することになろう。もっとも，本問のように被保全権利が財産分与請求権である場合は，不動産と同様に元々共有財産的な要素を含む場合も多い預金債権については，保全の必要性を比較的ゆるめに考えてもよい場合が多いであろう（担保についても全般的に低めに算定されている）という指摘もある（瀬木比呂志「保全処分」野田愛子ほか監修『改訂人事訴訟法概説』283頁参照）。

〔2〕 小問(1)後段——仮差押の目的物としての銀行預金債権の特定

　仮差押命令は，動産を除き特定の対象について発しなければならない（民保21条）。仮差押命令申立書の申立ての趣旨の記載は，動産を除き仮差押えの対象を特定してしなければならず（民保規19条1項），債権に対する仮差押命令申立書の仮差押債権の記載では，債権の種類及び額その他の債権を特定するに足りる事項を明らかにしなければならないとされている（同条2項1号）。

　債権者は一般に債務者が有する預金債権の内容を知らず，通常，特定のために調査する手段を有しないから，厳格にすぎる特定を求めるのは債権者に無理を強いるに等しい。他方，第三債務者である金融機関は，仮差押命令が送達されて効力が発生した後（民保50条5項，民執145条4項），仮差押債権の存否を調査

している間にあっても，債務者が払戻しを求めれば応じざるを得ないから常に二重払いの危険にさらされることになる。そこで，実務は一般に，次のような取扱いにより，両者のバランスをとっている。①預金債権の名義人の特定は必要である。名義人が債務者名とは異なる場合には，債権者は，当該預金が債務者に帰属することを証明することを要する。②取扱支店の指定も必要である。③預金の種類及び額の特定については，複数の預金債権間において，差押えや仮差押えのない預金とこれらのある預金があるときは，先行の（仮）差押えのないもの，先行の（仮）差押えのあるものの順序により，円貨建預金と外貨建預金があるときは，円貨建預金，外貨建預金の順序により，同一の通貨で数種の預金があるときは，定期預金，定期積金，通知預金，貯蓄預金，納税準備預金，普通預金，別段預金，当座預金の順序による等として，順序をつける方法を認める（預金債権の特定及び実務で一般に使用されている仮差押債権目録の記載例についてはQ12参照）。なお，銀行預金債権に対する債権仮差押命令申立書の当事者目録の第三債務者欄の記載例は，次のとおりである。

```
                    当事者目録

(中略)

〒〇〇〇-〇〇〇〇    東京都〇〇区〇〇町〇丁目〇番〇号
                    第三債務者      株式会社〇〇銀行
                    代表者代表取締役  〇〇〇〇

(送達先)

〒〇〇〇-〇〇〇〇    〇〇県××市〇〇町〇丁目〇番〇号
                                    株式会社〇〇銀行××支店
```

 小問(1)後段については，預金の種類，金額が不明であっても，Xは，取扱店舗を特定して，C銀行及びD銀行に対するYの預金債権の仮差押命令を申し立てることができるということになる。

〔3〕 小問(2)——退職金全額に対する仮差押命令の申立て

(1) 保全の必要性

　退職金債権については，債権者が本案訴訟において勝訴判決を得てそれに基づく強制執行をしたときに債務者がすでに勤務先を退職しているおそれのある場合にのみ保全の必要性が認められる。給料債権や退職金債権の仮差押えの場合，第三債務者が債務者の勤務先であるから，仮差押えによって債務者の信用が著しく害されることになり，債務者が被る損害は大きいのに，離婚に伴う財産分与請求権等を被保全権利とする仮差押命令申立ての場合，この点の配慮に乏しい申立てが通常の場合よりはやや多くみられるところもあり，保全の必要性の判断は慎重に行われている。債権者は，具体的な退職のおそれについて疎明しなければならないのであるが，債務者が定年間近である場合や債務者が債権者に対し明確に退職の意向を告げていることが明らかな場合等はともかく，離婚原因が債務者の不貞であった場合も，特に公務員や大企業の職員については，そのような私生活上の非行が直ちに退職に結びつくとまではいえないから，退職への動きが具体的に進行しているというような主張を裏づける報告書・手紙等による疎明は，かなり確実なものである必要があるとの実務家の指摘がある（瀬木比呂志『民事保全法』〔第3版〕319頁）。なお，債務者に精神的プレッシャーを与えることのみを目的とする仮差押えが許されないのはもちろんである。

(2) 退職金債権の仮差押えの範囲

　退職手当及びその性質を有する給与に係る債権については，その給付の4分の3に相当する部分は差押え及び仮差押えが禁止されている（民保50条5項，民執152条2項）。退職手当金とは職員が退職又は死亡したとき，それまで継続雇用関係にあったことに基づき，退職者又はその遺族に一時金として支払われる給与をいう（最判昭43・3・12民集22巻3号562頁は，国家公務員の退職金の法律上の性質は労働基準法11条にいう労働の対償としての賃金に該当するとした。最判昭43・5・28判時519号89頁は民間の退職金につき同旨）。この差押禁止は，債務者及びその家族の最低限度の生活の保障という社会政策的配慮に基づくものであり，その禁止の範囲は，この社会的配慮と執行及びその前段階としての仮差押えの制度の要請

との調和点ということである。

　以上によれば，退職のおそれについて疎明がなされた場合には，退職金債権を目的物とする仮差押命令も認められるが，その範囲は，その給付の4分の1に相当する部分に制限され，全額の差押えはできない。

　本問では，Yが退職届を提出したというのであるから，債務者であるYの退職のおそれが具体化している場合にあたるものと解される。したがって，Xは，この事実を疎明すれば，上記制限の範囲で退職金債権に対する仮差押命令の申立てが認められるものと解される。なお，この場合の仮差押債権目録の記載例は次のとおりである。

仮差押債権目録

金〇〇〇万円

　ただし，債務者（〇〇課〇〇係勤務）が第三債務者から支払を受けるべき退職金から法定控除額を差し引いた残額の4分の1のうち頭書金額に満つるまで

---

〔4〕 小問(3)——第三債務者の記録閲覧請求権

(1) 閲覧請求権者の範囲

　旧法下では，民事保全事件記録の閲覧，謄写につき明文の規定がなく，閲覧請求権者の範囲についても見解が分かれていた。民事保全法は，民事保全事件記録の閲覧若しくは謄写，その正本，謄本若しくは抄本の交付又は事件に関する事項の証明書の交付（以下「閲覧等」という）の請求権者を利害関係を有する者（以下「利害関係人」という）に限定することを明らかにした（民保5条。制定時は民保5条1項）。

　利害関係人とは，一般に，直接又は間接に，私法上又は公法上の権利又は法的利益に法律上の影響を受ける関係を有する者であり，単に事実上又は経済上の利益が影響を受けるだけでは足りないとされるが，具体的には個々の事件に応じて決められることになる。当該保全事件の当事者である債権者及び債務者が利害関係人にあたることは異論がない。債権仮差押えにおける第三債務者について，旧法下の実務では原則として閲覧等を認めない扱いであった（下里敬

明「保全処分の書記官事務」書研所報34号126頁）。しかし，第三債務者は事件の当事者ではないものの，保全命令の効力の発生は第三債務者への送達の時とされ（民保50条5項，民執145条4項），権利供託（民保50条5項，民執156条1項）及び義務供託（民保50条5項，民執156条2項・3項）の各規定が置かれるほか，第三債務者は保全執行については執行抗告ができる（民保50条5項，民執145条5項）立場にあるから，現行法施行後も議論はあったものの，現在の一般の実務は，仮差押えにおける第三債務者については原則として利害関係人として閲覧等請求権を認めている（東京地裁では閲覧等請求の可能性が高い者について，閲覧等の可否の運用基準を設けている。運用基準は，東京地裁保全研究会編著『民事保全の実務(下)』〔第3版〕471頁等において公開されている）。

なお，閲覧等の対象となるのは，保全命令に関する手続の記録及び保全執行に関して裁判所が行う手続の記録である。「保全執行に関し裁判所が行う手続」には保全執行のみならず執行抗告，執行異議の記録も含まれるが，保全執行に関して執行官が行う手続の記録の閲覧等は，執行官法17条，18条によることから民事保全法上の閲覧等の対象からは除かれる。

(2) 閲覧等請求権の制限

第三債務者には原則として民事保全事件記録の閲覧等請求権が認められるとしても，次のような制限がある。

(a) 時間的制限（民保5条但書）

債権者以外の利害関係人の閲覧等の請求については，民事保全法5条但書の制限がある。民事保全手続は密行性の要請が強いことから，密行性のある段階においては，債権者以外の利害関係人の閲覧等を自由に認めることは妥当ではない。そこで「保全命令の申立てに関し口頭弁論若しくは債務者を呼び出す審尋の期日の指定があるまでの間」又は「債務者に対する保全命令の送達があるまでの間」は閲覧等が制限される。

(b) 執務支障上の制限（民保7条，民訴91条5項）

裁判所書記官は，利害関係人から保全事件の記録の閲覧又は謄写を請求された場合は，民事保全法5条但書の場合のほか，原則としてこれを拒むことはできないが，閲覧又は謄写によって裁判所の執務に支障が生ずるときは例外である（民事保全法5条2項に規定があったが，民事訴訟法91条5項に同旨の規定が設けられ

たことにより同項は削除され，7条によりこの民事訴訟法の規定が準用されることとなった）。記録の閲覧又は謄写を利害関係人に許すと，裁判所がその間記録を使用することができなくなるから，それによって裁判所の執務（裁判官の決定起案，裁判所書記官の記録の作成等）に支障が生ずるときは，裁判所の執務を優先させることとしたものである（記録そのものを要しない正本等の交付請求と事件に関する事項の証明書の交付請求についてはこのような制限はない）。

(c) 秘密保護上の制限（民保7条，民訴92条）

記録中に当事者の私生活についての重大な秘密が記載され，又は記録されており，かつ，第三者が秘密記載部分の閲覧等を行うことにより，その当事者が社会生活を営むのに著しい支障が生じるおそれがある等民事訴訟法92条1項各号にあたる場合には，プライバシー保護等の観点から，当事者以外の利害関係人に対して閲覧等をさせるのが相当でない部分について，当事者の申立てにより，決定で閲覧等の対象から除外できる。

(d) 権利濫用法理による制限

閲覧の請求が権利の濫用にあたるときは，閲覧を拒絶できると解されている。その法文上の根拠については民事保全法7条が準用する民事訴訟法2条等とされる。第三債務者の閲覧等請求権を認めるべきか否かという議論は，第三債務者が記録の閲覧等を請求する動機・目的が，本来閲覧等が許されないはずの取引先又は債権者としての立場から債務者の資力状態を調査するためであることが多いという実情を踏まえたものであった。第三債務者の閲覧等請求権に対する安易な制限は許されないが，明らかに閲覧の必要がないのに閲覧が請求される場合には，それが権利の濫用にあたるとして許可されない場合があるとされている（なお，大阪地裁の実務の運用につき大田恵朗「閲覧・謄写をめぐる問題点」判タ1078号229頁参照）。

以上によれば，第三債務者であるC銀行は，保全命令が債務者に送達された後は，原則として民事保全記録の閲覧を請求できるものであると解される。閲覧請求する場合の手続については，次のとおりである。

(3) 閲覧等の請求手続

閲覧等の請求者は，当該保全命令が係属した裁判所の裁判所書記官に対し，書面をもって法律上の利害関係を有することを証明するとともに，裁判所に備

え付けてある「民事事件記録等閲覧・謄写票」に必要事項を記載してこれを請求しなければならない（民訴費7条別表第2の1項所定の手数料を要す）。もっとも，当該保全命令申立事件の債権者及び債務者は，法律上の利害関係を有することの証明を要せず，第三債務者も，原則的に利害関係が認められているので，この点の証明は不要である。しかし，閲覧等の請求者が第三債務者本人であるか否か等の確認は必要である。本問のように第三債務者であるＣ銀行が閲覧を請求する場合には，その従業員が手続をする例も多いと思われるが，このような場合は，Ｃ銀行の登記事項証明書（当該記録に同証明書が綴られていることが確認でき，かつ，本店所在地，商号，代表者名に変更がない場合は不要とされることもある），委任状のほか身分証明書や社員証を提出させることにしているのが一般の実務例である。

［笹本　昇］

Q12 | 預貯金債権の特定方法

X会社は、Y会社に対して5000万円の貸金債権を有しているが、これを保全するため、いわゆる三大メガバンク及びゆうちょ銀行に対する預貯金債権の仮差押命令の申立てをするにあたり、①三大メガバンクに対する預金債権については、それぞれの取扱店を一切限定せずに、「複数の店舗に預金債権があるときは、支店番号の若い順序による」という順位をつける方式によって、②ゆうちょ銀行に対する貯金債権については、全国の貯金事務センターを全部列挙して、「複数の貯金事務センターの貯金債権があるときは、別紙貯金事務センター一覧表（省略）の番号の若い順による」という順位付けをする方式によって、それぞれ仮差押債権の表示をした。このような、全店一括順位付け方式によって預貯金債権について仮差押命令の申立てをすることは認められるか。

A

〔1〕 最高裁判例と本問の回答

　いわゆる三大メガバンク（大規模都市銀行）に対する預金債権又はゆうちょ銀行に対する貯金債権（以下、都市銀行等ゆうちょ銀行以外の金融機関とゆうちょ銀行とを併せて「金融機関」といい、預金債権及び貯金債権を併せて「預貯金債権」という）を対象とする債権差押命令の申立ての場合、差し押さえるべき債権（以下「差押債権」という）の表示として本問のような全店一括順位付け方式によることを認めてよいか否かについて、最高裁は、次のような趣旨の決定をしている（最〔3小〕決平23・9・20民集65巻6号2710頁。以下「平成23年最高裁決定」という）。平成23年最高裁決定の評釈は、判タ1357号65頁のコメントのほか、滝澤孝臣・金判1390号8頁、堀内久・銀行法務21・738号5頁、渡辺隆生・金法1953号44頁、石井教文・民商146巻2号50頁

ほか多数ある）。

　①民事執行規則133条2項の求める差押債権の特定とは，債権差押命令の送達を受けた第三債務者において，直ちにとまではいえないまでも，差押えの効力が上記送達の時点で生ずることにそぐわない事態とならない程度に速やかに，かつ，確実に，差し押さえられた債権を識別することができるものでなければならないと解するのが相当である。②この基準をあてはめれば，大規模な金融機関のすべての店舗又は貯金事務センター（以下単に「店舗」という）を対象としてする全店一括順位付け方式による預貯金債権の表示は，送達を受けた第三者において上記の程度に速やかに確実に差し押さえられた債権を識別することができるものであるということはできないから，本件申立ては差押債権の特定を欠き不適法というべきである（なお，田原睦夫裁判官の補足意見が付されている）。

　この判示の内容は，債権仮差押命令の申立てにおける仮に差し押さえられるべき債権（以下「仮差押債権」という）としての預貯金債権の特定についてもあてはまると，一般に解されている（加藤新太郎ほか『裁判例コンメンタール民事保全法』463頁）。そうすると，本問に対する回答は，このような仮差押命令の申立ては仮差押債権の特定を欠くから不適法ということになる（民保規19条2項1号）。したがって，このような申立てをし，補正もされない場合，その仮差押命令申立書は命令により却下される（民保7条が準用する民訴137条1項・2項）。また，仮に仮差押命令が発せられたとしても，仮差押債権の範囲が特定されていないことになるから，仮差押命令は無効となり，その執行の効力は生じないことになろう（債権差押えにつき，最判昭46・11・30裁判集民事104号517頁・判時653号90頁参照）。

〔2〕 預貯金債権の特定

(1) 仮差押債権の特定の意義及び必要性

　仮差押命令の申立てをするには，当事者に関する事項のほか申立ての趣旨及び理由を記載した申立書を提出しなければならず（民保規1条1号・13条1項），申立ての趣旨には，動産を対象とする場合を除き，仮差押えの対象を特定して記載しなければならない（民保規19条1項）。特に債権に対する仮差押命令（以下「債権仮差押命令」という）の申立書には，債権の種類及び額その他の仮差押債権を特定するに足りる事項を明らかにしなければならない（同条2項1号）と同時

に，申立書には第三債務者の氏名又は名称及び住所等の記載も要する（民保規18条1項）。

このような特定が必要とされるのは，第1に，保全裁判所が，仮差押債権が法律上仮差押えの許される債権か否か（例えば，民保50条5項が準用する民執152条では賃金債権等につき差押禁止部分が規定されている），また，それが仮差押えの許されている限度を超えていないかどうか（例えば，民保50条5項が準用する民執146条2項では超過差押えが禁止されている）を判断するのに必要だからである。また，第2に，債権仮差押えの執行は，保全執行裁判所が第三債務者に対し仮差押命令を発する方法によって行われ（民保50条1項），その効力（債務者は当該債権の処分を禁止され，第三債務者は当該債務の弁済を禁止される）は仮差押命令が第三債務者に送達された時点で直ちに生じ（民保50条5項，民執145条4項），他の差押えや仮差押えの執行との競合の有無もその時点が基準となるから，仮差押命令の送達を受けた第三債務者及び債務者が，どの債権がどの範囲で仮差押えをされたか，すなわちどの債権についていくらの範囲で処分禁止又は弁済禁止の効力が生じたかを認識できなければならないからである。

(2) 預貯金債権特定の実務

前記のとおり，裁判所及び第三債務者等において仮差押債権を識別できることが仮差押債権特定の要点であるとすると，通常，預貯金債権の特定＝識別の要素としては，預貯金の口座及び当該口座中の預貯金債権の額が考えられ，口座の特定は，取扱店舗，名義人，種類，口座番号等によるものと考えられるから，預貯金債権に対する仮差押命令の申立てをする債権者はこれらの事項を特定しなければならないということにもなる。他方，例えば，名義人が特定されれば，第三債務者である金融機関は全店舗の全預貯金を対象に時間と手間をかけて調査することにより，債務者の預貯金債権を抽出して仮差押命令の対象となる預貯金債権を識別することも不可能ではないようなので，実際の作業は著しく困難で，現実的ではないとしても，極端にいえば，名義人の特定があれば足りるということも考えられないではない。

一般の実務は，仮差押債権としての預貯金債権の特定について，①預貯金の名義人すなわち預金者又は貯金者の住所及び氏名は特定されなければならず，②預貯金債権の所在（取扱いの店舗）も特定されなければならないとするが，③

預貯金の種類及び額は，複数の預貯金債権間に序列をつける方法による記載を認めている。

　このうち，③については，債務者の預貯金債権を仮に差し押さえなければ，将来の執行が無意味になってしまうような債権者が保全制度を利用する正当な事情があるのに，債権者は，債務者の預貯金債権の詳細な内容を知らない場合も多く，弁護士に委任して弁護士法23条の2の照会（以下「弁護士会照会」という）によりこれを調査しても，通常，金融機関は預金者の同意がない等の理由で回答を拒否するから，債権者は，差押えの対象とすべき預貯金の内容を知る方法がないことから特定することもできないという場合も多い。そこで，預貯金の種類まで特定を求めるのは債権者に無理を強いるに等しいとして特定の程度を緩和したのであるとされている。これに対し，本問で問題となっている②については，もともと，銀行では各支店の業務運営にかなりの程度独立性があるということを前提に，金融機関本店に対し仮差押命令を送達しさえすれば，全店舗で仮差押債権の存否を調査する義務が生ずるというのでは，金融機関により顧客情報管理（CIF）システムが導入されている例があることを考慮しても，現時点では調査に相当の時間と手間を要することが想定され，金融機関の負担が大きいと考えられること，仮差押命令の送達により仮差押えの効力が生じてから調査によって仮差押えの対象となる預貯金債権を特定するまでの間に二重払いをする危険も高いこと，二重払いした場合の民法478条による救済や後に非差押債権と判明した預貯金債権の支払差止めによる債務不履行責任につき画一的な規準がないこと，第三債務者は債権者と債務者の間の紛争に巻き込まれたにすぎない者であるからその不利益につき最大限の配慮をすべきであること等を総合考慮して，預貯金債権の仮差押えにおいては，実務は一般的に，取扱店舗の特定を求め，同一の金融機関の複数の支店であっても，支店ごとに仮差押債権の割付けをさせ，各支店ごとに仮差押命令の送達を行ってきたのである。このような一般的な実務の取扱いを仮に「店舗名個別指定方式」という。なお，ゆうちょ銀行の場合は，現在，郵便局の本店，支店，出張所等の単位ではなく，全国12ヵ所の貯金事務センター（うち1ヵ所は貯金事務管理部）ごとに貯金を一元的に管理しているから，ゆうちょ銀行における「店舗」の単位は貯金事務センターということになる（平成23年最高裁決定参照）。なお，預貯金債権に対する仮

差押命令申立書に添付する仮差押債権目録の記載例は次のとおりである（江尻禎＝見目明夫「仮差押債権の特定」東京地裁保全研究会編著『民事保全の実務(上)』〔第3版〕178頁，松田克之「大阪地方裁判所第一四民事部（執行部）における支店番号順位方式による預貯金債権差押命令申立ての取扱いについて」銀行法務21・738号14頁，須藤典明『民事保全』〔改訂版〕235頁参照）。

■預金債権

仮差押債権目録

　金〇〇〇万円
　ただし，債務者が第三債務者（〇〇支店扱い）に対して有する下記預金債権のうち，下記に記載する順序に従い，頭書金額に満つるまで。

記

1　差押えや仮差押えのない預金とある預金があるときは，次の順序による。
　(1)　先行の差押えや仮差押えのないもの
　(2)　先行の差押えや仮差押えのあるもの
2　円貨建預金と外貨建預金とがあるときは，次の順序による。
　(1)　円貨建預金
　(2)　外貨建預金
　　　ただし，仮差押命令が第三債務者に送達された時点における第三債務者の電信買相場（先物為替予約がある場合にはその予約相場）により換金した金額
3　数種の預金があるときは，次の順序による。
　(1)　定期預金
　(2)　定期積金
　(3)　通知預金
　(4)　貯蓄預金
　(5)　納税準備預金

(6)　普通預金
　(7)　別段預金
　(8)　当座預金
4　同種の預金が数口あるときは，口座番号の若い順序による。
　　なお，口座番号が同一の預金が数口あるときは，預金に付せられた番号の若い順序による。

■貯金債権

仮差押債権目録

金〇〇〇万円

ただし，債務者が第三債務者（〇〇貯金事務センター扱い）に対して有する下記貯金債権のうち，下記に記載する順序に従い，頭書金額に満つるまで。

記

1　差押えのない貯金とある貯金があるときは，次の順序による。
　(1)　先行の差押え，仮差押えのないもの
　(2)　先行の差押え，仮差押えのあるもの
2　数種の貯金があるときは，次の順序による。
　(1)　定期（郵便）貯金
　(2)　定額（郵便）貯金
　(3)　積立（郵便）貯金
　(4)　通常貯蓄（郵便）貯金
　(5)　通常（郵便）貯金
3　同種の貯金が数口あるときは，記号番号の若い順序による。
　　なお，記号番号が同一の貯金が数口あるときは，貯金に付せられた番号の若い順序による。

〔3〕 平成23年最高裁決定の適用範囲

(1) 店舗限定の場合

　平成23年最高裁決定の事案（原審：東京高決平23・6・6金判1376号22頁）での特定方法は，金融機関のすべての店舗について，三大メガバンクの場合は支店番号の若い順序による方式（「店舗間番号順序方式」ともいわれる）で，ゆうちょ銀行の場合は貯金事務センター一覧表に申立人が付した番号の若い順序による方式（「店舗間店舗順位付け方式」ともいわれる）であるから，少なくとも大規模金融機関のすべての店舗を対象として順位付けをしたときは，特定があるとは認められないということになる。

　平成23年最高裁決定以前，高裁段階で順位付けの可否が問われた事案は，限定的な複数店舗間での順位付けの例も多く，債権仮差押命令申立ての事案では，都市銀行3行の各本店を第1順位とし埼玉県内に所在する支店（13ないし17店）を第2順位以下として順序を付した事案（東京高決平17・10・5判タ1213号310頁）及び都市銀行2行の都内新宿，池袋周辺の支店（6店，3店）につき順序を付した事案（東京高決平18・6・19判タ1222号306頁）では，特定を欠くとはいえないとされたが，4支店に限定した場合も特定を欠き不適法として申立てを却下するという決定（東京高決平18・4・27金法1779号91頁）もあり，その後の高裁判例も，債権執行の事案も含めて特定を欠くとはいえないとするものと特定を欠くとするものとがあった（平成23年最高裁決定以前の判例及び議論について，飯塚宏ほか「複数支店の預金に対する（仮）差押え(上)」金法1783号9頁，同「(下)」金法1784号15頁参照）。

　平成23年最高裁決定の基準によると店舗限定型も特定を欠くという結論になるか否かについて見解が分かれる。決定の文言による限り，少数の店舗に限定して順位付けした申立てで，平成23年最高裁決定の事案と同程度に網羅性が高いとまではいえない場合については，平成23年最高裁決定の基準によっても特定を欠くとはいえない場合がありうるものと解される。しかし，仮差押命令の送達を受けた当該金融機関が実際にどのように特定作業を行うかは必ずしも明らかではなく，その負担の内容や二重払いの危険性の実体について個別の事案ごとに評価，判断することは困難を伴うことも考慮すれば，保全・執行

実務の画一性，形式性の要請も軽んじられるべきではないから，現段階では，店舗限定型としても複数店舗間で順位付けをした表示は特定を欠くとされるものと考える。

(2) 預金額最大店舗指定方式

「複数の店舗に預金債権があるときは，預金債権額合計の最も大きな店舗の預金債権を対象とする。なお，預金債権額合計の最も大きな店舗が複数あるときは，そのうち支店番号の最も若い店舗の預金債権を対象とする」という預金額最大店舗指定方式による表示について，東京高〔第22民事部〕決平23・10・26判タ1368号245頁（以下「22部決定」という）は，第三債務者である銀行が事前の弁護士会照会に回答しなかった場合においては，債権の特定を欠くとはいえないとした。これに対し，東京高〔第21民事部〕決平24・10・10判タ1383号374頁（以下「21部決定」という）は，預金額最大店舗指定方式による表示は，差押債権の特定を欠き不適法であるとした（名古屋高〔民事第3部〕決平24・9・20金判1405号16頁も同一の結論）。

22部決定の理由は次のようなものである。①第三債務者の差押債権特定作業について，執行実務における店舗名個別指定方式に当該金融機関の店舗の中で預金債権額合計の最も大きな店舗を特定する作業と第三債務者の本店に送達された債権差押命令の写しを当該店舗にファクシミリ等により送信する作業が加わるだけであり，この作業のために第三債務者がどの程度の時間及び労力を要するかにより判断されることになる。この点を認定するための的確な証拠は現れていないものの，わが国を代表するメガバンクにおいては，顧客情報管理（CIF）システムが確立していると一応認められることからすれば，平成23年最高裁決定の趣旨に照らしても差押債権の特定に欠けることはない。②勝訴判決に基づく強制執行は，債務者が任意の履行をしないことから申し立てられるものであるから，差押債権の特定につき過度な要求をすると，正当な債権者を害し，不誠実な債務者を利することになりかねず，ひいては民事執行の機能不全を招きかねないから，差押債権の特定の程度に関しては債権者が通常行いうる調査手段によってどの程度特定しうるかという点も考慮すべきであるが，債権者は弁護士に依頼して弁護士会を通じた照会をしたにもかかわらず，金融機関が正当な理由なくその回答をしないのであるから，特定がないことを理由に申

立てを却下することは相当ではない。
　これに対し，21部決定は，22部決定と同旨の抗告理由に対し，次のように答える。①第三債務者は，全店舗について預金債権の有無及びその預金額を確認しなければならず，店舗ごとの債権管理方式を採用している金融機関の現状に照らせば，平成23年最高裁決定の基準を満たすとはいえず，特定を欠くことになる。第三債務者がインターネットバンキングサービスを行っていても，そのことから直ちに本件第三債務者において，各店舗の預金に関する情報が一覧検索可能な状態で入力されているか否かは不明であり，現状では債務者が複数の支店においていくつかの口座を開設している可能性があり，インターネットバンキングを利用した口座とそうでない口座を併用している可能性も否定できないから，第三債務者は，結局，全店舗に係る預金を調査しなければならず，その手間と時間は全店一括順位付け方式と大差がない。②差押債権が特定されているか否かは，差押債権目録の記載自体に基づいて判断すべきであるから，弁護士会照会に対する回答拒絶があったとしても，そのことによって差押債権の特定についての基準が異なることはない。
　最高裁は，21部決定と同旨の東京高〔第23民事部〕決平24・10・24判タ1384号351頁に対してなされた特別抗告及び許可抗告について，特別抗告について民事訴訟法336条1項に規定する事由に該当しない旨，許可抗告について原審の判断は正当として是認することができる旨判示して棄却した（最〔1小〕決平25・1・17金法1966号110頁）。このことから，最高裁は，平成23年最高裁決定の基準によれば，少なくとも大規模金融機関が第三債務者である場合の預金額最大店舗指定方式は預貯金債権の特定を欠くという見解をとっていると解され，前記高裁間の見解の対立は決着したことになる（濱田広道「2013年判例等の動き」金法1984号19頁）。

(3) 第三債務者順位付け方式

　取扱店をバーチャル支店の債務者名義の複数の被振込専用口座からの債務者名義の入金指定口座がある本支店扱いとし，「複数の店舗に入金指定口座があるときは，第三債務者が随意に定める順序による」という第三債務者順位付け方式による表示について，東京高〔第21民事部〕決平24・4・25判タ1379号247頁は，次のとおり特定を認めなかった。差押債権の特定は，債権者と債務者と

の間で債権差押命令の申立ての対象とされた債権につき，二重払いの危険を負う第三債務者に対する配慮及び執行機関による形式的，画一的な執行の要請という観点から定められるものであって，第三債務者に過大な負担をかけることがないかという観点のみによって決せられるものではない。また，債権特定の基準は画一的に明確に定立する必要がある。実務も，債権者の負担も考慮して金融機関に対する預金債権を差押債権とする場合の差押債権の特定は緩和しているが，その特定基準は第三債務者を不当に不安定にするものであってはならないところ，第三債務者順位付け方式は，何らの基準も示さずに第三債務者にすべてを委ねるもので，およそ差押債権を特定する基準を示しているとは考えられない。差押債権の特定は第三債務者等の識別の容易性，明確性という観点から要求されるものであるから第三債務者順位付け方式は，バーチャル口座に対する債権差押えに係る差押債権の特定としても足りるとはいえない。

〔4〕 今後の問題

　債権の特定が識別のことであり，全店一括順位付け方式でも当該預貯金債権の識別は可能であるとすれば，その識別作業に手間と時間を要することによる第三債務者の不利益は，特定とは別の問題であるとも思われるから，このような第三債務者の不利益は，二重払いをしてしまった場合，又は後に仮差押えの対象ではないと判明した債務の不履行の場合等第三債務者が責任を問われうる場面において第三債務者が免責される要件を明確化する等により対応すべきであるとの見解がある。また，債権者が債務者の預貯金の取扱店舗を特定できないことから保全制度を利用した正当な権利行使ができないという不都合については，預貯金債権の特定の緩和ではなく財産開示制度の拡充，弁護士会照会・調査嘱託に対する回答の義務づけと回答した場合の回答者の不利益回避の措置の策定，検索差押制度の創設等により債権者に債務者の預貯金債権特定の手段を与える方向で解決すべきであるとの議論もなされている（小林明彦「本来は第三債務者の免責要件と財産開示制度拡充の問題」金法1931号39頁，大橋弘「債権差押命令の申立てにおける差押債権の特定」判時2148号168頁（判評641号22頁）等平成23年最高裁決定の評釈は，多かれ少なかれこの点に触れている。なお，債務名義に基づく執行のための弁護士照会の現状につき，佐藤三郎ほか「弁護士法23条の2の照会に対する金融機関の対応」金

法1991号16頁参照)。他方,その後も実務の取扱いに変更はない(福島政幸「平成25年度の東京地方裁判所民事第9部における保全事件についての概況」金法1991号33頁)。なお,平成23年最高裁決定の基準については,預貯金債権以外の債権の特定への適用の可否が議論の対象となるところであるが,福岡高決平24・6・18判時2195号32頁は,平成23年最高裁決定の基準は,預貯金債権の特定に限定したものではないとし,請負代金債権について同基準を適用して特定の有無を判断している。

[笹本　昇]

246　第2編　保全命令・保全執行・仮処分の効力に関するQ&A

Q13 | 他人名義預金の仮差押え

　Xは，いわゆる振り込め詐欺の被害に遭い，指定された銀行預金口座に500万円を振り込んでしまった。後日，その詐欺グループの一人であるYが逮捕され，警察の取調べによると，Xの振り込んだ銀行口座は，Yら名義ではなく他人名義になっていることが判明した。そこで，Xは，Yを債務者，騙し取られた金額と同等の損害賠償500万円及び慰謝料30万円の合計530万円を被保全権利として，上記他人名義の銀行預金について仮差押命令の申立てをした。この申立ては認められるか。

A

〔1〕　問題の所在

　まず，前提となる保全の必要性についてであるが，本件がいわゆる振り込め詐欺による事案であるところ，当該預金口座は他人名義であることから直ちに預金が引き出されてしまう可能性があり必要性はあるといえる。そこで，本件で問題となるのは保全の目的物たる預金口座が他人名義という点である。

〔2〕　他人の財産に対する強制執行

　そもそも仮差押命令は，強制執行をすることができなくなるおそれがあるとき，又は強制執行をするのに著しい困難を生ずるおそれがあるときに発することができるのであるから（民保20条1項），他人名義の預金債権を仮差押えできるか否かは，強制執行（本執行）において他人名義の預金債権を差し押さえることができるか否かと同一の問題といえる。

(1)　外観主義

　ところで，強制執行手続において執行機関は，債権の種類やその額など差押

債権の特定については審査するものの，当該債権が実体法上債務者に帰属するか否かの審査はしない。強制執行手続において執行機関がその都度，権利帰属を判断することはその迅速性から執行手続に馴染まないためである。執行機関としては，執行対象財産が執行適格を有するか否かについては権利の外観を審査すれば足りるのである。これを外観主義という。ただし，債権の債務者帰属性は差押債権の特定として証明を要すべきところ，当該債権の名義と債務者が一致している限りにおいては，その証明があったものとして執行適格を有することとなる。

　預金を例に考えると，差押えの申立てがあった預金について，執行裁判所は当該預金名義と債務者とが同一であれば，債務者に帰属するとの証明があったものとして差押命令を発することとなるのである。

　外観主義に照らせば，他人名義の預金債権の差押えは，預金名義と債務者が一致せず，このような申立てには執行適格がないため差押えは不可能ということになる。

(2) 他人名義の預金債権と権利帰属性

　この点，預金の実体法上の権利は，原則として出捐者に帰属すると考えられているため（普通預金債権につき最判平15・2・21民集57巻2号95頁，無記名式定期預金債権につき最判昭48・3・27民集27巻2号376頁など，記名式定期預金につき最判昭57・4・2金法995号67頁など），当該預金が他人名義であっても出捐が債務者によるものであれば，その預金は債務者に帰属することとなる。

(a) 他人名義の口座が，第三者以外の者の債務名義により差し押さえられた場合

　ここで，第三者（ここでは設問のYのような立場を想定する）が何らかの理由により他人の名義で預金していた場合に，当該口座が第三者とは関係のない債務名義等により差し押さえられたことを想定してみる。上記のとおり，預金の権利は出捐者たる第三者に帰属するため，当該第三者にとってみれば自身の与り知らないところで不利益を被ることとなる。しかしながら，当該第三者は第三者異議の訴え等で差押えについて争うことができるし，そもそもこのような外観を作出した帰責性は当該第三者にあるのであるから，この程度の不利益を受けることはやむを得ないと思われる。

(b) 他人名義の口座を，第三者の債務名義により差し押さえる場合

一方，第三者の債務名義によって他人の預金口座を差し押さえる場合はどうであろうか。第三者が管理する他人名義の口座を想定する。

仮に第三者が他人名義の口座の預金手続を行うことをもって差押えを許そうとするのであれば，その場合，第三者が当該他人の代理人若しくは使者にすぎないことも考えられるし，当然のことながら当該他人が真の預金者のこともある。外観の面からも口座は当該他人に帰属することとなる。これらのことから考えるに，第三者の債務名義によって安易に他人名義の預金口座を差し押さえることは消極的に考えなければならない。

しかし現実には，当不当の目的を問わず，他人名義で預金をすることは珍しくなく，債務者以外の預金について差押えを一切許さないことは，むしろ適当とはいえない。

そこで，先にも述べたとおり，預金債権は出捐者の帰属に属するのであるから，他人名義の預金債権は，第三者に帰属するとの外観がない以上，差押債権者において当該預金債権が第三者に帰属することの証明が必要であると考える。換言すると，当該預金が第三者に帰属することを証明した場合に限り，差押命令を発することが相当であるといえる。

〔3〕 他人の財産に対する仮差押え

仮差押えにおいても本執行と同様に，債権者において当該預金債権が債務者に帰属することの証明をした場合に限り，仮差押命令を発することが相当である。

なお，保全手続において，債権者は被保全権利と保全の必要性については，手続の迅速性，暫定性から，証明ではなく疎明で足りるところ（民保13条2項），対象財産の債務者帰属性はこの疎明に含まれていない。疎明の対象から外れているのは，何らの立証も要しないとする趣旨ではなく，帰属については先に述べた外観主義による証明がなされることが前提となっているし，未登記不動産における債務者の所有にかかる書面の提出が義務づけられていることとパラレルに考えると（民保規20条1号ロ），債務者帰属性については，疎明では足りず，証明が必要であると考えられている。

また，被保全権利と保全の必要性が疎明で足りるとされた趣旨は，迅速性・暫定性のほか，原則として保全命令にあたっては債権者において立担保が条件とされている点にある。ところで，この担保はあくまで債務者の損害のためであり，他人の損害までをも担保するものではないため，誤って他人の帰属物に対して仮差押えをした場合，当該他人は担保から損害を回復する手段はない。したがって対象財産の帰属性については，疎明では足りず，証明が必要と解されている。

〔4〕ま と め

　以上のとおり，本件の場合，当該他人名義の銀行預金口座がYに帰属することが証明できれば本件申立ては認められることとなる。

　なお，預金債権が債務者に帰属することの証明であるが，当該預金に係る名義が債務者の変名等で，実在しない者である場合は，債務者が変名を使用している資料などをもって当該名義が債務者と同一であることを証明すれば足りるが，口座名義人が実在する他人であった場合，当該預金債権はその他人に帰属することが強く推認されるため，その推認を破るためには，口座資金の流れや，債務者の預金の管理方法などを明らかにしなければならない。

[餅井　亨一]

Q14 | 仮差押解放金——第三者による供託の可否

　X工務店は、Y会社から事務所の改修工事を代金1500万円で請け負い、その工事を完成させた。しかし、上記代金の支払がなかったので、Y会社を債務者、上記請負代金債権を被保全権利として、Y会社所有の甲土地について仮差押命令を申し立て、これに基づく仮差押命令が発令されるとともに、甲土地について保全裁判所の嘱託による仮差押えの登記がされた。ところが、ZがY会社から甲土地を買い受け、Zへの所有権移転登記手続をしてしまった。その上、Zは、上記仮差押命令において定められた仮差押解放金を供託して、上記仮差押命令の取消しの申立てをした。この場合、Zによる仮差押解放金の供託は認められるか。

A

〔1〕はじめに

　本問においては、X工務店はY会社に対する請負代金債権を被保全権利として、Y会社所有の甲土地つき仮差押命令の発令を受け、その旨の登記もされたところ、仮差押えの後、甲土地を譲り受けた第三者Zが仮差押解放金を供託して、仮差押命令の取消しの申立てをしている。
　よって、そのように（債務者のY会社ではなく）第三者であるZが仮差押解放金を供託することも許されるのかが問題となる。
　そこで、仮差押解放金につき、その意義や法的性質、金額の算定方法、供託した場合の効果、権利行使の方法、取戻しなどについて論じて、仮差押解放金について明らかにした上で、上記の問題について検討することにしたい。

〔2〕 仮差押解放金の意義，法的性質

(1) 仮差押解放金の意義

　仮差押解放金とは，仮差押債務者が供託所に供託することにより，仮差押目的物に対する仮差押えの執行の停止，その取消しを求めることのできる金銭のことをいう（民保22条1項・51条1項）。

　仮差押えはそもそも金銭債権の執行を保全するためのものであるから，債務者が被保全債権額に相当する金銭を供託することによって債権者が自らの債権に相当する額を保全できるならば，仮差押えの執行を開始したり存続させたりする必要がなく，他方，債務者にとっても，金銭の供託によって自らの所有財産につき仮差押えの執行を防止できたり解放されたりすれば所有財産の処分等が可能になるという利益があり，そのため，債権者と債務者の双方の利益を調整するために，債務者に仮差押目的物に代わるものとして金銭を供託させることにしたのが，仮差押解放金の制度である。

　すなわち，仮差押解放金は，仮差押命令を取り消すものではなく，仮差押命令の存続することを前提として，その執行のみを停止し，又は取り消しうるとするものである。

(2) 仮差押解放金の法的性質

　仮差押解放金は，仮差押えの執行の停止や取消しをされることによって債権者が被ることのある損害を担保するといった訴訟法上の担保としての性質を有するものではない。

　仮差押解放金は，上記のように仮差押目的物に代わるものである（最判昭45・7・16民集24巻7号965頁参照）。そのため，必ず金銭をもって供託しなければならず，有価証券をもってこれに代えることはできないとされている（大決昭7・7・26民集11巻16号1649頁参照）。この点については，有価証券でも可能という見解もある。しかし，民事保全法は，仮差押解放金について「債務者が供託すべき金銭の額を定めなければならない」と（民保22条1項），また，「金銭の額に相当する金銭を供託したこと」と規定しており（民保51条1項），金銭の供託だけを予定しているものと考えられること，しかも，仮差押解放金は訴訟上の担保ではないので，民事訴訟法76条を準用すべきではないこと，さらには，

有価証券にはいろいろなものがあり，金銭と比べると一般的に価値が不安定であって，金銭との換算率をいくらにするかとか，権利実行の際に債権者が換価手続をとらなければならず債権者に不利益を強いるなどの問題もあり，有価証券での供託は許されないものと考えるべきである。

なお，仮差押解放金を供託する場合に，金銭の供託に代えて支払保証委託契約（民訴規29条）によることも許されない。なぜならば，仮差押解放金は仮差押目的物に代わるものであり，仮差押えの効力は直接それに及ぶことになるが，支払保証委託契約は，担保を供託すべき者と銀行等の任意契約にすぎず，これに仮差押えの効力が及ぶとはいえないからである。

また，仮差押解放金の供託は，仮差押命令を発した裁判所又は保全執行裁判所の所在地を管轄する地方裁判所の管轄区域内の供託所にしなければならず（民保22条2項），いわゆる管外供託は認められず，管外供託をしても無効である（仮差押解放金の供託については，民事保全法14条2項は準用されていない）。

〔3〕 仮差押解放金の金額の算定方法

仮差押解放金については，仮差押命令を発する裁判所がその命令中に金額を確定して記載することになる（民保22条1項）。

そして，このような仮差押解放金の金額は，実務においては，原則として，被保全債権額（請求債権額[1]）を基準にして決定し，ただし，仮差押目的物価額が被保全債権額よりも明らかに低い場合には，仮差押目的物価額を基準にして決定するといわれている。このように，まず被保全債権額を基準にするというのは，仮差押えが金銭債権の執行の保全，つまり，被保全債権の保全という目的を有する点に着目するからである。また，仮差押目的物価額が被保全債権額よりも明らかに低い場合に，仮差押目的物価額を基準にするというのは，仮差押解放金が仮差押目的物に代わるものであるという点を考慮するからである。

しかし，特に不動産の仮差押えの場合には，その不動産に抵当権が設定されているなどの理由によって目的物価額（抵当権等によって把握されている価値を控除した後の剰余価値）の算定が困難な場合が多く，そのような不動産の仮差押えの場合には，原則に従って，被保全債権額を基準にして仮差押解放金の金額が定められる[2]。また，債権の仮差押えの場合には，仮差押債権の額が仮差押解

放金の金額とされ，債務者がこの額を供託すれば仮差押えの執行の停止又はその取消しを求めうるとされている（須藤典明ほか『ＬＰ民事保全』〔3訂版〕116頁参照）。

* 1　元本のほか利息や遅延損害金も，申立ての日までの分を算定して請求金額として掲げてあればそれも含める。
* 2　このような場合の東京地裁保全部の取扱いについては，東京地裁保全研究会編著『民事保全の実務(上)』〔第3版〕234頁参照。

〔4〕　仮差押解放金の供託の効果

　債務者は，いつでも仮差押命令に記載された仮差押解放金の金額を供託することができる。そして，この供託金は仮差押目的物に代わるものであるから，仮差押えの効力が仮差押目的物から供託金の上に移ることになる。

　債務者が仮差押解放金を供託して，それを証明すれば，保全執行裁判所は仮差押執行の停止*3又はその取消しの決定をしなければならない（民保51条1項）。そして，この決定を保全執行機関に提出すれば，仮差押えの執行の停止又はすでにした執行の取消しを得ることができる（民保46条，民執39条1項6号・40条1項）。すなわち，すでにした執行の取消しとして，①不動産に対する仮差押えの場合には，裁判所書記官が取消決定正本を原因証書として仮差押登記の抹消登記嘱託を行い（民保47条5項，民執54条1項），また，②債権の仮差押えの場合には，裁判所書記官が取消決定正本を第三債務者に送付する（民保規41条2項，民執規136条3項）。さらに，③動産の仮差押えの場合には，債務者から取消決定正本を執行官に提出して執行処分の取消しを求めることになる（民保46条，民執40条1項）。

　上記の仮差押解放金供託による仮差押執行の取消決定に対しては，債権者は執行抗告をすることができる（民保46条，民執12条1項）。執行抗告をなしうる裁判については，確定しないと効力を生じないのが原則であるが（民執12条2項），この執行取消決定については，確定しなくても即時にその効力が生じる（民保51条2項）*4。他方，執行取消しの申立てを却下する決定に対しては，債務者は執行異議を申し立てることができる（民保46条，民執11条）。

　債権者による執行抗告によって執行取消決定が取り消される場合に，仮差押

執行がすでに解放されている場合には，元の執行が回復されることはないので，債権者は再度の執行を行うしかない。

* 3　この仮差押執行が停止されるのは，仮差押命令の発令後執行が着手されるまでの間に，債務者が仮差押解放金を供託して執行停止を求めた場合である。しかし，実際には，債務者が仮差押執行着手前に仮差押命令の発令されたことを知ることはなく，よって，実務上は，債務者が仮差押解放金を供託して仮差押執行の停止を求めることはほぼないとされる。
* 4　このように仮差押解放金の供託による仮差押執行の取消決定に対する執行抗告の場合に，民事保全法51条2項によって民事執行法12条2項の準用が排除され，執行抗告が確定しなくても，仮差押執行の取消決定が即時に効力を生じるとされているのは，実際上，当該執行抗告に理由のある場合がほとんど考えられないからである。

〔5〕　仮差押解放金に対する権利行使の方法

仮差押債権者による仮差押解放金に対する権利行使の方法については，見解が分かれている。

(1)　**仮差押債権者は，本案勝訴判決を得れば，仮差押解放金に対して直接還付手続をとることができるとする見解**

この見解では，仮差押債権者は，仮差押解放金に対して直接還付請求権を取得するとして，この仮差押解放金に対する権利行使の方法について，改めて強制執行（債権執行）の方法をとる必要はなく，供託所に直接本案勝訴判決とその確定証明書を提出して還付手続をとることができるとする（福岡高決昭33・6・30判タ83号55頁参照）。かつての供託事務も，このような還付請求の方法を認めていた（昭29・9・28法務省民甲1855号民事局長通達参照）。

しかし，この見解によれば，債務者に対する他の一般債権者は仮差押解放金から弁済を受ける余地はないことになり，よって，差押債権者に事実上の優先権を認めたに等しいことになる。そもそも，仮差押えの執行は目的物について処分禁止効を生じさせるものにすぎず，差押債権者にその目的物に対する優先権を取得させるものではなく，この点から，上記の見解は相当とは考えられない。

(2) 仮差押債権者は，本案勝訴判決を得て，債務者の仮差押解放金（供託金）取戻請求権に対して強制執行（債権執行）の方法をとらなければならないとする見解

　上記(1)の見解は相当とは考えられないので，この見解によるべきである。この見解によれば，仮差押債権者は，仮差押解放金に対して還付請求権などの権利を取得するものではなく，仮差押債務者の国に対する仮差押解放金（供託金）取戻請求権に対して仮差押えの効力を主張しうるにすぎず，したがって，本案勝訴（確定）判決を債務名義として，仮差押債務者の仮差押解放金（供託金）取戻請求権を差し押さえ，供託所に対し取立権に基づき払渡請求を行う（民執155条）など，強制執行（債権執行）の方法をとらなければならない。そのため，仮差押解放金について，他の債権者による差押えが競合したときには，執行裁判所による配当等（民執165条1号・166条1項1号）による支払委託によって供託所から供託金の払渡しを受けるという手続による。この見解が，現在の判例（札幌高決昭36・10・12判時285号22頁，東京高決昭48・5・15判時708号42頁，東京地判平8・10・1判タ953号参照），多数説であり，供託実務もこの見解に従って処理されている（昭38・3・27法務省民事甲828号民事局長電報回答，昭57・6・4法務省民4第3662号民事局長通達参照）。

〔6〕　債務者の仮差押解放金の取戻し

　仮差押解放金を供託した仮差押債務者は，①仮差押命令の申立てが取り下げられたり，②仮差押異議等の手続において仮差押命令が取り消されたりしたことによって，仮差押命令が効力を失った場合には，仮差押執行裁判所の許可を得て，仮差押解放金として供託された金額を取り戻すことができる。ところで，仮差押解放金は，訴訟法上の担保ではないので，債権者が仮差押解放金の取戻しに同意をしても（訴訟上の和解において同意があったとしても），取戻しは認められない。

　この点に関し，債務者が本案訴訟で勝訴しその判決が確定した場合にも，仮差押命令が効力を失った場合にあたるとして，仮差押解放金を取り戻すことができるかという問題がある。この問題に関連して，民事保全の付随性から，本案訴訟が債務者の勝訴で確定すれば保全命令も当然に消滅するかという問題が

あり，この点については議論のあるところである。しかも，仮差押えの被保全権利と本案訴訟の訴訟物の同一性について仮差押執行裁判所に判断させるのは妥当でないと解せられ，そのような同一性については保全取消しの制度（民保38条）において判断すべきものと考えられ，そのため，東京地裁保全部では，解放金の取戻しのためには，債務者が本案勝訴（確定）判決を得るだけでは足りず，保全取消しが必要であるという取扱いをしている（前掲『民事保全の実務(上)』〔第3版〕245頁）。

以上によって，債務者は，仮差押解放金に対し他に仮差押えや差押えがない場合には，仮差押執行裁判所に対して，上記①の場合には，仮差押申立ての取下書（仮差押命令発令裁判所と仮差押執行裁判所が異なる場合は仮差押執行申立ての取下書）を添付し，また，②の場合には，仮差押えの取消決定正本・謄本とその確定証明書を添付して，それぞれ仮差押解放金の取戻許可の申立てをすることになる。

〔7〕 第三者による仮差押解放金の供託の可否

仮差押解放金を第三者が債務者に代わって供託することはできるか。この点についても，見解が分かれている。

(1) 第三者が債務者に代わって仮差押解放金を供託することもできるとする見解

すなわち，本問におけるＺのように，仮差押えのなされた不動産を譲り受けた第三者が仮差押解放金を供託することができ，このような供託を認めても，仮差押解放金として仮差押目的物に代わる金銭の供託があれば，仮差押債権者の利益は害されないとする。

しかし，①債権者による仮差押解放金に対する本執行の手続は，債務者の供託金取戻請求権に対する債権執行の方法によって行われる。そして，第三者による仮差押解放金の供託を認めると，仮差押債権者が債務者に対する債務名義を取得してもその第三者に対しては債務名義の効力は及ばないから，第三者の財産である供託金取戻請求権に対して強制執行（債権執行）をすることができないことになり，仮差押債権者の利益が害されるという事態になる。また，②第三者による仮差押解放金の供託を認めると，そのような供託によって債務者

が仮差押執行の取消しを得て，その後に仮差押目的物を処分したときには，債権者は債務者からも権利の満足を受けられないという事態になってしまう。さらに，③第三者による仮差押解放金の供託を認める見解によると，第三者の供託金取戻請求権であっても，仮差押解放金として供託された以上は，本案の債務名義によって強制執行をすることができると解することになろうが，その場合には，仮差押解放金を供託した第三者の一般債権者もその第三者の供託金取戻請求権に対して差押えや仮差押えを行うことも考えられ，そうすると，やはり債権者の利益が害されることになりかねない。

(2) **第三者が債務者に代わって仮差押解放金を供託することはできないとする見解**

　以上によって，第三者が債務者に代わって仮差押解放金を供託することは許されないものと解すべきである。民事保全法22条は，第三者による仮差押解放金の供託について規定しておらず，債務者が供託するものと明示しており，民事保全法はそもそも第三者による供託を認めていないものと解すべきである。

　実務上もそのように取り扱っている。

(3) **本問の場合**

　本問の場合，仮差押債務者でない第三者のＺによる仮差押解放金の供託は認められないものと考えられる。

〔井手　良彦〕

Q15 本案訴訟から派生する民事保全手続

　魚の養殖業者Y会社は，平成24年3月31日，X会社に対し，○○沖漁場内で養殖されているブリ及びブリヒラ（以下「本件原魚」という）を売り，占有改定の方法によって引渡しをするが，本件原魚はそのままの状態でY会社が飼育管理を委託され，一定期間内にY会社が買い戻す旨の内容の契約を締結した。ところが，同年7月30日，Y会社が民事再生を申し立てた（同年8月4日に開始決定）。そこで，X会社は，同年8月21日，本件原魚について占有移転禁止の仮処分命令（債権者による保管を許す執行官保管）の申立てをし，これが認容されてX会社が本件原魚の保管を委託されることになった。X会社は，民事再生手続開始決定の前後を通じて本件原魚の飼育等（その経費は9600万円）をしていた。これを前提に，以後派生する民事保全法上の問題点について，想定される本案の訴えに対応させつつ説明しなさい。

A

〔1〕 問題の所在

　本件事例では，魚の養殖業者であるY会社が，X会社に対し，本件原魚を売り，占有改定の方法によって引き渡す，X会社はY会社に対し，本件原魚を預託する，Y会社がX会社から本件原魚を買い戻す等の契約をしたが，Y会社は，民事再生手続開始決定を受けている。

　本件事例を分析するにあたっては，まず，X会社とY会社の本件原魚に関する契約がどのような法的性質を有するものであるかが重要である。すなわち，本件原魚に関する契約が単純な売買であるのか，譲渡担保契約であるのかによって，本件事例にまつわる法律関係の処理はめまぐるしく変化しうるのである。

本件事例においては前提事実に摘示されていないが，Y会社のような養殖業者であれば，資金の融通の方法として，本件原魚のような飼育魚に対し，集合動産譲渡担保権を設定していることは想定されうる事態である（適切かどうかはさておき，場合によっては同一の目的物に複数の集合動産譲渡担保権を設定していることもある），そのような場合，集合動産譲渡担保権者と，本件原魚に関する契約をした者との間で，本件原魚に関する権利関係につき何らかの争いが生じることは十分想定しうることである。もう少し具体的にいうと，本件原魚に関する契約が売買であれば，現実の引渡しを受けず，漁場から離脱していない状況で，売買の効力を第三者たる他の集合動産譲渡担保権者に対抗できるかという問題があるだろうし，本件原魚に関する契約が譲渡担保であるとすれば，他の集合動産譲渡担保権者との優劣から，それぞれの譲渡担保権者が主張できる権利にどのような影響が生じうるのかという問題がある。

さらには，本件事例では，Y会社が民事再生手続開始決定を受けているが，倒産手続を行うような会社は，それ以前から何らかの信用不安に陥っているのが通常であり，そのような状況の下では，法的根拠はともかくとして，債権者の一部が駆け逃げ的回収を図る可能性もあり，その結果，優先権がある債権者とはいえ，優先権の行使が事実上困難となり，回収不能となることもありうる。したがって，そのようなリスクも踏まえて，一般債権者であれば当然のこと，優先権を主張しうる法的地位にあるとしても，仮処分手続等を利用して権利の保全を図る必要性は極めて高いと考えられる。

そこで，以下では，本件事例において，X会社が自らの権利を保全するためにどのような民事保全法上の手続をとるべきかを分析しつつ，他の集合動産譲渡担保権者が存在する場合に，その担保権者との間で生じうる実体法上の問題点について，関連判例等を検討することとする。

なお，本件原魚に関する契約が譲渡担保か売買かという問題があるが，少なくとも，民事保全法上の問題点を分析するにあたっては，どちらかに統一するほうが整理しやすいと思われるところ，本件事例のモデル事例は，売買による所有権取得を主張して原魚の引渡しを請求したという事案であることから，それに倣って，本件原魚に関する契約が売買であるという前提に立って，議論をすることとする。

〔2〕 民事保全法上の論点

(1) 緊急換価

本件事例では，本件原魚につき占有移転禁止の仮処分命令が発令されている。動産引渡請求権を保全するための占有移転禁止仮処分は，仮処分手続において一般的に行われているところである（瀬木比呂志『民事保全法』〔全訂第2版〕632頁）。このことは，本件原魚のような生物においても同様の取扱いがなされるのであるが，生物であるがゆえの特性として，飼料代の支出その他の管理費用等に多額の支出を要することは当然である。本案訴訟の結論を待っていたのでは，かえって多額の費用を要して債権保全の目的を実現することができなくなる可能性がある。

このような事態を踏まえ，民事保全法は，緊急換価の手続を定めている（民保52条1項・49条3項）。すなわち，執行官は，仮差押えないし仮処分に基づき保管してある動産の価額が著しく減少するおそれがあるとき，又はその保管のために不相当な費用を要するとき，職権で緊急換価することができる（係争物に関する仮処分に対して緊急換価を行うことができるかという論点はないではないが，おおむねこれを肯定するのが近年の判例（大決昭9・2・8民集13巻179頁，大阪高決昭44・3・14判時554号46頁，名古屋地決昭49・3・4判時752号69頁，福岡高決昭51・8・6下民集27巻5～8号476頁，東京高決昭54・2・7判時924号60頁等）ないし多数説である（法曹会編『例題解説　民事保全の実務(二)』125頁）から，この点については特に論じない）。

本件事例では，債権者保管の方法によって本件原魚が保管されているが，生物である以上，保管に多額の費用を要するのは当然である。また，仮処分債務者たるY会社は，民事再生手続開始決定を受けており，経営状況に問題がある会社である以上，保管費用等を共益債権として行使し，優先弁済を受けることができるという法的建前を踏まえても，例えば再生計画が認可されないとか，認可された再生計画が履行されない等して破産手続に移行するという事態は当然に予測しなければならず，回収不能のリスクを少しでも減らす意味でも，仮処分債権者たるX会社は，緊急換価の上申をするメリットはあるものと思われる。

なお，緊急換価により仮処分の目的物は現金化されて売得金となり，供託さ

第1章　仮差押命令に関するQ&A　　Q15　本案訴訟から派生する民事保全手続　　*261*

れる。このように，仮処分の被保全権利たる引渡請求権の目的物は物から金銭に変わるわけだが，本案訴訟においては，仮に訴訟物が物の引渡請求権であっても，売得金が仮処分の目的物と同視されるべきものであるから，両者は同一性を有するものであると考えられる（前掲例題解説126頁）。したがって，本案裁判所は，本案の換価が行われなかった状態における権利又は法律関係について審理すればよく，訴えの変更は要しない。本件事例についていえば，仮処分手続において本件原魚の引渡請求権が保全され，本案訴訟でも同引渡請求権を訴訟物として訴訟提起がされたが，その後，本件原魚が緊急換価されて売得金となったとしても，本案訴訟の訴訟物を売得金引渡請求権に変更する必要はない。ただし，本案裁判所が原告の請求を認容する場合は，強制執行手続における配慮から，その主文は，「被告は原告に対し，（別紙目録記載の）本件原魚（換価売得金〇〇円）を引き渡せ」とか，「被告は原告に対し，（別紙目録記載の）本件原魚（ただし債権者原告債務者被告間の〇〇地方裁判所平成〇年(ヨ)第〇号動産仮処分事件の同地方裁判所執行官〇〇にかかる換価売得金〇〇円）を引き渡せ」といったものになる。

　なお，本執行は，動産執行の方法による。供託官は，供託金を取り戻した上で，債権者に交付する。一方，仮処分債務者勝訴の場合は，執行官から供託金払渡しを受ける（前掲例題解説128頁）。

(2) 不服申立て

　本件事例では，仮処分債権者たるX会社は，本件原魚の占有移転禁止の仮処分申立てをし，同申立ては認容されている。これに対し，仮処分債務者たるY会社は，保全異議・保全抗告手続によって権利の実現を阻止することになると思われる。保全異議審，保全抗告審で仮処分命令が取り消された場合，仮処分目的物ないし緊急換価が実施された場合の売得金は，仮処分債務者に返還・取戻しをされる。

　一方，仮処分債権者の立場からすると，保全異議審，保全抗告審段階で目的物ないし売得金が仮処分債務者の手にわたってしまえば，執行不能のリスクを負わなければならないことになる。すなわち，例えば仮処分命令が保全異議審で取り消されたとしても，保全抗告ないし本案訴訟が認容されれば被保全権利の実現は図ることができるが，いったん売得金が債務者の手にわたってしまえば隠匿・費消される可能性は高い以上，執行不能のリスクは拭えない。

このように，仮処分債務者の立場からすると，仮処分手続において目的物が実際に仮処分債権者の手にわたってその返還を求めることが事実上困難になるリスクを負うものではないが（緊急換価が行われた場合でも，売得金は供託されるにすぎず，仮処分債権者の手に渡るわけではない），仮処分債権者の立場からすると，目的物が仮処分債務者の下に返還される等して執行不能となるリスクは拭い去れない。若干不公平とも思えるが，民事保全手続はあくまで仮定性・暫定性を有する手続である以上，やむを得ないと思われる。

(3) 執行停止

保全命令に対して保全異議を申し立てた仮処分債務者は，執行停止の裁判を申し立てることによって，仮処分命令の発動を阻止することができる（民保27条1項）。

その要件としての「取消しの原因となることが明らかな事情」とは，被保全権利ないし保全の必要性が存在しないことが明らかな事情を指し，債務者の人違いが明らかである，保全命令発令に関する疎明資料が偽造であることが明らかである等の事情がこれにあたると考えられる（原井龍一郎＝河合伸一編著『実務民事保全法』390頁）。

「保全執行により償うことができない損害を生ずるおそれがあること」とは，完成直前に建築工事続行禁止がされた，開業直前の店舗・建物についての債務者の使用を許さない執行官保管等がこれにあたると考えられる（原井＝河合編・前掲390頁）。

〔3〕 本件事例の分析

(1) 被保全権利

本件事例における本件原魚に関する契約は，Ｘ会社による本件原魚の買受け，Ｙ会社への飼育管理の委託，一定期間経過後のＹ会社への本件原魚の売戻しによって構成されており，本件では，一応，売買にあたることを前提に議論を進めている。しかしながら，実際には契約解釈の問題として，これを譲渡担保契約とみるべきか，単純な売買，飼育管理委託，再売買によって構成される売買契約とみるべきかは，論点となりうる。

(2) 緊急換価

X会社は，占有移転禁止の仮処分命令（債権者による保管を許す処分）を受け，本件原魚の引渡しを受けているが，生物であるが故の性質上，その管理には多額の費用を要することは明らかであり，実際，X会社は，飼料代として，9600万円もの金員を支出している。

したがって，X会社としては，本件原魚の保管のために不相当な費用を要するとして，緊急換価の上申をすることを検討すべきであると思われる（ただし，通常の市場取引におけるよりも安価になってしまう可能性があることには注意を要する）。

(3) 売得金の保全に関する手法

緊急換価によって生じた売得金は，執行官によって保管されることになるが，Y会社が保全異議等の不服申立てをし，同申立てが認容された場合は，売得金はY会社に返還されることになる。

民事保全法上，執行停止の裁判の制度はあるが，その要件は極めて厳格である。その他，民事保全法に定める手続によっては，Y会社への売得金の返還を阻止する方法は存在しないとも思われる。

しかしながら，本件事例のモデル事例においては，仮処分債権者は，保全異議審で敗訴した後，別個の手続をとって売得金の保全を行っている。その点については後述することとする。

〔4〕 実体法上の問題点の分析

本件事例では，本件原魚が保管されている漁場内の他の原魚に対し，集合動産譲渡担保権が設定されているという事情は見当たらない。しかしながら，前記のとおり，他に集合動産譲渡担保権者が存在しているという事態は想定しうるのであり，そのような想定を踏まえた実体法上の議論を検討することには意義がある。

そこで，以下では，いくつかの場面を想定し，その場面ごとに生じる実体法上の問題点について，検討することとする。

(1) 譲渡担保か売買か

本件事例のモデル事例においては，2つの契約が存在しており，その各契約が売買契約であると主張する原告が，売主たる被告に対し，原魚売買による

所有権取得に基づく引渡請求をしたものである。裁判所は，2つの契約のうち，一方は売買にあたるとしたが，もう一方については，売却と同時に原告から被告に原魚の預託が行われ，直接の占有移転はないこと，売買代金は既存の原告の被告に対する債権にあてられ，現実の代金授受は行われていないこと，原魚を商品として出荷する際は，いったん被告が買い戻した上で，改めて加工品として原告に販売するとされているが，加工販売代金との清算により売り戻し代金の回収が図られること，被告が支払不能になった場合は，原告が原魚を第三者に売却することで債権回収が図られることなどの点に照らし，その性質は譲渡担保と解するのが相当であると判示した（最〔1小〕平18・7・20金判1248号41頁）。

この点については，上記判例の論旨が，「動産の売戻特約付売買契約」が「金融的側面」をもっているからといって，一律に譲渡担保契約と解することは，対等企業間の取引においては単純な売買であっても仕入寄託をすることが特殊な事態ではないこと等を看過しているといった批判があり，さらには，上記判例によって，売戻特約付売買契約の当事者間において，買主が商品を仕入寄託せずにすぐさま搬出させるようになり，売主を経営破綻に導きかねないという予測すらなされている（渡部晃「集合動産譲渡担保契約の目的動産についての債務者（譲渡担保設定者）の処分行為と相手方（目的動産の譲受人）の承継取得の可否(上)」金法1794号40〜41頁）。

(2) 後順位譲渡担保権者による私的実行が可能か

本件事例のモデル事例がそうであるように，資金繰りに窮した債務者は，同一の目的物に対し，複数の集合動産譲渡担保権を設定するということもありうる。そのような場合，後順位譲渡担保権者が私的実行を行うこととなった場合に何らかの制約があるかという問題がある。

この点について，判例は，配当の手続が整備されている民事執行法上の執行手続が行われる場合と異なり，先行する譲渡担保権者には優先権を行使する機会が与えられず，その譲渡担保は有名無実のものとなりかねないとして，後順位譲渡担保権者には私的実行を認めることができないと判示した（最〔1小〕判平18・7・20金判1248号22頁）。

しかし，これにも批判があり，動産譲渡担保権について，物上代位権の行使

(民執193条1項）が認められていること（最〔2小〕決平11・5・17民集53巻5号863頁・金法1555号48頁），先行する譲渡担保権者は，後順位譲渡担保権者が物上代位権の行使をした後も，物上代位権を行使することによって，優先権を行使しうること（民執190条による動産競売のための差押えの規定，民執133条の配当要求の規定の各類推適用を認めうる），先順位譲渡担保権者には配当要求をすることができるというべきであること（民執154条の適用ないし類推適用又は民執133条の類推適用（河邉義典「最高裁平成11年判決の解説」最判解説民事篇平成11年度(上)450頁等））等から，私的実行を認めない論拠は存在しない上に，私的実行を認めない譲渡担保に何の意味があるのかといった批判がなされている（渡部晃「集合動産譲渡担保契約の目的動産についての債務者（譲渡担保設定者）の処分行為と相手方（目的動産の譲受人）の承継取得の可否(下)」金法1795号56頁））。なお，後順位譲渡担保権者が物上代位権の行使をした後も，物上代位権を行使することによって，優先権を行使しうるとの見解に対して，逆に，優先権を行使する機会がないと捉えるものもある（進士肇「譲渡担保法判例の分析と展開」金判（増刊）1286号97頁）。

(3) 売買による所有権取得の要件

構成部分の変動する集合動産について他の債権者が譲渡担保を設定している場合，集合動産の一部を目的物として売買が行われたときに，その効力を他の譲渡担保権者に対抗することができるかという問題がある。

これについて，判例は，「構成部分の変動する集合動産を目的とする譲渡担保においては，集合物の内容が譲渡担保設定者の営業活動を通じて当然に変動することが予定されているのであるから，譲渡担保設定者には，その通常の営業の範囲内で，譲渡担保の目的を構成する動産を処分する権限が付与されており，この権限内でされた処分の相手方は，当該動産について，譲渡担保の拘束を受けることなく確定的に所有権を取得することができると解するのが相当である。」と判示した（前掲最〔1小〕判平18・7・20）。

すなわち，本件事例においてＸＹ間でなされた本件原魚に関する契約が売買であるとした場合，Ｙが魚の養殖業者であることから，その漁場内の構成原魚が変動することが当然に予定されていると解することができるというべきであるところ，上記売買がＹの通常の営業の範囲内である限り，Ｙの漁場内の原魚に対して他の債権者が集合動産譲渡担保権を設定していたとしても，上記売買

による本件原魚の所有権取得の効力を他の譲渡担保権者に対抗することができることになる。

では，通常の営業の範囲内での売買か，範囲外での売買かという判断は，いかなる基準に基づいて行われるものであろうか。学説上は，通常の営業の範囲外での売買について，「譲渡担保権の優先弁済権を侵害する目的でなされる処分の場合か，倒産間際に事業運転資金確保のために投売りするような場合に限られる」(道垣内弘人「『目的物』の中途処分」金融法研究・資料編(5)130頁)，「無償の譲渡，すなわち贈与」(鎌田薫＝加藤新太郎編著『民事法Ⅱ（担保物権・債権総論)』139頁) 等の点が挙げられているが，今後の事例の集積によって明らかになっていく事項であると考えられる。

(4) 売得金保全の方法

本件事例のモデル事例において，仮処分債権者は，所有権に基づく引渡請求権を被保全権利として，原魚の占有移転禁止の仮処分命令（債権者による保管を許す処分）を申し立て，同命令が発令された。さらに，その後，緊急換価決定により原魚の換価が実施され，売得金が執行官によって保管されていた。

しかしながら，その後，保全異議審において，仮処分債務者が勝訴し，売得金が仮処分債務者に返還されることとなった。この場合，仮処分債権者は，保全抗告を申し立て，さらに，場合に応じて執行停止の申立てをして売得金が仮処分債務者の手に渡ることを防ぐことになると思われるが，執行停止の要件が厳格であること等から必ずしも現実的な方法ではない。

そうすると，仮処分債権者は，売得金が仮処分債務者の手に渡ることを阻止することはできないとも思われるが，本件事例のモデル事例において，仮処分債権者は，原魚の飼料債権を被保全権利として（本件事例のＸ会社と同様，原魚の飼料債権を有していた)，売得金を仮差押えするという方法をとって，売得金が仮処分債務者の手に渡るのを防止している。

[西村　彬]

Q16 担保取消し(1)——総論

A銀行は、X保証会社の連帯保証の下、Y会社に対し、500万円を貸し付けた。支払期日が経過したのにY会社からの弁済がなかったので、X保証会社がその弁済を履行した。その後、X保証会社は、Y会社を債務者、上記代位弁済による求償債権を被保全権利として、Y会社のZ会社に対する売掛代金債権について仮差押命令を申し立てたところ、75万円の担保を提供して、その仮差押命令が発令された。次の場合、X保証会社は、上記担保を取り戻すことができるか。

(1) 本案の訴えにおいてX保証会社が全部勝訴し、その判決が確定した場合

(2) 本案の訴えにおいてX保証会社・Y会社間に訴訟上の和解が成立した場合

(3) 本案の訴えにおいてX保証会社が敗訴し、その判決が確定したのに、Y会社が上記担保について権利を行使しようとしない場合

(4) 第三債務者Z会社に対し、仮差押命令及び陳述催告が送達されたが、Z会社から「仮差押えにかかる売掛債権は、すでに弁済したので存在しない」との回答があったため、X保証会社が上記仮差押命令の申立てを取り下げた場合

A

〔1〕 担保取消しの意義

担保取消しは、担保を提供させておく必要がなくなった場合に担保提供者が供託物を取り戻すため、担保取消しの事由を証明して裁判所に担保の取消しを求める手続である。保全手続において債権者が立てる担保は、違法な保全命令

又は保全命令の執行によって債務者が損害を負った場合の担保であるため，債務者に損害が生じないことが確実になったときには，その担保を存続させる必要はないことになる。

〔2〕 担保取消事由

(1) 担保事由の消滅（民訴79条1項）

担保の事由の消滅とは，担保を提供しておく必要性が消滅したこと，すなわち被担保債権である債務者の損害賠償請求権の不存在が確定したことである。具体的には次のような場合である。

　(a) 担保原因行為の正当性が認められて被担保債権の不存在が確定した場合
　(イ) 本案で担保提供者（債権者）の全面勝訴判決が確定したとき
　(ロ) 本案で担保権利者（債務者）が請求の認諾をしたとき
　(ハ) 本案で担保提供者の勝訴的和解が成立したとき
　(ニ) 担保権利者からする担保原因行為を不法行為とする損害賠償請求訴訟において，担保権利者全部敗訴の判決が確定したとき

　(b) 担保権利者が担保提供者の承継人となった場合

担保権利者が被担保債権以外の債権に基づいて担保物取戻請求権の差押え及び転付命令を得たときは，担保を消滅させることを権利者自身が求めていることになり，担保権を放棄したものと解されるから，訴訟がいかなる段階であるかを問わず，担保の事由が消滅したことになる。

　(c) 被担保債権が存在せず，担保権利者に損害が生じないことが確定した場合

担保を提供したものの，保全命令の決定前に申立てを取り下げた場合である。この場合，担保取消手続ではなく，担保取戻手続（民保規17条）によることとなる。

(2) 担保権利者の同意（民訴79条2項）

担保権利者が担保の取消しに同意したときは，その供託物に対する権利の放棄と見ることができる。同意がある以上，本案提起の有無，本案訴訟の終了前を問わず，担保取消しの決定をすることができる。

(a) 同意の方法

　同意の形式に制限はないが通常は書面によってなされる。したがって，担保取消しに同意する旨の書面（同意書）を担保権利者と連署し，印鑑証明書を添えて裁判所に提出する方法や，本案訴訟や保全事件において和解が成立した場合，当該和解調書中で「担保取消しに同意し，（即時抗告はしない）」旨の条項によることも可能である。

　なお，印鑑証明書については和解調書等の方法の場合には添付は不要であるし，同意書による場合であっても，同意書の印影が本案訴訟で使用されていた印影と一致することが記録上明らかな場合などは，添付を省略することがある。

(b) 同意権者

　担保権利者が担保取消しの同意をする相手方は，担保提供者又はその承継人である。そのため，当該担保を第三者が提供している場合，同意をする相手方は当該第三者となる。したがって，和解条項の中で同意をする場合は，当該第三者を利害関係人として手続に参加させることが必要となる。

　同意書を作成し提出する場合，訴訟代理人のみで同意書を作成することについて，担保取消しに対する同意が本案の訴訟に付随する事項であることから，特別授権事項（民訴55条2項）に該当せず，単独で作成できると解することもできる。しかし実務では，特別授権事項に該当しないとしても担保権利者に不利益な事項であるし，本人の同意の意思を慎重に確認するためにも，別途改めて担保取消しの同意（と即時抗告権の放棄）についての委任状を提出させる扱いが多く見られる。

(c) 担保取消条項

　和解や調停が成立し，双方が担保取消しに同意しているのであれば，できる限り明確な担保取消条項を設けるか，同意書を作成することが望ましい。

　なぜなら，担保取消条項を設けず和解（調停）を成立させ，後日，担保取消決定の申立て（しかも担保取消しの根拠や理由は，申立時，申立人において明らかにしなければならない）を行った場合，それが，担保提供者の敗訴的和解であれば，後述の権利行使催告の手続（民訴79条3項に基づく申立て）を行う必要があるし，担保提供者の勝訴的和解であったとしても，和解（調停）の内容から一義的に勝訴的和解と判別できない場合もある（詳細はQ17を参照されたい）。仮に申立人が

担保事由の消滅を理由とする申立て（民訴79条1項に基づく申立て）を行ったとしても，担保取消裁判所において勝訴的和解ではないと判断されたときには，担保取消申立ての却下（又は申立ての取下げ）を経て，権利行使催告の手続をすることとなり，不測の時間と送達費用が必要になり，訴訟経済にも反することとなるからである。

担保取消条項は，原審のみならず上級審においてすることも可能である。しかし，上級審まで審理が進むと，保全命令からは相当の時間が経過していることもあるため，いっそうの注意が必要である。

(d) 決定の告知方法と即時抗告権

同意に基づく担保取消決定であっても即時抗告することができる（民訴79条4項）。そのため，決定の告知は即時抗告期間を明らかにするため，送達の方法によることが相当である。送達には普通郵便と異なり相応の費用がかかるものもあるが，同意の際「即時抗告をしない」旨の文言を設けた場合には，即時抗告期間は問題とならないため，普通郵便など相当な方法による告知でよいこととなる。

ところで，実務においては，即時抗告について何ら触れられていない同意書が提出される事例も散見される。その場合には，原則どおり送達が必要となり，送達費用と即時抗告期間が必要となる。その場合であっても，後日，即時抗告権放棄書を追完することにより，送達や即時抗告期間を要することなく，担保物を取り戻すことができるが（訴訟代理人がある場合の放棄書は先に述べたとおりである），一挙的解決，当事者の利便性の観点からは同意書に「即時抗告をしない」旨の文言を設けておくほうが簡便であろう。

(3) 権利行使催告（民訴79条3項）

本案が未提起のまま，又は本案が担保提供者の不利益に終了し，担保権利者において損害賠償請求権（被担保債権）の発生が想定されるにもかかわらず，担保権利者がその権利を行使しない場合，担保をそのままの状態にしておいたのでは，いつまでも担保提供者は提供した担保の利用を妨げられたままとなり，担保提供者としてはその期間，担保を利用できないこととなり，不当にその利益が害されることとなる。

そこでこのような状態を除去するため，担保提供者の申立てにより，裁判所

が一定期間を定めて担保権利者に対して権利の行使を催告し，その期間中に権利を行使されなかったときには，担保の取消しに同意したものとみなして担保取消決定を行い，担保を解放するものである。

(a) 訴訟の完結の意義

民事訴訟法79条3項にいう「訴訟の完結」とは，保全事件及び本案事件が終了し，担保権利者の損害賠償請求権（被担保債権）の発生及びその額が客観的に確定した状態となり，かつ，その権利行使に特段の支障がない状態で，権利の行使を催告しても無理ではないことが必要があると解されている。

訴訟の完結には，保全事件の終了も必要であり，保全命令を取り下げて執行が解放されることが必要であると解されている。保全執行が残っている状態では，担保権利者において損害額が客観的に定まっているとはいえず，担保権利者に損害賠償請求権を行使させることは時期尚早だからである。保全執行機関が保全命令を発した裁判所と異なる場合には，保全執行機関に対して保全執行の申立てを取り下げ，執行を解放する必要がある。

(イ) 本案未提起のとき　保全執行後，債権者が本案を提起しないまま保全命令の申立てが取り下げられ（又は保全異議の申立て（民保26条），保全取消申立て（民保37条〜40条）による取消決定の確定），保全執行が解放されたときは，保全命令発令の際に立てられた担保について，損害賠償請求権の存否やその額を客観的に定めることができる。その場合，債権者に本案を提起させることは酷であるから「訴訟の完結」があったと見るべきであり，権利行使の催告は許される。

債権仮差押えにおける第三債務者に対する陳述催告（民保50条5項，民執147条）の結果，仮差押対象債権が存在しない旨の陳述によって，債権者が債権仮差押命令申立てを取り下げた場合なども同様である（この場合，第三債務者に送達後は損害が発生している可能性がある以上，担保の取戻し（民保規17条）によることはできず，本条の担保取消手続によることとなる）。

(ロ) 本案訴訟が提起されているとき　本案が提起されているときは，保全命令申立事件の終了のみでは損害賠償請求権の存否，額が確定されているとはいえない。したがって，保全事件の終了と保全執行の解放のほか，①本案訴訟における担保提供者の敗訴判決の確定したこと，②担保提供者が訴え又は上訴の取下げ若しくは請求の放棄をしたこと，③担保提供者側が全部勝訴的とはい

えない和解又は調停などをした場合のいずれかに該当したときに初めて「訴訟の完結」となる。

(b) 権利行使催告の方法

実務では権利行使催告の申立ては，担保取消決定の申立てと同時に行うことがほとんどである。訴訟の完結による担保権利者の同意擬制を理由とする担保取消申立ての場合，担保提供者による権利行使催告の申立てに基づき，裁判所は，担保権利者に対し，一定期間（14日間程度）の期間を定めて，損害が発生しているときは当該期間内に権利行使（損害賠償請求）をした上，権利行使した場合にはその旨を届け出ること，権利行使の届出がない場合には担保取消しに同意したものとみなされることを記載した書面を担保権利者に対し送付して催告する。催告は相当な方法で足りる（民保規6条，民訴規4条1項）が，権利行使期間を明確にするため，送達の方法による。

(c) 権利行使の方法

権利行使の方法は，損害賠償請求訴訟に限られず，支払督促の申立て，訴え提起前の和解や調停の申立てでも足りるが，訴訟外の請求はこれに含まれない。権利行使の額が担保額に満たない場合であっても，後日，請求の拡張がなされることが予想されるので，担保額に満たない部分のみを取り消すことはしないのが一般的である。

〔3〕 担保取消手続

(1) 管轄裁判所

明示の規定はないが，実務上は担保提供を命じた裁判所が管轄を有すると解されている。

(2) 申立ての方式

通常は書面でなされ，手数料は不要である。裁判所は民事雑事件として立件する。

(3) 当事者

申立人は担保提供者（第三者が担保を提供したときは，その第三者），担保物取戻請求権の承継人又は取戻請求権に対する差押え・転付命令を取得した担保提供者の債権者である。被申立人は担保権利者又はその承継人である。

第1章　仮差押命令に関するQ&A　　Q16　担保取消し(1)――総論　　273

(4)　添付書類
(a)　担保消滅事由による取消し（民訴79条1項）
　担保事由消滅を主張して担保の取消しを求める者は，その申立てを裏づける書面（全面勝訴の場合は判決正本とその写し（正本と写しを照合の上，写しは裁判所に保管され，正本は返還される）又は謄本及びその確定証明書，請求の認諾と勝訴的和解の場合は，和解や調停等の調書の正本とその写し（正本照合の上，正本返還）又は謄本など）を担保取消裁判所に提出する。
(b)　担保権利者の同意（民訴79条2項）
　同意による担保取消しの場合，上記〔2〕(2)(a)で述べたような同意書と印鑑証明書又は和解調書等の正本とその写し（正本照合の上，正本は返還。又は謄本）を提出することとなる。
(c)　権利行使催告による場合（民訴79条3項）
　上記〔2〕(3)で述べた保全命令事件の取下書，権利行使催告申立書のほか，本案が提起されているときは訴訟終了に関する証明書も合わせて提出する。
(5)　担保取消申立てに対する裁判
　一件記録上，〔2〕の取消事由に該当するときは，裁判所は担保取消決定を発する。反対に取消事由に該当しないときや，取消事由が証明できないときは申立てを却下する。
　担保取消決定には即時抗告をすることができるため（民訴79条4項），決定の告知は被申立人には送達の方法により告知する。申立人には即時抗告権はないため，相当な方法で告知すれば足りる。
　しかし，〔2〕(2)でも述べたように，担保権利者の同意がある場合で，あらかじめ即時抗告権放棄書や和解条項等の中で「（担保取消しに同意し，）即時抗告はしない」旨の記載のある調停調書正本等が提出されている場合には，即時抗告の問題は生じないため，送達によるまでもなく，普通郵便など相当な方法で告知すれば足りる。
　申立却下の場合には，申立人のみに告知すれば足り，この却下決定には通常抗告（民訴328条）をすることができる。
(6)　担保取消決定後の手続
　担保取消決定が確定した場合，担保提供者は，供託物払渡請求書に担保取消

決定正本とその確定証明書（実務では，決定正本と証明書に代えて，供託原因消滅証明書によることもある）を供託書正本とともに供託所に提出し，供託物の取戻しを受ける（供託が支払保証委託契約による場合は，担保取消決定の確定により，契約の効力が消滅するため（民保規2条2号），同様に担保提供者は担保取消決定正本と確定証明書又は契約原因消滅証明書を金融機関に提出することとなる）。

実務では，担保取消決定の確定と同時に取戻手続を行えるようにするため，あらかじめ担保取消申立てと同時に，確定証明申請又は原因消滅証明申請（いずれも証明事項1件につき150円の収入印紙を貼付する（民訴費7条別表第2の3項））をしておく例も見受けられる。

〔4〕 設問について

これまで述べた担保取消事由について，設問に沿って解説する。

(1) 設問(1)について

この場合，民事訴訟法79条1項に該当するため，X保証会社は全部勝訴の判決正本と判決の確定証明書などとともに担保取消しの申立てを行い，担保を取り戻すことができる。

(2) 設問(2)について

先にも述べたとおり，和解にも担保提供者の勝訴的和解か否かによって，手続は異なり，担保提供者の勝訴的和解であれば民事訴訟法79条1項により担保取消しの申立てができる。敗訴的和解であったとしても民事訴訟法79条3項による権利行使催告によって担保取消しができる余地はある。また，和解条項の中に「担保取消しに同意する」旨の条項があれば，民事訴訟法79条2項により担保取消しと，担保の取戻しができる。

(3) 設問(3)について

Y会社において権利行使をしないのであるから，民事訴訟法79条3項により担保取消しの申立てと同時に権利行使催告の申立てを行い，裁判所からY会社に対して権利行使催告を行う。Y会社が権利の行使をせず，同意したとみなされる場合に，担保取消決定がなされ，担保の取戻しを行えるようになる。

(4) 設問(4)について

実務において，仮差押命令の送達は，債務者による財産の隠匿を防ぐなどの

目的から，債務者より先に第三債務者に送達する。

　設問によると，仮差押命令が債務者に送達されたか否かは判然としないが，仮に仮差押命令がY会社に送達される前であっても，先にも述べたとおり，第三債務者であるZ会社に仮差押命令が送達されたことにより，Y会社の信用を損なうなど，Y会社において損害が発生している可能性がある。したがって，本問においても，民事訴訟法79条3項によって，Y会社に対し，権利行使の催告を行った上で，担保取消しをすることとなる。

[餅井　亨一]

Q17 | 担保取消し(2)——和解条項と担保取消し

　X電器店は，Yに対して70万円の売買代金債権を有しているが，Yはその代金を支払わないため，Yを債務者，上記売掛金代金を被保全権利として，Y所有の普通乗用自動車について仮差押命令を申し立てたところ，10万円の担保を提供して，その仮差押命令が発令された。その後，X電器店は，Yに対して上記売買代金債権の支払を求める本案の訴えを提起し，第2回口頭弁論期日において，X電器店とYとの間に，次の和解条項による裁判上の和解が成立した。そこで，X電器店は，上記10万円の担保について担保事由が消滅したとして，担保取消しの申立てをした。この申立ては認められるか。

【和解条項】
1　Yは，X電器店に対し，70万円の支払義務があることを認める。
2　Yは，X電器店に対し，前項の金員のうち，60万円を平成〇〇年4月から同年9月まで毎月末日限り，10万円ずつに分割して，X電器店が指定する口座に振り込む方法により支払う。
3　Yが，前項の分割金の支払を1回でも怠ったときは，当然に同項の期限の利益を失い，Yは，X電器店に対し，第1項の金員から既払額を控除した残金を直ちに支払う。
4　Yが前項により期限の利益を失うことなく，第2項の分割金を支払ったときは，X電器店は，Yに対し，Yのその余の支払義務を免除する。
5　X電器店は，その余の請求を放棄する。
6　X電器店とYは，X電器店とYとの間には，本件に関し，この和解条項に定めるもののほか，何らの債権債務がないことを相互に確認する。
7　訴訟費用は各自の負担とする。

A

〔1〕 担保取消しの意義及び手続

担保取消しの意義とその手続については，Q16を参照されたい。

〔2〕 担保事由の消滅

担保事由の消滅とは，担保を提供しておく必要性が消滅したこと，すなわち債務者（担保権利者）の損害賠償請求権の不存在が確定したことを指す。

この点，かつては「損害賠償請求権が発生する可能性が絶無であるか少なくとも稀有であると認められる場合」（仙台高決昭33・4・22下民集9巻4号721頁）と説明されてきた。しかし，この説明では担保権利者が担保取消決定の取消しを求め，即時抗告を申し立てた場合，即時抗告審において担保提供者が損害賠償請求権の発生が稀有であることの証明をすれば，仮に可能性が稀有であったにせよ担保権利者に損害が発生し，その主張立証をしたとしても担保取消決定の取消しはできないものとなってしまう。そのため，この説明は担保事由の消滅の意義と証明の問題が区別されていない点で，やや不正確な表現であるといわざるを得ない。

したがって，担保事由の消滅は，証明の対象は何かという問題と，どの程度の心証に至ればその証明がなされたと見るかの問題に分けて考えなければならない。

証明の対象は，先にも述べたとおり債務者（担保権利者）の損害賠償請求権の不存在が確定したこと，すなわち被担保債権の絶対的不存在であると考えるのが相当である。そして，その証明は，裁判所に担保権利者の損害賠償請求権の発生が稀有であるとの心証を与えればよく，裁判所はこのことから被担保債権の絶対的不存在を認定（推認）することとなる。この場合，仮に担保権利者において稀有な損害が発生したときには，担保権利者が即時抗告審において損害の発生を主張して担保取消決定の取消しを求めることとなる。

〔3〕 担保事由の消滅の類型

担保事由の消滅の類型としては，①担保提供者の全面勝訴判決の確定，②担保提供者の勝訴的和解，③担保権利者からする担保原因行為を不法行為とする損害賠償請求訴訟における担保権利者全部敗訴判決の確定，④請求の認諾が挙げられる。

〔4〕 担保事由の消滅が問題となる事例

ここでは以上の類型のうち，実務において申立件数の多い①と②について述べることとする。

(1) 本案勝訴の場合

担保提供者が本案で全面勝訴したというためには，前提として保全命令事件の被保全権利と本案で認容された権利が同一であることが必要である（訴訟物の同一性）。本案における被保全権利の存在が認定できれば，被担保債権の不存在が推認されるからである。

実務上，訴訟物に同一性に疑義はあるものの，全面勝訴判決と同視できるとされているのは，①仮差押命令の請求債権額と本案で認容された額とが異なるときで，仮差押命令発令後に一部弁済があったことが一件記録上明らかな場合や，金額差は計算方法の相違によるもので，それが社会通念上無視できるような僅差にとどまるとき，②被保全権利が手形債権で，本案で認容されたのが原因債権たる貸金債権であり，本案訴訟が手形訴訟であっても認容が見込まれたとき，③部屋の明渡請求権を保全するため占有移転禁止の仮処分において共用部分も対象としていたが，本案では共用部分を除外して部屋の明渡しを請求し認容されたときなどである（以上，金法1409号66頁）。

問題となるのは，被保全権利が内金請求で，本案で一部勝訴判決があったときである。例えば，100万円の貸金債権の内金20万円を被保全権利として仮差押命令を得たところ，本案では100万円の全部請求をして20万円の一部認容判決を得た場合である。

この場合の担保事由の消滅については，①被保全権利たる20万円が敗訴部分の80万円に包含される可能性があること，②債権者が100万円のうちのほか

の20万円をもって別の仮差押えをすることも可能であり，その場合には勝訴部分の20万円はどちらの仮差押えの担保であるか判然としない可能性があることなどを理由として否定すべきとする説（神戸地決昭33・2・17下民集9巻2号240頁など）があるが，実務の趨勢は肯定説（大阪高決昭32・12・7高民集10巻12号690頁など）をとっているようである（判タ1078号226頁など）。

　肯定説は，金銭債権はどの部分をとっても等価値であり，請求の特定に欠けることはないことなどを根拠とする。また，担保提供者にとっては20万円の被保全権利に対し20万円の勝訴判決を得ているのであるから，少なくとも20万円を限度に被保全権利の正当性が認められたこととなるし，担保権利者にとっても20万円の被保全債権は仮差押えを受けてもやむを得なかったと見るのが相当である。このことからも被保全権利と一部勝訴部分に同一性を認めるのが相当であるといえよう。

　確かに，②のような不都合があるとしても，担保取消申立ての際，申立人には「他に仮差押決定は得ていない」や「他に仮差押決定は得ているが，本件一部認容判決で，他の仮差押決定の担保取消しには利用しない」旨の上申書を提出させることで担保される。仮に虚偽の上申書の提出や上申書の提出後，別事件の担保取消申立てがなされたとしても，担保取消決定は担保権利者に送達されるのであるから，担保権利者は一部勝訴判決が不当に利用されたことを容易に知ることができ，即時抗告で争うこともできるのであり，実際上，不都合は生じない。

(2)　和解（調停）の場合
(a)　総　　論

　本案訴訟で和解が成立した場合又は調停が成立し（なお，ここで述べる問題について，和解と調停で特段の差異はないことから，以下，和解と調停との区別を設けず，単に「和解」という），保全命令による担保権利者の損害賠償について特段の定めや留保がされていない場合，講学上は勝訴判決と同様，担保事由が消滅したものと考えられている（秋山幹男ほか『コンメンタール民事訴訟法Ⅱ』〔第2版〕97頁。調停につき前出仙台高裁決定，和解につき名古屋高決昭53・3・9判タ366号202頁など）。

　しかしながら，実務では和解が成立した一事をもって担保事由が消滅したとは考えないのが大方である。なぜなら，本案終局後であっても保全執行は残る

ことが通常であり、保全命令における担保は保全執行の損害のためであることから、和解が成立しただけでは当事者間に一切の債権債務がないとはいえない場合もあるためである。そこで、実務においては担保提供者の「勝訴的和解」といえる場合に限って、担保事由の消滅を認める取扱いである。

そして勝訴的和解といえるためには、勝訴判決と同様、訴訟物の同一性を前提に被保全権利の存在を認定することが必要となり、被保全権利が存在する場合には、損害発生の可能性が稀有であったとの心証を得ることとなる。

(b) 設問の検討

設問における問題点として、①権利義務の名目を特定しない確認条項であること（第1項）、②確認条項では請求金額全部を認容しているところ、給付条項では一部の支払を免除していること（第2項・第4項）、③包括的清算条項が設けられていること（第6項）が挙げられる。設問の場合に担保事由が消滅したといえるかどうかについて検討をする。

(イ) ①について　設問の和解条項第1項では金員の名目が特定されず「70万円の支払義務があることを認める。」とだけされている。この場合に、訴訟物が同一といえるか。

通常、和解の場面において確認条項を設ける際には、「本件売買代金債務として○○円の支払義務があることを認める。」などと訴訟物との関連を明らかにすることが多い。しかし、慰謝料など、その金員の性質を和解条項上明らかにすることを当事者が望まない場合には「本件和解金」や「本件解決金」とする例もまま見受けられるところである。

では、設問のように金員の名目を特定しない場合や、「和解金」等とした場合に訴訟物の同一性を認めることができるであろうか。

金員の名目を特定した場合、和解調書上の請求の表示（訴状等が引用されている場合には、担保取消申立ての際、当該訴状の写しが必要となる）と和解条項を対比し、訴訟物が同一で、内容も全面勝訴判決と同一であるときには勝訴的和解と解することには問題ないであろう。

反面、金員の名目を特定しない等の場合はどうであろうか。この点、旧訴訟物理論によれば、当該和解条項によって請求権の性質が一見して明らかにならないことから、訴訟物の同一性は否定せざるを得ないであろう（和解調書上は金

額的に請求と合致しており，受訴裁判所と当事者の意思解釈が同一の訴訟物であると解していたとしても，受訴裁判所と担保取消裁判所は必ずしも同じ裁判所とは限らず，その場合，担保取消裁判所が担保取消しのために当該和解条項を審査したとき，当該和解が訴訟物とは関係のない別の給付をする和解である可能性を完全には否定できない上，担保取消手続は担保事由の消滅，当事者の同意や訴訟の完結といった一種の機械的判断に基づき行われるものであるから，そこに記録上現れてこない受訴裁判所や当事者の和解当時の意思解釈を加えることは相当ではない。当事者の意思を反映させるのであれば和解条項に「担保取消しに同意する」旨の条項を設けることとなる（民訴79条2項）。

したがって，設問のように金員の名目を特定しない確認条項では訴訟物の同一性を認めることは困難であると思われる。

(ロ) ②について　本設問では確認条項で訴訟物の同一性を欠いているため，実際の場面においては，③の検討を行うこととなる。しかしながら，本和解条項には一部免除条項（第2項）が含まれているので，確認条項で訴訟物が同一であったことを前提に，この点も触れておくこととする。

設問においては70万円の請求金額について，第1項の確認条項において70万円全額の支払義務を認めつつ，第2項において，そのうち60万円についてのみ給付条項が設けられている。この場合について，担保の事由が消滅したといえるであろうか。

この点，設問において全面勝訴判決が出たと仮定した場合には「70万円を支払え」となる。そうすると全面勝訴判決からは量的に10万円足りないこととなり，勝訴的和解とはいえないと見ることもできよう。しかしながら，確認条項において全面勝訴判決と同趣旨の請求権全部が認められているのであるから，請求権と同一の被保全権利が存在したとみることができ，損害発生の可能性は稀有であることとなる。

したがって，この点に限ってみれば，本和解は「勝訴的和解」であるといえる。

(ハ) ③について　訴訟物の同一性がなかったとしても，和解条項の第5項以下（これらは，いわゆる「清算三条項」といわれる），特に第6項の包括的清算条項があることをもって担保事由の消滅といえないか。

この点，清算条項は当事者間に訴訟物以外の何らかの債権債務関係が存在し

ている場合，和解終了後に双方がこの請求権を行使することを阻止し，互いの不安を払拭するために作成される条項であることから，訴訟物以外の一切の法律関係について請求の放棄に合意する趣旨であるとして，担保事由の消滅と見ることもできよう。

　しかし，包括的清算条項を設ける趣旨は上記のとおりであるとしても，通常，和解を成立させる際は，本条項をほぼ全件において機械的に設けるのが通常であるので（実務で，この条項自体に手を加える場面も少なく，あるとすれば確認主体（訴訟に利害関係人が参加している場合，原被告間のみならず利害関係人との間でも清算する）であるとか，清算の範囲（本件のみに関する清算なのか，それ以外一切の債権債務関係を含めて清算する趣旨なのか（なお，設問には「本件に関し」が入っていることから前者である））程度である），包括的清算条項があること一事をもって，特別の清算の意思，とりわけ担保事由を消滅させる趣旨と捉えることは困難である。

　また，損害賠償請求権を放棄ないし行使しない旨の合意がなされたか否かは，和解の内容から総合的に読み解くほかないが，通常，損害賠償請求権の放棄や不行使の場合「担保取消しに同意する」旨の条項が作成されるのであって，このことからしても，包括的清算条項によって担保事由が消滅したと解するのは困難である。いずれにせよ包括的清算条項のみによって担保事由が消滅したことを認定するのは消極と解さざるを得ない。

　仮に包括的清算条項からは損害賠償請求権の放棄や不行使が認められなかったとしても，担保取消しの同意を得ること（民訴79条2項）や担保権利者に対し権利行使催告をすることにより（民訴79条3項），担保を取り消す方法が残されているのであるから，実際上は何らの不都合もないと思われる。

　(二)　総　括　　以上，結論としては，本和解条項では訴訟物の同一性を確認できず，清算条項によっても担保事由が消滅したといえないことから，担保事由の消滅を理由とする担保取消しはできないこととなる。

　なお，傍論ではあるが設問のように，当初は担保取消しの申立てが担保事由の消滅を理由とするものであったが，その理由では担保取消しができないが，別の理由（訴訟の完結など）による担保取消しが認められる可能性があることが判明したときには，一度，申立てを取り下げた上で，再度，訴訟の完結を理由とする申立てを行うのが一般的であろう。

本来，申立てに理由がない以上，裁判所はその申立てを却下すべきであろうが，却下決定に対して申立人は抗告（民訴328条）ができることから，送達を行う必要がある上（これにより相当の送達費用が必要となることがあり，当事者にとっても不測の経済的損失を被る結果となってしまう），却下決定を得たとしても本来の目的を達することはできず，結局は再申立てをしないと担保を取り消せない。また，一度申立てを取り下げ，再申立てをしたとしても，申立手数料は不要であることからしても，当事者の経済的損失はほぼないといえるのであるから，再申立てを行ったほうが簡便である。

[餅井　亨一]

第2章

仮処分命令に関するQ&A

Q18 | 保全の必要性(1)——仮の地位を定める仮処分

　Ｘ信託銀行は，平成22年５月21日，Ｙらとの間で，Ｙ信託銀行の一定の営業等（以下「本件対象営業等」という）の移転等からなる事業再編及び事業提携（以下「本件協働事業化」という）に関して基本合意（以下「本件基本合意」という）をし，その書面（以下「本件基本合意書」という）を作成した。本件基本合意書には，各当事者は，第三者との間で本件基本合意の目的と抵触する取引等に係る情報提供や協議を行わないものとする旨の条項（以下「本件条項」という）が設けられていた。Ｘ信託銀行とＹらは，本件基本合意に基づいて，本件協働事業化の詳細条件を定める基本契約の締結を目指して交渉していた。しかし，Ｙらは，Ｙらグループの窮状を乗り切るためには，本件基本合意を白紙撤回し，Ｙ信託銀行を含めてＡグループと統合する以外に方策はないとの経営判断をするに至り，平成22年７月14日，Ｘ信託銀行に対し，本件基本合意の解約を通告するとともに，Ａ信託銀行に対し，Ｙ信託銀行の本件対象営業等の移転を含む経営統合の申入れをした。そこで，Ｘ信託銀行は，平成22年７月16日，ＹらがＡグループとの間で，経営統合に関する協議を開始したことが本件条項で定められたＸ信託銀行の独占交渉権を侵害するものであると主張して，本件基本合意に基づいて，Ｙらが第三者との間で，平成24年３月末日までの間，Ｙ信託銀行の本件対象営業等の第三者への移転等に関する情報提供又は協議を行うことの差止めを求める仮処分命令の申立てをした。この場合，Ｘ信託銀行に，保全の必要性は認められるか。

A

〔1〕 はじめに

　設問は，日付が異なるが，大型M＆A（企業統合）に関する紛争であり，社会的に大きな注目を集めた事件についての最高裁の判断（最決平16・8・30民集58巻6号1763頁〔住友信託銀行対ＵＦＪホールディングス事件〕。以下「本決定」という）に関するものである。

　設問については，契約法上の論点，会社法上の論点が存在するが，以下，仮の地位を定める仮処分についての一般論及び保全の必要性について述べ，本決定について述べていく。

〔2〕 仮の地位を定める仮処分とは何か

(1) 仮の地位を定める仮処分の意義

　民事保全における仮処分には，係争物に関する仮処分と仮の地位を定める仮処分とがある（民保1条・23条1項・2項）。

　仮の地位を定める仮処分とは，例えば，建物の占有権限を有する債権者が，その占有を妨害され，日常生活上著しい侵害を受けている場合に，本案である妨害排除請求訴訟が確定するまでの間に生じる著しい損害を避けるため申請する占有妨害禁止の仮処分のように，将来の執行の保全ではなく，争いがある法律関係について，債権者に生じる現在の著しい損害又は急迫の危険を避けるため，暫定的な措置を定めるものである。

(2) 適用範囲

　仮の地位を定める仮処分は，争いのある法律関係に関するものであることから，その適用される場面が広く，また，その仮処分の方法も，争いのある法律関係ごとに異なるものであることから，解釈上さまざまな問題点が生じる分野である。

(3) 仮の地位を定める仮処分の要件

　この仮処分の要件は，①争いがある権利関係，②仮処分の必要性である。

(a) 争いのある権利関係

仮の地位を定める仮処分は，仮差押えや係争物に関する仮処分のように将来の執行を保全するためのものではなく，当事者間の権利関係に争いがあり，その解決を本案訴訟で図る間に債権者に生じてしまうおそれのある著しい損害又は急迫の危険を避けることを目的とするものであるから，被保全権利ではなく，争いのある権利関係の存在が要件となる。

争いがある権利関係とは，債権者と債務者との間に，権利関係について争いがあり，その争いが，まだ確定判決によって解決されていない状態である。ここでいう権利関係は，特に制限がなく，その種類は多岐に亘っており，金銭債権その他の財産法上の請求権であっても，身分法上のものであってもよく，また，積極的な請求権だけでなく，債務不存在の確認を求めることができる地位であってもよい。債権者の有する権利は，解除条件付又は終期期限付であってもよいが（民保23条3項・20条2項），仮の地位を定める仮処分が，現に存在する権利関係に関する争いから生じる著しい損害又は急迫の危険を避けるためのものであることからして，停止条件付又は期限付の債権は，将来の債権であって，現時点ではいまだ権利の行使ができない権利であり，仮の地位を定める仮処分の根拠にはならないと解される。

(b) 仮処分の必要性

(イ) 必要性の有無を判断するにあたっての考慮事情　仮の地位を定める仮処分は，争いがある権利関係について債権者に生ずる著しい損害又は急迫の危険を避けるためこれを必要とするときに発することができる（民保23条2項）。

旧民事訴訟法760条は，「著シキ損害ヲ避ケ若クハ急迫ナル強暴ヲ防ク為メ又ハ其他ノ理由ニ因リ之ヲ必要トスルトキニ限ル」と規定し，民事保全法23条2項とは若干表現が異なるが，これによって要件が変更されたものではないと理解されている。もっとも，仮の地位を定める仮処分における保全の必要性の有無を判断するにあたっての考慮事情は必ずしも明らかではなく，法文上明確な根拠がないことから債務者が被る損害を考慮することができるかについては従来から争いがあった。

(ロ) 判例・学説の動向　仮の地位を定める仮処分における保全の必要性を判断するにあたっては，債務者の損害を考慮すべきであり，仮処分によって債

権者が受ける利益と比較して，債務者が被る不利益が著しく大きい場合は，保全の必要性を欠けるとする見解が通説であり，実務も概ねこの見解に従った処理をしていたと解される。

他方で，この仮処分は，被保全権利の存在につき高度の疎明がある場合において認められ，かつ債務者の損害は担保でもって考慮されていること等を理由として，保全の必要性において債務者の損害を考慮すべきではないとする見解があり，同様の見解に立つ裁判例もあった。

(ハ) 必要性の判断方法と審理方法　仮の地位を定める仮処分は，債権者に生じる著しい損害等を避けるため，暫定的な地位を形成するものであるため，その内容は断行的な処分となることが多い。したがって，債務者に課される負担も甚大となるため，仮の地位を定める仮処分が認められるためには，少なくとも，仮処分が発令されることによって債務者が負担する不利益より，債権者が損害等を免れることによって得る利益のほうが相当程度大きいと認められることが必要となろう。

また，債務者の被る不利益への配慮がより重要であるといえる。

審理の迅速化という観点から，仮差押命令及び仮処分命令の裁判については，すべて決定手続で行うこととしている（民保3条）が，仮の地位を定める仮処分の審理方式については特則が定められており，原則として，口頭弁論又は債務者が立ち会うことができる審尋の期日を経ることが必要とされている（民保23条4項本文）。

(4)　仮の地位を定める仮処分の本案化と特別訴訟化

仮の地位を定める仮処分のなかには，建物明渡し断行の仮処分のように，本案と同様の満足を債権者に与えるもの（満足的仮処分）が少なくない。そして，手続的にみても，原則として債務者に対する審尋が実施され（民保23条4項），双方で実質的な攻防が尽くされることが多いこともあって，仮差押えや係争物に関する仮処分に比べて審理が長期化するものの，その中で和解が成立したり，保全命令の発令を受けて本訴提起前に紛争が当事者間で実質的に解決されることが実務上しばしば見受けられる。このように，仮の地位を定める仮処分は，実務においては，本来の保全手続としてよりも，早期・簡便な特別訴訟手続のような位置づけを与えられ，紛争解決の早期実現を果たす重要な役割を担って

きている。

〔3〕 設問の検討

(1) 問題の所在

本決定は，その判旨に照らせば，仮の地位を定める仮処分における保全の必要性について事例判断をしたものと解されるから，その点を中心にして検討する必要がある。

(2) 原決定までの経過

事案の概要は，設問に記載のとおりである。

原決定までの経過は，以下のとおりである。

Ｘ信託銀行は，平成16年７月16日，東京地方裁判所（以下「東京地裁」という。以下同じ）に対し，本件合意書に基づき，ＹらとＡグループとの間で業務提携等に関する協議等を行うことの差止めを求める本件仮処分の申立てをした。

東京地裁は，同年７月27日，本件仮処分申立てを認容する決定をした。これに対し，Ｙらは異議の申立てをしたが，同年８月４日，同裁判所は，本件仮処分決定を認可する旨の決定をした。

Ｙらが，前記異議審の決定を不服として，東京高裁に対し，保全抗告をしたところ，同裁判所は，同月11日，前記決定を取り消し，本件仮処分の申立てを却下する旨の原決定をした。

Ｙらは，同月12日，Ａグループとの間で経営統合に関する基本合意を締結した。

Ｘ信託銀行は，原決定を不服として抗告許可の申立てをし，東京高裁は，同年８月17日，本件抗告を許可する旨の決定をした。

(3) 本決定の位置づけ

(a) 本決定は，被保全権利について，今後，ＸとＹらが交渉を重ねても，社会通念上，本件協働事業化に関する最終的な合意が成立する可能性が存しないと判断されるに至った場合には，本件条項に基づく債務も消滅するものと解されるとした上で，現段階では，ＸとＹらとの間で，本件基本合意に基づく本件協働事業化に関する最終的な合意が成立する可能性は相当低いといわざるを得ないとしつつ，本件の経緯全般に照らせば，いまだ流動的な要素がまったくな

くなってしまったとはいえず，社会通念上，上記の可能性が存しないとまではいえないものというべきであるとし，本件条項に基づく債務は，いまだ消滅していないものと解すべきであるとした。しかし，本決定は，本件条項に基づく債務が消滅したか否かを論じているのであって，本件条項の効力として差止請求権が認められるかについて判断をしておらず，被保全権利の存在について最終的な判断をしていないと解される。

(b) 本決定での保全の必要性

本決定は，保全の必要性について，Yらが本件条項に違反することによりXが被る損害については，最終的な合意の成立によりXが得られるはずの利益相当の損害とみるのは相当ではなく，Xが第三者の介入を排除して有利な立場でYらと交渉を進めることにより，XとYらとの間で本件協働事業化に関する最終的な合意が成立するとの期待が侵害されることによる損害とみるべきであるとしたうえで，Xが被る損害の性質内容が上記のようなものであり，事後の損害賠償によっては償えないほどのものとまではいえないこと，XとYらとの間で，本件基本合意に基づく本件協働事業化に関する最終的な合意が成立する可能性は相当低いこと，しかるに，本件仮処分命令の申立ては，平成18年3月末日までの長期間にわたり，YらがX以外の第三者との間で前記情報提供又は協議を行うことの差止めを求めるものであり，これが認められた場合にYらの被る損害は，Yらの現在置かれている状況からみて，相当大きなものと解されること等を総合的に考慮して，保全の必要性を欠くとした。

(4) まとめ

上記(3)及び(4)のとおり，地裁と高裁・最高裁で結論が異なっているが，その結論を異にするに至った点は，最終的な合意に至る可能性の有無を本件条項の法的拘束力の消滅にリンク（又は強調）して考慮するかという点である（本件条項に法的拘束力が認められること自体はすべての審級で認められている）。

これをリンク（又は強調）して考えずに本件条項の法的拘束力からストレートに協議等の差止めを認めたのが東京地裁である。

これに対し，前記の点をリンク（又は強調）して考え，独占交渉権の効力は消滅したとするのが東京高裁である。高裁は，いわば「最終的な合意に至る可能性のない者同士を無理やり交渉させることは無駄である」との価値判断に基

づいているものと思われる。
　最高裁は，前記の事実関係においても最終的な合意に至る可能性は否定されないとして本件条項の法的拘束力は否定していないものの，保全の必要性がないとして抗告を棄却した。
　このように本決定は，仮の地位を定める仮処分における保全の必要性について，事例判断ではあるものの，債権者が被る損害が事後の損害賠償によって償えるかなどの考慮事情を示すとともに，従来の通説に立ち，債務者の損害を考慮した点について，重要な意義を有するものである。
　仮の地位を定める仮処分は，本案判決を待たずして，債務者の地位に重大な影響を与えるものであるから，債務者の損害を考慮することが相当であると解される。

〔堀田　隆〕

Q19 保全の必要性(2)——子の引渡し

X（妻）は，Y（夫）の両親宅において婚姻生活を始めたが，次第にY及びその母親との仲が円満を欠くようになり，生後3ヵ月の子を連れてXの実家に戻った。その数ヵ月後，Yは，Xの実家で，子と面接するに際し，Xとその両親の隙をねらって子を連れ去り，1週間後に離婚の訴えを提起した。これに対して，Xは，Yを債務者，子の引渡請求権を被保全権利として，子の引渡しを求める仮処分命令の申立てをした。この仮処分命令が発令されるためには，最高裁平成5年10月19日判決（民集47巻8号5099頁）にいう「明白性の要件」が必要となるか。

A

〔1〕 最判平5・10・19（民集47巻8号5099頁。以下「平成5年判決」という）について

(1) 平成5年判決の内容

別居夫婦間で母親が父親に対し，人身保護法に基づき，父親の下にいる2人の幼児の引渡しを求めて提訴した事案について，「夫婦がその間の子である幼児に対して共同で親権を行使している場合には，夫婦の一方による右幼児に対する監護は，親権に基づくものとして，特段の事情がない限り，適法というべきであるから，右監護・拘束が人身保護規則4条にいう顕著な違法性があるというためには，右監護が子の幸福に反することが明白であることを要するものといわなければならない」と判示した。

(2) 平成5年判決の位置づけ

戦後まもなく英米法のヘイピアス・コーバス制度にならって制定された人身保護法が，幼児の引渡請求に用いられることは，本件のように夫婦間の子の奪

い合いという類型の事件であった最高裁昭和24年1月18日判決（民集3巻1号10頁）以来確立した判例・実務となっていた。さらに平成5年判決の引用する最高裁昭和43年7月4日判決（民集22巻7号1441頁）（以下「昭和43年判決」という）が，夫婦間の子の奪い合いにおいては，両親のいずれに監護させるのが子の幸福に適するかによって請求の当否を決定するという基準を確立した。平成5年判決は，昭和43年判決を引用してはいるが，人身保護法の適用のためには拘束者の監護が「子の幸福に反することが明白であることを要する」と判示して，内容的には昭和43年判決を修正し，夫婦間の子の奪い合いについて，人身保護法の適用範囲を限定しており，一般的にはこの請求によることは困難であると思われる。

(3) 平成5年判決の影響

平成5年判決以降は，実務の在り方に大きな変遷を生じており，地方裁判所における受理件数も減少している。申し立てられた事案についても，平成5年判決を前提にすれば，家庭裁判所の審判前の保全処分によることが望ましい事案がほとんどであり，また，人身保護請求は執行力を有しないことから，多くの事案は取下げで終了している。

(4) 現行の実務で考えられる，人身保護手続による子の引渡し

人身保護手続の発動において，平成5年判決のように現在の「監護が子の幸福に反することが明白であることを要する」ことを要件とすると，ともかく現状が肯定されることになり，当事者の司法的解決への不信と絶望を招き，自力救済による子の奪い合いの悪循環に陥る危険性が大きいから，審判の結論が出ていればこの要件は具備されていると考えるべきであろう。

人身保護法による救済を受けられるのは，一方が確定的に子の監護者と定められているときに，その者から子を奪取した場合のように，極めて違法性の強い方法で子を拘束しており，請求者による監護が子の幸福に適することが明白であるような例外的な場合である（平成5年判決）。この要件に該当する場合には，人身保護請求も考えられるが，設問の場合は，これに該当しないと思われる。

〔2〕 子供の引渡しに関する裁判上の手続

別居夫婦の現に子供を監護していない親から監護している親に対して、子供の引渡しを求める裁判上の手続としては、次のものがある。

(1) 家事保全

家事事件手続法に基づいて、子の監護の指定、その他子の監護に関する処分として、子の引渡しを請求することができ（民766条1項の類推適用、家手39条別表第2の3項）、これを本案とする審判前の保全処分の申立てをすることとなる（家手106条）（以下「家事保全」という）。したがって、本案の審判事件が係属していることが申立ての前提になる（家手105条）。

なお、調停前の仮の措置（家手266条1項・267条）、家事事件手続法157条3号に基づく子の監護事件審判前の保全処分も可能である。

(2) 人訴保全

人事訴訟法に基づいて、離婚訴訟等の附帯請求（子の監護に関する処分）として子の引渡しを請求することができ（人訴32条1項・2項）、これを本案とする保全処分の申立てをすることになる（人訴30条1項）（以下「人訴保全」という）。この保全処分は、訴訟を予定していれば訴えの提起前でも申し立てることができる。

(3) 人身保護請求

早期の子の引渡しの実現という観点から、人身保護法に基づいて、子の引渡しを請求することができる（人保2条）。この手続は、請求の方式、管轄裁判所、上訴期間、事件の優先処理等手続の面において民事刑事等の他の救済手続とは異なって簡易迅速なことを特色とした非常応急的な特別の救済方法である。

(4) 民事保全

民法上明文の規定はないが、親権又は監護権に基づく妨害排除請求として、子の引渡しを請求することができる（最判昭35・3・15民集14巻3号430頁など）（以下「民事保全」という）。

親権者と非親権者との間で子の引渡しが争われているような場合には、親権者は非親権者に対して子の引渡請求権を行使して子の引渡しを求めざるを得ず、この場合の保全方法としては民事保全が利用されることになる。

〔3〕 人事訴訟法に基づく子の引渡しの仮処分の当否

(1) 設問における裁判上の手続

設問は、別居夫婦の現に子供を監護していない親X（妻）から監護している親Y（夫）に対する、Yを債務者、子の引渡請求権を被保全権利として、子の引渡しを求める仮処分命令申立ての事案である。

上記〔2〕(4)のとおり、判例は、親権又は監護権に基づく妨害排除請求（民事保全）として、子の引渡しを請求することができるとしている。

しかしながら、親と親の間の子の引渡しの問題は審判事項であるとすると、民事保全は不適法ということになる。さらに、共同親権を有する夫婦の一方が他方に対して親権に基づく妨害排除請求として、子の引渡しを請求する実体法上の権利を有すると解する根拠は乏しく、被保全権利に問題がある。

設問は、離婚訴訟等の附帯請求（子の監護に関する処分）として子の引渡しを請求することができ（人訴32条1項・2項）、これを被保全権利として、仮に子の引渡しを命じる仮の地位を定める仮処分（民保23条2項）と思われる。以下、設問は人事訴訟法に基づく申立て（人訴保全）として検討する。

(2) 管　轄

管轄は、本案である人事訴訟を管轄する家庭裁判所（人訴30条1項）にある（平成16年4月1日から管轄が地方裁判所から家庭裁判所に移管された）。

(3) 人訴保全の法的性質

人事訴訟における保全処分の法的性質については、特殊保全処分ではなく、民事保全と実質的には同一であって、民事保全法の適用を受ける一般の保全処分であると解されている（実務・多数説）。

(4) 人訴保全命令の発令の要件

人訴保全命令の発令の要件は、通常の民事保全と同様、保全されるべき権利又は権利関係（被保全権利）及び保全の必要性の疎明である（民保13条1項・2項）。人事訴訟法上の保全命令も民事保全法上の保全処分であるから、その発令のために、申立人Xは被保全権利として、離婚事件の請求が認容されること及び申立人Xが親権者の指定を受けることの蓋然性並びに保全の必要性を疎明しなければならない。

(5) 審理での問題点――保全の必要性

(a) 人訴保全における疎明（疎明の即時性・困難性）

離婚訴訟において，裁判所は，附帯処分として「子の監護者の指定その他子の監護に関する処分」をすることができる（人訴32条1項）。そこで，理論的には，これを被保全権利として，仮に子の引渡しを命じる「仮の地位を定める仮処分」（民保23条2項）を命じる余地がある。しかし，この仮処分は断行的な仮処分であり，当事者や子に対する影響が大きいことから，かなり高度の疎明が要求される。

一般的な基準としては，当事者の親権や監護権の存否よりも将来に向けて当事者のいずれに子を監護させるのが子の福祉に適するかという観点から判断されるべきである。子の福祉の判断のための具体的要素としては，①監護者としての適格性，②子の意思，③監護の継続性，④母性優先の原理，などが挙げられる。一方，親の権利の有無を無視することもできない。そこで，別居中の夫婦間の争いの場合は，相手方もまた親権に基づいて子を監護しているのであり，引渡しが容認されるためには子を申立人に監護させた場合に得られる利益が子を現監護者に監護させた場合に得られる利益よりわずかでも大きいということだけでは足りず，その利益の大きさ相互間に，ある程度有意的な差異があることを要する。

ここでは，親権ないし監護権が相手方Yによって侵害されているという事実に加え，事柄の性質上，親権者Xが当該子を監護に置いた場合，その子の幸福に適するという疎明をしなければならない。保全の必要性の抽象的基準としては，子の福祉が害されているため早急にその状態を解消する必要がある場合や，本案判決を待っていては仮に本案で子の引渡しを命じる判決がなされてもその目的を達することができないような場合が挙げられる。具体的な例としては，①子に対する虐待，放任等が現になされている場合，②子に同居親の監護に起因する情緒不安等が見られる場合，③乳児が母親から離されている場合，④子が奪取されて間もない場合などが挙げられる。疎明の即時性の観点から，人訴保全における当事者主義の手続のもとでは調査官調査が利用できないこともあって，上記のような疎明をすることが困難であることが多いと思われる。

なお，子の奪取の態様の違法性が顕著である場合にそれを考慮に入れること

ができるかが問題とされているが，奪取の態様は監護者としての適格性を判断するための一事情にすぎず，奪取の態様の違法性のみを理由として保全処分を認めることはできない。

(b) 実務の実情

実務では，子の引渡しに関して，人訴保全の手続は，ほとんど利用されておらず，申立てがあっても取下げにより終了しているのが実情である。

実務の大半は，まず子の監護者指定の家事審判を申し立て，家事事件手続法上の保全処分として子について仮の引渡しを求めている。

その理由は，調停前置主義等から訴訟に至る以前に子供を巡る紛争は調停及び家事審判，家事保全によって一応の決着がついている場合が多いと考えられること，平成5年判決の影響と子供を巡る紛争を適切に解決するためには家庭裁判所調査官の存在が不可欠であるとの見方が定着していると思われること，審判手続においては，調査官調査が利用できることから，十分な資料収集が可能であり，また，子の引渡しの必要がある事案では，家庭裁判所が迅速に対応する体制が整ってきたことから，子の奪い合いのようなケースでは，よく家事事件手続法上の保全処分が利用されている。

ただし，訴訟における審理が進行し，判決の結論や判決時期が見通せる状態となった段階に至れば，家事保全よりも人訴保全を活用するほうが適当な場合もあると思われる

〔4〕 家事保全と人訴保全の比較

実務の大半は家事保全であることから，家事保全と人訴保全の比較をしてみる。

(1) 保全の目的

家事保全と人訴保全の目的は，いずれも本案手続の裁判がなされるまでの間に生じる危険を避けるために，簡易迅速に仮救済の処置ないし処分を講じるための手続である点では共通している。

(2) 主たる判断内容——被保全権利及び保全の必要性の疎明

被保全権利判断の際に審理の中心となる内容は，結局のところ父母のいずれに子供を監護させるのが相当であるのかである。

家事保全では，Y（夫）もまた親権に基づいて子を監護しているのであるから，子をX（妻）に監護させた場合に得られる利益が，子をY（夫）に監護させた場合に得られる利益より有意的に大きいという事情を主張し疎明しなければならない。さらに，妻は保全の必要性を主張疎明しなければならない。

人訴保全では，XがYと離婚する意思がある場合には，XはYに対して離婚訴訟を本案訴訟として人訴保全を申し立てることができる（本案訴訟が係属していることは必要的ではない）。この場合，Xは本案訴訟において自己が親権者に指定される蓋然性と保全の必要性を疎明しなければならない。

(3) 本案事件の係属の要否

家事保全では本案の審判事件が係属していることが申立要件であるのに対し，人訴保全では本案事件の係属を要件とせず，事後に起訴命令に反して訴えの提起がないことを取消事由としている（民保37条）。

ところで，別居中の父母間における子供の引渡しを家事保全によって求める場合，その本案審判は家事事件手続法に直接明文の根拠規定がない。この点，実務の多数の見解は，夫婦関係が事実上別居状態にあれば破綻の有無にかかわらず，民法766条を類推適用し家事事件手続法39条別表第2の3項の「子の監護に関する処分」によることができると解している。

(4) 夫婦関係の破綻を要件としているか

このことを前提とすると，家事保全では夫婦関係が破綻していることを直接の要件とはしていないのに対し，人訴保全ではあくまで離婚判決がなされることを前提としていることから離婚原因の存在に関する疎明が必要となる。

(5) 親権・監護権

また，人訴保全ではあくまで離婚判決後の親権・監護権を問題とするのに対し，家事保全では，当面の別居期間中のそれが問題となることになる。

(6) 家庭裁判所調査官の活用

家庭裁判所調査官の活用の面においては，人訴保全は家事保全と比べかなり制約を受けることとなる。

〔5〕 設問の検討

(1) 平成5年判決における「明白性の要件」

　平成5年判決は，共同親権者である夫婦の一方による子の監護は親権に基づくものであり，特段の事情がない限り適法というべきであるから，請求者による監護が拘束者による子の監護よりも子の幸福に適することが明白である場合に限って拘束は顕著な違法性があるとして，その適用範囲を限定している。

(2) 人訴保全における保全の必要性の判断基準

　Ｘの仮に子の引渡しを命じる仮処分の申立ては，断行の仮処分であり，当事者や子に対する影響が大きいことから，かなり高度の疎明が要求される。設問では，親権ないし監護権が相手方Ｙによって侵害されているという事実に加え，事柄の性質上，親権者Ｘが当該子を監護に置いた場合，その子の幸福に適するという疎明をしなければならない。

　裁判所は上記疎明による資料の内容を比較考慮して，Ｘが親権者の指定を受けることの蓋然性並びに保全の必要性を判断することになる。

(3) まとめ

　子の奪い合い紛争では「子の利益」こそが判断基準であるが，上記(1)及び(2)によれば，人事訴訟法に基づく子の引渡しを求める仮処分手続においては，前記「子の利益」の判断は，かなり高度な疎明資料に基づく比較考慮によってなされるべきものであるから，人身保護法の手続における「明白性の要件」が必要とならない。

〔堀田　　隆〕

Q20 | 仮処分の被保全権利

　Aが死亡し，その妻B及び子C・D・Eの4人が，亡A所有の甲土地を共同相続した。ところが，Eは，甲土地が未登記であることを奇貨として，勝手にE単独名義による表示の登記をした上，これを不動産業者に売却しようとしている。そこで，B・C・Dは，Eに対し，共有持分権確認及び更正登記手続を求める訴えを提起すべく準備しているが，この請求権を保全するため，甲土地全部について処分禁止の仮処分命令の申立てをした。この申立ては認められるか。

A

〔1〕 はじめに

(1) 処分禁止の仮処分とは何か

(a) 意義・目的

　処分禁止の仮処分とは，特定物に関する請求権を有する者が，将来の強制執行を保全することを目的として，債務者の当該特定物又はその権利に対する法律上の処分を禁止するためになされるものである。この仮処分は債務者に対する関係で，権利関係を固定することを目的とするから，本案訴訟における当事者を恒定する効果を生じている。

(a) 命令の申立ての要件

　処分禁止の仮処分命令の申立てをするためには，被保全権利及び保全の必要性の2つの要件が必要である。

(2) 被保全権利についての問題点

　処分禁止の仮処分によって保全すべき請求権は，特定物に関する請求権であることを要する。特定物に関する請求権が，物権的請求権であれば問題はない。

相続人相互間での争いで，実務上しばしばみられるものに，共同相続人が相続財産である不動産につき単独名義の所有権取得登記を有する他の相続人を相手方として，その物件につき自己の共有持分権の確認と持分権移転登記請求（更正登記請求）を本案として，相手方単独名義の目的物件全部について処分禁止の仮処分を求めてくる事例がある。設問はまさにこれに該当する。

設問では，B・C・Dは，どのような権利を被保全権利として，どのような内容の処分禁止の仮処分の申立てができるかが問題となる。以下，検討する。

〔2〕 不動産の共有持分権確認及び更正登記手続請求権を被保全権利とする処分禁止の仮処分

設問は，相続人相互間での争いで，共同相続人B・C・Dが相続財産である甲不動産につき単独名義の所有権取得登記を有する他の相続人Eを相手方として，その物件につき自己の共有持分権の確認と更正登記手続（持分権移転登記請求）を本案として，相手方E単独名義の目的物件（甲土地）全部について処分禁止の仮処分を求めている事例である。

これは甲土地の共有持分権に基づく所有権移転登記の更正（抹消）登記手続請求権を被保全権利とする処分禁止の仮処分であり，ここでの被保全権利は，所有権に基づく返還請求権，妨害排除請求権となる。

(1) 遺産共有の性質

設問では，B・C・D・Eの4人が亡A所有の甲土地を共同相続している。

(a) 共有説と合有説

相続財産は共同相続人の共有になり（民898条），各共同相続人はその相続分に応じ被相続人の権利義務を承継する（民899条）が，この遺産共有の性質については，民法898条・909条但書を根拠とする共有説，906条・909条本文を根拠とする合有説が対立している。

共有説は，相続開始とともに共同相続人は各個の財産について相続分の割合に応じた持分を有し，これを遺産分割前に自由に処分しうるし，後に遺産分割がなされても第三取得者の持分権は害されないとするもので民法物権編249条以下の共有と同じとする。合有説は，遺産分割までは共同相続人は各個の財産につき持分を有するが，その処分は制限される，あるいは全遺産は包括的一体

性が保たれ共同相続人は各個の財産について直接持分を有せず，持分の処分もありえないとし，民法909条但書は相続人が法定相続分による持分を有すると信頼した第三者を保護する趣旨にすぎないとする。

(b) 判例の立場

相続財産の共有（民898条）については，民法249条以下に規定する「共有」と性質を異にするものではないとするのが判例（最判昭30・5・31民集9巻6号793頁，最判昭34・6・19民集13巻757頁，最判昭50・11・7民集29巻10号1525頁）であり，設問におけるEは甲土地について6分の1の共有持分権を有していることになる。

(2) 甲土地全部についての処分禁止の仮処分申立ての可否

それでは，B・C・Dの共有持分権に基づく上記所有権移転登記の抹消（更正）登記手続請求権を保全するため，B・C・Dは，Eを債務者として甲土地の全部について処分禁止の仮処分を申し立てることができるか。

この点，Eの単独所有権取得の登記は，その共有持分6分の1に関する限り実体関係に符合しており，また，Bは自己の持分2分の1，C・Dは各々その持分6分の1についてのみ妨害排除の請求権を有するにすぎないから，B・C・Dがその共有持分権に対する妨害排除として登記を実体関係に合致させるためEに請求できるのは，甲土地の所有権移転登記の全部抹消登記手続ではなく，B・C・Dの持分についてのみの一部抹消登記手続でなければならない（最判昭38・2・22民集17巻1号235頁）。

したがって，甲土地全部について処分禁止の仮処分を求めることは，B・C・Dの有する被保全権利の範囲を超えるものとして許されないから，B・C・Dは，自己の持分の限度においてのみ妨害排除の請求権保全のための処分禁止の仮処分を求めることができるにすぎない。

(3) 自己の持分についての処分禁止の仮処分申立ての可否

しかし，B・C・Dが自己の持分については処分禁止の仮処分を求めることができるといっても，実際には甲土地はEの単独所有名義の登記となっており，B・C・D・Eの持分を表示した共有名義の登記がされていないから，B・C・Dは，自己の持分についての処分禁止の仮処分を申し立てることができない。

(4) 実務での取扱い

そこで，実務では，このような場合，所有権の一部についての処分禁止の仮処分を認めている。

(a) 処分禁止の仮処分の主文

その申立ての趣旨及び主文は，通常，「債務者は，その所有名義の別紙物件目録記載の不動産の所有権の一部6分の5について，譲渡並びに質権，抵当権及び賃借権の設定その他一切の処分をしてはならない。」（不作為命令）となる。

(b) 登記手続

裁判所書記官は，この処分禁止の仮処分命令を受けて，登記官に対し，職権で，当該不動産につき処分禁止の登記を嘱託する（民保53条1項・3項による同47条3項の準用）。

法務局においても，上記のような仮処分命令が発令されて登記嘱託がなされた場合は，単独相続の場合と同様に，これを受理すべきものとされている（昭30・4・20法務省民事甲第695号民事局長回答）。

債務者所有の係争物の登記簿の甲区欄には，「所有権の一部6分の5処分禁止仮処分」という表示がされるが，持分の登記は規定がないので不要とされている。

登録免許税は，不動産全体の価額に処分禁止の対象となる所有権の割合を乗じた額の1000分の4である（登免税9条別表第1の1の(5)）。

〔3〕 遺産分割の家事審判を本案とする処分禁止の仮処分申立ての可否

(1) 家事審判と民事保全の関係

では，設問におけるB・C・Dは，遺産分割の家事審判を本案として，甲土地全部について処分禁止の仮処分を申し立てることができるか。

民事保全の範囲については，民事保全法1条が「民事訴訟の本案の権利の実現を保全するため」「民事訴訟の本案の権利関係につき」と規定し，その範囲を民事訴訟の本案の権利を保全するものに限定している。そして，遺産分割は，家庭裁判所の家事審判事項（民907条2項，家手39条別表第2の12項）であり，民事訴訟法による訴えを提起することはできず，その手続については民事訴訟

法の規定の一部が準用されている（家手64条1項）。

(2) 結　論

したがって，遺産分割の家事審判を本案として，民事保全法上の仮処分を申し立てることはできないことになる。

なお，家庭裁判所は，遺産分割の家事審判申立てがあった場合においては，審判前の保全処分が可能である（家手105条）。

〔4〕 遺産分割前に共有物分割の訴えを本案とする処分禁止の仮処分申立の可否

次に，設問におけるB・C・Dは，遺産分割前に共有物分割の訴え（民256条1項）を本案として，甲土地全部について処分禁止の仮処分を申し立てることができるかについて検討する。

(1) 否定説と肯定説

まず，そもそも共有物分割の訴えを本案として甲土地全体について処分禁止の仮処分を申し立てることができるかについて，否定説は，このような類型の仮処分は，本案訴訟の当事者恒定をまさに目的とするもので訴訟承継制度と衝突し，仮処分制度のもつ執行保全の目的を逸脱するもので許されないとする。これに対し，肯定説は，共有物を分割する結果，他の共有者の共有持分が自己に帰属する可能性があり，この場合においても当事者を恒定する必要性があるときもあるので，その部分についての所有権移転登記請求権を被保全権利として相手方の持分全部について処分禁止の仮処分を行うことができるとする。さらに，原則としては難しいが，共有物分割の結果，債権者が特定の不動産を取得する可能性が高い場合は，実質的に登記請求権に係る請求と同一視することができるとして，例外的に認める余地があるとする見解がある。

もっとも，実務上はかかる申立ては，ほとんどみられないようである。

(2) 遺産分割と共有物分割の関係

このように，遺産分割と共有物分割とは，質的にも制度的にも差異があるというべく，両者に関する規定は特別規定と一般規定との関係にあると解されるから，遺産分割手続がとられる前に各個の相続財産につき相続人が共有物分割の訴えを起こすとか，管理人を持分の過半数で定めるとかは，遺産分割の一般

法と認められる限り許されないと解するのが相当である。

そうすると，相続財産について共有物分割請求権を本案とする民事保全法上の仮処分をなすことはできないことになる。

(3) **共同相続人間における遺産分割の手続**

ところで，共同相続人が分割前の遺産を共同所有する法律関係は，遺産分割がされるまでの暫定的，手段的なものである上，遺産を共同の状態を終了させる遺産分割の手続は，まず共同相続人間の協議（民907条1項）により，協議不調のときは家庭裁判所で分割の審判（民907条2項，家手39条別表第2の12項）を受けなければならず，この場合，家庭裁判所は遺産に属する物，又は権利の種類及び性質，各相続人の年齢，職業，心身の状態及び生活状況その他一切の事情を考慮してこれをなすべき（民906条）とされ，家事事件手続法194条6項以下において換価その他の具体的な方法を規定している（訴訟分割の場合は現物分割か競売手続による換価分割のみ。民258条2項）ように，遺産分割と民法の定める共有物分割の間には，質的にも制度的にも大きな差異がある。

(4) **結　　論**

したがって，遺産相続により相続人の共有になった財産の分割について，共同相続人間に協議が調わないとき，又は協議をすることができないときは，家事事件手続法の定めるところに従い，家庭裁判所が審判によってこれを定めるべきであり，通常裁判所が共有物分割訴訟の判決手続でこれを判定すべきでないと解するのが相当である（最判昭50・11・7民集29巻10号1525頁，最判昭61・3・13民集40巻2号389頁，最判昭62・9・4裁判集民事151号645頁・判時1251号101頁，東京高判平元・5・29判タ705号251頁）。

それゆえ，仮に共有物分割の訴えを本案として不動産全体について処分禁止の仮処分を発令しうるとする見解に立脚しても，設問のB・C・Dは，遺産分割の家事審判を本案とする処分禁止の仮処分が認められないのと同様，遺産分割前に共有物分割の訴えを本案として処分禁止の仮処分を申し立てることはできないことになる。

〔5〕 **設問のまとめ**

(1) 共同相続人の1人Eが勝手に単独相続登記をした場合，他の共同相続

人B・C・Dは，甲土地全部について処分禁止の仮処分を求めることができず，甲土地の所有権の一部について処分禁止の仮処分を求めることができるにとどまる。

(2) 遺産分割前には，共有持分権確認及び更正登記手続を求める訴えを本案として，処分禁止の仮処分を申し立てることはできない。

(3) 遺産分割の家事審判を本案として，(民事保全上の)処分禁止の仮処分を申し立てることはできない。

[堀田　隆]

Q21 | 所有権の一部についての仮処分

Yは，Xに対し，Y所有の一筆の土地の一部のみを贈与したが，同部分についてXへの所有権移転登記手続をせず，かえって，同部分を含む一筆の土地を第三者に譲渡しようとしている。この場合，Xは，Yを債務者，Xへの所有権移転登記手続請求権を被保全権利として，上記一筆の土地の一部について処分禁止の仮処分命令の申立てをすることができるか。

A

〔1〕 被保全権利と保全の必要性

Yは，贈与した部分（以下「贈与部分」という）について，Xへの所有権移転登記手続をせず，かえって，第三者に譲渡しようとしているから，このままでは二重に譲渡され第三者への移転登記手続が終了すれば，Xは，もはや贈与部分について権利を実行することができなくなる。

このような事態を防ぐため，Xとしては，贈与を原因とするYに対する所有権移転登記請求権を被保全権利として，贈与部分について処分禁止の仮処分を申し立てる必要がある（民保23条1項）。その申請書の記載例は【書式1】のとおりである。

〔2〕 一筆の土地の一部に対する仮処分命令の可否

もっとも，処分禁止の仮処分が必要であるとしても，一筆の土地の一部である贈与部分について仮処分命令ができるのか。

この問題は，そもそも不動産の一部に物権が成立するか否かと関連する。

この点，大審院は，はじめ一物一権主義の原則に反することを理由に否定していた（大判大3・12・11民録20輯1093頁）。しかし，その後，連合部判決はこれ

【書式１】申立書（仮処分により保全すべき権利）の記載

不動産仮処分命令申立書

平成〇年〇月〇日

〇〇地方裁判所御中

　　　　　　　　　　　債権者代理人弁護士　　〇　〇　〇　〇　㊞

　　　　　　　　　　　当事者の表示　　別紙当事者目録記載のとおり

申立ての趣旨

　債務者は，別紙物権目録記載の不動産について，譲渡並びに質権，抵当権及び賃借権の設定その他一切の処分をしてはならない。

との裁判を求める。

申立ての理由

第１　被保全権利

　１　債権者は，債務者の経営を長年に亘り影で支えてきたところ，債務者から平成〇年〇月〇日，別紙物権目録記載の土地（以下「本件土地」という。）の贈与を受けた（甲１，２）。

　２　よって，債権者は，債務者に対し，本件土地について前項の贈与を原因とする所有権移転登記請求権を有している。

第２　保全の必要性

　１　債務者は，移転登記に必要な書類を〇月〇日までに債権者に交付すると言っていたが，債権者が債務者の事業から離れてからというもの，何度も期日を先延ばしにされており，また，最近，債務者の妻から聞いた話では，事業の資金繰りが悪く，債務者は自己の資産を処分することを検討しているとのことである（甲３，４）。

　２　債権者は債務者に対し，本件土地について所有権移転登記手続を求める訴訟を御庁に提起すべく準備中である。

〔注〕

1．仮処分により保全すべき権利は所有権移転登記請求権である。
2．仮処分の執行方法として，①処分禁止の登記単独の場合と，②保全仮登記を併用する場合があるため（民保53条2項），どちらの申請であるか明らかにする必要がある。

を肯定し（大〔連〕判大13・10・7民集3巻12号509頁），最高裁も同じ立場をとった（最判昭28・4・16民集7巻4号321頁，事案は「賃借権」が被保全権利である）。このように土地の場合，分筆手続をなす前であっても土地の一部について物権は成立する。もっとも，独立して物権の対象とするためには，①その部分が具体的に特定しているだけではなく，②外形上その他の部分と区分できる場合でなければならない。

設問では，贈与部分についての分筆や所有権移転登記の登記未了の間に，Yが贈与部分を含め，一筆の土地全部を他に譲渡するおそれがあるから，Xは，贈与部分の所有権を保全するため，贈与部分を地積測量図により具体的に特定して，Yに対する処分禁止の仮処分を申し立てることができる。一筆の土地の一部を保全対象とする場合の物件目録の記載例が，**【書式2】**のとおりである。

なお，この場合，Xが一筆の土地全部の処分禁止の仮処分を求めることは，自己の有する権利以上のものを求めることになるから許されない（上記最判昭28・4・16）。

＊一筆の土地のうち「一定の面積の土地」を贈与すると約束した場合

　　この場合，目的物は特定していない。合意によって債権者（受贈者）が選択債権（民406条以下）を有していれば，速やかに選択権を行使し，目的物を特定したうえ仮処分を申し立てることになるが，債務者（贈与者）に選択債権があるとき（これが原則），受贈者は贈与者に対し，相当の期間を定めて選択権の行使を催告し，期間内に贈与者が行使しなければ，選択権が受贈者に移転するから（民408条），受贈者はそれによって仮処分を申し立てることになる。

〔3〕 仮処分の執行

(1) 仮処分の執行

この場合の仮処分の執行は，処分禁止の登記をする方法により行う（民保53条1項）。裁判所書記官が嘱託書を作成し，当該不動産の登記を管轄する登記所に登記嘱託することにより登記記録に記載される（民保53条3項・47条2項，3項準用）。

しかし，本件の仮処分命令は，土地の一部に対するものであるから，その命令に基づいて登記嘱託しても，登記記録の不動産の表示がそのままであると目

【書式2】一筆の土地の一部を対象とする物件目録の記載

```
                物 件 目 録

    所  在    ○○市○○町○○番地
    地  番    ○番○号
    地  目    宅地
    地  積    ○○平方メートル
  上記土地のうち別紙図面(注)の斜線内の部分○○平方メートル」又は「上記
土地のうち別紙図面のア，イ，ウ，エ，オ，アの各点を順次直線で結んだ範囲
の土地○○平方メートル」
```

〔注〕
　図面は一筆の土地の一部が他と区別しうる程度のもので足りるのであるが，後で述べる分筆登記のときは，地積測量図が必要であるから，この測量図をあらかじめ作成し，その写しを添付するのが確実である。

的不動産が一致しないから，却下される（不登25条6号）。

(2) 分筆登記

　どのように一致させるかであるが，登記嘱託の前に，仮処分命令に係る部分について分筆登記をして，その部分を登記記録上も一個独立の不動産としておくこと以外にない。

　しかし，分筆登記は，表題部所有者又は所有権の登記義務者以外の者は申請できないから（不登39条1項），債権者としては，所有権の登記名義人に代位して分筆登記の申請をすることになる（不登59条7号）。

(a) 仮処分命令申立前の代位登記

　元来，債権者は，民法423条の要件を満たしていれば，いつでも分筆の代位登記の申請をすることができるから，仮処分命令申立ての前提として分筆登記をすることができる。

　その場合は，申請書に代位原因（○年○月○日贈与の所有権移転登記請求権）を記載し，かつ，代位原因を証する書面（贈与証書）を添付する必要がある（不登61条，不登令7条1項3号）。

(b) 仮処分命令後の代位登記

しかし，上記(a)の場合，代位原因証書に欠けるときは，代位登記がそもそも困難であるし，分筆登記後，仮処分命令前に不動産が処分されるおそれもある。

この点，当該仮処分命令自体で目的不動産が特定し，債務者に対する権利関係が明らかになっているから，登記実務では，債権者がこの命令正本を代位原因証書として分筆の登記を申請することができるとし，分筆の登記後に処分禁止の登記嘱託を受理している（昭27・9・19民事甲第308号民事局長回答・先例集下1926頁）。その場合の申請書の記載例が【書式3】である。

〔4〕 登 記 嘱 託

(1) 分筆登記が登記嘱託に先行

上記〔2〕のとおり，債権者は，仮処分命令正本を代位原因証書として債務者に代位して分筆登記の申請を行い（分筆登記が終わるまでの間，裁判所は登記嘱託をしない），分筆登記が終了してから，その旨を裁判所に申し出て，分筆した不動産について，仮処分命令の登記嘱託をしてもらうことになる。

しかし，緊急を要する債権者としては，分筆登記完了の直後に次順位で仮処分の記入登記を受ける必要があり，裁判所の登記嘱託を待っていたのでは，次順位で登記ができないおそれがある。

(2) 債権者が嘱託書を持参する

そこで，保全実務では，裁判所が債権者に仮処分命令正本を交付するとともに，登記すべき不動産の地番記載部分を空白にしたままの登記嘱託書を債権者に便宜預けて，債権者が裁判所のいわば使者として，先行すべき分筆登記申請書と併せて，登記所に提出するという方法がとられている。

そして，登記実務では，代位による分筆登記申請の際に上記登記嘱託書も提出された場合には，登記官は，まず分筆登記を完了し，その後，登記嘱託書（【書式4】参照）の不動産の表示に新地番を記入した上で，仮処分の登記を記入している。

【書式3】債権者代位による分筆登記の申請書

登 記 申 請 書

登記の目的　　　　土地分筆登記
登記名義人〔被代位者〕　○市○町○番○号
Y
申請人〔代位者〕　　○市○町○番○号
X　　　　　㊞
代位原因　　　　平成○年○月○日付け仮処分命令^{（注1）}
添付書類　　　　代位原因証明情報　土地所在図　地積測量図（原本）^{（注2）}
登録免許税　　　金2000円^{（注3）}

土地の表示

土地の表示	所　在^{（注4）}	○市○町○番○号				
	①地番	②地目	③地積	㎡		登記原因及びその日付
	3番^{（注4）}	宅地^{（注4）}	500^{（注4）}	00		
	㋑3番1^{（注5）}		280	20		①③3番1，3番2に分筆
	㋺3番2^{（注5）}		219	80		3番から分筆

〔注〕
1．代位原因とその日付を書く。
2．代位による分筆登記申請をするにあたっては，当該土地の土地所在図及び地積測量図の原本を添付する必要がある（不登令別表31添付情報）。なお，土地所在図及び地積測量図は，一筆の土地ごとに作成しなければならず（不登規75条1項），分筆の登記を申請する場合において提供する分筆後の土地の地積測量図は，分筆前の土地ごとに作成する必要がある（同条2項）。
3．分筆後の土地1個につき1000円の登録免許税を納付する。
4．表題部に記載されてある分筆前の不動産の表示〔所在，地番，地目，地積〕を記載する。
5．分筆後の土地の表示も記載する。土地の地積は地積測量図に基づいて記載する。申請書には，分筆後の土地の表示に地積測量図に記載してある符号〔㋑㋺とかａｂ〕を付することになっている。なお，分筆後の土地の地番は登記所で付するので「…番の」まで記載し枝番は記載しない。ただし，登記所から予定地番を示されることがあり，その場合は付ける（記載例はそのときのもの）。

【書式4】登記嘱託書（従前どおり決定正本を添付する場合の嘱託書）

登 記 嘱 託 書

登記の目的　　　処分禁止仮処分
原　　　因　　　平成○年○月○日　○○地方裁判所仮処分命令
権利者・義務者　別紙当事者目録記載のとおり
添付書類　　　　決定正本1通（注1）嘱託書写し1通

固定資産税評価証明書

　　　平成○年○月○日　○○地方裁判所
　　　　　　　　　　　　　　裁判所書記官

課 税 価 格　　金　　　　　円（注2）
登 録 免 許 税　　金　　　　　円（注2）
不動産の表示　　別紙物件目録記載のとおり（注3）

〔注〕
1．不動産登記法等の改正に伴い，登記嘱託する場合の添付書面として，登記原因を証する情報を裁判所書記官が証明した書面も該当することとされ，その証明があれば，決定正本を添付する必要はない。
2．課税価格は，対象不動産の価格（通常は固定資産評価証明書の価格）であり，登録免許税額は，不動産の価格が債権金額とみなされるから（登録法11条），対象不動産の価格が課税標準となる。仮処分の対象が所有権の一部であるから，不動産全体の価格にその割合を乗じた額の1000分の4となる。
　このため，登記嘱託書には固定資産評価証明書を添付する必要がある。
3．嘱託の時点では，地番が付いていないので，その部分は空白になっている。

［桐　　忠裕］

Q22 | 債権者取消権保全の仮処分

Xは，Yに対して140万円の貸金債権を有している。しかし，Yは，X以外にも多額の債務を負っているのに，Y所有の土地・建物をYの妻Zに贈与して，Zへの所有権移転登記手続をしてしまった。
(1) Xは，受益者Zに対し，処分禁止の仮処分命令の申立てをすることができるか。
(2) 保全裁判所は，処分禁止の仮処分命令を発令する際に仮処分解放金を定めることができるか。
(3) Zが仮処分解放金を供託した場合，これに対するXの権利行使は，どのように行われるか。

A

〔1〕 はじめに

Yがその所有する土地・建物をYの妻Zに贈与しZへ登記名義を移転する行為は，YはX以外にも多額の債務を負っているとあるので，XのYに対する債権の弁済を得られなくする「詐害行為」に該当するものと解せられる（民424条1項）。よって，XはZに対して詐害行為取消権を行使でき，そこで，詐害行為取消権を被保全権利とする処分禁止の仮処分命令を申し立てることができるかが問題となる（小問(1)）。

そして，この処分禁止の仮処分命令を発令することができるとした場合に，仮処分解放金を定めることができるか（小問(2)），さらには，仮処分解放金を定め，この仮処分解放金が供託された場合に，その仮処分解放金に対する権利行使はどのように行われるか（小問(3)）についても検討することにしたい。

〔2〕 詐害行為取消権を被保全権利とする処分禁止の仮処分命令の可否（小問(1)）

(1) 詐害行為取消権の法的性質と処分禁止の仮処分

詐害行為取消権の法的性質をどのように解すべきかについては見解の対立がある。これについて，判例は，折衷説を採用している（大〔連〕判明44・3・24民録17輯117頁）。すなわち，詐害行為取消権とは，債務者の法律行為（詐害行為）を取り消し，かつ，逸出した財産の取戻しを請求して，債務者の財産状態を詐害行為以前の状態に回復させ，よって，債権者がその債権の正当な弁済を受けうるようにするための権利であるとする。そして，上記の取消しの効果は相対的なものであり，また，訴訟の相手方（被告）は，逸出した財産の返還を求める受益者又は転得者であるとする[1]（そのほか，形成権説，請求権説，責任説などがある）。

以下，判例の立場である折衷説を前提に検討することにしたい。

折衷説においては，詐害行為取消権は，債務者の財産状態を詐害行為以前の状態に回復させるために，逸出した財産の取戻請求権，すなわち，特定財産（本問の場合には，Y所有の土地・建物）に対する返還請求権を含んでいることになる。よって，債権者は，詐害行為取消権行使の要件を充足する場合には，詐害行為取消権の行使における上記のような特定財産返還請求権を被保全権利として，処分禁止の仮処分のような係争物に関する仮処分を求めることができることになる。

[1] 本問において詐害行為取消権の行使が認容される場合に，折衷説における主文は，「1 訴外Y（債務者）と被告（Z：受益者）が平成〇〇年〇月〇日にした別紙物件目録記載の土地・建物についての贈与契約を取り消す。 2 被告（Z：受益者）は，上記土地・建物について〇〇地方法務局平成〇〇年〇月〇日受付第〇〇号の所有権移転登記の抹消登記手続をせよ。」というようになる（ただし，括弧書き部分は記載しない）。

(2) 詐害行為取消権の成立要件

詐害行為取消権が成立するためには，①被保全債権の存在，②詐害行為（詐害的法律行為）の存在，③債務者の詐害意思，④受益者又は転得者の悪意の各要

件を充足することが必要である。

(a) 被保全債権の存在

　詐害行為取消権が認められるためには，債権者が詐害行為取消権によって保全される債権を有していなければならない。本問の場合は，XはYに対して140万円の貸金債権を有しているとあるので，この要件は充足するであろう。

(b) 詐害行為

　詐害行為とは，債務者が「債権者を害することを知ってした法律行為」（民424条1項）のこと，つまり，債権者にとって最後のよりどころとなる債務者の総財産を減少させ，債権者が十分な弁済を受けられなくする行為，要するに，債務者が「無資力」になるような行為である。本問の場合，Yは，X以外にも多額の債務を負っているのに，Y所有の土地・建物をYの妻Zに贈与，つまり，何の対価もなしに無償で土地・建物の所有権を移転するという法律行為を行っており，よって，詐害行為という要件も充足するものと解せられる。

(c) 債務者の詐害意思

　この詐害意思とは，債務者が自分の行為によって債権者を害すること，つまり，自分の行為によって債権者に対する弁済資力に不足をもたらすようになることを知っていることをいう。本問の場合は，Yは，X以外にも多額の債務を負っているのに，Y所有の土地・建物をYの妻Zに贈与し，いわば財産の逸出行為を行っており，Yに詐害意思を認めうるものと考えられる。

(d) 受益者又は転得者の悪意

　この「悪意」とは，受益者又は転得者が，債務者の財産処分行為によってその債務者が「無資力」になり，債権者が十分な弁済を受けられなくなるという事情を知っていることをいう。他方，「善意」とは，上記のような事情を知らないことをいう。そして，民法424条1項の「但書」において，上記の「善意」につき規定している点から，この要件に関しては，受益者又は転得者が「善意」の立証責任を負っていると解すべきであり，そのため，「善意」を立証できない限り，「悪意」と取り扱われることになる。本問の場合，Yの贈与の相手方，つまり，受益者はYの妻であるZというのであるから，受益者の「悪意」という要件も充足するものと解せられる。

(3) 詐害行為取消権の要件を充足するが、処分禁止の仮処分は認められない場合

　詐害行為取消権の要件を充足しても、目的物が滅失したり、善意の転得者が所有権を取得したりした場合などには、逸出した財産の取戻請求権、すなわち、特定財産（本問の場合には、Y所有の土地・建物）返還請求権は認められず、価額賠償請求権しか認められない。このような場合には、逸出財産取戻請求権が存在しないので、これを被保全権利とする処分禁止の仮処分は認められず、価額賠償請求権を被保全権利とする仮差押えしか許されないことになる。

(4) 保全の必要性

　詐害行為取消権の要件を充足し、受益者又は転得者に対する逸出財産取戻請求権が認められる場合にも、この請求権を被保全権利として、受益者や転得者を債務者とする処分禁止の仮処分を認めるためには、「保全の必要性」の要件を充足する必要がある。すなわち、この「保全の必要性」は、受益者又は転得者が目的財産をさらに処分するおそれがあるかどうかを検討して、判断しなければならない。

　ところで、詐害行為取消権の行使は、債務者の財産状態を詐害行為以前の状態に回復させて、債権者がその債権の正当な弁済を受けうるためにするものではあるが、その一方で、取引の安全を害したり、債務者の経済的更生を妨げたりするおそれも有しており、そのため、保全の必要性の疎明については慎重に判断する必要がある。そのため、緊急性が認められる保全の段階で詳細な疎明を要求することは困難であるにしても、仮処分を求める債権者に対し、債務者（仮処分における債務者〈受益者又は転得者〉ではなく、詐害行為取消権の被保全債権についての債務者〈本問におけるY〉）が財産処分行為をするに至った経緯や事情、その者の財産状態、その者と受益者や転得者との関係、受益者や転得者の動き、他の債権者の動きなどについてある程度の調査をしてもらって、それらについての報告書の提出を求めることが相当であると考える。

(5) 本問の場合

　本問の場合もYの妻Zに対する贈与については、上記のように詐害行為取消権の要件を充足していると考えられ、また、目的物の滅失や善意の転得者の出現はないので、受益者にあたるZに対して詐害行為取消権の行使に基づく目的

物返還請求権が発生しており，この請求権を被保全権利として，Zを債務者とする処分禁止の仮処分命令の申立てをすることができるものと考える。

〔3〕 仮処分解放金を定めることの可否（小問(2)）

(1) 仮処分解放金の制度

　仮処分命令を発令する際に，被保全権利が金銭の支払を受けることによってその行使の目的を達成することができるものであるときは，仮処分発令裁判所は，債権者の意見を聴いて，仮処分解放金を定めることができる（民保25条1項）。そして，債務者が仮処分解放金の額に相当する金銭を供託し，その証明をするときは，保全執行裁判所は仮処分の執行を取り消さなければならない（民保57条1項）。この仮処分執行の取消決定は即時に効力を生じる（民保57条2項・51条2項）。以上のような制度が仮処分解放金の制度である。

(2) 仮処分解放金を定めるための要件

　仮処分解放金を定めるための要件は，①係争物に対する仮処分の場合であること，②金銭の支払を受けることによって目的を達成することができる場合であること，③債権者の意見の聴取，④必要性である。

(a) 係争物に対する仮処分の場合であること

　まず，仮処分解放金を定めうるのは，係争物に関する仮処分命令の場合である。なぜならば，「係争物に関する仮処分命令」について規定する民事保全法23条1項では「権利」という用語を，また，「仮の地位を定める仮処分命令」について規定する同条2項では「争いがある権利関係」という用語をそれぞれ使っており，明確な用語の使い分けをしている。そして，仮処分解放金について規定する同法25条1項では，「保全すべき権利」という用語を用いており，そこで，仮処分解放金については，係争物に関する仮処分命令の場合に定められることを想定していると解しうるからである。さらに，仮の地位を定める仮処分については，金銭的補償によっては債権者の損害を回復することができないとして発令されるものであるから，これに金銭的補償可能性があるとして仮処分解放金を定めることはそもそも自己矛盾であり，この点からも，仮処分解放金を定めうるのは，係争物に関する仮処分命令の場合といいうるのである。

(b) 金銭の支払を受けることによって目的を達成することができる場合であ

ること

　仮処分解放金を定めうるのは，係争物に関する仮処分の中でも，「金銭の支払を受けることをもってその行使の目的を達することができる」ような性質のものである場合でなければならない（民保25条1項）。すなわち，仮処分の被保全権利の背後に金銭債権があり，仮処分の最終的な目的が上記金銭債権を保全することにあるような場合，つまり，仮処分という形をとっていても，実質上は仮差押えと同じ機能を果たしているような場合にだけ，仮処分解放金を定めうる。

　これにあたるのは，係争物に関する仮処分のうち，代替的な物の引渡請求権を被保全権利とする仮処分の場合が考えられる。例えば，自動車の売買契約で売主に所有権が留保された場合において，買主が売買代金の支払を怠ったために，売主が自動車の引渡請求権を被保全権利としてその自動車の処分禁止の仮処分を申し立てるような場合である。この仮処分の場合，被保全権利は所有権に基づく自動車の引渡請求権であるが，このような引渡請求権は自動車についての代金債権の支払をめざしており，その意味で，「金銭の支払を受けることをもってその行使の目的を達することができる」場合といいうるのである。その他に，譲渡担保契約に基づく物の引渡請求権を保全するための処分禁止の仮処分の場合や詐害行為取消しによる目的物の引渡請求権を保全するための処分禁止の仮処分の場合が考えられる。

(c) 債権者の意見の聴取

　手続的な要件として，債権者の意見の聴取が要求されている（民保25条1項）。これは，仮処分解放金が定められると，債権者は仮処分の目的物に対する執行の停止又は取消しを受忍しなければならなくなり，そのため，債権者にこれに対する意見を述べたり資料を提出したりする機会を保障しようとするものである。ただし，債権者の意見の聴取が要求されているだけであるから，債権者にその機会を与えるだけでよく，たとえ債権者が異議を述べたとしても，仮処分解放金を定めることは可能である。ただし，債権者に異議があるのに，仮処分解放金を定める場合はあまりないとされており，その一方で，債権者に異議がないときには，実務においては，その旨の上申書を提出してもらうという取扱いがなされている。

(d) 必　要　性

　仮処分解放金は，仮処分解放金を定める必要性があるときに限って定められる。すなわち，上記の(a)ないし(c)の各要件を充足していても，裁判所は仮処分解放金を必ず定める必要があるというわけではない。この点は，必ず定めなければならないとされている仮差押解放金（民保22条1項）の場合と異なる。そして，この必要性については，仮処分の被保全権利の性質，仮処分によって債務者が被るおそれのある不利益，仮処分解放金を定めることによって債権者が被るおそれのある不利益などのほか，債権者の意見も考慮して判断することになる。例えば，債権者が仮処分解放金を定めることを積極的に希望している場合，また，仮処分の目的物の価額が仮処分の被保全権利の背後にある金銭債権の額に比べてきわめて大きく，債務者の被るおそれのある不利益が著しく大きいと考えられる場合には，この必要性が認められるであろう。

(3) **仮処分解放金の法的性質とその算定**

(a) 仮処分解放金の法的性質

　仮処分解放金は，前記(2)(b)のように，係争物に関する仮処分の中でも，「金銭の支払を受けることをもってその行使の目的を達することができる」ような性質の仮処分（民保25条1項），つまり，実質上は仮差押えと同じ機能を果たしている仮処分にだけ定めうるものである。この点から，仮処分解放金の法的性質は，仮差押解放金と同様に，仮処分の目的物に代わるものであると解すべきである。

　したがって，仮処分解放金の供託によって仮処分の執行の停止又は取消しのあった場合には，仮処分の効力は仮処分解放金の上に存続する。そのため，仮処分が存続する限り，仮処分債務者は，仮処分解放金の効力を失わせるような行為を禁じられ，仮処分解放金の取戻しはできない。しかし，その場合にも，仮処分の被保全権利が金銭債権に変わるわけではなく，よって，仮処分に関する本案訴訟は，目的物の給付請求訴訟であり，供託金請求訴訟になるわけではない。仮処分債権者がこの本案訴訟に勝訴した場合に，仮処分の目的物が未だ仮処分債務者の元にあるときには，仮処分債権者は，当該目的物に権利行使するか，仮処分解放金に権利行使するかの選択が可能である（ただし，二重の満足を得ることはできないから，いずれか一方の権利行使しかできない）。

(b) 仮処分解放金の算定

　仮処分解放金を定めるか，定めるとすればその額をいくらにするかは，裁判所が職権で決定する（民保25条1項）。そして，仮処分解放金は，上記のように，係争物に関する仮処分で，かつ，被保全権利は非金銭債権であるが，被保全権利の背後に金銭債権があり，そのため，金銭の支払を受けることによって，被保全権利の行使の目的を達成することができるような仮処分にのみ定めうるのであるから，仮処分解放金の額については，被保全権利の行使の目的を達成しえたという満足を債権者に与えることができる額かどうかという観点から，被保全権利の性質，内容，目的物の価格，その他の事情等を考慮して決定すべきことになる。

　そこで，例えば，上記(2)(b)のように，自動車の売買契約で売主に所有権が留保された場合において，買主が売買代金の支払を怠ったために，売主が自動車の引渡請求権を被保全権利として処分禁止の仮処分を申し立てたような場合，さらに，譲渡担保契約に基づく物の引渡請求権を保全するための処分禁止の仮処分の場合のように，目的物の引渡請求権を被保全権利とする場合における仮処分解放金については，目的物の価格を基準にすればよい。もっとも，目的物の価格が被保全権利の背後にある金銭債権額を大きく上回るときは，その債権額を基準にするのが適当な場合もある。

　他方，上記(2)(b)のように，詐害行為取消しによる目的物の引渡請求権を保全するための処分禁止の仮処分の場合における仮処分解放金については，第1に，目的物の価格が仮処分債権者（詐害行為取消債権者）の債権額より小さい場合には，目的物の価格を基準にし，第2に，目的物の価格が仮処分債権者（詐害行為取消債権者）の債権額より大きい場合であっても，（価格賠償しか認められない場合のように）仮処分債権者の債権額の限度でのみ取消しが認められる場合には，仮処分債権者の債権額を基準にすればよい。第3に，目的物の価格が仮処分債権者（詐害行為取消債権者）の債権額より大きい場合でも，目的物が一筆の不動産のように不可分である場合には，その目的物の処分行為がすべて詐害行為として取り消されることになるが（最判昭30・10・11民集9巻11号1626頁参照），この場合であっても，詐害行為取消しによって保全されるのは，債務者に対する総債権ではなく，詐害行為取消権者の債権であると解されており，よって，

この場合にも，原則として，仮処分債権者（詐害行為取消債権者）の債権額を基準にすべきものと考える。ただし，他の一般債権者の権利行使の可能性が明らかであるような場合にのみ，例外的にその債権額も考慮すべきである（東京地裁保全研究会編著『民事保全の実務(上)』〔第3版〕371頁参照）。

(4) 仮処分解放金の額を定めた仮処分と仮処分解放金の供託

(a) 主 文 例

仮処分解放金の額を定めた仮処分の主文例は，次のようなものとなる。

1　債務者は，別紙物件目録記載の不動産について，譲渡並びに質権，抵当権及び賃借権の設定その他一切の処分をしてはならない。
2　債務者は，別紙還付請求権目録記載の者に対し金〇〇円を供託するときは，この決定の執行の停止又はその執行処分の取消しを求めることができる。

(b) 還付請求権者の記載

仮処分解放金を定めた場合には，解放金の還付請求権者の氏名又は名称及び住所を掲げなければならない（民保規21条）。

これは，①詐害行為取消権を保全するための処分禁止の仮処分，すなわち，詐害行為取消権の行使に基づく目的物返還請求権を被保全権利とする処分禁止の仮処分に仮処分解放金を定めた場合（詐害行為取消型）と②それ以外の場合（一般型）で，仮処分解放金に対する権利行使の方法が異なっており（後記〔4〕参照），よって，そのいずれの場合かを明らかにするためである。そして，①詐害行為取消型の場合の還付請求権者は詐害行為取消権の被保全債権についての債務者（設問の場合のY）であり，一方，②一般型の場合の還付請求権者は仮処分債権者である。

実務においては，次のように，還付請求権者の氏名（名称）と住所を記載した還付請求権者目録を作成し，別紙として添付する取扱いをしている。

```
           還付請求権者目録
   氏名   ○   ○   ○   ○
   住所   ○○県○○市○○町○丁目○番○号
```

(c) 仮処分解放金の供託と執行停止又は執行取消し

　仮処分解放金を定めた仮処分が発令された場合，仮処分債務者はいつでも仮処分解放金を供託して，仮処分の執行の停止又は執行の取消しを請求することができる。仮処分解放金を供託すべき供託所は，仮処分を発令した裁判所又は保全執行裁判所の所在地を管轄する地方裁判所の管轄区域内の供託所である（民保25条2項・22条2項）。いわゆる管外供託は認められず，管外供託をしても無効である。

　仮処分債務者が仮処分解放金を供託して，それを証明すれば[*2]，保全執行裁判所は仮処分執行の停止又は取消しの決定をしなければならない（民保57条1項）。

　なお，仮処分解放金についても，有価証券による供託が認められるか，債務者以外の第三者による供託が認められるかという問題があるが，仮差押解放金の場合と同様に，ともに否定すべきものと考える（Q14〔2〕(1)・〔7〕参照）。

　　*2　この証明は，仮処分執行の停止又は取消申立書に仮処分解放金の供託書正本を添付する方法によって行う。

(d) 仮処分解放金額を定めた仮処分についての不服申立て

　無条件の仮処分申立てに対して仮処分解放金を定められた場合には，債権者は，仮処分解放金を定めるべきではなかったとか，仮処分解放金の額が低すぎるといったことを理由に，即時抗告を申し立てることができる（民保19条1項）。なぜならば，無条件の仮処分申立てに仮処分解放金を定めることは，仮処分命令申立てに対する一部却下と解しうるからである。

　他方，仮処分債務者は，仮処分解放金の額が高すぎると考えた場合には，保全異議を申し立てることができる（民保26条）。

(5) 本問の場合

　本問の場合は，債権者Xが，詐害行為の受益者にあたるZに対し，詐害行為

取消権の行使に基づく目的物（土地・建物）返還請求権を被保全権利として，Zを債務者とする処分禁止の仮処分命令の申立てをした場合であり，①係争物に対する仮処分の場合である。また，②詐害行為取消権の行使の場合として，金銭の支払を受けることによって目的を達成することができる場合にあたり，これらの①及び②の各要件を充足している。そこで，③債権者であるＸの意見を聴いた上で，しかも，④上記(2)(d)に記載したような必要性が認められるならば，仮処分解放金を定めることができるものと考える。

〔4〕 供託された仮処分解放金に対する権利行使の方法
（小問(3)）

(1) 仮処分解放金が定められる場合の二類型

仮処分解放金が定められる場合は，①詐害行為取消権を保全するための仮処分，すなわち，詐害行為取消権の行使に基づく目的物返還請求権を被保全権利とする処分禁止の仮処分の場合（詐害行為取消型）と②それ以外の場合（一般型）がある。それぞれの類型の権利行使方法は異なっている。それぞれの類型の権利行使方法につき簡単に説明した上で，本問の場合について検討したい。

(2) 一般型の権利行使の方法

一般型の場合，仮処分解放金に対する権利行使方法について記載する明文規定はない。しかし，一般型の場合は，仮処分債権者が本案訴訟で勝訴（確定）判決を得たときには，その仮処分債権者は自分に対して目的物の引渡し等を請求することができ，他の一般債権者に対し優先的地位を主張しうる場合であるから，仮処分解放金の供託によって仮処分の効力が供託金（仮処分解放金）の上に存続することになったとしても，仮処分債権者に目的物に代わる仮処分解放金から優先的に払渡しを受けうる地位を認めるべきである。すなわち，仮処分債権者は，仮処分解放金が供託されると，本案訴訟で勝訴（確定）判決を得ることを停止条件として仮処分解放金に対する還付請求権を取得することになる。したがって，一般型の場合，仮処分債権者は，本案訴訟で勝訴（確定）判決を得たときには，仮処分解放金についての停止条件が成就するため，供託所に直接還付請求をする方法によって，仮処分解放金につき権利を行使することができる。その結果，仮処分債権者は，仮処分解放金につき，独占的権利行使が可

能になる。

　一般型の場合，仮処分債権者は，供託金払渡請求書に，本案訴訟判決正本，その確定証明書，仮処分決定正本及び仮処分命令申立書の謄本を添付して，還付請求をしなければならない。ところで，仮処分命令申立書謄本の添付が必要になるのは，仮処分決定正本には被保全権利が明示されておらず，よって，仮処分決定正本と本案判決正本の添付だけでは，仮処分により保全される権利と勝訴（確定）判決を得た権利の同一性を証明することができないため，この権利の同一性を証明するために，仮処分命令申立書の謄本も添付しなければならないからである。

(3) 詐害行為取消型の権利行使の方法

　(a)　詐害行為取消権の行使に基づく目的物返還請求権を被保全権利とする処分禁止の仮処分に仮処分解放金が定められた場合（詐害行為取消型）の仮処分解放金に対する権利行使の方法については，民事保全法65条が規定している。すなわち，①詐害行為取消権の場合，本来，詐害行為の債務者から逸出した特定財産をその債務者の責任財産の元にまで戻すという機能しかなく，詐害行為取消権を行使した債権者に優先弁済受領権までも保障するものではない。よって，そのような債権者も，債務者の責任財産に回復した特定財産に対し強制執行をして，他の一般債権者と平等に配当を受けうる地位を有するにすぎない。そこで，詐害行為取消型の場合には，仮処分債権者に優先的に仮処分解放金の払渡しを受けうる地位を認めることはできず，他の一般債権者にも，仮処分債権者と平等に仮処分解放金に対し権利行使をなしうる可能性を保障しておかなければならない。その一方で，②仮処分まで得た債権者が，弁済を受ける上で，不利益な立場に立たされることがあってはならず，その意味で，仮処分債権者を保護するための配慮も必要である。これらの①の観点と②の観点を踏まえて，民事保全法65条が，詐害行為取消型の場合の仮処分解放金に対する権利行使の方法について，特別の規定を設けたのである。

　前記の①の観点から，詐害行為取消型の場合には，一般型の場合のように仮処分債権者に仮処分解放金の還付請求権を帰属させることはできない。もし帰属させるならば，他の一般債権者が仮処分解放金について権利行使をできなくなってしまうからである。そのため，民事保全法65条前段は，仮処分解放金

の還付請求権者は，(仮処分債権者ではなく) 詐害行為取消権の被保全債権についての債務者 (詐害行為を行った債務者；本問でいえば，Y) であると定めた*3。これによって，他の一般債権者も，詐害行為を行った債務者が有する仮処分解放金の還付請求権に対して債権執行をするという方法で，権利行使をすることが可能となった。その一方で，仮処分債権者も，仮処分に関する本案訴訟と詐害行為取消権の被保全債権に対する給付請求訴訟を提起し，ともに勝訴（確定）判決を得れば，詐害行為を行った債務者が有する仮処分解放金の還付請求権に対して債権執行をすることができる。その結果，仮処分債権者のみならず，その他の一般債権者も，ともに詐害行為を行った債務者が有する仮処分解放金の還付請求権に対して債権執行という方法によって平等に権利行使をなしえ，配当を受けることになった。

　また，前記の②の観点から，仮処分債権者が仮処分に関する本案訴訟と詐害行為取消権の被保全債権に対する給付請求訴訟を提起し，ともに勝訴（確定）判決を得るまで，この仮処分債権者に対して，その権利行使の可能性を確保しておく必要がある。そうしておかないと，仮処分債権者が詐害行為を行った債務者の有する仮処分解放金の還付請求権に対して債権執行をなしうるようになる前に，他の一般債権者がその債務者に対し債務名義を得て，上記の還付請求権に取立行為をするとか転付命令を得てしまうおそれがあり，そうなると，せっかく仮処分まで得た仮処分債権者であっても仮処分解放金に対して権利行使をできなくなり，不利益を被ることになるからである。そのため，民事保全法65条後段は，他の一般債権者も，仮処分債権者が詐害行為を行った債務者に対する債務名義によって上記の還付請求権に強制執行をするときに限って，権利行使をすることができる旨を規定した。なお，他の一般債権者も，仮処分債権者が強制執行をするときまで，取立て等の権利行使はできないが，そのときまでに，上記の還付請求権に対し仮差押えや差押えは可能なものと解すべきである（要するに，他の一般債権者も，取立て等の権利行使についてだけ，仮処分債権者が強制執行をするときまで待たされるわけである）。

　*3　ただし，この詐害行為を行った債務者についても，仮処分債権者が本案訴訟で勝訴（確定）判決を得ることを停止条件として，仮処分解放金に対する還付請求権を取得することになると解すべきである。もし，そうしないと，仮処分債権者が本案

訴訟で勝訴（確定）判決を得て強制執行を開始するまでの間に，この債務者が仮処分解放金に対する還付請求権を行使したり，譲渡したりするおそれが生じるからである。

(b) 以上によれば，詐害行為取消型の場合には，仮処分債権者が仮処分解放金に権利行使するには，①仮処分に関する本案訴訟及び詐害行為取消権の被保全債権に対する給付請求訴訟を提起し，ともに勝訴（確定）判決を得て，②詐害行為を行った債務者に対する執行力ある債務名義に基づいて，この債務者の有する仮処分解放金の還付請求権を差し押さえることになる。そして，③他の債権者が詐害行為を行った債務者の有する仮処分解放金の還付請求権に対して差押えや仮差押えをしておらず，差押え等の競合がない場合には，仮処分債権者は，差押債権者の取立権（民執155条1項）に基づいて，供託所に対し，供託物払渡請求書に，仮処分に関する本案訴訟の勝訴（確定）判決正本，その確定証明書，仮処分の被保全権利と本案訴訟の訴訟物の同一性を証明する書面（仮処分申立書の謄本など），及び，差押命令が詐害行為を行った債務者に送達された日から1週間経過を証明する書面を添付して，供託金の払渡しを請求することになる。他方，④他の債権者との差押え等の競合がある場合には，第三債務者である供託官に供託義務が生じ，供託官は執行裁判所に事情届を提出することになる。仮処分債権者は，執行裁判所の配当等の実施としての支払委託によって，供託金の払渡しを受けることになる。

(4) 本問の場合

本問の場合も，Xは，受益者であるZに対する仮処分に関する本案訴訟と詐害行為を行った債務者Yに対する貸金債権140万円の支払請求訴訟を提起し，その双方について勝訴（確定）判決を得る必要がある。そうして，詐害行為を行った債務者Yに対する執行力ある債務名義（貸金債権の支払を命ずる確定判決）に基づいて，この債務者が有する仮処分解放金の還付請求権を差し押さえ（債権執行），債権執行の手続に従って（差押えが競合しないときには，債権取立てにより，他方，差押えが競合するときには，配当手続による），供託所から，仮処分解放金の払渡しを受けることになる。

なお，仮処分解放金が定められ，Zがこの解放金を供託したからといって，Xが必ずこれに対して権利行使をしなければならないわけではない。仮処分の

本来の目的物であるY所有の土地・建物につき，善意の転得者が現れていない場合などには，この土地・建物対して権利行使（強制執行）をすることも可能である。

[井手　良彦]

Q23 抵当権設定登記手続請求権保全の仮処分

　Xは，衣料品販売店を経営するYに対し，Y所有の土地・建物に抵当権を設定することを条件に500万円を貸し付けることになっていたが，Yから「手形決済の日が3日後に差し迫っている。後日，抵当権設定登記申請に必要な登記識別情報や委任状など関係書類一式を交付するので，先に100万円を融資してくれないか」と懇願された。これを信用したXは，Yに対してまず100万円を交付した。しかし，Yが上記約束を果たさないことから，調査してみると，Yは，X以外にも多数の負債を負っており，上記土地・建物を他に売却したり，担保権を設定したりするおそれがあることが判明した。

(1)　Xは，どのような保全命令の申立てをすることができるか。

(2)　保全命令の発令後，Xは，どのような本案の訴えを提起すればよいか。

(3)　上記(1)の保全命令の主文はどのようになるか。

A

〔1〕 Xによる保全命令申立てについて

(1) Xが申立てをすることができる保全命令

　Xは，Yに対する①100万円の貸金返還請求権を被保全権利として仮差押命令（民保20条）の申立てをすることができるほか，②抵当権設定契約に基づく抵当権設定登記請求権を被保全権利として，保全仮登記併用型の処分禁止の仮処分（民保53条）の申立てをすることができる。

(2) Xが申立てをすべき保全命令

　Xは，上記のとおり，仮差押命令又は処分禁止の仮処分の申立てをすることができるが，最終的には，いずれの保全命令によっても，対象不動産の競売手

続の売却代金から配当を受け，債権の満足を得ようとするものである。

ところで，Ｘが仮差押えをしても，その本執行たる強制競売では，実体法上，一般債権者としての地位しか有しないからであり，他の一般債権者と平等の立場で按分された額の配当を受けることができるのみである。したがって，対象不動産に他の債権者の担保権が設定されている場合には債権の満足を得ることは難しいのに対し，Ｘが抵当権者としての地位を得れば，他の一般債権者に優先して配当を受けることができるから，仮差押えの債権者としての地位より，はるかに有利なものといえる。

ただし，抵当権設定登記請求訴訟で勝訴するまでに他の債権者が抵当権を登記してしまうと，それだけ配当で劣後することになるから，Ｘとしては，Ｙとの間の抵当権設定契約による登記順位を保全するため，保全仮登記併用型の処分禁止の仮処分命令の申立てをすべきこととなろう。

〔２〕 係争物仮処分について

訴訟承継主義をとる民事訴訟法の下において，原告は，口頭弁論終結後の承継人に対しては，債務名義に承継執行文の付与を受けることで，当該承継人に対し，強制執行をすることができる（民執27条2項）。しかし，口頭弁論終結前に，被告が訴訟の対象となっている権利関係について処分等を行った場合，例えば，所有権移転登記を求める訴訟において，第三者に所有権移転登記がされたり，あるいは，設問の事例のような抵当権設定登記を求める訴訟において，第三者に新たに抵当権設定登記がされたりしてしまうと，原告は，前者については訴訟引受けを申し立てるか（民訴50条），別訴を提起する等の必要が生じ，後者については，仮にその後勝訴判決を得て抵当権設定登記を行ったとしても，既に先順位の抵当権設定登記がされていることから，結局，債権の引当てとしては不十分な担保となる可能性が生じる。そこで，民事保全法は，本執行を保全するものであると同時に，機能的には，訴訟承継主義を補完し，当事者恒定を図るための係争物仮処分として，登記請求権を被保全権利とするものについて処分禁止の仮処分（民保53条1項）の，物の引渡・明渡請求権を被保全権利とするものについて占有移転禁止の仮処分（民保62条1項）の各規定を置いている。そして，Ｘは，上記のとおり，仮登記併用型の処分禁止の仮処分を申し立てる

こととなるので，以下，これについて説明する。
(1) 仮登記併用型の処分禁止の仮処分
　民事保全法53条1項は，不動産に関する登記請求権はすべて処分禁止の登記をする方法により，同条2項は，そのうち，所有権以外の権利の保存，設定又は変更の登記請求権を保全する場合は，処分禁止の登記とともに保全仮登記を併用する方法により，それぞれ執行する旨を定める。そして，その効果については次のように説明することができる。すなわち，同1項の処分禁止の仮処分の登記がされた後に第三者への所有権移転登記や抵当権設定登記がされたときは，当該第三者は，これらの登記に係る権利の取得を仮処分の債権者に対抗することができず，さらに，仮処分債権者は，本案の所有権移転登記請求において認容の確定判決を得て同登記手続を申請する際，処分禁止仮処分登記に後れる第三者による上記のような登記を単独で抹消することができる（民保53条2項，不登111条1項）。また，同2項の登記は，処分禁止の効力を正しく登記に反映し，登記の順位を確保するために用いられるところ，仮処分債権者は，本案で保全仮登記に係る認容の確定判決を得て同仮登記に基づく本登記をすることができ，その登記順位は当該保全仮登記の順位によるが（民保58条3項，不登112条），当該処分禁止の登記に後れる登記は，原則として抹消されない。ただし，この場合の例外として，当該登記請求権に係る権利が不動産の使用又は収益をするものとであるときは，不動産の使用若しくは収益をする権利（ただし，所有権を除く）又はその権利を目的とする権利の取得に関する登記で，当該仮処分に係る処分禁止の登記に後れるものの抹消を単独で申請し，これを抹消することができる（民保53条4項，不登113条）。これは，不動産の使用又は収益をする権利については，同一の不動産の上に複数併存し得ないためである。
　なお，上記いずれの場合においても，処分禁止の仮処分の登記は，登記官の職権により抹消される（不登111条3項）。
(2) 仮登記を命ずる処分
　上記のような保全仮登記併用型の処分禁止の仮処分に類似した効果をもつものとして，仮登記を命ずる処分がある。これは，仮登記の申請に仮登記義務者が協力しない場合に，仮登記の原因となる事実を疎明するだけで裁判所から仮登記を命ずる処分を得て単独申請できるとする不動産登記法上の制度である

(不登107条・108条)。この仮登記を命ずる処分により，仮登記権利者は，登記簿上仮登記を得ることとなり，本設問の事例でいえば抵当権設定登記請求権を保全するための処分禁止の仮処分を得たと同様の順位保全の効果を得ることができる(不登106条)。しかしながら，仮登記を命ずる処分は，あくまでも仮登記の手続的要件である相手方の承諾に代わるもので，承諾によってした仮登記と何ら変わらないことから，仮登記に基づく本登記をする場合には，利害関係人の承諾が必要となるものであって当事者恒定効はなく(不登109条)，その承諾が得られない場合はこれらの第三者に対し，仮登記に基づく本登記手続請求の訴訟を提起して勝訴判決を得る必要がある。さらに，仮登記を命ずる処分は，目的不動産について仮登記義務者との間に紛争が存在することは前提ではなく，その性質は非訟事件に属するとされるところ，仮登記義務者には不服申立ての制度がなく，この処分による仮登記に不服のある仮登記義務者は，その抹消を求めて訴訟を提起するほかないこと，また，仮登記義務者が被る損害の担保制度もないことから，民事保全法上の処分禁止の仮処分に比べ，仮登記義務者に不利益な制度であるとされ，実務上，その発令は，対立当事者の存在を前提としなくともよい場合，例えば，競売の結果，法律上の効力として法定地上権が成立することが競売記録上明らかであって争いようがない法定地上権の仮登記を命ずる処分にほぼ限定されているとされる。

(3) 処分禁止の仮処分の審理等

(a) 処分禁止の仮処分の申立書には，実務上，前記のような①処分禁止の登記単独の場合，②保全仮登記を併用する場合のほか，③建物収去土地明渡請求権を保全するための建物の処分禁止の仮処分の場合(民保55条)のいずれの申立てであるかを明らかにするため，被保全権利について，「仮処分による保全すべき権利」との表題の下に，①の場合は「所有権移転登記請求権」，②の場合は，例えば本設問の例では「抵当権設定登記請求権」，③の場合は「建物収去土地明渡請求権」と表示することとされている。これは，保全仮登記併用型の処分禁止の仮処分においては，執行と命令を結びつけるため，当該保全命令の決定書又はこれに代わる調書に「保全すべき登記請求権及びこれを保全するための仮処分命令である」旨が記載されることとなり，かつ，上記③の場合は，登記請求権を保全する場合とは効力が異なるため，これらを明らかとするため，

決定書等に上記請求権を保全するための仮処分命令であることが記載されること（民保規22条1項・3項）に対応する取扱いである。

(b) この仮処分の審理においては，手続の密行性が重視され，債務者審尋を経ずに仮処分命令がされる（民保23条4項但書参照）。また，この仮処分の決定書等には，被保全権利は記載されないが，本設問における仮処分決定には，上記のとおり，執行と命令を結びつけるため，「保全すべき登記請求権及びこれを保全するための仮処分命令である」旨を記載することとなり，実務上，前文において，「別紙物件目録記載の不動産について，債権者の債務者に対する別紙登記目録記載の請求権を保全するため」と記載する取扱いであり，その主文には，「債権者は，別紙物件目録記載の不動産について，譲渡並びに質権，抵当権及び賃借権の設定その他の一切の処分をしてはならない。」と記載される。

(c) この仮処分の場合は，保全命令を発した裁判所が執行裁判所として保全執行を行うが（民保53条3項・47条2項），実務上，その保全命令の申立てには執行の申立てが含まれると解され，改めて保全執行の申立てをすることを要しない（民保規31条但書参照）。この仮処分の執行は，裁判所書記官の登記嘱託によって行われ（民保47条3項），その登記手続が完了した後，登記官から保全執行裁判所に対し，登記事項証明書が送付される（民保53条3項，民執48条2項）。

なお，保全仮登記併用型の処分禁止の仮処分の登記は，処分禁止登記が甲区に，保全仮登記が乙区にされる。そして，本問のような抵当権設定登記に係る保全仮登記併用型の処分禁止の仮処分の登記は，次のように記載されることとなる（平2・11・8民三5000民事局長通達「民事保全法等の施行に伴う不動産登記事務の取り扱いについて」第3参照）。

甲区

順位番号	登記の目的	受付年月日・受付番号	（以下略）
2	処分禁止仮処分（乙区1番保全仮登記）	平成何年何月何日第何号	

乙区

順位番号	登記の目的	受付年月日・受付番号	（以下略）
1	抵当権設定保全仮登記（甲区2番仮処分）	平成何年何月何日第何号	

〔3〕 保全仮登記に基づく本登記について

(1) 本案訴訟

Xは，Yを被告として，抵当権設定契約に基づく抵当権設定保全仮登記に係る本登記請求訴訟を提起することとなる。これは，登記請求権を保全する処分禁止の仮処分における本案訴訟の判決は，単純な設定登記を命じるものや，抵当権の有効性を確認するものでは足りず，保全仮登記に基づく本登記を求めるために，本案の債務名義においても，保全仮登記に基づく本登記をすべき旨が表示されている必要があることによる。したがって，本問においてXの請求が認容された場合の判決主文には，「Yは，Xに対し，別紙物件目録記載の不動産について，何地方法務局平成何年何月何日受付第何号をもってされた抵当権設定保全仮登記に基づく本登記手続をせよ。」（別紙省略）と表示されることとなる。

なお，仮処分の本案の訴えは，一般に，仮処分の執行があることを考慮しないで請求すれば足りるとされるが，保全仮登記併用型の処分禁止の仮処分においては，このような意味でその例外となるものである。

(2) 保全仮登記に基づく本登記

仮処分債権者において保全すべき登記請求権に係る登記をするには，保全仮登記に基づく本登記をする方法による（民保58条3項）。これによって，本登記の順位は，当該保全仮登記の順位が確保されることとなる（不登112条）。また，前記のとおり，保全仮登記に基づく本登記は，判決による登記の場合に限らず，共同申請によるものであっても差し支えない。

保全仮登記に基づく本登記をしたときは，登記官は，職権で，当該処分禁止の登記を抹消する（不登114条）が，保全仮登記は，保全仮登記に基づく本登記と併せて一体となるものであり，抹消されない。

なお，前記の登記事項証明書記載例において，保全仮登記に基づく本登記がされた場合の登記は次のように記載されることとなる（仮処分に後れる登記等はないものとする）。

甲区

順位番号	登記の目的	受付年月日・受付番号	(以下略)
2	処分禁止仮処分（乙区1番保全仮登記）	平成何年何月何日 第何号	
3	2番仮処分登記抹消仮処分の目的達成により平成何年何月何日登記		

乙区

順位番号	登記の目的	受付年月日・受付番号	(以下略)
1付1	抵当権設定保全仮登記（甲区2番仮処分）	平成何年何月何日 第何号	
	抵当権設定	平成何年何月何日 第何号	

［上坂　俊二］

Q24 占有移転禁止の仮処分

　Xは，Yに対し，X所有のビルの1室を事務所として賃貸したが，素性の悪そうな輩が頻繁に出入りするようになったため，調査してみると，Yはすでに所在不明となっており，その代わりに第三者Zが上記事務所を占有していることが判明した。
(1)　XがZに対し，占有移転禁止の仮処分命令の申立てをする場合，どのような申立ての趣旨を掲記したらよいか。
(2)　占有移転禁止の仮処分命令の執行後，Zが上記事務所の内装を全面的に変更しようとしていることが判明した場合，Xは，どのような手段をとることができるか。
(3)　占有移転禁止の仮処分命令の執行後，ZがAに占有を移転した場合，先行する仮処分命令の効力はAにも及ぶか。
(4)　上記事務所に対する明渡断行の仮処分命令の申立ては認められるか。

A

〔1〕　はじめに

　本問の小問(1)における，占有移転禁止の仮処分命令の申立ての趣旨とは，この仮処分命令の主文に相当するものであり，そのため，占有移転禁止の仮処分命令の主文は，どのような内容であるべきかが問題となっている。さらに，Xがこのような占有移転禁止の仮処分命令を申し立てる理由が，当事者恒定効を得るためであることを説明し，しかも，当事者恒定効を規定する民事保全法62条1項，それに関連して同条2項や同法63条についても説明することにしたい。
　本問の小問(2)については，占有移転禁止の仮処分命令の執行後，仮処分債務

者Zに対して，占有移転禁止の仮処分命令の効力によって，Zの行おうとしている内装工事（客観的現状変更）を禁止したり，Zの占有を排除したりすることができるか，また，それができないのなら，仮処分債権者Xはどのような手段をとりうるかなどが問題となっている。

本問の小問(3)については，占有移転禁止の仮処分命令の執行後，占有者が仮処分債務者ZからAへと変更されており，このように主観的現状変更があった場合に，新占有者Aに対し，占有移転禁止の仮処分命令の効力が及ぶかが問題となっている。

本問の小問(4)については，建物明渡断行の仮処分の可否，その要件等が問題となっている。

以下に，それぞれ検討していきたい。

〔2〕 占有移転禁止の仮処分命令の申立ての趣旨（主文）の内容

(1) 占有移転禁止の仮処分命令の申立ての理由

(a) 最初に，Xが占有移転禁止の仮処分命令を申し立てる理由につき，検討する。

(b) 本問の場合には，XはZに対して所有権に基づきビルの一室である事務所の明渡しを求めて訴えを提起することができる。

しかし，現行民事訴訟法は，訴えの提起に当事者を恒定する効力を認めていない（民訴49条・50条・115条1項3号参照）。そこで，XとZの間の訴訟の口頭弁論終結前に，Zが第三者に対し本件事務所の占有を移転した場合，Xが本件事務所の明渡しを受けるという目的を達成するためには，その第三者に訴訟を引き受けさせるか（民訴50条），そうでなければ，その第三者に対して改めて訴えを提起しなければならない。しかし，そうすると，Xは口頭弁論終結まで常に本件事務所の占有関係をチェックしておかなければならず，さらに，改めて第三者への提訴という事態についても，Xに手続的，時間的，費用的に余計な負担を強いるものであり，相当とはいえない。そこで，XがZに対して所有権に基づき本件事務所の明渡しを求めて訴えを提起した場合，口頭弁論終結前にZが第三者に対し本件事務所の占有を移転したとしても，Zを被告とする勝訴判

決を得て，確定すれば，その債務名義をもって第三者に対しても強制執行をなしうるようにしておく必要がある。そのため，民事保全法62条1項を設け，占有移転禁止の仮処分命令が執行された場合に，そのような効果（当事者恒定効）が生じるようにした[*1]。すなわち，原告が，仮処分債権者となり，被告を仮処分債務者とする占有移転禁止の仮処分を得てその執行をすませていれば，被告が当事者と恒定され，たとえ被告がその口頭弁論終結前に第三者に対し目的物を移転したとしても，被告に対する勝訴（確定）判決を得れば，その判決の効力を，第三者に対しても主張することができる（すなわち，その第三者に対して強制執行をなしうる）のである。つまり，民事保全法62条1項は，訴えの提起に当事者恒定効を認めていない現行民事訴訟法の代替的機能を果たしている。

　以上により，本問の場合も，Xは，Zに対する事務所の明渡請求訴訟に関し当事者恒定効を生じさせようとして，占有移転禁止の仮処分命令を申し立てるものと解せられる。

　　[*1] 当事者恒定効とは，原告が被告に訴えを提起した時点で，当事者が恒定され，その口頭弁論終結前に被告が第三者に対し目的物を移転したとしても，被告に対して訴訟を追行し，被告に対する勝訴（確定）判決を得れば，その判決の効力を第三者に対しても主張することができる（すなわち，その第三者に対して強制執行をなしうる）という効力のことである。

　　　なお，ドイツの民事訴訟法のように，訴え提起に当事者恒定効を認める原則を，当事者恒定主義という。これに対して，現行民事訴訟法のように，当事者恒定効を認めない原則を，訴訟承継主義という。

(2) 当事者恒定効を生じる占有移転禁止の仮処分命令

(a) 民事保全法62条1項における当事者恒定効を生じる「占有移転禁止の仮処分命令」は，同法25条の2第1項の要件を充足するものでなければならないため，①係争物の引渡・明渡請求権を被保全権利とする仮処分命令であって，②債務者に対し，その物の占有移転を禁止するものであり，③債務者に対し，その物の占有を解いて執行官への引渡しを命ずるものであり，④執行官に対し，その物を保管させるものであり，⑤執行官に対し，債務者がその物の占有移転を禁止されている旨及び執行官がその物を保管している旨を公示させるものでなければならない（民保25条の2第1項）。

　なお，⑤の公示については，このような公示のなされることを根拠に，占有

移転禁止の仮処分の効力が及ぶ者の範囲を拡張しており，そのため，⑤の公示は，占有移転禁止の仮処分命令が当事者恒定効を生じるための必須の要件とされるに至っている。すなわち，第三者に警告を発する程度のものではなく，したがって，仮処分執行後も公示が存続して，第三者に対する公示機能を果たすことが要請され，そこで，執行官は，はく離しにくい方法により公示書を掲示するなど相当の方法により公示しなければならないとされている（民保規44条1項）。

　上記の各要件を充足するものであれば，占有移転禁止の仮処分命令は，債務者に目的物の使用を許すもの（債務者保管型），また，債務者にも債権者にも目的物の使用を許さないもの（執行官保管型），さらには，債権者に目的物の使用を許すもの（債権者使用型）であってもよいとされている[2]。

　　＊2　債務者保管型の占有移転禁止の仮処分命令が発令された場合には，仮処分債務者の占有状況に変更は生じない。しかし，事案によっては，債務者に目的物の占有を継続させていては，債権者の権利の実現を阻害することになり，そのため，債務者の占有を取り上げる必要がある場合もある（具体的には，下記〔5〕(3)(b)の①ないし④のような場合）。さらに，債権者の損害を回避するために，債権者に目的物を使用させる必要のある場合もある。そこで，執行官保管型や債権者使用型の占有移転禁止の仮処分命令が発令されることになる。このような執行官保管型や債権者使用型の占有移転禁止の仮処分命令を，後記の断行の仮処分命令と対比して，半断行の仮処分といったり，断行的仮処分といったりする。ところで，執行官が目的物を保管することは，現実問題として困難な場合が多く，したがって，そのような場合には，執行官保管だけで債務者にも債権者にも使用を許さない形態の占有移転禁止の仮処分命令の発令は避けたほうがよいとされている。

　　　なお，債権者に目的物の使用を許す債権者使用型の占有移転禁止の仮処分命令と目的物の明渡しを求める明渡断行の仮処分命令の相違については，前者は，下記の当事者恒定効を目的とした係争物に関する仮処分命令（民保23条1項）の1つであり，また，その執行後，債権者は目的物の使用が許されるだけで，目的物を処分・換価することは許されていない（目的物を処分・換価するためには，債権者が本案訴訟で勝訴し，本執行の手続を行うことが必要である）。これに対して，後者は，仮の地位を定める仮処分命令（民保23条2項）の1つであり，その執行後債権者が目的物を処分・換価することも認められている。この後者の仮処分命令の場合，発令にあたって，口頭弁論又は債務者の立会いが可能な審尋を経なければならない

（民保23条4項）。他方，前者には，このような法律上の制約はない。しかし，債務者の占有を取り上げるという点で，債務者に多大の影響を与えるので，前者についても，債務者審尋を行うのが相当である。

(b) 上記の①ないし⑤の各要件を充足する占有移転禁止の仮処分命令が執行されたときには，当事者恒定効が生じる。すなわち，民事保全法62条1項は，仮処分債権者が，本案の債務名義に基づき，仮処分債務者から占有を承継した者（承継占有者），さらには，仮処分命令が執行されたことを知って（つまり，悪意で）占有した非承継占有者に対して，目的物の引渡し又は明渡しの強制執行をなしうる旨を規定している*3。

これは，占有移転禁止の仮処分命令が執行されたときには，この仮処分には占有移転禁止の効力があるため，この仮処分命令執行の後に第三者に占有が移転されたとしても，元の占有者のみならず，この者から占有の移転を受けた第三者（承継占有者）についても，占有移転の効果を仮処分債権者に対抗することができないと考えるべきであり（最判昭46・1・21民集25巻1号25頁参照），さらには，非承継占有者であっても，仮処分命令が執行されたことを知って占有した者（悪意者）であれば，その者に占有移転禁止の仮処分の効力を拡張しても，不意打ちとはならず，その者を不当に害することにはならないと解せられる。そのため，仮処分債権者は，これらの者に対しては，本案の債務名義に基づき，目的物の引渡し又は明渡しの強制執行をなしうるものと考えられるからである。

　*3　ただし，条文においては，62条1項1号が，仮処分の執行されたことを知って，すなわち，悪意で占有した者に対しては，承継占有者，非承継占有者を問わず，強制執行ができると規定し，また，62条1項2号が，善意であっても承継占有者に対して，強制執行ができると規定している。

(3) **当事者恒定効が生じる場合に，承継占有者等に強制執行をするについての執行文の付与**

(a) ところで，仮処分債権者が，本案の債務名義に基づき，承継占有者又は悪意の非承継占有者に対して強制執行をしようとする場合には，この本案の債務名義に民事執行法27条2項の執行文（いわゆる承継執行文）の付与を受けなければならない。そして，同項によれば，その執行文の付与を受けるためには，債権者のほうで，強制執行の債務者となる者が承継占有者又は悪意の非承継占

有者であることを証する文書を提出しなければならないはずである。

　しかし，民事保全法62条2項は，占有移転禁止の仮処分命令の執行後は，現場になされる執行官占有の公示書の掲示等によって仮処分の執行につき悪意が推定されるとして，この仮処分の執行後に占有した者は，その執行がされたことを知って占有したもの，すなわち，「悪意」であると推定するものとした。そのため，債権者は，強制執行の債務者となる者を特定して，この者が仮処分命令の執行後に占有した者であることを証する文書を提出すればよく，したがって，仮処分の執行調書（この調書により，仮処分命令の執行段階での占有状況が明らかになる）と現在の占有関係を証する文書（仮処分債務者に対する本執行の執行不能調書や債権者作成の現在の占有状況を撮影した写真を貼付した報告書等）を提出すれば，執行文の付与を受けることになる。これは，債権者が執行文の付与を容易に受けうるようにして，この者の地位を強化しようとしたものである。

　(b)　しかし，上記のように占有移転禁止の仮処分命令の執行後に占有した者は「悪意」であると推定し，仮処分債権者が執行文の付与を容易に受けうるようになると，善意の第三者の保護規定（民94条2項・96条3項等）によって権原に基づき占有するに至った者（正権原者）や善意の非承継占有者などに対する関係でも，執行文の付与が行われる事態も生じることになる。

　上記の正権原者や善意の非承継占有者に対しては，民事保全法62条1項によっても，占有移転禁止の仮処分の効力は及ばず，したがって，仮処分債権者もこれらの者に対しては本案の債務名義に基づいて強制執行をなしえないはずである。そこで，これらの者を迅速，かつ簡易に救済する必要が生じ，そのため，民事保全法63条は，①債権者に対抗しうる権原によって占有していること，また，②善意の非承継占有者であることを執行文付与に対する異議申立ての異議事由になしうるとした。すなわち，執行文の付与等に関する異議申立ての制度（民執32条）の異議事由を拡張したのである。これにより，債権者に対抗しうる正権原者や善意の非承継占有者は，執行文付与に対する異議申立てという簡易な手続で救済を受けうることになった。勿論，これらの者は，上記の①や②の事由をもって，執行文付与に対する異議の訴え（民執34条）を提起することもできる。

(4) 当事者恒定効を生じる占有移転禁止の仮処分命令の申立ての趣旨

仮処分命令の申立ての趣旨とは，仮処分債権者がその仮処分命令としてどのような内容のものを求めているかを示すものであり，仮処分命令の主文に相当するものである。そして，当事者恒定効を生じる占有移転禁止の仮処分命令の申立ての趣旨については，上記(2)(a)の②ないし⑤の各要件を充足するようなものでなければならない。

したがって，占有移転禁止の仮処分命令の申立ての趣旨（債務者保管型）は，次のようなものとなる。

債務者は，別紙物件目録記載の物件（本問の場合は，X所有ビルの1室の事務所となる）に対する占有を他人に移転し，又は占有名義を変更してはならない[*4]。

債務者は，上記物件の占有を解いて，これを執行官に引き渡さなければならない。

執行官は，上記物件を保管しなければならない。

執行官は，債務者に上記物件の使用を許さなければならない[*5]。

執行官は，債務者が上記物件の占有の移転又は占有名義の変更を禁止されていること及び執行官が上記物件を保管していることを公示しなければならない。

[*4] ここにいう「占有名義の変更」とは，第三者名義の表札や看板を掲げて，第三者に占有が移ったような外観を作り出すことをいう。現実にその第三者に占有が移ったかどうかを問わない。現実に占有が移らなくても，占有名義の変更があれば，円滑な強制執行を阻害することになるので，実務においては，現実の占有移転とともに，占有名義の変更も禁止することにしている。

[*5] 債権者使用型の場合は，この条項を「執行官は，債権者に上記物件の使用を許さなければならない。」とする。一方，執行官保管型の場合は，この条項を入れない。

〔3〕 客観的現状変更と占有移転禁止の仮処分

本問の小問(2)においては，占有移転禁止の仮処分命令の執行後，仮処分債務者が行おうとしている目的物件の内装工事，つまり，目的物に対する客観的現状変更を，占有移転禁止の仮処分命令の効力によって，禁止したり，債務者を

排除したりすることができるかが問題となっている。なお，この問題については，民事保全法制定前から争われていた。

民事保全法は，客観的現状変更に対する占有移転禁止の仮処分の効力について，何ら規定を設けておらず，したがって，この点は解釈に委ねられているものと考えられる。

この点について，執行官に目的物を保管させる占有移転禁止の仮処分については，その性質上，仮処分命令の主文に客観的現状変更禁止の条項がなくても，仮処分債務者に対して，客観的現状変更の禁止を命じていると解すべきであるという見解がある。この見解によれば，客観的現状変更があるときには，占有移転禁止の仮処分命令の効力によって，執行官が，客観的現状変更を禁止したり，変更部分の原状回復を行ったりすることが可能となる。さらに，この見解の中には，債務者の占有を排除することを認める見解もあった。また，占有移転禁止の仮処分命令のうち，執行官保管型や債権者使用型の場合については，このような仮処分は当事者恒定効だけでは対処しえない事態に対処する必要がある場合に発令されるのであり，この点を考慮するならば，このような仮処分については，債務者に対して客観的現状変更の禁止を命じており，執行官による原状回復の措置を認める余地があるという見解もある。

しかし，①これらの見解によれば，執行官が客観的現状変更の有無について判断することになると思われるが，どの程度の変更を客観的現状変更というか必ずしも明らかでない場合もありえ，よって，そのような客観的現状変更の有無の判断を執行官に委ねるのは相当でないと考えられる。②そもそも，民事保全法は，占有移転禁止の仮処分について当事者恒定効を認めるための仮処分と位置づけており（民保62条1項），しかも，上記の〔2〕(4)にあるように，占有移転禁止の仮処分の主文の中に，客観的現状変更の禁止を命じるような内容は明記されない。さらに，③占有移転禁止の仮処分の場合，保全の必要性の審理において，通常，占有移転のおそれがあるかについて審理され，客観的現状変更のおそれがあるかについてはほとんど審理されておらず，また，④債務者保管型の場合には，債務者の審尋なしに比較的簡単な審理で，比較的低額な担保によって発令されている。これらの点を考慮するならば，占有移転禁止の仮処分には，客観的現状変更禁止の効力は含まれないものと考えるべきである。

したがって，本問の場合も，占有移転禁止の仮処分命令の執行後，仮処分債務者Ｚが行おうとしている事務所の内装工事を，占有移転禁止の仮処分命令の効力によって禁止したり，さらには，この債務者Ｚの占有を排除したりすることはできないものと解すべきである。

そして，この債務者Ｚの内装工事によって，Ｘの所有権に基づく事務所の明渡請求が不能又は著しく困難になるという事情が認められるのであれば，Ｘとしては，別途内装工事の禁止を求める仮処分命令を求めるしかないものと考える。

〔４〕 主観的現状変更と占有移転禁止の仮処分

本問の小問(3)においては，占有移転禁止の仮処分命令の執行後，主観的現状変更があった場合に，仮処分債務者の後に現れた新占有者に対し，占有移転禁止の仮処分命令の効力が及ぶかが問題となっている。そして，この問題に関して，民事保全法制定前から，そのような仮処分命令それ自体の効力として，新占有者の占有を排除することができるかについて争われていた。

この問題については，上記〔２〕(2)(a)及び(b)で述べたように，民事保全法62条１項が，上記〔２〕(2)(a)の①ないし⑤の各要件を充足する占有移転禁止の仮処分命令に当事者恒定効を規定し，すなわち，そのような仮処分命令が執行されたときには，仮処分債権者は，本案の債務名義に基づき，仮処分債務者から占有を承継した承継占有者，また，仮処分が執行されたことを知って占有した（悪意の）非承継占有者に対して，目的物の引渡し又は明渡しの強制執行をなしうる旨を規定して，債務者の後に新占有者が出現した場合の効力について規定している。

そのため，この民事保全法62条１項によれば，上記のような占有移転禁止の仮処分命令の執行後に主観的現状変更があった場合に，この仮処分命令の効力が及ぶのは，新占有者のうち仮処分債務者からの承継占有者と悪意の非承継占有者に対してであり，しかも，仮処分債権者は，「本案の債務名義」に基づき，これらの者に対して，目的物の引渡し又は明渡しの強制執行をする方法をとらなければならない。すなわち，民事保全法62条１項においては，債権者は，「本案の債務名義」を得る前に，占有移転禁止の仮処分命令それ自体の効

力として新占有者の占有を排除することはできないと解するしかない。したがって，占有移転禁止の仮処分命令の執行後に主観的現状変更があった場合にも，債権者は，新占有者の出現を考慮することなく，元の占有者（すなわち，債務者）に対する本案訴訟を追行し，この者に対する勝訴（確定）判決を得て，このような本案の債務名義に基づき，（承継執行文の付与を受けて）新占有者に対し，その者が占有している目的物につき引渡し又は明渡しの強制執行をすることになる。

本問の場合も，上記〔2〕(2)(a)の①ないし⑤の各要件を充足する占有移転禁止の仮処分命令が発令されているならば，そのような仮処分命令の執行後に，仮処分債務者ZがAに占有を移転した場合であって，AはZの占有の承継者であり，そのため，Aが上記の仮処分命令の執行を知っていたかどうかにかかわらず，Aに対して仮処分の効力は及ぶことになる。しかし，仮処分債権者Xは，占有移転禁止の仮処分命令それ自体の効力によりAの占有を排除することはできず，XがZに対する所有権による事務所の明渡請求訴訟を提起し，その訴訟で勝訴したときに，その本案判決に基づき，（Aに対する承継執行文の付与を受けて）Aに対し，上記事務所明渡しの強制執行をするという方法をとることになる（民保62条1項）。

〔5〕 建物明渡断行の仮処分

本問の小問(4)においては，建物明渡断行の仮処分命令の可否が問題となっている。したがって，以下に，建物明渡断行の仮処分命令の要件等について，また，本問のような場合の建物明渡断行の仮処分の可否について，検討することにしたい。

(1) 明渡断行の仮処分命令とは

明渡断行の仮処分命令は，暫定的に，仮処分債権者に本案判決で勝訴した場合と同様の法的地位を与えるもので，よって，仮の地位を定める仮処分命令にあたる。そして，仮の地位を定める仮処分命令は，争いがある権利関係について債権者に生ずる著しい損害又は急迫の危険を避けるため，これを必要とする場合に発令することができるとされている（民保23条2項）。しかも，断行の仮処分命令においては，仮処分債務者に重大な影響を及ぼすことになるから，原

則として，口頭弁論又は債務者の立会いが可能な審尋（以下，このような審尋を「債務者審尋」という）を経なければならない（民保23条4項）。ただし，実務においては，迅速処理を図るため，債務者審尋が利用され，口頭弁論を開くことは稀である。そして，審尋期日は，1週間から10日程度の間隔をあけて指定されているようである*6。

> *6 目的物の明渡しを求める明渡断行の仮処分命令と債権者に目的物の使用を許す債権者使用型の占有移転禁止の仮処分命令の相違については，上記〔2〕(2)(a)の前掲*2に記載したとおりである。

(2) 建物明渡断行の仮処分命令の要件——被保全権利

建物明渡断行の仮処分命令の場合には，所有権に基づく建物返還請求権や賃貸借契約終了に基づく賃借物（建物）返還請求権が，被保全権利となる。なお，建物収去土地明渡断行の仮処分命令の場合には，所有権に基づく土地返還請求権や賃貸借契約終了に基づく賃借物（土地）返還請求権が，被保全権利となる。

仮処分債権者は，このような被保全権利の存在を疎明しなければならない。また，断行の仮処分においては，債務者審尋等が必要になるが（民保23条4項），そのような審尋等において提出される仮処分債務者の抗弁について，それを排斥する疎明も必要になる。さらには，断行の仮処分命令の申立段階においても，このような被保全権利の主張について，債権者が，この権利の存在を疎明しうるというのは当然のことであり，しかも，債務者審尋等において当然予想される債務者の抗弁を排斥する疎明もしうるようなものでなければならない。なぜなら，被保全権利の主張が，債務者の出頭を求めて実施される債務者審尋等における債務者の抗弁によって簡単に覆されてしまうようなものであれば，そのような被保全権利の主張には，債務者の出頭を求めるだけの主張の合理性がないと解さざるをえないからである。

(3) 建物明渡断行の仮処分命令の要件——保全の必要性

(a) 上記のように，明渡断行の仮処分命令は，仮の地位を定める仮処分の1つであるから，争いがある権利関係について債権者に生ずる著しい損害又は急迫の危険を避けるため，これを必要とする場合に発令することができる（民保23条2項）。このような必要性は，一般的には，被保全権利の性質・内容，仮処分命令申立てまでの経緯，断行の仮処分が発令されないことによって被る

債権者の損害の内容・程度等を，さらには，断行の仮処分の執行によって被る債務者の損害の内容・程度等についても総合的に考慮して判断することになる（債務者の損害も考慮する点につき，最決平16・8・30民集58巻6号1763頁参照）。

(b) そして，債権者の被る損害が著しく大きい場合又は本案を待てない切迫した必要性がある場合で，かつ，①債務者の行為が執行妨害的な場合，②債務者が債権者の占有を暴力的に侵奪した場合，③債務者の目的物使用の必要性が著しく小さい場合，④債務者の行為が重大な公益侵害になる場合などに断行の仮処分の必要性があるとされる（東京地裁保全研究会編著『民事保全の実務(上)』〔第3版〕314頁参照）。

建物明渡しの断行において，①の例としては，債権者による強制執行又は断行の仮処分執行によって債務者は建物から退去させられたが，その債務者が当該建物を再度占有した場合で，かつ，上記の強制執行等の基礎となった債務名義の取得時と比べ，実体的権利と保全の必要性につき変動がないか，これが少ないと判断される場合が考えられる。また，建物の不法占拠者が建物を破壊するおそれがあり，かつ，建物の破壊を禁じる仮処分命令を発令してもこれを遵守する見込みがないような場合が考えられる。さらに，債権者が第三者に対して建物明渡しの勝訴判決を得たが，その第三者と密接に関連する債務者が当該建物を占有しているために強制執行ができない場合で，かつ，債務者が債権者の強制執行を妨害する意図で占有している場合が考えられる。しかし，最後の例に対しては，債権者が債務者の強制執行妨害意図を疎明することは困難であろうし，また，債権者は第三者に対する建物明渡請求訴訟の前に占有移転禁止の仮処分命令を得ておれば対処できたはずであり，それをしていなかった債権者に断行の仮処分の必要性を認めることは困難ではないかと解せられる（瀬木比呂志『民事保全法』〔第3版〕719頁参照）。

②の場合には，債務者の暴力的建物侵奪の事実が疎明される限り，債権者に建物明渡断行の仮処分の必要性を認めることができる。なぜならば，このような場合に，本案判決が出るまでの期間，債務者の占有を認めることは合理性を欠くからである。

建物明渡しの断行において，③の例としては，賃借人が賃料を支払わずに賃借建物から退去しており，その一方で，賃貸人である債権者が当該建物を早急

に使用する必要がある場合などが考えられる。しかし、この場合は、本案訴訟を提起すれば早々に勝訴判決が得られ、早期の最終的解決を図りうると解せられるので、具体的に本案訴訟を待てない切迫した必要性や事情があるかを判断して、それが肯定される場合に限って、建物明渡断行の仮処分の必要性を認めるべきである。

建物明渡しの断行において、④の例としては、公営住宅の建替えの場合に、大部分の賃借人については契約解除、明渡しが完了したのに、賃借人の一人が理由なくこれを拒み、建替事業が大幅に遅れるなど多大の支障が生じている場合などが考えられる。このような場合には、債権者に建物明渡断行の仮処分の必要性を認めることができる。

(4) **審理、担保、主文**

建物明渡断行の仮処分命令の場合は、暫定的とはいえ、仮処分債権者に本案判決で勝訴した場合と同様の法的地位を与えることになるから、被保全権利と保全の必要性についての疎明は高度のものが要求される。ただし、実務においては、建物明渡断行の仮処分命令を発令できそうにない場合にも、債権者が具体的和解案を有している場合には、債務者を呼び出し、和解を試みることがあり、そして、和解が成立しない場合には、債権者に建物明渡断行の仮処分の申立てから債務者の建物使用を認める占有移転禁止の仮処分の申立てへと申立ての趣旨を変更させて、そのような占有移転禁止の仮処分命令を発令することもあるとされている。

担保については、目的建物の価額や適正賃料が基準になる。しかし、建物明渡断行の仮処分命令の場合は、上記のように、暫定的に仮処分債権者に本案判決で勝訴した場合と同様の法的地位を与えることになり、その結果、債権者が当該建物を処分し所有権を喪失する可能性もあり、その点をも考慮すると、担保の額は相当高額なものにならざるをえない。

また、建物明渡断行の仮処分命令の主文例は、次のようなものとなる。

債務者は、債権者に対し、この決定送達の日から〇日以内に、別紙物件目録記載の建物を仮に明け渡せ。

(5) 建物明渡断行の仮処分命令の執行

建物明渡断行の仮処分命令の執行の場合，仮処分命令が債務名義とみなされ（民保52条2項），仮処分債権者は，原則上，執行文の付与を受けることなく（民保43条1項本文），建物の所在地を管轄する地方裁判所に所属する執行官に対し，執行申立てを行い，建物明渡断行の仮処分命令を執行することになる（民保52条1項，民執168条）。

(6) 本問の場合

本問の場合，Xは賃貸物件である事務所につき所有権を有し，所有権に基づく当該事務所返還請求権を有するので，建物明渡断行の仮処分命令の要件の1つである被保全権利については，認められるであろう。

しかし，設問に現れた事情だけでは，上記(3)(b)における①ないし④のような事情は認められず，したがって，建物明渡断行の仮処分命令の必要性が認められない。この点から，建物明渡断行の仮処分命令の発令は認められないものと考える。

［井手　良彦］

Q25 | 自動車引渡しの断行の仮処分

　①自動車販売会社Ａは，平成22年4月1日，Ｙに対して，以下の約定の下，自動車を500万円（諸費用・消費税込）で販売するという契約を結んだ（以下「本件売買契約」という）。約定代金500万円から頭金100万円を控除した400万円に分割払手数料40万円を加えた合計440万円につき，ＹはＡ社に平成22年4月から同25年11月まで毎月末日限り10万円ずつ支払う（44回分割）。②Ｘ（保証会社）は，前同日，Ｙとの間で，本件売買契約に基づくＹのＡ社に対する分割払債務につき連帯保証をする旨の合意をし，後記③(ⅰ)の約定に基づき，本件自動車の所有権を取得した（以下「本件保証委託契約」という）。③本件売買契約と本件保証委託契約には，以下の共通条項がある。(ⅰ)本件自動車の所有権は，これらの契約の効力発生と同時にＡ社からＸへ移転するが，所有名義人はＡ社とする。(ⅱ)Ｙが分割金の支払を怠り，怠った金額が20万円になったときには，期限の利益を失う。(ⅲ)期限の利益を失ったときは，Ｙは，直ちに弁済のため，本件自動車をＸに引き渡す。④Ａ社は，平成22年4月1日，Ｙに対して，本件売買契約に基づき本件自動車を引き渡した。⑤Ｙは，平成23年12月までの分割金合計210万円（21回分）を支払ったが，同24年1月分と2月分の合計20万円の支払を怠り，期限の利益を失った（同年3月以降も支払はない）。そして，Ｘの本件自動車の引渡請求に対して，Ｙは，使用の必要性があるとして引渡しを拒んでいる。⑥ＸはＡ社に保証債務を履行し，他方，Ｙに求償金債務の履行と本件自動車の引渡しを求めて提訴する予定であるとして，裁判所に本件自動車の引渡しを求める断行の仮処分を申し立てた。このような申立ては認められるか。

A

〔1〕 はじめに

　本問の場合，自動車販売会社のA社は，Yとの間で，自動車の売買契約を締結し，YのA社に対する自動車売買代金債務につき，保証会社のX社が連帯保証をし，その連帯保証債務の履行に伴うYのX社に対する求償債務を担保するために，当該自動車の所有権がX社に留保されている。つまり，所有権留保付売買契約の事案であり，当該自動車の所有者はX社である。その後，YはA社に対する自動車売買代金債務の履行を怠り，X社がA社に連帯保証債務の履行を行い，X社は，Yに当該自動車の引渡しを求めたが引き渡さないので，Yに対し，当該自動車の引渡しを求めて提訴する予定であるとして，当該自動車の引渡しを求める断行の仮処分を申し立てている。
　そこで，このような自動車の引渡しを求める断行の仮処分について，被保全権利は何か，保全の必要性は認められるか，引渡断行の仮処分が認められない場合に他の仮処分は考えられないか，債務者審尋は必要的か，このような引渡断行の仮処分の場合の担保の目安についてどのように考えるべきか，さらに，引渡断行後に自動車を処分・換価した場合に本案訴訟にどのような影響を及ぼすかなどが問題となる。以下，順次，検討する。

〔2〕 被保全権利

　本問の場合，Xは，Yに対し，自動車の引渡しを求めて提訴する予定であるとして，その自動車の引渡しを求める断行の仮処分を申し立てている。このような自動車の引渡しを求める断行の仮処分の場合，債権者の被保全権利は，自動車所有権に基づく返還請求権である。よって，債権者は，自動車所有権を有することを疎明しなければならない。
　ところで，本件のような，自動車の引渡しを求める断行の仮処分の場合，この仮処分命令が発令され，その執行がされると，債権者は引渡しを受けた自動車を処分・換価するのが通常であるから，債務者に及ぼす影響は著しいものが

ある。さらに，後記〔5〕のように，このような断行の仮処分の場合，債務者が立ち会うことのできる審尋等を経ないで発令されることからも（民保23条4項但書），被保全権利についての疎明は，自動車所有権を有することについて疎明するだけでなく，債務者が当然主張するであろう抗弁についてもそれを否定するだけの疎明が必要になるものと考える。しかも，その疎明の程度については，証明に近い高度なものが要求される。

そして，所有権留保付売買契約の場合，目的物の所有権は，売主とか売買契約代金債務を連帯保証している保証会社が有するが，その所有権は買主の売買代金債務とか求償債務を担保するために留保されているのであり，そのため，買主が約定の売買代金（分割払金）の支払を懈怠していなければ，所有権に基づく返還請求権を行使されることはない。つまり，所有権留保付売買契約において，所有者がその所有権に基づき目的物の返還請求をしても，買主が売買代金（分割払金）の支払を懈怠していなければ，そのことを抗弁として，目的物の返還請求を拒むことができる。

以上によれば，自動車の引渡しを求める断行の仮処分の場合には，債権者は，自らが自動車所有権を有するという疎明だけでなく，債務者の抗弁を否定するための疎明という趣旨で，債務者が売買代金債務の支払を懈怠していることまでも疎明しなければならないものと考える。したがって，所有権留保付売買契約においては，債権者は，契約書や支払状況明細書などの客観的資料によって，債務者の売買代金完済までは自らに自動車所有権が留保されていることを疎明するだけでなく，債務者が売買代金債務の支払を懈怠し，期限の利益を喪失して遅滞に陥っていることまでも疎明しなければならない。

そこで，本問の場合も，X社は，A社・Y間の自動車売買契約書，X社・Y間の保証委託契約書，また，A社作成のYの支払状況明細書などの客観的資料を提出して，Yの売買代金完済まではX社に自動車所有権が留保されていること，また，Yが売買代金債務の支払を懈怠し，期限の利益を喪失して遅滞に陥っていることを疎明しなければならない。

〔3〕 保全の必要性

(1) 断行の仮処分の場合の保全の必要性（一般的な場合）

　断行の仮処分は，仮の地位を定める仮処分命令の1つであって，争いがある権利関係について債権者に生ずる著しい損害又は急迫の危険を避けるため，これを必要とする場合に発令することができる（民保23条2項）。このような必要性は，一般的には，被保全権利の性質・内容，仮処分命令申立てまでの経緯，断行の仮処分が発令されないことによって被る債権者の損害の内容・程度等を，さらには，断行の仮処分の執行によって被る債務者の損害の内容・程度等についても総合的に考慮して判断することになる（債務者の損害も考慮する点につき，最決平16・8・30民集58巻6号1763頁参照）。

　なお，断行の仮処分の必要性の疎明についても，債務者への影響が著しいものであるために，証明に近い高度なものが要求される。

(2) 所有権留保付売買契約が締結されている場合

　(a) そして，本問のように，所有権留保付売買契約が締結され，保証会社が目的自動車の所有権を留保している場合，保証会社はその自動車を処分・換価して，保証債務の履行に伴う求償債権の回収を行うことになる。このような場合は，債権者（保証会社）が自動車の引渡しを求める断行の仮処分を求めるに関して，断行の仮処分の必要性については，主に，断行の仮処分が発令されないことによって被る債権者の損害と断行の仮処分が発令されることによって被る債務者の損害とを比較して，前者の損害が著しく大きいかどうかを検討して判断される。

　(b) このうち債権者の被る損害とは，本案判決に基づく本執行までの間に自動車価格の下落が進行し，当該自動車を処分・換価しても債権額全額の回収ができなくなることである。すなわち，自動車の価格は年月の経過や使用に伴う損耗によって下落が進行するので，本執行までの間に相当の減価が予想され，そのため，本執行が見込まれる時点の自動車時価推定額と債権者の残債権額（利息・遅延損害金を含む）を対比した結果，後者が前者を上回ると解せられる場合には，債権者に損害が発生するものといえる。よって，このような場合には，自動車を早期に処分・換価する必要性が高いと評価でき，債権者にとって自動

車の引渡しを求める断行の仮処分の必要性があるものと解しうる。

なお，自動車の時価推定額については，同種・同型・同年式の自動車の標準的な市場価格を基本に，その使用状態も加味して認定することになる。すなわち，自動車の時価推定額は，その使用状態によっても大きく変動するので，劣悪な使用状態の場合には，債権者がその点を疎明すれば，標準的な市場価格とは異なる時価を認定できることになる。債権者は，疎明資料として，いわゆるレッドブック等の一般の中古車価格表，また，当該自動車の査定評価書，さらに，劣悪な使用状態の場合には，その状態を疎明する当該自動車の写真等を提出しなければならない。

(c) 次に，上記の債務者の被る損害とは，当該自動車を使用できなくなること及び処分・換価によって原状回復ができなくなることである。

そして，債権者が，被保全権利につき，上記〔2〕のような疎明（証明に近い高度の疎明）を行い，さらに，本執行が見込まれる時点において，債権者の残債権額が自動車の時価推定額を上回ることを疎明した場合には，そのような債権者のために，債務者の債務不履行による損害の回復（すなわち，債権回収）のための手立てを保障する必要があり，そこで，一般的には，上記のような債務者の被る損害を考慮しても，自動車引渡しの断行の仮処分の必要性を認めるべきものと考える。

しかし，債務者が当該自動車を営業のために使用しているような場合には，その自動車を使用できなくなることによって債務者の営業の継続が不可能又は著しく困難になるなど深刻な影響を与える場合もあり，その一方で，本執行が見込まれる時点で，債権者の残債権額が自動車の時価推定額を上回るにしても，その上回る程度がそれほどの高額にならない場合もありえ，そのような場合には，債権者にとっての断行の仮処分の必要性を考慮しても，債務者の被る損害のほうが著しく大きいとして，例外的に，断行の仮処分の必要性を否定すべきものと考える。したがって，債務者が当該自動車を営業のために使用している場合には，債権者に，債務者の営業形態，当該自動車の使用状況，当該自動車以外の債務者の営業用自動車の台数等について疎明させ，債権者の回収困難となる残債権額のほか，当該自動車の引揚げによる債務者の営業への影響についても検討して，自動車引渡しの断行の仮処分の必要性につき慎重に判断をしな

ければならない。

〔4〕 断行の仮処分の要件を欠く場合について

自動車引渡しの断行の仮処分の要件を欠く場合については，以下のように考えるべきである。

(1) 被保全権利の要件を欠く場合

債権者が，上記〔2〕のような疎明（証明に近い高度の疎明）をできない場合，つまり，被保全権利の要件を欠く場合には，自動車引渡しの断行の仮処分は許されない。

(2) 被保全権利の要件は充足するが，保全の必要性の要件を欠く場合

債権者が，上記〔2〕のような疎明（証明に近い高度の疎明）をしたが，本執行が見込まれる時点において，債権者の残債権額が自動車の時価推定額を上回ることを疎明できないなど，断行の仮処分の必要性を疎明できない場合（この疎明も，証明に近い高度の疎明）には，当然ながら自動車引渡しの断行の仮処分は許されない。しかし，この場合には，債務者は債務不履行の状態にあり，よって，債務者が当該自動車を処分・隠匿するおそれがあると解せられるので，占有移転禁止の仮処分（民保23条1項）のうち，執行官に当該自動車を実際に保管させる類型（執行官保管型），さらには，債権者に当該自動車を使用させる類型（債権者使用型）ならば，発令が可能な場合もあるものと考える*1。よって，このような場合には，債権者が仮処分申立ての趣旨を変更するならば，そのような仮処分を発令しうることになる。

ただし，債務者が当該自動車を営業のために使用しており，その自動車を使用できなくなることによって債務者の営業の継続が不可能又は著しく困難になるなど深刻な影響を与える場合であり，かつ，本執行が見込まれる時点で，債権者の残債権額が自動車の時価推定額を上回るにしても，その上回る程度がそれほどの高額にならない場合であって，そのような事情のために，断行の仮処分の必要性を欠くという場合には，債務者から当該自動車を取り上げることはできない。そのために，債務者に当該自動車を処分・隠匿するおそれがあるとしても，占有移転禁止の仮処分（民保23条1項）のうち，債務者に当該自動車の使用を許す類型（債務者保管型）の発令しかできないものと考える。したがって，

債権者が仮処分申立ての趣旨を変更するならば，このような仮処分を発令しうる。

＊1　占有移転禁止の仮処分（民保23条1項）のうち，執行官保管型と債権者使用型を，実務においては「半断行の仮処分」とか「断行的仮処分」という。このような半断行の仮処分では，引渡断行の仮処分と違って，債務者から取り上げた目的物を処分・換価することは許されない。目的物を処分・換価するためには，債権者が本案訴訟で勝訴し，本執行の手続を行う必要がある。しかし，債務者から目的物を取り上げる点では，引渡断行の仮処分と同様であり，債務者に多大の影響を及ぼすものであるために，引渡断行の仮処分と同様に，原則として債務者審尋等が必要になるものと解されている。

〔5〕　審理手続

　引渡断行の仮処分は，仮の地位を定める仮処分命令の1つであるから（民保23条2項），原則として，口頭弁論又は債務者の立会いが可能な審尋を経る必要がある（民保23条4項本文）＊2。

＊2　ただし，実務においては，迅速処理を図るため，債務者審尋が利用されており，口頭弁論を開くことは稀である。
　　しかし，仮処分の目的物が自動車などの可動性のある動産である場合には，上記のような債務者審尋等をすれば，債務者が目的物を処分・隠匿するおそれが高くなり，この点から，自動車引渡しの断行の仮処分の場合には，民事保全法23条4項但書に該当するとして，債務者審尋等を経ないで発令されている。

〔6〕　担　　保

　保全命令の担保によって担保される債権は，違法，不当な保全命令により債務者が被った損害の賠償請求権であって，そのため，保全命令の担保の額は，違法，不当な保全命令により債務者が被るであろう損害額に基づいて，裁判所の裁量により決定される（民保14条1項）。そして，具体的な担保の額は，一般に，保全の類型（仮差押えか仮処分か，仮処分であれば，どのような類型のものか），被保全権利の価額，保全対象物の価額，疎明の程度，債務者が被ることの予想される苦痛の程度，その他諸般の事情を総合的に考慮して決定されることになる

(名古屋地判昭42・5・12判時491号66頁参照)。

　特に，自動車の引渡しの断行の仮処分の場合には，その執行があると，債権者が当該自動車を処分・換価するのが通常であり，債務者は確定的に所有権を取得できないことになるので，その点を考慮して，担保の額は相当に高額にならざるを得ないとされており，自動車時価の7割くらいを一応の目安にするという考え方もあるようである（金法1409号120頁参照）。

〔7〕 引渡断行後の自動車の処分と本案訴訟への影響

(1) 問題点

　債権者が自動車引渡しの断行の仮処分の執行により自動車の引渡しを受け，その後，これを処分・換価した場合には，本案訴訟にどのような影響を与えるかが問題となる。すなわち，引渡しを受けた自動車の処分・換価によって，本案訴訟における自動車引渡請求は，目的物が存在しなくなったとして棄却されることになるか，つまり，引渡断行の仮処分の執行によって作り出された仮の履行状態及びその継続中に生じた目的物の滅失等の事情を，本案訴訟の審理において斟酌すべきかという問題である。

(2) 最判昭54・4・17の見解

　この点について，最高裁は，①満足的仮処分[*3]の執行によって作り出された仮の履行状態自体については，本案訴訟の審理において，斟酌できない。しかし，②仮の履行状態の後に生じた被保全権利の目的物の滅失等被保全権利に関して生じた事実状態の変動については，原則として，本案訴訟の審理において，斟酌しなければならない。ただし，③仮処分債権者においてその事実状態の変動を生じさせることが当該仮処分の必要性を根拠づけるものとなっており，実際上も仮処分執行に引き続いて仮処分債権者がその事実状態の変動を生じさせたものであるため，その変動が実質において当該仮処分執行の内容の一部をなすものとみられるなどの特別の事情がある場合には，例外として，本案訴訟の審理において，これを斟酌すべきではないという趣旨を判示している（最判昭54・4・17民集33巻3号366頁参照）。

(3) 本問の場合

　上記の最高裁の見解に基づき本問の場合を検討すると，本問のように保証会

社や信販会社が債権者となって自動車引渡しの断行の仮処分を申し立てた場合には，債権者が仮処分の執行により自動車の引渡しを受けて，これを処分・換価することが当然の前提となっている。そのため，引渡断行の仮処分の必要性の判断の際には，仮処分執行後に債権者が当該自動車の処分・換価という事実状態の変動を生じさせることまでも考慮されているのが通常であり，実際上も断行の仮処分執行後に引き続いて債権者が当該自動車の処分・換価を行っており，よって，当該自動車の処分・換価が，実質において，自動車引渡しの断行の仮処分執行の内容の一部をなすものと解せられる。すなわち，保証会社等が自動車引渡しの断行の仮処分を申し立てた場合は，上記の最高裁が判示する「特別の事情」がある場合に該当するのであり，そのため，債権者が引渡しを受けた目的自動車の処分・換価をしたことは，本案訴訟の審理における自動車引渡請求において斟酌すべきではないものと考える。したがって，債権者が処分・換価をした後も，本案訴訟における自動車引渡請求を維持しておれば，勝訴判決を受けうるものと考える。

*3　満足的仮処分とは，仮の地位を定める仮処分命令（民保23条2項）のうち，暫定的とはいえ，債権者に本案訴訟で勝訴した場合と同様の満足を得させるような仮処分のことである。このような満足的仮処分のうち，自動車の引渡しのための仮処分とか家屋の明渡しのための仮処分のように，特定物の給付請求権の実現を図る仮処分のことを，実務上，断行の仮処分という。

［井手　良彦］

Q26 | 不作為を命ずる仮処分(1)——無断増改築

Xは，Yに対し，X所有の甲土地を，普通建物所有目的の約定で賃貸した（普通借地契約）。その後，Xは，Yが甲土地上の普通建物を取り壊し，その跡に鉄筋コンクリート造り5階建てアパートを建築しようとしているとの情報を得たことから，調査してみると，Yは，A工務店に上記アパートの建築工事を発注していることが判明した。
(1) Xは，どのような仮処分命令の申立てをすることができるか。その被保全権利は何か。
(2) Yが発令された仮処分命令に違反して上記建築工事を続けている場合，Xは，どのような手段をとることができるか。

A

〔1〕はじめに

　本問の場合，Yは，Xからその所有地（甲土地）を普通建物所有目的で賃借しているところ，普通建物を取り壊し，その跡に，堅固な建物と解しうる鉄筋コンクリート造り5階建てアパートを建築しようとしている。そのため，甲土地所有者のXは，Yを債務者として，上記の5階建てアパートの建築工事禁止の仮処分，すなわち，不作為を命ずる仮処分を申し立てることが考えられる。そこで，このような不作為を命ずる仮処分の性質，内容，主文，執行などについて，検討していきたい。
　また，上記の5階建てアパートの建築工事禁止の仮処分が発令された場合に，それに違反して建築工事が続けられている場合，債権者Xのとりうる手段についても，検討したい。

〔2〕 不作為を命ずる仮処分

(1) 概　　説

　本問のような建築工事禁止の仮処分は，不作為を命ずる仮処分の1つである（民保24条）。不作為を命ずる仮処分は，広い意味では，債務者に一定行為をしてはならないと命ずるものであり，占有移転禁止の仮処分や処分禁止の仮処分などもこれに含まれることになる。しかし，これらの占有移転禁止の仮処分などは，係争物に関する仮処分であり，それぞれ「占有移転禁止の仮処分」，「処分禁止の仮処分」などとして，執行方法や効力につき民事保全法において明文が設けられているなど，1つの分野を構成しており，したがって，不作為を命ずる仮処分という場合，通常は，これらの占有移転禁止の仮処分などを除いた，建築工事禁止，立入禁止，占有とか使用妨害禁止，通行妨害禁止，出演禁止などの仮処分をいうものとされている。

　不作為を命ずる仮処分には，次の2類型がある。すなわち，①主文が「債務者は……をしてはならない」となる，債務者に一定行為をなすことを禁止する類型（禁止命令型）と，②主文が「債務者は……を妨害してはならない」となる，債務者に債権者や第三者が権利として行う行為を受忍することを求める類型（受忍命令型）である。

　なお，この2類型は，内容的に抵触する場合がある。例えば，甲の乙に対する建築工事禁止の仮処分（乙は建築工事をしてはならない）の場合と乙の甲に対する建築工事妨害禁止の仮処分（甲は乙の行う建築工事を妨害してはならない）の場合である。この場合，前者は，乙の行う建築工事の禁止を命ずるものであり，他方，後者は，甲は乙の行う建築工事を受忍しなければならないという不作為義務を負わせるものであって，前者は後者の仮処分の効力を失わせる内容を有し，両者は相反することになる。したがって，このような仮処分が双方から申し立てられた場合には，仮処分抵触の問題が生じ，後の仮処分の申立ては不適法となる。そして，抵触するかどうかについては，2つの仮処分の主文を比較して判断することになる（通説）。

(2) 不作為を命ずる仮処分の被保全権利

　不作為を命ずる仮処分の場合，少数ながら，係争物に関する仮処分に属する

ものがある。しかし，多くの場合は，仮の地位を定める仮処分に属する（民保23条2項）。

(a) 不作為を命ずる仮処分が係争物に関する仮処分に属する場合の具体例としては，建物収去土地明渡請求権を保全するために，建物の増改築を禁止するという仮処分がある。すなわち，建物収去土地明渡請求権を被保全権利として，このような請求権についての将来の強制執行を保全するための仮処分である。

本問の場合，Yが普通借地契約の約定に違反し普通建物を取り壊して鉄筋コンクリート造り5階建てアパートを建築したとしても，Xは，土地所有権あるいは普通借地契約終了に基づく建物収去土地明渡請求権に基づき，上記の5階建てアパートの収去と土地明渡しを求めることができる。しかし，このような5階建てアパートの収去と土地明渡しの強制執行は，従前の普通建物の収去・土地明渡しの場合と比べて，はるかに困難である。このように権利を行うについて明らかに著しい困難が生じる場合には，建物収去土地明渡請求権を保全するために，上記の5階建てアパートの建築工事を禁止するという仮処分を申し立てることができる。このような建築工事禁止の仮処分については，建物収去土地明渡請求権を被保全権利としており，係争物に関する仮処分と解しうる。

(b) 不作為を命ずる仮処分は，多くの場合が仮の地位を定める仮処分に属する。すなわち，この場合の仮処分は，債権者の不作為請求権の存在を仮に定めるという満足的仮処分である。このような仮処分においては，債権者の不作為請求権を基礎づける権利関係が被保全権利となる。

そして，本問のように，Yが普通借地契約の約定に違反し普通建物を取り壊して鉄筋コンクリート造り5階建てアパートを建築するという場合において，仮の地位を定める仮処分とは，上記のようなYに対して，土地所有者（賃貸人）Xが，土地所有権あるいは普通借地契約に基づく妨害予防請求権を被保全権利として，この妨害予防請求権に基づく不作為請求権の存在を仮に定めるという内容の建築工事禁止の仮処分を申し立てる場合である。

以下においては，特に係争物に関する仮処分と明示しない限り，不作為を命ずる仮処分のうち多くの場合を占めるとされる仮の地位を定める仮処分について，論ずることにする。

(3) 不作為を命ずる仮処分における審理

(a) 不作為を命ずる仮処分のうち仮の地位を定める仮処分を発令する場合には，通常，密行性がなく，また，仮処分の結果は債務者に多大の影響を与えることになる。したがって，このような仮処分を発令する場合には，原則として，口頭弁論又は債務者が立ち会うことができる審尋を経なければならない（民保23条4項）[1]。ただし，そのような審尋等を経ると，仮処分申立ての目的を達成することができない場合，例えば，期日を開くいとまもないほどに急迫した事情がある場合，あるいは，債務者が仮処分申立ての事実を知ることにより対象となる財産を隠匿したり，妨害行為をしたりするおそれがある場合などもあって，そのような場合には，例外的に，上記のような審尋等を経る必要がないとされている（民保23条4項但書）。

ところで，不作為を命ずる仮処分のうち係争物に関する仮処分を発令する場合には，上記の仮の地位を定める仮処分を発令する場合と異なり，法律上債務者審尋等を経なければならないという制約はない。しかし，この仮処分においても，債権者の将来の執行を保全するために，債務者の行為を差し止めようとするものであり，その結果は債務者に多大の影響を与え，しかも，債務者のほうにも相当の言い分があると解せられ，そのため，債務者審尋等を経て発令するのが相当である。

 [1] ただし，実務においては，迅速処理を図るため，債務者審尋が利用されており，口頭弁論を開くことは稀である。

(b) 上記の債務者審尋期日は，実務においては，債務者の準備等の期間を考慮して，仮処分申立てから7日ないし10日の前後に指定されている。ただし，本問のように，建物の建築工事禁止の仮処分が問題となる場合には，当該工事が相当進捗した段階で工事禁止の仮処分が発令されると，債務者の損害も相当に大きくなるので，できる限り短期間に債務者を呼び出したほうが相当であり，このような場合には，審尋期日を早め，債務者の呼出しを電話でするような工夫も必要になるものと考える。

債務者は，債務者審尋期日において，意見を述べなければならない。電話や書面で意見を述べるというだけでは不十分である。

(4) 不作為を命ずる仮処分における担保

　保全命令の担保は，違法な保全命令の発令や執行によって債務者が被ることになる損害を担保するものである。そして，その担保額は，裁判所の裁量により決定される（民保14条1項）。したがって，不作為を命ずる仮処分の申立ての場合にも，裁判所が担保額を決定するには，違法な仮処分の発令や執行によって債務者が被ることになる損害を基準にすることになる。しかし，不作為を命ずる仮処分においては，不作為命令の内容は多種多様であり，また，債務者が被る損害を算定するための要素は一定でなく，さらには，そのような損害を予測することが困難な場合もあって，担保額算定の一般的基準を設けることは容易ではない。そのため，保全目的物の種類や価額，被保全権利の種類や価額，保全の必要性の内容や程度，債務者の被る損害の程度，損害予測の基礎となる事実の内容，さらには，それらの疎明の程度などを基礎にして，事案に応じて，担保額を決定するしかないが，実際には区々にならざるを得ないものと考えられる。

　しかし，実務においては，同種の事件について公平処理の要請も機能することから，裁判所ごとに，不作為を命ずる仮処分の内容に応じ，抵当権実行禁止，占有使用妨害禁止，通行妨害禁止，立入禁止，工作物撤去・建築禁止，建物建築工事禁止，建物建築工事妨害禁止などに類型化して，類型ごとに担保額の一応の目安を定めているようである。

(5) 不作為を命ずる仮処分の主文

　不作為を命ずる仮処分の執行については，仮処分命令が債務名義となる（民保52条2項）。そのため，仮処分命令の主文の内容は，本案判決と同様，明確かつ特定されたものでなければならない。例えば，不作為請求権の及ぶ対象が不動産である場合には，その不作為請求権の及ぶ目的物の範囲を，図面を用いるなどして特定しなければならない。

　(a) 基 本 型

　不作為を命ずる仮処分には，上記〔2〕(1)のように，①債務者に一定行為をなすことを禁止する類型（禁止命令型）と，②債務者に債権者や第三者が権利として行う行為を受忍することを求める類型（受忍命令型）の2つの類型がある。

　そこで，例えば，建物の建築工事についての仮処分については，①建築工事

禁止の仮処分の場合は，禁止命令型として，「債務者は，別紙目録記載の土地上に建物を建築してはならない。」となる。他方，②建築工事の妨害を差し止める場合は，受忍命令型として，「債務者は，別紙目録記載の土地上における債権者の建築工事をすることを妨害してはならない。」となる。

また，例えば，通行妨害禁止の仮処分ついては，①禁止命令型として，「債務者は，別紙目録記載の通路上に通行の妨害となる柵，塀，杭等を設置してはならない。」となり，②受忍命令型として，「債務者は，債権者が別紙目録記載の土地上を通行することを妨害してはならない。」とか，「債務者は，債権者が別紙目録記載の土地上を通路として使用するのを妨害してはならない。」となる。また，債務者が通路上にブロック塀などを設置して通行を妨害している場合には，「債務者は，別紙目録記載の土地上に設置してあるブロック塀を撤去せよ。」といった作為を命ずる仮処分を発令することもある。

(b) 不作為命令に執行命令を含む仮処分の可否

この場合は，不作為を命ずる仮処分命令において，「執行官はこの仮処分命令の趣旨を実現するのに適当な処置をしなければならない。」とか，「債務者が……を妨害した場合は，執行官は適当な処置をすることができる。」といった内容の主文を付して発令することができるかという問題である。

この主文のように執行官に裁量を与える内容のものは許されないと解すべきである（東京高決昭38・8・21下民集14巻8号1596頁参照）。なぜならば，執行官は，法規に従って，裁判の命ずる内容を忠実に執行する権限しか有しておらず，よって，仮処分命令の趣旨を実現するために適当であるとしても，法規に定められた行為を除き，それ以外の行為を自由になしうるという裁量権を有していないからである。

(c) 不作為命令に授権決定を含む仮処分の可否

この場合は，例えば，工作物を用いた妨害が予想されるとか，工作物を用いてすでに妨害が行われている場合に，不作為を命ずる仮処分命令の主文の中で，「債務者が○○（工作物）を撤去しない場合には，債権者は，○○地方裁判所執行官に債務者の費用で上記物件を撤去させることができる。」というように，執行官による執行処分をなすことを許すことができるかという問題である。

不作為を命ずる仮処分は，債務者に送達されることによって効力が生じる。

そして，債務者がこれに従っている限り，強制執行ということはありえない。しかし，債務者が不作為命令に違反し，その違反行為の結果が物的状態を伴う場合には，債権者は，民事保全法52条1項，民事執行法171条，民法414条3項による授権決定を得て，執行官による執行処分，つまり，除去執行（代替執行）ができるものと考えられる。

さらに，実務においては，不作為を命ずる仮処分を発令する時点で，違反行為において工作物を用いた妨害が予想されるとか，工作物を用いてすでに妨害が行われている場合に，緊急の必要性があるときには，債権者の申立てにより，仮処分命令の中で執行官による執行処分をなすことを許す（執行命令を認める）ことが広く行われている（加藤新太郎ほか編『裁判例コンメンタール民事保全法』227頁参照）。

例えば，通行妨害禁止の仮処分の場合において，①未だ通路上に工作物などを設置していないが，工作物の設置による通行の妨害が予想される場合に，

> 1 債務者は，別紙目録記載の土地上に有刺鉄線や木杭などを設置して，債権者が上記土地上を通行することを妨害してはならない。
> 2 債務者が上記土地上に上記物件を設置するなどして，債権者が上記土地上を通行することを妨害した場合には，債権者は，○○地方裁判所執行官に債務者の費用で上記物件を撤去させることができる。

といった執行官による執行処分をなすことを許す主文（2項）を発令する場合である。

さらに，②すでに通路上に工作物（ブロック塀）を設置して，通行を妨害している場合には，

> 1 債務者は，債権者が別紙目録記載の土地上を通行することを妨害してはならない。
> 2 債務者は，この命令が送達された日から5日以内に，前項の土地上に別紙図面のとおり設置されたブロック塀を撤去しなければならない。
> 3 債務者が前項の期間内に上記物件を撤去しない場合には，債権者は，○○

地方裁判所執行官に債務者の費用で上記物件を撤去させることができる。

といった執行官による執行処分をなすことを許す主文（3項）を発令する場合である。

このような執行処分をなすことを許す命令は，民事執行法171条1項に基づく執行命令と同じ性質のものと考えられるから，このような執行処分をなすことを許す命令が発令された場合には，民事保全法52条1項，民事執行法171条，民法414条3項による授権決定を改めて得なくても，直ちに除去執行（代替執行）ができることになる。

このような執行官による執行処分をなすことを許す命令は，「仮処分命令の申立ての目的を達するため……の必要な処分」（民保24条）に該当し，債権者が事案に応じ緊急の必要性を疎明する限り，裁判所は，仮処分の内容として発令しうるものと考える。ただし，このように仮処分命令の中で執行処分をなすことを許す場合には，執行官の行いうる執行処分は明確になっていなければならない。そのため，仮処分命令の中に，不作為義務に違反したときに発生する，債務者の作為義務の内容を明確に記載しておかなければならない。要するに，執行官による執行処分の対象となる物的状態を伴う違反行為を明確にしておく必要がある。すなわち，執行官の判断を不要にしておく必要があるのである。例えば，上記の通行妨害禁止の仮処分の場合においては，執行官が撤去しうる妨害物について明確に記載しておかなければならない。

前者の主文例の場合には，債務者の作為義務の内容として，有刺鉄線や木杭などを設置して通行を妨害してはならないと明確に記載されており，そのため，債務者が有刺鉄線などを設置して通行を妨害した場合には，執行官による執行処分によって有刺鉄線などを撤去することができる。また，後者の主文例の場合にも，債務者の作為義務の内容として，ブロック塀を撤去しなければならないと明確に記載されており，そのため，執行官による執行処分によってブロック塀を撤去することができる。

さらに，前者の主文例においては，上記のように，執行官による執行処分によっていったん有刺鉄線などが撤去されたとしても，有刺鉄線などを設置するなど，同じ態様での通行妨害行為が繰り返される場合には，妨害行為を行う者

が債務者であることが明らかであり，かつ，違反行為の認定に特に困難がない場合には，債権者は，前者の主文の第2項に基づき，執行官による執行処分によってそのような有刺鉄線などの撤去をさせることができる（つまり，第2次の妨害物撤去を求める仮処分を申し立てる必要がない）。ただし，通行妨害行為の態様も多様であり，執行官による執行処分は，命令において厳格に特定された態様に対してのみ行いうるにすぎず，そのため，債務者から新たな通行妨害行為が行われた時点で，第2次の妨害物撤去を求める仮処分を申し立てたほうが，債権者の目的を早期に達成しうる場合も多いものと考えられる。

(d) 不作為を命ずる仮処分に執行官保管命令を付加することの可否

この場合は，不作為を命ずる仮処分命令において，その主文の中に「債務者の物件に対する占有を解いて，執行官に保管を命ずる」という命令を発令することはできるか。例えば，建物賃借人が建物の無断増改築をしている場合に，賃貸人が，増改築工事の禁止を命ずる仮処分を申し立て，その際に，当該建物につき賃借人の占有を解いて執行官保管の仮処分を申し立てた場合に，そのような執行官保管の仮処分も認めることができるかという問題である。

この点，不作為を命ずる仮処分が仮の地位を定める仮処分である場合には，そのような仮処分は，債務者に一定の作為を禁じて，債権者の不作為請求権，さらには，その不作為請求権を基礎づける権利関係を保全しようとするものであり，そのため，債務者に不作為を命じる（作為を禁ずる）だけでなく，債務者の占有を解き執行官保管を命ずることは，被保全権利としての不作為請求権を基礎づける権利関係の範囲を超えるものとなる。つまり，本案請求の範囲を超えることになる。上記の建物賃借人による建物増改築工事を禁止するという仮処分においても，それが，仮の地位を定める仮処分である場合，その仮処分は，建物所有権あるいは建物賃貸借契約に基づく妨害予防請求権としての不作為請求権の存在を仮に定めるというものであるから，債務者の占有を解いて執行官保管にすることは，被保全権利としての妨害予防請求権の範囲を超えることになる。したがって，不作為を命ずる仮処分において，その主文の中に，執行官保管の仮処分を認めることはできないものと考える。

(e) 不作為を命ずる仮処分に公示命令を付加することの可否

この場合は，不作為を命ずる仮処分命令において，その主文の中に「執行官

は，上記命令の趣旨を公示するため適当な方法をとらなければならない」というような公示命令を発令することができるかという問題である。

　この点，債務者に心理的強制を加え，仮処分命令の実効性を確保するという見地から，これを肯定する見解がある。

　しかし，不作為を命ずる仮処分が仮の地位を定める仮処分である場合には，上記のように，そのような仮処分は，債務者に一定の作為を禁じて，債権者の不作為請求権，さらには，その不作為請求権を基礎づける権利関係を保全しようとするものである。すなわち，このような仮処分は，債務者を名宛人とし，専らその債務者に対して効力が及び，債務者の行為を制約するものであって，このような効果は，債務者に送達されることによって生じる。そのため，不作為を命ずる仮処分の場合，不作為命令を第三者に公示することは，法律上何らの効果を生じさせるものではなく，無意味なもので，必要でないと考えられる。さらに，肯定説のように，債務者に心理的強制を加え仮処分命令の実効性を確保しうるといっても，それは，公権力の名を借りてする威嚇とも解せられ，必ずしも相当なものと考えられない。

　これらの点から，不作為を命ずる仮処分命令の主文の中に，「執行官は，上記命令の趣旨を公示するため適当な方法をとらなければならない」といった公示命令を発令することは許されないものと考えるべきである（東京高判昭27・6・24高民集5巻9号384頁参照）。

〔3〕　不作為を命ずる仮処分の執行

　不作為を命ずる仮処分が発令され，その仮処分が債務者に送達された後に，債務者がその仮処分に違反して禁止された行為を行った場合には，その不作為を命ずる仮処分が，例えば，①土地所有権あるいは賃貸借契約終了に基づく建物収去土地明渡請求権を被保全権利とする建物増改築禁止の仮処分のように，係争物に関する仮処分であっても，②土地所有権に基づく妨害予防請求権を被保全権利とする建築工事禁止や騒音禁止の仮処分のように，この妨害予防請求権に基づく不作為請求権の存在を仮に定めるという内容のもので，仮の地位を定める仮処分であっても，民事保全法52条1項，民事執行法171条，172条，民法414条3項に従って執行（代替執行や間接強制）をすることになる。ただし，

債務者に送達前に，債務者が仮処分で禁止された行為を行っていた場合には，仮処分違反とはいえないので，そのような執行はできない。その場合には，作為義務を命ずる別の仮処分によらなければならない。

不作為を命ずる仮処分に違反して禁止された行為をした場合，不作義務違反の態様によって，次のような執行をすることになる。

(1) 仮処分発令後の不作為義務違反行為が物的状態を伴う場合

例えば，債務者が建築工事禁止の仮処分に違反して建築工事をしたり，通行妨害禁止の仮処分に違反して通路に工作物を設置し通行を妨害したりする場合である。

債権者は，民事保全法52条1項，民事執行法171条，民法414条3項に基づき，代替執行の方法によって，上記のような物的状態を除去しうるものと考える。すなわち，債権者は，仮処分裁判所に対して，除去命令又は取毀命令，費用前払決定の申立てをする。仮処分裁判所は債務者を審尋したうえで（民執171条3項），債権者又は執行官等の第三者をして違反状態を排除するという授権決定と費用前払決定をする。こうして強制的に除去執行が行われることになる。

このように授権決定を得て物的状態を排除しうるのであるから，仮処分命令違反行為が物的状態を伴う場合にも，債権者は，第2次の仮処分を申し立てる必要はない。しかし，第2次の仮処分を申し立てることは可能である。

(2) 仮処分発令後の不作為義務違反行為が物的状態を伴わない場合

例えば，債務者が一定の土地についての立入禁止の仮処分に違反して立入行為をしたり，騒音禁止の仮処分に違反して騒音を発生させたりする場合である。

この場合には，債権者は，民事保全法52条1項，民事執行法172条，民法414条3項に基づき，間接強制の方法によって，違反行為の中止又は債務の履行を確保するために相当と認める一定金額の支払を求めることができる。さらに，違反行為が継続的，反復的に行われる場合には，債権者は，仮処分裁判所に対して，民法414条3項に基づき，予防のための適当な処分として，将来の違反行為防止のための物的設備の設置や将来の違反行為による損害賠償にあてるための担保の提供などを求めることができる。

(3) 第三者が不作義務違反行為を行っている場合の排除処分

不作為を命ずる仮処分が発令された場合にも，その仮処分は債務者に対し不

作為義務を生じさせるものであり，原則として，第三者にその効力を及ぼすことはできない。

しかし，仮処分債務者につき一般承継又は特定承継が生じ，その承継人が仮処分に違反して不作為義務に違反する行為を行う場合がある。例えば，土地所有者（賃貸人）が，賃借人に対して，土地所有権あるいは賃貸借契約に基づく妨害予防請求権（不作為請求権）を被保全権利として，建築工事禁止の仮処分命令を得ている場合に，この賃借人が建築途中の建物（未完成）とともに土地賃借権を譲渡し，この譲受人が建築工事を続行しているような場合である。

このような場合には，債権者は仮処分命令に承継執行文の付与を受けたうえ，民事保全法52条1項，民事執行法171条，民法414条3項に基づき，不作為義務違反行為排除の授権決定を得て，承継人に対し違反行為の除去執行（代替執行）をなしうることになる。

ところで，建築工事禁止の仮処分のような場合には，債務者が違反行為（建築工事）をしなくても第三者が違反行為（建築工事）をすることがあるとして，債務者に対し，第三者をして一定行為をさせないために，次のような主文を設けることがある。

> 債務者は，自ら又は第三者をして，別紙目録記載の土地上に建物を建築してはならない。

この場合の仮処分の効力は，当然ながら，第三者には及ばない。したがって，第三者に対して不作為義務違反の除去執行はできない。しかし，第三者のした妨害行為は，債務者の不作義務違反行為と解されるから，債務者に対する授権決定を得て違反行為の除去執行（代替執行）をなしうることになる。

なお，実務においては，建築工事禁止の仮処分のような場合には，すでに決まっている第三者である工事請負人も，債務者として，建築工事禁止の仮処分の相手方とする場合が多い。

(4) 執行期間について

保全執行については，債権者に保全命令が送達された日から2週間を経過したときは，これをすることができないとされている（民保43条2項）。これは，

保全命令は，緊急の必要がある場合に，簡易な手続で発令される暫定的な裁判であるから，これを直ちに執行しないで期間をおいてから執行するとなると，その間の事情の変更によって不当執行となるおそれがあり，そのため，執行しうる期間が上記のような2週間に限定されたものである。そして，債権者は上記の2週間以内に執行しなければならないのであり，この期間内に執行の申立てをしただけでは足りず，執行機関が執行行為を開始することが必要になる。すなわち，執行に着手しなければならない。そして，上記の期間内に執行機関が執行に着手しておればよく，上記の期間内に執行が完了しなくてもよい（東京高決平4・6・10判時1425号69頁参照）。さらに，具体的に，執行に着手した時点はいつかという点については，保全執行の種類によって，異なってくる。2，3の例をあげると，動産の仮差押えの執行は，執行官が目的物を占有するための強制行為（差押え，捜索など）に出た時とされ，債権の仮差押えの執行は，保全執行裁判所が第三債務者に差押命令を発令した時とされ，また，不動産の処分禁止の仮処分の執行は，保全執行裁判所の裁判所書記官が仮処分命令の登記嘱託書を発した時とされている。

　しかし，不作為を命ずる仮処分の場合，債務者が仮処分命令に従い違反行為をしない限りは，その執行という問題は生じないし，また，執行という問題が生じる場合，すなわち，債務者が不作為を命ずる仮処分命令に違反した場合にも，そこでの執行は，債務者にその不作為命令の内容を実現させるというものではなく，民事保全法52条1項，民事執行法171条，民法414条3項による処分，つまり，債務者以外の者に不作為命令違反行為の結果を除去させ，その費用を債務者に負担させるという代替執行等をなしうるにすぎない。これらの点から，不作為を命ずる仮処分については，執行期間の制限についての規定（民保43条2項）は適用されないものと考えるべきである。これに対して，債務者が不作為を命ずる仮処分命令に違反した場合には，執行は可能であるから，違反行為の時から起算して2週間以内に授権決定を得る必要があり，そのような授権決定を得ない場合には，もはや違反行為の除去執行はできないという見解もある。しかし，この見解によると，債権者は債務者の動向を常にチェックしておく必要が生じ，さらに，債権者が債務者の仮処分命令違反行為を確かめることができない場合もあり，よって，この見解は，債権者に困難を強いるも

のとして相当でないと考える。

　なお，執行機関は，職権で，執行期間の経過の有無を調査し，経過している場合には，執行申立てを不適法として却下する。執行期間を経過しているのに，それを見過ごして保全執行が行われた場合には，債務者は執行異議を申し立て（民保46条，民執11条），当該保全執行の取消しを求めることができる。

　また，この2週間の執行期間を伸長又は短縮（民訴96条1項）できるかについては，①民事保全法43条2項の執行期間は，債権者の権利行使を確保するという要請と債務者を保護するという要請を調和させるために，国家の執行権を制限するという公益的な規定であること，また，②形式的，画一的処理が必要となる執行手続における期間であることから，裁判所はこれを伸長又は短縮できず，債務者もこの期間の利益を放棄することができないものと解すべきである。

〔4〕 本問の場合

　以上の論述を前提に，本問の各小問について，検討する。
(1)　小問(1)について
　まず，Xは，上記〔2〕(2)(a)のように，土地所有権あるいは普通借地契約終了に基づく建物収去土地明渡請求権を保全するために，不作為を命ずる仮処分として，鉄筋コンクリート造り5階建てアパートの建築工事を禁止するという仮処分を申し立てることができる。この仮処分は，建物収去土地明渡請求権を被保全権利としており，係争物に関する仮処分である。

　次に，Xは，上記〔2〕(2)(b)のように，土地所有権あるいは普通借地契約に基づく妨害予防請求権を保全するために，不作為を命ずる仮処分として，上記の5階建てアパートの建築工事を禁止するという仮処分を申し立てることができる。この仮処分は，妨害予防請求権を被保全権利としており，この妨害予防請求権に基づく不作為請求権の存在を仮に定めるという内容のもので，仮の地位を定める仮処分である。

(2)　小問(2)について
　Yが不作為を命ずる仮処分，すなわち，上記の5階建てアパートの建築工事を禁止するという仮処分に違反して建築工事を続けている場合には，Xは，

不作為を命ずる仮処分の執行として，民事保全法52条1項，民事執行法171条，民法414条3項に従って執行することになる。すなわち，債権者は，仮処分裁判所に対して，建築された部分を除去するという除去命令又は取毀命令，費用前払決定の申立てをし，債務者審尋を経たうえで (民執171条3項)，債権者又は執行官等の第三者をして違反状態を排除するという授権決定と費用前払決定を得て，強制的に除去執行 (代替執行) をなしうることになる。

なお，上記の建築工事を禁止するという仮処分命令の中に，上記〔2〕(5)(c)のように，債務者が不作為義務に違反してアパートを建築した場合には，債務者の費用で執行官によりこれを除去することができる旨の主文が入っている場合には，上記の授権決定を得ることなく，直ちに仮処分命令に違反した物的状態を排除することができる。すなわち，この場合には，改めて代替執行のための手続をとる必要がない。

また，Xは，上記〔3〕(1)のように，上記の建築工事を禁止するという仮処分命令に違反して建築された部分の除去を求めるために，第2次の仮処分の申立てをすることも許されるものと考える。

[井手　良彦]

Q27 | 不作為を命ずる仮処分(2)――日照妨害等

　Xら4名は，別紙物件目録記載の土地を各所有するとともに，その土地上に木亜鉛メッキ鋼板葺平家建の居宅を各所有し，居住している。不動産業者Yは，Xら4名の上記土地の南側隣接地を買収し，その土地上に東西40m・南北8mにわたる鉄筋コンクリート造り6階建ての賃貸マンションを建築することを計画し，A工務店がその工事を請け負って建築に着工した。上記マンションが完成すると，地上22mの高さとなるため，冬至になるとXら4名の居宅には正午の日光がまったく入らなくなり，夏になると上記マンションが障壁となって南風を遮断することになり，冬になると北風が上記マンションに沿って降下することになる。これらによって，Xら4名は，各居宅の照明費及び冷暖房費について経済的損失を被るほか，その精神的苦痛は極めて大きいものとなる。そこで，Xら4名は，Yの上記建築行為は，Xら4名の各土地・居宅を安く買収することを目的とした悪意ある行為であり，しかも，Xら4名の日照・通風等の利益が侵害されると主張して，Y及びA工務店を債務者，日照権等を被保全権利として，上記建築工事禁止の仮処分命令の申立てをした。

(1)　日照・通風妨害を理由とする建築工事禁止の仮処分命令の申立てにおける被保全権利は何か。
(2)　保全の必要性は認められるか。
(3)　建築工事禁止請求権の成否を判断する基準としての「受忍限度」とは何か。
(4)　「受忍限度」に関する主張と立証責任はどうなるか。
(5)　建築工事禁止の仮処分命令の執行はどのように行われるか。

A

〔1〕 生活妨害型紛争（日照，通風妨害）

　生活環境をめぐる紛争は，建物等の建築に伴って，近隣住民が日照や通風，採光を妨げられたことによる被害の発生に関する紛争（生活妨害型紛争）である。それには，騒音・振動，大気汚染，水質汚濁のように，積極的に有害物を周囲に拡散するもの（積極的生活妨害）と，日照妨害・通風妨害・眺望妨害・景観破壊のように，消極的に周辺の住民の生活に支障をきたすもの（消極的生活妨害）とがある（最〔3小〕判昭47・6・27民集26巻5号1067頁）。日照妨害とは，通常，北側家屋の居住者が，南側に隣接する他人所有の土地上の空間を横切って進入する太陽の直射日光をこれまで受けていたのに，南側隣接地に建物等が建てられたため，これを妨げられることをいい，最高裁判例も，日照，通風が妨害された場合は，法的な保護の対象となることを認めている（前掲最〔3小〕判昭47・6・27）。なお，通風，採光については，性質上，日照妨害の程度が高い場合にはこれらの被害も大きく，日照妨害の程度が低ければこれらの被害も小さくなるという関係にあることから，生活妨害型紛争においては，主として日照妨害の事実が主張され，通風，採光妨害は副次的に主張されることが多く，日照妨害の有無及び程度が審理の中心となる。

〔2〕 保全すべき権利（被保全権利）と保全の必要性

(1) 被保全権利（差止請求権）の法的性質

　日照妨害を主張して建築工事禁止の仮処分命令の申立てをする場合，申立書には，申立ての理由として，保全すべき権利又は法律関係（被保全権利）を具体的に記載し，疎明しなければならない（民保13条1項，民保規13条2項）。被保全権利の法的根拠をどう構成するかについては，物権的請求権説，人格権説，不法行為説，環境権説，日照権説が主張されているが，実務上は，物権的請求権説又は人格権説によるものが多数である。物権的請求権説では，日照を妨害される土地建物の所有者等は請求権者となりうるが，同居人や土地建物の利用者

は請求権者に含まれない可能性があるのに対して，人格権説ではこれらの者も請求権者に含まれる可能性があるように，差止めを請求することができる主体の範囲に影響するといわれる。また，人格権説では建物を中心として被害を捉えることに結びつきやすいのに対して，物権的請求権説では建物のみならず土地に対する日照の阻害も重視されやすくなるという指摘もあるが，被保全権利の法的性質の相違によって結論が左右されることはないとされている。

(2) 保全の必要性

建築工事禁止の仮処分命令の申立てにおいては，申立ての理由として，保全の必要性を具体的に記載し，疎明しなければならない（民保13条1項，民保規13条2項）。仮の地位を定める仮処分命令（民保23条2項）における保全の必要性は，仮処分債務者に与える影響が大きいから，より高度のものが要求され，現に仮処分債権者の権利の行使が阻害され又はその蓋然性が高いこと等が必要である。仮処分債権者は，それを基礎づける事実を具体的に主張しなければならないが，建物が完成してしまえばこれを取り壊すことは事実上不可能に近いので，日照妨害を理由とする建築工事禁止の仮処分においては，日照等の阻害が受忍限度を超えると判断された場合には，特段の事情がない限り，保全の必要性は認められることになり，保全の必要性についての判断は，受忍限度の判断の中で取り扱われるものとなっている。

〔3〕 建築工事禁止の仮処分と受忍限度

(1) 差止請求における違法性の判断

(a) 受忍限度論

日照妨害等の生活妨害型紛争は，土地利用により相隣者間に不可避的に発生するものであるが，どのような場合に日照妨害が違法になるのかについては，加害者と被害者の利益を衡量して，被害者の受ける日照妨害が社会生活上一般に受忍すべき限度を超えた場合に違法になるという，受忍限度論により判断される。

不法行為の成立要件の一つである「権利侵害」（平成16年法律第147号による改正前の民709条参照）については，違法性の要件に置き換え（違法性論），さらに，違法性の有無を，被侵害利益の種類と侵害行為の態様との相関関係で判断する相

関関係説が伝統的な通説であるが，受忍限度論は，生活妨害型紛争における違法性の判断基準をより具体化することにより，相関関係説の延長線上の理論として定着しており，最高裁判例の採るところでもある（前掲最〔3小〕判昭47・6・27）。

(b) 違法性段階論

生活妨害型紛争においては，損害賠償請求における受忍限度と差止請求における受忍限度には相違があると考え，損害賠償請求において受忍限度を超える違法があると認定されても，直ちに差止請求において受忍限度を超える違法があると認定されるものではなく，差止請求が認容されるためには，より高度の違法性の存在が必要であるとされることが多い。これに対しては，損害賠償請求と差止請求とで違法評価が異なるのは，違法性段階論を採るかどうかよりも，考慮されるべきファクターの違いによるものであるとする見解がある（潮見佳男「不法行為法」494頁，国道43号線訴訟住民上告事件における最〔2小〕判平7・7・7民集49巻7号2599頁，調査官解説（田中豊・最判解説民事篇平成7年度(下)）710頁）。

(2) 受忍限度の判断要素

日照妨害が受忍限度を超えるか否かを判断する際に考慮する要素としては，①日照被害の程度，②地域性，③加害回避可能性，④被害回避可能性，⑤加害建物の用途，⑥被害建物の用途，⑦加害建物の日影規制違反の有無，⑧被害建物と加害建物の先住関係，⑨加害建物の建築をめぐる交渉経緯等が一般に挙げられるが，最も重要な要素は，①と②である。

(a) 日照被害の程度

まず，日照妨害の程度を確定する必要があるが，その場合，昭和51年の建築基準法改正によって新設された「日影による中高層の建築物の高さの制限」，いわゆる日影規制（建基56条の2）[1]を参考とし，1年のうちで最も太陽が低い位置を動く日，すなわち，日照条件が最も悪い日で，かつ，南中時における太陽高度が最も低い冬至日の午前8時から午後4時まで（北海道では午前9時から午後3時まで）の時間帯における建物の南面主要開口部（第1種・第2種低層住居専用地域においては建築敷地の平均地盤面から1.5m（1階の窓の中心の高さ），その他の地域では4m（2階の窓の中心の高さ））の日照被害の程度が主張されるのが通例である。

(b) 地域性

一定の日照妨害が確定された場合であっても，地域によって日照保護の度合いが異なるといえるから，受忍限度の判断にあたっては地域性が重要な要素となる。地域性の判断の基礎となるのは，都市計画法上の規制と地域の現実上の土地利用状況（現況）である。都市計画法上の規制に関するものとして最も重要なのは，都市計画法の用途地域の指定（用途規制。都計8条1項）である。用途地域の指定は，社会的，経済的な要請を端的に反映している上，今後の街の形成に大きな枠組みを与えるものであるから，用途規制が地域性の判断において占める比重は大きいものである。また，地域の現況の判断において重要なのは，当該地域が住居系地域であるかそれ以外の商工業系地域であるか，低層建物が中心なのか中高層化が進んでいる地域なのかということである。住居系地域であれば，日照保護の要請は高いし，それ以外の地域であれば相対的に低くなる。低層建物が中心の地域と中高層化が進んでいる地域では，前者のほうが日照を保護する方向に傾く。ただし，商工業系地域といっても，かなり住居が存在する所もあるし，そういった所では，純度の高い商工業系地域に比べれば日照保護の要請が高くなる。また，住居系地域でも，一部に中高層建物が見られる所，あるいは建物が密集して日照状況のよくない所もあり，こうした地域は，日照状況のよい住居系地域に比べれば，日照保護の要請は後退することになる。

(c) 加害回避可能性

生活妨害型紛争においては，土地利用により相隣者間に不可避的に発生する一定程度の法益侵害を相互に受忍することが必要である。加害建物の建築にあたり，同一延面積の建物を建築する場合でも，配置や形状を工夫することによって日照妨害を減らすことができ，加害建物がそのような配慮を十分にしている場合は加害者に有利となり，逆に，日照回復のため設計変更が技術的，経済的に容易であれば，加害者に不利な事情となる。

(d) 被害回避可能性

加害建物の建築にあたって，加害回避の可能性を検討することが必要である以上，日照妨害を受ける被害建物についても，不可避的に発生する日照阻害等について合理的な範囲内でそれを回避する措置を講じるべきことが要請される。例えば，被害建物の南側土地が更地の時点で被害建物を南側境界線に接着して建築した場合のように，建物の構造や建築の現状からして建築時からすでに将

来的に被害を受けざるを得ないものであったかなどの被害回避の可能性がある場合は，被害者に不利な事情として考慮されることがある。
　(e)　加害建物の用途
　加害建物が貸ビル又は賃貸マンションとか，分譲マンションである場合には，受忍限度を超えていると判断されやすく，学校，病院その他公共的な建物で社会的価値が大きい場合には，被害者側にある程度の不利益を強いられることもあるともいわれるが，その違いに合理性があるかは疑問であるとの指摘もある。
　(f)　被害建物の用途
　被害建物の用途は，利用者が日照を確保する必要性の程度に影響する事情といえる。例えば，被害建物が，通常の住居であれば日照を確保する必要があるのは当然であるが，事務所であれば通常の住居よりも必要性は低下するであろうし，学校，幼稚園，病院等であれば通常の住居とは別の観点から日照を欲することもあろう（大野昭子「日照・眺望・通風等に関する訴訟」小磯武男編著『近隣訴訟の実務』〔補訂版〕41頁）。
　(g)　加害建物の日影規制違反の有無
　建築基準法上の日影規制（建基56条の2）は，日影確保を直接の目的としており，日照妨害における受忍限度の判断に大きな影響を与える。
　(イ)　日影規制適合建築物　　日影規制に適合していることは，受忍限度内であると判断する方向での大きな要素であるが，日影規制は行政法規としての基準を定めたものであるから，日影規制に違反しないことをもって，日照被害の程度が受忍限度の範囲内にあると即断することはできず，他の諸要素を検討して総合的に判断しなければならない。
　(ロ)　日影規制違反建築物　　日影規制の趣旨からすると，違反している場合は，一般的には，受忍限度を超える方向で判断されることになろう。
　(ハ)　日影規制地域内の対象外建築物　　日影規制の対象建築物ではないということは，日影規制が及ばないことになり，日照確保の必要性の程度を低くし，受忍限度を判断する上での重要な要素となるが，直ちに受忍限度の範囲内にあるとは判断できず，結局は，他の諸要素を検討して総合的に判断しなければならない。日影規制を受けると仮定した場合の測定値を算定し，受忍限度の判断の一つの要素として考慮することなどもある。

(ニ) 日影規制対象地域外の建築物　規制対象地域外であること自体から一律に論ずることはできないが，受忍限度の判断要素の一つである地域性の認定の際に，日影規制が及ばない地域であること自体が重要な要素として考慮されることになる。

(h)　被害建物と加害建物の先住関係

日照妨害の事態が生じる場合，被害を受ける者が先にその建物に居住していることは当然の前提であるから，被害者が長い間その土地に居住しており過去に日照を享受してきたということは，地域の日照享受の状況を判断する要素としては意味があるが，これを受忍限度の判断要素として重視するのは困難であろうとされる（山本博「日照阻害を理由とする建築禁止仮処分」丹野達＝青山善充編『裁判実務大系(4)民事保全法』287頁，大野昭子・前掲書41頁）。

(i)　加害建物の建築をめぐる交渉経緯

建築工事差止めの仮処分命令の申立てがあるまでには，双方間に自主的な話し合いが続けられていることが通例であるが，双方がどれだけ誠実な態度で交渉してきたかということは，差止請求の判断にあたってある程度考慮されることになろう。

　＊1　建築基準法の日影規制（建基56条の2）は，中高層建築物の日影が敷地の外に一定時間以上生じないように建築物の形態を規制することによって，隣地の日照を確保することを目的とした規制であり，①規制対象地域又は区域，②規制対象建築物，③規制方法（測定範囲），④規制内容（基準日，時間帯，規制時間等）が定められている。

〔4〕　受忍限度に関する主張，立証責任

(1)　一般不法行為における要件事実

民法709条が規定する一般的不法行為の法律要件は，①他人の権利又は法律上保護される利益を侵害すること，②行為者に故意又は過失があること，③侵害行為により他人に損害が発生したこと，④侵害行為と損害の間に因果関係が存在することであり，要件に該当する事実は，不法行為責任を追及しようとする者が主張，立証責任を負う。

(2) 受忍限度における主張，立証責任

　生活妨害型紛争における受忍限度の主張，立証責任については，請求原因説と抗弁説が対立する。請求原因説は，生活妨害型紛争では，他人に損害を与える行為そのものは適法行為であり，生じた結果が受忍限度を超えている場合に違法になると判断されるのであるから，加害行為が受忍限度外であることを示す事実（受忍限度外事実）は，請求原因において主張，立証しなければならないとする（加藤新太郎＝細野敦『要件事実の考え方と実務』230頁等）。抗弁説は，不法行為の要件事実としての他人の権利又は法律上保護される利益の侵害の事実は，常に違法行為であるとは限られず，むしろ，法的には特段の事情のない限り違法行為になると解することができるとして，加害行為が受忍限度内であることを示す事実（受忍限度内事実）を抗弁において主張，立証しなければならないとする（山本和敏「損害賠償請求訴訟における要件事実」鈴木忠一＝三ケ月章監修『新・実務民事訴訟講座(4)不法行為訴訟Ⅰ』319頁，村上博巳「公害訴訟における証明責任」判タ326号12頁）。

(3) 規範的要件における要件事実と主張，立証責任

　過失，正当理由，正当事由，信義則等のように規範的評価に関する抽象的概念が法律要件となっている規範的要件については，規範的評価の判断を基礎づける具体的事実（評価根拠事実）が主要事実であるとした上で（主要事実説），規範的評価を積極的に根拠づける方向に働く事実（評価根拠事実）と，この事実とは両立するが，規範的評価の成立を妨げる方向に働く事実（評価障害事実）とが存在する場合には，規範的評価の成立を主張する側に評価根拠事実の主張，立証責任が，規範的評価の成立を争う側に評価障害事実の主張，立証責任があるとされている（規範的要件の要件事実については，司法研修所『増補民事訴訟における要件事実第１巻』30頁）。

　受忍限度内か否かの違法性判断は，各種の判断要素に属する事実に対する総合的評価であることからすれば，受忍限度についても規範的要件とし，各種の判断要素に属する具体的な事実が主要事実であると位置づけ，加害行為が受忍限度外であることを示す事実（受忍限度外事実）は評価根拠事実として請求原因において，加害行為が受忍限度内であることを示す事実（受忍限度内事実）は評価障害事実として抗弁において，それぞれ主張，立証しなければならないと考

えるのが相当であろう*2。

*2　その他，侵害される法益（結果不法）の側面に着目して受忍限度の主張，立証責任の分配を考える説や，侵害行為の態様（行為不法）に着目し，消極的侵害か積極的侵害かによって受忍限度の主張，立証責任の分配を考える説がある。前者として，長秀之「不法行為1：基礎理論」藤原弘道＝松山恒昭編著『民事要件事実講座(4)民法Ⅱ』181頁は，①被侵害利益が，不法行為上確立された「権利」と認められる場合は，請求原因において，権利侵害の事実が主張立証されれば，違法性は推定されるので，抗弁として，加害行為が受忍限度内であることを示す事由（受忍限度内事由）の評価根拠事実を主張立証する必要があり，さらに，再抗弁として，受忍限度内事由の評価障害事実が主張立証されることになるが，②被侵害利益が，不法行為上確立された「権利」とまでは認められないが，保護される可能性のある権利である場合には，利益侵害の事実のみでは，違法性があるとはいえないから，請求原因において，加害行為が受忍限度外であることを示す事由（受忍限度外事由）の評価根拠事実を併せて主張立証する必要があり，それに対して，抗弁として，受忍限度外事由の評価障害事実が主張立証されることになる，とする。また，河村浩＝森田淳「騒音・低周波音被害をめぐる受忍限度・因果関係に関する一考察(上)――要件事実にも言及して」判時1991号3頁は，「受忍限度判断の法的構造においては，（省略），生命・健康被害などの絶対的利益侵害と，生活妨害等の相対的利益侵害との2種類に分けて考察するのが有益である。前者では，権利・利益侵害の事実だけで，侵害行為の態様を問うまでもなく，違法性の評価根拠事実として十分である。（省略）しかし，後者では，権利・利益侵害の事実に加えて，侵害行為の態様に関する，受忍限度超過の評価根拠事実の主張・立証が別途必要となろう。つまり，基本型不法行為の前記(i)～(v)の要件事実に加えて，受忍限度超過の評価根拠事実を併せて主張・立証しなければならないということである。」とし，それに続き，Ｋｇ（請求原因）において「受忍限度超過の評価根拠事実」を，Ｅ（抗弁）において「受忍限度超過の評価障害事実」を，さらに，Ｒ（再抗弁）において，「Ｅの再評価障害事実」を図したブロック・ダイアグラムを示す。後者として，大塚直「要件事実論の民法学への示唆(3)――不法行為法と要件事実論――」大塚直ほか編著『要件事実論と民法学との対話』63頁は，「受忍限度請求原因説と受忍限度抗弁説の対立については，まず受忍限度を規範的要件と捉えた上で，公害のような積極侵害の場合と消極的侵害の場合とで区別すべきであると考える。」とした上で，「積極侵害の事案では，土地所有権や人格権に対する本質的侵害があれば（省略），権利侵害ないし法益侵害があることが明白であり，侵害が受忍限度内にあることを基礎づける事実は

抗弁事由と考えるべきであるが，消極的侵害の事案では，権利侵害ないし法益侵害が直ちに明白となるわけではないから，むしろ，受忍限度を超えていることを基礎づける事実を請求原因と解すべきではなかろうか（日照妨害につき，最〔3小〕判昭47・6・27（民集26巻5号1067頁）の表現はこのように理解される）。」とする。

〔5〕 建築工事禁止の仮処分命令の執行

(1) 不作為を命じる仮処分命令の効力

不作為を命じる仮処分命令は，仮処分債務者に対する送達（民保17条）によって，直ちに，仮処分債務者は命令の内容に応じた不作為義務を負うことになる。

(2) 不作為を命じる仮処分命令の執行

仮処分債務者への仮処分命令の送達後，仮処分債務者が不作為義務に違反した場合，仮処分債権者は，仮処分命令を債務名義として（民保52条2項），民事執行法に定める強制執行の例によって（民保52条1項），仮処分命令の実現を図るための執行をすることができる。不作為を命ずる仮処分命令の具体的な執行方法としては，仮処分債務者の違反行為の態様に応じて，すなわち，義務違反が有形的な結果として残るかどうかにより，代替執行（民執171条，民414条3項前段）又は間接強制（民執172条1項）により，さらに，将来債務者が義務違反を反復することが考えられるときには，将来のため適当の処分（民414条3項後段）を併用することができる。

(a) 代替執行

仮処分債務者が建築工事禁止の仮処分命令に違反して建築工事をしたときのように，義務違反が有形的存在（物的状態）として残っている場合は，違反結果を取り除いて原状に回復することが不作為義務を実現させることになるので，仮処分債権者は，民事保全法52条1項，民事執行法171条，民法414条3項前段に基づき，代替執行の方法により，不作為義務違反の結果を除去することができる。

仮処分債権者は，裁判所に対して申立てをし，申立てを受けた裁判所は，仮処分債務者を審尋し，陳述の機会を与えた上で（民保52条1項，民執171条3項），仮処分債権者自ら又は第三者（実務では執行官によることが多い）に物的違反状態の除去を伴う権限を与える旨の決定（授権決定）をする。仮処分債権者は，授

権決定に基づく代替執行により，強制的に排除執行をすることになる。仮処分債権者は，裁判所が授権決定をする場合，必要な費用を予め仮処分債務者から仮処分債権者に支払うべき旨の決定（費用前払決定）を求める申立てをすることができる（民保52条1項，民執171条4項）。

(b) 間接強制

建築妨害禁止の仮処分命令に違反する仮処分債務者の行為が，物的状態を伴わず，人力による抵抗であるときのように，有形的な結果は生じていない場合は，代替執行の方法は問題にならず，執行は，不作為義務に違反する行為を止めさせるものとして，民事保全法52条1項，民事執行法172条に基づき，間接強制の方法によることになる。

間接強制とは，裁判所が，仮処分債務者に対し，債務名義（不作為を命ずる仮処分命令。民事保全法52条2項）記載の義務の履行を命じ，遅延の期間に応じ又は相当と認める一定の期間内に履行しないときは直ちに，義務の履行を確保するために相当と認める一定の額の金銭を仮処分債権者に支払うべき旨を命じることにより，間接的に仮処分債務者に履行を強制する方法である（民保52条1項，民執172条）。

仮処分債権者は，仮処分裁判所に対して申立てをし，申立てを受けた裁判所は，代替執行の場合と同様に，仮処分債務者を審尋し，陳述の機会を与えた上で（民執172条3項），間接強制の決定をする。仮処分債権者は，仮処分債務者が義務の履行をしないときは，間接強制の決定を債務名義として（民執22条3号），仮処分債務者に対し，強制執行をすることができる。

(c) 義務違反の反復の予防としての将来のための適当な処分

仮処分債務者の義務違反が有形的存在として残っているかどうかにかかわらず，将来も仮処分債務者が義務違反を反復することが考えられるときは，仮処分債権者は，裁判所に対し，将来のため適当な処分を命ずる決定を求めることができる（民保52条1項，民執171条・172条，民414条3項後段）。将来のため適当な処分とは，将来における義務違反の反復を予防するために効果的な処置のことをいい，例えば，違反の原因である物的状態の除去，違反を防止するための物的設備の設置，将来の損害に対する担保の提供などが含まれる。

(d) 執行期間

保全執行は，仮処分債権者に対して保全命令が送達された日から2週間を経過したときは行うことができない（執行期間の制限。民保43条2項）が，不作為を命じる仮処分命令については，仮処分債務者が命令に従って違反行為をしない限りは，強制執行という問題は考えられず，仮差押債務者に違反行為があった場合に初めて代替執行や間接強制といった処分をすることができるのみであるから，執行期間の制限の規定の適用はないと解されている（竹下守夫＝藤田耕三編『注解民事保全法(下)』16頁〔揖斐潔〕・123頁〔小林昭彦〕，瀬木比呂志監修『エッセンシャル・コンメンタール民事保全法』339頁〔金子直史〕）。

〔増田　輝夫〕

Q28 パブリシティの権利を被保全権利とする仮処分

パブリシティの権利に基づいて、その氏名・肖像を表示した商品の製造販売等を差し止める仮処分命令の申立ては認められるか。

A

〔1〕 はじめに

本問においては、最初に、パブリシティの権利（パブリシティ権；以下、単に「パブリシティ権」という）の定義・内容等について説明をし、その後に、パブリシティ権を被保全権利とする仮処分、すなわち、パブリシティ権に基づいて、その氏名・肖像を表示した商品の製造販売等を差し止める仮処分命令は認められるかについて、検討することにしたい。

〔2〕 パブリシティ権とは

(1) パブリシティ権とは

人の氏名、肖像等（以下、併せて「肖像等」という）には、商品の販売等を促進するという顧客吸引力を有する場合があり、このような顧客吸引力を排他的に利用する権利のことを、パブリシティ権という（最判平24・2・2民集66巻2号89頁〔ピンクレディー事件〕）。

このようなパブリシティ権を明示的に認める法律はない。この権利は、判例法理上形成されてきたものである。判例上、パブリシティ権を最初に認めたのは、マーク・レスター事件（東京地判昭51・6・29判時817号23頁参照）であるとされている。そして、上記の最高裁判決は、パブリシティ権の法的権利性を、最高裁として初めて認めるに至った。

(2) 最判平24・2・2〔ピンクレディー事件〕の内容

(a) 上記の最高裁判決は、次のように述べている。すなわち、「人の氏名、

肖像等（以下，併せて「肖像等」という。）は，個人の人格の象徴であるから，当該個人は，人格権に由来するものとして，これをみだりに利用されない権利を有すると解される。……そして，肖像等は，商品の販売等を促進する顧客吸引力を有する場合があり，このような顧客吸引力を排他的に利用する権利（以下「パブリシティ権」という。）は，肖像等それ自体の商業的価値に基づくものであるから，上記の人格権に由来する権利の一内容を構成するものということができる。他方，肖像等に顧客吸引力を有する者は，社会の耳目を集めるなどして，その肖像等を時事報道，論説，創作物等に使用されることもあるのであって，その使用を正当な表現行為等として受忍すべき場合もあるというべきである。そうすると，肖像等を無断で使用する行為は，①肖像等それ自体を独立して鑑賞の対象となる商品等として使用し，②商品等の差別化を図る目的で肖像等を商品等に付し，③肖像等を商品等の広告として使用するなど，専ら肖像等の有する顧客吸引力の利用を目的とするといえる場合に，パブリシティ権を侵害するものとして，不法行為法上違法となると解するのが相当である。」。

(b) ところで，パブリシティ権を財産権の一種として構成する考え方もある（財産権説）。この財産権説では，肖像等が顧客吸引力を有し商業的価値をもつという点に着目して，パブリシティ権を物権類似の財産的権利であると構成するのである。

しかし，上記の最高裁判決によると，パブリシティ権は，肖像等の商業的価値に基づくものとしても，その肖像等は，個人の人格の象徴であり，人格権に由来しみだりに利用されない権利として保護されているのであり，そのため，肖像等のもつ商業的価値に基づくパブリシティ権についても，人格権に由来する権利の一内容を構成するものであり，人格権の一つであるとしている。すなわち，上記の最高裁判決は，パブリシティ権を人格権の一種として構成するという考え（人格権説）をとることを明らかにした。

(c) 次に，上記の最高裁判決によると，肖像等に顧客吸引力を有する者は，社会の耳目を集めることもあり，そこで，その肖像等が時事報道，論説，創作物等に使用されることもあり，そのような正当な表現行為等における肖像等の使用については，受忍しなければならず，そのため，肖像等を無断で使用する行為のうち，①肖像等それ自体を独立して鑑賞の対象となる商品等として使用

する場合，②商品等の差別化を図る目的で肖像等を商品等に付する場合，③肖像等を商品等の広告として使用する場合など，専ら肖像等の有する顧客吸引力を利用する目的であった場合に限って，パブリシティ権を侵害することになるとしている。

すなわち，上記の最高裁判決は，肖像等の無断使用行為のうち，「専ら」肖像等の有する顧客吸引力を利用する目的であった場合に限って，パブリシティ権を侵害するものであることを明らかにした。

(d) さらに，上記の最高裁判決における金築判事の補足意見によると，上記の①肖像等それ自体を独立して鑑賞の対象となる商品等として使用する場合とは，ブロマイド，グラビア写真などの場合であり，また，②商品等の差別化を図る目的で肖像等を商品等に付する場合とは，いわゆるキャラクター商品の場合であると明らかにしている。

(3) 物のパブリシティ権について

ところで，上記のパブリシティ権は，物，すなわち，物の名称や物の形状等について認められるか，すなわち，物の名称や物の形状等につき商品の販売等を促進するという顧客吸引力を有することがあるとして，物の所有者に，そのような顧客吸引力を排他的に利用する権利は認められるかが問題となる。

この点につき，競走馬の名称にパブリシティ権があるかが争われた事件について，最判平16・2・13は，「現行法上，物の名称の使用など，物の無体物としての面の利用に関しては，商標法，著作権法，不正競争防止法等の知的財産権関係の各法律が，一定の範囲の者に対し，一定の要件の下に排他的な使用権を付与し，その権利の保護を図っているが，その反面として，その使用権の付与が国民の経済活動や文化的活動の自由を過度に制約することのないようにするため，各法律は，それぞれの知的財産権の発生原因，内容，範囲，消滅原因等を定め，その排他的な使用権の及ぶ範囲，限界を明確にしている。上記各法律の趣旨，目的にかんがみると，競走馬の名称等が顧客吸引力を有するとしても，物の無体物としての面の利用の一態様である競走馬の名称等の使用につき，法令等の根拠もなく競走馬の所有者に対し排他的な使用権等を認めることは相当ではなく，また，競走馬の名称等の無断利用行為に関する不法行為の成否については，違法とされる行為の範囲，態様等が法令等により明確になっている

とはいえない現時点において、これを肯定することはできない。」と判示して、これを否定している（民集58巻2号311頁参照）。よって、物のパブリシティ権については、否定すべきものと考える。

〔3〕 パブリシティ権を被保全権利とする仮処分の可否

　パブリシティ権の定義、内容等については、上記の最判平24・2・2〔ピンクレディー事件〕が判示するとおりである。次に、パブリシティ権を被保全権利とする仮処分、すなわち、パブリシティ権に基づいて、その氏名・肖像を表示した商品の製造販売等を差し止めるという仮処分命令は認められるかが問題となる。これについては、パブリシティ権は仮処分の被保全権利となりうるか、また、仮処分の必要性は認められるかについて、検討しなければならない。

(1) パブリシティ権は仮処分の被保全権利となりうるか

　上記の最判平24・2・2〔ピンクレディー事件〕は、「肖像等は、商品の販売等を促進する顧客吸引力を有する場合があり、このような顧客吸引力を排他的に利用する権利（以下「パブリシティ権」という。）は、肖像等それ自体の商業的価値に基づくものであるから、上記の人格権に由来する権利の一内容を構成するものということができる。」と判示し、パブリシティ権を人格権に由来する権利の1つ、つまり、その法的権利性を認めるに至った。

　上記の最高裁の見解によると、パブリシティ権は人格権の一種であり、したがって、それが違法に侵害されようとする場合には、仮処分による救済を認めるのが相当であり、そのため、そのようなパブリシティ権も仮処分によって保護される権利、つまり、仮処分の被保全権利になりうるものと考える[1]。

　　＊1　この点について、パブリシティ権の侵害に対しては、通常、金銭的な塡補で損害の回復が可能であり、仮差押えの必要性は首肯できても、出版の差止め等を求めうる被保全権利になりうるかについては疑問があるとして、否定的にとらえる見解がある（須藤典明ほか『ＬＰ民事保全』〔3訂版〕181頁）。確かに、出版の差止め等については、表現の自由又は知る権利を侵害することになり、極めて限定的・謙抑的にとらえるべきである。しかし、パブリシティ権の侵害行為の場合、そのような行為は商品の販売等、財産権的側面が強いものであって、その点で、表現の自由又は知る権利との衝突は生じにくい傾向があり（判時1212号142頁の解説部分参照）、

そのため、一定の場合には、仮処分による事前差止めも可能になる。すなわち、パブリシティ権も事前差止めを得るまでの強い被保全権利性を有することになると考える。

(2) パブリシティ権を被保全権利とする仮処分につき、仮処分の必要性は認められるか

上記の最判平24・2・2〔ピンクレディー事件〕によると、肖像等に顧客吸引力を有する者も、正当な表現行為等における肖像等の使用については受忍しなければならず、そのため、肖像等を無断で使用する行為のうち、①肖像等それ自体を独立して鑑賞の対象となる商品等として使用する場合（例えば、ブロマイド、グラビアの場合）、②商品等の差別化を図る目的で肖像等を商品等に付する場合（例えば、キャラクター商品の場合）、③肖像等を商品等の広告として使用する場合など、専ら肖像等の有する顧客吸引力を利用する目的であった場合に限って、パブリシティ権を侵害し、不法行為法上違法になる旨を判示している。

すなわち、肖像等の無断使用行為のうち、上記の①ないし③の場合など、専ら肖像等の有する顧客吸引力を利用する目的であった場合には、パブリシティ権を侵害し、違法な不法行為に該当するのであり、しかも、パブリシティ権は人格権に由来する権利の一内容を構成するものであることも考慮するならば、上記のように違法な不法行為に該当するような場合には、人格権の一種であるパブリシティ権を保全するために、仮処分により肖像等の無断使用行為を事前に差し止める必要性も認められるものと考える。すなわち、上記のような場合に限って、仮処分の必要性が認められるものと解すべきである。

(3) パブリシティ権を被保全権利とする仮処分の可否

上記(1)及び(2)のように、パブリシティ権も仮処分による事前差止めを得るだけの被保全権利になりえ、しかも、肖像等の無断使用行為のうち専ら肖像等の有する顧客吸引力を利用する目的であった場合など、パブリシティ権の侵害により違法な不法行為にあたるような場合には、仮処分の必要性も認められ、よって、このような場合には、パブリシティ権を被保全権利とする仮処分、すなわち、パブリシティ権に基づいて、その氏名・肖像を表示した商品の製造販売等を差し止めるという仮処分命令も認められるものと考える。

そして、そのような場合の仮処分命令の主文は、例えば、次のようなものと

なる（東京地決昭61・10・6判時1212号142頁参照）。この場合の主文第2項は，仮処分の効力を確実にするため，違反商品について，債務者の占有を取り上げて，執行官保管を命ずる場合である。

一　債務者は，別紙商品目録記載の各商品を製造し又は販売してはならない。

二　東京都渋谷区○○○町○丁目○番○号所在のスタジオ○○における別紙商品目録記載の商品に対する債務者の占有を解き，東京地方裁判所執行官にその保管を命ずる。

（別紙）

商　品　目　録

債権者A，同B，同C，同Dのいずれかの氏名又は肖像を表示した下記の商品
記
1　テレホンカード
2　きんちゃく
3　下　　敷
4　う　ち　わ
5　額縁パネル
6　財　　布
7　キーホルダー（ゴム印付）
8　名　　札
9　名　　詞
10　ステッカー
11　はちまき
12　バ　ッ　チ

［井手　良彦］

Q29 | 抵当権実行禁止等の仮処分

　Y会社は，物上保証人X所有の土地・建物について抵当権を設定した上，Zに対し，800万円を貸し付けたが，支払期日にその弁済がなかったため，上記土地・建物について担保権実行としての競売の申立てをし，その開始決定を得た。これに対して，Xは，ZのY会社に対する上記貸金債務について物上保証したことはないし，Xが仕事の関係で長期にわたって外国に滞在している間，妻Aに預けておいた実印をAの兄Zが無断で持ち出し，Xの知らない間に抵当権が設定されたと主張して，Y会社に対し，所有権に基づいて，抵当権設定登記抹消登記手続を求める訴えを提起すべく準備中である。
(1)　Xは，上記土地・建物について不動産競売手続を停止する旨の仮処分命令の発令を得ることができるか。
(2)　Y会社が第三者に上記抵当権を譲渡するおそれがある場合，Xは，どのような仮処分命令の申立てをすることができるか。

A

〔1〕　はじめに

　本問における小問(1)の場合，X所有の土地・建物に設定された抵当権に基づき，その実行として競売申立てがなされ，その開始決定も発令されている場合に，当該土地・建物の所有者であるXが，抵当権者のY会社に対して，抵当権の不存在を主張し，所有権に基づく抵当権設定登記抹消登記手続を求める訴えを準備中であるとして，抵当権実行による不動産競売手続を停止する旨の仮処分命令を請求しており，このような仮処分命令が認められるかが問題となる。
　また，本問における小問(2)の場合は，抵当権者のY会社が抵当権を第三者に譲渡するおそれがあるとして，抵当不動産の所有者であるXが，そのようなY

会社の処分を禁止する旨の仮処分命令を請求することができるかが問題となっている。

以下，順次，検討する。

〔2〕 抵当権実行による不動産競売手続を停止する旨の仮処分

(1) 抵当権実行による不動産競売手続を停止する旨の仮処分の可否

本問における小問(1)では，抵当権実行による不動産競売手続を停止する旨の仮処分命令，すなわち，抵当権実行の禁止を求める仮処分あるいは不動産競売手続の停止を求める仮処分の可否が問題となっている。

このうち抵当権実行の禁止を求める仮処分（以下「抵当権実行禁止の仮処分」という）とは，抵当権実行の前後を問わず，抵当権の設定された不動産について，抵当権実行の禁止を求める仮処分であり，また，不動産競売手続の停止を求める仮処分（以下「競売手続停止の仮処分」という）とは，担保権の設定された不動産について，担保権実行として開始された競売手続の停止を求める仮処分である[1]。これらの仮処分は，抵当権等担保権の設定された不動産の所有者が，①抵当権等の担保権設定契約の不存在又は無効を主張して，あるいは，②被担保債権の不発生又は消滅を主張して，抵当権実行の禁止や競売手続の停止を求めるものである。

ところで，民事執行法は，その法律の中に執行停止の裁判等違法執行に対する救済手段を設けている[2]。そこで，そのような民事執行法における救済手段とは別個に，上記のように，仮処分によって抵当権実行を禁止したり，競売手続を停止したりするなど，民事保全による救済方法を肯定しうるかが問題になるのである。

この問題については，肯定すべきである。すなわち，抵当権実行による不動産競売手続が開始されている場合に，仮処分による抵当権実行の禁止や競売手続の停止を認めるべきである[3]。

なぜならば，①抵当権者が抵当権の実行として不動産の競売を申し立てた場合に（民執181条），債務者に金銭を借用していないとか，借用したが返済したとか，抵当権設定契約を締結していないとかの言い分があっても，また，本問

のように物上保証人に抵当権設定契約を締結していないなどの言い分があっても，上記の競売手続は債務名義に基づくものでないので，請求異議の訴え（民執35条）を提起することはできず，そのため，競売手続一時停止の仮の処分（民執36条）を求めることができない。つまり，抵当権の実行の場合には，民事執行法36条の方法によって競売手続を停止できないので，上記のような言い分のある債務者等を保護するために，仮処分による抵当権実行の禁止や競売手続の停止を認める必要がある。さらに，②民事執行法においても，抵当不動産の所有者が，競売手続外の判決手続において，抵当権の存在を争ったり，抵当権登記の抹消手続を求めたりすることを予定しており（民執183条1項1号・2号），そのため，民事執行法における仮の救済手段だけでなく，これらの判決手続を本案訴訟とする仮の救済方法として，仮処分による抵当権実行の禁止（民執183条1項7号）や競売手続の停止を予定しているものと解しうる（須藤典明ほか『LP民事保全』〔3訂版〕166頁参照）。しかも，③実務においては，民事保全法制定前から，抵当権不存在確認請求や抵当権設定登記抹消登記手続請求を本案とする仮処分によって抵当権の実行を禁止したり，競売手続を停止したりしており（大判明43・2・17民録16輯104頁参照），このような取扱いが定着していた。そのため，民事保全法制定後も同様に取り扱うべきだからである。

* 1 このような抵当権実行禁止の仮処分や競売手続停止の仮処分は，不作為を命じる仮処分（民保24条）の1つである。また，債権者と債務者間の権利関係に争いがあるために，債権者に生ずる著しい損害又は急迫の危険を避けるため，本案判決が確定するまでの暫定的な措置を定めるものであるから，仮の地位を定める仮処分（民保23条2項）の1つでもある。

* 2 民事執行法182条は，担保不動産競売（民執180条1号）の開始決定に対し，担保権の不存在又は消滅を理由として執行異議の申立て（民執188条・45条3項・11条1項）を，また，担保不動産収益執行（民執180条2号）の開始決定に対し，担保権の不存在又は消滅を理由として執行抗告の申立て（民執188条・93条5項・10条1項）をそれぞれすることを認めた。このような申立てがある場合には，執行裁判所は仮の処分として執行停止の裁判をすることができる（民執10条6項・11条2項）。さらに，民事執行法は，任意競売に対して第三者異議の訴え（民執38条）の準用を認めており（民執194条），この第三者異議の訴えが提起された場合にも執行停止を利用できる（民執38条1項・4項・36条）。このように，民事執行法によれ

ば，（担保不動産競売開始決定に対する）執行異議又は（担保不動産収益執行開始決定に対する）執行抗告ないしは第三者異議が申し立てられた場合に執行停止の制度を利用できることになる。

＊3　その一方で，債務名義に基づく強制執行については，民事保全法による仮処分命令によって停止できないと考えるべきである。すなわち，債務名義に基づく強制執行には，民事保全による仮の救済は認められない。なぜならば，民事執行法には，請求異議の訴え等を前提とする執行停止の裁判（民執36条）という仮の処分が用意されており，そのような方法をとるべきであって，民事保全による仮の救済を認める必要がないからである。

(2) 抵当権実行禁止又は競売手続停止の仮処分における被保全権利

本問のように，抵当物件の所有者が，抵当権実行禁止又は競売手続停止の仮処分を申し立てる場合，その被保全権利の典型的なものは，抵当物件の所有権に基づく物権的請求権である。すなわち，①抵当物件の所有者が，抵当権設定契約の不存在又は無効を主張し，実体的には存在しないのに登記済みの抵当権によって抵当権実行のおそれがあると主張する場合は，上記の仮処分の被保全権利は，物権的請求権としての競売手続開始の禁止や続行の停止を求める請求権及び抵当権設定登記抹消登記手続請求権である。また，②抵当物件の所有者が，被担保債権の不存在又は弁済等による消滅を主張し，附従性によって抵当権も不存在又は消滅したと主張する場合は，上記の仮処分の被保全権利は，物権的請求権としての競売手続開始の禁止や続行の停止を求める請求権及び抵当権設定登記抹消登記手続請求権である。なお，②の場合は，抵当権には不可分性があるので，弁済等による被担保債権の消滅については，全部消滅していなければならない。そうでなければ，抵当権は全部消滅しないからである。また，根抵当権の場合は，附従性が緩和されており，被担保債権がゼロというだけでなく，そのゼロが確定している必要がある。

本問の場合も，抵当不動産の所有者であるXが，抵当権者Y会社の抵当権の不存在を主張し，所有権に基づく抵当権設定登記抹消登記手続を求める訴えを準備中であるとして，抵当権実行による競売手続を停止する旨の仮処分命令を請求しており，上記①の場合のように，所有権に基づく物権的請求権としての競売手続停止を求める請求権及び抵当権設定登記抹消登記手続請求権を有するものとして，被保全権利の要件を充足するものと解せられる。

(3) 抵当権実行禁止又は競売手続停止の仮処分における保全の必要性

本問のような，抵当権実行禁止又は競売手続停止の仮処分は，「仮の地位を定める仮処分命令」の１つであるから，「争いがある権利関係について債権者に生ずる著しい損害又は急迫の危険を避けるため」に必要な場合に認められる（民保23条２項）。そして，仮の地位を定める仮処分における保全の必要性とは，一般に，債権者と債務者との間に未解決の権利関係の争いがあるため，債権者に著しい損害や急迫の危険が発生するおそれがあり，よって，それを避けるために，暫定的な法的地位を形成して，本案判決確定までこれを維持し，又は実現しなければならない状況のことであるといわれている。

このうち「急迫の危険」は，実力による侵害がある場合に生じうるものである。そのため，抵当権実行禁止又は競売手続停止の仮処分の可否が問題になる場合に生じうるのは，「債権者に生じる著しい損害」であって，このような債権者の著しい損害とは，抵当不動産が競売手続によって売却され，抵当不動産の所有者がその所有権を失ってしまうことである。そして，抵当権実行禁止又は競売手続停止の仮処分の可否が問題になる場合において，抵当権者が抵当権実行としての競売を申し立てたり，その開始決定の発令があったりした場合には，原則として，抵当不動産が競売手続によって売却され，抵当不動産の所有者がその所有権を失うおそれがあるものと考えられ，つまり，「債権者に生じる著しい損害」を認めることができ，したがって，保全の必要性を認定することができる。

本問の場合も，抵当権者Ｙ会社は，債務者Ｚが貸金債務を履行しないとして物上保証人Ｘ所有の土地・建物について，抵当権実行として競売の申立てを行い，その開始決定を得ており，抵当不動産が競売手続によって売却され，抵当不動産の所有者Ｘがその所有権を失うおそれがあるものと評価でき，よって，「債権者に生じる著しい損害」を認めることができる。したがって，Ｘに保全の必要性を認定することができる。

(4) 抵当権実行禁止又は競売手続停止の仮処分についての審理等

(a) 抵当権実行禁止又は競売手続停止の仮処分申立ての時間的限界

抵当権実行による競売，つまり，任意競売の売却決定期日が終了するまでに，執行裁判所に抵当権実行禁止又は競売手続停止の仮処分命令謄本を提出すれば，

当該任意競売手続は停止する。しかし，売却許可決定期日が終了した後に提出した場合には，売却許可決定が取り消された場合とか売却代金不納付により売却許可決定が失効した場合などの例外的な場合を除いて，競売手続は停止しない（民執188条・72条1項・2項）。

よって，抵当権実行禁止又は競売手続停止の仮処分命令によって，競売手続を停止させようとすれば，任意競売の売却決定期日終了前に，上記のような仮処分命令謄本の交付を受けて執行裁判所に提出しなければならない。

そのため，抵当権実行禁止又は競売手続停止の仮処分の申立ては，上記の点に十分に留意して行う必要がある。さらには，そのような仮処分についての審理も，競売手続の進行状況によく留意して行わなくてはならない。

(b) 管轄裁判所

仮処分命令事件の管轄は，①本案訴訟が係属している場合には，それが第一審裁判所であれば，第一審裁判所に，それが控訴審であれば，控訴審裁判所にある。②本案訴訟が係属していない場合は，将来管轄裁判所となるべき裁判所，又は係争地の所在地を管轄する地方裁判所が管轄裁判所となり，債権者は，そのいずれかを選択して，仮処分命令事件を申し立てることができる（民保12条1項・3項）。

(c) 審　理

抵当権実行禁止又は競売手続停止の仮処分は，仮の地位を定める仮処分命令の1つであり，密行性とか緊急性に乏しく，また，発令があると，債務者に多大の影響を及ぼすので，口頭弁論又は債務者の立会いが可能な審尋を経て発令される（民保23条4項本文）*4。

なお，実務において，売却決定期日の直前になって，抵当権実行禁止又は競売手続停止の仮処分が申し立てられる場合がある。このような場合にも，競売開始決定から売却決定期日までは相当の期間があり，かつ，債権者も競売開始決定の送達によりその競売が開始されたことを知りえたはずであるから，そのような緊急事態を生じさせたのは，主に債権者に原因があるものと考えられる。そのため，このような場合にも，原則として，売却決定期日が切迫していることのみをもって債務者審尋を省略することは相当でない。

債務者審尋期日において，債務者は，抵当権設定契約及び被担保債権の発生

原因事実について疎明し，債権者の主張する抵当権又は被担保債権についての不発生原因事実，取消原因事実，消滅原因事実などについて，反論，反証しなければならない。

　　＊4　ただし，実務においては，迅速処理を図るため，債務者審尋が利用されており，口頭弁論を開くことは稀である。

(d) 裁　　判

抵当権実行禁止又は競売手続停止の仮処分命令の主文については，

①

　　債務者の申立てによる別紙物権目録の不動産に対する〇〇地方裁判所平成〇〇年(ケ)第〇〇〇号不動産競売手続は，停止する。

とするものと，

②

　　債務者は，別紙物権目録記載の不動産について，別紙抵当権目録記載の抵当権の実行をしてはならない。

とするものと，③上記①と②の主文を併用するものが考えられる。

　債務者（抵当権者）が抵当権実行として競売を申し立てる前の場合は，②の主文を用いることになる。

　債務者（抵当権者）が抵当権実行として競売を申し立てた後の場合は，早急に停止を求められた競売事件を特定し停止するかどうかを判断しなければならず，そのように停止を求められた競売事件を早急に特定しうるという点で，①か③の主文が相当である。

　そして，債務者（抵当権者）がいったん競売事件を取り下げ，再度競売の申立てをした場合には，①の主文では，仮処分の効力が再度申立ての競売事件に及ばないことになり，よって，そのような取下げ，再度申立ての事態が想定される場合には，③の主文を用いるべきであるとする見解がある。しかし，実際には，そのように競売事件をいったん取り下げ再度申し立てるような場合は少なく，よって，①の主文で足りるものと考える。

　そこで，本問の場合は，上記(2)のように，抵当不動産の所有者Xが，所有権

に基づく物権的請求権としての競売手続停止を求める請求権及び抵当権設定登記抹消登記手続請求権を有しており，被保全権利の要件を充足し，また，上記(3)のように，抵当不動産の所有者Xが，その所有権を失うおそれがあり，よって，「債権者に生じる著しい損害」を認めることができ，保全の必要性の要件も充足するものと解せられる。そのため，Xは，債務者であるY会社の審尋を経た上で，上記①の主文による抵当権実行禁止又は競売手続停止の仮処分命令の発令を得ることができる。

(5) 抵当権実行禁止又は競売手続停止の仮処分による停止の手続

抵当権実行禁止又は競売手続停止の仮処分命令は，民事執行法183条1項7号の手続停止文書である。よって，債権者が執行裁判所にこの仮処分命令謄本を提出した場合には，競売開始決定前であれば，競売申立てが却下され，他方，競売開始決定後であれば，競売手続が停止される。

本問の場合も，Xが，抵当権実行禁止又は競売手続停止の仮処分の発令を得て，その仮処分命令謄本を執行裁判所に提出した場合には，X所有不動産についての抵当権実行による競売手続は停止されることになる。

なお，競売手続が競合している場合（二重開始決定の場合）には，そのうちの1つに抵当権実行禁止又は競売手続停止の仮処分を得ても，残りの競売手続を停止させることはできない*5。競売手続を停止させるためには，すべての競売手続について抵当権実行禁止又は競売手続停止の仮処分を得ていなければならない。

  *5 ただし，停止しなかった競売手続における配当において債務者（仮処分債務者）の配当等の額に相当する金銭は供託されることになる（民執91条1項3号・4号）。

〔3〕 抵当権の処分禁止の仮処分

本問における小問(2)の場合は，抵当権者のY会社が抵当権を第三者に譲渡するおそれがあるとして，抵当権の処分禁止の仮処分についての成否が問題になっている。

(1) 抵当権の処分禁止の仮処分の可否

抵当物件の所有者（借主，物上保証人など）が，抵当権設定契約の不存在又は無効を主張したり，被担保債権の不存在又は弁済等による消滅，よって，附従

性により抵当権も不存在又は消滅したと主張したりして，実体的には存在しないのに登記済みの抵当権があるとし，所有権に基づく物権的請求権により抵当権設定登記抹消登記手続請求訴訟を提起した場合などに，その抵当権が譲渡されると，たとえ抵当権実行禁止の仮処分が発令されていたとしてもその仮処分の効力は譲受人に及ばず，そこで，上記訴訟の勝訴（確定）判決の効力も譲受人に及ばず，したがって，抵当物件の所有者は，さらに当該譲受人に対して訴えを提起しなければならなくなる。しかも，抵当権が譲渡されると，善意の抵当権の譲受人に対し抵当権設定契約の無効等を主張できなくなる場合も生じる。このように，抵当権が譲渡されると，抵当物件の所有者に不利益をもたらす場合がある。そこで，そのような場合には，当事者を恒定するため，不動産の処分禁止の仮処分に準じて，抵当権の処分禁止の仮処分を認めるべきである。

そして，このような抵当権の処分禁止の仮処分は，係争物に関する仮処分命令の1つであり（民保23条1項），その執行は，登記嘱託によって行うことになる（民保53条1項）。

なお，このような抵当権の処分禁止の仮処分については，債権者が，上記〔2〕のような抵当権実行の禁止や競売手続の停止の仮処分を申し立てる際に，同時に申し立てる場合がある。しかし，抵当権の処分禁止の仮処分の申立ては，原則として，抵当権実行の禁止や競売手続の停止の仮処分の申立てとは別個の申立てとすべきである。なぜならば，抵当権の処分禁止の仮処分は係争物に関する仮処分命令の1つであり，他方，抵当権実行の禁止や競売手続の停止の仮処分は，仮の地位を定める仮処分命令の1つであって，口頭弁論又は債務者が立ち会うことができる審尋期日を経なければ発令することができず（民保23条4項），その性質や手続が異なっているからである。したがって，同時の申立ての場合であっても，原則として，申立書は別個としなければならず，申立ての手数料（民訴費3条1項別表第1の11項の2ロ）についても，申立書ごとに納付しなければならない。

(2) 抵当権の処分禁止の仮処分における被保全権利

抵当物件の所有者（借主，物上保証人など）が，上記のような抵当権の処分禁止の仮処分を申し立てる場合，その被保全権利の典型的なものは，抵当物件の所有権に基づく物権的請求権である。すなわち，抵当物件の所有者が，抵当権

設定契約の不存在又は無効を主張したり，被担保債権の不存在又は弁済等による消滅，よって，附従性により抵当権も不存在又は消滅したと主張したりして，実体的には存在しないのに登記済みの抵当権があるとし，これが他に処分されるおそれがあると主張する場合は，抵当権の処分禁止の仮処分における被保全権利は，所有権に基づく物権的請求権としての抵当権処分禁止請求権及び抵当権設定登記抹消登記手続請求権となる。

(3) 抵当権の処分禁止の仮処分における保全の必要性

上記のように抵当権の処分禁止の仮処分は，係争物に関する仮処分命令の1つである。そして，係争物に関する仮処分命令についての保全の必要性は，一般的には，係争中の特定物又は権利につき，仮処分債務者による現状変更によって，仮処分債権者が勝訴（確定）判決を得て執行手続により権利実現を図ろうとしても，その実現が法律上又は事実上，不能又は著しく困難になるというおそれがある場合に認められることになる（民保23条1項）。

そして，上記(1)のように，抵当権の譲渡により抵当物件の所有者に不利益をもたらす場合には，そのような譲渡によって，仮処分債権者（抵当物件の所有者）が勝訴（確定）判決を得て執行手続により権利実現を図ろうとしても，その実現が不能又は著しく困難になる場合にあたり，抵当権の処分禁止の仮処分における保全の必要性を肯定しうるものと考える。

(4) 抵当権の処分禁止の仮処分における主文

抵当権の処分禁止の仮処分命令における主文は，

> 債務者は，別紙物件目録記載の不動産に設定した別紙登記目録記載の抵当権の譲渡その他一切の処分をしてはならない。

となる。

上記の登記目録には，抵当権を設定した年月日，被担保債権の発生年月日，金額，弁済期等を記載する。

そして，このような主文による抵当権の処分禁止の仮処分の執行は，登記嘱託によって行い，抵当権の登記に，付記登記によって抵当権の譲渡その他一切の処分の禁止を記入することになる。このような登記をするために，債権者は

登録免許税法9条別表第1の1項(14)による印紙を納付しなければならない。

(5) 本問の場合

　本問の場合に，抵当物件の所有者Xが，抵当権者であるY会社に対し，所有権に基づき抵当権設定登記抹消登記手続請求訴訟を提起していても，Y会社が第三者に上記抵当権を譲渡してしまえば，Y会社に対する勝訴（確定）判決の効力はその第三者に及ばず，そのため，Xは，さらに第三者に対して訴えを提起しなければならなくなる。たとえ，XがY会社に対して抵当権実行禁止又は競売手続停止の仮処分の発令を受けていたとしても，その結論に変わりはない。そこで，本問の場合についても，当事者を恒定するため，不動産の処分禁止の仮処分に準じて，Xに対して抵当権の処分禁止の仮処分を認めるべきである。

〔井手　良彦〕

Q30 | 仮処分の競合

Xは，係争山林（甲山林）について，Yを債務者とする下記の仮処分命令の発令を得，その命令がYに送達されてその効力が生じた（第1次仮処分）。
1　Yは，甲山林に立ち入り，かつ，立木を伐採してはならない。
2　Yは，甲山林の立木について，Xのする伐採，搬出等を阻止又は妨害してはならない。

これに対して，Yは，甲山林について，Xを債務者とする下記の仮処分命令の発令を得，この命令の執行がされた（第2次仮処分）。
1　甲山林に対するXの占有を解き，○○地方裁判所執行官の保管に付する。
2　Xは，甲山林に立ち入り，立木を伐採又は搬出してはならない。
3　執行官は，上記執行を公示するため適当な措置をとらなければならない。

そこで，Xは，第2次仮処分命令に対し，保全異議の申立てをするとともに，保全執行停止の申立てをした。
この場合，上記仮処分の競合・抵触はどのように帰結するか。

A

〔1〕　仮処分命令の競合，抵触

　仮処分命令においては，保全すべき権利（被保全権利）が金銭債権に限らず，物の引渡し，給付債権，作為・不作為債権，物権的請求権等あらゆる請求権が含まれ，また，保全を必要とする事情（保全の必要性）もさまざまである上に，命令の内容も，目的を達成するために裁判所の裁量によって定められる（民保24条）ので多種多様であることから，時として，同一の係争物又は係争法律関

係について発令された複数の仮処分命令が内容的に互いに矛盾や抵触するのではないかが問題となる場合が生じる。そのうち，複数の仮処分命令が矛盾なく併存することができる状態を競合といい，複数の仮処分命令の間に矛盾が存在し，両立することができない場合を抵触という。

複数の仮処分命令の間における競合・抵触を検討する場合においては，どのような場合に抵触にあたるのか，すなわち，何を基準に抵触にあたるかどうかを判断するかということと（抵触の判断基準），抵触する仮処分命令の効力をどのように解するかということ（抵触する仮処分の効力）が問題となる。なお，仮処分命令の競合，抵触が問題となるケースとして，同一の当事者間における場合と異なる仮処分債権者から同一の仮処分債務者に対する場合があるが，設問との関係から，前者（同一の当事者間における仮処分命令の競合，抵触）についてのみを検討する。

〔2〕 抵触の判断基準

(1) 判定の対象

仮処分命令は，裁判所が，被保全権利と保全の必要性を認容したときに，申立ての目的を達するために必要かつ合理的と考える処分を選択し，主文に記載して発令するものであり（民保24条），仮処分命令の内容は主文に表示されており，仮処分命令の効力は主文にのみ生ずる。複数の仮処分命令の間に抵触があるかどうかは，双方の仮処分命令の主文の内容を客観的に観察し，比較することによって判断すべきであり，被保全権利や保全の必要性を対比の対象とすべきではないとされる（上村明広「仮処分の抵触」山崎潮編『民事保全の基礎知識』138頁，丹野達『民事保全手続の実務』332頁，野村秀敏「仮処分・強制執行等の競合と抵触」同『民事保全法研究』157頁（初出：竹下守夫＝藤田耕三編『注解民事保全法(下)』189頁））。

(2) 判断の基準

(a) 不作為を命じる仮処分命令における2つの類型

不作為を命じる仮処分命令には，仮処分債権者の行動と無関係に仮処分債務者が一定の積極的行為をしないことが求められる類型（消極的な保全機能をもつにすぎないもの。禁止命令型）と，仮処分債権者の一定の権利ないし法律上の地位が暫定的に定められ，仮処分債務者が認容・甘受すべきことが求められる類型

(積極的な設定的機能をもつもの。耐忍命令型）とがある（山崎潮監修＝瀬木比呂志編集代表『注釈民事保全法(下)』160頁〔山崎潮〕，上村明広・前掲書138頁，尾形滋「不作為を命ずる仮処分」丹野達＝青山善充編『裁判実務大系(4)保全訴訟法』328頁など）。前者の類型の仮処分命令においては，係争物の現状を維持するために，単に仮処分債務者に対する不作為義務が形成されるにすぎないのに対し，後者の類型の仮処分命令においては，仮処分債権者について係争物に対する一定の権利ないし法律上の地位が暫定的に形成され，それとともに，仮処分債務者がそれを認容・甘受すべき義務が暫定的に設定されるものである。

同一当事者間における仮処分命令の競合・抵触を判断する場合には，両仮処分命令がいずれの類型に属するものであるのかを確定することが必要であり，一般的には，第1次仮処分命令として前者の類型の仮処分命令が発令された場合は，第2次仮処分命令は第1次仮処分命令に抵触しないが，第1次仮処分命令として後者の類型の仮処分命令が発令された場合には，第2次仮処分命令につき多くは仮処分命令の抵触を生じるといわれる（村松俊夫「仮処分の競合」吉川大二郎博士還暦記念『保全処分の体系(下)』738頁，井上治典「仮処分の競合(2)——債権者・債務者間」丹野達＝青山善充編『裁判実務大系(4)民事保全法』590頁）。

(b)　占有移転禁止仮処分の競合，抵触

例えば，甲の乙に対する「乙は係争土地に立ち入ってはならない。」という第1次仮処分命令に対し，乙の甲に対する「甲は係争土地に立入ってはならない。」という第2次仮処分命令の申立ては，内容的に抵触するものではなく，競合して併存することになる（中村修三「仮処分命令および仮処分執行の競合と抵触」村松俊夫裁判官還暦記念論文集『仮処分の研究（上巻）総論』221頁，山崎潮監修＝瀬木比呂志編集代表・前掲書162頁〔山崎潮〕，野村秀敏・前掲書157頁，上村明広・前掲書138頁，瀬木比呂志『民事保全法』〔第3版〕570頁）。第1次仮処分命令は，係争土地の占有使用権を暫定的にせよ誰に設定するかについては触れることなく，単に乙に対して係争土地への立入禁止という不作為義務を形成するにすぎず，第2次仮処分命令においても同様である。両仮処分命令によって，甲も乙も係争土地に立ち入ることが禁止され，係争土地への立入りについては，いわば空白状態が形成されるだけであり，内容的には矛盾なく両立して実現が可能なものであるからである。

(c) 妨害禁止仮処分の競合，抵触

例えば，甲の乙に対する「乙は係争土地に立ち入ってはならない。乙は甲が係争土地を占有使用するのを妨害してはならない。」という第1次仮処分命令に対し，乙の甲に対する「甲は係争土地に立入ってはならない。」という第2次仮処分命令の申立ては，第1次仮処分命令に抵触することになる。第1次仮処分命令である妨害禁止の仮処分命令は，乙に対して実力による妨害という事実行為をすることの禁止を命じる，すなわち，乙に一定の積極的行為をしないということが命じられ，乙の不作為義務が形成されるだけではなく，甲の係争土地を占有使用する権利ないし法律上の地位が暫定的に設定されており，これを乙は認容・甘受すべき義務も暫定的に設定されているところ，第2次仮処分命令により甲の係争土地への立入りを禁止されるということは，第1次仮処分命令による甲の占有使用が妨げられ，甲の権利ないし法律上の地位が設定された第1次仮処分命令と矛盾することになるからである（中村修三・前掲書221頁，上村明広・前掲書138頁，野村秀敏・前掲書157頁，瀬木比呂志・前掲書570頁）。

逆に，甲の乙に対する「乙は係争土地に立入ってはならない。」という第1次仮処分命令に対し，乙の甲に対する「甲は係争土地に立ち入ってはならない。甲は乙が係争土地を占有使用するのを妨害してはならない。」という第2次仮処分命令の申立ての場合であっても，第2次仮処分命令のうち，甲に対して乙の係争土地への占有使用の妨害禁止を命じる部分は，乙の係争土地を占有使用する権利ないし法律上の地位を定めるものであるから，第1次仮処分命令の内容と抵触することになる（瀬木比呂志・前掲書570頁，上村明広・前掲書138頁，野村秀敏・前掲書157頁，山崎潮監修＝瀬木比呂志編集代表・前掲書161頁〔山崎潮〕）。

〔3〕 抵触する仮処分命令の効力

同一の当事者間において抵触する仮処分命令（第2次仮処分命令）が発令された場合，後行の第2次仮処分命令の効力をどのように解するかについては，第2次仮処分命令が違法となるのか（命令違法説），それとも，第2次仮処分命令は適法であり，執行の段階で先行の仮処分命令（第1次仮処分命令）の内容により制約を受けるにとどまるのか（命令適法説），という点について考え方が分かれている。

反対仮処分命令，すなわち，第1次仮処分によって生じている仮処分命令の効力を廃止，変更したり，執行の結果を排除するような第2次仮処分命令が違法であることについては争いはない（丹野達・前掲書331頁，井上治典・前掲書590頁，野村秀敏・前掲書157頁，山崎潮監修＝瀬木比呂志編集代表・前掲書161頁〔山崎潮〕，瀬木比呂志・前掲書569頁）。反対仮処分命令を認めると法定の不服申立方法をみだすことになるからである。

(1) **命令違法説**

第2次仮処分命令は違法であり，執行も違法であるとする。内容が抵触する第2次仮処分命令は，実質的には反対仮処分命令と同じであることを理由とする。

本説によれば，第2次仮処分命令は，申立て及び命令自体が違法となるから，申立てを不適法として却下すべきである。看過して発令された仮処分命令も取消しの対象になる。第1次仮処分債権者は，保全異議の申立て（民保26条）等により，第2次仮処分命令の取消しを求めることができる。仮に第2次仮処分命令が第1次仮処分命令より先に執行されたとしても，第2次仮処分命令は取消しの対象になるから，違法な第2次仮処分命令を取り消し，執行の取消しを求めることになる。

(2) **命令適法説（執行違法説）**

内容が抵触する第2次仮処分命令は，申立ても命令も適法であり，ただ第1次仮処分命令の効力ないし執行により妨げられる限度で本来の効力を発揮しえないにすぎないとする。①保全命令手続を貫く理念である債権者・債務者の利害の均衡をはかるべき見地からいって，第2次仮処分債権者の立場を第1次仮処分命令の効力を害しない程度において顧慮すべきであること，②第2次仮処分命令は直接的に第1次仮処分命令を取り消す内容のものと異なり，第1次仮処分命令の執行を当然に除却するものではないので，両裁判の併存を認めてその間の理論的調整を図るほうが仮処分命令の暫定的性格に沿うこと，③すでに第2次仮処分命令が発令された以上，当然無効とすることはできないから，取り消されない限り両仮処分命令は併存し，第2次仮処分命令の執行が先になることも起こるが，それは適法であると解さざるを得ないことを理由とする。

本説によると，第2次仮処分命令は，執行を要しない仮処分命令であれば効力を生じず，執行を要する仮処分命令であれば執行ができないことになる。ただ，第2次仮処分命令後に第1次仮処分命令が取り消された場合には，第2次仮処分命令は，執行を要しないものであれば，発令時に遡って効力を生じるし，執行を要するものであれば直ちに執行をすることができることになる。

(3) 両説の検討

命令適法説（執行違法説）は，反対仮処分命令の違法性は認めながらも，実質上それに類似した内容抵触の第2次仮処分命令については，反対仮処分命令とは取扱いを異にするものである。しかし，第2次仮処分命令の目的が，直接には第1次仮処分命令によって生じている効力を廃止，変更したり，執行の結果を排除することに向けられていない場合であっても，内容抵触の第2次仮処分命令を認めることは，実質的には同じ結果となる。仮処分債務者には法定の不服申立方法が認められているのであるから，それによらずに第1次仮処分命令の効力と抵触するような第2次仮処分命令を求めることは，それ自体が違法と考えるべきである（命令違法説）（中村修三・前掲書221頁，丹野達・前掲書334頁，山崎潮監修＝瀬木比呂志編集代表・前掲書161頁〔山崎潮〕，野村秀敏・前掲書157頁，上村明広・前掲書138頁，瀬木比呂志・前掲書570頁）。

〔4〕 設問の検討

XのYに対する，係争山林への立入り，立木の伐採禁止及びXの立木伐採，搬出妨害禁止の第1次仮処分命令により，Xの係争山林への立入り，立木伐採，搬出行為をする権利ないし法律上の地位が暫定的にせよ設定され，Yにはこれを認容・甘受すべき義務が形成されることになる。Yが，そのような内容を有する第1次仮処分命令を前提として，Xに対し，山林の執行官保管，立木伐採，搬出禁止の第2次仮処分命令をを求めることは，第1次仮処分命令によって設定されたXの権利ないし法律上の地位を奪う結果となる。Yの第2次仮処分命令は，第1次仮処分命令に抵触するものであり，命令違法説による限り，申立てが違法であり，却下されなければならないことになる。

〔増田　輝夫〕

Q31 | 手形の取立て・支払停止の仮処分

手形を騙し取られた場合，その手形の支払を受けることを禁止する（支払銀行に対して手形金を支払ってはならないという命令を付加した）仮処分命令の申立てをすることができるか。

A

〔1〕 はじめに

手形を騙し取られた場合，これを放置し当該手形が善意の第三者に譲渡されてしまうと，手形振出人は，当該第三者に対して詐欺による取消しを対抗することができないので，手形振出人は当該第三者に対して手形の返還を求めることができず，手形金を支払わなければならないことになる（手17条・77条）。このような事態を避けるため，手形振出人が当該手形を騙し取られたとして，支払場所である銀行に支払委託を撤回することが考えられるが，支払委託を撤回すると，銀行から手形交換所に不渡届が提出され，これに対して異議申立てを行うには，手形金相当額を異議申立提供金として銀行に預託しなければならない。

そこで，このような場合，手形振出人としては支払銀行に支払委託を撤回せず，手形の支払を未然に差し止める効果のある仮処分を申請したいところであるが，どのような種類の仮処分の申立てができるだろうか。

〔2〕 仮処分の被担保債権

手形を騙し取られた場合，手形振出人は，直接の手形当事者に対しては，詐欺を理由に当該手形の振出の意思表示を取り消し（民96条1項），手形の返還を請求する権利を有する。また，振出人を害することを知って当該手形を取得した被裏書人に対しては，詐欺による取消しを対抗することができる（手17条但

書）ので，同様に手形の返還を請求する権利を有する。そして，手形債務者が債務を免れるためには，手形金請求訴訟において抗弁を主張立証しなければならないので，この煩雑な手続を避けるためと，手形が善意の第三者に譲渡されて抗弁が切断されるのを防止するために，振出人は，所持者に対し，手形の返還請求権を有すると解されている（上柳克郎「手形行為の取消」『新商法演習3』57頁）。

〔3〕 仮処分の種類

(1) 執行官保管の占有移転禁止の仮処分

前述した手形返還請求権という被保全権利の法的性質からすると，まず，手形が転々流通することを阻止するため，執行官保管の占有移転禁止の仮処分が考えられる。しかし，この仮処分の執行については，執行官が強制的に手形の所在を探索することは容易でなく，手形所持人である債務者が任意に手形を提出しない限り，実際上の効果は期待できない。

(2) 裏書等の処分禁止の仮処分

手形の受取人や振出人を害することを知って手形の裏書を受けた者を債務者として，手形の裏書等の処分を禁止する仮処分が考えられる。この仮処分は，手形の返還請求権を被保全権利とし，手形が善意の第三者に裏書譲渡されることにより抗弁が切断されることを防ぐため，現状維持の範囲で行う係争物に関する仮処分であり，一般の債権の処分禁止の仮処分と異ならない。しかし，この仮処分は，債務者へ送達されて効力が生じたとしても，これに基づく強制執行の方法はなく，公示方法もない。よって，この仮処分は，善意の第三者が出現することを阻止できず，仮処分の効果を確保するための格段の手段もないので，任意の履行に期待する仮処分というほかないのではないかと思われる。

(3) 手形の取立禁止の仮処分

手形の受取人や振出人を害することを知って手形の裏書を受けた者は，手形金を受領する権利を有しないから，この者を債務者として手形の取立禁止の仮処分を求めることが考えられる。

もっとも，手形の返還請求権を被保全権利として，現状維持を行うという目的であれば，上記の手形の裏書等の処分禁止の仮処分で足りるものと考えられる。

そこで，手形の取立禁止の仮処分は，振出人である債権者が手形を取り立てさせないことによって支払委託の撤回も必要ない状態にし，銀行による不渡届の提出を阻止することを意図するもので，債権者に一種の満足的状態をもたらすものであるから，仮の地位を定める仮処分の性質を有するものと解される。

この点につき，手形の取立禁止の仮処分の必要性については，支払委託を撤回すれば銀行は支払をせず，異議申立提供金を預託しさえすれば取引停止処分も免れるから，保全の必要性もないとする見解もある。

しかし，銀行に対し，支払委託を撤回すれば，振出人は不渡届による手形交換所の取引停止処分を免れないし，異議申立提供金を預託することは振出人に多大な経済的不利益を与えることになる。また，手形を騙し取った相手方が手形の支払を受けないようにするために，必ず銀行に対し支払委託を撤回するような方法によらなければならないとするのは，振出人に酷にすぎる。

以上のような事情からすると，振出人が不必要な経済的損失を被らないように，手形の取立禁止の仮処分を肯定すべきと解する。

ただし，手形の取立ての禁止は，支払場所での手形の呈示の禁止を含むと解したり，手形の取立ての禁止に加えて手形の呈示までも禁止する内容の仮処分を申し立てたりするのは許されないと解される。これを認めると，債権者の遡求権保全や遅滞に陥れるという目的で手形を呈示する行為までをも禁止することになり，この仮処分の目的を超えることになるからである。

(4) 銀行に対する支払禁止命令の可否

手形の所持人に対し，手形の取立てを禁止する仮処分を得ても，それだけでは所持人に対して手形を取り立ててはならないという不作為を命ずるだけであるから，支払場所である銀行にこの仮処分の存在を確実に知らせる方法はなく，所持人がこの命令に反して手形金を取り立ててしまえば，振出人は手形債務を免れないことになる。そこで，手形金の支払場所である銀行に対して，手形金を支払ってはならないという命令を付加して発令することができるかが問題となる。

この点につき，銀行は，振出人との間の当座勘定取引契約による支払委託に基づき手形金の支払を担当するものであって，手形所持人との間においては当該手形金請求権の第三債務者たる地位に立つ者ではないこと，仮処分債権者は，

支払銀行に対し，支払委託の撤回をして支払を差し止めるよう依頼すればよいことを理由に，銀行に対する支払禁止命令を否定した判例がある（福岡地判昭56・2・9判例集未登載，山崎薫・銀行業務1984年2月号60頁）。

　しかし，銀行は，振出人との関係では，当座勘定取引契約に基づき，手形債務を手形所持人のために現に履行する義務を有しており，第三債務者と同等の地位にあるといえる。また，このような仮処分命令を申し立てる振出人の意図は，銀行に対する支払委託を撤回し，不渡届の提出による取引停止処分を受ける事態を防ぐために異議申立提供金を預託して経済的損失を被ることを防ぐことにあるが，前述したように，このような保全の必要性も認められるべきである。したがって，銀行を第三債務者とする手形金の支払禁止命令を付加して発令することは可能であると解する。

　そして，銀行に支払禁止を命じた部分は，債務者に対する手形金の支払禁止という不作為命令の実効性を確保するために認められた執行方法（民保24条）と解される。したがって，銀行に対して，支払禁止を命ずる部分において「債務者」という文言を明示していなくても，仮処分命令の債務者に対する支払禁止のみを命じたものと解され，また，銀行が債務者に対して手形金の弁済をしても，銀行は債権者に対しては，その弁済を対抗することができない。

〔4〕　手形交換所規則の改正

　手形の取立て等禁止の仮処分については，決定主文において，銀行への手形金に支払禁止を命ずる部分を債務者に対してのみに限定する旨を明示しておらず，銀行等の支払機関が，この仮処分があると，債務者の支払のための呈示と第三者のそれと区別せずに不渡届を提出しない取扱いをすることがあったことから，手形振出人が，不渡届に対する異議申立提供金を預託せずに取引停止処分を回避するため，手形を詐取されたなどと虚偽の事実を主張して仮処分命令を得ようとする等，この仮処分申立ての濫用がなされたことがあった。

　そこで，昭和60年4月に東京手形交換所規則，同施行細則の一部改正が行われ，手形取立・支払禁止仮処分と不渡届の運用の明確化がなされた。その内容は，支払禁止仮処分が発令され，手形面の最終権利者が仮処分決定中における仮処分債務者又は裁判所執行官である場合には，いわゆる0号不渡りとし

て従来同様不渡届の提出を要しないが、これ以外の第三者からの支払呈示に対しては、不渡事由に応じて1号（資金不足、取引なし）、2号（契約不履行、詐欺、盗難、偽造等）の不渡届の提出をする取扱いとなった。もちろん2号不渡りの場合には、所定の期間内に異議申立提供金を提出しなければならない。つまり、手形取立・支払禁止仮処分については、仮処分債権者と仮処分債務者との間においてのみ効力を有することが確認され、不渡届についての運用もこの趣旨に沿って行われることが明らかにされた（東京地裁保全研究会『民事保全実務の諸問題』52頁）。

〔5〕 手形の取立て等禁止の仮処分の審理

　以上のように、手形交換所の規則が改正されたことにより、仮処分債務者以外の者からの支払呈示に対しては、仮処分の存在を理由として、支払拒絶をすることはできなくなったのであるから、仮処分債権者と仮処分債務者とが通謀して仮処分申請がなされる危険性は少なくなった。しかし、仮処分債務者である所持人の前者である裏書人、受取人と仮処分債権者の通謀ということはありうるから、裁判所は、振出人の当該手形を振り出した事情、手形所持人（債務者）に至るまでの関係、債務者が手形を詐取した者から裏書を受けた者である場合は、害意があること等を慎重に審理する必要があるものと思われる。また、この仮処分は債務者からの支払呈示に対する銀行の手形金の支払を禁止するものであるから、債務者が当該手形を現に所持していること、満期までに取立委任の場合を除いて他に裏書譲渡される蓋然性が低いことの疎明が必要であると解される（東京地裁保全研究会編著『民事保全の実務(上)』〔第3版〕286頁〔小池あゆみ〕）。

　また、手形の取立禁止を求める仮処分は、仮の地位を定める仮処分であるから、原則として債務者審尋を行う必要がある（民保23条4項）。しかし、債務者審尋を行うことで仮処分申立ての目的を達することができなくなることが予想されるので、実務では同条4項但書を適用して債務者審尋を行わない運用が多い。

　そして、この種の仮処分が発令された場合、仮処分債務に与える打撃が大きくなるおそれがあること、この種の事件において、疎明の程度もそれほど高いとはいえないことからすると、提供すべき担保の額はかなり高額になることも

あると考えられる。

〔6〕 ま と め

　手形を騙し取られた場合，第三者から手形金の支払を拒むための仮処分として，執行官保管の占有移転禁止の仮処分，裏書等の処分禁止の仮処分，手形の取立禁止の仮処分等が考えられるが，これらの仮処分のみでは実際上の効果を期待することができない。

　そこで，実際上の必要性から，裏書譲渡その他の処分を禁止する仮処分の申立てに付加して，銀行を第三債務者として，債務者に対する手形金の支払禁止を命ずることを申し立てることが可能であると解される。

　この仮処分のうち，銀行に支払禁止を命じた部分は，債務者に対する手形金の支払禁止という不作為命令の実効性を確保するために認められた執行方法であり，銀行に対して，支払禁止を命ずる部分において「債務者」という文言を明示していなくても，仮処分命令の債務者に対する支払禁止のみを命じたものと解され，また，銀行が債務者に対して手形金の弁済をしても，銀行は債権者に対しては，その弁済を対抗することができないと解される。

〔丸尾　敏也〕

Q32 | 仮処分の流用

　Aは，YからY所有の甲土地を買い受けたものの，Yがその所有権移転登記手続をしない。そこで，Aは，Yを債務者，甲土地の所有者移転登記手続請求権を被保全権利として，処分禁止の仮処分命令を申し立て，これに基づく仮処分命令が発令されるとともに，甲土地について保全裁判所の嘱託による処分禁止の登記がされた。ところが，Aへの所有権移転登記手続が未了であることを奇貨として，ZがYから甲土地を買い受け，Zへの所有権移転登記手続をしてしまった。

　Aが死亡し，その地位を承継したXは，本案の訴えを提起し，主位的請求として，Yに対しては甲土地についてA・Y間の売買を原因とする所有権移転登記手続を，Zに対しては甲土地について所有権移転登記抹消登記手続をそれぞれ求めるとともに，予備的請求として，Aが，Y・Z間の売買の前に，A・Y間の売買を占有取得原因として甲土地を時効取得したと主張して，Yに対しては甲土地について時効取得を原因とする所有権移転登記手続を求めるとともに，Zに対しては甲土地について所有権移転登記抹消登記手続をそれぞれ求めた。この訴訟においてA・Y間の売買契約は無効であると判断された場合，Xは，Zに対し，甲土地について取得時効が完成したことをもって上記仮処分命令の効力を主張することができるか。

A

〔1〕はじめに

　設問における処分禁止の仮処分命令（以下「本件仮処分」という）は，AのYに

対する売買契約に基づく所有権移転登記手続請求を保全するため，Yが甲土地を他に処分することを禁止する目的で発令されたものである。この処分禁止の仮処分が登記されると，登記後にYがZに登記を移転したとしても，Aは本案訴訟において，Zに対して所有権移転登記抹消登記手続を請求することができる（民保53条1項・58条2項，不登111条）。

そこで，Aの地位を承継したXは，本案の訴えを提起し，主位的請求として，売買を原因とするYに対する所有権移転登記手続，Zに対する所有権移転登記抹消登記手続を求め，予備的請求として，時効取得を原因とするYに対する所有権移転登記手続，Zに対する所有権移転登記抹消登記手続を求めた。ところが，A・Y間の売買契約が無効と判断されたので，Xは，Zに対し，甲土地について取得時効が完成したことをもって本件仮処分の効力が維持されたとして，本件仮処分の効力を根拠に所有権移転登記抹消登記手続の請求を求めているものと思われる。

本件仮処分の効力が維持されているとみることは，仮処分の流用を認めるということである。すなわち，売買に基づく所有権移転登記手続請求権を被保全権利とする処分禁止の仮処分を，同一当事者間における時効取得に基づく所有権移転登記手続請求権を被保全権利とする処分禁止の仮処分として認めるということである。仮処分の流用を認めるかを判断するには，①所有権移転登記手続訴訟の訴訟物，②処分禁止の仮処分の法的性質，③仮処分の被保全権利と本案の訴訟物との関係，④仮処分発付後に成立した権利への流用の可否等について検討する必要がある。

〔2〕 所有権移転登記手続訴訟の訴訟物

新訴訟物理論によると，売買に基づく所有権移転登記手続請求権と時効取得に基づく所有権移転登記手続請求権は，所有権移転登記手続という一個の給付を受けうる地位又は受給権として，同一の訴訟物ということになる。一方，実体法上の権利・法律関係ごとに訴訟物を決める旧訴訟物論によると，両者は，別個の訴訟物ということになる。ただし，旧訴訟物論をとったとしても，売買によって物権的に所有権が移転するとすれば，両者は物権的請求権として一個の訴訟物と考えることもできる。この点につき，判例は，土地の買戻契約（売

買）に基づく所有権移転登記手続請求権と買収処分の無効（所有権）に基づく抹消登記に代わる所有権移転登記手続請求権を別個の訴訟物とする判断をしている（最判昭51・9・30民集30巻8号799頁）。判例の見解によると，本件両請求権も同様に別個の訴訟物であると解される。当事者が契約という特別な関係にある場合と，そうでない場合とでは実体法条上の性格が異なること，債権的請求権と物権的請求権では要件事実も異なることからすると，旧訴訟物論に立つ限り，両者は別個の訴訟物であると解される。

〔3〕 処分禁止の仮処分の法的性質

不動産の登記請求権を保全するための処分禁止の仮処分の効力については，旧法下では民事訴訟法及び民事執行法にも規定がなく，解釈に委ねられていた。当初は，仮処分登記が経由された後の譲渡等仮処分に違反する行為については，絶対的に無効であると解されていたが，その後，債権者に対抗しえないだけであるとの相対的無効説が判例及び登記実務となっていた。そこで，新法では，不動産の処分禁止の仮処分の効力として，第三者は，仮処分の登記に係る権利の取得又は処分の制限をすることはできるが，仮処分債権者が被保全権利の実現を求める場合には，それに抵触する行為を仮処分債権者に対抗できないと規定し（民保58条1項），処分禁止の仮処分の効力について相対的無効説をとることを明らかにした。ただし，この効力の法的性質については，訴訟的効力説と実体的効力説の対立がある。

訴訟的効力説によれば，処分禁止の仮処分は，実体法上の確認をするものでも給付を命ずるものでもなく，ただ将来の執行を保全するため一定の状態を訴訟法上形成する訴訟法上の形成裁判であるから，被保全権利の内容いかんは問題にならず，何らかの被保全権利が認められる以上，仮処分債権者に対する関係において，仮処分違反行為はすべて無効であると解する（畑郁夫・季刊実務民事法3・36頁）。この説によれば，仮処分の効力と被保全権利の結びつきは緩やかに解され，仮処分の流用を認めることは容易になる。

これに対し，実体的効力説は，処分禁止の仮処分の効力は被保全権利から由来するものと考えられるので，被保全権利を超えて効力を生ずるものではないとする（吉永順作「不動産に対する処分禁止の仮処分の効力と被保全権利の関係」中川善之

助=兼子一監修『不動産法大系Ⅳ訴訟』160頁)。そうすると，本設例のように売買に基づく所有権移転登記手続請求権を被保全権利とする処分禁止の仮処分を，同一当事者間における時効取得に基づく所有権移転登記請求権を被保全権利とする処分禁止の仮処分として認めることは困難となる。すなわち，実体的効力説によれば，処分禁止の仮処分の効力は，被保全権利の範囲にとどまるのであって，仮処分債権者は被保全権利以上の利益を与えるものではなく，また，仮処分債務者に被保全権利の履行以上の不利益を与えるものではないから，本件売買契約の効力が否定された以上，本件売買契約によって取得したという所有権を被保全債権とする本件仮処分禁止の仮処分は，その被保全権利がなかったことになり，その効力は否定されことにならざるを得ないからである。この実体的効力説が通説的見解であり，また判例（最判昭45・9・8民集24巻10号1359頁）である。

実体的効力説の立場に立った場合，仮処分の効力と被保全権利の結びつきが強く，仮処分の流用を認めることは困難と思えるが，仮処分の流用を認める余地はまったくないかが問題となる（三木浩一・民事執行・保全判例百選〔第2版〕208頁）。

〔4〕 仮処分の被保全権利と本案の訴訟物との関係

実体的効力説をとる場合は，さらに，ここでいう実体的効力が及ぶ範囲について検討する必要がある。つまり，仮処分の被保全権利と本案の訴訟物との間に厳密な一致を要するか，それとも一定の範囲で実体的な効力の拡張ないし波及を認めるかが問題となる。

仮処分の被保全権利と本案の訴訟物との同一性については，権利同一説と請求基礎説が対立している。権利同一説は，仮処分の被保全権利と本案の訴訟物の厳格な一致を要求する（兼子一・判例研究3巻4号43頁）。この見解によれば，仮処分の流用は許されないことになる。これに対し，請求基礎説は，被保全権利と本案の訴訟物である権利は同一でなくてもよく，請求の基礎が同一であればよいとする（奈良次郎「仮差押の被保全権利と請求の基礎」兼子一編『実例法学全集民事訴訟(下)』230頁）。学説の多数及び判例（最判昭26・10・18民集5巻11号600頁）は，請求基礎説を採用する。権利同一説は，請求の基礎は訴え変更の基準にすぎな

いこと，仮処分審理の際に認定を経ていない権利のために仮処分を流用することは不当であること，優越的立場にある債権者に流用禁止の負担を課しても酷ではないことなどを理由とする。これに対し，請求基礎説は，請求の基礎さえ同一であれば本案訴訟や異議手続などにおいて訴訟物や被保全権利を変更して両者の一致をもたらすことが可能であること，保全処分の緊急性に鑑みると表示されている被保全権利は浮動的ものと解すべきことなどを理由とする。本案訴訟において訴えの変更が許される範囲には仮処分の効力が及ぶべきものと解されるし，そのように解しても債務者にとって実質的な不利益はないので，請求基礎説をとるのが妥当であると解する。

〔5〕 仮処分発令後に成立した権利への流用の可否

　上記〔4〕で検討したのは，基本的には請求の基礎を同じくする両権利が仮処分発令時に成立していた場合であるが，本件事案では仮処分発令には時効は完成していなかった。そこで，このような場合にも仮処分命令の流用を認めてよいか問題となる。この点に関しては，仮処分異議手続における審理の範囲をめぐる議論が参考になる（野村秀敏・昭和59年度重要判例解説・民事訴訟法7・152頁）。

　異議訴訟においては，請求の基礎に変更がない限り，訴えの変更を許すのが通説（西山俊彦『保全処分概論』172頁），判例（東京高判昭30・9・29高民集8巻7号519頁）である。また，異議手続における判断の基準は異議手続における口頭弁論終結時とされている（西山・前掲177頁，仙台高判昭29・7・28下民集5巻7号1184頁）。そして，仮処分後の生じた債権者に有利な事実も異議手続の審理の範囲に含まれることになると解されている（鈴木＝三ケ月編『注解民事執行法(6)』110頁）。

　以上の見解を前提にすると，異議訴訟においては，従前の仮処分の被保全権利と訴えの変更により主張されることになる権利とが請求の基礎を同じくする限りで仮処分の流用を認めることができることになり，また，訴えの変更により主張されることになる権利は，仮処分後に生じたものでもよいことになる。

　そして，異議手続と本案手続とで結論を異にすることは相当でないので，本案訴訟でも同様に仮処分後に生じた権利による仮処分の流用を認めるのが相当であると解する。

〔6〕ま と め

本設例では，当初の仮処分の被保全権利は，売買契約に基づく所有者移転登記手続請求権であるが，本案訴訟で主張された被保全権利は，時効取得に基づく所有権移転登記手続請求権であり，しかも，本仮処分発令後に生じた権利である。

このような場合においても，当初の仮処分の効力を流用して本案訴訟でも仮処分の効力を主張できるかというのが本設例の論点である。

この点に関して，上記〔2〕ないし〔5〕で検討した結果を本設例にあてはめると，売買契約に基づく所有者移転登記手続請求権と時効取得に基づく所有権移転登記手続請求権は，訴訟物は異なるが，請求の基礎は同一と解されるので，仮処分命の流用が可能となり，また，仮処分発令後の被保全権利の変更も可能であると解される。

よって，Xは，本案訴訟で本件仮処分の効力を主張して，Zに対して，甲土地について所有権移転登記抹消登記手続を請求できると解する。

なお，判例も本設例と同様な事案で仮処分の流用を認めている（最〔1小〕判昭59・9・20民集38巻9号1073頁・判時1134号81頁・判タ540号182頁）。

〔丸尾　敏也〕

Q33 | 仮処分の目的物の緊急換価

係争物に関する仮処分の目的物の緊急換価について説明しなさい。

A

〔1〕 緊急換価について

(1) **仮差押えにおける目的物の緊急換価**

(a) 仮差押命令が動産を目的物とする場合，その仮差押えの執行は，執行官がこれを保管する方法で行われる（民保49条1項）。緊急換価とは，その目的物となった動産が生鮮食料品等の腐敗しやすいもので著しく価額の減少を生じるおそれがあるときや，その保管のために相当額の倉庫料がかかるなど不相応の費用を要するときは，執行官は，これらの目的物を換価し，その売得金を供託するとの手続をいう（民保49条3項）。仮差押えは金銭の支払を目的とする債権を保全するための手続（民保20条）であるから，仮差押えの目的物について，上記のような事由があるときは，これを換価して供託しても，仮差押債権者には不利益なことではないことによる制度である。また，この緊急換価は執行官の義務であるとされている。

(b) 仮差押えの目的物を緊急換価する場合は，動産執行の手続によることとなる（民保49条3項）。具体的には，競り売り，入札，執行官による特別の方法による売却及び執行官以外の者に売却の実施を委託する方法による売却がある（民執134条，民執規114条ないし122条）。この売却については，債権の存在が確定していない仮差押えの場合の換価であるから，債務者の競買申出を認めても差し支えないとされる。執行官は，換価に要する費用を債権者に予納させるが，債権者がその予納をしないときは，仮差押執行の申立てを却下することができる（執行官法15条3項）。

(c) 執行官は, 仮差押えの目的物を売却したときは, その売得金を供託しなければならない (民保49条3項)。この供託は, 執行官による一時保管の手段であり, その取戻請求権は執行官のみが有する。この売得金に対する本執行は, 本案訴訟で勝訴判決を受けた仮差押債権者による執行官に対する動産執行の申立てによるが, 執行官は, 上記供託金を取り戻したうえ, その金銭に対して執行をすることとなる (他の債権者が同じ場所について動産執行の申立てをして事件が併合されたとき (民執125条2項・3項) は, 供託金の配当手続が行われる)。

なお, 上記緊急換価後に執行の取下げ又は取消し等により執行を解放すべきときは, 執行官は, 売得金を取り戻したうえ, これを仮差押債務者に引き渡すこととなる。

(2) 係争物仮処分における目的物の緊急換価

(a) 性質上, 目的物の価値が仮処分中に著しく減価するおそれのあるのは動産に限られるところ, 占有移転禁止の仮処分により, 執行官が保管中の動産について, 民事保全法52条1項による同法49条3項の準用に基づき, 仮差押えの目的物と同様に緊急換価をすることができるかどうかについては, 旧法下より, 肯定説と否定説の争いがあった。

なお, 仮処分のうち, 仮の地位を定める仮処分においては, 目的物の売却処分を行う仮処分を申し立てることができるので, 緊急換価については, 係争物仮処分の場合において問題となるものである。

(b) 否 定 説

係争物仮処分は, 金銭の給付以外の特定物の給付を目的とする請求権を保全するためのものであるが, 緊急換価をすることを否定する立場では, その目的物を換価して金銭に換えてしまうことが仮処分の目的に沿うといえるかが疑問であるとする。否定説に立つ判例として, 大決昭3・6・20 (民集7巻466頁) は「仮差押は金銭債権の執行の保全を目的とするが故に, 又は其の保管に付不相当なる費用を生ずべき時は, 其の物を競売し売得金を供託すと云うこと必ずしも其の本来の目的に背反すること無し (中略), 然るに仮処分は特定の給付を目的とする請求の執行を保全することを目的とするものなるが故に, 若し債権者にして飽くまで其の固有の請求を実現するに意ある以上, 右の如き換価をなすことは其の本来の目的に背反するものにして, 従って換価の規定たる民事訴

訟法（旧）第750条第4項は仮処分には其の準用なきものと云わざるべからず（中略），このような場合には，仮処分の命令若しくは其の執行の申請を取下ぐるの外あるべからず。但しこれがため将来或いは特定給付そのものの履行を受くること能わざるに至り，依て以て損害を蒙ることを虞るるときは，債権者はよろしく本案訴訟に於て此の将来の賠償請求権を予備的に附加すべく，又此の請求の執行を保全する必要あるときは仮差押の方法に出づべきなり」とし，これと同旨の裁判例（東京高決昭26・8・22高民集4巻11号351頁），学説（兼子一『増補強制執行法』334頁等）がある。

(c) 肯 定 説

民事保全法49条3項の準用を肯定する立場では，①目的物の腐敗や価値の下落等により，そのまま放置して無価値なものとなってしまうと，債権者は当該特定物の給付を求めることに経済上の利益を失ってしまう，②物の引渡しを求める場合でも最終的には財産権の争いであるから，目的物を金銭的価値に替え，終局的には金銭的補償によって満足せざるを得ない場合も多い，③否定説に立てば，債権者は仮処分命令申立てを取り下げ，仮差押えや仮の地位を求める仮処分命令の申立てにより換価をしうることとなるが，その方法が迂遠であり，④仮差押えによる場合は，本執行の際には一般債権者としての地位を有するにとどまり，他の一般債権者と競合するときは平等主義の建前により，配当を受けるにすぎないのに対し，肯定説の立場では，換価金そのものの引渡しが認められることになるので，その地位には大きな差異が生じるとする。

肯定説に立つ判例として，大決昭9・2・8（民集13巻179頁）は，「仮処分は特定の給付を目的とする請求の執行を保全することを目的とするものなるを以て，若し債権者にして飽くまでその固有の請求を維持し，其の実現を希望するときは」換価することは其の趣旨に反するから民事訴訟法（旧）750条4項は仮処分に準用されないのが原則であるが，「債権者は必ずしも特定給付の請求を固執せざる場合尠からず。即ち債権者が現在又は将来に於て特定給付の履行を受くる能はざるを慮り，債務者に対する賠償請求権の行使を以て満足し，其の請求権の保全を希望する場合に於ては，仮処分の目的とする所は金銭的補償に依りて達せられたりと謂ひ得べきを以て，民事訴訟法（旧）第754条を準用して債務者より保証を立て仮処分の取消しを求むることを得るは勿論なるも，

債権者に於て仮処分の目的物の売却を求め，其の代価を供託せしむるも，請求権保全の趣旨に反するものに非ずと謂う可し。得に民法第497条の法意を民事訴訟法（旧）第750条第4項の規定に対照して之を観れば，仮処分の目的物が滅失毀損するの虞あり又は著しき価額の減少を生じ若くは貯蔵に不相応なる費用を要するが如き場合に於ては同法（旧）第750条第4項の規定に準拠して該目的物の換価命令を申請し得べきものと解するを相当とす」として，仮処分の目的が金銭的補償により達せられるような特別な事情が存する場合は，例外的に換価ができると解するのを相当とするとの見解をとり，戦後の裁判例も多数が換価の規定の準用を肯定している（東京高決昭26・6・7高民集4巻5号183頁，徳島地判昭27・2・9下民集3巻301頁，福岡高決昭27・9・26高民集5巻444頁，高松高決昭28・3・30高民集6巻5号268頁，大阪高決昭29・3・25高民集7巻2号252頁，札幌高決昭29・10・29高民集7巻10号812頁，熊本地決昭30・1・22下民集6巻1号97頁，福井地決昭32・12・16下民集8巻12号2366頁，広島高岡山支決昭34・8・26下民集10巻8号1785頁，大阪高決昭38・4・9下民集14巻4号702頁，前橋地決昭39・5・21判時378号29頁（ただし目的物がモヘヤメリヤス系に関し換価否定），大阪高決昭44・3・14判時554号46頁，名古屋地決昭49・3・4判時752号69頁（ただし目的物が実用新案権に関し換価命令を取り消した），福岡高決昭51・8・6下民集27巻5～8号476頁，東京高決昭54・2・7判時924号60頁等）。さらに最高裁判例で直接この点に触れたものはないが，肯定説に立つものと理解して妨げないとされる（最判昭43・1・25民集22巻1号1頁，最判昭44・5・29民集23巻6号1034頁各参照）。また，学説においても肯定説が通説であり，実務の運用も旧法下から肯定説に立っている。

〔2〕 仮処分の執行について

(1) 仮処分債権者が当該動産に対する請求に固執する場合

上記のとおり，肯定説が実務の運用であるが，判例（前掲大決昭9・2・8），学説は，係争物に関する仮処分は，目的物自体の給付請求権を保全することを目的とするものであることから，仮処分債権者が当該動産に対する請求に固執する場合には，緊急換価は許されないとする。また，学説の多くは，腐敗によって価値がゼロとなるような物その他一般商品など代替物については，債権者の意思は客観的に判断すべきものとする。

ところで、緊急換価は、旧法下においては、当事者の申立てがなくとも執行官の職権で行うことができるものであり（旧民執180条・177条3項）、現行法においても執行官の職権で行われるものである（民保49条3項）から、当事者からの申立てはその職権発動を促すものにすぎず、その意味で、執行官が債権者の意思に拘束されると解するのは相当ではないと考えられる。

したがって、執行官としては、債権者において仮処分の目的物を取得する価値はその交換価値に限られないものである等の点を考慮し、緊急換価の要件（目的物である動産について著しい価額の減少を生じるおそれがあること及び保管のために不相応な費用を要すること）を認定するについては、債権者の意見を徴した上、債権者が当該動産に対する請求に固執する場合は、その意見に拘束されるものではないものの、これを慎重に行うことが望ましいと考えられる。

(2) 換価手続

換価手続は、執行官が職権で行うことができる。換価の方法や売得金の供託等については、前記〔1〕(1)(b)及び(c)において仮差押えの目的物を緊急換価する場合に述べたところと同一である（民保52条1項・49条）。

〔3〕 本案訴訟との関係等について

(1) 本案訴訟との関係

目的物が緊急換価によって換価され、売得金が供託された場合でも、本案訴訟への影響はないとされる。緊急換価は、目的物の財産的価値の保存を目的としてされるものであり、その売得金は仮処分の目的物に代わるもの、又は目的物と同一視すべきであって、両者は同一性を保持しているものと解すべきであるからである。したがって、債務者（被告）の占有は売得金の上に及ぶ（最判昭36・6・6民集15巻6号1501頁）こととなり、債権者（原告）としては、そのまま本案訴訟において目的物の引渡請求を維持してもよく、又は、売得金の引渡しを求めることも差し支えないとされる。

(2) 本案訴訟の判決主文

目的物の引渡請求にかかる本案訴訟において、裁判所は、換価前の本来の権利又は法律関係について審理し、これを認容する場合に、換価の事実が明らかになったときは判決主文に「被告は、原告に対し、○○動産（換価売得金○○

円）を引き渡せ」として，その後の強制執行の際に支障のないよう表示することとなる。

(3) 強制執行の方法

　本案で勝訴した仮処分債権者（原告）は，仮処分の目的物又は換価売得金の引渡しを命ずる本案判決に執行文の付与を受け，執行官に対し，動産執行を申し立て，執行官は，供託した売得金を自ら取り戻して仮処分債権者に交付する。

　なお，仮処分債務者（被告）が勝訴してその判決が確定したときは，債務者はこれを執行官に提出して供託金の払渡しを受ける。また，仮処分の執行の取下げ又は取消し等により仮処分執行が解放されたときは，執行官は供託金を取り戻して仮処分債務者に交付する。

［上坂　俊二］

第3章

保全異議に関するQ＆A

Q34 | 保全異議(1)――保全異議の申立て

Xは，Yの連帯保証の下，Aに対し，100万円を貸し付けたが，その支払期日に弁済がなかったため，Yを債務者，上記連帯保証債務履行請求権を被保全権利として，Y所有の土地・建物について仮差押命令を申し立て，これに基づく仮差命令が発令された。これに対して，Yが保全異議の申立てをした。保全命令に対する異議申立て及びこれに派生する問題について説明しなさい。

A

〔1〕 はじめに

Q34ないしQ36は，保全異議に関するものであるが，保全異議の手続は広範囲にわたるので，Q34では保全異議の申立て及びこれに派生する問題点について，Q35では保全異議審の審理について，Q36では保全異議審の終結以降の手続について説明することとし，手続の流れに添うために，本稿では，先に手続を中心に解説し，設例の検討は最後に行うこととしたい。

〔2〕 保全異議の制度

保全異議は，保全命令を認容する決定がなされた場合に，不服のある債務者

が，保全命令の取消し又は変更を求める不服申立ての制度である（民保26条）。

これに対して，保全命令の申立てを却下する決定に対する債権者のための不服申立方法が即時抗告である（民保19条１項）。

民事保全手続における不服申立ての仕組みは**Q43**の**図表１**参照。

〔３〕 保全異議の本質（性格と構造）

保全異議は，保全命令の申立てについて，同一審級で保全命令発令の直前の状態に戻ってその保全すべき権利等及び保全の必要性の有無について，口頭弁論又は当事者双方が立ち会うことができる審尋によって，再度審理する手続である（山崎潮『新民事保全法の解説』〔増補改訂版〕195頁，瀬木比呂志『民事保全法』〔第３版〕404頁）。したがって，保全異議手続では，債権者と債務者の立場も呼称も保全命令の申立事件と変わることはなく，保全異議についての判断も決定の形式で示され，保全命令の取消しが認められない場合は，異議申立てを却下する決定をすることなく，単に原決定認可の決定をすることとなり，保全命令の取消しを相当とする場合には，原決定の取消しばかりでなく，保全処分申立てを却下する旨も主文に掲げられる。そして，保全異議の理由（異議事由）は，単なる防御方法にとどまり審理の範囲を画するものではないと解されている（保全異議の本質をどのように捉えるかについて，旧法下では見解が分かれていたが，民事保全法によってこの対立はなくなったとされている）。

保全異議申立てについての手続は，保全命令申立てについての手続と同一の審級でいずれも同じ決定手続で行われるので，保全命令の申立てについての審理ですでに提出されている資料は，保全異議手続においてすべて訴訟資料となり，手続をやり直す必要はないから，その意味で保全異議の審理は，続審となる（山崎・前掲196頁）。

〔４〕 保全異議の申立て

(1) **保全異議の申立権者と代理人**

(a) 保全異議の申立人について民事保全法26条は「債務者」と規定するが，債務者のほかその一般承継人，破産管財人も申立権者に含まれる。

(b) 仮差押えの目的物の所有者である第三者は，第三者異議の訴え（民執38

条）によって救済されるべきであり、債権に対する仮差押えの場合の第三債務者も、保全命令の名宛人ではないから、いずれも保全異議の申立てをすることができない。

(c) そのほかに、債務者に対する他の一般債権者については、見解の対立があり、①債権者代位権の行使による申立ての可否の点については否定説が通説とされ、②補助参加の申立て（民訴42条以下の準用）とともにする申立ての可否の点については許されるとするのが多数説とされているが、いずれも有力な反対説がある。また、仮差押命令の目的物の譲受人及び仮処分命令の対象物の承継人についても見解の対立があり、①債権者代位権の行使による申立ての可否の点については否定説が通説とされ、②訴訟参加の申立て（民訴51条準用）とともにする申立てが許されるかについては、仮差押物の譲受人は訴訟参加をすることはできないが、補助参加の申立て（民訴43条）をするのと同時に債務者の名で保全異議の申立てをすることは許されるとされ、仮処分命令の対象物の承継人については、仮の地位を定める仮処分の場合には、訴訟参加をするとともに保全異議の申立てをすることができるとするのが通説的見解であるが、係争物に関する仮処分のうち、占有移転禁止の仮処分については、訴訟参加は許されず、補助参加をすると同時に、債務者の名で保全異議の申立てが許されるのみと解されており、処分禁止の仮処分については、訴訟承継自体が考えにくく、訴訟参加を認めることはできないと解されている（以上、西山俊彦『保全処分概論』177頁、瀬木・前掲410頁以下参照）。

(d) 保全異議の手続は、保全命令の申立てについて再度審理を行う保全命令申立手続の続審であるから、債務者審尋等が行われた保全命令手続における債務者の代理人は、保全異議の申立てについて訴訟代理権を有し、また、債権者の代理人は、保全異議申立事件においても訴訟代理権を有すると解されている（瀬木比呂志監修『エッセンシャルコンメンタール民事保全法』232頁〔中山幾次郎〕）。

(2) **保全異議の管轄裁判所**

保全異議の管轄裁判所は、保全命令を発令した裁判所であり（民保26条）、専属管轄である（民保6条）。したがって、保全命令の申立てが却下され、即時抗告がなされた結果抗告裁判所が保全命令を発令した場合には、抗告裁判所が保全異議の管轄裁判所となる（山崎・前掲194頁）。

(3) 異議の申立ての方式及び効力

(a) 申立ての方式

保全異議の申立ては，書面でしなければならない（民保規1条3号）。

保全異議の申立書の記載事項は，民事保全規則24条に規定されており，申立人は保全異議申立書に，保全命令事件の表示（民保規24条1項1号），債務者の氏名又は名称及び住所並びに代理人の住所及び氏名（同条1項2号），債権者の氏名又は名称及び住所（同条1項3号），申立ての趣旨（同条1項4号・2項）及び申立ての理由（同条1項4号・3項）を記載しなければならない。

保全命令に表示された債務者以外の者が保全異議の申立てをする場合には，申立人欄において保全異議の申立てをすることができる資格を明らかにし，その資格を証する書面を申立書に添付する必要がある（民事裁判資料226号149頁）。

(b) 申立ての趣旨の記載

申立ての趣旨として，保全命令の取消しを求める旨及び保全命令の申立てを却下する裁判を求める旨を記載しなければならない。保全命令の取消しの申立ては，すでに発令された保全命令を明確に取り消して保全執行の取消しを求めるために（民保46条，民執39条1項1号），また，保全命令の申立てを却下する裁判を求める申立ては，保全命令に対する裁判を求める趣旨で必要である。申立ての趣旨中に異議という文言を記載する必要はないが，保全命令の当否につき再審査をし，保全命令の取消しを求める趣旨が窺われなければならない（民事裁判資料226号150頁）。

保全命令の一部の取消し又は変更を求めるときは，申立ての趣旨においてその範囲を明らかにしなければならない（民保規24条2項）。保全異議の審理においても処分権主義が妥当し，債務者が保全命令の一部について異議を申し立てているときは，審理もこの部分に限られるから，申立書において異議の範囲を明らかにさせる趣旨である（民事裁判資料226号150頁）。

(c) 申立ての理由の記載

保全異議の申立ての理由は，保全命令の取消し又は変更を求める事由を具体的に記載し，かつ，立証を要する事由ごとに証拠を記載しなければならない（民保規24条3項）。

異議の理由は，保全命令がその形式的，実体的要件を欠くことであり，管轄

違い，被保全権利・保全の必要性の不存在，担保額の過少ないし解放金額の過大，保全命令の内容の不当，仮差押えの目的物が差押禁止物であった場合などが考えられる。しかし，保全異議の申立ては，保全命令の申立ての当否についての再審理を求める申立てであるから，申立てに際して異議の理由を明らかにしなければならない必然性はなく（大判昭15・10・29民集19巻2013頁），異議審における債務者の主張を明らかにするものにすぎない。つまり，保全異議の申立てにおける異議事由は，債務者の提出する防御方法の一種であって，これが記載された異議申立書は準備書面の性質を有するにすぎないから，異議申立人（債務者）が，民事保全規則24条1項4号，同条3項の規定に反して異議申立書に異議事由の具体的主張やその証拠との対応関係を記載しないときであっても，保全異議の申立てを不適法として却下することは許されない（民事裁判資料226号151頁）。保全異議の理由の記載は，裁判所及び債権者において，異議審の争点を早期に，かつ，的確に把握することを容易ならしめ迅速な審理に役立つことから，民事保全規則24条3項は異議の事由を具体的に記載することを求めたものである。

(d) その他の記載事項

保全異議の申立書には，民事訴訟規則2条1項の規定が準用されるから，同項1号ないし5号の事項も記載を要する。

(e) 保全異議申立ての効力

保全異議の申立ては，保全命令を発した裁判所に対する再審理を求める申立てであり，上訴ではないから移審の効力を生じさせない。また，当然に保全命令の執行を停止させるものではなく，保全執行停止を得るためには，民事保全法27条に定める裁判（Q36〔4〕参照）を得なければならない。

(f) 申立ての時期等

(イ) 期間制限の不存在　　保全異議の申立てには，保全命令が有効に存在する限り期間制限はない（瀬木・前掲413頁）。すなわち，保全命令の債務者への送達前でも，執行終了後でも（いわゆる断行の仮処分につき東京地決平17・1・21判時1894号35頁），執行期間（民保43条2項）経過後でも，解放金の供託や執行申立ての取下げ等による（すなわち保全命令が存在する限りでの）執行の取消後でも，さらに，本案訴訟の係属前又はその完結後でも申立ては許される。

(ロ) 申立ての利益の必要　保全異議の申立てには期間制限がないが，他方，適法要件として，申立ての利益が必要であると解されている。

　仮処分の内容に一定の時間的制限がある場合（仮処分命令の内容そのものに一定の日時や期間内に一定の行為を禁じ（不作為），又は命じる（不代替的作為）仮処分など），その日時や時間が経過すれば保全命令自体が失効するから，その後に保全異議の申立てがなされても申立ての利益を欠く（西山・前掲178頁，瀬木・前掲410頁）。仮差押え及び係争物に関する仮処分は，債権者勝訴の確定判決に基づく本執行が開始されたときに，仮の地位を定める仮処分については，本案訴訟において債権者勝訴の判決が確定したときに，それぞれ目的を達して当然に失効すると解されるから，その後にする保全異議の申立ては申立ての利益を欠くことになる。もっとも，不動産仮差押えの効力が本執行への移行によって将来に向かって消滅しても，例外的に，本執行が取り消されたり，取下げによって終了すれば仮差押えの効力が復活するという立場に立った場合には（名古屋高決昭61・10・13判タ637号219頁，東京高判昭48・3・14判タ297号233頁），復活した仮差押命令の取消しを求めるため，保全異議の申立ての利益が生じることとなろう（中山・前掲エッセンシャルコンメンタール237頁，加藤新太郎＝山本和彦編『裁判例コンメンタール民事保全法』290頁〔品田幸男〕）。

〔5〕　保全異議事件の移送（民保28条）

(1) 民事保全法28条の趣旨

　保全異議の申立てについては，保全命令を発令した裁判所以外に管轄はなく，民事保全法7条は民事訴訟法を準用するが，同法17条による移送をすることはできない。

　保全命令の申立てについては，本案の管轄裁判所，又は仮に差し押さえるべき物若しくは係争物の所在地を管轄する地方裁判所が管轄する（民保12条1項）とされている。そのため，これらのうちのどの裁判所に保全命令の申立てがなされるかは，債権者の選択に委ねられており，しかも，債務者の審尋が行われることなく保全命令が発令されることも少なくないので，著しい損害又は審理の遅滞が生ずる場合にまで，裁判所を固定する必要はなく，固定すると債務者に酷な場合がある。そこで，当事者双方の公平性を保つために，移送が認めら

れている（山崎・前掲206頁）。

(2) 移送の要件

　民事保全法28条が規定する移送の要件は，「著しい遅滞を避け，又は当事者間の衡平を図るために必要があるとき」であり，民事訴訟法17条と同様である。平成8年に民事訴訟法が改正された際，それまで「著しい損害又は遅滞を避けるために必要があるとき」であったのを，民事訴訟法17条の文言と同様にされたものである。ただし，民事訴訟法17条が，考慮すべき事項として掲げる「使用すべき検証物の所在地」については，保全異議事件における立証が疎明によってなされ，「疎明は即時に取り調べることができる証拠によってしなければならない」（民訴188条）という即時性の制限があることから，民事保全法28条の移送の判断基準として考慮すべき事項から除外されている。

　民事保全法28条の「著しい遅滞を避け，又は当事者間の衡平を図るために必要があるとき」に該当するか否かの判断については，民事訴訟法17条の場合と異なるところはないと考えられるが，保全異議の制度目的が，誤った保全命令は速やかに取り消されるべきであるとの点にあるから，「著しい遅滞を避け」の要件については，本案の審理以上に迅速性に重きを置いて判断がなされるべきであり，目標とすべき短期間での審理の終結が図れないような事件については，移送の対象とすべきであろう（三宅弘人ほか編『民事保全法の理論と実務（上）』300頁〔大島隆明〕）。

(3) 移送申立ての主体，方式，裁判

　民事保全法28条の移送は，当事者の申立て又は職権によって行われる。申立ては，書面のほか，口頭によってすることもできる（民保規6条，民訴規1条1項）。申立ては，債務者からなされるのが通常であろうが，債権者も申し立てることができる（目的物，係争物の所在地の裁判所が保全命令を発したが，債権者も債務者もそこに居住していなかったような場合が考えられる）。

　移送の裁判及び移送申立てを却下する裁判は，いずれも決定の形式でなされ（民保3条），いずれに対しても即時抗告することができる（民保7条，民訴21条）。

(4) 移送先の裁判所

　移送先の裁判所は，「当該保全命令事件につき管轄権を有する他の裁判所」であるから，民事保全法12条1項に該当する裁判所である。

第3章 保全異議に関するQ&A　Q34 保全異議(1)——保全異議の申立て　433

本条における移送は，事物管轄を超える移送が可能で，審級の利益との関係で問題がないわけではないが，高等裁判所から地方裁判所への移送（即時抗告審において発令された保全命令に対して保全異議が申し立てられ，高等裁判所が地方裁判所に事件を移送するような場合）とこの逆の移送，地方裁判所から簡易裁判所への移送とこの逆の移送がありうるが，現実には地方裁判所から地方裁判所への移送以外の例は稀である（瀬木・前掲211頁）。

〔6〕 一部認容，一部却下の場合の不服申立ての調整

保全命令の申立てについて，一部認容，一部却下の裁判がなされた場合には，一部認容された部分について債務者が保全異議を申し立て，一部却下された部分について債権者が即時抗告することにより，同一事件が，抗告裁判所と発令裁判所との異なる審級に同時に係属する事態が生じうる（実際には，緊急性の必要から，決定前の裁判所の促し等により，認容されない保全命令の申立部分を債権者が取り下げることも多いと思われる）。

これについては，手続の併存を認める考え方と手続の併存を許さない考え方があるが，保全異議の手続は，口頭弁論や双方審尋が必要的とされている（民保29条）のに対し，即時抗告審の手続は，保全命令の申立事件の手続と近似しており，両者の審理構造が異なるから，同一の裁判所で審理することは困難でもある。そのため，保全異議と保全抗告との併存を認めざるを得ないが，相手方の応訴の負担，訴訟経済，矛盾判断防止の観点から，当事者の同意を得た上で事実上いずれかの審理を先行させるのが相当であるとされている（瀬木・前掲297頁）。具体的な方法として，審級の利益の点や，保全異議の申立てに伴って執行停止の申立てがされた場合，仮に記録が抗告審にあっても執行停止については異議審で判断しなければならない（即時抗告には民事保全法27条2項のような規定がない）ことを考慮して，当事者の同意を得た上で即時抗告の審理を事実上止めておき，保全異議の審理を先行させる運用が相当であるとされている（判タ740号119頁，中山・前掲エッセンシャルコンメンタール237頁，品田・前掲裁判例コンメンタール294頁）。

〔7〕 保全異議と保全取消しとの関係

　保全異議と取消制度との関係について，旧来から次のような点が問題とされていた。
　① 異議手続中で取消事由を主張しうるか。
　② 保全異議係属中に，別個の保全取消しの申立てをなしうるか。
　③ 保全異議に先行して保全取消しの申立てをなし得るか。
　④ 異議，取消訴訟の判断相互に何らかの拘束力を認めるか。

　①については，審理の構造は異なるが，保全命令を維持するか否かの判断をする点では共通性を有することを理由に，保全異議手続において，事情変更による保全取消し（民保38条），特別事情による保全取消し（民保39条）及び本案の訴え不提起による保全取消し（民保37条）のいずれの取消事由も主張しうるとするのが通説である（西山・前掲182頁）が，有力な反対説もある（瀬木・前掲408頁）。

　②，③については，保全命令の申立てについての審理は，債務者にとって十分に審理が尽くされる保障がないので，これによって債務者に回復しがたい損害を与えることもありうることから，保全異議のほかに特別の取消制度を設けている趣旨からも肯定するのが通説である（西山・前掲198頁）。併存を許すと，争点が絞られる保全取消しの審理を先行させたほうがよい場合もありうるが，特別事情による保全取消し（民保39条）の場合には，担保が必要的になることから，申立人である債務者の意向を尊重する必要があるとされている。

　④については，保全異議，保全取消しともに決定主義がとられているから，保全命令に関する手続の裁判に既判力を認める余地はなくなったが，先になされた判断にまったく拘束力がないとするのも相当でないことから，少なくとも民事訴訟における信義則の観点に基づき，何らかの拘束力を認めるべきであるとする考えが有力である（瀬木・前掲457頁）。

〔8〕 設問について

　仮差押命令の送達を受けた債務者Yは，被保全権利の不成立，保全の必要性の不存在，担保額の過少ないし解放金額の過大，保全命令の内容の不当，管轄

第3章　保全異議に関するQ＆A　　Q34　保全異議(1)——保全異議の申立て

違い，仮差押えの目的物が差押禁止物であった場合などを異議事由として，発令裁判所に対し，書面でもって異議申立てをすることができる。異議申立てに伴う手続は，前記〔4〕参照。

　ところで，保全異議は，同一審級で保全命令発令の直前の状態に戻って，保全命令の申立ての当否についての再審理を求める申立てであるから，保全異議の審理の対象は，あくまで保全命令申立てに係る被保全権利及び保全の必要性であって，債務者が主張する異議事由の有無ではない。したがって，異議申立書において，異議の理由を明らかにしなければならない必然性はなく，異議の理由は異議審における債務者の主張を明らかにするものであり，債務者の提出する防御方法の一種にすぎない。

　しかし，ともすれば債務者は，異議事由を中心に議論を展開しようとし，債権者もいきおい異議事由に対する反論に終始するため，債権者側で主張立証すべき事由が確定されないまま審理が進行し，実体法をふまえた真の争点から乖離することになりがちである。保全異議審の構造を本案訴訟と比較すれば，保全命令申立書が本案訴訟での訴状にあたり，異議申立書は答弁書にあたるという位置づけになる。しかし，債務者は，異議事由の主張立証に関心が強いため，異議申立書において保全命令申立書記載の主要事実についての認否がされていない場合もみられることから，裁判所としても，主張立証がかみ合わないまま手続を進めることがないよう留意し，保全命令の申立てを対象として保全異議の審理が進行するよう整序する必要があるとの指摘がされている（佐々木茂美ほか「保全異議の審理について（大阪地裁保全研究会報告）」判夕1111号56頁）。

〔中内　篤〕

Q35 | 保全異議(2)——保全異議審の審理

　Aが死亡し，その共同相続人X・Yは，亡Aの遺産である土地・建物を2分の1ずつ相続した。ところが，Yは，無断で，上記土地建物についてY名義への所有権移転登記手続をしてしまった。そこで，Xは，上記土地・建物の2分の1について処分禁止の仮処分命令を申し立て，これに基づく仮処分命令が発令された。これに対して，Yは，上記土地・建物をYに遺贈するとの亡Aの遺言が存在すると主張して，保全異議の申立てをした。これを前提に，保全異議事件の審理の方法，主張や疎明の提出等について説明しなさい。また，Xから保全裁判所に対し，本案判決が出されるまで保全異議事件の審理の進行を見合わせてほしいとの意見が述べられた場合，裁判所はどのように対処すべきか。

A

〔1〕概　説

　保全異議は，保全命令の申立てを認容する決定がなされた場合，これに不服がある債務者が保全命令を発令した裁判所に対して，その保全命令の取消し又は変更を求める不服申立ての制度である（民保26条）。

　保全異議の申立てがなされる事件は，同時に本案の裁判も係属していることが多いから，民事保全法によって手続が整備される以前は，保全異議の審理の進行や判断が，本案の手続と同時になされるという事態が生じがちであった。保全異議の制度は，保全命令が迅速性，密行性の要請から，債務者に対する手続保障が必ずしも十分でないまま審理が行われて発令されることに鑑み，衡平の観点に基づいて設けられた債務者の不服申立てであるから，異議の審理が長期化すれば異議の制度本来の趣旨を損なうこととなり，保全命令の執行から早

期に解放されることがない債務者にとって酷な結果となる。このような事態になることを回避するために，民事保全法3条において「民事保全の手続に関する裁判は，口頭弁論を経ないですることができる。」と規定し，保全命令申立事件の審理と同様に，その不服申立手続である保全異議審においても決定手続で行うこととされている。

　保全命令の申立てについての審理は，迅速性，密行性の要請があるので，原則として債権者優位の手続にせざるを得ず，民事訴訟法の一般的な決定手続を利用することで特に不都合はない。しかし，保全異議や保全取消しの審理では，密行性の要請もなくなり，債務者の不服申立てに基づいて行われるものであるから，当事者を対等に扱う必要がある。そこで，民事保全法は，保全異議の審理の基本は保全命令申立手続の審理と同じにするが，判決手続における当事者対等の手続保障を決定手続に埋め込む方法（民保29条・31条等参照）を採用している（山崎潮『新民事保全法の解説』〔増補改訂版〕85頁）。

〔2〕 保全異議の審理手続

(1) 審理方式

　民事保全法29条は，裁判所は，口頭弁論又は当事者双方が立ち会うことができる審尋の期日を経なければ，保全異議の申立てについての決定をすることができない，と定める。

(a) 任意的口頭弁論

　民事保全法29条が規定する口頭弁論は，いわゆる任意的口頭弁論であり，書面審理を補充し，裁判所が釈明するために実施されるものである。したがって，必要的口頭弁論とは異なり，口頭弁論を開くか否かは任意的であり，途中から書面審理に戻すことも自由で，口頭主義・直接主義の適用はなく，裁判官の交替による弁論の更新（民訴249条2項・3項）の手続は不要で，主張書面は陳述しなくても提出すれば裁判資料となり，書証も提出すれば採否を問題することなく裁判資料となる。また，当事者が期日に欠席しても格別不利益に扱うことはできず，擬制自白（民訴159条3項）や訴え取下げの擬制（民訴263条）の適用もない（山崎・前掲91頁）。

(b) 審尋

　審尋は，裁判所が，当事者その他の訴訟関係人に，個別的又は一緒に，書面又は口頭で陳述する機会を与える非公開の手続である（民訴87条2項，山崎・前掲92頁）。この審尋は，当事者からの主張聴取のために行うものであるから，それ自体証拠調べの性質を有しないが，審尋の結果が，審尋の全趣旨として裁判官の心証形成に影響を与えることはありうる（宮崎公男「保全命令に関する手続における審尋」『民事保全法の運用と展望』（ジュリ969号）111頁，山崎・前掲122頁）。

　民事保全法9条は，民事保全の審尋期日において当事者以外に陳述が認められる者の範囲を「当事者のため事務を処理し，又は補助する者で，裁判所が相当と認めるもの」と明確にし，30条で，簡易な証拠調べの方法として行う参考人等の審尋手続を，保全異議の不服申立ての審理に限って導入したが，民事訴訟法の施行に伴う関係法令の整備に関する法律により30条が削除され，代わりに決定手続一般に適用される規定として民事訴訟法187条が新設された。このため，決定で完結すべき事件の簡易な証拠調べの方法として行う参考人等の審尋手続が，保全異議等の不服申立手続のみに適用されるのか，それとも，保全命令手続にも適用されるのか明確でなくなったが，後説によるべきであるとする説が有力である（瀬木比呂志『民事保全法』〔第3版〕252頁）。

(c) 口頭弁論と審尋の審理方式の選択

　保全異議の審尋において民事保全法29条や31条など当事者対等の手続保証の規定が整備され，民事訴訟法187条の準用によって簡易な証拠調べとしての審尋手続も利用できるので，保全異議の審尋手続における双方審尋と任意的口頭弁論との間には，それほどの違いがないともいわれるが，旧法当時の保全異議事件の審理の長期化が口頭弁論手続に起因するところが大きかった点に鑑みれば，保全異議の審理方式としては，原則として，審尋が選択されるべきである。

　例外的に，口頭弁論が選択されるべき場合として，公害事件や薬害事件のように，社会の耳目を集め，利害関係人が広範囲に及ぶ事件や，宣誓を経た上で尋問をする重要証人がいる事件などが考えられる。実際にも，東京地方裁判所や大阪地方裁判所の保全専門部においては，保全異議事件で口頭弁論を開くのは，極めて例外的な場合であるようである（判時1417号4頁・判タ901号6頁）。

(2) 事件の併合

　保全異議の審理において口頭弁論が開かれる場合には，民事訴訟法152条により弁論の併合をすることができるが，審尋で審理される場合に，事件の併合が認められるかという点が問題となる。例えば，主債務者と連帯保証人に対し，別々に仮差押命令の申立てがなされ，それぞれ発令されたが保全異議の申立てがなされたような場合のように，訴訟経済上同一事件として審理するほうがよい場合もある。民事訴訟法87条以下の口頭弁論に関する規定は，性質に反しない限り審尋手続にも準用されると解されるし，同法152条の規定を準用ないし類推して，事件の併合を認めるのが相当であるとされている（瀬木・前掲431頁）。

(3) 主張書面及び書証の提出，写しの送付（民保規25条）

　民事保全規則25条は，保全異議申立てをした当事者に対する規定である。

　保全命令の申立てについての手続の場合には，必ずしも審尋等の期日が開かれるとは限らないから，最初から主張書面等の写しの提出は必要とされないが，保全異議の申立ての場合には，手続の最初から主張書面の写しの提出をする必要がある。当事者対等の手続が保障されていることから，攻撃防御を尽くすことができるよう，主張書面及び書証の写しを相手方に交付することにより，手続上の当事者間の公平を図る必要があるからである。

　主張書面を提出するには，これ（正本）と同時に相手の数と同じ通数の写し（副本）を提出することを義務づけ（民保規25条1項），書証の申出をするには（原本のほかに），相手方の数に1（裁判所用の正本）を加えた通数の写しを提出することを義務づけ（民保規25条2項），この写しを裁判所から相手方に送付することとしている（民保規25条3項）。もっとも，相手方が複数であっても代理人が共通であれば，代理人の数に応じた通数の提出で差し支えない。なお，やむを得ない事由があるときは，裁判所が定める期間内に提出すれば足りる（民保規25条1項但書・2項但書）。

　民事保全規則25条1項及び2項により主張書面等の写しが提出された場合には，裁判所書記官はこの写しを相手方に送付しなければならない（民保規25条3項）。この送付は，保全異議の審理の進行状況を知らせるために行うものであるから，裁判所書記官は，提出された写しをその都度遅滞なく反対当事者に

送付しなければならない。送付の方法は，直接の手渡し，郵送又はファクシミリの方法によって差し支えない（民保6条，民訴規47条1項）。

ところで，民事保全規則25条3項は，裁判所を経由して相手方に送付すべきこととしているが，当事者間で主張書面及び書証を直送することが禁止されているわけではない。平成8年の民事訴訟規則の改正により準備書面の直送が原則化され（民訴規83条），民事保全規則25条3項も送達という厳格な方法ではなく送付すれば足りるとしているのであるから，手続の円滑化，迅速な進行を図る観点からも，当事者間において直送されることは，むしろ制度の趣旨になじむといえる（民事裁判資料226号155頁）。

(4) **債権者による主張書面等の写しの直送（民保規26条）**

民事保全規則26条は，保全異議申立てがあった場合の債権者に対する規定である。

保全命令の申立てについての審理は，口頭弁論又は債務者を呼び出す審尋の期日を経ないで発令される場合と，期日を経た上で発令される場合がある。前者の場合には，債務者には債権者が提出した主張書面等の写しは交付されていないが，後者の場合には，すでに交付されている（民保規14条・15条）。

保全異議の審理手続は，続審であるから，保全命令申立事件において当事者が提出した主張書面及び書証は，再度提出されなくとも，そのまま保全異議事件の審理において裁判資料とすることができる。そのため，保全異議事件における当事者の公平を図る必要から，民事保全規則26条は，債権者に対し，保全異議の申立てについての審理を開始するにあたり，保全命令の申立てについての手続において提出した主張書面等の写しを債務者に直送すべき旨を定めている。直送の時期は，保全異議の申立てがあると，その申立書が裁判所書記官から債権者に送付されるから（民保規25条1項・3項），それによって保全異議申立てがあったことを知った債権者は，遅滞なく直送しなければならない。ただし，民事保全規則26条但書は，それまでの手続においてすでに写しの交付がなされている分については，重ねて交付する必要がないことを明らかにしている。直送の方法は，(3)の場合と同様である（民事裁判資料226号158頁）。

(5) 第1回審尋期日

(a) 期日指定

　保全異議手続の迅速化を目指して決定手続とした民事保全法の立法趣旨からすれば、保全異議申立書受理から第1回の審尋期日までの期間は、1～2週間程度とする運用が望ましいとされている（瀬木比呂志監修『エッセンシャルコンメンタール民事保全法』255頁〔中山幾次郎〕、佐々木茂美ほか「保全異議の審理について（大阪地裁保全研究会報告）」判タ1111号58頁）。期日の呼出しは、口頭弁論、審尋を問わず相当と認める方法によることができる（民保規3条1項）。

(b) 当事者の出席

　審尋は、本来形式性の希薄な審理方法であり、民事保全法29条も当事者双方が立ち会うことができる審尋の期日を最低1回は経なければならないと定めるのみであり、常に当事者双方の出席を保障しているものではない。
　しかし、保全異議の審理では、当事者を対等に扱う手続保障が求められ、片方だけが出席した審尋期日では即座に相手方の反論を聴いたり臨機応変な和解勧告ができないこと、迅速性の要請は、担保を提供している債権者と保全執行から解放されない債務者双方にとっても必要なことなどからすれば、双方が出席する期日を原則とし、第1回期日から双方を呼び出す運用が望ましいとされている。

(c) 争点整理

　主張、争点の整理には、裁判所と双方が実質的なやりとりを行える方式が効果的であり、保全異議の審理は、多くの場合ラウンドテーブルが使用されている（裁判所にラウンドテーブル法廷が導入された時期は、民事保全法の施行時期とほぼ同時期である）。保全異議の審理が審尋によって行われるときでも、裁判所書記官による調書の作成は必要的であるから（民保規8条2項と1項の対比）、審尋期日には、原則として、裁判所書記官の立会いが必要である。

(d) 証拠調べ

　保全すべき権利又は権利関係及び保全の必要性の立証は、口頭弁論を開いた場合であると否とにかかわらず、すべて疎明によってなされる（民保13条2項）。
　疎明には、即時に取り調べることができる証拠によってしなければならないという制限がある（民訴188条）。この即時性の制限については、厳格に解する

説と緩和して解する説とがあるが，後者によったとしても，裁判所が証人ないし参考人に対し，不出頭の制裁を科すような正式な呼出しをすることはできず，また，期日に鑑定事項を示して口頭で鑑定意見を陳述させうる場合以外の鑑定人に対する尋問は，疎明の範囲を超えるものとして許されないと解されている（西山俊彦『保全処分概論』98頁）。

　保全異議の審理の迅速性の要請と，決定手続が採用された立法趣旨からすれば，本案訴訟と同じような証拠調べの方法を採用することは相当でないので，人証の取調べは，陳述書や報告書によって代替できないような場合に限って行われることになろう。また，仮に人証の取調べを行う場合は，陳述書を活用して短時間に，また複数の人証調べは集中して取調べを行うのが相当である（中山・前掲エッセンシャルコンメンタール257頁）。

(6) 保全異議の審理における心証の程度
(a) 保全訴訟における立証
　民事保全の実体的要件である被保全権利と保全の必要性について，当事者は疎明しなければならない（民保13条2項）。

　疎明は，裁判所に当事者の主張が真実であるとの確信を抱かせるまでに至らなくとも，当事者の主張が一応確からしいという心証を裁判官に与えるものであれば足りる。民事保全における立証が疎明で足りるとされているのは，保全訴訟が本案に付随する手続であることと，処理の迅速性の要請のほか処分が暫定性を有するにとどまるからである（西山・前掲95頁）。保全訴訟においても，一般原則に従い証明責任の分配がなされる。債権者は，被保全権利の存在及び保全の必要性を基礎づける事実を疎明しなければならず，これに対し債務者は，被保全権利に対する抗弁，保全の必要性を滅却させる事実の存在等について疎明する責任がある（西山・前掲101頁）。この債務者の抗弁の立証も，当事者公平の原則から疎明によると解されている（西山・前掲95頁）。

(b) 心証の程度
　疎明の心証は，真否不明の状態を相当程度超えるが証明には至らない中間の肯定的な心証ということができ，ある程度の幅を有するものである。

　保全命令は，債務者審尋等が行われることなく債権者側からの一方的な疎明によって発令されることが多いが，このような場合に保全異議の審理において，

債務者側から反証が提出されれば，裁判官の心証は，場合により真否不明の状態に引き戻され，債権者において疎明の強化が図られないと，請求原因事実についての疎明が足りないものとして保全命令が取り消されるという過程をたどることになる。

しかし，そうであっても保全異議において債権者が証明に近い程度の立証を求められるということにはならず，債務者側の反証によって真否不明の状態に引き戻された心証が，債権者側のさらなる立証によって，保全異議の終結時に一応確からしいという肯定的な心証を満たしていれば，本案訴訟における証明の程度には達していなくても保全命令を維持することとなろう。同様に，債権者側のさらなる立証に対しては，債務者側もさらなる反証の強化を図る必要があり，結果としてより高い程度の疎明責任を負うが，本案訴訟における抗弁事実についての証明の程度には足りなくとも，抗弁事実の存在について一応確からしいという心証に至れば，保全命令が取り消されることになろう（中山・前掲エッセンシャルコンメンタール258頁）。

〔3〕 保全異議における申立ての趣旨の変更等ないし被保全権利の変更の可否

(1) 申立ての趣旨の変更ないし拡張

保全異議の段階において，申立ての趣旨の変更ないし被保全権利の変更が許されるかについては，従前から争いがあった。保全異議の手続は，保全命令の申立ての審理において不利な立場に立たされている債務者に対する公平の観点から設けられた不服申立手続であるから，この段階で債権者に，申立ての趣旨の変更ないし拡張を認めることは，あまりにも債権者の立場に優位性を与えることになることを理由に，否定説が相当であるとされている（瀨木・前掲432頁）。

ただし，申立ての趣旨の変更のうち，被保全権利の量的な拡張を伴わず同一の被保全権利に基づき申立ての趣旨のみを変更する場合（例えば，人格権に基づく面談強要禁止の仮処分において，禁止行為の内容を変更する）については，申立ての趣旨自体が，債権者が達しようとする目的の範囲内では裁判所を拘束するものではないことなどを考慮すると，当事者も，上記の範囲内であれば申立ての趣旨の変更ができると解されている（瀨木・前掲432）。

(2) 被保全権利の変更

　申立ての趣旨を変えずに，被保全権利を質的に変更することを認めてもよいかについて，従来から争いがあった。

　保全異議の手続の性格に加え，保全命令の申立ての際に，被保全権利について慎重に検討する時間的余裕がない場合もあること，債務者からの異議の内容如何によって，債権者としても被保全権利を変更する必要が出てくる場合もありうることなどを考慮して，請求の基礎に変更がない限り（民訴143条），被保全権利の変更が許されると解されている（瀬木・前掲432頁）。

〔4〕 設問の検討——本案待ちの上申が出された場合

　民事保全法制定以前は設問の事例のように，当事者から，本案の結果を待ちたい旨の希望が出されることが多かったといわれる。その原因として，①旧法下では，保全異議の審理に判決手続が採用されたことから柔軟な審理を行うことが困難であり，当事者の負担も大きかったこと，②債務者にとって，保全執行によって過酷な負担を強いられている事案を除き，保全異議の審理で暫定的な結論を得るよりも本案において根本的な結果を得ることが好ましい結果が得られると考えることも多かったこと，③裁判所も，当事者が望まなければ二重の審理という負担を回避したかったこと，などが指摘されていた。

　しかし，保全異議の審理を遅延させてしまえば，理由のない保全命令（多くの場合，債務者の言い分を聴取しないで発令される）による負担から，債務者を早期に解放させるという保全異議の制度の趣旨が失われてしまうこととなる。民事保全法は，保全異議の制度の趣旨を実現するため，①民事保全規則24条3項において，保全異議申立書には，裁判所及び当事者が，可能な限り早期に事案の内容を把握し争点を確定することが可能な記載を求め，②参考人及び当事者本人から審尋によって事情を聴取する簡易な証拠調べの実施を可能とするとともに，審尋調書の記載の省略（民保規8条2項）と録音体の利用，複製の申出（民保規8条3項・7条2項）等によって，調書作成のための審理の遅延を回避し，③裁判所の判断も従来の判決から決定へと変更して，決定には理由を記載しなければならないところ（民保32条4項・16条本文，民保規9条3項），中心的な争点を記載すればよく，実質的な争点に絞った証拠調べを可能にするなどして，早

期決着のための手続が整備されている。

　そうすると，保全異議申立てについての審理においては，いわゆる本案待ちの訴訟運営は慎むべきであり，法の趣旨に則って，事案の適切な把握による見通しと的確な審理計画の策定，当事者の主張と争点の早期整理，集中的証拠調べの実施により，鮮明な心証に基づく早期の判断を示したり，必要に応じて和解を勧告するなど柔軟で実質的かつ迅速な解決が求められているのであり，この点は，民事保全法より遅れて制定，施行された本案の訴訟手続を規律する民事訴訟法の精神と変わるところはない。

　具体的には，本案で決着をつけるので期日を追って指定にしてもらいたい旨の申出があるときは，保全異議の申立ての取下げを勧告すべきであるし，これに応じないときは，早急に終結宣言をして決定すべきであると解されている（原田晃治・ジュリ969号226頁，中山幾次郎ほか・判タ949号7頁，佐々木・前掲判タ1111号54頁ほか）。

〔中内　篤〕

Q 36 | 保全異議(3)——保全異議審の終結

　Xは，Yに対し，X所有の地上・地下各1階の甲建物を賃貸した。Yは，甲建物を利用して中華料理店を経営していたが，甲建物地下1階部分をキャバレーに改造しようとしてその工事をA工務店に発注した。A工務店が上記改造工事を開始したことから，Xは，Yが無断増改築禁止の特約に違反したと主張して，上記賃貸借契約を解除した上，工事禁止並びに甲建物について占有移転禁止の仮処分命令を申し立て，これに基づく執行官保管，工事禁止並びに占有移転禁止の仮処分命令が発令された。これに対して，Yは，甲建物地下1階でキャバレーを経営したいとXに打診した際，Xは，甲建物地下1階を改造することを承諾してくれたと主張し，上記仮処分命令に対する異議申立てをした。これを前提に，保全命令に対する異議の審理の終結方法，決定，執行停止の裁判及び取下げ等について説明しなさい。

A

〔1〕 保全異議の審理の終結（民保31条）

(1) 趣　旨

　保全異議の審理は，任意的口頭弁論又は双方が立ち会うことができる審尋の期日によって審理される（民保29条）から，裁判所において，保全異議の審理の終結段階に至り，裁判に熟したと判断した場合に，直ちに裁判をすることが可能となるが，その段階において当事者にそのことを告知する手段が保障されていない。そのため，本条は，当事者の予期しない時期に審理の終結がなされ，当事者にとって不意打ちにならないようにするために設けられたもので，29条と並ぶ保全異議手続における手続保障のための規定である（山崎潮『新民事保

全法の解説』〔増補改訂版〕86頁・214頁)。

(2) 審理終結決定の種類

保全異議の審理の終結方法として，民事保全法31条は，①相当の猶予期間を置いて審理終結日を定める方法（民保31条本文）と，②口頭弁論又は当事者が立ち会うことができる審尋期日において直ちに審理を終結する旨を宣言して終結する方法（同条但書）とを定めている。

①の方法がとられる場合として，一方当事者のみ呼び出して審尋する期日において終結しようとする場合や，書面審尋によって審理している場合が考えられ，条文上は①の終結方法が原則であるが，実務上は，双方当事者が審尋期日に立ち会っていることが原則的であるから，実際には②の終結方法がとられる場合が多い。もっとも，②の終結方法をとろうとする場合に，当事者から主張書面や追加の書証を提出したいとの希望が出たようなときは，①の終結方法をとることが考えられる（瀬木比呂志『民事保全法』〔第3版〕428頁）。

(3) 審理終結決定の主体

審理終結日の決定又は審理終結宣言を行う主体は裁判所である。合議体で審理されている場合の受命裁判官は，単独では行えないと解されている（竹下守夫＝藤田耕三編『注解民事保全法(上)』387頁〔青山善充〕)。

(4) 相当の猶予期間

当事者は，審理の終結の日までは資料の提出をすることが許されるから，審理終結の日を定めるにあたっては，この提出の便宜を考慮した相当の猶予期間を置く必要がある。一般的には事案に応じて，当事者が資料提出に必要な期間と，これに対する反論の提出が可能な期間が確保された日ということになる。しかし，特に理由がなければ，迅速性に対する配慮から，1週間ないし10日間程度が相当であろうとされている（瀬木・前掲428頁，瀬木比呂志監修『エッセンシャルコンメンタール民事保全法』262頁〔中山幾次郎〕)。

(5) 審理終結日の決定及び審理終結宣言の告知

審理終結日の決定は，相当と認める方法で告知しなければならない（民保7条，民訴119条)。相当と認める方法とは，普通郵便，電話，ファクシミリなどによる方法をいうが，期日においては，口頭で出席当事者に告知すれば足りる。

審理終結宣言をする場合は，通常，双方が立ち会っている期日で行われるか

ら，あらためて通知する必要はない。

　審尋期日の呼出しを受けたにもかかわらず出席しない当事者に対しては，出席の機会が確保されているのであるから，当該審尋期日において審理終結日の決定をすることも，審理終結宣言をすることも可能であるとともにその旨の告知をすることは必要的でないが（山崎・前掲215頁），実際には，不出頭当事者に対しても相当な方法で告知するのが適切であろう（瀬木・前掲429頁）。

(6) **審理終結日の決定及び審理終結宣言の効果**

　いずれの場合も審理が終結されれば，決定若しくは宣言をしたその日までに提出された資料は，決定手続であって陳述の必要がないことから，当然に保全異議の裁判の判断資料になるが，その日以降は提出されたとしても，判断資料とすることはできない。裁判所が，その日以後に提出された資料により裁判する必要があると判断したときは，審理終結日の前後により，期日変更の規定（民訴93条）の準用により終結日を変更するか弁論再開の規定（民訴153条）の準用により弁論を再開することとなる（山崎・前掲216頁）。

〔2〕 保全異議についての決定（民保32条）

(1) **主文の内容**

　保全異議は，保全命令の発令の直前の状態に戻って，被保全権利の存在と保全の必要性について再度審理するものであるから，保全異議の申立てについての主文は，①保全命令の申立てについて，実体要件及び手続要件が充足していると判断され，保全命令の取消しを求めることが認められない場合には，異議申立てを却下することなく，単に原決定認可の裁判をするだけであり，②保全命令の申立てについて，実体要件及び手続要件が欠けていると判断され，保全命令の取消しを相当とする場合には，原決定取消しの決定だけでなく，保全命令申立却下の裁判をも掲げることとなる。

　(a) 認可決定

　認可決定の主文は，

　　債権者債務者間の○○地方裁判所平成○○年(ヨ)第○○号仮差押（仮処分）申立事件について，同裁判所が平成○年○月○日にした仮差押（仮処分）命令を認可

する。

というように原決定を特定表示することが相当であろう。

　この場合，保全異議の申立てを却下する旨の裁判は不要であるが，保全異議の申立自体が，申立権のない者の申立てであった場合や異議申立ての利益がない場合のように不適法な場合には，保全命令の認可決定ではなく，保全異議の申立ての却下決定をすべきである（西山俊彦『保全処分概論』186頁）。

　(b)　取消決定

　取消決定の主文は，

　　債権者債務者間の○○地方裁判所平成○○年(ヨ)第○○号仮差押（仮処分）申立事件について，同裁判所が平成○年○月○日にした仮差押（仮処分）命令を取り消す。債権者の本件仮差押（仮処分）命令申立てを却下する。

となる。

　保全異議に対する判断は，決定の形式で行われることから，この裁判は告知によって直ちに効力が生じ（民訴119条準用），旧法の取消判決の多くに付されていた仮執行の宣言は不要となった。他方，取消決定の効力を一定期間生じさせない旨の宣言（民保34条）をする場合には，主文にその旨を記載しなければならない（山崎・前掲233頁）。

　(c)　変更決定

　変更決定は，上記(a)の認可決定と(b)の取消決定以外の決定である。保全命令の一部認可，一部取消しについては，(a)の認可決定ないし(b)の取消決定に含まれ，変更決定には該当しない。結局，変更決定は，①保全命令の実質を変えずに，命ずる内容又は方法を変えること（例えば，建築続行禁止仮処分の場合に，その禁止する建物の範囲を変更する場合など）や，②債権者に新たな担保又は増し担保を命ずる場合をいうことになろう（山崎・前掲218頁，江口とし子「保全異議の申立てについての決定」『民事保全法の運用と展望』（ジュリ969号）229頁，法務省民事局参事官室編『一問一答新民事保全法』110頁）。

　①の場合の主文の例として「……仮処分決定を次のとおり変更する。債務者

は，債権者に対し，……の範囲の建築工事をしてはならない。」となり，②の場合の主文の例として「……仮差押決定の主文中，請求債権額及び仮差押解放金額が○○万円を超える部分を取り消し，その余の部分を認可する。右取消しに係る部分につき，債権者の本件仮差押命令申立てを却下する。」となる。仮処分の場合には，裁判所は，債権者の申立ての範囲内で仮処分の目的を達成するために必要な仮処分をすることができる（民保24条）のであるから，①のような変更決定の場合には，「債権者のその余の申立てを却下する。」との文言を掲げる必要はないと解される。なお，保全異議にも不利益変更禁止の原則（民訴304条）が準用されると解されるから，変更決定によって原決定を債務者により不利益に変更することは許されないとされている（瀬木比呂志監修『エッセンシャルコンメンタール民事保全法』266頁〔中山〕）。

(2) 立担保等を条件とする保全執行

民事保全法32条2項は，保全異議の申立てに対する決定において，債権者に対して新たな担保を立てること又は担保を増加することを命ずることができる旨を規定している。この決定の性質は，上記変更決定の一例ということになるが，主文は認可決定である（山崎・前掲219頁）。この担保は，保全執行の実施又は続行の条件であり，不安定な状態除去のために「相当と認める一定の期間内に」担保を立てることを命ずることとされている（江口・前掲ジュリ969号229頁）。

(3) 立担保を条件とする保全命令の取消し

民事保全法32条3項は，保全命令を取り消す決定をするにあたり，債務者に担保を立てることを条件として，保全命令の取消しの効力を発生させることを定める。

立担保の期間には限定がない。債務者が，保全執行の取消しを求めるには，執行機関に立担保の事実を証する書面を提出することを要する。

(4) 訴訟費用の裁判

保全命令の申立てを認容する決定の場合には，訴訟費用に関する裁判は行われていないが，保全異議の申立てについての裁判は，その審級における事件を完結する裁判であるから，訴訟費用の裁判を行うべきである（瀬木・前掲437頁）。

(5) 決定の方式

民事保全法32条4項は，16条本文を準用しているから，保全異議の申立てについての決定は，「理由の要旨」ではなく，「理由」を示さなければならない。保全異議についての審理は保全命令の発令段階よりも慎重な審理が行われ，当事者が対等に扱われるから，審理の結果を示す決定には理由を付することを要求し，不服申立てについての裁判としての実質を確保しようとしたものである（山崎・前掲45頁・218頁）。

(6) 決定書の記載

民事保全規則9条1項は，保全異議の申立てについての決定に，決定書の作成を義務づけている。そうして，同条2項は，決定書の記載事項を定めている。

一般に決定書には，当事者の求めた申立ての趣旨が記載されるが，保全異議の申立てについての決定の場合は，すでに保全命令が発令されているから，保全命令について特定して記載すれば足りる。ただし，債務者は，保全異議の申立てにあたり，保全命令の一部の取消し又は変更を求めることができるので（民保規24条2項），この場合には，異議申立ての内容が保全命令の全部に対するものなのか一部に対するものなのか明らかにする必要がある。

民事保全規則9条3項は，決定書の記載事項として，「主要な争点及びこれに対する判断」を掲げる。

(7) 主張書面及び原決定の引用

理由の記載は，当事者の主張書面を引用することができ（民保規9条4項），さらに保全異議の申立てについての決定においては，当事者の氏名又は名称及び代理人の氏名と，理由又は理由の要旨について原決定の記載の全部又は一部を引用することができる（民保規27条1項）。

(8) 調書決定

保全異議の申立てについての決定においても，口頭弁論又は審尋の期日において，担保に関する事項，主文，理由又は理由の要旨を口頭で言い渡し，これを調書に記載する方法によることができる（民保規10条1項）。この場合でも，当事者の表示と理由に関しては，保全命令の決定書又はこれに代わる調書の記載を引用できるとされている（民保規27条2項）。

(9) 送　達

決定は，相当な方法で告知すれば足りるとされているが（民訴119条），保全異議の申立てについての決定は，送達すべきことを義務づけられている（民保32条4項・17条）。

〔3〕 保全異議申立ての取下げ（民保35条）

保全異議の申立てを取り下げるには，債権者の同意を要しない。取下げの後に再び保全異議の申立てをすることもできるが，濫用にわたる場合には訴訟手続上の信義則により対処できると解されている。

取下げができる時期について制限が設けられていないから，一般原則に従い（民保7条により準用される民訴261条1項），保全異議についての裁判が確定するまで取り下げることが可能と解される。取下げは，口頭弁論又は審尋の期日である場合を除き，書面によらなければならない（民保規4条1項）。取下げがなされたときは，裁判所書記官は，保全異議の申立書の写しの送付を受けた相手方に対し，その旨を通知しなければならない（民保規4条3項）。通知の方法は，相当と認める方法で足り，普通郵便，電話，口頭，はがき，ファクシミリのいずれの方法も許される（民事裁判資料226号25頁）。

なお，民事保全法35条は，保全取消しに関する裁判（民保40条1項）にも準用される。

〔4〕 保全執行の停止等の裁判（民保27条）

(1) 規定の内容

民事保全法27条は，保全執行停止又は執行取消しの要件として「保全命令の取消しの原因となることが明らかな事情」と「保全執行により償うことができない損害を生ずるおそれ」があることとしている。本条は，他の制度と比較しても，厳格な要件を課している。これは，暫定裁判に対する暫定裁判であって屋上屋を架すものだという理由のほか，民事保全の特質からくるものである。保全命令の申立てには，保全すべき権利と保全の必要性が存在しなければならないところ，保全執行の停止等についても，まず，これと反対の事情を債務者が疎明しなければならないが，それだけでは債権者の主張を排斥しただけであ

り，債権者の反対疎明を経ないで執行停止をするには不十分であり，さらに債務者が執行停止等を得なければならない積極的な必要性を要求しなければ当事者間の公平を欠く点にあるといわれている（山崎・前掲199頁）。

(2) 保全命令の取消しの原因となることが明らかな事情

　この要件は，保全すべき権利等と保全の必要性の存在についての反対の事情である。立法の際，政府案に対して，例えば労働賃金仮払仮処分が簡単に執行停止されないよう議員修正され，「原因となることが明らかな」という文言が追加された。執行停止の裁判は，極めて短時間で疎明することが要求される。「明らかな」という文言が追加されなくても，保全命令取消しの原因となることが一見して明らかな事情が疎明されなければ執行停止は認められないと解されていたものであり，上記修正によって，そのことが解釈上明確になったということができる。

　「明らかな事情」の意味は，疎明されたような事情があれば取消しの原因となることが一見して明らかとなるものでなければならず，さまざまな事情を積み重ねた上で取消しの原因となることが初めてわかるという事情はこれにあたらないと解されている（山崎・前掲201頁）。具体的には，不適法な保全命令を発令したことが明らかな場合，実体法の解釈を誤った結果保全命令を発令したことが明らかな場合，被保全権利の疎明のかなめとなった書証が偽造されたものであることが一見して明らかな場合，抗弁事実を明確に証する書証が提出された場合，仮差押えの債務者が免責の決定を得ている場合，仮差押えの債務者が資力十分であることが明らかにされた場合などが考えられる（山崎・前掲201頁，瀬木・前掲418頁）。

(3) 保全執行により償うことができない損害が生ずるおそれ

　「償うことができない損害」とは，一般的には，事後的な金銭賠償によっては償えないような損害を意味すると解され，債権者の賠償能力も考慮に入れて判断されることになるといわれている（山崎・前掲201頁参照）。

　解放金による執行解放制度に馴染む仮差押えや仮処分のうち被保全権利が金銭の支払をもって目的を達することができる仮処分の場合には，この要件は比較的認められにくいと考えられる。これに対して，仮の地位を定める仮処分においては，この要件が認められやすいことになるが，この仮処分は，争いがあ

る権利関係について債権者に生ずる著しい損害又は急迫の危険を避けるために必要であるときのみその発令が認められ（民保23条2項），その「著しい損害」とは，仮処分によって債務者が被る損害ないし不利益と比較して，債権者の受ける利益が著しく大きいものであることと解されているから（西山・前掲44頁），疎明がされて発令された仮処分命令に対してこの要件が認められる場合は，実際にはかなり限定されると考えられる。例えば，仮の地位を定める仮処分命令の発令後，債権者が得ている利益が実際にはそれほどではないことが判明したが，これに対して，債務者が被っている不利益が，営業や生活等に対する致命的な打撃等になっている場合などが考えられる（瀬木・前掲419頁）。

(4) 疎　　明

本体である保全異議の裁判については立証の程度が疎明で足りることから，その暫定的裁判である執行停止の判断においては，疎明よりも低い証明度で足りるのかという問題がある。これについては，暫定的な裁判をするに足りる程度のものをいうとする立場もあるが，心証の程度について疎明以下という概念は一般に想定されておらず，執行停止の要件の疎明の程度は，保全命令の裁判及び保全異議の裁判における被保全権利の存在と保全の必要性の疎明の程度と異なるものではないと解される。

なお，保証金の供託と宣誓による疎明の代用の規定はない。

(5) 立 担 保

執行の停止及び執行の取消しのいずれの場合も担保を必ず立てることを条件としている（民保27条1項）。

(6) 執行の停止

保全執行の停止には，保全命令の効力の停止も含まれる。仮処分の中には単純に不作為を命ずる仮処分等，債務者への送達によってその効力を生ずるものがあり，この場合には，保全命令の効力の停止をすることになるが，この停止は，実質的には，執行の取消しとなり，債務者は一切の拘束から解放される。執行停止を命ずる裁判書は，民事保全法46条が準用する民事執行法39条1項7号の文書になるから，これを執行機関に提出すれば，保全執行は停止される。

(7) 執行の取消し

執行の取消しは，保全執行が完了していてその結果だけが残っている場合，例えば不動産仮差押登記の抹消を意味する。執行取消しを命ずる裁判書は，民事保全法46条が準用する民事執行法39条1項6号の文書になるから，これを執行機関に提出すれば，民事執行法40条により保全処分は取り消される。

(8) 存続期間

執行停止等の裁判は，保全異議についての決定において，それについての取消し，変更，認可の裁判がなされるまでその効力が存続する（民保27条1項・3項）。

(9) 不服申立て

執行停止等の申立てについての裁判に対しては，不服申立てができない（民保27条4項）。27条1項の申立てを却下した裁判についても同様に解されている（瀬木・前掲422頁）。

(10) 管轄裁判所

保全執行停止等の裁判を行う裁判所は，原則として，保全異議の申立てを受けた裁判所である（民保27条1項）。この場合，急迫な事情があるときは，裁判長が執行停止等の裁判をすることができる（民保27条5項・15条）。執行停止等の裁判は，急速を要するから，保全異議の裁判所のほか事件記録が存する裁判所にも申し立てることができる（民保27条2項）。民事保全についての申立てが却下され，即時抗告に基づき抗告裁判所が保全命令を発令し，これに対する保全異議の申立てに伴って執行停止の申立てがなされた場合において，事件記録が原審の裁判所に返還（民訴規185条）されているときなどが該当する。

〔5〕 設問について

本設問では，保全異議の審理の終結手続，決定，取下げ及び執行停止の裁判について説明した。

Yとしては，工事の禁止を命じる仮処分命令はA工務店への支払など経済的な損失が大きくなることも考えられるから，保全異議を申し立てるとともに執行停止の裁判を求めることもできる。しかし，執行停止の裁判は，極めて短時間で疎明することが必要であり，しかも，保全命令の取消しの原因となること

が明らかな事情と保全執行により償うことができない損害を生ずるおそれという極めて厳格な要件が求められているばかりか，担保を立てることも必要である。そうだとすれば，保全異議の審理を急ぐのとどちらが得策かという点も検討される必要があろう。

　保全異議の手続においても，〔2〕(1)(c)の主文例のように建築禁止の範囲を変更する決定や，同内容の和解に至ることもありえよう。

[中内　篤]

第 4 章

保全取消しに関するQ＆A

Q37 保全取消し(1)――取消しの事由

　Xは，Yに対し，X所有の甲土地を，建物所有目的の約定で賃貸した（無断増改築禁止の特約あり）が，その後，Yが甲土地上の建物について改築工事を開始したため，Xは，無断増改築禁止の特約に違反したと主張して，上記賃貸借契約を解除した上，工事続行禁止の仮処分命令を申し立て，これに基づく仮処分命令が発令された。以下の事由がある場合，Yは，上記仮処分命令の取消しを求めることができるか。

(1)　上記仮処分命令が発令された後，Xが一向に本案の訴えを提起しない場合

(2)　Xが本案の訴えの一審と控訴審のいずれも敗訴したにもかかわらず，なお上告して争っている場合

(3)　Yは，甲土地上の建物を自宅兼店舗として使用していたが，上記仮処分命令による改築工事の中断の結果，生活上の不便はもとより，収入の途も閉ざされたため重大な損害を被っている場合

A

〔1〕 はじめに

　民事訴訟の本案の権利の実現を保全するための仮差押え及び係争物に関する仮処分並びに民事訴訟の本案の権利関係につき仮の地位を定めるための仮処分（以下「保全」という）命令について，債務者のために認められている不服申立ての制度として，民事保全法は，保全異議（民保26条）と保全取消し（民保37条～39条）を設けている。

　保全異議は，発令された保全命令について，保全すべき権利又は権利関係と保全の必要性の存否を再審理するものであるが，保全取消しは，保全命令の発令要件である保全すべき権利又は権利関係と保全の必要性について，発令当時その要件が存在していたことを前提にその後に生じた事情を斟酌して，保全命令を取り消すか否かを審理するものである。

　小問(1)から(3)までの各事由は，保全命令の不服申立て制度である保全取消しに関するものであり，設問の場合，Xの申立てにより発令された工事続行禁止の仮処分命令（以下「本件仮処分命令」という）を受けたYについて，小問(1)は本案の訴えの不提起等による保全取消し（民保37条），小問(2)は事情の変更による保全取消し（民保38条）及び小問(3)は特別の事情による保全取消し（民保39条）を求めることができるか否かを問うものである。

　以下，工事続行禁止の仮処分命令について説明の上，各小問を検討する。

〔2〕 工事続行禁止の仮処分命令

　本件仮処分命令は，建物の改築工事の続行を差し止めるために，Yに対する工事続行禁止という不作為を命ずる方法（民保24条）の仮処分である。

　工事続行禁止の仮処分には，将来の建物収去土地明渡しの強制執行による権利実行の保全を目的とする係争物に関する仮処分（民保23条1項）と日照権や建物の所有権等の保全を目的とする仮の地位を定める仮処分（同条2項）がある。前者は，工事続行による建物等の収去の困難性，収去費用の増大等から現状を

維持し，将来取得する建物収去土地明渡判決等の債務名義による強制執行の保全を目的とするものであり，後者は，将来の強制執行の保全を目的とせず，権利関係に争いがあることから現在の債権者に生ずる著しい損害又は急迫の危険を避けるため，その争いが解決されるまでの間工事続行禁止という仮の措置を定めることにより，これを維持又は実現するためのものである。

設問の場合，Xは，Yに対し，X所有の甲土地を建物所有目的の約定で賃貸した（無断増改築禁止の特約あり）が，その後，Yが甲土地上の建物の改築工事を開始したため，Xが，Yの特約違反を理由に賃貸借契約を解除した上，工事続行禁止の仮処分命令を申し立て，これに基づき本件仮処分命令が発令されたというものである。前記によれば，本件仮処分命令は，XのYに対する甲土地の所有権に基づく妨害排除ないし返還請求権，又は賃貸借契約終了による原状回復請求権に基づく建物収去土地明渡請求権を被保全権利とするものと考えられるから，XのYに対する建物収去土地明渡判決等の債務名義に基づく強制執行の保全を目的とする係争物に関する仮処分であるということができる。

なお，設問の場合，Yが増改築工事を強行することから，Xに生じている著しい損害又は急迫の危険を避けるため，Yに対し工事続行禁止という仮の措置を定めることが必要であることから発令されたものであるとすれば，本件仮処分命令は，仮の地位を定める仮処分ということになる。

〔3〕 小問(1)の検討

(1) **本案の訴えの不提起等による保全取消し**（民保37条）

(a) 制度の趣旨

保全命令は，本案の権利又は権利関係を保全するための暫定的，仮定的な処分であり，本来，速やかに債権者が債務者を相手に本案の訴えを提起し本案の権利等の確定を図ることを前提としているが，本案の訴えの提起が行われず保全処分の状態が長く続くと，債務者は，経済的，精神的に大きな不利益を被ることになる。そこで，民事保全法は，このような状態に置かれている債務者の救済方法として，本案の訴えを提起しない債権者に対して，債務者の申立てにより，保全命令を発した裁判所が本案の訴えの提起を命じ（以下「起訴命令」という），これに応じて本案の訴えの提起がなされなければ，債務者の申立てに

より，裁判所が債権者の起訴命令の不遵守を理由に保全命令を取り消さなければならない制度を設けた（民保37条）。

(b) 起訴命令の申立て（民保37条1項）

債務者（その一般承継人又破産管財人等，以下「債務者」という）が起訴命令の申立てを保全命令発令の裁判所に行うと，裁判所は，起訴命令の申立てが適法であり，保全命令が有効に存続する限り，本案の訴えの係属の有無について審理することなく，直ちに起訴命令を発令することになる。債務者は，起訴命令の申立てについて，保全命令が発令されていることだけを主張，立証すれば足りると解されている。

(c) 本案の訴え

起訴命令の送達を受けた債権者は，本案の訴えを提起し，これを証する書面を命ぜられた期間内に発令裁判所に提出すると，保全命令の取消しを免れることができる。本案の訴えといえるためには，保全命令の被保全権利の存否を確定しうるものでなければならず，保全命令の被保全権利と本案の権利又は権利関係との同一性が必要であるが，この点について，最判昭26・10・18民集5巻11号600頁は，保全命令により保全すべき被保全権利と本案の訴えの訴訟物とが完全に同一でなくとも，請求の基礎さえ同一であれば足りるとしている。

(d) 保全取消しの申立て（民保37条3項）

債権者が裁判所の起訴命令を遵守しない場合，債務者は，発令裁判所に保全命令の取消しの申立てを行うと，債権者が本案の訴えを提起し現に訴訟が係属中であったとしても，本案の訴えの係属を証する書面が定められた2週間以上（民保37条2項）の期間内に提出されないときは，裁判所は，保全命令を取り消さなければならない。

(2) 結　論

設問は，本件仮処分命令が発令された後，Xが一向に本案の訴えを提起しないというのであるから，前記によれば，Yは，保全命令を発した裁判所に起訴命令の申立てを行うことができる。Yが起訴命令の申立てを行うと，裁判所から起訴命令が発令され，Xは，起訴命令に定められた期間内に本案の訴えを提起するとともにその提起を証する書面を裁判所に提出しなければならず，Xがこれを遵守しない場合，Yは，裁判所に本件仮処分命令の取消しの申立てをす

ることができる。YからXの起訴命令の不遵守を理由とする本件仮処分命令の取消しの申立てがなされると，裁判所により，民事保全法37条3項に基づき，本件仮処分命令の取消決定がなされる。

　なお，設問の場合，起訴命令を受けたXが，これに応じて提起すべき本案の訴えとしては，本件仮処分命令の被保全権利を甲土地の所有権に基づく妨害排除ないし返還請求権又は賃貸借契約解除による原状回復請求権に基づく建物収去土地明渡請求権であると考えると，その訴えの類型としては，Yを被告とする甲土地の建物収去土地明渡しの給付の訴え又は同請求権の確認の訴えということになる。

　Xが提出すべき本案の訴えの係属を証明する書面とは，起訴命令がXに告知された日から裁判所が定めた期間内のいずれかの時点で，これが係属していることを証するものをいうと解するのが相当である（東京高決平8・6・5東高民時報47巻1～12号25頁参照）。

■参考書式
①起訴命令申立書（申立ての方式＝民保規28条，申立書の記載事項＝民保規24条1項）

起訴命令申立書

平成〇〇年〇月〇日

〇〇簡易裁判所　御中

　　　　　申立人（債務者）代理人弁護士　　〇〇〇〇〇　㊞
　　　　　当事者の表示　別紙当事者目録記載のとおり

　上記当事者間の〇〇簡易裁判所平成〇〇年(ト)第〇〇号工事続行禁止仮処分命令申立事件について，平成〇〇年〇月〇日仮処分命令が発令されたが，債権者はまだ本案の訴えを提起しないので，民事保全法37条1項に基づき債権者に対し，本案の訴えを提起していない場合は，これを管轄裁判所に提起するととも

に，その提起を証する書面を，既にこれを提起している場合は，その係属を証する書面を，相当期間内に貴庁に提出しなければならない旨の決定を求める。

②**本案の訴え不提起による保全命令取消申立書**（申立ての方式＝民保規1条4号，申立書の記載事項＝民保規29条・24条）

　　　　　　　　本案の訴え不提起による保全命令取消申立書

　　　　　　　　　　　　　　　　　　　　　　　　　平成○○年○月○日
○○簡易裁判所　御中
　　　　　　　　　　申立人（債務者）代理人弁護士　　○　○　○　○　○　㊞
　　　　　　　　　　当事者の表示　別紙当事者目録記載のとおり

　　　　　　　　　　　　　申立ての趣旨
　○○簡易裁判所が，同裁判所平成○○年(ト)第○○号工事続行禁止仮処分命令申立事件について，平成○○年○月○日にした仮処分決定は，これを取り消す。
　申立て費用は被申立人の負担とする。
との決定を求める。

　　　　　　　　　　　　　申立ての理由
1　○○簡易裁判所は，被申立人の申立てにより，同裁判所平成○○年(ト)第○○号工事続行禁止仮処分命令申立事件について，平成○○年○月○日申立人に対し，仮処分決定をした（甲1）。
2　申立人は，○○簡易裁判所に対し，起訴命令の申立てをした（同裁判所平成○○年(サ)第○○号）ところ，同裁判所は，被申立人に対し，まだ本案の訴えを提起していない場合は，これを管轄裁判所に提起するとともに，その提起を証する書面を，既に本案の訴えを提起している場合は，この決定送達の日以降におけるその係属を証する書面を，当該決定送達の日から1ヵ月以内に，○○簡易裁判所に提出しなければなければならない旨の決定を発し，同決定は，被申立人に対し，平成○○年○月○日に送達された（甲2，3）。

3　しかしながら，被申立人は，前記期間内に，本案の訴えの提起（係属）を証する書面の提出をしないから，民事保全法37条3項に基づき，上記仮処分決定の取消しを求める。

疎明資料

1　甲1号証　仮処分決定正本
2　甲2号証　起訴命令決定正本
3　甲3号証　送達証明書

添付書類（省略）

〔4〕　小問(2)の検討

(1)　事情の変更による保全取消し（民保38条）

(a)　制度の趣旨

　保全すべき権利若しくは権利関係又は保全の必要性は，保全命令の発令後に消滅することがあるが，このような事情の変更がある場合，保全命令を存続させておくことは不当であることから，民事保全法は，債務者が保全命令を発令した裁判所又は本案の裁判所に事情変更による保全命令の取消しを求めることができる制度を設けた（民保38条）。

(b)　事情の変更の意義

　事情の変更とは，保全命令の発令要件である被保全権利や保全の必要性について，保全命令発令当時とは異なった判断を下すべき事実や資料を提出できるようになったことをいうが，保全命令発令後にその存続を不当とする新たな事情を生じた場合（客観的事情の変更）のほか，保全命令の発令要件につき保全命令発令当時とは異なる事実や資料を提出できるようになった場合（主観的事情の変更）を含むと解されている。

　事情の変更にあたる事由としては，被保全権利につき，保全命令発令後の弁済，免除，相殺，取消し，解除のほか，本案の訴えにおいて被保全権利が存在しないとの債権者敗訴判決がなされている場合及び保全の必要性につき，債務者の資力の回復，隠匿等のおそれがなくなった場合が考えられる。

(c)　債権者敗訴の本案判決が確定している場合

本案の訴えにおいて被保全権利の存在を否定する債権者敗訴判決が確定している場合は，事情の変更による保全命令の取消しが認められる（大判明42・5・4民録15輯455頁等）。しかし，債権者敗訴判決の理由が，被保全権利の存在を否定するものではない場合及び期限未到来又は条件未成就である場合については，事情の変更があったということはできない。

なお，訴え却下判決の場合，訴訟要件の欠缺については，被保全権利の不存在ということではないから，直ちに事情の変更にあたるということはできないが，訴え却下判決の理由により，例えば，債権者の原告適格の欠缺の場合，不起訴合意の存在する場合には，事情の変更にあたると解されている。

(d) 債権者敗訴の本案判決が未確定である場合

(イ) 債権者敗訴の本案判決が未確定である場合については，必ずしも常に事情の変更があったものとして保全命令を取り消すことはできないが，自由裁量によって，本案判決が上級審において取り消されるおそれがないと判断することができるときには，事情の変更があったものとして保全命令の取消しができると解されている（最判昭27・11・20民集6巻10号1008頁等）。

最判昭41・2・25裁判集民82号581頁は，仮処分命令の債権者が第一，二審ともに本案敗訴の判決が言い渡され，その判決理由の説示から推して上告審で破棄されるおそれがないと認められる場合には，同判決があったことをもって，その確定を待つことなく，仮処分取消しの事由たる事情の変更が生じたということができるとする。

そして，下級審の裁判例（高松高判昭40・5・17判タ178号120頁，東京地判昭47・5・16判時685号114頁，旭川地判昭48・2・28判時735号95頁）においても，本案の訴えの二審で保全命令の債権者が敗訴し上告している事例において，上告審で二審の債権者敗訴判決がたやすく取り消されることが予想されるような特段の事情が認められないとし，事情の変更があったとして保全命令が取り消されている。また，東京高判昭31・12・17東高民時報7巻12号298頁は，仮処分債権者が本案訴訟の第一審で勝訴したが第二審で原判決が取り消され，第二審判決に対しては上告により未だ確定していないが，本案訴訟の最も重要な争点について各証拠を対照して考えると，第二審判決は上告審において取り消されるおそれはないものと認めるのが相当であり，仮処分決定を取り消すべき事情の変更

があるものと解するのが相当であるとしている。

(ロ) 前記裁判例等によれば，債権者敗訴の本案判決について上告審において，控訴審の事実認定又は法律の適用が見直される可能性があり，控訴審判決が維持されるかどうか疑問がある場合については，一，二審で保全命令の債権者が敗訴しているということを理由に民事保全法38条1項の事情の変更があるということはできない。しかし，上告審では，新たな事実や証拠を提出して控訴審の事実認定の誤りを主張することができず，控訴審の終結までに提出された訴訟資料に基づき控訴審判決の判断が審査されるにすぎないから，債権者の主張が単なる事実認定の誤りを指摘するものであって，法令違反が見当たらない場合には，控訴審判決が破棄されることは考え難く，上告中であるとしても，民事保全法38条1項の事情の変更があったということができるであろう。

(2) 結　論

前記によれば，設問の場合，Yは，Xの提起した本案の訴えの一審と控訴審のいずれの敗訴判決も，被保全権利が認められないとの理由により，一審で請求棄却，控訴審で控訴棄却の判決が言い渡されているというのであれば，X敗訴の本案判決が未確定ではあるが，本件仮処分命令を発した裁判所又は本案の裁判所（本案が上告審に係属しているので一審裁判所）に，一審及び控訴審のX敗訴の本案判決の理由からすると，上告審で控訴審判決が破棄されるおそれがないことを主張して，民事保全法38条1項の事情の変更による本件仮処分命令の取消しを求めることができる。

民事保全法38条1項の保全処分命令の取消しの申立てについては，債務者が事情の変更の事由を疎明しなければならない（民保38条2項）から，設問の場合，Yとしては，事情の変更の事由として，Xが提起した本案の訴えの一審と控訴審のX敗訴判決正本のほか，同判決の決め手となった関係資料を提出して，上告審においても同判決が破棄されるおそれがないことを疎明することが必要である。

Yの疎明により，上告審において控訴審のX敗訴の本案判決について破棄されるおそれがなく維持される蓋然性が高いことが認められると，裁判所は，X敗訴の本案判決が未確定である場合でも，Yの申し立てた民事保全法38条1項の事情の変更による本件仮処分命令の取消しを認める決定をすることになる。

なお、Yに本件仮処分命令の取消しによってXに生じる損害の担保提供を条件として、本件仮処分命令の取消決定がなされる場合もある（民保38条3項・32条3項）。

これに対し、Xとしては、上告審で控訴審のX敗訴の本案判決について民事訴訟法312条に該当する事由があるから破棄されるおそれがあることを主張し、疎明して反論することになる。

■参考書式──事情変更による保全取消申立書（申立ての方式＝民保規1条4号、申立書の記載事項＝民保規29条・24条）

事情変更による保全取消申立書

平成○○年○月○日

○○簡易裁判所　御中

　　　　　申立人（債務者）代理人弁護士　○　○　○　○　○　㊞
　　　　　当事者の表示　　別紙当事者目録記載のとおり

申立ての趣旨

　○○簡易裁判所が、同裁判所平成○○年(ト)第○○号工事続行禁止仮処分命令申立事件について、平成○○年○月○日にした仮処分決定は、これを取り消す。
　申立て費用は被申立人の負担とする。
との決定を求める。

申立ての理由

1　被申立人は、申立人を債務者として、別紙目録記載の土地（以下「本件土地」という。）上に改築工事中の別紙目録記載建物（以下「本件建物」という。）について、○○簡易裁判所に工事続行禁止仮処分命令の申立て（同裁判所平成○○年(ト)第○○号）をし、平成○○年○月○日その旨の仮処分決定（以下「本件仮処分決定」という。）を得た（甲1）。

2　被申立人は、申立人を被告として、本件仮処分決定の本案の訴えとして、

本件建物の収去，本件土地の明渡しを求める訴訟を○○簡易裁判所に提起した（同裁判所平成○○年(ハ)第○○号事件）が，被申立人の申立人に対する無断増改築禁止の特約違反を理由とする解除権の行使は許されず，被申立人のした賃貸借契約解除の意思表示の効力が生じないとの理由で，平成○○年○月○日被申立人の請求を棄却する判決が言い渡され，前記判決に対し，被申立人から○○地方裁判所に控訴が提起された（同裁判所平成○○年(レ)第○○号事件）ものの，原判決は正当であるとして，平成○○年○月○日控訴棄却の判決が言い渡された（甲2，3）。
3　前記控訴審の判決に対し，被申立人から○○高等裁判所に上告されているが，第一，二審の判決理由からすると，上告審で破棄されるおそれはないと考えられる。
4　よって，本件仮処分決定は，保全すべき権利が認められず事情の変更が生じたものであるということができるから，民事保全法38条1項に基づき，本件仮処分決定の取消しを求めるため，本申立てに及んだ。

疎明資料

1　甲1号証　仮処分決定正本
2　甲2号証　第一審判決正本
3　甲3号証　第二審判決正本

添付資料（省略）

〔5〕 小問(3)の検討

(1) 特別の事情による保全取消し（民保39条）

(a) 制度の趣旨

仮処分命令は，その内容によっては債務者に対し極めて重い負担となり，又は償い難い損害を被らせたりすることがあるが，このような場合に，本案の訴えの判決がなされるまで債務者に対して仮処分命令の効力を強いることは相当でないことから，民事保全法は，仮処分命令により債務者に償うことができない損害を生ずるおそれがあるとき，その他の特別の事情があるときは，債務者の申立てにより債務者が担保を立てることを条件として仮処分命令を取り消す

ことができる制度を設けた（民保39条）。

　(b)　民事保全法39条の特別の事情

　(イ)　民事保全法39条は，仮処分命令に固有のものとして，特別の事情による保全取消しの制度を規定しているが，この規定は，旧民事訴訟法759条（以下「旧法」という）を引き継ぎ，債務者に担保を立てることを条件として，仮処分命令を取り消すことができることとしたものである。

　旧法には，特別の事情の内容が規定されていなかったが，解釈では，仮処分命令により債務者に償うことができない損害（異常損害）を生ずるおそれがあるときのほか，金銭の補償によって，仮処分の目的が達せられる場合についても，特別の事情があるものとされていた。しかしながら，金銭的補償の可能性という要件は，解釈によっては極めて多くの場合がこれに該当することになりかねないことから，立法にあたって，あえて規定を設けず，将来の解釈に委ねることとされた。

　(ロ)　特別の事情の内容について，民事保全法39条1項は，異常損害の生ずるおそれとして「仮処分命令により償うことができない損害を生ずるおそれがあるとき」を例示するが，仮処分命令の発令により債務者に生ずる通常損害については，仮処分命令発令時に債権者に担保を立てさせている（民保14条1項）から，異常損害は，通常損害よりも大きな損害を意味することになる。債務者に異常損害の生ずるおそれがある場合としては，仮処分命令が維持されることにより債務者の生活，営業に重大な支障を生じさせる場合等が考えられる。

　前記のとおり，金銭的補償の可能性については，民事保全法39条1項に明記されていないが，「その他の特別の事情があるとき」の解釈として，これを認めることができないというわけではないから，被保全権利が金銭的補償を受けることによって目的を達することが可能な場合は，特別の事情があるものということができると解されている。

　(ハ)　仮処分によって保全すべき権利の実現について，金銭的補償の可能性をもって足りるときに該当するかどうかは，被保全権利の内容，仮処分の目的，方法，仮処分命令の取消しにより債権者が被ると予想される損害の程度について検討し，仮処分命令を維持することによって予想される債務者の損害の程度とも比較考量して，慎重に判断すべきであるといわれている。

最判昭29・4・30民集8巻4号897頁は，仮処分によって保全されるべき権利が金銭的補償によってその終局の目的を達しうるかどうかは，本案訴訟における請求内容及び当該仮処分の種類，目的等諸般の状況に照らし社会通念に従い客観的に考察し判断すべきものであるとする。

(二) 特別の事情による仮処分命令の取消しが認められるためには，異常損害の生ずるおそれと金銭的補償の可能性の2つの事情の併存が必要か否か，この点について，旧法下では争いがあったが，判例（最判昭26・2・6民集5巻3号21頁，最判昭27・4・4民集6巻4号404頁等）は，そのいずれか一方の事情が存在すれば特別の事情があるとしている。民事保全法39条についても，同様に解されている。

(c) 建物改築の工事続行禁止の仮処分と特別の事情

(イ) 異常損害の生ずるおそれ　建物改築の工事続行禁止の仮処分について，どのような場合に債務者に異常損害の生ずるおそれのあることが認められるのか，その具体的なものとして，建物改築の工事続行禁止により債務者の生活，事業等に重大な支障を生じ，その維持，継続が不可能又は著しく困難となる場合のほか，改築中の建物が放置されることによる破損，朽廃等のおそれがある場合等が考えられる。

建物改築の工事続行禁止の仮処分は，建物改築の工事中止により債務者に与える影響が大きく，損害を被らせるおそれがあることから，実務では債務者の審尋が行われている。その際，債務者が準備した建物改築の工事内容，進捗状況等のほか，建物改築の工事を中止したときに債務者が被る損害について，改築資材の使用不能の損害，請負人の違約金請求の損害，改築建物が完成したときの得べかりし利益の損失等の主張及び疎明資料が提出された場合には，それらの資料等によって予測される債務者の被る通常損害を一応試算することができるが，実際に損害の範囲及びその額等を確定させることは極めて難しいといわれている。実務では，債権者に立てさせる債務者の被る損害の担保について，建築費の20～30%，賃貸借建物の場合には得べかりし賃料の約2年分等を一応の基準に，その額の決定がなされていることが多いが，その後，これらの基準額を大きく超える損害の発生のおそれが疎明されると，債務者に異常損害の生ずるおそれがあることが認められる場合もある。

㈹　金銭的補償の可能性　建物改築の工事続行禁止の仮処分が取り消されると，改築建物が完成し，その場合，建物収去の遅れ，収去費用等の増加が債権者の被る損害であるということができるから，これらの損害については，金銭的補償による塡補が可能である。しかし，土地明渡請求権を被保全権利とする建物改築の工事続行禁止の仮処分の場合には，金銭的補償に馴染まないものがあり，一概に金銭的補償によって目的を達しうるということができないことから，特別の事情があるといえるかどうかについては，建築工事の進捗の程度及び債権者の土地所有の目的等を検討し，建築工事禁止の状態が続くと債務者が異常損害を被るかどうかということも相関的に考察の上，これを判断すべきであるといわれている。

(2) 結　論

前記によれば，設問の場合，Ｙは，本件仮処分命令により建物改築工事を中断した結果，生活上の不便，収入の途も閉ざされたため，重大な損害を被っているというのであるから，Ｙとしては，これらの損害を被っている事情を主張して，本件仮処分命令を発令した裁判所又は本案の裁判所に民事保全法39条１項の特別の事情による担保を立てることを条件に本件仮処分命令の取消しの申立てをすることができる。

特別の事情は，債務者が疎明しなければならない（民保39条２項）から，設問の場合，Ｙは，甲土地上の建物を自宅兼店舗と使用していたが，本件仮処分命令により建物改築工事を中断した結果，生活上の不便及び収入の途が閉ざされ，それによる損害が重大であることを裏づける関係資料を提出して，本件仮処分命令により償うことができない異常損害の生ずるおそれを疎明することが必要である。

また，Ｙとしては，Ｘについて本件仮処分命令が取り消されたとしても，本件建物の収去費用の増加及び収去に要する日時の遅延等にすぎず，金銭的補償により目的を達することができるものであることを主張し，金銭的補償の可能性を疎明することも考えられる。

結局，特別の事情の有無については，本件仮処分命令の取消しによりＸの甲土地上の建物収去土地明渡請求権の実現の可能性，実現の困難性の程度，Ｙの生活，店舗収入への影響の程度等，当事者双方の損害を比較考量し，改築の規

模，工事進捗の程度及びＸの甲土地の所有目的等を勘案の上，判断されることになる。

■**参考書式——特別事情による保全取消申立書**（申立ての方式＝民保規１条４号，申立書の記載事項＝民保規29条・24条）

特別事情による保全取消申立書

平成○○年○月○日

○○簡易裁判所　御中

　　　　　　　　　申立人（債務者）代理人弁護士　○　○　○　○　○　㊞
　　　　　　　　　当事者の表示　別紙当事者目録記載のとおり

申立ての趣旨

　○○簡易裁判所が，同裁判所平成○○年(ト)第○○号工事続行禁止仮処分命令申立事件について，平成○○年○月○日にした仮処分決定は，申立人が裁判所の定める担保を立てることを条件として，これを取り消す。
　申立て費用は被申立人の負担とする。
との決定を求める。

申立ての理由

１　仮処分決定
　○○簡易裁判所は，被申立人の申立てにより同裁判所平成○○年(ト)第○○号工事続行禁止仮処分命令申立事件について，平成○○年○月○日申立人に対して，別紙目録記載の土地（以下「本件土地」という。）上に改築中の別紙目録記載の建物（以下「本件建物」という。）につき，工事続行禁止の仮処分決定（以下「本件仮処分決定」という。）を発し（甲１），本件仮処分決定正本は，申立人に平成○○年○月○日送達された。

２　申立人の異常損害

申立人は，本件土地上の本件建物を自宅兼店舗として使用していたものであるが，本件仮処分決定による改築工事を中断した結果（甲2），申立人は，本件建物に居住することができず，店舗の営業も再開できない（甲3）ことから，生活上の不便はもとより，収入の途も閉ざされており，総額約〇〇〇〇万円に達する多大な損害を被るおそれがある（甲4）。

3　金銭的補償の可能性

　前記に対し，被申立人は，本件建物の改築工事が完成された後に本案の訴えにおいて申立人に対する本件建物の収去，本件土地の明渡しを認める内容の勝訴判決を取得し，その執行をすることになったとしても，さほどその判決の執行を困難にならしめるものではなく，本件建物の収去費用等が増加するものの，わずかなものであるにすぎない（甲5）から，被申立人は，金銭的補償により目的を達することができるということができる。

4　よって，申立人は，民事保全法39条に基づき，裁判所が担保を立てることを条件として，仮処分命令の取消しを求める。

疎明資料

1　甲1号証　仮処分決定正本
2　甲2号証　改築工事状況等の写真
3　甲3号証　申立人の陳述書
4　甲4号証　工事請負契約書
5　甲5号証　収去費用見積書

添付書類（省略）

［立脇　一美］

Q38 | 保全取消し(2)——本案の訴えの成否①

Xは、衣料品販売店を経営するYに対して140万円の貸金債権を有しているが、支払期日にその弁済がなかったため、Yを債務者、上記貸金債権を被保全権利として、Y所有の建物について仮差押命令を申し立て、これに基づく仮差押命令が発令されるとともに、上記建物について保全裁判所の嘱託による仮差押えの登記がされた。これに対して、Yは起訴命令を申し立て、これに基づく起訴命令が発令された。そこで、Xは、上記起訴命令において定められた期間内に民事調停の申立てをした。この申立ては適法な起訴といえるか。

A

〔1〕 はじめに

　保全命令は、本案訴訟の提起による権利又は権利関係の確定や強制執行による権利の実現までの暫定的、仮定的な処分であるが、保全命令を得た債権者のなかには、早期に本案訴訟を提起し、権利又は権利関係の最終的な確定を図ることをしない者がいる。債権者の怠慢により本案訴訟が提起されないまま保全命令が放置されると、債務者は、長期間にわたり不確定な状態で不利益を受け続けることになることから、その救済方法として、民事保全法は、債務者の申立てにより、裁判所が債権者に対して本案の訴えの提起を命じ、債権者がこれを遵守しない場合には、保全命令を取り消すことができる旨の規定（民保37条）を設けた。

　設問は、債権者であるXの債務者であるYに対する被保全権利を貸金債権とするY所有の建物に対する仮差押命令（以下「本件仮差押命令」という）に対して、Yの申立てに基づき発令された起訴命令に対するXの申し立てた民事調停について、民事保全法37条の本案の訴えとして適法な起訴といえるか否かを問う

ものである。

以下，不動産仮差押え，民事保全法37条の本案の訴え及び民事調停について説明の上，結論を述べる。

〔2〕 設問の検討

(1) 不動産仮差押え

仮差押命令は，金銭の支払を目的とする債権（金銭債権）について，強制執行をすることができなくなるおそれがあるとき，又は強制執行をするのに著しい困難を生ずるおそれがあるときに発令されるものであり（民保20条1項），不動産を対象物とするものが不動産仮差押えである。

前記によれば，設問のY所有の不動産である建物に対する本件仮差押命令は，Yに対して金銭の支払を目的とする債権である貸金債権を有するXが，同債権について，将来，同債権の債務名義を取得しYに対して強制執行するに至った場合に，その支払を受けることができなくなるおそれがあることから，民事保全法20条1項に基づき被保全権利である同債権を保全するために発令されたものであると解することができる。

設問の場合，Xとしては，Yが任意の支払に応じない場合には，Yに対し貸金債権の給付を命じる内容の債務名義を取得し，その後仮差押えをしたY所有の建物を強制的に換価しその換価代金によりXの同債権の最終的満足を図ることができる強制執行の手続を利用することになる。

(2) 民事保全法37条の本案の訴え

(a) 民事保全法37条の「本案の訴え」として，民事訴訟がその適格性を有することは条文の規定から明らかである。民事訴訟は，被保全権利又は権利関係を終局的に確定させることができる手続であり，本案の訴えとしては，給付，確認及び形成の各訴えがある。

被保全権利を金銭債権とする不動産仮差押えの場合，将来の強制執行による金銭債権の実現を図ることを目的とするものであるから，そのためには勝訴判決等により債務名義を取得することが必要であり，金銭債権について，その支払を請求する給付の訴えが，本案の訴えにあたることはいうまでもない。金銭債権が期限未到来又は条件未成就であるときには，給付の訴えであることを要

せず，金銭債権の確認の訴えでも足りると解される（大判大14・5・30民集4巻288頁参照）。

債権者が主張する金銭債権について，債務者から債務不存在確認の訴えが提起されている場合は，債権者から給付請求の反訴を提起することも，本案の訴えにあたるということができる。

(b) 民事保全法37条5項は，家事調停の申立て（家事事件手続法257条1項（調停前置主義）に規定する事件），労働審判手続の申立て（労働審判法1条に規定する事件），仲裁手続の開始の手続及び公害紛争処理法に基づく責任裁定（公害紛争処理法2条に規定する公害に係る被害についての損害賠償の請求に関する事件であるときは，同法42条の12第1項に規定する損害賠償の責任に関する裁定）の申請について，本案の訴えの提起とみなすと規定している。

(3) 民事調停

(a) 民事保全法37条5項において，本案の訴えの提起とみなすと規定されていないが，それ以外の手続の申立てがなされた場合について，本案の訴えと同様に保全される権利，又は権利関係を確定させることができるものであれば，解釈上これを本案の訴えとみることができるのではないかということが問題となる。

この点について，民事保全法施行前の旧民事訴訟法746条，756条（以下「旧法」という）の下では，本案の訴えでないものについて公害紛争処理法に規定する責任裁定の申請（改正前の同法42条の23参照）を除き，本案の訴えと同視すべきか否かについての明文の規定がなかったことから，民事調停（民調2条）及び訴え提起前の和解（民訴275条）の申立てについては，本案の訴えに準ずるものと解する見解があった。

民事調停の手続は，民事に関する紛争を当事者の互譲によって解決を図るものであり（民調1条），調停手続において当事者の互譲により当事者間に合意が成立し，これが調書に記載されると，調停が成立したものとなり，その記載は裁判上の和解と同一の効力を有するものである（民調16条）から，確かに，権利又は権利関係の確定を図ることができるものであるといえる。しかしながら，民事調停が不調で終了した場合には，当然に訴訟手続に移行するものではなく，申立人がその旨の通知を受けた日から2週間以内に訴えを提起したときに，

民事調停の申立時において，訴えの提起があったものとみなすにすぎず（民調19条），また，裁判所が，調停成立の見込みがない場合において相当であると認めるときは，調停委員会の意見を聴き，調停に代わる決定をすることができる（民調17条）ものの，これに対してその決定の告知を受けた日から2週間以内に異議の申立てがあったときは，その決定の効力が失われることになるのである（民調18条）。

このように民事調停は，あくまでも当事者の合意に基づくものであって，民事調停の手続が目的を達せずに終了したときに自動的に訴えの提起に結びつくものではないから，強制的に権利又は権利関係の確定を図る手続であるということはできない。

(b) 旧法下の裁判例ではあるが，東京地判昭31・10・22下民集7巻10号2961頁は，調停の申立ては，被保全権利の終局的確定を確保しているといえず，旧法746条（民保37条）にいうところの本案訴訟を提起したものと解するのは相当でないとする（同旨，山形地判昭38・9・30判時377号69頁参照）。

なお，徳島地判昭47・4・7判タ278号203頁は，仲裁合意の約款，同約款により調停前置が必要な場合の事案において，保全処分債権者が起訴命令に応じ建設工事紛争審査会に仲裁申立てをしたにもかかわらず同審査会が，本件当事者の仲裁約款によれば，調停が不調に終わらないかぎり仲裁申立権はないと解し，本件については，すでに仮処分債務者らから調停申立てがありその審理中であるから未だ仲裁の単独申立権はない，との見解に基づき仮処分債権者の仲裁申立てを却下したので，仮処分債権者としてはやむなく，審査会に対し仮処分債務者らの申し立てた調停とは別に審査会に対し仮処分債務者らを相手方とする本件紛争の調停の申立てをしたことが窺われるなどとして，本件の場合は，仮処分債権者の審査会に対する調停の申立てをもって，起訴命令に応じた本案手続の申立てと解するのが相当であるとしている。

(c) 前記のように，旧法下では，本案の訴えと同視すべきか否かについて明文の規定がなく解釈に委ねられていたのであるが，民事保全法では，所要の規定が整備され，本案の訴えの提起とみなすものについては，民事保全法37条5項に規定が設けられた。例えば，家事調停については，前記のとおり民事保全法37条5項において，本案の訴えの提起とみなすことを規定し，家事事

件手続法257条1項に，人事に関する訴訟事件その他家庭に関する事件について訴えを提起しようとする者は，まず家庭裁判所に家事調停の申立てをしなければならないとする調停前置主義を採用し，民事保全法37条6項に調停が成立によらないで終了したときには，その終了の日から起訴命令により定められた期間内に本案の訴えを提起しなければならないものとし，最終的に訴えによる権利又は権利関係の確定を図ることができることとされたのである。

しかしながら，民事調停については，調停が不調に終わった場合に，家事調停のように本案の訴えを提起しなければならないとする本案の訴えとの連続性を規定する条文が設けられなかったことからすると，民事保全法は，民事調停について，本案の訴えとはみないという立場を明らかにしているものといわざるを得ない。ただし，地代家賃増減額請求事件については，調停前置主義（民調24条の2）が採用されているから，本案の訴えを提起しようとする者は，まず調停の申立てをしなければならず，民事保全法37条5項を類推適用することができると解されるのではなかろうか。

(4) 結　論

設問は，仮差押命令の債権者であるXの債務者であるYに対する140万円の貸金債権を被保全権利として，Y所有の建物に対し本件仮差押命令が発令され，仮差押えの登記がなされた後，Yの申立てに基づき発令された起訴命令に対して，Xとしては，被保全権利である貸金債権の確定を民事調停による方法で図ろうとしたものであると考えられるが，前記のとおり，民事調停の申立てについては，民事保全法37条1項の本案の訴えといえないから，Xが起訴命令に定められた期間内に民事調停を申し立てたか否かにかかわらず，Xの民事調停の申立ては，民事保全法37条1項の適法な本案の訴えということはできない。

Yとしては，Xの民事調停の申立てが民事保全法37条1項の本案の訴えといえず，Xが起訴命令を遵守していないことを理由として，起訴命令を発令した裁判所に対しY所有の建物に対してなされた本件仮差押命令の取消しの申立てを行うと，これが取り消され（民保37条3項），Y所有の建物に対してなされた本件仮差押命令によりなされた仮差押登記が裁判所書記官の嘱託により抹消されることになる（民保47条5項，民執54条）。

[立脇　一美]

Q39 | 保全取消し(3)——本案の訴えの成否②

X（妻）は，Y（夫）を債務者，Xが将来提起する離婚訴訟において離婚が認められることに伴う慰謝料・財産分与請求権を被保全権利として，Y所有の土地について仮差押命令を申し立て，これに基づく仮差押命令が発令された。これに対して，Yの申立てに基づく起訴命令が発令され，その命令はXに送達された。この送達時点で，すでにYからXに対する離婚の訴えが提起されていた。Xは，上記起訴命令の送達を受けた時から所定期間内に，Yが提起した離婚の訴えにおいて離婚が認容される場合に備えて，X自らはYに対する離婚の訴えを提起せずに財産分与の申立て（附帯処分）をした。その後，Xは，Y提起の離婚訴訟事件が係属したこと及び財産分与の申立て（附帯処分）をしたことの証明書を保全裁判所に提出した。このような事情の下，Yは，Xが起訴命令を遵守しなかったと主張して，保全命令取消しの申立てをした。この申立ては認められるか。

A

〔1〕はじめに

本問の場合は，X（妻）の申立てによる，将来の離婚に伴う慰謝料・財産分与請求権を被保全権利とするY（夫）所有地に対する仮差押命令が発令されている場合に，Y（夫）の申立てにより，X（妻）に対して起訴命令が発令された。これに対して，X（妻）は自ら離婚訴訟を提起せず，すでに係属しているY（夫）提起のX（妻）に対する離婚訴訟において財産分与（附帯処分）の申立てをしている（人訴32条1項）。このような場合に，起訴命令に基づく起訴がなかったとして，上記のY（夫）所有地に対する仮差押命令を取り消しうるか。言い換えると，Y（夫）提起の離婚訴訟事件において，X（妻）が自らは離婚訴訟

を提起せず，附帯処分として財産分与の申立てをすることが，起訴命令における「本案の訴え」（民保37条1項）の提起にあたるかが問題となる。

本問の場合には，上記のように，保全命令（仮差押命令）の取消しが問題となっているので，まず，保全命令の取消しの制度について概要を説明し，その後に，上記における財産分与（附帯処分）の申立ての「本案の訴え」該当性について検討することにしたい。

〔2〕 保全取消しの制度

(1) 保全取消制度の意義・内容

「保全取消し」の制度は，主として保全命令発令後の事情を考慮して，保全命令を取り消すかどうかを審理する制度である。民事保全法は，保全取消しの制度として，①本案の訴え不提起等による保全取消しの場合（民保37条），②事情変更による保全取消しの場合（民保38条），③特別事情による保全取消しの場合（民保39条）の3つを規定している。

保全取消しの制度は，保全命令そのものの取消しを求める制度であり，この点で，追加担保を提供しないことによる保全執行の取消しの制度（民保44条），また，解放金の供託による保全執行の取消しの制度（民保51条・57条）のように，保全命令は存続させ，その執行処分だけを取り消す「保全執行の取消し」とは異なる。

さらに，保全取消しの制度は，保全命令発令後の事情を考慮し，保全命令を取り消すかどうかを審理するものであって，保全命令発令の当否を審理するものではない。この点で，被保全権利・権利関係又は保全の必要性を改めて審理し直し，保全命令発令の当否を再審査する「保全異議」の制度（民保26条）とは異なる。ただし，保全異議の審理において，債務者は，保全命令発令後に生じた事情変更等の取消原因事由を抗弁として主張しうると考えられている。しかし，保全取消しの審理においては，被保全権利・権利関係や保全の必要性が当初から存在しなかったなどの事情（保全異議事由）は主張できない。なぜならば，保全取消しにおいては，条文上3つの保全取消事由（①本案訴訟不提起，②事情変更，③特別事由）に限定されており，それらの保全取消事由しか主張できないと考えるべきだからである。

以下，②事情変更による保全取消しと③特別事由による保全取消しについて簡単に説明し，本問に関係している，①本案訴訟の不提起等による保全取消しについては，後記〔3〕において説明することにしたい。

(2) 事情変更による保全取消し（民保38条）

保全命令が発令されても，その後に，被保全権利・権利関係又は保全の必要性のいずれか，あるいは双方が消滅することもあり，そのような場合にまで保全命令を存続させておくのは債務者に過大な負担を強いることになる。そこで，上記のような事情があるときに，保全命令の取消しを請求しうることにした（民保38条1項）。これが，事情変更による保全取消しの制度である。

ここにおける事情変更とは，第1に，被保全権利・権利関係が消滅した場合である。すなわち，弁済や取消権・解除権の行使などによって，被保全権利・権利関係が消滅した場合である。なお，保全命令が発令された時点で，被保全権利・権利関係がすでに消滅していたが，その後になって，債務者が消滅していたことを知った場合，また，そのような事情の疎明資料が発見された場合なども含まれる。第2に，保全の必要性が消滅した場合である。すなわち，保全命令によらなくても権利保全が可能になった場合（債務者が十分に資力を回復した場合や債権者が十分な物的担保を得た場合など）とか，債権者に保全命令による救済を与えるのが相当でなくなった場合（債権者が執行期間（民保43条2項）を徒過した場合や本案訴訟で和解が成立し，債権者が保全の意思を放棄したと考えられる場合など）である。第3に，被保全権利・権利関係が存在しないとの理由で債権者敗訴の判決が下された場合などである。このような本案判決が確定した場合には，民事保全の付随性*1により当然に保全命令を取り消すべきであるが，債権者敗訴の確定判決によっても保全命令は当然には失効しないので，民事保全法38条によって取消しが必要になるのである。また，債権者敗訴の本案判決が第一審又は第二審で下され，まだ確定しないが，上訴審でその判決が覆される可能性が少ないと認められるような場合にも，事情変更があると考えられる。さらに，本案訴訟とは別個の訴訟で，被保全権利・権利関係を否定する内容の判決があり，それが覆される可能性が少ないと認められるような場合にも，事情変更があると考えられる。

なお，事情変更による保全取消しについては，Q40の説明も参照されたい。

*1　民事保全（仮差押え・仮処分）は，債権者が債務者を被告とする本案訴訟で将来勝訴することを前提として，その勝訴（確定）判決により債務者に対し強制執行が可能となるまでの間，仮に，債務者の財産処分を禁じたり，債務者に一定の行為を命じ，禁止したりするなどして，債権者を保護しようとする制度である。すなわち，民事保全は，本案判決を当然の前提としてなされるものであり，このような民事保全の性質を「付随性」という。

(3) 特別事情による保全取消し（民保39条）

　この制度は，仮処分の場合，被保全権利・権利関係及び仮処分の必要性が認められても，仮処分命令を維持することにより債務者に償うことができないような損害発生のおそれがあるなど，特別事情のある場合も考えられ，そこで，そのような場合に債務者に担保を立てさせて仮処分の取消しを認めることにしたものである（民保39条1項）。この制度による救済は，仮処分の場合に限定されている。

　そして，上記の特別事情については，仮処分命令の維持によって債務者が被る損害と仮処分命令の取消しによって債権者が被る損害を比較考量して，前者の損害が過大である場合に認められることになる。

　なお，特別事情による保全取消しについては，Q41の説明も参照されたい。

〔3〕 本案訴訟の不提起等による保全取消し（民保37条）

(1) 制度趣旨

　保全命令は疎明によって発令されるので，被保全権利・権利関係についても一応の存在が認定されたものにすぎない。しかし，保全命令が発令され執行されると，債務者は処分制限を受けるなどいろいろな不利益を被ることになる。そのため，債権者は，速やかに本案の訴えを提起して被保全権利・権利関係を確定させなければならない。速やかに本案の訴えが提起されない場合には，債務者はよりいっそうの不利益を被ることになる。そこで，債務者の申立てにより，裁判所が債権者に本案の訴えの提起を命じ（起訴命令），債権者がこれに従わず，起訴命令で定められた期間内に本案の訴えの提起又は係属を証する書面を提出しない場合*2には，債務者の申立てによって，決定で（民保3条）保全命令を取り消すという制度を設けた（民保37条1項）。これが本案訴訟の不提起

等による保全取消しの制度である。

なお，本案訴訟の不提起等による保全取消しについては，Q37及びQ38の説明も参照されたい。

* 2 起訴命令で定められた期間内に本案の訴え等を提起し又は係属していたとしても，その期間内にこれを証する書面が提出されない限り，保全命令は取り消されることになる。

(2) 起訴命令
(a) 申立先
起訴命令は，保全命令の発令裁判所に申し立てなければならない（民保37条1項）。すなわち，保全命令の発令裁判所の専属管轄となる。

(b) 申立権者
起訴命令の申立てをすることができるのは，保全命令債務者である（民保37条1項）。この者の一般承継人又は破産管財人も申し立てることができる。また，債務者の一般債権者も，債権者代位権（民423条1項）を行使して申し立てることができる。

(c) 手続
起訴命令の申立ては，民事保全規則24条1項に掲げる事項を記載した書面で行う（民保規28条1項）。

この申立ての際に，債務者は，本案の訴えが未だ係属していないことを主張・立証する必要はない。本案の訴えが係属していることは，債権者が取消しを免れるために主張・立証すべき事項だからである。また，この申立ては，保全命令が存在する限り，いつでもすることができる。保全命令が執行された後にも，保全命令に異議や取消しが申し立てられている場合にも，また，解放金の供託により執行が取り消されている場合にも可能である。

起訴命令の申立てがあった場合，それが適法であれば，裁判所は本案の訴えの係属の有無について審理することなく直ちに決定で（民保3条）起訴命令を発令する。そして，債権者に決定正本を送達して告知する。債権者はこの起訴命令に対する不服申立てはできない。他方，起訴命令の申立てが不適法な場合や理由がない場合には，決定で却下する。債務者はこの却下決定に対しては通常抗告をなしうる（民保7条，民訴328条1項）。

起訴命令の主文は，次のようなものとなる。

> 債権者は，この決定の送達を受けた日から〇〇日以内に管轄裁判所に本案の訴えを提起するとともにその提起を証する書面を当裁判所に提出し，既に本案の訴えを提起しているときはその係属を証する書面を当裁判所に提出しなければならない。

　ところで，上記の起訴命令に定められる相当の期間（上記の「〇〇日以内に」の部分）は，2週間以上でなければならない（民保37条2項）。そして，本案の訴えの提起には相応の期間が必要になり，また，債権者は本案の訴えの提起又は係属を証する書面も提出しなければならず，しかも，それらを遵守しなければ保全命令が取り消されることなどから，実務においては，この期間を1ヵ月にする取扱いが多いようである。

　(d)　「本案の訴え」の提起として扱われるもの
　(イ)　民事保全法37条1項は，「本案の訴え」を提起しなければならないと規定する。この起訴命令は，債権者は保全命令発令の後は速やかに被保全権利・権利関係を確定させる手続をとらなければならないという趣旨より導かれるものであり，この点から，上記の「本案の訴え」は，「被保全権利・権利関係の存否を既判力をもって確定させるような手続」であればよく，必ずしも訴えの提起という形をとらなくてもよい。

　そこで，独立当事者参加（民訴47条），共同訴訟参加（民訴52条），また，反訴の提起（民訴146条）であっても，「本案の訴え」に該当する。また，「被保全権利・権利関係の存否を既判力をもって確定させるような手続」であれば，給付の訴えにかぎらず，確認の訴えや形成の訴えであってもよい[*3]。

　　＊3　期限未到来の請求権や条件未成就の請求権を被保全権利とする保全命令の場合，それらの請求権についての「本案の訴え」は確認の訴え（確認訴訟）となる。また，取締役の職務執行停止，代行者選任の仮処分の場合，その「本案の訴え」は株主総会決議の無効又は取消しの訴え（形成訴訟）となる。

　(ロ)　支払督促　支払督促については，支払督促に債務者から異議申立てがなければ，債権者の申立てにより仮執行宣言が付され，そして，この仮執行宣

言付支払督促に債務者から異議申立てがなければ、確定判決と同一の効力を有し（民訴396条）、紛争は確定的に解決される。一方、債務者から異議申立てがあれば、支払督促は直ちに失効し、異議ある請求につき、支払督促申立ての時に訴えの提起があったものとみなされ（民訴395条）、本案訴訟へ移行する。このような支払督促の性質を考慮すれば、支払督促の申立ては、「本案の訴え」に該当するものと解せられる。

(ハ) 家事調停の申立て等　保全命令債権者が本案につき訴えの提起以外の紛争解決手続をとった場合に起訴命令を遵守したことになるかにつき、民事保全法制定前において争いのあったもの等について、民事保全法37条5項は、次のような規定を設けた。

すなわち、①本案が家事事件手続法257条1項（調停前置主義）に規定する事件であるときは、家庭裁判所に対する調停申立てを、②本案が労働審判法1条に規定する事件であるときは、地方裁判所に対する労働審判手続の申立てを、③本案に関し仲裁合意があるときは、仲裁手続の開始手続を、④本案が公害紛争処理法2条における公害被害についての損害賠償請求事件であるときは、同法42条の12第1項に規定する損害賠償の責任裁定の申請を、それぞれ「本案の訴え」の提起とみなすとしている（民保37条5項）。ただし、これらの手続が権利関係の確定にまで至らず終了したときには、債権者はその終了日から起訴命令で定められた期間と同一の期間内に本案の訴えを提起しなければならない（民保37条6項）。なお、この場合は、訴えの提起を証する書面の提出は要求されていない。そして、債権者が上記期間内に訴えを提起しない場合、及び、提起しても取り下げられ又は却下された場合には、債務者の申立てにより、保全命令は取り消されることになる（民保37条7項）。

(ニ) その他の手続　民事保全法37条5項に規定されている家事調停等の手続以外の手続については明文規定がなく、それらの手続が「本案の訴え」にあたるかどうかについては、解釈に委ねられることになる。

そして、①起訴前の和解（民訴275条）や②民事調停については、それらの手続において被保全権利・権利関係の最終的確定を目指すかどうかは当事者の任意であり、被保全権利・権利関係の最終的確定に至るかどうかにつき制度的保障がないこと、また、それらの手続が「本案の訴え」にあたるかについては民

事保全法制定前にも争いになっていたのに，家事調停等の手続のように民事保全法の明文で認めなかったことから，それらの申立ては「本案の訴え」の提起とは認められないものと考える。

また，③破産についても，被保全権利の確定を目的とする手続ではなく，したがって，破産の申立ても「本案の訴え」の提起とは認められないものと考える。

なお，本問において問題となっている財産分与（附帯処分）の申立てが「本案の訴え」の提起に該当するかどうかについては，後記〔4〕において，検討することにしたい。

(e) 「本案の訴え」の訴訟物について

起訴命令の制度は，保全命令債権者は保全命令発令の後は速やかに被保全権利・権利関係を確定させる手続，すなわち，保全命令により生じている浮動状態を確定させる手続をとらなければならないという趣旨に基づくものであり，そのため，債権者が提起すべき本案訴訟等における訴訟物は，本来，保全命令における被保全権利・権利関係と同一でなければならない。しかし，保全命令の申立ては，債権者が時間的制約のあるなかで，十分な準備をなしえないまま行われることも多く，そこで，保全命令における被保全権利・権利関係と本案訴訟等における訴訟物が厳密に一致しない場合もありうる。このような場合に，起訴命令不遵守を理由に保全命令を取り消すとなると，債権者に酷な結果になるし，また，訴訟経済にも反することになる。そこで，最高裁判例は，本案の訴訟物と保全命令における被保全権利・権利関係とは，請求の基礎において同一であれば足りるとしている（最判昭26・10・18民集5巻11号600頁参照）。

(3) **保全命令の取消し**

(a) 保全命令の取消しの申立て

債権者が起訴命令において定められた一定の期間内に本案の訴えの提起又は係属を証する書面を提出しなかった場合には，債務者は保全命令の発令裁判所に保全命令の取消しを申し立てることができる（民保37条1項）。本案の訴えが提起され係属していても，それを証する書面が，起訴命令の期間内に提出されない限り，保全命令は取り消される。証明文書が提出されても，訴えの取下げ，却下の場合には，その書面は提出されなかったものとみなされる（民保37条4項）。

(b) 保全命令の取消しについての裁判

保全命令の取消しの裁判は，債務者の申立てによって，決定により行われる。裁判所は，口頭弁論又は当事者双方の立ち会うことができる審尋期日を経て決定することになる（民保40条・29条）。債務者は原告の地位に就き，起訴命令が発令されていることを主張すればよい。他方，債権者は被告の地位に就き，「本案の訴え」を提起又は係属していることを主張・立証しなければならない。具体的には，起訴命令の債権者への告知日の翌日から起訴命令で定められた期間の最終日までの間に，「本案の訴え」を提起したことの証明申請書を本案裁判所の裁判所書記官に提出して同書記官から証明を受け，そのような本案係属証明文書と「本案の訴え」についての訴状等の写しを，提出しなければならない。

これによって，裁判所は，①本案係属証明文書の提出の有無，②①の文書につき提出期間遵守の有無，③係属訴訟等の訴訟物が保全命令における被保全権利・権利関係と請求の基礎において同一性があるかどうかを審理することになる。

本案の訴え等が適法かどうかについては，審理事項（取消事由）ではなく，よって，それが不適法であったり，主張自体理由がなかったりしても，それらを理由に保全命令を取り消すことはできない。保全命令の被保全権利・権利関係の一部にしか本案の提起がなかった場合には，裁判所は，残余の部分については起訴命令の不遵守を理由に取り消さなくてはならない。債権者が本案訴訟を提起しても，保全命令取消しの審理が終結するまでに，取下げ又は却下されたときは，初めから本案訴訟の提起がなかったことになるので（民保37条4項），債務者はそのことを立証して保全命令の取消しを求めることができる。

保全取消決定には，理由を付さなければならず（民保37条8項・16条本文），この決定は当事者に送達しなければならない（民保37条8項・17条）。この保全取消決定が確定したときは，債務者は，取消決定を執行機関に提出して執行処分の取消しを求めることができる（民執39条1項・40条）。

他方，債権者が本案の提起を疎明した場合には，裁判所は，保全命令取消申立てを却下することになる。

〔4〕 本問の場合——財産分与（附帯処分）の申立てが「本案の訴え」の提起にあたるか

(1) 問題点

本問の場合，夫Yの提起した離婚訴訟に，妻Xが，自ら離婚訴訟を提起することなく，予備的に（夫Yの提起した離婚訴訟が認容される場合に備えて），財産分与（附帯処分）の申立てをしている（人訴32条1項）。そして，夫Yの申立てにより，仮差押債権者である妻Xに対して起訴命令が発令されているので，妻Xが自らは離婚訴訟を提起せずに，夫Y提起の離婚訴訟事件において，附帯処分として財産分与の申立てをすることが，起訴命令における「本案の訴え」（民保37条1項）の提起にあたるかが問題となる。

(2) 否定説

この点について，債務者の提起した離婚訴訟において，債権者が，自らは離婚訴訟を提起しないまま，財産分与の申立てをしたにすぎない場合に，債務者の提起した離婚請求が棄却されれば，（債権者自らは離婚訴訟を提起していないので）債権者の財産分与の申立ては判断されず，（よって，保全命令の被保全権利の存否については確定されず）そのため，債務者の浮動状態は解消されないことになり，この点から，債権者が，自らは離婚訴訟を提起しないまま，財産分与の申立てをしたにすぎない場合には，そのような財産分与の申立ては「本案の訴え」（民保37条1項）の提起には該当しないという見解がある（甲府地都留支決平5・2・26判時1480号79頁参照）。

(3) 肯定説

しかし，この甲府地裁都留支部決定の抗告審である東京高裁は，以下のような判断によって，債権者が，自らは離婚訴訟を提起しないまま，財産分与の申立てをしたにすぎない場合にも，そのような財産分与の申立ては「本案の訴え」（民保37条1項）の提起に該当すると判示している（東京高決平5・10・27判時1480号79頁参照）。

すなわち，①財産分与の処分は，本来，家事審判事項（非訟事項）である（家手39条別表第2の4項〈旧家審9条1項乙類5号〉）。しかし，裁判離婚の場合に，裁判離婚をした後に改めて家庭裁判所に財産分与の申立てをしなければならない

とすることは二度手間であるし，離婚の審理と財産分与の審理は密接に関連しているので，離婚訴訟において，財産分与の審理を認めることが訴訟経済にも合致するとして，離婚の訴えに付随して，財産分与（附帯処分）の申立てをすることは認められており（人訴32条1項），しかも，相手方の提起した離婚訴訟において，離婚が認められる場合に備えて，自らは離婚訴訟を提起しないまま，財産分与の申立てをすることは，そのような事例も少なからずあり，また，その必要性もあるので，認められるとし，そうした上で，②「本案の訴え」（民保37条1項）とは，保全命令の被保全権利の存否を確定し，保全命令によって生じている債務者の浮動状態を解消しうるものでなければならないとして，③債権者が，財産分与請求権を被保全権利として仮差押えをし，かつ，債権者が債務者の提起した離婚訴訟において，離婚が認められた場合に備えて，自らは離婚訴訟を提起しないまま，財産分与の申立てをした場合において，債務者の離婚請求が認容され，財産分与の申立てについて判断されれば，前記仮差押えの被保全権利の存否が確定されることになるから，仮差押えにより生じている債務者の浮動状態は解消されることになる。もし，この場合に，この財産分与の申立てが本案の訴えにあたらず，起訴命令の不遵守にあたり仮差押えが取り消されるとしたら，財産分与の申立てが認容されても執行不可能又は困難になる事態も起こりえ，不都合である。その一方，債務者の提起した離婚請求が棄却された場合には，(債権者自らは離婚訴訟を提起していないので) 債権者の財産分与の申立ては判断されず，債務者の浮動状態は解消されないのではないかという疑問が生じるが，財産分与請求権は離婚を要件とするものであるから，離婚請求が棄却された場合には財産分与請求権が存在しないと判断されたことになり，そのため，この場合には，債務者は事情変更を理由に財産分与請求権を被保全権利とする仮差押えの取消しを求めることができ，そうすれば，保全命令によって生じている債務者の浮動状態は解消されることになる。以上のように，債務者の提起した離婚訴訟において，債権者が財産分与の申立てをすれば，(債務者の離婚請求が認容される場合にも，認容されない場合にも) 保全命令債務者の浮動状態を解消することができるので，上記のような債権者の財産分与の申立ては，「本案の訴え」（民保37条1項）の提起に該当すると解して不都合はない。なお，④財産分与の申立てには，離婚に伴う慰謝料請求の要素を含ませることが

できるので，離婚に伴う慰謝料請求権を含むことを明示して財産分与の申立てがなされた場合には，この申立てについて，離婚に伴う慰謝料請求権を被保全権利とする仮差押えの「本案の訴え」(民保37条1項)とみることに支障はないとしたのである。

　確かに，債務者の提起した離婚訴訟において，債権者が，自らは離婚訴訟を提起しないまま，附帯処分として財産分与の申立てをしたにすぎない場合において，このような債権者の財産分与の申立ては本案の訴えにあたらず起訴命令の不遵守として仮差押えが取り消されるとしたら，債務者の離婚請求が認容され，財産分与の申立てが認められる場合にも，その執行が不可能又は困難になる事態も起こりえ，不都合である。他方，債務者の離婚請求が認容されない場合にも，財産分与請求権は離婚成立を前提とするので，結局，財産分与請求権の不存在が確定するのと同視しえ，この場合には，債務者は事情変更を理由に財産分与請求権を被保全権利とする仮差押えの取消しを求めることができ，そうすれば，保全命令によって生じている債務者の浮動状態は解消されるものと考えられる。

　とすると，債務者の提起した離婚訴訟において，債権者が，自らは離婚訴訟を提起しないまま，附帯処分として財産分与の申立てをしたにすぎない場合にも，上記の東京高裁決定が述べるように，そのような財産分与の申立ては「本案の訴え」(民保37条1項)に該当するものと解すべきである。

(4)　本問の場合

　上記のように，本問の場合も肯定説に立つべきである。

　したがって，妻Xが，自らは離婚訴訟を提起せずに，夫Y提起の離婚訴訟事件において，財産分与（附帯処分）の申立てをすることは，起訴命令における「本案の訴え」(民保37条1項)の提起にあたり，妻Xは起訴命令を遵守したことになる。そのため，夫Yによる起訴命令を遵守しなかったことを理由とする仮差押取消しの申立ては，認められないことになる。

〔井手　良彦〕

Q40 保全取消し(4)――事情の変更

Xは，甲土地にされたY所有名義の登記が不実のものであり，Xが所有権者であると主張して，これを保全するため，Yを債務者として，甲土地について処分禁止の仮処分命令を申し立てたところ，「Yは，甲土地について譲渡並びに質権，抵当権及び賃借権の設定その他一切の処分をしてはならない」との仮処分命令が発令された。その後，Xは，Yに対し，甲土地について所有権移転登記抹消登記手続を求める本案の訴えを提起したが，審理の結果，Xの甲土地に対する所有権の存在は認められないとして，請求棄却の判決が言い渡された。そこで，Yは，上記仮処分命令の取消しの申立てをしたが，Xから上記判決を不服とする控訴があったため，その訴訟は控訴審に係属中である。この場合，Yの上記仮処分命令取消しの申立ては認められるか。

A

〔1〕 はじめに

保全命令は，保全すべき権利又は権利関係及び保全の必要性の要件が疎明されると発令されるが，その要件について，発令後その基礎となった事情が変動する場合がある。このような場合，そのまま保全命令を存続させることは不当であることから，民事保全法は，債務者の申立てにより保全すべき権利若しくは権利関係又は保全の必要性の消滅その他の事情の変更があるときは，保全命令を取り消すことができる旨の規定（民保38条）を設けた。

設問は，Yを債務者として発令された「Yは，甲土地について譲渡並びに質権，抵当権及び賃借権の設定その他一切の処分をしてはならい」とする内容の処分禁止の仮処分命令（以下「本件仮処分命令」という）に対して，Yは，本件仮

処分命令発令後に債権者であるXが提起した甲土地について所有権移転登記抹消登記手続を求める本案の訴えにおいて，Xの甲土地に対する所有権の存在は認められないとして，Xの請求を棄却する判決（以下「債権者敗訴判決」という）が言い渡されたため，本件仮処分命令の取消しを申し立てたものであるが，Xが債権者敗訴判決を不服として控訴し，本案の訴えが控訴審に係属中である場合についても，民事保全法38条の事情の変更による保全命令の取消しを認めることができるか否かを問うものである。

そこで，以下，不動産に関する処分禁止の仮処分命令及び民事保全法38条の事情の変更について説明の上，結論を述べる。

〔2〕 設問の検討

(1) 不動産に関する処分禁止の仮処分命令

不動産に関する処分禁止の仮処分命令は，係争物である不動産の現状が変更されることにより，将来における債権者の権利の実行ができなくなるおそれ又は著しく困難となるおそれを防止するために発令される仮処分である（民保23条1項）。

前記によれば，設問の場合，本件仮処分命令は，Xが，甲土地について，登記簿上の所有名義を有するYに対し，所有権移転登記抹消登記手続を求める本案の訴えを提起し，勝訴判決を獲得することができたとしても，判決が確定するまでの間に，Yが甲土地の登記簿上の所有名義を第三者に移転させるなどして現状を変更すると，Yに対する勝訴判決に基づく強制執行が不能又は著しく困難となるおそれがあるので，これを防止するためになされたものであるということができるから，民事保全法23条1項の係争物に関する仮処分であると解される。

(2) 民事保全法38条の事情の変更

(a) 事情の変更

民事保全法38条の事情の変更とは，保全すべき権利若しくは権利関係又は保全の必要性について，保全命令発令後において発令時とは異なった判断をすべき事情が存在することである。

その事情については，保全命令発令後に生じた事情に限られるが，この中に

は，主観的事情も含まれ，保全命令発令時点ですでに生じていた事情であっても，債務者がその当時知ることができず，発令後に知った場合，その当時事情は知っていたものの，これを疎明する資料がなく提出できなかったが発令後に資料が発見されたような場合がある。

(b) 事情の変更にあたる事由

事情の変更にあたる事由としては，被保全権利につき，保全命令発令後の弁済，免除，相殺，取消し，解除のほか，本案の訴えで被保全権利が存在しないとの債権者敗訴判決がなされている場合，及び保全の必要性につき債務者の資力の回復，隠匿等のおそれがなくなった場合が挙げられる。

(c) 本案の訴えの債権者敗訴判決が確定している場合

保全命令は，保全すべき権利若しくは権利関係について終局的判断はなされておらず未確定の状態のまま発令されているから，保全命令発令後の本案の訴えにおいて，保全すべき権利若しくは権利関係について請求棄却の判決が言い渡され債権者敗訴判決が確定している場合には，民事保全法38条1項の事情の変更による取消しが認められる（大判明42・5・4民録15輯455頁等）。しかし，債権者敗訴判決の理由が被保全権利の存在を否定するものではなく，期限未到来や条件未成就の場合については，被保全権利に関する事情の変更にあたるということはできない。

なお，訴え却下判決については，被保全権利が存在しないとの債権者敗訴判決がなされているわけでないから，事情の変更にあたるということはできないが，訴え却下判決の理由が，例えば，不起訴の合意，債権者の原告適格の欠缺又は訴訟要件欠缺の補正が不可能である場合には，事情の変更にあたると解される。

(d) 本案の訴えの債権者敗訴判決が未確定の場合

(イ) 最判昭27・11・20民集6巻10号1008頁（仮処分取消請求事件）は，上告人（仮処分債権者）が被上告人（仮処分債務者）に対し建物の所有権移転登記手続請求の訴えを提起し，建物の処分禁止の仮処分をしたものの，上告人が本訴第一審で敗訴したので，敗訴を理由として，控訴中であるが，被上告人からの事情変更による仮処分取消しの申立てについて，第一，二審ともにこれが認容された事件の上告審で，本件のように仮処分決定があった後に仮処分申請者がその本

案訴訟で敗れた場合においては，裁判所は，必ずしも常に該仮処分決定を取り消すことを要し又は得るものではないが，その自由裁量によって，本案判決が上級審において取り消されるおそれがないと判断するときには，事情の変更があったものとして，仮処分決定を取り消すことができるものと解すべきであるとする。

(ロ) 第一審判決で債権者の請求が棄却（債権者敗訴判決）された場合について，控訴審でも債権者敗訴判決が維持される蓋然性が高いことから，事情の変更による保全取消しを認めた下級審の裁判例として，次のものがある。

(i) 名古屋高判昭51・4・21判タ340号182頁（事情変更による仮処分取消申立事件）は，被申立人（仮処分債権者）は申立人（仮処分債務者）に対し，債務者所有名義の土地に対する処分禁止の仮処分を得たうえ，債務者を被告として土地売買登記の抹消登記手続請求の本案訴訟を提起したところ，第一審では，土地は登記名義のとおり債務者の所有に属するとの理由で請求棄却の判決がなされたが，債権者がこれを不服として控訴したため，控訴審で審理中である事案において，申立人は，本案事件において債権者が敗訴の判決を受けたこと及び本案訴訟とその事情を共通とする（本件土地はもと一筆であったものが，債権者の所有名義に属する間に分割され，約2ヶ月を経て債務者と訴外人に別々に移転登記がされている）別件訴訟において債権者の抹消登記請求を排斥する判決が確定しており，本案訴訟の第一審判決は控訴審においても取り消されるおそれがないことを理由に仮処分の取消しを求めたところ，本案判決の取消しのおそれがないものと認められるとして，仮処分決定について事情の変更があったものというべきであるとする。

(ii) また，東京地判平3・10・8判タ793号272頁（事情変更による仮処分取消申立事件）は，建物の売買契約に基づく被申立人（仮処分債権者）の申立人（仮処分債務者）に対する所有権移転登記請求権を被保全権利とする処分禁止の仮処分について，申立人が本案訴訟の第一審において債務者勝訴の判決がなされたため，これを事情の変更の事由として仮処分決定の取消しを求めた事案において，被申立人の主張は第一審判決において整理されている主張に尽きるものであり，その立証も第一審で既に提出された以外に有効適切なものはないと考えられること，そうすると，控訴審においては証拠評価を不当として争うこと

になると推測されるが，第一審判決の証拠評価及び判断は正当なものと考えられること，そもそも被申立人の主張自体，便宜的で強引なもので，これに対する立証からみても，第一審判決の認定判断が控訴審で覆される可能性は極めて乏しいというべきであるなどとし，本案訴訟の第一審判決が控訴審においても維持される可能性が高く事情の変更に該当するから，仮処分決定を取り消すとしている。

(iii) そして，東京高判昭35・5・13東高民時報11巻5号155頁（仮処分決定取消事件）は，被申立人（仮処分債権者）が第一審裁判所において本案訴訟につき審理を受けた結果，実体上の理由により，その請求を理由のないものとして棄却された場合には，被保全権利の存在につき仮処分の際疎明した事実とむしろ反対の事実の存在を看取するに足りる事実が発生したものというべく，同判決が控訴審においてたやすく取り消されるおそれのあることが予想されない限り，仮処分決定の存在を不当とすべき事態の生じたものと認めるのが相当であるとする。しかし，この判断について，保全命令の存続を否定する理由として，本案の請求棄却の判決が存在するというだけでは十分ではないとする見解がある。

(ハ) これに対し，請求棄却の第一審判決が上級審で取り消されるおそれがないとはいえないとして，仮処分決定の取消しを認めなかった下級審の裁判例として，次のものがある。

(i) 東京高判昭25・12・14下民集1巻12号1975頁（仮処分取消申立事件）は，判決正本によれば，被申立人（仮処分債権者）である原告が敗訴したのは本件建物の賃貸借の解約につき正当の事由があるものとは考えられないとの判定が下されたためであるが，原告が本件建物の明渡しを受ける必要も相当強いものであることは同判決の理由中において認められるところであるから，控訴審の結果を待つにあらざれば，控訴審において取り消されるおそれがありえないとの即断は到底することはできず，したがって未だ仮処分を全面的に取り消しうべき事情の変更があったものとはなし難いとする。

(ii) また，東京高判昭46・11・30判タ274号257頁（事情変更による仮処分取消申立控訴事件）は，被控訴人を債権者，控訴人を債務者とする不動産仮処分事件において，土地について，債務者に対し，譲渡その他一切の処分を禁止する仮処分決定がなされていたところ，その仮処分の本案である所有権確認等請求

事件について，被控訴人の請求棄却の判決がなされ，この判決に対して被控訴人から控訴がなされこれが確定していない場合の事案において，本案の第一審判決は，必ずしも上級審で取り消されるおそれがまったくないといはいえず，したがって今直ちに本件につき事情変更があったものとして本件仮処分命令を取り消すのは相当でないとしている。

　(二)　ところで，控訴審において，第一審の債権者敗訴判決が取り消され，本案の訴えの請求が認容される可能性がある場合としては，第一審において重要な証人が出頭しなかったが，控訴審では出頭し人証調べが実施されることから，第一審と控訴審の事実認定が異なることが予想される場合，証拠が主に人証による供述でありその信用性の判断が結論を左右することから，人証の信用性が見直される蓋然性がある場合などが考えられる。しかし，そのような事情等がなく，仮に，控訴審で第一審の訴訟資料に加え，新たに提出された訴訟資料等に基づき審理されることになったとしても，第一審の債権者敗訴判決の事実認定及び法律上の誤りが見当たらなければ，このような場合には，その判決が維持される蓋然性が高いということができるから，民事保全法38条1項の事情の変更があったものとして保全処分命令が取り消されることになろう。

　なお，控訴審における第一審の債権者敗訴判決の取消しのおそれがないといえるか否かについて，何を基準に判断するのか難しいことから，事実認定についてどちらともいえず，その判断が困難な場合については，控訴審で取消しのおそれがないという認定ができず，控訴審の結果をみて，保全処分命令の取消しを判断するのが相当ではなかろうか。

　(3)　結　　論
　(a)　前記によれば，本件仮処分命令取消しの申立ては，Xの申立てにより発令された本件仮処分命令を受けたYが，Xの提起した甲土地にされたY所有名義の登記について所有権移転登記抹消登記手続を求める本案の訴えにおいて，Xの甲土地に対する所有権の存在が認められず，請求棄却の判決が言い渡されたことを理由として，民事保全法38条1項の事情の変更による保全取消しを求めるものであるということができる。

　(b)　設問の場合，Xの甲土地に対する所有権の存在は認められないとして，Xの請求を棄却する債権者敗訴判決に対し，Xが控訴し，その訴訟が控訴審に

係属中であり，未だ確定していないというのであるから，裁判所は，常に民事保全法38条1項の事情の変更があったものとして本件仮処分命令を取り消すことはできないが，前記によれば，控訴審において，第一審の債権者敗訴判決が維持される蓋然性が高く，これが取り消されるおそれがないと判断される場合には，民事保全法38条1項の事情の変更があったものとして，本件仮処分命令の取消しの申立てが認められることになる。

　控訴審において，第一審の訴訟資料以外に新たなXの甲土地に対する所有権の存在を証する訴訟資料等の提出がなく，第一審判決について事実認定の誤りが認められず，法律上の問題もない場合には，債権者敗訴判決が維持される蓋然性が高く，取消しのおそれがないと判断されることになるから，Yとしては，本件仮処分命令の取消しの申立てにおいて，債権者敗訴判決及びその判決の判断の決め手となった訴訟資料を提出して，控訴審でも第一審判決が取り消されず維持されることを疎明する必要があろう（民保38条2項）。

　なお，債務者が保全命令の取消しによって債権者に生じる損害の担保提供することを条件として，保全命令を取り消すことができること（民保38条3項・32条3項）から，本件仮処分命令について，全部の取消しのほか，申立ての一部認容として，Yの担保提供を条件に，この取消しが認められる場合もある。

　これに対し，控訴審において，甲土地についてXの所有権の存在を証する新たな訴訟資料が提出されている場合には，第一審の債権者敗訴判決について，第一審と控訴審の事実認定が異なることが予想され，又はどちらともいえずその判断が困難であるときは，第一審の債権者敗訴判決の取消しのおそれがないと判断できず事情の変更があったものということができないことから，民事保全法38条1項に基づく本件仮処分命令の取消しが認められないことになると思われる。

〔立脇　一美〕

Q41 保全取消し(5)——特別の事情①

特別の事情による仮処分命令の取消しについて説明しなさい（保全異議との関係についても触れること）。

A

〔1〕 特別事情による仮処分命令の取消しについて

(1) 制度趣旨

特別事情による仮処分命令の取消しは，仮処分命令により償うことができない損害を生じるおそれがあるとき，その他特別の事情がある場合に，債務者に担保を立てさせることを条件として仮処分命令を取り消すとする債務者の救済方法である（民保39条）。

仮処分における被保全権利は，その多くが非金銭債権であり，処分の態様も多様であるから，債務者に与える損害も予想外のものとなる可能性がある。そして，債務者において，仮処分によって被る損害がその受忍を強いる限度を超え，償い難い損害を与えるおそれがある場合は，その仮処分を取り消すことが当事者間の衡平のため必要であるとされるほか，仮処分は，一般的には金銭による担保をもって代替し難いものであるが，中には補償可能なものもあるから，当事者双方の利害を比較考量すると，場合によっては債務者の担保の提供によって債権者の仮処分を取り消すことが衡平に合致することもないわけではない。そこで，「特別の事情」がある場合には，債務者に担保を提供させることによって，当該仮処分を取り消し，両者の衡平を図ろうとするのがこの制度の趣旨である。

(2) 旧民事訴訟法759条との関係

旧民事訴訟法759条は，「特別の事情あるときは保証を立てしめて仮処分の取消しを許す」旨定めていたが，これは，債務者に保証を立てさせて仮処分命

令を取り消す場合（異議における裁判，保証提供を理由とする仮処分命令の取消しの裁判）には，仮差押命令の場合と異なり，債権者に与える影響が大きいことから，特別の事情を必要とするとの意味に解されていた。そして，この規定は，保証の提供による仮差押命令の取消しについての仮処分の特例でもあり，保証の提供により仮処分命令を取り消すときには，特別の事情が必要であるということになるので，実務上は独立の不服申立てとして扱われていたところ，民事保全法においては，保証の提供による仮差押命令の取消しの制度については廃止されたため，民事保全法39条において，仮処分命令に固有のものとして，特別の事情による保全取消しの制度が設けられたものである。

〔2〕「特別の事情」について

旧民事訴訟法759条は，特別の事情が何であるかについてはまったく規定していなかったが，判例，通説は，①債務者に償うことができない損害を生ずるおそれがあるとき（債務者の異常損害），②保全すべき権利の実現について金銭補償をもって債権者が仮処分の目的を達することができると認むべき事情があるとき（金銭的補償の可能性）のいずれか一方に該当すれば，特別の事情があるとしている（最判昭26・2・6民集5巻3号21頁，最判昭27・4・4民集6巻4号404頁）。民事保全法39条1項は，「特別の事情」について，債務者の異常損害の場合を例示し，金銭的補償の可能性の場合は，「その他特別の事情があるとき」として今後の解釈に委ねているものであるところ，上記のように例示を加えたことによっていずれかの要件が備われば足りることが法文上明らかとなり，また，「特別の事情」の意義について実質的な内容の変更をしたものではないと解されるが，実際の審理にあたっては，両者の事情を相関的に比較考量する必要があるものとして扱われている。

(1) **債務者に償うことができない損害を生ずるおそれがあるとき**（債務者の異常損害）

債務者の異常損害が認められる場合とは，仮処分債務者が仮処分の存続によって通常被る損害よりも著しく大きな損害が生ずるおそれがあるような事情の存する場合である（大判大6・2・14民録23輯263頁）。仮処分を受けたことによって債務者の事業の継続が不可能又は著しく困難となる場合，仮処分の目的

物の価額が著しく減少する場合（相場の変動の激しい物品に対する処分禁止の仮処分，目的物の著しい損壊，価値の大幅な減少等をもたらす建築禁止の仮処分など），債務者の名誉信用が極度に失墜する場合などに，仮処分命令を維持することにより債務者が被る損害と仮処分命令を取り消すことにより債権者が被る損害とを比較考量して，前者が過大である場合に初めて仮処分命令の取消しが認められるものと考えられる。

(2) 保全すべき権利の実現について金銭補償をもって足りるとき（金銭的補償の可能性）

金銭的補償の可能性とは，仮処分が取り消されることによって生じる債権者の不利益が金銭的に補償されうること，すなわち，債権者が金銭的補償によって被保全権利の実現と同等の，あるいはそれにほぼ近い満足を得ることができることであり，このような場合は，債務者の保証提供による仮処分命令の取消しを認めることができる。ただし，例えば，労働者の賃金支払を命じる仮処分の被保全権利は金銭債権であるが，この場合の仮処分は，即時に賃金の支払を受けることが目的であるから，金銭的補償の可能性は否定されるなど，被保全権利の性質だけから判断することは容易ではなく，本案訴訟における請求の内容や当該仮処分の種類，目的等諸般の状況に照らし社会通念に従い客観的に考察して決められるとされる（大判昭18・10・9民集22巻21号1023頁，最判昭29・4・30民集8巻4号897頁）。

なお，立法担当者は，金銭的補償の可能性の要件について私見としながら，「権利の基礎あるいは背後に金銭債権があり，この金銭の支払によって保全すべき権利の満足が得られるような性質のものに限られるべき」として，民事保全法25条の仮処分解放金制度と同様のものとして説明している（山崎潮『新民事保全法の解説』〔増補改訂版〕262頁）。

金銭的補償の可能性を肯定する判例，裁判例としては，詐害行為取消権（大判昭12・7・6新聞4166号12頁，東京地判昭43・8・9判時539号49頁），遺留分減殺請求権（東京地判昭34・2・4下民集10巻2号242頁），担保物権（大判昭12・4・26判決全集4巻9号17頁，最判昭27・12・25民集6巻12号1231頁）をそれぞれ被保全権利とする仮処分，金銭債権の処分禁止の仮処分（東京地判昭26・1・27下民集2巻1号80頁），所有権に基づく物件返還請求権を被保全権利とする仮処分（大判昭20・

8・22判例総覧民事編1・131頁）などがある。

これに対し，これを否定する判例，裁判例としては，日照権に基づく差止請求権を被保全権利とする工事禁止仮処分（大阪地堺支判昭48・2・28判時714号214頁），借家人の敷地利用権保全のための建築禁止仮処分（大阪地判昭43・10・16判時561号61頁），仮処分を取り消すと当該不動産について多岐に亘る権利関係が生じるおそれがあり，これによる債権者の損害をてん補すべき金額の算定が事実上不可能であるとする不動産の処分禁止仮処分（札幌高判昭43・2・21判時514号58頁）などがある。また，前記賃金仮払いの仮処分，不動産の所有権に基づく明渡請求権や登記請求権，人格権，工業所有権，鉱業権，漁業権を被保全権利とする仮処分，建築工事禁止の仮処分，法人の代表者の職務執行停止の仮処分などは一般的にこれに該当しないとされている。

〔3〕 保全異議との関係について

(1) 保全異議の申立てにおける特別事情の主張

保全異議は保全命令が発せられたことの当否を争うものであり，保全命令の取消手続は保全命令を争うものではなく，保全命令の発令後の事由によりその存続の不当を争うものであるから，理論的には両者の性格は異なるものであるが，通説は，保全異議の手続において，保全取消しの事由を抗弁として主張することができるとする。そして，保全異議の申立てと特別事情による保全取消し（民保39条）との関係について，判例（最判昭29・4・30民集8巻4号897頁）・通説は，①特別の事情は，仮処分命令発令時以前に生じていたとしてもかまわないとし，保全の必要性に対する一種の阻却事由たる性質ももつものであって，通常，保全命令発令の際に保全の必要性の存否を判断するにあたって考慮するのが実務の傾向であること，②実際上，その主張は保全の必要性に対する抗弁的な意味合いがあることを考慮すると，保全異議の審理において，これを排除することは困難であることから，保全異議の申立てにおいて主張することも許されるとする。

(2) 保全取消しの申立ておける保全異議事由の主張

保全取消しの申立てにおいては，判例（最判昭23・11・9民集2巻12号405頁，最判昭24・9・10民集3巻10号409頁，最判昭26・2・6民集5巻3号21頁）・通説は，こ

の申立てが，①上記のとおり保全命令発令後の事由によりその存続の不当を争うものであるから，保全命令申立ての当否は判断されないこと，②取消しの事由は個別の条文に規定され，限定的であることを理由に，保全異議の事由を主張することは原則として許されないとする。

(3) **保全異議の申立てと保全取消しの申立ての競合**

保全異議と保全取消しとは，その目的も手続も異なるものであり，債務者はそのいずれをも申し立てることができる。

なお，保全異議の申立てにおいて，保全取消事由を抗弁として主張しながら，同じ事由による保全取消しの申立てをすることが許されるかどうかについては，審理の重複と判断の抵触のおそれがあるとして，重複起訴禁止の原則に抵触し，不適法になるものと解すべきであろう。

〔4〕 **審理手続**

特別の事情による仮処分命令取消しの申立てに基づく審理手続においては，特別の事情の存否についてだけを判断すべきで，被保全権利の存否や仮処分の当否については審理すべきではないとするのが判例（最判昭23・11・9民集2巻12号405頁，最判昭24・9・10民集3巻10号409頁）・通説であり，保全の必要性についても同様とされるが，審理においては，当事者双方の利益の衡量が重視されることから，被保全権利や保全の必要性のごときも特別の事情を判断する一つの資料として考慮されることとされる（福島地判昭26・5・14下民集2巻5号647頁）。

なお，現行法下の実務において，この取消しはほとんど利用されていないのが実情である。その理由としては，①金銭補償の可能性の意味が解放金の場合とパラレルに考えられることにより狭まったこと，②債務者に生じる異常損害の要件についてはかなり程度の高いものでなければならないと考えられること，③その場合は担保の額も高額となると思われるが，これに甚えうる債務者が少ないことなどが挙げられている。

〔上坂　俊二〕

Q42 | 保全取消し(6)——特別の事情②

　Yは，X所有の甲土地について借地権を有していると主張するとともに，甲土地上にYの居宅兼店舗を建築しようとして，その工事をA工務店に請け負わせた。A工務店は，建築資材を甲土地上に運搬して，建築工事を開始した。このため，Xは，Y主張の上記借地権はすでに消滅していると主張して，建築工事禁止の仮処分命令を申し立て，これに基づく仮処分命令が発令された。その後，Xは，Yに対し工作物撤去・甲土地明渡しを求める本案の訴えを提起した。これに対して，Yは，A工務店がせっかく切込みを終えた木材がこのままでは腐朽するおそれがあり，その費用の支払等多大な損害を被ることを理由として，上記仮処分命令の取消しの申立てをした。この申立ては認められるか。

A

〔1〕　はじめに

　民事保全法は，仮処分命令により償うことができない損害を生ずるおそれがあるとき，その他の特別の事情があるときは，債務者の申立てにより担保を立てることを条件として仮処分命令を取り消すことができることを規定する（民保39条）。この規定は，仮処分命令により債務者に重大な損害を生ずるおそれがあるとき，本案訴訟の判決確定まで仮処分命令を存続させておくことは債務者に酷であることから，債務者の立担保により債権者の被保全権利を保護することができるのであれば，債務者に担保を立てさせることを条件に仮処分命令の取消しを認めることとして，債権者と債務者間の利益の調整を図ったものである。

　設問は，建築工事禁止の仮処分命令（以下「本件仮処分命令」という）を受けた

Yが，建築工事禁止の状態では多大な損害を被ることを理由として申し立てた本件仮処分命令の取消しについて，民事保全法39条の特別の事情による保全取消しが認められるか否かを問うものである。

以下，建築工事禁止の仮処分及び民事保全法39条の特別の事情による保全取消しについて説明し，参考裁判例を紹介の上，結論を述べる。

〔2〕 設問の検討

(1) 建築工事禁止の仮処分

(a) 建築工事禁止の仮処分は，債務者に対して建築工事の不作為を命ずる内容の仮処分である。仮処分は，係争物の現状の変更により，債権者が権利を実行することができなくなるおそれがあるとき，又は権利を実行するのに著しい困難が生ずるおそれがあるときに発せられる係争物に関する仮処分（民保23条1項）と，争いがある権利関係について，債権者に生ずる著しい損害又は急迫の危険を避けるために仮処分命令を必要とするときに発せられる仮の地位を定める仮処分（同条2項）がある。

建築工事禁止の仮処分については，本案の訴えによる勝訴判決が確定するまでの間に土地上に建築工事が行われると，将来債権者の土地明渡しの強制執行に困難を生ずるおそれがあることから，被保全権利である土地明渡請求権を保全するために，債務者に対し建築工事の禁止を命じるために発せられるものであるときは，係争物に関する仮処分であり，将来における権利の保全を目的とせず，建築工事禁止という内容を仮に実現するために発せられるときは，仮の地位を定める仮処分である。

(b) 設問の場合，YがX所有の甲土地に借地権を有すると主張して，甲土地上にYの居宅兼店舗を建築しようとして，その工事をA工務店に請け負わせ建築工事を開始したため，XがY主張の借地権はすでに消滅していると主張して，建築工事禁止の仮処分命令を申し立て，これに基づき本件仮処分命令が発令され，その後，XがYを相手に工作物撤去・甲土地明渡しの本案の訴えを提起したというものである。

前記によれば，本件仮処分命令は，XのYに対する工作物撤去・甲土地明渡しの本案の訴えの勝訴判決が確定するまでには相当の時間がかかり，その間に

X所有の甲土地に借地権を有すると主張するYのA工務店に請け負わせた建築工事が進行しこれを放置しておくと、Yの居宅兼店舗が完成することになり、それでは、Xとしては、勝訴判決に基づく将来の強制執行に困難を生ずるおそれがあるため、XのYに対する甲土地の所有権に基づく妨害排除ないし返還請求権又は借地権の消滅による原状回復請求権に基づく工作物撤去・甲土地明渡請求権の保全の必要性が認められ発令されたものであるということができるから、民事保全法23条1項の係争物に関する仮処分であると解される。

(2) 民事保全法39条の特別の事情による保全取消し
(a) 民事保全法39条と旧民事訴訟法759条の関係
(イ) 民事保全法39条の特別の事情による保全取消しは、仮処分の不服申立方法として扱われていた旧民事訴訟法759条(以下「旧法」という)を引き継ぎ、債務者に担保を立てることを条件として、仮処分命令を取り消すことができることとしたものである。

旧法では、「特別の事情あるときに限り保証を立てしめて仮処分の取消を許すことを得」と規定していたにすぎず、特別の事情の内容が何かについて規定されていなかったことから、その内容について、旧法下の判例等の見解においては、債務者に償うことができない異常損害を生ずるおそれがあるとき、又は保全すべき権利の実現について金銭的補償の可能性があるときと解されていた。

(ロ) 異常損害の生ずるおそれについて、民事保全法39条1項は、特別の事情の内容として、「仮処分命令により償うことができない損害を生ずるおそれがあるとき」を例示しているが、金銭的補償の可能性については、広く解釈すると極めて多くの場合に、これに該当することになりかねないことから、立法にあたっては、あえて規定を設けず、将来の解釈に委ねることとされたものである。しかし、民事保全法39条1項の「その他の特別の事情があるとき」の解釈として、金銭的補償の可能性があるときが認められないということではないから、保全すべき権利の実現について金銭的補償をもって足りるときには、特別の事情を認めることができると解されている。

(ハ) 旧法下において、異常損害の生ずるおそれと金銭的補償の可能性について、2つの事情の併存することが必要か否か、この点について争いがあったが、最判昭26・2・6民集5巻3号21頁は、仮処分の取消しにより債権者の

被ることあるべき損害が金銭によって償われ得るものであることが認められる以上，その他の争点については判断することなく仮処分を取り消しても違法ではないこと及び仮処分の取消しにより債権者の被ることあるべき損害が金銭によって償われ得るものである事情は，それだけで特別事情となり得るものであるから，裁判所が右事情の外仮処分により債務者が異常な損害を被るべき事情も併せて認定し，特別事情があるものとして仮処分を取り消した場合において，たとえ右後者の事情の判断に誤りがあっても，仮処分の取消しは結局正当に帰し，そのいずれか一方が存在すれば，特別の事情があるとしている（同旨，最判昭27・4・4民集6巻4号404頁参照）。民事保全法39条についても，その1項が前者を例示していることから考えると，一方の事情が存在すれば足りると解される。

(b) 異常損害を生ずるおそれ

仮処分命令発令により債務者に生ずる通常損害は，民事保全法14条1項に基づき仮処分命令発令時に，債権者に担保を立てさせているから，異常損害の生ずるおそれについては，通常損害よりも大きな損害のおそれを意味することになる。

債務者に異常損害の生ずるおそれがある場合としては，仮処分命令の存続によって，債務者の生活に重大な支障が生ずる場合，債務者経営の事業の継続が不可能又は重大な打撃を被る場合，目的物の価値が著しく減少する場合等が考えられる。

(c) 金銭的補償の可能性

金銭的補償の可能性については，被保全権利が金銭的補償を受けることによって目的を達することができる場合には，特別の事情があるということになるが，前記のとおり，これを広く解するとほとんどの場合に金銭的補償が可能であるということになりかねないことから，この要件は厳格に解すべきであるといわれている。

実務では，金銭的補償の可能性の判断については，被保全権利の内容，仮処分の目的，方法，仮処分の取消しにより債権者が被ると予想される損害の内容，程度等諸般の状況に照らして慎重になされている。

旧法下ではあるが，最判昭29・4・30民集8巻4号897頁は，仮処分によっ

て保全されるべき権利が金銭的補償によってその終局の目的を達しうるかどうかは，本案訴訟における請求の内容及び当該仮処分の種類，目的等諸般の状況に照らし，社会通念に従い客観的に考察して判断すべきものであるとしている。

(3) 建築工事禁止の仮処分と特別の事情

(a) 異常損害の生ずるおそれ

(イ) 建築工事禁止の仮処分は，債務者に建築工事中止による損害の発生が予想され，その影響が大きい場合があることから，実務では，債務者の審尋が行われ，予想される通常損害について，建築工事禁止の仮処分命令の発令にあたり債権者に相当額の担保を立てさせている。

通常損害としては，建築工事の中止のため建物の完成が遅延することにより発生する損害である。具体的には，建築中止による請負人から請求される違約金，準備した資材の使用が不能になる損害及び建物が完成した場合の得べかりし利益の損失等が考えられる。これらの損害は，建築工事禁止の仮処分命令発令前の段階において，債務者を審尋することによりある程度予測することができるが，実際に損害の額を算定し確定させることは難しい。実務では，建築費の20〜30％，賃貸借の建物の場合には，得べかりし賃料の約2年分等を一応の基準に，債権者に立てさせる担保額を決定していることが多いが，仮処分命令発令後に損害の範囲及びその額について，債務者の疎明により，通常損害として立てられた担保額を大きく超える損害の発生するおそれが認められることもあると思われる。

(ロ) 実務では，建築工事禁止の仮処分における異常損害を生ずるおそれは，建物の建築，改造，改装等の工事をしなければならない理由，債務者の生活，事業等に与える影響の大きさ，建物の価値の減少，朽廃のおそれ等を慎重に検討の上，判断されている。

(b) 金銭的補償の可能性

被保全権利を土地明渡請求権とする建築工事禁止の仮処分の場合，仮処分が取り消されたときに債権者の被る損害としては，建物の収去費用等が増大するにすぎず，金銭的補償によって填補することが可能であるといえなくはないが，被保全権利である土地明渡請求権については，金銭的補償によってその終局の目的を達しない性質のものもあり，金銭的補償の可否は，仮処分の目的等諸般

の事情や社会通念から客観的に判断すべきであるといわれており，実務では，建築工事の進捗の程度，債権者の土地所有の目的等を検討して判断されている。

(4) **建築工事禁止の仮処分と特別の事情による保全処分の取消しに関する裁判例**

(a) 仮処分の取消しを認めたもの

(ｲ) 最判昭26・2・6民集5巻3号21頁

(ⅰ) 事案の概要　本件は，被申立人（仮処分債権者）所有土地の賃借人により新築された2階建家屋が売却され，その後さらに売却され，これを買い受けた申立人（仮処分債務者）が居住し旅館業を営んでいたものであるが，同家屋が疎開建物として除却された後，申立人が同土地に家屋を新築すべく建築材料を現場に運搬して工事に着手したところ，申立人からの同土地の賃借申出を拒絶していた被申立人の申請により工事禁止の仮処分決定が発令され，その後，被申立人から申立人を相手に工作物撤去並びに土地明渡しの本案訴訟が提起された。そこで，申立人が同仮処分について旧民事訴訟法759条（平成元年法律第91号による改正前のもの，改正後の民事保全法39条）の特別事情による保全取消しを求めた事案である。

(ⅱ) 第一審及び控訴審　① 第一審判決は，3万円の保証を立てることを条件に上記仮処分を取り消した。

② 控訴審判決は，本件工事禁止の仮処分のため，建築材料は現場に雨ざらしのまま放置され，請負人からは工事促進の請求を受けていること，現場に放置されたままの建築材料が腐朽するおそれがあること，それによる被害があることのほか，申立人が請負人に対し損害賠償の責めを負うかもしれず，申立人が仮処分において通常に受ける損害よりも多大な損害を申立人において被るものと断ずるに足りるものであること，一方仮処分によって保全すべき被申立人の請求権は，工作物収去土地明渡しの請求権であり，仮処分の取消しによって被申立人の被る損害は，本案訴訟における被申立人の主張が貫徹して勝訴判決が確定したときに，申立人が請求の目的地上に完成した建物を所有して土地を占有しているため土地の完全明渡しを受けるまでに相当の日時を要するであろうことによって生ずるその間の使用収益の不能による損害にほかならず，その損害は結局金銭的賠償によって十分填補が可能であるとして，控訴を棄却した。

(iii) 上告審　　前記(2)(a)(ハ)において述べたように，本件上告審判決は，異常損害の生ずるおそれと金銭的補償の可能性について，そのいずれか一方が存在すれば，特別の事情があるとした裁判例であるが，そのほかに，同判決は，被申立人が本件土地上に家屋を建築して三男を居住させる点について，たとえ本件仮処分が取り消されずに存続するとしても，本案の訴訟に被申立人が勝訴の確定判決を得ない限りなしえないことであり，それ故仮処分が取り消されるか否かによってこの点について差異が生ずるのは，被申立人が本案訴訟に勝訴して執行をなす際，現存の未完成家屋を取り毀すに要する時間と，仮処分取消しにより申立人が完成させるかもしれない家屋の取毀しに要する時間との差だけであって，これが三男居住云々の事情に大した影響を及ぼすものとは考えられないなどと述べ，仮処分の取消しを肯認し，上告を棄却した。

(ロ) 下級審の裁判例　　建物の価値の減少，朽廃のおそれ等による異常損害のおそれを認め，建築工事禁止の仮処分を一部取り消した下級審の裁判例として，①東京地判昭30・11・4下民集6巻11号2329頁（完成間近の建物の建築工事続行を禁止した不動産仮処分異議事件），②東京高判昭32・10・30東高民時報8巻10号255頁（建物改築工事続行禁止仮処分異議控訴事件），③大阪高判昭37・3・22判タ130号115頁（仮処分申請の控訴事件）及び④秋田地判昭39・11・25判タ170号250頁（土地所有権に基づく明渡請求権の執行保全のための仮処分取消し，同附帯控訴事件）がある。

(b) 仮処分の取消しを認めなかったもの

(イ) 金銭的補償により目的が達せられないとして仮処分の取消しを認めなかった裁判例として，①東京地判昭25・5・10下民集1巻5号702頁（建物の建築禁止の仮処取消申立事件），②東京地判昭31・1・20下民集7巻1号50頁（建物建築禁止の仮処分異議事件）及び③東京地判昭35・7・19判時233号27頁（土地明渡請求権保全の仮処分異議事件）がある。

　上記①は，請負代金25万円のうち6万円を支払い，建築資材の用意がしてあったものについて，建築工事禁止の間の建築資材の腐朽等による損害を請負人に賠償せねばならないため多大な損害を被ること等が想像されるが，他方で債権者において土地を自ら使用する意向であることが推認され，仮処分の取消しによる債権者の損害に比較すると，いずれを重きと判定できず，債務者の損

害のほうがきわだって大きいものとは思われないとし，上記②は，債権者においては，八百屋業を開業しようと計画していたことが認められ，必ずしも金銭的補償によって終局的満足を得られるものとはいいがたく，工事資金の金利，資材の朽廃などの損害が発生することが推認できるが，これらはいずれもこの種の仮処分に通常伴うところの債務者などの受忍しなければならない損害であるとするほか，上記③は，債務者が映画館の建築をすることができない結果被るであろう損害は，本件土地についてみれば，この種の仮処分に通常伴うところのものであり債務者が受忍しなければならない損害であることが認められるとする。

(ロ) これらの事案は，一旦建築された家屋を収去することは，社会経済上の損失ないし居住者の住居の喪失などからその実行が現実の問題として著しく困難であり，債権者としてもその収去を断念せざるを得ないような破目にたち至ることも決して少なくないことなどを理由に，金銭的補償により終局の満足を得られる性質のものであるとはいいがたいとするものである。

(5) 結　論

(a) 前記によれば，本件仮処分命令の取消しの申立ては，X所有の甲土地上に建築する居宅兼店舗について建築工事禁止を命ずる内容の本件仮処分命令を受けたYが，建築工事を禁止された状態では，A工務店がせっかく切り込みを終えた木材が腐朽するおそれがあり，その費用の支払等多大な損害を被ることを理由として，民事保全法39条1項の特別の事情による保全処分の取消しを求めるものであるということができる。

(b) 本件仮処分命令の取消しの申立てについて，民事保全法39条1項の特別の事情による保全処分の取消しが認められるためには，前記によれば，Yは，本件仮処分命令による建築工事の禁止によりYに異常損害を生ずるおそれがあることを疎明しなければならず（民保39条2項），設問の場合には，A工務店がせっかく切り込みを終えた木材が腐朽するおそれがあること，その費用の支払等に多大な損害を被るおそれがあること，その損害額が本件仮処分命令の発令時にXが立てた担保額を大きく超えるものであることなどを疎明することが必要となる。

裁判所は，Yから提出された資料に基づき，損害の内容及びその額が疎明さ

れ，本件仮処分命令によりYに異常損害を生ずるおそれがあると判断すると，民事保全法39条1項の特別の事情があるものとして，本件仮処分命令の取消しによりXの被る損害について担保を立てることを条件として，本件仮処分命令の取消しを認めることになる。

　また，前記によれば，本件仮処分命令がX所有の甲土地の土地明渡請求権を被保全権利とするものである場合，本件仮処分命令の取消しによりXの被る損害としては，本案訴訟の勝訴判決が確定するまでの間の遅延によるものであり，完成した居宅兼店舗の収去費用の増加及び甲土地の明渡しを受けるまでの間の使用収益の不能による損害等にすぎず，これらの損害については，最終的には金銭的賠償によって十分填補が可能であることが認められると，異常損害の生ずるおそれの判断をすることなく，同様に本件仮処分命令の取消しが認められることもある。したがって，Yとしては，Xの被る損害について，金銭的賠償によって十分填補が可能であることを疎明することが考えられる。

　これに対し，設問の場合，建築工事がさほど進捗しておらず，本件仮処分命令によりYの被る損害について，債務者として受忍すべき範囲内のものであり，本件仮処分命令の取消しによりXが被る損害を超えるようなものでなく，Xが甲土地を自ら使用する必要性が高いことが疎明された場合には，いったん建築物が完成すると収去することが現実には困難であることなどから，特別の事情の存在を否定し，本件仮処分命令の取消しを認めないと判断されることもある。

　結局，特別の事情の当否については，本件仮処分命令の存続によるYの損害と本件仮処分命令の取消しにより被るXの損害について，当事者双方の損害を比較考量し，本件建築工事の進捗の程度及びXの甲土地使用の目的等を勘案の上，判断されることになると思われる。

〔立脇　一美〕

第5章

保全抗告に関するQ＆A

Q43 | 許可抗告の申立て

> X新聞販売店は，Y新聞社から新聞販売契約を解除するとの意思表示を受けたことから，その無効を主張して，解除の意思表示の効力発生の停止及び新聞の供給継続を求める仮処分命令を申し立て，これに基づく仮処分命令が発令された。これに対して，Y新聞社は，保全異議の申立てをしたところ，その審理の結果，上記仮処分命令は認可されず，取り消された。そこで，X新聞店は，高等裁判所に保全抗告の申立てをしたが，棄却されたため，抗告許可の申立てをした。この申立ては認められるか。

A

〔1〕 許可抗告の制度と問題の所在

　民事訴訟法337条は許可抗告に関する規定であり，同条1項但書は，抗告許可申立てができる高等裁判所の裁判について「その裁判が地方裁判所の裁判であるとした場合に抗告することができるものであるときに限る。」との限定を加えている。

　民事保全法41条3項は，「保全抗告についての裁判に対しては，更に抗告をすることができない。」としている。

民事保全手続も民事訴訟法の適用を受けるから，これらの規定を形式的に適用すれば，高等裁判所がした保全抗告についての裁判に対しては，前記民事訴訟法の限定された要件に該当せず許可抗告の申立てをすることができないことになる。

旧民事訴訟法下では，高等裁判所の決定又は命令に対しては，憲法違反を理由とする特別抗告（旧民訴419条ノ2）を除いて，最高裁判所に対して抗告することはできないものとされていた。しかし，民事執行法の制定に伴い，決定により判断される事項の中に重要なものが増えている一方で，重要な法律問題についての高等裁判所の判断が区々に分かれているという状況が生じており，最高裁判所の負担が過重にならないように配慮しながら，法令解釈の統一を図る必要が生じていた。そこで，現行民事訴訟法（平成8年法律第109号）においては，最高裁判所に対する抗告を，憲法違反を理由とする場合以外の場合についても一定の範囲で認めることとして，許可抗告の制度が創設された（法務省民事局参事官室編『一問一答新民事保全法』374頁）。

しかし，許可抗告制度が設けられた趣旨に照らせば，高等裁判所がした保全抗告についての裁判も許可抗告の対象とすべきではないかとの疑問が生じ，保全抗告についての裁判が抗告許可申立ての対象となる裁判に該当するかどうかが問題となる。民事訴訟法337条1項但書の文言と許可抗告制度の立法趣旨とのずれの調整の問題である。

〔2〕 保全事件における不服申立て

保全事件における不服申立ての流れを整理すれば，**図表1**のようになる（高部眞規子・最判解説民事篇平成11年度(上)238頁）。

(1) **即時抗告**

保全命令の申立てを却下する裁判に対して，債権者は，即時抗告することができる（民保19条1項）。この即時抗告を却下する裁判に対しては，抗告することができない（民保19条2項）。

(2) **保全抗告**

(a) 保全命令の申立てを認容する裁判に対して，債務者は，保全異議（民保26条）又は保全取消しの申立て（民保37条ないし40条）をすることができる。この

第5章　保全抗告に関するQ＆A　　Q43　許可抗告の申立て　　513

図表1

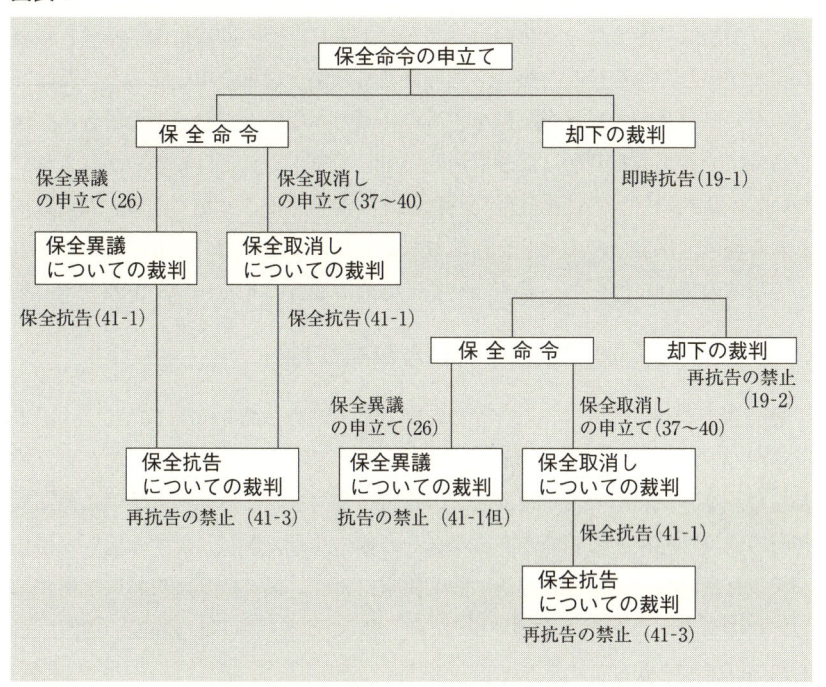

```
                    保全命令の申立て
                   ┌──────┴──────┐
              保全命令              却下の裁判
         ┌──────┤                    │
    保全異議    保全取消し            即時抗告(19-1)
    の申立て(26) の申立て(37〜40)      │
         │         │              ┌──┴──┐
    保全異議   保全取消し        保全命令   却下の裁判
    についての についての         │        再抗告の禁止
     裁判       裁判              │          (19-2)
         │         │         ┌───┼───┐
    保全抗告(41-1) 保全抗告(41-1) 保全異議  保全取消し
         │         │         の申立て(26) の申立て(37〜40)
    保全抗告   保全異議          │         │
    についての についての      保全取消し
     裁判       裁判          についての
                                裁判
    再抗告の禁止(41-3) 抗告の禁止(41-1但) │
                                     保全抗告(41-1)
                                         │
                                    保全抗告
                                    についての
                                      裁判
                                  再抗告の禁止(41-3)
```

　保全異議又は保全取消しの申立てについての裁判に対する不服申立てとして，保全抗告をすることができる（民保41条1項）が，この保全抗告についての裁判に対してはさらに抗告をすることができない（民保41条3項）。同様にさらに抗告をすることができないとされている裁判には，抗告裁判所が発した保全命令に対する保全異議申立てについての裁判（民保41条1項但書）がある。

　(b)　民事保全事件は，民事保全法施行の前後を通じ，二審制がとられており，民事保全法41条3項は，保全抗告について再抗告を禁止している。簡易裁判所で保全命令の発令とこれに対する保全異議又は保全取消しの申立てがされ，この裁判に対して地方裁判所に保全抗告がされた場合，これについての裁判に対しては高等裁判所に再抗告することができない。また，高等裁判所が保全抗告についての裁判を行った場合に，これにつき最高裁判所に再抗告することができないのは，前記条項がなくても裁判所法7条2号による制約である（山崎

潮『新民事保全法の解説』〔改訂増補版〕268頁）。

(c) 簡易裁判所で保全命令の申立てが却下され，その即時抗告に基づき地方裁判所が保全命令を発した場合，地方裁判所に保全異議を申し立てることはできるが，高等裁判所に保全抗告をすることはできない。なお，この場合に，保全命令につき地方裁判所に保全取消しの申立てをすることはできるが，これについての裁判に対しては高等裁判所に保全抗告をすることができる。保全取消しの審理は，保全命令の発令を前提とする個別の事由に基づくものであるから，この事由の審理について二審級の利益を認める趣旨である（山崎・前掲267頁）。

〔3〕 許可抗告制度の趣旨と最高裁判例

最〔3小〕決平10・7・13（平10(ク)第379号，裁判集民事189号111頁）は，「民事訴訟法337条に規定する許可抗告の制度は，法令解釈の統一を図ることを目的として，高等裁判所の決定及び命令のうち一定のものに対し，右裁判に最高裁判所の判例と相反する判断がある場合その他の法令の解釈に関する重要な事項が含まれる場合に，高等裁判所の許可決定により，最高裁判所に特に抗告することができるものとしたものである。」と判示して，許可抗告制度の趣旨，目的について明らかにした。

〔4〕 許可抗告の対象

民事訴訟法337条は，許可抗告の対象を高等裁判所の決定及び命令とし（高等裁判所の決定又は命令には，(i)自らが受訴裁判所としてするもの，(ii)抗告裁判所として抗告に対する判断をするもの，(iii)再抗告裁判所として再抗告に対する判断をするものがある），その高等裁判所が許可をした場合には，最高裁判所に対して抗告することができるとしている。ただし，①再抗告についての裁判（民訴330条），②抗告の許可を求める申立てについての裁判（民訴337条2項），③その裁判が地方裁判所の裁判であるとした場合に抗告することができないもの（民訴337条1項但書）を除外している。

①については，原決定又は命令に対して抗告裁判所としての地方裁判所の判断を経た上であらためて高等裁判所の判断が行われている場合であり，三審制の保障がすでに尽くされているので，重ねて上訴を認める必要性が乏しく，ま

た判決事項の特別上告の制度との比較から許可抗告の対象としないこととされた。

　②については，民事訴訟法337条2項の抗告の許可を求める申立てが無限に繰り返されることを防ぐため，許可の裁判の当否について独立の不服申立てを認めるまでの必要はないとの理由で，許可抗告の対象から除外された。

　③については，高等裁判所の決定又は命令が，仮に地方裁判所がした裁判であるとした場合に抗告の対象とならないような決定又は命令（例えば，申立てを認容した決定であって，即時抗告をすることができる旨の規定がない場合）であるときは，当該裁判がたまたま高等裁判所においてされたというだけで不服申立てを認めるのは制度の趣旨と矛盾することになるから，許可抗告の対象から除外された（法務省民事局参事官室編・前掲一問一答376頁）。

〔5〕 本問題に関する学説

(1) 消極説

　民事訴訟法337条1項の文言に照らすと，高等裁判所がした保全抗告についての裁判については，民事保全法41条3項の規定上，許可抗告の申立ての対象とはならないとする。この説によれば，保全命令の申立却下の裁判に対する即時抗告を却下する裁判及び抗告裁判所が発した保全命令に対する保全異議の申立てについての裁判も，許可抗告の対象とはならないが，民事保全事件に関して高等裁判所がした裁判のうち，高等裁判所が本案の裁判所として発した保全命令（民保12条2項但書），移送決定等の付随的な裁判，保全命令に対する保全取消しの申立てについて高等裁判所がした決定については，民事訴訟法337条1項但書の要件を満たすものとして，許可抗告申立てをすることができることになる。

(2) 積極説

　許可抗告制度の立法趣旨から，保全抗告についての裁判も，許可抗告申立ての対象となるとする。この説によれば，保全命令の申立却下の裁判に対する即時抗告を却下する裁判及び抗告裁判所が発した保全命令に対する保全異議の申立てについての裁判も，許可抗告の対象となる。

〔6〕 最高裁の立場

(1) 最〔1小〕決平11・3・12（平10(ク)第699号，民集53巻3号505頁）

最高裁は，本決定において「民事訴訟法337条に規定する許可抗告の制度は，法令解釈の統一を図ることを目的として，高等裁判所の決定及び命令のうち一定のものに対し，法令の解釈に関する重要な事項が含まれている場合に，高等裁判所の許可決定により，最高裁判所に特に抗告することができることとしたものであり（最高裁平成10(ク)第379号同年7月13日第三小法廷決定・裁判集民事189号111頁参照），最高裁判所への上訴制限に対する例外規定である。高等裁判所のした保全抗告についての決定に法令解釈に関する重要な事項が含まれ，法令解釈の統一を図る必要性が高いことは，執行抗告等についての決定と同様であるから，許可抗告制度の前記立法趣旨に照らせば，同条1項但書は，高等裁判所のした保全抗告についての決定を許可抗告の対象から除外する趣旨の規定ではないと解するのが相当である。」として，積極説を採用した。

(2) 本決定の立場

(a) 民事訴訟法337条1項但書の趣旨　許可抗告の制度は，最高裁判所への上訴制限に対する例外規定として設けられたものであって，裁判所法上の上訴制限（裁7条2号）についてだけでなく，それ以外の個別法による上訴制限についても，高等裁判所の許可により，最高裁判所の判断を仰ぐことができることを目的とする制度である。

したがって，民事保全法上の上訴制限についても，許可抗告はその例外ととらえるべきであり，民事訴訟法337条1項但書の趣旨は，民事保全法上の裁判については，民事保全法41条3項の上訴制限の規定そのものによって不服申立てが認められないものを許可抗告の対象から除外するものではなく，およそ不服申立ての対象とならないような裁判（除斥又は忌避を認める決定（民訴25条4項），証拠保全決定（民訴238条），執行停止についての決定（民訴398条2項）など）が，許可抗告の規定によって最高裁判所への不服申立ての対象となることを避けるという点にある。

(b) また，本決定は，消極説に従えば，民事保全事件について高等裁判所がした決定（例えば，高等裁判所が本案の裁判所として発令した保全命令（民保12条2項但

書），移送決定等の付随的裁判，保全命令に対する保全取消しの申立てについて高等裁判所がした決定）については抗告許可申立てをすることができるのに，民事保全事件の多くを占め，かつ，法令の解釈に重要な事項が含まれることが多いと思われる保全抗告についての決定に対しては，抗告許可申立てをすることができないことになり，バランスを欠き，不都合であることも考慮したのではないかと考えられる（以上，高部・前掲242頁）。

〔7〕 設問の検討

(1) 最高裁決定の事案の概要

①Ｘは新聞販売店を営む者であり，Ｙは新聞社である。販売店Ｘは，新聞社Ｙから新聞販売契約を解除する旨の意思表示を受け，この契約解除の無効を主張して，地方裁判所に対し，新聞販売契約解除の意思表示の効力停止及び新聞の供給継続を求める仮処分の申立てをした。②地方裁判所は，販売店Ｘの申立てを認容する決定を発した。③新聞社Ｙから保全異議の申立てがなされ，審理の結果，地方裁判所は仮処分命令を取り消した。④これに対し，販売店Ｘ（抗告人）は，高等裁判所に保全抗告を申し立てたが，高等裁判所は保全抗告を棄却した。⑤販売店Ｘ（抗告人）が，高等裁判所の保全抗告棄却決定に対し，抗告許可を申し立てたが，原審である高等裁判所は，許可抗告の申立てを不適法却下した。⑥本件は，販売店Ｘ（抗告人）が，許可抗告申立却下決定に対し，民事訴訟法337条1項但書が憲法14条1項及び同32条に違反すると主張して，最高裁判所に対し特別抗告した事案である。

(2) 最高裁決定の射程

最高裁は，本決定で，抗告理由は違憲をいうが，原決定の法令違反を主張するにすぎないとして本件特別抗告を棄却したが，保全抗告についての決定が民事訴訟法337条1項但書にあたるとした原審の判断につき，いわゆるなお書きを付して，前記のとおり民事訴訟法337条1項但書は，高等裁判所のした保全抗告についての決定を許可抗告の対象から除外する趣旨の規定ではないと解するのが相当であるとして，積極説を採用した。

その結果，高等裁判所のした保全抗告についての決定が許可抗告の対象となることを認めた前記最高裁決定の射程は，民事保全事件につき高等裁判所がし

た裁判のうち，保全命令の申立てを却下する裁判に対する即時抗告を却下する裁判（民保19条2項），抗告裁判所が発した保全命令に対する保全異議の申立てについての裁判（民保41条1項但書）についても及ぶものと考えられ，これらの裁判も許可抗告の対象となると解することができる（高部・前掲243頁）。

[中内　篤]

第 6 章

仮差押えの執行に関するQ&A

Q44 動産仮差押命令の執行

Xは，雑貨店を経営するYに対して500万円の貸金債権を有しているが，YにはX以外にも多数の債務があり，また，Y振出しの約束手形が不渡りとなったことから，調査してみると，Yがその所有財産を第三者に売却しようとしていることが判明した。そこで，Xは，Yを債務者，上記貸金債権を被保全権利として，Y所有の動産について仮差押命令を申し立て，これに基づく仮差押命令が発令された。その後，Xは，S地方裁判所執行官に対し，Yの動産について仮差押執行の申立てをしたが，これを察知したYは，T地方裁判所の管轄区域内に転居してしまった。この場合，Xは，S地方裁判所が発令した仮差押命令に基づいて，T地方裁判所執行官に対し，仮差押執行の申立てをすることができるか。

A

〔1〕 はじめに

仮差押えは金銭債権の本執行を保全するためのものであるから，本執行における差押えの段階まで手続を進めておけば足りる。動産仮差押えには，換価や配当の手続はないが，その執行手続が本執行における差押えの段階までと同じ

であることから，民事執行法及び民事執行規則の規定がほぼ全面的に準用されている（民保46条・49条4項，民保規31条・40条）。

　動産には，①移動性があることや即時取得の対象となることから保管が必要であること，②保管のために費用を要する場合があること，③外観から所有関係が明らかでない場合もあること，④差押後保管中に変質や減価を生じることがあるなどの点で他の仮差押執行の対象物と異なる面があることから，そのための規定が設けられている。

　動産に対する仮差押執行手続は，場所単位主義が採用されている（民執125条2項）。そのため，申立てに際しては目的物である動産を特定する必要はないが，動産の所在する場所を明らかにする必要があり，動産の仮差押命令も通常は目的物を特定しないで発令され（民保21条），仮差押執行は，仮に差し押さえるべき動産が所在する場所において行われる。動産は，外観から所有関係が明瞭でないことも多いことから，住所や事務所等債務者の支配の及ぶ場所が執行場所とされることが多いが，設問のような仮差押命令発令後債務者が転居してしまった場合には，仮差押命令の効力と執行官の管轄が問題となる。

　以下，動産に対する仮差押執行手続のうち，設問に関連する申立てから差押え及び保管までの部分を概観し，設問を検討する。

〔2〕　仮差押執行の対象となる動産

　仮差押えの執行の対象となる動産には，民法上の動産である土地及びその定着物以外の物（民86条2項）及び無記名債権（民86条3項，現金も含まれる）のほか，動産の本執行の場合と同様であって，登記することができない土地の定着物（例として，庭石，鉄塔，ガソリンスタンドの給油設備等），土地から分離する前の天然果実で1ヵ月以内に収穫することが確実であるもの及び裏書の禁止されている有価証券以外の有価証券も含まれる（民執122条1項）。これらは，民法上の動産ではないが，執行官による動産仮差押えの方法になじむからである。他方，総トン数20トン以上の船舶（民保48条，民執112条），登記，登録を受けた航空機（民保規34条），自動車（民保規35条），建設機械又は小型船舶（民保規39条）は，いずれも動産仮差押えの対象とはならない（民保規40条参照）。

　なお，債務者の生活に欠くことができないもの等，仮差押えを禁止されてい

る動産がある（民保49条4項，民執131条・132条）。

〔3〕 動産仮差押執行の申立て

(1) 申立先等

　動産に対する仮差押えの執行は，執行官が目的物を占有する方法により行う（民保49条1項）から，動産に対する仮差押執行の申立ては，目的動産の所在地を管轄する地方裁判所所属の執行官に対して行う（執行官法4条）。目的物の所在地であれば，仮差押命令を発令した裁判所以外のどの地方裁判所に所属する執行官に対しても，申立てをすることができる（民事裁判資料248号250頁）。

　仮差押えの執行は，債権者に対して仮差押命令が送達された日から2週間以内にしなければならない（民保43条2項）。保全執行は，密行性の要請から保全命令が債務者に送達される前であってもすることができ（民保43項3項），通常，動産仮差押えにおける債務者に対する保全命令の送達は，執行と同時又は事後に行われている。

(2) 申立書の記載等

　申立ては書面ですることを要し（民保規1条6号），申立書には民事保全規則31条が準用する民事執行規則21条各号所定の事項を記載するほか，場所単位主義が採用されているから，仮に差し押さえるべき動産が所在する場所を記載しなければならない（民保規40条，民執規99条）。なお，動産仮差押えの執行は，執行文の付与は要しないが，仮差押命令正本に基づいて実施されるから，仮差押命令正本を添付しなければならない（民保規31条，民執規21条）。

(3) 動産の特定記載

　動産仮差押執行の申立書には，目的物である動産を特定して記載する必要はなく，動産の所在する場所を特定すれば足りる。民事保全法21条が，「仮差押命令は，特定の物について発しなければならない。ただし，動産の仮差押命令は，目的物を特定しないで発することができる。」としているのは，①仮差押債権者があらかじめ債務者の有する動産について知ることが困難であること，②動産には可動性があり，公示手段がなく，ほかの手段で特定可能な要素がないため，債権者にとって仮差押命令申立時に特定し難いこと，これに対して，③執行機関である執行官が執行の際に目的物を現認して容易に特定することが

でき，これに委ねることが可能だからである。

　ただし，民事保全法21条の規定にもかかわらず，動産を特定して仮差押えを申し立てることも許される。債務者の財産全体に対して動産執行を行えば債務者の被る損害が大きくなることも多く，その結果保全の必要性の点で疑問が生じたり，あるいは動産に対する仮差押えは一般に担保が高額となることなどから，これらの点を考慮して動産を特定した仮差押命令の申立てもその必要性を否定できず，また民事保全法21条の文言からも排斥するものではないと解されているからである。

　考えられる動産の特定方法として，①個別に動産を特定する，②所在場所で特定する，③動産の種類，性質によって限定する，などが考えられる。①には特定が不十分であった場合に，②には目的物が執行時までに他の場所へ移動した場合に，③にはこれだけで特定が足りるかどうかといったような場合に，それぞれ問題が残る。いずれの場合も，実際に執行官によって現場で特定が可能であるかどうか，また，申立時に特定することによってかえって超過仮差押えや仮差押禁止動産に該当しないかなどの問題が生じる可能性も否定できず，その適用場面は相応に限定されたものとならざるを得ないものと考えられる。仮差押命令が対象動産を特定して発令された場合には，⑵の申立書の記載もそれに対応する必要がある。

⑷　申立ての費用

　仮差押債権者は，被保全債権額に応じて手数料を支払わなければならず（執行官法8条1項2号），執行官はこの概算額を予納させることができ（同法15条1項），予納しないときは申立てを却下できる（同法15条3項）。

〔4〕　動産仮差押執行の方法

⑴　原則的な執行の方法

　動産に対する仮差押えの執行は，執行官が目的物を占有する方法により行う（民保49条1項）。動産は，即時取得される可能性があるので，債務者から占有を奪い第三者への引渡しを防止しておく必要があるからである。

　目的動産が特定されていない場合には，仮差押えする場所において，執行官が仮に差し押さえる動産を選択する。執行官は，その選択にあたっては，債権

者の利害を害しない限り，債務者の利益を考慮しなければならない（民保規40条，民執規100条）。

　仮差押えの場合にも，超過差押えの禁止，剰余を生ずる見込みのない場合の差押えの禁止，差押禁止動産及びその範囲の変更の規定が準用される（民保49条4項，民執128条・129条・131条・132条）。

(2) 仮差押執行の対象になる動産の具体的な範囲

　民事執行法122条1項に規定される動産と同じであり，①債務者の占有する動産（民保49条4項，民執123条1項），②債権者が占有する動産，及び，③第三者が占有し提出を拒まない動産（民保49条4項・124条）がある。

　第三者が占有する動産の提出を第三者が拒んだ場合には，執行官は，仮差押えすることができない。この場合，債権者としては，債務者の第三者に対する動産引渡請求権の仮差押え（民保50条1項，民執143条）によることを検討することになる。

　仮差押えは債務者の責任財産についての強制執行を保全するためにされるものであるから，本来は債務者の所有する動産に対してなされるものである。しかし，動産はその外観上所有関係が明らかではないことが多く，また，所有権の帰属を執行官に現場で判断させることは相当でないから，法は債務者が占有しているものについては債務者が所有している蓋然性が高いものとして執行の対象としたものである。したがって，執行官は，当該動産が債務者が所持するものであるかどうかを判断すれば足り，所有関係について調査する義務も権限もない。もっとも，所持の外観自体から所有者が別に存在することが明らかな場合には，仮差押えは許されない（例として，クリーニング業者の顧客からの預かり品や図書館印が押捺された図書など）。家族数名が同居する建物内の動産については，家族全員の生活や娯楽に供されている物は，世帯主が占有する物であると実務上考えられている（民事裁判資料248号136頁）。

(3) 動産が債務者以外の者の所有物であった場合

　仮差押えの執行を受けた動産が，債務者以外の第三者の所有物であった場合，所有者は，第三者異議の訴えによって救済を求めることになる（民保46条，民執38条）。

〔5〕 執行官の権限・目的物の捜索等

　執行官は，債務者が占有する動産を仮に差し押さえるに際し，債務者の住居への立ち入り，捜索等の権限を行使することができ，閉鎖した戸等を開くことができる（民保49条4項，民執123条2項）。しかし，債権者又は提出を拒まない第三者の占有する動産の仮差押えの場合には，これらの権限はない（民保49条4項により準用される民執124条は，同法123条2項を準用していない）。

　また，執行官は，職務の執行確保のための警察上の援助を要請することができるが，債務者の住居に立ち入る場合には立会人が必要である（民保46条，民執6条1項・7条）。

〔6〕 仮差押え後の動産の保管等

(1) 原　　則

　動産に対する仮差押えの執行は，執行官が目的物を占有する方法により行い，執行官自らが保管することを原則とする（民保49条1項）。

(2) 執行官以外の者の保管と使用の許可

(a) 債務者が占有する動産を仮差押えした場合

　この場合，執行官は，自らの裁量により，債務者に仮差押物を保管させることができるほか（民保49条4項，民執123条3項），仮差押債権者又は第三者に保管させることもできる（民保規40条，民執規104条1項）。仮差押えの場合には，本執行までに相当な時間を要することから，実際には債務者に保管させることも多い。処分隠匿のおそれが強く債務者に保管させることが相当でない動産は，債務者以外の執行官，債権者又は第三者が保管することになろう。債権者又は第三者に仮差押物を保管させることができるとしているのは，占有者による動産の処分のおそれ防止と，保管に相当な設備や場所が必要な場合があることを考慮しているからである。

　また，執行官は，相当と認めるときは，債務者に仮差押物の使用を許可することができる（民保49条4項，民執123条4項）。

(b) 債権者又は提出を拒まない第三者が占有する動産を仮差押えした場合

　この場合も，執行官が自ら保管することを原則とするが，執行官が相当と認

めるときは，それまで占有してきた者に保管させることができるほか（民保49条4項，民執124条），仮差押債権者又は第三者に保管させることもできる（民保規40条，民執規104条1項）。ただし，債務者以外の債権者又は提出を拒まない第三者が占有していた動産を債務者に保管させることは認められていない。

(c) 保全の必要性や担保の額との関係上，債権者が仮差押命令申立段階から，動産を債務者に保管させたり，債務者に使用を許すと上申して発令を受けた場合には，債権者は執行官に対し，それに添った保管方法を求めるべきである。

(3) 仮差押えの効力の発生

仮差押物をそれまで保管していた者（債務者，債権者又は提出を拒まない第三者）に保管させる場合には，執行官が，仮に差し押さえた動産について封印その他の方法で仮差押えの表示をしたときに限り，仮差押えの効力を有し（民保49条4項，民執123条3項・124条），表示がなかったり不十分であった場合には，仮差押えの効力が生じない。これは，執行官が事実的支配を取得する方法として，仮差押えの表示を要求したものである。いったん適正になされた表示が，後に損壊されたり脱落しても，仮差押えの効力には影響がないが，第三者が即時取得してしまえば，仮差押えの効力は失われる。そのようなおそれを回避するには，執行官が自ら保管するほかはない。

(4) 執行官による金銭等の供託

執行官は，仮差押えした金銭や仮差押えした手形等を呈示して支払を受けて得た金銭（民保49条4項，民執136条）は，供託しなければならない（民保49条2項）。また，仮差押えした動産について著しい価額の減少を生じるおそれがあるとき（差押動産が腐敗や変質するおそれがある場合など），又はその保管のために不相応な費用を要するときは，執行官は，民事執行法の規定に従って緊急に換価し，売得金を供託しなければならない（民保49条3項）。

〔7〕 動産仮差押えの効力

動産に対する仮差押執行の効力は，基本的には本差押えの執行の効力と同様であり，仮差押債務者に処分禁止効が及び，これに違反する処分行為は仮差押債権者に対抗できない。この効力については，民事執行法と同じく，民事保全法においても手続相対効の考え方が採用されている。なお，仮差押えの効力は，

仮差押物から生ずる天然の産出物にも及ぶ（民保49条4項，民執126条）。

〔8〕 設問の検討

(1) 申立書と動産の所在場所の記載

通常，動産仮差押命令の主文は，「債権者の債務者に対する上記請求債権の執行を保全するため，別紙請求債権目録記載の債権額に満つるまで債務者所有の動産は仮に差し押さえる。」として発令される。これに対応して，執行官に対する動産仮差押執行の申立書には，動産が所在する場所が記載される必要があり，特に記載がなければ補正の対象となるが，郵送申立て等で補正ができない場合には，債務者の住所が動産の所在場所と解してよいとされている（『執行官提要』（民事裁判資料248号）83頁）。

(2) 執行官の職務管轄区域

執行官は，原則として，他の法令に別段の定めがある場合を除き，所属の地方裁判所の管轄区域内においてその職務を行う（執行官法4条）とされており，他の法令に別段の定めがある場合として，執行官は，同時に差し押さえようとする数個の動産の所在する場所が所属の地方裁判所の管轄区域の内外にまたがっているときは，管轄区域外にある動産についても，差押えをすることができ（民執規101条），仮差押物が仮差押えした執行官の所属する地方裁判所の管轄区域外に所在することとなった場合の差押物の取戻し（民執規109条）の場合などには，管轄区域外で職務を行うことができる。

(3) 具体的な方策

本問の場合には，仮差押命令が発令され，動産仮差押執行の申立てをしたが，執行の着手前に債務者Ｙが仮差押命令発令裁判所の管轄区域外に転居したというのであるから，おそらく，債権者Ｘは，債務者Ｙの住居を動産の所在場所とする仮差押執行の申立てをした事案であると考えられる。この場合，Ｓ地方裁判所の執行官は，Ｔ地方裁判所の管轄区域内で職務を行うことができる根拠がないので，債権者は，あらためてＴ地方裁判所の執行官に動産仮差押執行の申立てを行うほかはない。〔3〕(1)で説明したとおり，動産仮差押命令を得た債権者Ｘは，目的物の所在地であれば，仮差押命令を発令したＳ地方裁判所以外のどの地方裁判所に所属する執行官に対しても，申立てをすることができる

(民事裁判資料248号250頁)。もっとも，債務者Yの転出前の住所地に，仮差押えに適した動産が残されている可能性があるような場合には，T地方裁判所の執行官に対しあらためて動産仮差押執行の申立てをするとともに，並行してS地方裁判所所属の執行官に対する動産仮差押執行の手続を維持する方法も考えられるが，動産仮差押執行の申立てには，執行文は不要であるが仮差押命令正本の添付を要する点に留意すべきである。

　債務者が，管轄区域外へ転居したり目的物を持ち出したりする可能性の有無などは，申立時に目的動産を特定するかしないか（〔3〕(3)参照），さらに，どのような保管方法をとるべきか検討する上での要素となろう。

[中内　篤]

Q45 債権仮差押命令の執行

　X会社は，Y会社が振り出した額面800万円の約束手形を所持している。X会社は，満期に上記手形を支払場所に呈示したところ，契約不履行を理由としてその支払を拒絶された。他方，Y会社は，上記手形の不渡りによる銀行取引停止処分を免れるため，A銀行の加盟するA銀行協会（手形交換所）に提供させる目的で上記手形金額と同額の金員をA銀行に預託した。Y会社は，X会社以外にも相当の手形を振り出している上，営業不振が続いているため不渡手形を再発しかねず，倒産のおそれがある状態となっている。X会社は，Y会社に対し，上記手形金の支払を求める本案の訴えを提起するため準備中であるが，上記預託金をY会社に取り戻されると，上記手形金の支払を受けることは著しく困難となることが予想されると主張して，Y会社を債務者，A銀行を第三債務者，上記手形金債権を被保全権利として，Y会社がA銀行に対して有する上記預託金返還請求権について仮差押命令を申し立てるとともに，第三債務者A銀行に対し，上記預託金返還請求権について民事保全法50条5項，民事保全規則41条2項に基づいて，民事執行法147条1項，民事執行規則135条1項に規定する事項について陳述を求める催告の申立てをした。保全裁判所は，X会社の仮差押命令の申立てを認容し，3日以内に担保を提供すべき旨の命令を発令したところ，X会社は，国庫債券をもって担保を立てたので，仮差押命令と民事執行法147条1項による催告が発せられた。これに対して，Y会社は，上記仮差押命令による解放金額を供託した。X会社は，上記解放供託金から上記手形債権の満足を受けたいが，その手続はどうなるか。

A

〔1〕 はじめに

　仮差押債権者であるＸ会社は，仮差押債務者であるＹ会社に対し，Ｙ会社に対する手形金支払請求権を被保全権利として，Ｙ会社のＡ銀行に対する手形の不渡りによる銀行停止処分を免れるためにＡ銀行の加盟するＡ銀行協会（手形交換所）に提供させる目的でＡ銀行に預託した金員の返還請求権を被差押債権として，仮差押命令を得たところ，Ｙ会社が，仮差押命令による解放金（仮差押解放金）を供託した。Ｘ会社は，Ｙ会社が供託した仮差押解放金から手形金支払請求権の満足を受けたいので，その手続について検討するというものである。

　設問については，債権に対する仮差押命令及び執行の申立て，仮差押債権の特定，仮差押命令の発令，送達，第三債務者に対する陳述の催告，仮差押えの執行の効力発生時期等の債権に対する仮差押えの概要について述べた上で行うのが相当であろうが，概要については，「第１編　民事保全法の基礎知識」の該当部分に委ね，以下においては，仮差押解放金及びみなし解放金について述べ，次いで，仮差押解放金に対する権利の行使について論じた上で，検討を行うこととする。

〔2〕 仮差押解放金

(1) 仮差押解放金の意義

　仮差押解放金とは，仮差押命令の存在を前提に，仮差押債務者が，仮差押えの執行の停止又はすでにした仮差押えの執行の取消しを求めるために供託する金銭のことであり，仮差押命令発令裁判所は，仮差押命令において，職権でその額を定めなければならない（民保22条１項）。

　仮差押えは，金銭債権の執行を保全するためのものであるから，仮差押債務者がその金銭債権を担保するに足りる金銭を供託することにより仮差押債権者が債権額相当の価値を保全することができれば，仮差押えの執行が停止し又は

取り消されたとしても，仮差押債権者に特段の不利益はない。他方，仮差押債務者にとっても，金銭の供託によって，仮差押えの執行から解放され，仮差押えの執行の目的物を自由に処分等することができることになり，便宜である。そこで，仮差押債権者の利益を害さずに仮差押債務者の利益を図る方途として定められたのが仮差押解放金の制度である。

(2) **仮差押解放金の法的性質**

仮差押解放金は，仮差押えの執行の目的物に代わるもの（仮差押目的物の代替物）である（最〔1小〕判昭45・7・16民集24巻7号965頁）。仮差押えの執行の停止又は取消しにより仮差押債権者に生ずる損害を賠償するための担保ではない。仮差押債権者は仮差押解放金について優先権を有するものではなく，仮差押債務者の国（供託所）に対して有する供託金取戻請求権の上に仮差押えの効力を主張しうるにすぎない。仮差押債務者によって仮差押解放金が供託され，仮差押えの執行が取り消された後は，仮差押えの効力は仮差押債務者が有する供託金取戻請求権の上に及ぶ（移行する）ことになる（最〔3小〕判平6・6・21民集48巻4号1101頁）。

(3) **仮差押解放金の供託の効果**

仮差押債務者は，仮差押命令において定められた仮差押解放金を供託したときは，供託書の正本を仮差押執行裁判所（民保2条3項）に提出して，仮差押えの執行取消しの決定を得ることができる（民保51条）。仮差押えの執行の停止又は取消しの決定の正本を保全執行機関に提出すれば（仮差押執行機関が裁判所であるときは当然に），仮差押えの執行の停止又はすでにした仮差押えの執行が取り消される（民保46条，民執39条1項6号・40条）[*1]。

仮差押解放金の供託によって取り消されるのは，仮差押えの執行であって，仮差押命令は取り消されるわけではなく，効力を有している。

　＊1　仮差押解放金が供託された場合に，仮差押えによる時効の中断の効力（民147条2号）が，仮差押えの執行が取り消されたことにより生じなくなるのか（民154条参照）が問題となるが，前掲最〔3小〕判平6・6・21は，「仮差押解放金の供託による仮差押執行の取消しにおいては，供託された解放金が仮差押執行の目的物に代わるものとなり，債務者は，仮差押命令の取消しなどを得なければ供託金を取り戻すことができないばかりでなく，債権者は，本案訴訟で勝訴した場合は，債務者

の供託金取戻請求権に対し強制執行をすることができる（中略）ものであるから，仮差押の執行保全の効力は右供託金取戻請求権の上に存続しているのであり，いまだ中断の事由は終了したとはいえないからである。」旨を判示し，時効中断の効力は継続するとの立場をとる。詳細はQ49「仮差押執行の取消しに伴う時効中断効消滅の成否」を参照されたい。

〔3〕 みなし解放金

(1) 第三債務者の供託

(a) 権利供託

(イ) 仮差押えが競合しない（単独の仮差押え）の場合　仮差押債権者が仮差押債務者の第三債務者に対して有する金銭債権について仮差押えの執行をした場合，第三債務者は，仮差押債権の全額に相当する金銭を，債務の履行地を管轄する供託所に供託することができ，また，仮差押えの執行が，仮差押えに係る債権の一部についてされた場合は，その部分に相当する金銭のみを供託することもできる（権利供託。民保50条5項，民執156条1項）。供託した第三債務者は，その事情を仮差押執行裁判所に届け出なければならない（事情届。民保50条5項，民執156条3項）。

(ロ) 仮差押えが競合する場合　仮差押えがされている金銭債権について，その後に別の仮差押えの執行がされた場合も，第三債務者は供託をすることができる（権利供託。民保50条5項，民執156条1項）。この場合も(イ)と同様に直ちに配当を実施することにはならないから，第三債務者は供託をする義務を負うわけではない。第三債務者が供託をした場合には，先に送達された仮差押命令を発した仮差押執行裁判所に事情届を出さなければならない（民保規41条2項，民執規138条3項）。

(b) 義務供託

(イ) 差押えがされている金銭債権について，その後に仮差押えがされた場合　差押債権者に対して配当手続を行う必要があるから，第三債務者は債務の履行地の供託所に金銭を供託する義務を負う（義務供託。民保50条5項，民執156条2項）。第三債務者は，先に送達された差押命令を発令した執行裁判所に対し事情届を出さなければならない（民保50条5項，民執156条3項，民執規138条3項）。

(ロ) 仮差押えがされている金銭債権について，その後に別の債権者から差押えがされた場合　配当の必要があるから，第三債務者は供託義務を負い（義務供託。民保50条5項，民執156条2項），差押命令を発令した後者の執行裁判所に対して事情届を出さなければならない（民保50条5項，民執156条3項，民保規41条1項）。

(2) みなし解放金

第三債務者による権利供託は，第三債務者が仮差押債務者に対して負担する債務の弁済としての意味合いを有し，実質的には仮差押債務者による供託と同視することができるから，仮差押解放金（民保22条1項）の額に相当する金銭について，仮差押債務者が仮差押解放金を供託したものとみなされる（みなし解放金。民保50条3項）。仮差押債務者に国（供託所）に対する供託金の還付請求権が生じ，仮差押えの執行の効力は仮差押債務者の有する供託金還付請求権の上に及ぶことになる。

〔4〕 仮差押債権者の仮差押解放金に対する権利の行使

(1) 権利行使の方法

仮差押解放金が供託された場合における仮差押債権者の権利行使の方法については，相対立する2つの考え方がある。

第1は，仮差押債権者は，仮差押解放金に対して直接に還付請求権を取得することになるから，改めて強制執行の手続をとるまでもなく，直接に国（供託所）に対して本案勝訴判決と確定証明書を提出し，還付の手続ができるとする見解である。仮差押債務者に対する他の一般債権者が仮差押解放金から弁済を受ける余地はないから，仮差押債権者が事実上の優先権を認められるのと等しい結果となる。

第2は，仮差押債権者は，仮差押解放金について直接に権利を有するものでなく，仮差押債務者の国（供託所）に対する供託金取戻請求権（又は，みなし解放金（民保50条3項参照）の場合の供託金還付請求権）の上に仮差押えの執行の効力を主張しうるにすぎないとする見解である。仮差押えが本執行に移行し，執行目的物を債務者所有物として競売して売得金を債権者に交付するのと同様に，仮差押債権者は，本案訴訟の認容判決を債務名義として仮差押債務者の有する供託金取戻請求権又は供託金還付請求権を差し押さえ，国（供託所）に対し，

取立権に基づき払渡請求を行うことになる（民執155条参照）。

　仮差押解放金は仮差押目的物の代替物であり，仮差押えの執行の停止又は取消し（民保51条1項参照）によって仮差押債権者が被る損害を担保するものではない。仮差押えは，執行によって仮差押債権者に優先権を取得させるものではないから，仮差押えの目的物の代替物である仮差押解放金についても，仮差押債権者に優先権を与えるべきではなく，仮差押解放金が供託されたことにより仮差押債権者が優先弁済を得られる結果となることは不当であり，第2の見解が正当である（瀬木比呂志『民事保全法』〔第3版〕329頁，山崎潮監修＝瀬木比呂志編集代表『注釈民事保全法(下)』138頁〔山崎潮〕，瀬木比呂志監修『エッセンシャル・コンメンタール民事保全法』409頁〔小海隆則〕，水野有子「仮差押え解放金をめぐる問題点」判タ1078号108頁）。供託実務も，この見解によっている（平2・11・13付け法務省民4第5002号法務局長・地方法務局長あて法務省民事局長通達「民事保全法等の施行に伴う供託事務の取扱いについて」（以下「第5002号通達」という）第2・6・(2)・ア，イ参照）。

(2) 権利行使の手続

　第2の見解によれば，仮差押えの執行の効力は，仮差押債務者の有する供託金取戻請求権又は供託金還付請求権の上に及んでいるので，仮差押債権者は，本案の認容判決等を債務名義として，仮差押債務者の有する供託金取戻請求権（民保22条の場合）又は供託金還付請求権（民保50条3項のみなし解放金の場合）に対し，国（供託所）を第三債務者とする債権執行の手続（民執143条以下）によって権利行使をすることになる。

(a) 仮差押解放金に対する権利行使

　仮差押債権者は，仮差押債務者の有する供託金取戻請求権を差し押さえる方法をとることになるが，仮差押解放金の供託金取戻請求権に対しては，他の債権者も差押え又は仮差押えの執行をすることができるので，差押えが競合しない（単一の仮差押え）場合と競合する場合に分けて検討する必要がある。

(イ) 差押えが競合しない（単一の差押え）場合　債権執行の手続による権利行使の方法には，仮差押債権者が直接取立権を行使する方法（民執155条1項）と，転付命令を取得する方法（民執159条1項）がある。

　　(i) 取立権を行使する方法　仮差押債権者は，仮差押債務者に対し，債務名義に基づいて供託金取戻請求権を差し押さえる。差押命令が差押債務者に

送達された日から1週間を経過したときは，差押債権者は，差押えに係る債権について，差押債務者に代わり，自己の名において，直接に第三債務者に対し，取立てに必要な差押債務者の有する権利を裁判上及び裁判外において行使することができる（民執155条1項）。

　差押債権者は，自己の名において，仮差押執行裁判所に対し，仮差押解放金取戻許可の申立てをし，許可後，供託原因消滅証明書の交付を受け，「取戻しをする権利を有することを証する書面」として，仮差押えの請求債権と差押えの執行請求債権が同一であることを証する書面（例えば，仮差押決定正本及び本案の認容判決正本，同判決の確定証明書）と，差押命令が差押債務者に送達された日から1週間を経過したことを証する書面（例えば，裁判所書記官による送達通知書（民執規134条参照））を添付して（供託規則25条1項），国（供託所）に対し直接に仮差押解放金の払渡請求をすることになる（第5002号通達第2・6・(2)・ア参照）。供託物払渡請求権に対する強制執行に基づく場合なので，供託書正本の添付は不要である（供託規則25条1号但書）。

　(ⅱ)　転付命令を取得する方法　　差押債務者の有する供託金取戻請求権について転付命令を得た差押債権者は，転付命令が確定した後，仮差押執行裁判所に対し仮差押解放金取戻許可の申立てをし，許可後，(ⅰ)の場合と同様に，仮差押えの請求債権と差押えの執行請求債権が同一であることを証する書面と，転付命令の確定証明書（民執159条5項参照）を添付して，国（供託所）に対して供託金の払渡請求をすることになる。供託書正本の添付は必要ない。

　㈹　差押えが競合する場合　　他の債権者との差押えの競合が生じるのは，①仮差押解放金の供託金取戻請求権に対して，他の債権者が差押えをした場合，②他の債権者の仮差押えの執行がされた供託金取戻請求権に対して仮差押債権者が本執行としての差押えをした場合である。差押えが競合する場合は，第三債務者である供託官は，供託義務を負い（義務供託），差押債権者の取立てに応ずることはできないが，改めて供託をすることは意味がないから，供託を持続する旨の事情届を差押命令を発令した執行裁判所に提出する（民保50条5項，民執156条2項・3項，民保規41条1項，民執規138条。第5002号通達第2・6・(2)・イ参照）。差押債権者は，執行裁判所の配当等の実施（民執165条1号，166条1項1号）としての支払委託に基づいて供託所から供託金の払渡しを受けることになる。

(b) みなし解放金に対する権利行使

　仮差押債権者が仮差押債務者が有する供託金還付請求権に対して差押えをしたとき、又は、他の債権者が差押えをしたときは、民事保全法50条5項で準用する民事執行法156条1項による供託が、純然たる民事執行法156条1項の供託に転化し、当初から差押えに基づく供託がされたのと同視されることになる。みなし解放金に対する権利行使は、仮差押債権者が仮差押債務者の有する供託金還付請求権に対する債権執行の手続（民執143条以下）によって権利行使することになるので、執行裁判所の配当等の実施としての支払委託に基づいて供託金の払渡しを受けることになる（第5002号通達第2・3・(1)・ウ・(イ)参照）。

〔5〕　設問の検討

　仮差押債務者Y会社から仮差押解放金が供託されたことにより、仮差押債権者X会社のY会社に対する仮差押えの執行の効力が、Y会社が国（供託所）に対して有する供託金取戻請求権の上に及ぶ（移行する）ことになるにすぎず、X会社は仮差押解放金に対して優先的に還付請求権を取得するものではない。X会社は、解放供託金から手形金支払請求債権の満足を受けるためには、手形金支払請求訴訟（本案）の認容判決を債務名義として、Y会社が有する供託金取戻請求権について、国（供託所）を第三債務者とする債権執行の手続によって権利行使をしなければならない。

　権利行使の手続については、X会社は、①差押えが競合していない場合には、取立権を行使する方法（民執155条1項）又は転付命令を取得する方法（民執159条1項）のいずれかの方法により供託金の払渡しを受けることができ、②差押えが競合している場合には、差押執行裁判所の配当手続の実施としての支払委託によって供託金の払渡しを受けることができる（民執165条1号・166条1項1号。第5002号通達第2・6・(2)・イ）[*2]。

　　　[*2]　本設問については、小林廣一＝竹内紀彦「仮差押解放金に対する権利行使の方法」東京地裁保全研究会編著『民事保全の実務(上)』〔第3版〕239頁、坂田信太「仮差押解放金に対する執行」羽成守編『仮差押・仮処分の法律相談』〔新版〕323頁、瀬木比呂志監修・前掲書379頁〔木納敏和〕を参考にした。

〔増田　輝夫〕

Q46 | 仮処分命令の執行期間の起算点

Xは，Y会社に対して賃金債権を有するが，これを保全するため，Y会社を債務者として，仮処分命令を申し立てたところ，「Y会社は，Xに対し，平成23年4月から平成24年2月まで毎月2日限り20万円を仮に支払え」とする定期金の給付を命ずる仮処分命令が発令された。そこで，Xは，債務名義とみなされる上記仮処分命令に基づいて，うち平成23年6月2日を支払期限とする定期金を請求債権として，その支払期限から2週間以上を経過した同年7月2日，Y会社がZ銀行に対して有する預金債権について差押命令の申立てをした。この申立ては認められるか。

A

〔1〕 はじめに——問題の所在

設問の仮処分命令の内容は，向後11ヵ月間，毎月2日に20万円ずつ仮に支払えというものであり，定期金の給付を命ずる仮処分命令には，このように給付すべき期間が一定の長期間にわたり，支払期限が一定期間経過後に到来するものがある。

ところが，民事保全法43条2項は，保全執行の着手時期について，保全命令が債務者に送達されてから2週間以内にしなければならないとの制限を設けている。仮処分命令送達前に支払期限が到来するものについては，命令送達後2週間以内に執行することが可能であるが，命令送達後2週間以上経過した後に支払期限が到来するものについては，制限期間内に執行することは不可能であって，同項がそのまま適用されるとすれば明らかに不合理である。設問は，後者の場合に債権執行の申立てをすることが許されるかという事案である。

〔2〕 定期金の給付を命ずる仮処分命令の発令とその執行

　仮払仮処分は，本案判決に基づく強制執行を待たず，早急に金銭債権に基づく給付を得たいと考える債権者が，金銭の仮の支払を求めて申し立てるものである。このような仮処分は，強制執行の保全を目的とするものではなく，権利関係の係争状態から生じる債権者の不安や危険の除去を目的として暫定的な措置を求めるものであるから，仮の地位を定める仮処分（民保23条2項）にあたると解されている。

　実務上，認容されるのは，賃金の仮払いのほか交通事故に基づく損害賠償金の一部の仮払いの場合にほぼ限られている（瀬木比呂志『民事保全法』〔第3版〕738頁）。

　定期金の給付を命ずる仮処分命令が発令された場合，その執行は債務者に仮処分命令を送達する方法により行い，送達されたときに執行の効力が生じる。債務者が命令に従った支払を任意に行わない場合には，債権者は，この仮処分決定正本に執行文の付与を要さず（民保43条1項）に，債務者の不動産，動産，債権等に対して強制執行することにより，強制的に債権の満足を得ることができる（民保52条1項）。

〔3〕 保全執行の期間制限

　保全執行は，民事保全法43条2項により，保全命令が債権者に送達された日から2週間を経過したときは，これをしてはならないとされている。

(1) 執行期間制限の趣旨

　保全命令は，本案の権利の実現を保全するために緊急の必要性があるとして発令される暫定的な裁判であるから，保全命令の発令後いつでも執行することができるということは，緊急の必要性を有する保全命令の性質と整合しない。また，その後の日時の経過による事情変更のため，保全執行の必要がなくなることもあれば，保全命令を発令する際の担保の額についてその前提事情に変更が生じたにもかかわらず，そのまま保全執行を許せば，債務者に不測の損害を与えたり不当な執行が行われる危険性がある（西山俊彦『保全処分概論』244頁）。さらに，保全命令を得ながら直ちに執行を行わないような債権者は保護に値し

ないとも考えられる（瀬木・前掲524頁）。このような保全命令の性質，債権者の権利確保及び債務者の保護の要請を調和させるために，保全執行に一定の期間制限を設けたものとされている。

(2) 期間の性格

この期間については，法定期間（民訴96条1項）であるが不変期間ではないから，裁判所がこれを伸縮することができるとの見解もあるが，債権者の権利行使の確保と債務者の保護の要請を調和させるために国家の執行権を制限した公益的規定であること，形式的画一的処理が要請される執行手続における期間であること，伸縮を認めるとすれば誰がどのような形式で認めるか疑問であることなどから，裁判所はこれを伸縮できず，債務者もその利益を放棄できないとの見解が多数説である（西山・前掲244頁，瀬木・前掲524頁）。

(3) 期間内になすべき行為

執行期間内になすべき行為としては，執行機関に対する執行申立てだけでは足りず，執行期間内に執行の着手があることを要するが，執行が完了することまでは必要としないとするのが通説であり，判例も，保全執行は民事保全法43条2項所定の2週間以内に執行を完了する必要はないが，この期間内に執行の着手と認められる行為があることを要し，執行機関が当該執行の目的のための強制的行動を開始した時点で執行の着手があったものと解すべきであるとするものがある（東京高決平4・6・10判時1425号69頁）。

(4) 具体的な執行の着手時期

(a) 仮差押えの場合

不動産仮差押えの場合は，保全執行裁判所が仮差押えの登記の嘱託を発したときに，債権仮差押えの場合は，保全執行裁判所が第三債務者に対する仮差押命令の送達手続に着手したときに，動産仮差押えの場合には，執行官が目的物の差押え，捜索等の強制行為に出たときに，それぞれ執行の着手になると解されている（瀬木・前掲530頁）。

(b) 仮処分の場合

不動産及び登記等をすることができるその他の財産権に対する処分禁止の仮処分については，不動産仮差押えと同様に解することができ，物の引渡執行，執行官保管を命じる仮処分については，動産仮差押えと同様に解することがで

きる（前記東京高裁判例）。妨害物の除去，明渡断行等の代替的作為を命ずる仮処分については，債権者は民事保全法43条2項の期間内に授権決定の申立てをすれば足りると解されているが，仮処分命令の主文中に，債務者が一定期間内に作為義務を履行しない場合には債権者は代替執行をすることができるという執行命令が併記されている場合には，この期間経過後の2週間以内に着手しなければならない。即時の金銭の支払を命じる仮処分については，金銭債権に関する強制執行の例によるから，結果的には仮差押えの場合と同様である（設問の場合，具体的な手続は〔2〕参照）。不作為を命ずる仮処分については，債務者に送達することによって効力が生じ，仮処分の内容を実現するための執行行為はないのであるから，債務者が命令を遵守する限り執行の必要性はなく，不作為義務に違反する作為があったときに代替執行や間接強制の問題が生ずるにすぎないので民事保全法43条2項の期間制限はないとするのが多数説である（竹下守夫＝藤田耕三編『注解民事保全法(下)』16頁〔揖斐潔〕，瀬木比呂志ほか編『注釈民事保全法(下)』28頁〔瀬木〕）。

〔4〕 定期金給付を命ずる仮処分執行手続上の問題点

冒頭で指摘した問題点について，民事保全手続が旧民事訴訟法に規定されていた当時から，同じ趣旨の規定である旧民事訴訟法756条（仮処分に関する規定）が準用する749条2項（仮差押えに関する規定）の適用の有無をめぐって見解が対立していた。

適用否定説は，定期金給付を命ずる仮処分は，執行期間に制限があるとすると，仮処分命令送達後2週間経過後に支払期限が到来するものについては，執行が不可能になること，仮処分命令の執行ができなくなっては仮処分命令がその意義を失うことなどを理由として，定期金の給付を命ずる仮処分については，執行期間の規定の適用（準用）を否定する。さらに，一応執行期間の制限はないものと解し，債権者があまりにも長期間にわたって執行の申立てを怠った場合には，債務者は事情変更取消し（民保38条）の申立てをして必要性の消滅を主張し，命令自体の取消しを求めうると解する考え方もある（瀬木・前掲531頁）。

適用肯定説は，法が執行期間の起算点を保全命令送達の時としたのは，債権

者はこの時点から執行することが可能になるのが通常で，この時点から執行期間を進行させることが執行期間の制限を定めた法の趣旨に沿うからであるとした上，定期金の給付を命ずる仮処分については，債権者は，各定期金の支払期限が到来した時から執行することが可能になるのであるから，執行期間の起算点は各支払期限が到来した時と解して（いわば読み替えて），執行期間の規定の適用（準用）を肯定すべきであるとする。肯定説が通説であり，実務もこれによって運用されていたようである。

〔5〕 最決平17・1・20

この最高裁決定（最〔1小〕決平17・1・20（平16(許)第26号）〔債権差押命令に対する執行抗告棄却決定に対する許可抗告事件〕（裁判集民事216号57頁・判タ1175号143頁・判時1888号91頁）の事案は設問とほぼ同じであって，①定期金の給付を命じる仮処分の執行について，民事保全法43条2項が適用されるか否か，②これが適用されるとした場合，仮処分命令送達の日より後に支払期限が到来するものについて，いつの時点から起算すべきかが問題とされた。

最高裁は，「民事保全法43条2項は，定期金の給付を命ずる仮処分の執行についても適用され，仮処分命令の送達の日より後に支払期限が到来するものについては，送達の日からではなく，当該定期金の支払期限から同項の期間を起算するものと解するのが相当である。」と適用肯定説を採用し，問題に関するはじめての判断を示した。

〔6〕 設問の検討

Xが得た仮処分命令は，「平成23年4月から平成24年2月まで毎月2日限り20万円を仮に支払え。」との内容の定期金の給付を命ずる債務名義であり，被保全権利は，XのYに対する賃金債権である。

Xは，この債務名義のうち平成23年6月2日を支払期限とするものを請求債権として，その支払期限から2週間以上を経過した同年7月2日に，YがZ銀行に対して有する預金債権について，債権差押命令を申し立てた。仮処分命令の内容から察すれば，発令後の最初の支払期限は平成23年4月2日であるから，それ以前に仮処分命令正本が債務者Yに送達されたものであろう。

前記最高裁決定の趣旨に従えば，民事保全法43条2項は，定期金の給付を命ずる仮処分の執行についても適用があり，仮処分命令の送達の日より後に支払期限が到来するものについては，当該定期金の支払期限から同項の期間を起算するものと解するのが相当であるというのであるから，仮処分決定正本がYに送達された旨の送達証明書を添付して（民執29条）速やかに債権差押命令の申立てをすれば，直後に到来する支払期限の賃金債権を請求債権とする差押えが可能であったと考えられる。

　しかし，実際にXが申し立てた債権差押命令の申立ては，同年6月2日を支払期限とする定期金を請求債権としているが，この支払期限から2週間以上が経過した同年7月2日に債権差押命令の申立てをしたのであるから，この申立ては却下を免れない。仮に，裁判所から補正の促し等の指摘があれば，請求債権目録を同年7月2日支払期限の定期金と訂正して申立てを維持する方法が考えられる。

〔中内　篤〕

Q47 | 強制管理

Xは，Y所有の土地について仮差押命令の発令を得て，その執行として強制管理の申立てをした。これに対して，保全執行裁判所は，強制管理開始決定をするとともに，その管理人として執行官Aを選任した。これを前提に，下記事項について説明しなさい。
(1) 強制管理の方法による仮差押えの執行の申立て
(2) 強制管理を求めるに適する場合
(3) 強制管理の対象となる財産

A

〔1〕 強制管理と仮差押えによる執行手続

(1) 強制管理とは

債務者がテナントビルや賃貸マンションを所有してその賃料を得ている場合，債権者は，不動産に対する強制競売の申立てをし，その売却代金から債権の満足を得ることができるほか，賃料に対する債権差押えの手続によって債権の回収を図ることもできる。

強制管理は，債務者から不動産の所有権を奪うことなく（強制競売によって売却することなく），その不動産の収益力（賃料収入）に着目し，目的物件についての管理，処分権を拘束し（単に賃料を債権差押えするだけでなく管理人による管理を行い），目的物から生じる果実の収益（賃料）を徴収して債権者の金銭債権の満足にあてることを目的とする執行方法である。

強制管理の方法による仮差押えの執行は，強制執行における強制管理とは配当手続がないことが異なるだけで手続は同じであるから，配当を除いた民事執行法の規定が準用されている（民保47条5項）。なお，平成15年に成立した「担保物権及び民事執行制度の改善のための民法等の一部を改正する法律」（平成15

年法律第134号）により，担保不動産収益執行（民執180条2号）の制度が創設されるとともに，強制管理に関する規定が整備された。

(2) 申立ての実情

　不動産に対する強制管理の方法による執行は，実例としては多くない（東京地裁保全研究会編著『民事保全の実務(下)』〔第3版〕211頁）。これは，強制管理が債務者に対する拘束が強いことや執行費用がかかることもあるほか，強制競売と比較して被保全債権の回収に時間を要することもあって，暫定性を特質とする仮差押執行にはなじみにくいことなどによるとされている（瀬木比呂志『民事保全法』〔第3版〕540頁）。

(3) 強制管理の対象となる不動産

　対象となる不動産は，民事執行法43条1項に規定する不動産と同一であり，同条2項により不動産とみなされるものも含まれる（民保47条1項）。具体的には，民法上の不動産（民86条1項）である土地及び登記することができる土地の定着物（建物と立木法上の登記がされた立木），民法上の不動産ではないが権利の内容から民事執行手続上の不動産とみなされる不動産の共有持分，登記された地上権及び永小作権並びにこれらの権利の共有持分，特別法上不動産とみなされる不動産財団（工場財団，工業財団，漁業財団等）等が該当するが，実際の強制管理の対象不動産は，債務者が所有する貸しビルや貸しマンション，とりわけ建物全体を債務者が所有する賃貸集合住宅であることが多い。

〔2〕 申立て――設問(1)「強制管理の方法による仮差押執行の申立て」

(1) 管轄裁判所（保全執行裁判所）

　管轄裁判所は，不動産の所在地を管轄する地方裁判所である（民保47条5項，民執44条）。不動産の所在地を管轄する裁判所と本案の管轄裁判所とが異なる裁判所である場合に，本案の管轄裁判所に仮差押命令の申立てがなされれば，仮差押命令を発令した裁判所とは異なる裁判所が保全執行裁判所となることもありうる。

(2) 申立手続

　強制管理の方法による仮差押えの場合，仮差押えの発令裁判所が仮差押執行

を管轄するとは限らないから，仮差押命令の申立てに仮差押執行の申立てを含んでいるとは解されないことになる。そのため，執行方法が不動産登記による仮差押えの場合とは異なり，仮差押命令を得た債権者は，あらためて保全執行裁判所に仮差押執行の申立てをしなければならない。この申立ては，書面ですることを要する（民保規1条6号）。強制管理の方法による仮差押えの執行は，仮差押えの登記をする方法と併用する場合であっても，これとは異なる方法の執行であるから，申立てには，2週間以内に執行の着手（開始決定がなされたときと解される（瀬木・前掲530頁））がなされなければならないという期間制限がある（民保43条2項）。

(3) 申立書の記載

申立書には，民事執行規則21条各号に掲げる事項を記載する（民保規31条による準用）ほか，収益の給付義務を負う第三者がある場合にあっては，その第三者を特定するに足りる事項及び給付義務の内容であって債権者に知れているものを記載しなければならない（民保規32条1項，民執規63条1項）。

(4) 添付書面

(a) 民事保全規則32条1項により民事執行規則が準用されるもの

申立書には，仮差押命令の申立書と同様に，民事執行規則23条1号又は2号の書面（登記事項証明書等）を添付するほか，不動産に対して課される租税その他の公課の額を証する書面（民執規23条5号）を添付しなければならない。仮差押えの執行としての強制管理においても，不動産に対して課される公租公課は収益又は換価代金から控除しなければならない（民保47条5項，民執106条1項）からである。さらに，円滑かつ適切な執行手続を行うために民事執行規則23条の2の1号ないし3号までの書面を添付しなければならない。

(b) 民事保全規則32条2項の添付書類

強制管理による不動産に対する仮差押執行の申立書には，仮差押命令の申立てについての手続においてその執行の申立てをする旨を明示したことを証する書面の添付を要する（民保規32条2項）。

これは，同じ不動産に対する仮差押執行であっても，仮差押えの登記をする方法による場合と強制管理の方法による場合とでは，債務者に与える拘束の程度がまったく異なり，前者では，債務者は仮差押えの執行があっても当該不動

産を使用収益することができるのに対し，後者では，当該不動産の使用収益を行うことができない。そのため，いずれの執行方法によるかによって，保全の必要性の判断，執行による債務者の損害を担保する保証金の額を異にすることになる。そこで，強制管理の方法による仮差押えの執行の申立書には，仮差押えの申立てについての手続において強制管理による仮差押えの執行の申立てをする旨を明示したことを証する書面を添付しなければならないとし，強制管理の方法による執行の申立てがされることを予定して仮差押命令が発令された場合にのみ，強制管理の方法による仮差押えの執行の申立てを認めるものとしている（民事裁判資料226号181頁，山崎潮『新民事保全法の解説』〔増補改訂版〕293頁）。

　明示する書面の例としては，強制管理の方法による執行の申立てをする旨の記載がある仮差押命令の申立書の受理証明書，仮差押命令の申立てをした保全執行裁判所の受付日付印が押捺された同旨の記載がある仮差押命令の申立書又は申立書以外の主張書面の写し等があげられる（民事裁判資料226号182頁）。

　明示を証する書面の添付がなく，追完の求めにも応じないときは，保全執行裁判所は，強制管理の方法による仮差押えの執行の申立てを却下することができる。この執行の申立てを却下する決定及び強制管理の開始決定に対しては，執行抗告をすることができる（民保47条5項，民執93条5項）。

〔3〕 執行の手続及び効力

(1) 開始決定

　保全執行裁判所は，強制管理の方法による仮差押執行の手続を開始するには，強制管理の開始決定をし，その開始決定において，債権者のために不動産を差し押さえる旨を宣言し，かつ，債務者に対し収益の処分を禁止し，及び債務者が給付請求権（賃貸料の請求権その他の当該不動産の収益に係る給付を求める権利）を有するときは，給付義務者（債務者に対して当該給付をする義務を負う者）に対し，その給付の目的物を管理人に交付すべき旨を命じなければならない（民保47条5項，民執93条1項）。

　実務上は，強制管理開始決定書には「①債権者の申立てにより，上記債権の執行を保全するため，別紙請求債権目録記載の仮差押決定正本に基づき，債務者の所有する別紙物件目録記載の不動産について，強制管理の手続を開始し，

債権者のためにこれを仮に差し押さえる。②債務者は，上記不動産に係る別紙収益目録記載の収益を処分してはならない。③第三者は，上記不動産の収益を管理人に給付しなければならない。④下記の者を管理人に選任する。」のように記載がなされる。

この開始決定は，債務者及び給付義務者に送達しなければならない（民保47条5項，民執93条3項）。

強制管理の開始決定がされた場合にはこれを公示するため，裁判所書記官は，直ちに開始決定に係る仮差押えの登記を嘱託しなければならない（民保47条5項，民執48条1項）。この登記は，対抗要件である。

(2) 執行の効力発生時期

保全執行の効力は，原則として，開始決定が債務者に送達されたときに生じるが，差押えの登記が債務者への送達前にされたときは，登記がされたときに生じる（民保47条5項，民執46条1項・2項）。また，給付義務者に対しては，開始決定が給付義務者に送達された時から効力が生じるから（民保47条5項，民執93条4項），賃貸物件の強制管理が開始された場合，賃借人は，開始決定の送達を受けた後は管理人に賃料を支払うことになる。

(3) 管理人の選任等

保全執行裁判所は，開始決定と同時に，管理人を選任しなければならず（民保47条5項，民執94条1項），前記のとおり実務上開始決定の中で管理人の選任が行われる。管理人は，自然人のほか，信託会社，銀行その他の法人であってもよいとされているが（民保47条5項，民執94条2項），実務上（本執行の例）は執行官又は弁護士が選任されることが一般的である。目的物件の不法占拠者や賃料滞納者などに対し，明渡訴訟等の法的手段をとることが予想される場合には，弁護士が選任されることも多い。

管理人自体は執行機関ではなく，執行機関は保全執行裁判所であり，管理人は，保全執行裁判所から不動産の管理収益権を授権された執行補助機関である。

管理人が選任されたときは，裁判所書記官は，管理人の氏名又は名称を仮差押債権者，債務者及び収益の給付義務を負う第三者に通知しなければならず（民保47条5項，民執94条，民執規65条1項），管理人に対し，その選任を証する書面を交付しなければならない（民保47条5項，民執94条，民執規65条2項）。管理人が

解任されたときも，裁判所書記官は，その旨を仮差押債権者，債務者及び収益の給付義務を負う第三者に通知しなければならない（民保47条5項，民執102条，民執規65条3項）。

　管理人は，正当な理由があるときは，保全執行裁判所の許可を得て辞任することができる（民執規66条1項）。この場合にも，裁判所書記官は，選任時と同じ範囲の者に対しその旨を通知しなければならない（民執規66条2項）。

(4) **管理人の職務等**

　管理人は，目的不動産の管理並びに収益の収取及び換価をすることができる（民保47条5項，民執95条1項）。そうして，管理人は，収益又は換価代金から不動産に対して課される租税その他の公課及び管理人の報酬その他の費用を支払い，保全執行裁判所の定める期間ごとに配当等にあてるべき金銭の額を計算してこれを供託し，その事情を保全執行裁判所に届け出なければならない（民保47条4項，民執106条1項・107条1項）。さらに，管理人は，上記期間の満了後，速やかに，期間内に収取した収益等及び支払った公課等の明細を保全執行裁判所に報告しなければならない（民執規68条）。また，民事執行法104条1項による事情届（民執39条1項7号若しくは8号の執行停止書面が提出された場合には，強制管理は，配当等の手続を除き，その時の態様で強制管理を継続することができるが，管理人は，配当等にあてるべき金銭を供託し，事情届をしなければならない）も書面でしなければならず（民執規71条1項），この書面には供託書正本等を添付しなければならない（民執規71条2項）。

(5) **二重開始決定**

　強制管理の方法による仮差押えの執行についても，強制競売の二重開始決定に関する規定が準用されている（民保47条5項，民執93条の2）。

〔4〕 **仮差押執行の終了等**

　強制管理の方法による仮差押執行の申立てが取り下げられたときは，裁判所書記官は，保全執行を開始する決定の送達を受けた債務者に対し，その旨を通知しなければならない（民保規4条4項）。仮差押えの執行としての強制管理の手続を取り消す決定がなされたときは，債務者に対して取消決定が告知される（民保規31条，民執規2条1項2号・3号）。

強制管理の方法による仮差押執行の申立てが取り下げられたとき，又は仮差押えの執行としての強制管理の手続を取り消す決定が効力を生じたときは，裁判所書記官は，管理人及び収益の給付を命じられた第三者に対し，その旨を通知しなければならない（民保規32条1項，民執規67条1項）。さらに，裁判所書記官は，仮差押えの登記の抹消を嘱託しなければならない（民保47条5項，民執111条・54条）。

また，民事執行法39条1項7号の書面（強制執行の一時の停止を命ずる旨を記載した裁判の正本）が提出されたときは，裁判所書記官は，管理人に対し，その旨を通知しなければならない（民保規32条1項，民執規67条2項）。配当の手続はないものの，新たな処分行為ができなくなるということから，管理人に手続の停止を通知する必要があるからである。

供託された金銭の額で仮差押債権者の請求債権額及び執行費用の全部を弁済することができるときは，保全執行裁判所は強制管理の手続を取り消さなければならない（民保47条5項，民執104条2項）。

強制管理は，債務者の有する使用収益権を利用しようとする制度であるから，目的不動産が別異の債権者の申立てによる強制競売，担保不動産競売，滞納処分による差押え等によって売却され債務者が所有権を失った場合には，強制管理の手続を続行できなくなり，取り消されることになる（民保47条5項，民執111条・53条）。

〔5〕 設問の検討

(1) 設問(2)——強制管理を求めるに適する場合

強制管理に適する場合として，強制競売ができない不動産（例えば，譲渡禁止の不動産や売却価額をもって手続費用及び担保権者等の優先債権を弁済して余剰を生ずる見込みがないため強制競売ができない不動産）に対する強制執行（浦野雄幸『民事執行法逐条概説』〔全訂版〕324頁）のほか，テナントビルや賃貸マンションのように，建物の規模が大きすぎて必ずしも換価が容易でない反面，一定の収益が期待できる場合，さらに，目的不動産の値上がりが期待できる間は強制管理で収益をあげながらその時期を待つことも可能である場合（鈴木忠一＝三ヶ月章編『注解民事執行法(3)』439頁〔富越和厚〕）などがあげられる。

(2) 設問(3)——強制管理の対象となる財産
　(a)　対象不動産は，基本的には〔1〕(3)のとおり。
　(b)　強制管理は，不動産の強制競売のように，一時に多額の弁済を受けることができない。また，金銭の収益を継続する限り，管理人の報酬や建物のメンテナンス等の費用を要する。さらに，目的物件の規模に応じて，管理人が裁判所の許可を得た上で不動産管理会社との間で管理委託契約を締結し，管理会社によって管理したほうが適切な場合もあるが，この場合には，管理会社に支払う費用も必要となる。
　(c)　強制管理は，賃料等の収益を得ることを目的とするから，収益と維持管理に必要な費用との間に良好なバランスが保たれることが望ましい。目的物件が地代を必要としない建物であって，入居率が高く，賃料の滞納者が少なく，修繕やメンテナンスにさほど費用がかからないなど，収益率が高く相応に新しい物件が好ましいであろう。また，所有者である債務者の執行開始前の経済的状態が原因で，エレベータ，防火設備，給水排水設備等のメンテナンスが，法規の定める基準や規制を満たしていない場合もあれば，大規模修繕が必要であるなど，維持管理に予期しない費用を要する物件もある。これらは，不動産競売における執行官による現況調査も行われないことから，強制管理の執行開始後になってはじめて明らかになることも多い。さらに，債権者としては，優先する公租公課の滞納状況を申立時に把握できないことも多いと思われる。
　(d)　債務者は，目的物件の管理処分権を奪われるとはいえ，強制管理の対象不動産に居住している場合には使用の許可を得たり（民執97条1項），収益の分与を受けることもできる（民執98条1項）ほか，管理人が，民法602条に定める期間を超えて不動産を賃貸する場合には，債務者の同意を得なければならない（民執95条2項）など，強制管理が開始された後も対象不動産との関わりをまったく断たれるわけではない。しかし，管理の引継ぎや維持が円滑に行われるためには，債務者から一定の協力を得られるかどうかは重要な要素であるが，強制管理の状態が長期に及ぶ間に，債務者が対象不動産に対する所有者としての興味を次第に失っていくこともある。
　(e)　賃貸借契約が終了して空き室が生じた場合には，次の入居者を得ることが容易ではなく，執行の期間が長期に及べば，収益が次第に減少していく傾向

もみられる。管理人は，新規賃借人との間で新たな賃貸借契約を締結する際には，強制管理物件であること，裁判所が選任した管理人が管理していることと賃料を管理人に支払うこと，ときには競売手続によって売却される可能性もあり，その場合には買受人が賃借権を引き受けないから買受人の代金納付後6ヵ月の猶予期間（民395条1項1号・2号）を経過した後は賃貸借期間満了前であっても明け渡さなければならないこと，猶予期間中は買受人に賃料を支払わなければならないことなどを説明せざるを得ない。そのため，新規募集をしても新規賃借人が見込まれない場合も次第に多くなると考えられる。

[中内　篤]

Q48 | 仮差押えによる時効中断効

　　Xは，Yに対して2750万円の貸金債権を有しているが，うち1000万円を被保全権利として，Y所有の不動産①ないし⑤について仮差押命令を申し立て，これに基づく仮差押命令が発令されるとともに，それらの不動産について保全裁判所の嘱託による仮差押えの登記がされた。その後，Xは，Yに対し，上記貸金の返還を求める本案の訴えを提起して勝訴判決を受け，その判決は確定した。そこで，Xは，仮差押えをした不動産①・②について強制競売の申立てをし，その手続において配当を受けた。なお，不動産③ないし⑤については強制競売の申立てはされず，仮差押えがされたままであった。上記配当から約11年が経過した後に，Yは，Xに対し，上記貸金債権は10年の経過によって時効消滅したと主張して，債務不存在確認の訴えを提起した。これに対して，Xは，上記貸金債権のうち上記仮差押命令の被保全債権1000万円については，上記仮差押えによって時効が中断していると主張した。この主張は認められるか。

A

〔1〕　問題の所在

　Yは，Xが不動産①・②に対する不動産強制競売手続において配当を受け，その11年後に債務不存在確認の訴えを提起していることから，仮差押命令の被保全債権1000万円について消滅時効が完成しているといえるか，仮差押えによる時効中断の効力との関係で問題となる。

　この点，民法147条は，「時効は，次に掲げる事由によって中断する」と規定し，同条2号でその1つとして「仮差押え」を掲げ，同法157条1項は，「中断した時効は，その中断の事由が終了した時から，新たにその進行を始める」

と規定する。

このように，仮差押えによる時効中断の効力は，仮差押命令の申立ての時から仮差押えの終了まで存続するが，時効中断事由としての仮差押えがいつ終了したかについては明文の規定がない。

そこで，本設問では，①仮差押えによる時効中断の効力の終了時はいつか，②仮差押えの被保全債権について本案の勝訴判決が確定した時に，仮差押えによる時効中断の効力は消滅するかがそれぞれ問題となる。

〔2〕 仮差押えによる時効中断の効力の終了時はいつか

(1) 学　説

かつての学説を概観しておくと，基本的には以下の2つの説が対立していた。

(a) 継続説

仮差押債権者が債務名義を取得して本執行をしても，無剰余を理由にその本執行の申立てが取り消される可能性が高いことから，とりあえず仮差押命令の発令を得ておき，債務者の資力回復を待つという事例が実務上多く見受けられることを念頭におき，裁判所の嘱託による仮差押登記後直ちに消滅時効が進行するとするのは酷であるなどとして，仮差押えの執行保全の効力が存続する限り，時効中断が継続するとする見解である（吉川大二郎『保全処分の研究』108頁，川島武宜『民法総則』499頁，幾代通「時効の中断」総合判例研究叢書民法(8)97頁）。

(b) 非継続説

仮差押えは，暫定的な手続にすぎないのに，時効中断の効果がいつまでも終了しないことになるとすれば，確定判決を得た場合でさえ10年の消滅時効が完成する（民174条の2第1項）ことと比して不当であるなどとして，仮差押えの執行行為が終了した時（不動産仮差押えの場合は，裁判所の嘱託による仮差押えの登記がなされたとき）に中断事由が終了するとする見解である（野村秀敏「仮差押えによる時効中断の時期（三）」判時1569号8頁）。

(2) 判例の推移

最高裁判例は，以下のとおり，一貫して継続説を採用している。

(a) 最高裁昭和59年3月9日判決（裁判集民事141号287頁・判時1114号42頁）

第6章　仮差押えの執行に関するＱ＆Ａ　　Ｑ48　仮差押えによる時効中断効　　553

【事案の概要】

　Ｘ（被上告人）は、Ｙ（上告人）に対する公正証書上の準消費貸借契約における貸金債権を保全するため、Ｙ所有の不動産について、昭和40年4月23日、仮差押命令の発令を得て、その仮差押えの登記がなされたが、その後、上記不動産の所有権が第三者に移転され、かつ、同人に対し、上記不動産の強制競売が実施され、昭和43年9月24日、競落され、昭和44年2月7日、上記仮差押えの登記が抹消された。さらに、Ｘは、昭和52年8月4日ころ、上記公正証書に基づいて、Ｙに対し、不動産強制競売の申立てをし、そのころ、強制競売開始決定がなされた。これに対して、Ｙは、上記貸金債権は、時効によって消滅したと主張して、債務不存在及び請求異議の訴えを提起した。Ｘは、上記仮差押え及び上記不動産強制競売の申立てによる時効中断を主張したところ、原審は、上記仮差押えが本差押え（本執行）に移行しないうちに、上記仮差押えの登記が抹消されたので、民法154条の法意に照らし、上記仮差押えは時効中断の効力を生じないというべきであるとして、Ｘの主張を排斥した。これを不服としてＸが上告した。

【判決の要旨】

　「本件仮差押による時効中断の効力は、右仮差押の登記が抹消された時まで続いていたものというべく、その後、被上告人が、（中略）上告人に対し、不動産強制競売の申立てをしたことは前示のとおりであり、また、本訴において、上告人が本件債権の不存在確認を請求しているのに対し、被上告人がその請求棄却を求めて争っていることが本件訴訟の経緯上明らかであるから、本件債権の消滅時効は、いまだ完成していないものというべきである」と判示した。

　(b)　最高裁平成6年6月21日判決（民集48巻4号1101頁・判時1513号109頁）

【事案の概要】

　Ｘは、Ｙに対する連帯保証債権を保全するため、Ｙ所有の不動産について仮差押命令を得て、裁判所の嘱託による仮差押登記がなされたが、Ｙが仮差押解放金を供託したため、仮差押執行が取り消された。Ｘは、Ｙに対し、連帯保証債務履行請求の訴えを提起したところ、Ｙは、仮差押えの執行が取り消されたことによって、仮差押えの時効中断の効果も将来に向かって失効したと主張して、消滅時効を援用した。原審は、仮差押えによる時効中断の効力は消滅する

ことなくなお継続し、上記連帯保証債権の消滅時効は進行しないとしてＹの主張を排斥した。これを不服としてＹが上告した。
【判決の要旨】
　「仮差押えによる時効中断の効力は、仮差押解放金の供託により仮差押執行が取り消された場合においてなお継続するというべきである。けだし、民法157条1項は、中断の事由が終了したときは時効中断の効力が将来に向かって消滅する旨規定しているところ、仮差押解放金の供託による仮差押執行の取消しにおいては、供託された解放金が仮差押執行の目的物に代わるものとなり、債務者は、仮差押命令の取消しなどを得なければ供託金を取り戻すことができないばかりでなく、債権者は、本案訴訟で勝訴した場合は、債務者の供託金取戻請求権に対し強制執行をすることができる（中略）ものであるから、仮差押えの執行保全の効力は右供託金取戻請求権の上に存続しているのであり、いまだ中断の事由は終了したとはいえないからである」と判示した。
　このように、上記(a)・(b)の最高裁判決は、仮差押えの執行が終了しても、時効中断の効力が終了しないことを当然の前提として判示している。そして、下級審判例も、継続説を採るものが多数となっていた。例えば、①東京高裁昭和48年5月31日判決（金法702号3頁）、②東京高裁昭和56年5月28日判決（判タ450号99頁）、③東京高裁平成6年4月28日判決（判時1498号86頁）、④東京高判平成9年10月29日（金判1033号27頁）などである。
　これに対して、非継続説を採用する少数判例として、東京高裁平成4年10月28日判決（判時1441号79頁）や東京地裁平成6年1月13日判決（判時1535号124頁）がある。
　以上のような学説・判例の状況下において、継続説に立つこれまでの判例の立場を確認する最高裁判決が出現し、学説・下級審判例上対立があった仮差押えの時効中断の効力の継続をめぐる議論に決着を付けた。
　(c)　最高裁平成10年11月24日判決（民集52巻8号1737頁・判タ990号127頁）
【事案の概要】
　Ｘは、昭和51年、Ｙに対する2750万円の貸金のうち1000万円の債権を保全するため、Ｙ所有の甲・乙不動産について仮差押命令の申立てをしたところ、その発令を得て、裁判所の嘱託による仮差押登記がなされた。昭和54年、Ｘ

は，同貸金の支払を求める本案の訴えを提起し，翌年，X勝訴の判決が確定した。Xの申立てによって同判決を債務名義とする強制競売手続が開始され，昭和57年，Xに対する配当が行われ同手続は終了した。なお，乙不動産については強制競売の申立てはなされず，仮差押登記がなされたままであった。上記配当から11年以上経過した平成6年，Yは，Xの相続人Zに対し，上記貸金債権の消滅時効を援用して債務不存在確認の訴えを提起した。原審は，上記貸金債権は時効によって消滅したとして，Yの主張を認めた。これを不服としてZが上告した。

【判決の要旨】

「仮差押えによる時効中断の効力は，仮差押えの執行保全の効力が存続する間は継続すると解するのが相当である（中略）。けだし，民法147条が仮差押えを時効中断事由としているのは，それにより債権者が，権利の行使をしたといえるからであるところ，仮差押え執行保全の効力が存続する間は仮差押債権者による権利の行使が継続するものと解すべきだからであり，このように解したとしても，債務者は，本案の起訴命令や事情変更による仮差押命令の取消しを求めることができるのであって，債務者にとって酷な結果になるともいえないからである」と判示した。

この最高裁判決は，理由を付して，継続説に立つこれまでの判例の立場を確認したものであり，学説・下級審判例において対立があった仮差押えの時効中断の効力の継続をめぐる議論に決着を付けたものといえる。

〔3〕 本案の勝訴判決が確定したときに，仮差押えによる時効中断の効力は消滅するか

この点，下級審判例の中には，仮差押えによる時効中断の効力を本案の勝訴判決が確定した後まで存続させるのは，仮差押えが暫定的な制度であることからして不当であるとして，仮差押えによる時効中断の効力は確定勝訴判決に吸収されるとするものもあった（福井地判昭44・5・26下民集20巻5＝6号389頁，新潟地判平9・3・17金判1033号30頁）。

しかし，前掲最高裁平成10年11月24日判決は，「民法147条が，仮差押えと裁判上の請求を別個の時効中断事由と規定してところからすれば，仮差押えの

被保全債権につき本案の勝訴判決が確定したとしても、仮差押えによる時効中断の効力がこれに吸収されて消滅するものとは解し得ない。」と判示した。

このように、前掲最判平10・11・24は、非吸収説を採用したうえで、本案の勝訴判決が確定したときであっても、仮差押えによる時効中断の効力は消滅しないことを明言した。

〔4〕 本設問へのあてはめ

Xは、Yに対する貸金債権2750万円のうち1000万円を保全するため、Y所有の不動産①ないし⑤について不動産仮差押命令の発令を得るとともに、裁判所の嘱託による仮差押えの登記を経由した後、上記貸金の返還を求める訴えにおいて勝訴判決を得て、同判決は確定している。

Xは、上記確定判決を債務名義として、Y所有の③ないし⑤を除外し、①・②の不動産についてのみ強制競売の申立て（本執行）をし、その配当を受けた時から約11年が経過している。

しかし、前掲最判平10・11・24によると、上記仮差押えによる時効中断の効力が上記確定判決に吸収されて消滅することはないのであるから、「上記仮差押命令の被保全債権1000万円については、上記仮差押えによって時効が中断している」とのXの主張は、認められることになる。

［西村　博一］

Q49 | 仮差押執行の取消しに伴う時効中断効消滅の成否

　　Xは、Yの連帯保証の下、A会社に対し、500万円を貸し付けた。しかし、その支払期日に弁済されないまま、A会社は倒産してしまった。そこで、Xは、Yを債務者、上記連帯保証債務履行請求権を被保全権利として、Y所有の建物について仮差押命令を申し立て、これに基づく仮差押命令が発令されるとともに、上記建物について保全執行裁判所の裁判所書記官の嘱託による仮差押えの登記がされた。しかし、Yが仮差押解放金を供託したため、上記仮差押命令の執行は取り消された。Xは、この執行取消しから5年以上を経過した後に、Yに対し、上記連帯保証債務の履行を求める本案の訴えを提起した。これに対して、Yは、仮差押執行が取り消されたことによって上記仮差押えによる時効中断効も消滅し、5年の経過によって上記連帯保証債権（商事債権）の消滅時効が完成したと主張した。この主張は認められるか。

A

〔1〕　仮差押えによる時効の中断

　民法は、仮差押えを、債権者（権利者）による権利行使の点に着目して、時効中断事由と定めている（民147条2号）。しかし、仮差押えによって中断した時効であっても、権利者の請求により又は法律の規定に従わないことにより取り消されたときには、時効中断の効力は生じず（民154条）、遡って時効が進行する。時効の中断はいつまで継続するのか、時効が中断した後、再び新たな時効期間が開始する時期が問題となるが、民法は、一度中断した時効は、中断の事由が終了した時から、新たな時効が進行すると規定し（民157条1項）、裁判上の請求の場合は、中断事由の終了時期については、裁判が確定した時と規定されてい

る（民157条2項）。

〔2〕 仮差押えによる時効中断事由の終了時期

(1) 問題の所在

仮差押えにより生じた時効中断が，いつまで続くのかについては，仮差押手続の終了の時まで継続すると解されているが，仮差押手続の終了時期が具体的にいつであるかは，必ずしも明らかではない。仮差押えは，仮差押債権者が債務名義を取得して本執行に移行するまでの暫定的な処分にすぎず，仮差押えにより一度生じた時効中断の効力も，本来，短期間であることが予想されているといえる。実際には，種々の事情から，仮差押えをしたが本案訴訟を提起しないまま，長期間放置されている場合や，本案訴訟を提起して債務名義を取得したが，本執行に移行しないで放置されている場合があり，仮差押えによる時効中断の終了時期が問題となる。

(2) 学　説

(a) 非継続説・消滅説

仮差押えの執行手続（民保47条ないし50条）が終了したとき，すなわち，不動産の仮差押えについては，登記の記入（民保47条1項ないし3項）によって中断事由が終了すると解する立場である。時効中断効は仮差押登記の記入によって終了し，その時点から新たな時効が再び進行することになる。消滅時効制度は債務者といえどもいつまでも法的拘束状態に置かず，一定期間経過後は法律上債務者の地位から解放する制度であるという立場から，仮差押登記がされて債権保全の目的が一応達せられたと考えられる以上，その時点から新たに時効が進行すべきであるとする（松久三四彦「仮差押登記が競落により抹消された場合と時効中断の効力―後掲最〔2小〕判昭59．3．9の評論」判評309号33頁（判時1126号195頁），同「不動産の仮差押えと時効中断効」金法1398号36頁，栗田隆「仮差押解放金の供託による仮差押えの取消しと時効中断の効力―後掲最〔3小〕判平6・6・21の評論」判評441号64頁（判時1540号210頁））。その他，時効中断効の終期を仮差押えの執行の効力（執行保全効）の終期と同一に解する必要はないこと，比較的簡易に発令される仮差押えによる時効中断効がいつまでも終了しないのは実際上も不都合であること，仮差押えの執行の効力が持続するからといって，仮差押債権者の権利行使

が継続しているとはいえず、登記をしたまま放置する仮差押債権者は「権利の上に眠る者」であるといえることを理由とする。

(b) 継続説

仮差押えの執行行為が終了しても、不動産の仮差押えについていえば、仮差押登記の記入が終わっても仮差押えの執行の効力（執行保全効）は持続しているとして、仮差押えの執行の効力が存続する間は時効中断の効力も維持されていると解する立場である（継続説を採る学説等については、並木茂「1 仮差押えによる時効中断の効力の継続 2 本案の勝訴判決の確定と仮差押えによる時効中断の効力」金法1551号16頁に詳細な記載がある）。仮差押えの執行の効力が存続する以上、仮差押債権者の権利行使は継続しているといえること、（時効中断の効力がいつまでも存続することになるから不当であるとの継続説への批判に対し）仮差押債権者が仮差押えの執行後に本案訴訟を提起せず放置している場合には、仮差押債務者は起訴命令の申立てができ（民保37条1項）、仮差押債権者が命令に従わなければ仮差押命令が取り消され（民保37条3項）、仮差押債権者が債務名義を取得したにもかかわらず強制執行に着手しない場合は、仮差押債務者は、保全の必要性が失われたとして、事情変更による仮差押命令の取消しを求めることができ（民保38条）、仮差押債権者が仮差押えを通じて権利行使をしているのに、仮差押債務者が対抗手段をとらない場合には、時効中断の効力を継続しても不当とはいえないことを理由とする。

(c) 吸収説

仮差押えによって時効が中断し、本訴訟によってさらに時効が中断した以上、仮差押えによる時効中断の効力は、後に確定した本案訴訟の債務名義に吸収され、確定の時からさらに進行するとする。本案判決の確定によって時効期間が10年に延長されている（民157条2項）のに、10年が経過しても仮差押えが存在しているとの一事をもって時効が中断しているとするのは不合理であることを理由とする。

(3) 裁判例（裁判例においては、仮差押債権者をＸ、仮差押債務者をＹ、関係者をＡ・Ｂと表記する）

(a) 下級審裁判例

高等裁判所における代表的な裁判例として次のものがある。

(イ)　東京高判平4・10・28（判時1441号79頁・金判925号42頁・金法1360号38頁）
（非継続説・消滅説）

　　(i)　事案の概要　　Xは，Yに対して手形金債権を有しており，昭和54年に不動産仮差押えを執行した。昭和56年，Xは手形金請求訴訟を提起し，認容判決が確定し，同判決に基づき，強制競売の申立てをしたが，競売開始決定は剰余の見込みがないとして取り消され，差押登記も抹消されたが，仮差押登記は存続した。その後10年以上が経過した平成4年，Yが債務不存在確認の訴えを提起した。

　　(ii)　判決の要旨　　「将来の執行保全を目的とする仮差押の場合には，将来の執行を保全するための手続が終了した時，すなわち仮差押の執行手続が終了した時（不動産の仮差押についていえば，仮差押命令に基づき仮差押の登記がされ，右命令が債務者に告知された時）または執行期間の経過等の事由により執行ができない場合には仮差押命令が債務者に告知された時に時効の中断事由は終了するものと解するのが相当である。」旨を判示して，消滅時効の完成を認めた。また，継続説に対し，「仮差押は，権利の存在を確定するものでないことはもちろん，権利の具体的実現（満足）のための手続でもなく，将来の執行保全のための手続にすぎないものであり，さらに強力な権利実現の手段（本執行）が取られることが常に予定されているというべきであるから，その意味でむしろより暫定的な中断事由と解すべきものであること（時効制度を「法定証拠」の観点からみても，仮差押手続においては，被保全権利は疎明されているにすぎないので，この点からも暫定的なものとして取り扱うのがむしろふさわしい。）。」と理論的な観点から，また，「仮差押を得た債権者は，債務者が任意に債務を履行しないならば，起訴命令を待つまでもなく債務名義を得るために訴え等を提起し，あるいはその他の方法によって債務名義を得て本執行を開始する筈であり（まさにそのためのつなぎの制度なのである。），これらの事由により時効は新たに中断するのであるから，仮差押による執行保全の手続が終了した段階で時効中断事由が終了すると解しても何ら不都合はないものと考えられる。」と実際的な観点から批判を述べた。

(ロ)　東京高判平6・3・30（判時1498号83頁・金法1388号37頁）（継続説）

　　(i)　事案の概要　　Xは，Yに対して金員を貸し付けたとして，昭和58年，Y所有不動産について仮差押命令の申立てをし，仮差押決定を得た上，不

動産仮差押えの登記がされた。Xは、その後も、本案訴訟を提起するなどの行為を行わないまま10年以上が経過したため、Yが、Xの請求債権は時効により消滅したとして、異議の申立てにより、仮差押命令の取消しを求めた。

　　（ii）判決の要旨　　原判決は、非継続説の立場から、本件においては、仮差押えの登記がされ、仮差押債務者に告知された日から5年が経過しており、商事債権であるXの請求債権は時効により消滅したものと認め、仮差押命令を取り消し、Xの仮差押えの申立てを却下した。控訴審である本判決は、継続説の立場から、「①原判決は仮差押えの登記がある間に本執行の手続を採らない債権者を権利の上に眠る者だというが、仮差押えの登記が存続中は消滅時効の中断事由が終了しないことは確立した判例（大判昭3・7・21判決（大審院民集7巻569頁）など。なお、最〔2小〕判昭59・3・9（裁判集民事141号287頁））であって、したがって、本執行の手続を採らない債権者を一様に権利の上に眠っていると言い切ることはできないはずである。②仮差押えを時効の中断の事由として観察するときは、仮差押えの制度的理念という観点よりも債権者の権利行使の表明の表象としての観点から事態を把握しなければならないし、そうであるからには、不動産仮差押えにおけるその登記は、副次的には債権者の権利行使の表明を公権的に承認した仮差押え命令の執行手続として、それをも公示するものとして見るべきである。確かに、仮差押えにおける債権者の権利行使の表明は、仮差押え命令の申請に端的に具現され、その後仮差押えの登記の存続中も継続的に存続していると断ずることはできないが、いったん仮差押え命令の申請において権利行使の意思が具現している以上、その後も仮差押えの登記が存続している限り――ということは仮差押え命令が効力を有している限りということであるが――継続的に権利行使を表明していると推定することはできるであろう。」旨を判示し、原判決を取り消し、仮差押命令を認可した。

　（ハ）大阪高判平7・2・28（金判979号27頁・金法1419号37頁）（非継続説・消滅説）

　　（i）事案の概要　　Xは、Yに対し、昭和48年、5回にわたり、合計2750万円を貸し渡した。Xは、昭和51年、金銭消費貸借契約に基づく貸金債権の内金1000万円を被保全債権として、Y所有の(1)ないし(5)の不動産に対する仮差押命令を得て、仮差押えの登記がされた。Xは、昭和54年、Yに対し、貸金債権について支払を求める本案訴訟を提起し、勝訴判決が確定した。昭和

55年、(1)及び(2)の不動産について、Xの勝訴判決を債務名義とする申立てにより強制競売手続が開始され、昭和57年、Xが配当を受けたことにより手続は終了した。(3)ないし(5)の不動産については、仮差押えの登記が存在しており、仮差押命令の執行保全の効力が消滅した事実はない。Xは、平成5年に死亡し、相続によりAが貸金債権を承継した。Yは、平成6年、Aに対し、貸金債権は時効によって消滅したとして、債務不存在確認の訴えを提起した。

(ⅱ) 判決の要旨　「時効中断事由としての仮差押えは、その執行手続と仮差押命令の債務者への送達とが終わった時、不動産仮差押えの場合ならば、仮差押えの登記と仮差押命令の債務者への送達とによって仮差押えの手続は終了し、その時から再び新たな時効が進行を過逸するものと解するのが相当であるというべきである。仮に以上のような見解を採りえないとしても、仮差押え後の被保全債権について最も基本的な中断事由である裁判上の請求がなされ、その勝訴判決が確定したような場合、仮差押えによる時効中断の効力はこの確定判決の時効中断効に吸収され、10年の時効期間の経過によって消滅するものと解するのが相当である。」旨を判示した。

(ⅲ) 本判決は、昭和51年の仮差押えにより、貸金債権について時効が中断された後直ちに新たな時効が進行を開始し、本案訴訟の提起によってさらに時効が中断され、勝訴判決の確定した後さらに時効が進行を開始したが、昭和55年、確定判決に基づいて(1)及び(2)の不動産につき差押えがされ、昭和57年、執行手続が終了した後10年が経過したことにより、結局、平成4年限り、確定判決に基づく貸金債権は時効によって消滅するに至った旨の判断を示したものである。

(b)　最高裁判所裁判例

最高裁判所の裁判例は、一貫して継続説の立場である。

(イ)　最〔2小〕判昭59・3・9（裁判集民事141号287頁・判タ525号98頁・判時1114号42頁・金判695号9頁・金法1063号38頁）

(ⅰ) 事案の概要　XとYは、昭和39年、YがXに対して負担する旧債務を消費貸借の目的とした準消費貸借契約を締結し、公正証書を作成した。Xは貸金債権を保全するため、昭和40年にY所有の建物について仮差押えをしたが、建物の所有権が第三者Aに移転され、Aに対する建物の強制競売が実施

され，昭和43年に競落され，翌44年に民事訴訟法（昭和54年法律第4号による改正前のもの）700条1項第2により，仮差押えの登記が抹消された。Xは，昭和52年，公正証書に基づいて不動産強制競売を申し立て，強制競売開始決定がされた。Yは，貸金債権が時効により消滅したと主張して，債務不存在確認と請求異議の訴えを提起した。

　（ⅱ）判決の要旨　「本件仮差押の登記は，本件建物が競落されたため，旧民訴法700条1項第2の規定に基づいて抹消されたというのであり，本件仮差押が，被上告人の請求によって取り消されたのでないのはもとより，被上告人が法律の規定に従わなかったことによって取り消されたものでもなく，本件仮差押の登記の抹消をもって，民法154条所定の事由があったものとはいえないと解するのが相当である。したがって，本件仮差押による時効中断の効力は，右仮差押の登記が抹消された時まで続いていたものというべく，その後，被上告人が，昭和52年8月4日頃，上告人に対し，不動産強制競売の申立をしたことは前示のとおりであり，また，本訴において，上告人が本件債権の不存在確認を請求しているのに対し，被上告人がその請求棄却を求めて争っていることが本件訴訟の経過上明らかであるから，本件債権の消滅時効は，いまだ完成していないものというべきである。」旨を判示した。

　（ⅲ）本件は，昭和40年の仮差押えの登記の記入から昭和52年の強制競売の申立てまでの間に10年が経過しているので，非継続説・消滅説によれば消滅時効が完成し，継続説によれば時効が中断している事案であったが，本判決は，不動産の仮差押えによる時効中断の効力は，仮差押えの登記の抹消の時まで存続するとして，継続説の立場を明らかにした。

　（ロ）最〔3小〕判平6・6・21（民集48巻4号1101頁・判タ865号131頁・判時1125号109頁・金判959号3頁・金法1406号13頁）

　（ⅰ）事案の概要　Xは，Yの連帯保証の下に，A会社に金員を貸し付けた。Xは，弁済期後の昭和57年，Yに対する連帯保証債権を保全するため，Y所有の不動産に対する仮差押決定を得て，仮差押えの登記をしたが，昭和58年，Yが仮差押解放金を供託したため，仮差押えの執行が取り消された。Xは，執行取消しから5年以上を経過した後の平成元年に，Yに対し，連帯保証債務履行請求を提起した。Yは，仮差押執行が取り消されたことにより，

仮差押えの時効中断効も消滅し，昭和58年から5年の経過により，連帯保証債権（商事債権）の消滅時効が完成したと主張したものである。

　(ii)　判決の要旨　「仮差押えによる時効中断の効力は，仮差押解放金の供託により仮差押執行が取り消された場合においてもなお継続するというべきである。けだし，民法157条1項は，中断の事由が終了したときは時効中断の効力が将来に向かって消滅する旨規定しているところ，仮差押解放金の供託による仮差押執行の取消しにおいては，供託された解放金が仮差押執行の目的物に代わるものとなり，債務者は，仮差押命令の取消しなどを得なければ供託金を取り戻すことができないばかりでなく，債権者は，本案訴訟で勝訴した場合は，債務者の供託金取戻請求権に対し強制執行をすることができる（最〔1小〕昭45・7・16（民集24巻7号965頁）参照）ものであるから，仮差押えの執行保全の効力は右供託金取戻請求権の上に存続しているのであり，いまだ中断の事由は終了したとはいえないからである。」旨を判示した。

　(iii)　本件は，非継続説・消滅説を採れば，時効中断効は仮差押登記の記入以降は継続せず，仮差押解放金の供託による仮差押執行取消しが中断事由の終了にあたるか否かを論ずるまでもないので，継続説を採る場合に初めて意味をもつことになる事案である。本判決は，仮差押解放金が供託された場合には，不動産に対する仮差押えの執行は取り消されるが，供託された仮差押解放金が仮差押えの目的物に代わるものとなり，仮差押債権者は，本案訴訟で勝訴したときは，仮差押債務者が国（供託所）に対して有する供託金取戻請求権に対し強制執行をすることができることなどから，仮差押えの執行保全の効力は仮差押解放金の上に存続しており，時効中断の効力も継続している旨を判示し，仮差押えの効力が持続している限り時効中断の効力は継続するとの継続説の立場を踏襲したものである。

　仮差押解放金の供託による仮差押執行の取消しが時効中断に与える影響については，①時効中断は将来に向かって失効するとする説，②時効中断効は遡及的に消滅する（民154条）が仮差押解放金の供託自体が民法156条の「承認」にあたり「承認」による時効中断に引き継がれるとする説，③時効中断はなお継続するとする説などがある。

　仮差押解放金とは，仮差押債務者が仮差押えの執行の停止又はすでにした仮

差押えの執行の取消しを得るために供託する金銭のことをいい（民保22条1項），仮差押債務者が仮差押解放金を供託した場合は，保全執行裁判所は執行取消決定をした上で，仮差押登記の抹消を嘱託し，目的不動産に対する仮差押えの執行を取り消すことになる（民保51条1項）。しかし，仮差押命令そのものが取り消されるわけではなく，供託された仮差押解放金は仮差押えの目的物に代わるものであり，仮差押債務者は仮差押命令の取消しを得なければ仮差押解放金を取り戻すことはできないし，仮差押債権者は本案訴訟で勝訴した場合は，仮差押債務者が国（供託所）に対して有する供託金取戻請求権に対し強制執行をすることができる。仮差押解放金が供託されることにより，目的不動産に対する仮差押執行は取り消されるが，仮差押えないし仮差押えの執行の効力は，形を変えて仮差押債務者の有する供託金取戻請求権の上に及んでいることになる。そうであれば，仮差押解放金の供託による仮差押えの執行の取消しによっても仮差押えの効力（執行保全の効力）はなお持続しているのであり，仮差押えの時効中断の効力も終了しないと解するのが相当であることになる。

　本判決は，上記のような点を考慮して，継続説を採用したものである（調査官解説（瀧澤泉・最判解説民事篇平成6年度）427頁）。

　(ハ)　最〔3小〕判平10・11・24（民集42巻8号1737頁・判タ990号127頁・判時1659号59頁・金判1058号13頁・金法1535号55頁）

　　(i)　事案の概要　　前掲大阪高判平7・2・28の上告審判決である。

　　(ii)　判決の要旨　　「仮差押えによる時効中断の効力は，仮差押えの執行保全の効力が存続する間は継続すると解するのが相当である（最〔2小〕判昭59・3・9裁判集民事141号287頁，最〔3小〕判平6・6・21民集48巻4号1101頁参照）。けだし，民法147条が仮差押えを時効中断事由としているのは，それにより債権者が，権利の行使をしたといえるからであるところ，仮差押えの執行保全の効力が存続する間は仮差押債権者による権利の行使が継続するものと解すべきだからであり，このように解したとしても，債務者は，本案の起訴命令や事情変更による仮差押命令の取消しを求めることができるのであって，債務者にとって酷な結果になるともいえないからである。また，民法147条が，仮差押えと裁判上の請求を別個の時効中断事由と規定しているところからすれば，仮差押えの被保全債権につき本案の勝訴判決が確定したとしても，仮差押えによ

る時効中断の効力がこれに吸収されて消滅するものとは解し得ない。」旨を判示し、原判決を破棄し、原審に差戻しをした。

(iii) 本判決は、仮差押えの時効中断の効力について、学説、下級審裁判例において争いがあった問題について、判示の理由を付して最高裁判所として継続説に立つことを明確に示したものである（調査官解説（小野憲一・最判解説民事篇平成10年度(下)）911頁）*1。

*1 本判決の掲載誌の各解説は、本判決に至るまでの学説及び下級審裁判例について、「最高裁判例は、前掲最〔2小〕判昭59・3・9及び前掲最〔3小〕判平6・6・21は継続説を採っており、下級審裁判例も、継続説が多数であり、前掲東京高判平6・3・30、東京高判平6・4・28（判タ875号136頁・判時1498号86頁）がある。これに対して、非継続説を採る下級審裁判例として、前掲東京高判平4・10・28、前掲大阪高判平7・2・28がある。学説においても、継続説が通説の地位を占めていた（学説の紹介の記載は省略）。ところが、前掲最〔2小〕判昭59・3・9の評釈として、非継続説を採る松久三四彦・前掲判評309号33頁（判時1126号195頁）が現れ、次いで戸根住夫「仮差押・仮処分による時効中断」（姫路法学2号167頁）が続き、平成4年に至って前掲東京高判平4・10・28が詳細な理由付けをもって非継続説に立つことを明らかにしたところ、学説はこれを好意的に迎え、非継続説が有力になったが、東京高裁において、継続説に立つ旨の詳細な説示をした前掲東京高判平6・3・30、前掲東京高判平6・4・28が示され、さらに、最高裁が継続説を前提とした前掲最〔2小〕判昭59・3・9を示すに及んで、実務的には継続説で落ち着くかに見えたところへ、本判決の原判決である前掲大阪高判平7・2・28が示されたのである。」とする。

〔3〕 設問の検討

(1) Xによる仮差押命令の申立てとYに対する保証債務履行請求権についての消滅時効の中断

仮差押債権者をX、仮差押債務者をY、被保全権利をXのYに対する保証債務履行請求権とするY所有の建物についての仮差押命令（以下「本件仮差押命令」という）の申立てにより、被保全権利である保証債務履行請求権についての消滅時効の進行は中断することになる（民147条2号）。

(2) 仮差押命令に基づくY所有の建物に対する不動産仮差押えの登記と消滅時効の中断の終了の有無

中断した時効は，中断の事由が終了した時から，新たに時効期間が進行を始める（民157条1項）。設問において，その後，本件仮差押命令の執行としてY所有の建物について仮差押えの登記がされた（民保47条1項から3項）ことにより，本件仮差押命令による時効の中断の事由が終了したことになるのかを検討しなければならない。

仮差押えの登記がされたことによって債権保全の目的が一応達せられたと考えられる以上は時効の中断事由が終了したということができ，一度中断した消滅時効の進行は，その時から新たに開始するとする見解がある。しかし，不動産に対する仮差押えの登記がされても，仮差押執行の効力（執行保全の効力）は持続しているのであり，仮差押えの効力が存続している以上は，仮差押債権者の権利行使は継続しているということができる。したがって，設問において，Y所有の建物について仮差押えの登記がされたことをもって，消滅時効の進行についての中断事由が終了したということはできず，XのYに対する保証債務履行請求権についての消滅時効の中断の効力は継続していることになる。

(3) 仮差押債務者Yによる仮差押解放金の供託に基づく仮差押命令の執行の取消しと消滅時効の中断の終了の有無

その後，仮差押債務者Yが仮差押解放金を供託したことにより，本件仮差押命令の執行は取り消された（民保51条1項）ことから，仮差押解放金の供託による本件仮差押命令の執行の取消しにより，本件仮差押命令による時効の中断の事由が終了したことになるのかを検討しなければならない。

仮差押債務者が仮差押解放金を供託した場合，保全執行裁判所は仮差押えの執行を取り消さなければならないが（民保51条1項），これにより仮差押命令そのものが取り消されるわけではなく，仮差押解放金は仮差押えの目的物に代わるもの（仮差押目的物の代替物）として，その後は，仮差押えの効力は仮差押債務者が国（供託所）に対して有する供託金取戻請求権の上に及ぶ（移行する）ことになる。すなわち，仮差押解放金が供託されることにより，不動産に対する仮差押執行は取り消されるが，仮差押ないし仮差押執行の効力は，形を変えて仮差押債務者の有する供託金取戻請求権の上に及んでいることになる。そう

であれば，仮差押解放金の供託により仮差押命令の執行が取り消されても，仮差押えの効力（執行保全の効力）はなお持続しているのであり，仮差押えによる消滅時効の中断の効力も終了しないと解するのが相当である。

　Yが仮差押解放金を供託したことにより本件仮差押命令の執行は取り消されたが，本件仮差押えそのものが取り消されたものではなく，差押えの執行の効力はなお持続しており，本件仮差押命令の申立てによるXのYに対する保証債務履行請求権の消滅時効の進行を中断する効力は存続しているものである。

(4) 検討の結果

　XのYに対する保証債務履行請求権の消滅時効の進行は，本件仮差押命令の申立てによって中断しており，したがって，設問における「仮差押執行が取り消されたことによって上記仮差押えによる時効中断効も消滅し，5年の経過によって上記連帯保証債債権（商事債権）の消滅時効が完成した」とのYの主張は認められないことになる。

［増田　輝夫］

Q50 本執行移行後の仮差押えの取下げ

 Y宅の新築工事の下請人Xは，元請人A会社に対して500万円の請負代金債権を有すると主張して，A会社を債務者，Yを第三債務者，上記請負代金債権を被保全権利として，A会社が上記新築工事の発注者Yに対して有する2000万円の請負代金債権のうち請求債権額に満つるまでの債権について仮差押命令を申し立て，これに基づき発令された仮差押命令がYに送達された。その後，Xは，被保全債権の一部である300万円についてA会社に対する債務名義を得たことから，これを請求債権として，上記被差押債権の一部である同金額について差押命令を得，その命令はY及びA会社に送達されたので，Xは，取立権を取得した。その後，Xは，上記仮差押命令の担保について取消決定を得るため，上記仮差押命令の申立て及びその執行の申立てを取り下げた。他方，Yは，中断していたY宅の新築工事を続行してもらうため，上記差押命令の送達を受けるまでの間に，A会社の下請けとして工事を引き継いだ代理受領権者への弁済を含めて，A会社に対して負担していた請負代金債権をすべて弁済した。Yはこの弁済をもってXに対抗することができるか。

A

〔1〕 問題の所在

 仮差押えは，金銭執行の実行性を確保するための制度であり，仮差押命令の申立人が，仮差押えの執行に引き続いて被保全債権についての債務名義を取得し，本執行としての金銭執行を行うことが初めから予定されているものである。このように，手続が仮差押えの執行から本執行に向かって進行することを，通常，仮差押えから本執行への移行と呼んでいる。

本設問において，Xは，仮差押えから本執行への移行後，仮差押命令の担保について取消決定を得るため，仮差押命令及びその執行の申立てを取り下げ，他方，Yは，中断していたY宅の新築工事を続行してもらうため，Yに対する差押命令（本執行）が送達されるまでの間に，A会社の下請けとして工事を引き継いだ代理受領権者への弁済を含め，A会社に対して負担していた請負代金をすべて弁済している。

そこで，①債務名義を得て被仮差債権に対する本執行が行われた場合，仮差押執行の効力はどうなるか，②仮差押えから本執行への移行後に，仮差押命令及びその執行の申立てを取り下げることは許されるか，③これが肯定される場合，仮差押執行による処分禁止効（弁済禁止の効果）は消滅するかがそれぞれ問題となる。

〔2〕 債務名義を得て被仮差押債権に対する本執行が行われた場合，仮差押執行の効力はどうなるか

この点に関する学説・判例を概観しておくと，以下のとおりである。

(1) 消滅説

仮差押えから本執行への移行の瞬間に本執行の効力が生じ，これに伴って，仮差押執行の効力は，将来に向かって消滅するとしたうえで，本執行の終了事由いかんを問わず，消滅した仮差押執行の効力が復活することはないとする見解である（吉川大二郎『保全処分の研究』101頁，西山俊彦『保全処分概論』〔新版〕295頁。ただし，仮執行宣言が付された判決に基づく仮執行の場合には，仮差押執行の効力が併存するとする）。

(2) 潜在説

仮差押えから本執行への移行によって，仮差押執行の効力は，本執行に包摂されて独自の存在を失うが，潜在的には存続し，本執行の消滅事由が仮差押執行の消滅をも包含すると認められるような場合を除いて，本執行の申立ての取下げなど，本執行が何らかの理由で存在を失うときは，独立の存在を回復するとする見解である（鈴木忠一＝三ケ月章編『注解民事執行法(6)』351頁〔小倉顕〕。丹野達『民事保全手続の実務』237頁，瀬木比呂志『民事保全法』〔第3版〕527頁）。要するに，本執行において被保全権利の満足を得られた場合や，満足を得ることが不可能

であることが確定した場合には，仮差押執行の効力は消滅するが，これ以外の理由によって本執行が終了した場合には，仮差押執行の効力は回復するというものである。

(3) 併 存 説

　仮差えから本執行への移行によって，仮差押執行の効力が消滅することはなく，被保全権利の満足ないしその不能による本執行の終了までは，本執行手続と仮差押手続が併存するとする見解である（竹下守夫＝藤田耕三編『注解民事保全法(上)』309頁〔塚原朋一〕，細野敦「本執行への移行」丹野達＝青山善充編『裁判実務大系(4)民事保全法』631頁)。

　ところで，消滅説や潜在説によると，仮差えから本執行への移行後に，本執行と切り離して仮差押執行のみの取下げはできないことになるが，併存説によると，このような取下げも可能となる。

(4) 判　　例

(a) 潜在説による判例

(イ) 東京高裁昭和48年2月27日判決（判タ302号200頁）

【事案の概要】

　債権者が被保全債権についての債務名義に基づいて仮差押不動産に対する強制競売の申立てをした後に，仮差押決定の取消申立てをした。

【判決の要旨】

　「仮差押が本差押に転移した後においては，仮差押執行は本執行と不可分の一体をなし，本執行の取下げあるいは取消しがない限り債務者としては，もはや仮差押執行を本執行より切り離して仮差押執行のみの取消しを求める余地はなくなるものと解するのが相当であり，したがって，仮差押執行の基本とされた仮差押決定の取消しを求めることはできなくなると解するのが相当である」と判示した。

(ロ) 名古屋高裁昭和61年10月13日決定（判タ637号21頁）

【事案の概要】

　仮差えから本執行への移行後，債権者が債務者の任意整理等の希望を容れて，本執行の申立てを取り下げた。

【決定の要旨】

「仮差押執行のあった後に、債権者が債務名義を取得し右仮差押の目的物につき本執行が開始されたときは、右仮差押執行の効力は当然に本執行に移行すると解されるから、仮差押執行はもはや独立の存在意義を失って失効するのが本来の原則というべきである」としつつ、この原則を硬直に運用することから生ずる弊害を指摘したうえで、「本執行が失効・終了した場合であっても、その終了原因によっては、右本執行への移行により一旦消滅した仮差押執行の効力が復活する（或いは一旦潜在化していた仮差押執行の効力が顕在化する）と解するのが相当であって、（中略）任意整理するからしばらく本執行を猶予して欲しい旨の債務者の希望を容れて暫定的になされたような場合、即ち仮差押を残しておくことが明らかに当事者の意思と認められる如き場合も、例外的に仮差押執行の効力が復活ないし顕在化すると解するのが相当である」と判示した。

(b) 併存説による判例

(イ) 最高裁昭和40年2月4日判決（判タ174号95頁）

【事案の概要】

債権の一部を被保全債権として仮差押えのなされた不動産の譲渡を受けた第三者が、その所有権移転登記を経由した後、仮差押えから本執行への移行手続中に、被保全債権の弁済をした。

【判決の要旨】

「債権者が債権の一部を被保全債権として債務者所有の不動産の仮差押をした後に右不動産が第三者に譲渡されて所有権移転登記手続を経由した場合は、右第三者は、右被保全債権額の範囲においては所有権取得を以て仮差押債権者に対抗し得ないけれども、右被保全債権額をこえる債権の部分については所有権取得を以て仮差押債権者に対抗しうるのであって、従って、右第三取得者は、債務者に代位して右被保全債権額を弁済することによって、仮差押債権者に対する関係においても完全に右不動産の所有権を取得したことになるのであり、その後は仮差押債権者が右不動産についてなす強制執行は債務者以外の第三者の所有物件についてされたことになるのである（中略）。ところが、原判決が、上告人らが共同して債務者に代位し原判決（引用の一審判決）判示のような計算のもとに合計5万円を弁済供託したことを確定しながら、右弁済額がはたして被保全債権額および執行費用等をつぐなうに足りるものであつたかどうか

ついてなんら確定することなく，上告人らが債権全額を弁済供託しなければ本件強制執行の不許を求め得ないとしたのは，仮差押えの効力に関する判断を誤った違法があるものというべき，右違法は判決に影響を及ぼすことが明らかであるから，原判決は破棄を免れない」と判示した。

この最高裁判決は，本執行移行後も仮差押執行が消滅するとまでは判示していないことから，併存説を前提とするものと解されている。

(ロ) 大阪高裁平成11年7月15日決定（金法1564号71頁）
【事案の概要】
債権者は，債務者所有の不動産について仮差押命令の発令を得た後，被保全債権について勝訴判決を取得し，同判決は確定した。債権者は，債務者所有の不動産について強制競売（本執行）の申立てをし，その強制競売手続が開始されたが，剰余を生ずる見込みがないとして，その強制競売手続が取り消された。そこで，債務者は，保全の必要性を欠くことになるなどとして，事情変更による保全取消しの申立てをしたが，却下されたため保全抗告の申立てをした。
【決定の要旨】
「本執行が無剰余取消になったとはいえ，将来的に被保全権利が満足される可能性が残されている以上，仮差押えを継続する必要性は一概には否定できず，本執行が無剰余取消となったことからのみ直ちに保全の必要性が消滅したものと判断することはできない。他にも，保全の必要性が消滅したと解すべき事情の変更は認められない」と判示した。

(ハ) 最高裁平成14年6月7日判決（判タ1101号87頁）
【事案の概要】
建物新築工事の下請人である債権者は，その元請人である債務者に対する請負代金債権を保全するため，債務者の第三債務者（注文者）に対する請負代金債権について仮差押命令を得た。被保全債権について確定勝訴判決を得た債権者は，上記仮差押命令の執行（本執行）として被差押債権の一部について差押命令を得て，同差押命令が第三債務者（注文者）に送達されて取立権を取得した。その後，債権者は，上記仮差押命令の担保取消決定を得るため，上記仮差押命令の申立て及びその執行の申立てを取り下げたが，第三債務者（注文者）は，上記本執行までの間に，債務者から工事を引き継いだ業者等に対し，被差押債

権を弁済し債権全額を消滅させていた。第三債務者（注文者）が債権者に対する弁済を拒否したため，債権者が第三債務者（注文者）に対し，取立訴訟を提起した。

　原審は，第三債務者（注文者）の弁済の抗弁を認め，債権者の請求を棄却したため，債権者は，上告受理の申立てをした。

【判決の要旨】

　「金銭債権に対する仮差押命令の送達を受けた第三債務者は，債権者との関係において被差押債権につき債務者への弁済を禁止され（民事保全法50条1項），これをしてもその弁済をもって債権者に対抗することができない。この効力は，仮差押命令及びその執行（以下，併せて「仮差押え」という。）により生ずるものであって，仮差押えが存続する限り存続し，仮差押えが消滅すれば消滅する。そして，このことは本執行が開始された後も変わらないものと解するのが相当である。したがって，債権の仮差押え後本執行による差押えの効力が生ずるまでの間に第三債務者が被差押債権を弁済した場合において，債権者が仮差押えを取り下げたときは，仮差押えによって第三債務者につき生じていた上記弁済禁止の効力はさかのぼって消滅し（民事保全法7条，民訴法262条1項），第三債務者は被差押債権の弁済をもって債権者に対抗することができることになる」と判示した。

　この最高裁判決は，併存説を採用し，本執行移行後に仮差押命令の申立て及びその執行の申立てを取り下げることを肯定し，これによって，仮差押えによる処分禁止効（弁済禁止の効果）が遡及的に消滅することを明言したものといえる。換言すると，仮差押えの効力が発生した後の弁済であっても，それが本執行による差押えの効力が発生する前に行われている限り，仮差押えによる処分禁止効（弁済禁止の効果）が消滅するため，同弁済は，差押債権者に対する関係でも有効になるとの判断を下したことになる。

〔3〕実　　務

　実務は，前掲最高裁平成14年6月7日判決に従い，仮差押えの執行と本執行とを別個独立した手続として取り扱っている。

第6章　仮差押えの執行に関するQ＆A　　Q50　本執行移行後の仮差押えの取下げ　　575

〔4〕　仮差押命令申立て等の取下げの許否

　仮差押えから本執行への移行後に，仮差押命令及びその執行の申立てを取り下げることは許されるか。これが肯定される場合，仮差押執行による処分禁止効（弁済禁止の効果）は消滅するか。

　併存説，前掲最高裁平成14年6月7日判決及び実務によると，債務名義を所得して被仮差押債権について本執行が行われた場合であっても，仮差押執行の効力は現存し続けることになるから，本執行と切り離し，仮差押命令及びその執行の申立てのみを取り下げることが可能となり，これに伴って，仮差押執行による弁済禁止の効力も遡って消滅することになる。

〔5〕　本設問へのあてはめ

　債権仮差押命令の主文は，「債権者の債務者に対する前記請求債権の執行を保全するため，債務者の第三債務者に対する別紙仮差押債権目録記載の債権は，仮に差し押さえる。第三債務者は，債務者に対し，仮差押えに係る債務の支払をしてはならない。債務者は，前記請求債権額を供託するときは，この決定の執行の停止又はその執行処分の停止を求めることができる」と表現され，第三債務者には，債務者に対する仮差押えに係る債務の支払が禁止される。

　ところで，併存説，前掲最高裁平成14年6月7日判決及び実務によると，上記〔4〕で述べたとおり，債務名義を所得して被仮差押債権について本執行が行われた場合であっても，仮差押執行の効力は現存し続けることになるから，本執行と切り離し，仮差押命令及びその執行の申立てのみを取り下げることが可能となる。これに伴って，仮差押執行による弁済禁止の効力も遡って消滅することになるから，弁済が本執行による差押えの効力が発生する前に行われている限り，その弁済は，差押債権者に対する関係でも有効なものとなる。

　Yは，本執行の送達を受けるまでの間に，被差押債権をすべて弁済しており，他方，Xは，仮差押命令及びその執行の申立てを取り下げたのであるから，仮差押えによってYに生じていた処分禁止効（弁済禁止の効力）は，遡及的に消滅したことになる。

　したがって，Yは，A会社に対する被差押債権の弁済をもって，Xに対抗す

ることができる。

［西村　博一］

Q51 | 本執行への移行

　　Xは、Yに対し、損害賠償請求権（交通事故）を有しているが、これを保全するため、Yを債務者として、Y所有の土地・建物（以下「本件不動産」という）について仮差押命令を申し立て、これに基づく仮差押命令が発令されるとともに、本件不動産について保全裁判所の嘱託による仮差押えの登記がされた。その後、Xは、本案の訴えにおいて勝訴判決を得た（後に確定した）ので、これを債務名義として本件不動産について強制競売を申し立て、これに基づく強制競売手続開始決定がされたものの、その開始決定は、無剰余を理由として民事執行法63条2項に基づいて取り消された。他方、Yは、上記仮差押登記後に本件不動産をZに譲渡しており、Zへの所有権移転登記がされている。Xは、上記強制競売手続が取り消された後、上記仮差押登記の抹消登記がされていなかったことから、債務者をYとして、本件不動産について再び強制競売の申立てをした。この申立ては認められるか。

A

〔1〕 保全執行から本執行への移行

(1) 移行の意義

　保全執行は被保全権利の強制執行を保全するものであるから、保全執行がされた後、仮差押債権者が被保全権利について本案勝訴の確定判決又はその他の債務名義を取得した場合には、仮差押債権者の申立てにより、本執行としての強制執行をすることができる。保全執行と本執行とは別個独立の手続であるが、被保全権利の満足という同一の目的のために、保全執行の手続や効果は、本執行（強制執行）に引き継がれる。保全執行として本執行と同じ手続がすでに行

われているときは，本執行として改めて最初から重複して同じ手続を繰り返す必要はなく，すでに保全執行で行われた手続を，本執行の手続として利用してそれ以後の本執行の手続をとれば足りることになる。保全執行として行われた手続の効果を本執行の手続に引き継ぐことを，保全執行から本執行への移行という。

(2) 移行の手続*1

移行の手続は，仮差押えの執行の種類によって同一ではない。仮差押えの執行が本執行と別の態様である場合には，仮差押えの執行の手続をそのまま本執行の手続に引き継ぐことはできない。例えば，仮差押えの登記の方法による不動産仮差押えの執行から本執行である強制競売手続へ移行する場合には，仮差押手続においては，不動産を仮に差し押さえる旨の仮差押命令が発令され（民保20条），執行として仮差押えの登記がされるが（民保47条1項），本執行の開始にあたっては，強制競売の手続を開始する旨の決定がされ（民執45条1項），裁判書記官の嘱託により差押えの登記手続をすることになる（民執48条1項）ように，改めて本執行の手続を開始しなければならない。

(3) 移行の時期

(a) 仮差押えの執行が本執行に移行する時期については，債務名義が成立した後，現実に本執行に着手するまでの段階に対応して，次のように見解が対立している*2。

(イ) 債務名義成立時説　判決の確定又は仮執行宣言付判決の言渡し等本案訴訟の債務名義が成立した時に，当然に仮差押えの執行が本執行に移行する。

(ロ) 債務名義送達時説　本案訴訟の債務名義について執行文の付与を受け，債務名義の正本又は謄本が仮差押債務者に送達された時に本執行に移行する。

(ハ) 本執行の申立説　仮差押えの執行と本執行とは別個の手続であるから，本執行に移行するためには，本執行の要件が具備されただけでは足りず，仮差押債権者が現実に本執行の申立てをすることによって本執行に移行する。

(ニ) 本執行開始時説　仮差押えの執行が本執行へ移行するためには，本執行の申立てがあっただけでは足りず，申立てによって本執行が現実に開始された時に初めて本執行に移行すると解する。

(b) 仮差押えの執行の効力が本執行に移行するといっても，仮差押えの執行

第6章　仮差押えの執行に関するQ＆A　　Q51　本執行への移行　　579

と本執行とは別個の手続であること，仮差押債権者が本案訴訟における債務名義を得て，正本又は謄本が仮差押債務者に送達されたとしても，本執行の申立てをするかどうか，いつ申立てをするかは仮差押債権者のまったくの自由であることからすれば，(イ)説及び(ロ)説の見解をとることはできず，(ハ)説が多数説とされているが（本執行の要件が備わっていることが必要であるのは，もちろんである），仮差押えに関する法的規律が排除される時点がより明確化するという点及び移行の手続の実際を考えると，(ニ)説が妥当であろう（「保全執行から本執行への移行」法曹会編『例題解説民事保全の実務(2)』141頁）。

*1　保全執行から本執行への移行については，仮差押え及び仮処分について問題となるが，設問との関係から，以下，仮差押えからの移行についてのみ検討する。

*2　移行の時期を論ずる実益は，どの時点から仮差押えに対する法的規律（例えば，仮差押えの申立ての取下げ，仮差押解放金の供託による仮差押えの執行の取消し等）が排除され，あるいは，本執行に関する法的規律が適用されることになるのかということが問題になるからである。

〔2〕　移行の効果

　仮差押えの執行が本執行に移行した場合における仮差押えの執行の効力（消滅するのか存続するのか等），また，本執行が取下げあるいは取消し等の事由によって効力を失った場合における先行の仮差押えの執行の効力（復活するのか等）については，民事保全法及び民事執行法には明文の規定はなく，解釈に委ねられており，学説上，次の見解が対立している*3。

(1)　絶対消滅説

　仮差押えの執行が本執行に移行すれば，仮差押えの執行の目的は達成し終わって，仮差押えの効力は移行と同時に将来に向かって完全に消滅し，移行の瞬間に本執行の効力が発生するとし，また，本執行の終了事由のいかんにかかわらず，消滅した仮差押えの執行の効力が復活することはないとする。

(2)　条件消滅説

　本執行への移行により仮差押えの執行の効力は将来に向かって消滅するのは，保全目的が達成されることによるのであるから，仮差押えの執行の効力は，本執行による被保全権利の満足又は満足の不能以外の事由により本執行が終了し

た場合には，解除条件として，移行の時点において将来に向かって消滅する。仮差押えの執行の効力は，本執行が被保全権利の満足ないしその不能以外の事由によって終了した場合には復活することになる。

(3) 併存説

移行概念自体に疑問を呈しつつ，仮差押えの執行の本執行への移行により仮差押えの執行の効力が消滅することはなく，被保全権利の満足ないし不能による本執行の終了までは，本執行と併存しているとする[*4]。仮差押えの執行は，本執行とは別個の手続ではあるが，本執行における被保全権利の満足を保全することを目的とするものであるから，仮差押えの執行に引き続いて行われた本執行において，被保全権利の満足が得られ，あるいは逆に，満足が不能に帰したときは，仮差押えの執行は目的を達し，あるいは達しないことが確定して，効力は消滅するが，それ以外の事由による本執行の終了である本執行の取消しや取下げの場合には，仮差押えの執行の効力はなお存在すると解すべきであるとする。

　＊3　学説の整理については，野村秀敏「債権に対する仮差押えの執行後に本執行がされた場合において仮差押えが取り下げられたときの仮差押えの執行後本執行前にされた非仮差押債権の弁済の差押債権者に対する効力」金法1684号56頁，同「債権に対する仮差押えの執行後に本執行がされた場合において仮差押えが取り下げられたときの仮差押えの執行後本執行前にされた非仮差押債権の弁済の差押債権者に対する効力」ＮＢＬ771号679頁によった。

　＊4　中嶋秀二「本執行への移行と仮差押えの効力」丹野達＝青山善充編『裁判実務大系(4)民事保全法』635頁，細野敦「本執行への移行」丹野達＝青山善充編『裁判実務大系(4)民事保全法』625頁，野村秀敏「保全執行の開始と終了」同『民事保全法研究』47頁（初出：中野貞一郎ほか編『民事保全講座(2)』341頁），小川英明「保全処分から本執行への移行」鈴木忠一＝三ケ月章監修『新・実務民事訴訟講座(14)保全訴訟』167頁，富越和厚「仮差押から本執行への移行」幾代通ほか編『不動産登記講座Ⅳ各論(2)』113頁など近時の多数説である。

〔3〕 裁 判 例

(1) 下級審裁判例

(a) 大阪高決昭42・8・3（高民集20巻4号337頁・判タ213号107頁・判時500号31頁）

(イ) 事案の概要　不動産に対する仮差押えの執行がされた後，仮差押債権者Xが被保全権利について債務名義を得て強制競売の申立てをした結果，強制競売手続開始決定がされたが，その後，執行裁判所は，無剰余を理由として旧民事訴訟法656条2項（民執63条2項の前身）により強制競売手続開始決定を取り消し，申立てを却下した上，競売申立ての登記の抹消登記をしたが，仮差押えの登記の抹消登記をしなかった。そこで，仮差押債務者Yが，仮差押えの登記の抹消登記をすべき旨の執行方法に関する異議の申立てをした。

(ロ) 決定の要旨　「仮差押執行後に債権者が強制執行（以下，仮差押の執行と区別するために「本執行」と表示する）をすることができるようになったときは，仮差押の執行は本執行に移行し，仮差押手続上の既存の裁判，執行及び執行処分は可能な限りその請求の本執行手続に関して行なわれたものと見做され，その限りにおいてそのまま本執行手続の一部を構成することになるから，法律上本執行をすることができない場合に誤って本執行を開始続行したこと又は本執行の債務名義である仮執行宣言が取消されたことに原因して，本執行の申立が撤回若くは取消されたり，又は本執行の開始及びその後の執行処分が無効となったり若くはこれを取消す裁判があったりして本執行が失効したときは，仮差押執行の本執行への移行のみが失効したものとして仮差押手続上の裁判，執行及び執行処分は当然に本執行移行前の効力を回復するけれども，そうでなくて本執行を開始し仮差押の執行を本執行に移行させたことが違法であること以外の原因による本執行の終了（例えば，請求の満足，本執行手続の完了，請求の放棄又は執行目的に対する強制執行の断念の意思をもってする本執行の取下，執行不能，執行目的達成不能等に原因する本執行の終了）は，本執行仮差押の執行共通の終了原因によるものであるから，本執行開始前の仮差押の執行又は執行処分で本執行に移行して本執行の一部になったものは，当然に本執行とその存続の運命を共にすべきものであって，本執行の失効後に仮差押の執行としての効力を回復する道理

はない。(中略)本件本執行手続の終了原因は，本件執行目的不動産に関する限りでは本執行にも仮差押の執行にも共通してその執行の続行を無益のものとするものであって，仮差押の執行を本執行に移行させたことが違法であること又は結果において違法に帰したことに由来するのではないこと明白であるから，本執行終了後に仮差押の執行又は執行処分のみがその本執行への移行前の効力を回復する場合には該当しないと言うべきである。(中略)右仮差押の執行処分は執行裁判所において職権をもって，取消すべきものである。」旨を判示し，申立てを却下した原決定を取り消して仮差押えの登記の抹消登記を命じた。

(ハ) 本決定は，条件消滅説をとった上で，無剰余を理由として民事執行法63条2項に基づいて取り消された場合は，本執行にも仮差押執行にも共通して執行の続行を無益なものとするものであり，仮差押えの執行の効力が回復する場合には該当しないとしたものである。

(b) 東京高判昭48・3・14 (高民集26巻2号137頁・判タ297号233頁)

(イ) 事案の概要　前掲大阪高決昭42・8・3と同種の事案であり，強制競売手続開始決定が無剰余を理由として旧民事訴訟法656条2項により取り消されたところ，仮差押債務者Yから仮差押不動産の所有権を取得した第三者Zが，仮差押執行は保全の目的を達成していないため依然有効であるとして，事情変更による仮差押えの取消しの申立てをした。

(ロ) 判決の要旨　「仮差押執行のあった後に，債権者が債務名義を取得し，右仮差押の目的物につき本執行を申立てると，仮差押執行の効力は当然に本執行に移行するのであるが，たとえば法律上本執行ができない場合であるのに誤ったか，債権者の錯誤による申立であるか，債務名義についての仮執行宣言が取り消されたかなど，結果的に本執行の開始続行がなされるべきでなかったことによってその開始続行が取り消されたときには，仮差押執行の本執行への移行が失効し，仮差押執行の効力は当然に本執行に移行する前の状態に回復するけれども，適法に開始続行された本執行につき，右にあげた仮差押執行の効力が回復する事由がなく，本執行手続が終了したときは，本執行およびその先行をなす仮差押執行は運命を同じくし，その効力を失なうにいたるものと解するのが相当である。これを本件についてみるのに，第一審被申立人の申請により本件土地に対する仮差押の執行がなされた後に，同じく第一審被申立人が右

土地に対し本執行の申立てをなし，その開始続行があったのであるが，結局民事訴訟法656条2項によって本執行たる強制競売手続の取消決定がなされたのであるから，その確定により右本執行手続が終了し，その先行をなす本件仮差押執行の効力も失われたものといわなければならない。（中略）仮差押執行が本執行に移行した後，本執行の取消によって仮差押執行の効力も失われる場合には，本執行命令（強制競売開始決定）はその目的を終了し，将来に向って効力を失うのはもとより，本執行命令に先行しこれに吸収された仮差押命令自体も仮差押による保全目的を終了し同時にその効力を失い，その後は仮差押命令自体が独立して存在することはないものというべきである。」旨を判示し，申立ては取消しの対象を欠いて不適法であるとして，申立てを却下した原判決を維持した。

（ハ）本判決は，前掲大阪高決昭48・3・14と同じく条件消滅説をとった上で，無剰余を理由とする民事執行法63条2項による取消しの場合は，本執行は終了し，仮差押えも保全目的を終了し，同時に，効力を失うとしたものである。

また，本判決は，申立人が「執行裁判所が民事訴訟法656条2項に該当するとして強制競売手続の取消決定をする場合にも，優先債権額が現存債権額より小額であること，現実の競落価額が最低競売価額よりはるかに高額であることなどのため，客観的には剰余の見込みがあって，執行目的達成の可能な場合が往々にしてあり，また右剰余の見込みの有無の判断は一時的なものであって，競売目的物件の値上り，優先債権の消滅などの事由により後日右剰余の見込みを生ずることもある。」として，強制競売手続開始決定が旧民事訴訟法656条2項により取り消された場合に，仮差押執行の効力までも失わせるのは失当であると主張したのに対し，「債権者において執行裁判所の右見込みの有無に関する事実認定に不服であるならば，その取消決定に対し即時抗告の方法によって争いうるし，また将来剰余の見込みの生ずる確信があるならば，右取消決定の確定するまでの間に競売申立を取り下げて事態の好転をまつなどの途が開かれているのであるから，右主張は十分の根拠がなく採用の限りでない。」旨を判示して排斥した。

(c) 名古屋高決昭61・10・13（判タ637号219頁・金法1180号43頁）

(イ) 事案の概要　不動産に対する仮差押えの執行がされた後，仮差押債権者Xが被保全権利について同一の債務名義に基づいて強制競売の申立てをした結果，強制競売手続開始決定がされた（第1次本執行）が，その後，仮差押債務者Yの任意整理の希望を容れて強制競売申立てを取り下げたところ，任意整理が進展しなかった。Xは，再度，債務名義に基づいて強制競売の申立てをし，強制競売手続開始決定を得た（第2次本執行）が，不動産には，仮差押登記から第2次本執行による差押登記までの間に，根抵当権設定登記が経由されその被担保債権額が不動産の評価額を大幅に超えることが判明したことから，執行裁判所は無剰余を理由に民事執行法63条2項により第2次本執行を取り消したので，Xが，仮差押執行は，第1次本執行の取下げによっても効力を失うことはないから，それに後れる根抵当権は無視されるべきであり，その被担保債権は優先債権とはなりえないとして執行抗告を申し立てた。

(ロ) 決定の要旨　「仮差押執行のあった後に，債権者が債務名義を取得し右仮差押の目的物につき本執行が開始されたときは，右仮差押執行の効力は当然に本執行に移行すると解されるから，仮差押執行はもはや独立の存在意義を失って失効するのが本来の原則というべきである。そうすると，本執行が後に取下げ，取消し等により失効しても，仮差押執行の効力が復活することは原則としてないことになろう。しかし，この原則を硬直に運用するときは，例えば，本執行がなされるべきでないのになされたとして取り消されたり，本執行が暫定的に失効したに過ぎないようなときでも，所有者が仮差押もまた失効したとしてその目的物件を処分してしまうと，債権者はもはや本執行をしようとしても出来ないこととなるが，かかる事態は通常の当事者の意思にも反し，具体的妥当性にも欠ける場合があるであろう。このようにみると，同じく本執行が失効・終了した場合であっても，その終了原因によっては，右本執行への移行により一旦消滅した仮差押執行の効力が復活する（或いは一旦潜在化していた仮差押執行の効力が顕在化する）と解するのが相当であって，例えば，本執行が，元来開始続行すべきものでなかったとして取り消されたような場合（換言すれば本執行への移行が違法であった場合と言える）はもちろん，本件のように，本執行の取下げが，請求権の満足が得られたからでも又請求権の満足が得られないことが見

込まれたからでもなく，任意整理するからしばらく本執行を猶予してほしい旨の債務者の希望を容れて暫定的になされたような場合，即ち仮差押を残しておくことが明らかに当事者の意思と認められる如き場合も，例外的に仮差押執行の効力が復活ないし顕在化すると解するのが相当である。」旨を判示して，無剰余を理由に第2次本執行を取り消した原決定を取り消した。

(ハ) 本決定は，条件消滅説をとることを明言し，本執行が取り下げられた場合でも，それが請求権の満足が得られたからでも又満足が得られないことが見込まれたからでもなく，仮差押債務者の任意整理を理由としての支払猶予願いを容れてのものであるときは，例外的に仮差押執行の効力が復活ないし顕在化すると解すべきであるとしたものである。

(d) 大阪高決平11・7・15（金法1564号71頁）

(イ) 事案の概要　不動産に対する仮差押えの執行がされた後，仮差押債権者Xが被保全権利について債務名義を得て強制執行の申立てをし，強制競売手続が開始されたが，無剰余を理由に民事執行法63条2項により強制競売手続開始決定が取り消されたことから，仮差押債務者Yが，仮差押えの申立ては保全の必要性を欠くことになるとして，事情変更による仮差押取消決定の申立てをした。

(ロ) 判決の要旨　「1　被保全権利についての勝訴判決を債務名義として仮差押えの目的不動産に対し，強制競売手続（本執行）が開始された場合，それによって，当然に仮差押執行の効力が消滅するわけではなく，本執行の効力と併存すると解するのが相当である。なぜなら，仮差押えは，被保全権利の満足を目的として，対象物を仮定的，暫定的に差し押さえる制度であるところ，本執行が開始されただけでは，被保全権利が満足されるかどうか未確定であり，保全の目的は達成されていないからである。この解釈は，本執行の登記をする際に職権で仮差押えの登記を抹消する取扱をしていない現在の執行実務にも沿うものである。2　本執行が無剰余を理由に取り消された場合にも，保全の目的は達成されていないから，将来的に被保全権利が満足される可能性が残されている限り，仮差押執行の効力は存在しているというべきである。そして，被保全権利が満足される可能性は，それが将来の経済情勢等予測困難な事情に左右されることが多いことに鑑みれば，抽象的な可能性をもって足りると解す

るのが相当である。一件記録によれば，本件不動産は，現時点では被保全権利の満足を見込むことは困難といわざるを得ないが，本件不動産の所在，種類，優先債権等からすれば，将来被保全権利が満足される抽象的な可能性はなお残っていると認められる（よって，本件申立時において，本件仮差押執行の効力は存在しているから，本件申立は適法である。）。3　右のとおり，本執行が無剰余取消になったとはいえ，将来的に被保全権利が満足される可能性が残されている以上，仮差押えを継続する必要性は一概には否定できず，本執行が無剰余取消となったことのみから直ちに保全の必要性が消滅したものと判断することはできない。他にも，保全の必要性が消滅したと解すべき事情の変更は認められない。」旨を判示して，申立てを却下した原決定を相当として維持した。

(ハ)　本決定は，仮差押えの執行の効力は本執行への移行後においても存続するとの併存説の立場によることを明らかにした上で，本執行（強制競売手続開始決定）が無剰余を理由に取り消された場合にも，保全の目的は達成されておらず，将来的に被保全権利が満足される可能性がある限り，仮差押執行の効力は存在しているとしたものである。

(2)　最高裁判所裁判例

(a)　最〔1小〕昭40・2・4（民集19巻1号23頁・判タ174号95頁・判時404号27頁・金法404号30頁）

(イ)　事案の概要　　仮差押債権者Xは，仮差押債務者Yに対する債権の一部（被保全権利）を保全するため，Y所有の不動産に対し仮差押えの執行を行ったが，その後不動産は第三者Zに譲渡され，所有権移転登記がされた。Xは，仮差押債権額を含む金額について債務名義を取得し，同債権額について競売の申立てをし，仮差押えの執行が本執行に移行することとなった。Zは，仮差押債権額について代位弁済として供託をし，Xを被告として第三者異議の訴えを提起した。原審は，仮差押債権者は被保全債権以外の債務名義のある債権についても強制執行をすることができるのであるから，仮差押物件の譲渡を受けた第三取得者は，被保全債権以外の債権についての執行も甘受せざるを得ず，第三取得者は仮差押債権額のみの代位弁済によって強制執行を免れることはできないとして請求を棄却したので，Zが上告をした。

(ロ)　判決の要旨　　「債権者が債権の一部を被保全債権として債務者所有の

不動産の仮差押をした後に右不動産が第三者に譲渡されて所有権移転登記手続を経由した場合は，右第三者は，右被保全債権額の範囲においては所有権取得を以て仮差押債権者に対抗し得ないけれども，右被保全債権額をこえる債権の部分については所有権取得を以て仮差押債権者に対抗しうるのであって，従って，右第三取得者は，債務者に代位して右被保全債権額を弁済することによって，仮差押債権者に対する関係においても完全に右不動産の所有権を取得したことになるのであり，その後は仮差押債権者が右不動産についてなす強制執行は債務者以外の第三者の所有物件についてなされたことになるのである。」旨を判示し，原判決を破棄し，原審へ差し戻した。

(ハ) 本判決については，本執行移行後においても仮差押えの執行の効力が存在意義を失わないことを示すものであって消滅説に立つものではないとするものや，併存説を前提とすると断言することに躊躇を覚えるとするものなどがあるが，被保全権利の弁済により排除される対象の存在を認めており，仮差押えの執行が消滅すると解していないことからすれば，併存説に立つものと理解できるとされている（後掲最〔2小〕判平14・6・7の掲載誌の各解説，野村秀敏・前掲「債権に対する仮差押えの執行後に本執行がされた場合において仮差押えが取り下げられたときの仮差押えの執行後本執行前にされた非仮差押債権の弁済の差押債権者に対する効力」56頁，同・前掲「債権に対する仮差押えの執行後に本執行がされた場合において仮差押えが取り下げられたときの仮差押えの執行後本執行前にされた非仮差押債権の弁済の差押債権者に対する効力」679頁）。

(b) 最〔2小〕判平14・6・7（裁判集民事206号413頁・判タ1101号87頁・判時1795号108頁・金判1156号3頁・金法1657号32頁）

(イ) 事案の概要　債権者Xは，債務者Yに対して有する請負代金債権を保全するため，Yが第三債務者Zに対して有する請負代金債権（被差押債権）について仮差押命令を得，同命令は，Zに送達された。Xは，仮差押えの執行の本執行として被差押債権の一部（本件債権）について差押命令を得，同命令は，Zに送達され，Xは取立権を取得した。その後，Xは仮差押命令の申立て及び執行の申立てを取り下げたが，Zは，執行までの間に，Yに対する弁済等により本件債権を全額消滅させていた。このような状況において，Xが，Zに対して，被差押債権の取立訴訟を提起したところ，第一審及び原審ともに，仮差押

えの執行が本執行に移行した後であっても，仮差押命令及び執行の申立ての取下げにより仮差押えに基づいて発生していた弁済禁止効は遡って消滅するとして，Xの請求を棄却したので，Xが上告した。

(ロ) 判決の要旨　「金銭債権に対する仮差押命令の送達を受けた第三債務者は，債権者との関係において被差押債権につき債務者への弁済を禁止され（民事保全法50条1項），これをしてもその弁済をもって債権者に対抗することができない。この効力は，仮差押命令及びその執行（以下，併せて「仮差押え」という。）により生ずるものであって，仮差押えが存続する限り存続し，仮差押えが消滅すれば消滅する。そして，このことは本執行が開始された後も変わらないものと解するのが相当である。したがって，債権の仮差押え後本執行による差押えの効力が生ずるまでの間に第三債務者が被差押債権を弁済した場合において，債権者が仮差押えを取り下げたときは，仮差押えによって第三債務者につき生じていた上記弁済禁止の効力はさかのぼって消滅し（民事保全法7条，民訴法262条1項），第三債務者は被差押債権の弁済をもって債権者に対抗することができることになる。」旨を判示し，上告を棄却した。

(ハ) 本判決は，本執行移行後の仮差押えの執行手続の消長について併存説をとることを明らかにした上で，本執行移行後も仮差押命令及び執行は存続することになるので，仮差押債権者は，本執行移行後においても仮差押執行の申立てのみを取り下げることができ，それにより仮差押執行による弁済禁止効も遡って消滅するとしたものである。

〔4〕　設問の検討

(1)　移行後における無剰余を理由とする本執行（強制競売手続開始決定）の取消し（民執63条2項）と仮差押えの執行の効力

(a)　仮差押えの執行が本執行に移行した後に，強制競売手続開始決定が無剰余を理由として民事執行法63条2項により取り消され，申立てが却下された場合，仮差押えの執行の効力が復活するかどうかについては，肯定説と否定説が存在する。復活肯定説は，無剰余による取消しは無剰余の見込みの下にされるものであり，優先債権者による競売の結果として剰余が出た場合には，仮差押債権者としての地位を有していれば配当を受けられるのであり，仮差押えの

保全目的がまだ究極的に不達成に帰したものとみることはできず，仮差押えの執行の効力の復活を認めるべきであるとする（法曹会編・前掲書129頁，中野貞一郎『民事執行法』〔増補新訂6版〕457頁，中嶋秀二・前掲書635頁，細野敦・前掲書625頁，野村秀敏「保全執行の開始と終了」前掲書47頁，富越和厚・前掲書113頁，小川英明・前掲書167頁，出嵜正清「剰余の見込みがない場合の強制競売手続の取消とその保全処分たる仮差押執行の取消の要否」宮川種一郎＝中野貞一郎編『民事法の諸問題Ⅴ』445頁。中嶋秀二，細野敦，野村秀敏，小川英明は併存説の立場による）。復活否定説は，無剰余による取消しは，執行裁判所が，目的不動産の最低売却価額で共益費用及び優先債権を弁済して剰余を得る見込みがないと認め，債権者に保証の提供の機会を与えた上で本執行手続を取り消すもので，仮差押えの執行は保全目的をそれなりに達したわけであるから，本執行の終了により仮差押執行の効力が復活することはありえないとする（中野貞一郎「本執行の失効と本執行に移行していた仮差押執行の効力（前掲大阪高決昭42・8・3の批評）」民商61巻2号163頁，篠田省三「仮差押執行が本執行に移行したのち本執行が民訴法656条2項により取り消された場合と仮差押執行の効力（前掲東京高判昭48・3・14の批評）」民商72巻3号175頁。中野貞一郎は条件消滅説の立場による）。復活肯定説は請求権の満足に重点を置くのに対し，復活否定説は本執行による満足という点に重点を置くものであるといえる。

(b) 仮差押えの執行は，本執行とは別個の手続であるが，本執行における被保全権利の満足を保全することを目的とするものであるから，仮差押えの執行に引き続いて行われた本執行において，被保全権利の満足が得られ，あるいは，満足が不能に帰した場合には，仮差押えの執行は目的を達し，あるいは達しないことが確定して，効力は消滅するが，それ以外の事由による本執行の終了の場合は，仮差押えの執行の効力は存在すると解すべきであり，本執行への移行の効果については，併存説によるのが相当である。

(2) **設問について**

併存説を前提に設問を検討すれば，仮差押えの執行から移行した本執行（強制競売手続開始決定）が無剰余により民事執行法63条2項により取り消された場合には，その後の不動産の価格上昇や先順位債権の消滅，債権額の減少の可能性もあり，それを期待する債権者を不当ともいえず，保全の目的である請求権の満足が最終的に不能に帰したとはいえないので，取消しの時点で仮差押えの

執行の効力は復活すると解するのが相当である（復活肯定説）。設問においては，強制競売手続開始決定が取り消されたことにより仮差押えの執行の効力が復活し，仮差押債務者Yの本件不動産に対する仮差押えの登記の効力が存続することになり，Yは本件不動産の処分が禁止され，Zに対する本件不動産の譲渡を仮差押債権者Xに対抗することができない。Xは，Yを相手方として本件不動産について再び強制競売の申立てをすることができ，Xの申立ては認められることになる。

[増田　輝夫]

Q52 違法な仮差押命令による損害賠償責任

当初から被保全権利が存在しなかったため，不動産仮差押命令の申立て及びその執行が違法であって債務者に対する不当行為となる場合，債権者が賠償すべき「損害の範囲」はどうなるか。

A

〔1〕 はじめに

　民事保全手続は，その被保全権利について，本案訴訟で権利関係の確定や権利内容の実現がされるまでの暫定手続である。また，民事保全手続では，迅速性が要求され，保全命令は，債権者の疎明により発令される。つまり，債権者の被保全権利の存在は確定的でなく，その権利がくつがえることもある。そこで，債務者が民事保全によって損害を被り，民事保全が否定された場合には，債権者に損害賠償責任が認められることになる。

〔2〕 損害賠償の要件

　民事保全による損害賠償責任は，不法行為責任であるから，主観的要件として債権者の故意過失，客観的要件として民事保全の違法性，損害の発生，民事保全と損害との間の因果関係の存在を要件とする。故意過失については，民事保全の違法が認定された場合には，少なくとも債権者の過失が推定され，債権者は，過失が存在しなかったことについての特段の事情を主張・立証しなければならない。

　違法な民事保全とは，被保全権利の存在を欠くか，保全の必要性を欠くものであり，債権者は，本案訴訟において被保全権利の存在を証明しなければならない。また，保全異議においても被保全権利の存在と保全の必要性とを疎明する必要があり，債権者がこれに失敗した場合には，過失の推定を受け，債務者

は，損害賠償請求訴訟においてその結果を援用することができる。

〔3〕 損害賠償の範囲

　不法行為における損害賠償の範囲については，判例及び通説は，民法416条を不法行為にも類推適用して，賠償の範囲を，通常生ずべき範囲の損害の全部及び特別事情によって生じた損害のうち，加害者が加害行為の際に発生を予見できた範囲の損害に限定している。因果関係については，通常は加害行為によって損害が生じたことを主張すれば足りる場合が多く，事実的因果関係（「あれなければ，これなし」の関係）があること，損害が加害行為と相当因果関係の範囲であることを合わせて主張・立証することになる。いわゆる特別事情に基づく損害については，その損害の発生を加害行為に先立って認識（予見）したこと又は認識することが可能であったことが要件であるから，これに該当する具体的事実を主張・立証することになる。

　違法な民事保全による損害賠償として，①財産上の損害（例えば，民事保全による目的物件の損傷，変質による価額の減損，民事保全継続中の相場の変動による価額の減少又は逸失利益，代替物件の購入，補充による出捐，営業の中止による逸失利益等），②精神的損害（例えば，名誉，信用の毀損に基づく慰謝料），③訴訟費用（民事保全に伴う各種訴訟の訴訟費用，特に，弁護士費用，民事保全の執行の停止，取消しのための立担保等），④予見し，又は予見することができたであろう特別損害等が考えられる。他方，債務者側にも必要以上に損害を拡大させてはならないという義務があると考えられるので，債務者が通常とることができる損害の拡大防止の手段があるのに，特段の事情もなくこれをとらなかった場合には，過失相殺の適用が認められる（例えば，仮差押執行において債権者が換価処分の申立てを怠った場合，明渡断行の仮処分において特別の事情もなく多大の費用を要する家屋に移転した場合等）。しかし，保全異議の申立てをしなかった場合には，過失相殺が認められていない。また，民事保全によって名誉を毀損された場合には，事案により謝罪広告が認められることもある。

〔4〕 最高裁判例

　具体的な事例（最判平8・5・28民集50巻6号1301頁・判時1572号51頁・判タ914号

104頁）で、違法な保全命令に対してどのような損害賠償責任が認められるか検討する。

(1) 事実の概要

Xが、Yの被相続人Aがした仮差押えの執行が不法行為であるとして、Yに対し、損害賠償を求めた訴訟である。

Yの被相続人Aは、Xに対する不法行為による損害賠償債権がないことを知りながら、これを被保全権利として、X所有の不動産について仮差押命令を申し立て、平成2年2月8日、その旨の命令を得て執行し、さらにXを被告とする本案訴訟（前訴）を提起した。Aによれば、XがAから譲渡担保に供された不動産を弁済期前に無断で処分したことにより、1億1270万5000円の損害を被ったというものであった。これに対し、Xは、金融機関から1億1000万円を年7.75％ないし9.25％の約定利息で借り入れ、自己資金270万5000円と併せて、平成2年4月9日、仮差押解放金を供託し、上記仮差押えの執行取消しを得た。その後、Aは、前訴第一審において、仮執行宣言付きの勝訴判決を得たので、前記仮差押解放金に対する強制執行（Xの供託金［仮差押解放金］取戻請求権の差押え及び転付）に及んだ。そのため、Xは、さらに強制執行停止決定を得て、前訴について控訴し、平成4年6月17日、Aの請求を棄却する判決を得たが、同年7月17日まで前記仮差押解放金の供託を続けざるを得なかった。

Xは、Aの前記仮差押えの執行及び前訴提起がXに対する不法行為にあたるとして、相続人であるYに対し、損害賠償請求として、仮差押異議訴訟（現行の保全異議・保全抗告）、前訴の応訴に要した弁護士費用や慰謝料などとともに、仮差押解放金供託のための借入金に対する利息（2236万9932円）及び自己資金に対する法定利息年5分の割合による金員（30万7554円）から供託利息169万500円を控除した差額2098万6986円の支払を求めた。第一審（大阪地判平6・3・28金判1000号13頁参照）及び原審（大阪高判平6・11・8金判1000号10頁参照）は、仮差押解放金の取戻しに要する期間の認定に違いがあるものの、Xの請求を認めたため、Yが上告した。

(2) 判決の要旨

最高裁は「不動産の仮差押命令の申立て及びその執行が、当初からその被保

全権利が存在しなかったため違法であり、債務者に対する不法行為となる場合において、債務者が仮差押解放金を供託してその執行の取消しを求めるため、金融機関から資金を借り入れ、あるいは自己の資金をもってこれに充てることを余儀なくされたときは、仮差押解放金の供託期間中に債務者が支払った右借入金に対する通常予測し得る範囲内の利息及び債務者の右自己資金に対する法定利率の割合に相当する金員は、右違法な仮差押命令により債務者に通常生ずべき損害に当たると解すべきである。……中略……信用組合大阪弘容からの借入金についての年7.75パーセントないし9.25パーセントの割合による約定利息は、通常予測し得る範囲内のものというべきである。そうであれば……中略……2098万6986円は、Aの前記違法な仮差押命令の申立てに基づく執行により通常生ずべき損害に当たるとものということができ、以上と同旨の原審の判断は、正当として是認することができる。」と判示した。

(3) 仮差押解放金制度

本最高裁判決の理解のため、仮差押解放金制度について説明する。

債務者は、発令された仮差押命令に対して、保全異議を申し立てる（民保26条）とともに、仮差押解放金を供託して、仮差押執行の停止、又は取消しを求めることができる。仮差押えは、債権者がその目的物を特定して申し立て（民保規19条）、これに応じて仮差押命令が発令される（民保21条）ため、債務者にとって重要な財産が対象として仮差押命令が発令され、その執行がされる場合がある。そこで、債務者の利益を図りつつ、債権者の金銭債権の執行を保全するために、仮差押解放金制度が設けられている（下村眞美・民事執行・保全判例百選〔第2版〕214〜215頁）。

これは、目的とされた財産について仮差押えの執行を停止し、又は取り消す代わりに、債務者の仮差押解放金取戻請求権（供託金取戻請求権）のうえに、仮差押えの効力を移行・存続されるもので、仮差押命令において仮差押解放金額が定められる（民保22条）。仮差押解放金は、現金を供託することが必要であり、有価証券の供託や支払保証委託契約の方法は認められていない。

(4) 仮差押解放金をめぐる損害

(a) 銀行借入れの場合

債務者は、不動産に違法な仮差押えが執行されることにより、予定していた

融資が受けられなくなったり，他の債務について期限の利益を喪失したりすることがある。そのため，債務者において，仮差押えの執行により，目的不動産の使用・収益・処分自体は妨げられないとしても，仮差押解放金を供託して仮差押えの執行を取り消す必要のあることは否定できない。そうすると，仮差押解放金を供託するために，金融機関から金員を借り入れて充てること及びその借入金に利息が発生することは，通常生ずべき損害であり，特別の事情によって生じた損害ではないといえる。

ただし，借入金利が通常予測できないほど高率である場合（銀行からの通常の借入金利を超えるような場合）には，利息の支払額のうち通常予測しうる範囲を超える部分は，特別の事情により生ずる損害にあたると解される。

この点については，これまでも下級審判決が上記と同様な判断をしていた（東京地判昭59・3・29判時1139号55頁，東京地判昭61・1・30判タ620号119頁，東京地判昭61・10・29判タ650号218頁，仙台高判昭47・1・20判タ276号307頁など）。本最高裁判決も，同様な考えを示したものと思われる。

(b) 自己資金の場合

また，自己資金で仮差押解放金を調達した場合は，仮差押命令の申立てが違法である以上，仮差押解放金は本来供託しなくてもよかったものであるから，仮差押解放金相当額の自己資金を供託中には他の用途に使用できなかったものであり，仮差押債務者には得べかりし利益の喪失が生ずる。このような得べかりし利益の喪失が生ずること自体は，通常生じうることであり，特別の事情にはあたらない。したがって，このような得べかりし利益の喪失が生ずることについての予見可能性は，賠償請求の要件として要求されない。そして，このような得べかりし利益を民事・商事の法定利率により算定することについては，これを特別に事情によって生ずる損害にあたるということはできず，通常損害であると解される（野山宏・最判解説民事篇平成8年度(上)399頁）。本最高裁判決も同様に解しているものと思われる。

他方，上記得べかりし利益についてより高額な損害の賠償を請求する場合には，通常予測しうる範囲（民事・商事の法定利率など）を超える部分は，特別損害にあたるということになる。例えば，仮差押解放金として供託した金員を元手に商品を仕入れて転売する予定であったのに，仮差押解放金にあてざるを得ず

商品の仕入れと転売の機会を逸し，転売利益を逸したという主張などは，特別事情の存在及び仮差押債権者が特別事情につき予見可能であったことについて，仮差押債務者が具体的に主張・立証する必要がある。

〔5〕 ま と め

　違法な民事保全による損害賠償の範囲を画する基準として，通常損害であるか特別損害であるかの区別が重要である。この区別は，当事者の立場からは損害立証のために特別事情の存在及びその予見可能性の主張・立証をすることが必要であるかどうか，裁判所の立場からは損害認定のために特別事情の存在及びその予見可能性についての証拠調べをする必要があるかどうかを判断する基準となる。

　上記最高裁判決は，通常予測しうる範囲内の利息又は法定利率の割合に相当する金員については，当事者が特別事情の予見可能性について主張・立証する必要がなく，裁判所も特別事情の予見可能性についての証拠調べを省略して損害賠償請求を認容すべきことが明らかにした。そして，仮差押解放金にあてた借入金の利息（現実の財産の減少）及び自己資金についての法定利率の割合による金員（得べかりし利益の喪失）に相当する損害は，通常損害であると判断した。

〔丸尾　敏也〕

Q53 | 第三債務者の債権者に対する対抗の可否

　Z会社の従業員Yは，平成24年12月限りZ会社を退職し，退職金1500万円が支給されることになり，退職に先立ち，Z会社に対して上記退職金をA銀行のY名義の預金口座に振込みの方法で支払うことを依頼した。Z会社は，同月26日，B銀行○○支店に対し，オンラインシステムを通じて，上記退職金がYの口座に同月28日に振込入金されるよう依頼した。他方，Xは，Yに対して損害賠償請求権を（交通事故）を有するところ，Yを債務者，Z会社を第三債務者，YがZ会社から支給される給与等の債権を被保全権利として，仮差押命令の申立てをした。同月26日，仮差押命令が発令されその仮差押命令は，同月27日，Z会社に送達された。Z会社は，Yが同月31日付で退職となっており，Yに対する給与及び退職金は支払済みであって，上記仮差押命令に係る債権は存在しない旨を記載した同月27日付陳述書を裁判所に提出した。同月28日，Yの口座に上記退職金が振込入金された。Xは，YがZ会社から支給される同月31日に支払期の到来した上記退職金の4分の1について債権差押命令を申し立て，これに基づく債権差押命令が発令され，その命令は，平成25年1月8日，Z会社に送達された。そこで，Xは，Z会社に対し，取立権に基づいて，差押相当額375万円の支払を求める訴えを提起した。この場合，Z会社は，上記振込みによる弁済をもってX（仮差押債権者）に対抗することができるか。

A

〔1〕　はじめに

　金銭の支払を目的とする債権に対する仮差押えの執行は，保全執行裁判所が

第三債務者に対し債務者への弁済を禁止する命令を発令する方法により行うものとされ（民保50条1項），弁済禁止の命令を受けた第三債務者がその対象となった債権の弁済をした場合は，差押債権者はその受けた損害の限度においてさらに弁済すべき旨を第三債務者に請求することができる（民481条1項）。この弁済禁止の効力が生ずるのは，仮差押命令が第三債務者に送達された時である（民保50条5項，民執145条4項）。したがって，仮差押命令の送達を受けた後に，弁済禁止の対象となった債務の弁済をした第三債務者は，差押債権者に対し，その弁済の効力を対抗できない。ところで，振込みは仕向銀行が，依頼人の委託に基づき，受取人の受取銀行である被仕向銀行に開設された受取人の預金口座に振込金を入金する事務である。そして，振込みの中でも，本件のように，第三債務者の弁済方法が，仕向銀行が被仕向銀行に対して振込通知を入金日より前に発信取扱いをする先日付振込みによるとき，第三債務者が弁済のために必要な行為をしてから弁済の効力が発生するまでの間に時間的間隔が生ずるため，第三債務者が弁済のために必要な行為を完了した後，弁済の効力が発生する間に，仮差押命令が送達されることがありうる。そこで，このような場合に，第三債務者は，差押債権者に対し，弁済の効力を対抗できるのか問題となる。

〔2〕 銀行取引における振込手続

この問題を検討する前提として，「銀行取引におけるオンラインシステム」，「先日付振込み」，「振込日当日までの組戻し」ついて説明する。

(1) 銀行取引におけるオンラインシステム

(a) 顧客のコンピュータ（端末機）を通じた依頼に基づき，契約銀行における顧客の普通預金口座から資金を引き落とし，契約銀行又はその提携金融機関における受給者の預金口座へ給与や賞与の振込みを行う場合等に利用する。

(b) 顧客は，契約銀行に対し，あらかじめ伝送内容（受付サービス種類，合計件数，合計金額）をファクシミリにより通知した上，所定の内容を端末機を通じて契約銀行が指定したセンターコード宛に送信する。

(c) 顧客は，契約銀行にデータ送信を行った後は，送信したデータ自体には瑕疵がないときは，データの内容を取消し・変更はできない。

(d) 顧客は，契約銀行が受信したデータ内容に瑕疵がある場合は，その内容

を修正して速やかに再送信する。

(e) オンラインシステムの利用日・利用時間は，契約銀行が定めた営業日・時間内とする。

(2) 先日付振込み

先日付振込みは，振込取扱量が多い月末などの日における事務処理の平準化を目的として，昭和48年4月に全国銀行データ通信システムによる新内国為替制度が発足してから行われるようになったもので，受取人の預金口座への振込金の入金日（振込指定日）より前の日に振込通知を被仕向店宛てに発信する取扱方式である。先日付振込みを受けた銀行は，振込指定日に受取人に支払うためにあらかじめ準備をすることができるが，為替上の資金決済は振込指定日に行われる。

(3) 振込日当日までの組戻し

組戻しとは，依頼人の事情により，一度取り組んだ為替取引を撤回する必要が生じた際に，この申出を受けた銀行がとる手続をいう。依頼人と銀行との間の為替取引の法的性質が委任契約であることから，組戻しの法的性質は委任契約の解除ということになる。ところで，組戻し手続は，依頼人だけの意思でいつまでも認められるというものではなく，振込日において受取人の預金口座に入金されてしまった後は，受取人の同意がないとできないこととなっており，判例もこれを認めている（大阪地判昭55・9・30判タ440号136頁・判時998号87頁・金法944号35頁・金判611号38頁）。

ただ，最近は，当日振込みをほとんど電信扱いで行っており，しかも，ＡＴＭなどの機械を使った電信振込みにおいては，銀行員の手を経ることなく，瞬時に相手方（受取人）の預金口座に振り込まれるため，事実上，組戻し手続をするためには，受取人の同意が必要になる。しかし，先日付振込みの場合は，振込指定日以前であれば，振込依頼人の意思だけで仕向銀行に対して組戻し手続を行うことが可能である（吉岡伸一・判タ1222号62頁。先日付振込みにおける組戻しを扱った判例として，岡山地判平5・8・27金法1371号83頁，東京地判平5・3・5判時1508号132頁・金法1379号42頁・金判939号35頁）。

〔3〕 最高裁判例

本問と類似する事例の判例として，平成18年7月20日最高裁判所第1小法廷判決がある。

【事案の概要】

Yは，A銀行との間で，平成13年4月20日，上記〔2〕(1)と同様なオンラインシステムの利用契約を締結した。Bは，同年12月31日限りでYを退職し，Yから退職金として約1138万円（以下「本件退職金」という）を支給されることになった。Bは，その退職に先立ち，Yに対し，退職金をC労働金庫の木更津支店のB名義の預金口座（以下「本件口座」という）へ振込みの方法で支払うことを依頼した。Yは，同年12月26日，A銀行の支店に対し，本件オンラインシステムを通じて，退職金がA銀行の提携金融機関であるC労働金庫の口座に同月28日に振込入金されるよう依頼し（以下「本件振込依頼」という），本件振込依頼は，依頼の当日である同月26日，A銀行に受理され，オンラインシステムの中に依頼履歴として電磁記録された。なお，Yは，労働組合との協定により，原則として従業員の退職の日に退職金を支払うこととしており，これによれば，本件退職金の支払日は同月31日であったが，A銀行その他の銀行の同年末の最終営業日が同月28日であったため，Yは，同日に上記振込入金がされるよう依頼した。Xは，Bを債務者，Yを第三債務者とする，本件退職金債権を仮差押債権として，千葉地方裁判所に対し，仮差押命令を申し立て，同月26日，これに基づく債権仮差押命令（以下「本件仮差押命令」という）が発令された。本件仮差押命令は，同月27日午前11時ころ，Yの守衛に送達された。同日はYの年内最終営業日であり，その終業予定時刻は午後零時15分であった。Yの総務担当主任Dは，仮差押命令の受領後，Bに対する振込みの中断の可否について，人事勤労担当課長Eに質問し，E課長から，Bの給与は支払済みであり，本件退職金の振込手続は前日に完了しており，支払を止めるのは無理である旨告げられた。さらに，E課長は，本件退職金の振込依頼の撤回の可否を経理部主計担当主任Fに確認し，窓口営業終了時刻である午後3時までにA銀行茂原支店の窓口に赴いて手続をとる必要があると言われた。総務部長GはE課長から報告を受け，同月27日午後零時20分ころ，本件退職金の振込手続が完了

したことを前提にとして（振込依頼を変更する時間的余裕もないとして），裁判所に回答させることとした。総務部担当者は，千葉地方裁判所に対し，同日午後１時ころ，仮差命令を受けた第三債務者が提出する陳述書の書き方等について問い合わせをした上，Ｂが同月31日付け退職となっており，Ｂへの給与及び退職金はすでに支払済みであって，仮差押命令に係る債権は存在しない旨を記載した同月27日付け陳述書を千葉地方裁判所に提出した。同月28日，本件振込依頼に基づき，本件口座に本件退職金が入金された。ＸはＢがＹから支給される同月31日に支払期の到来した本件退職金の４分の１につき，千葉地方裁判所木更津支部に対し，債権差押命令を申し立て，これに基づく債権差押命令（以下「本件差押命令」という）が平成14年５月７日に発令され，同月８日にＹに送達された。

　本件は，上記事実関係の下で，ＸがＹに対し，差押命令に基づく差押債権の取立てとして差押債権相当額の金員の支払を求めた事案である。

【原審の判断】

　東京高判平15・10・22は，「金融機関を通じた振込手続は信頼性の高い決済手段として広く利用されており（公知の事実である。），この手続を利用する債権者及び債務者とも，振込依頼手続を完了すれば，依頼内容に従った振込みが金融機関によって実行され，有効な弁済がされることが確実であると信頼するに至っていると推認しうることにかんがみると，第三債務者が，金融機関に対し，債務の本旨に従った弁済をするために，差押債務者が指定した口座への振込みを依頼した後に，差押命令（仮差押命令についても同じ）の送達を受けた場合，弁済期までに長い期間がある時期に振込依頼がされたなどの特段の事情がない限り，第三債務者の依頼に基づいて金融機関がした差押債務者に対する送金手続が差押命令の第三債務者への送達後になされたとしても，第三債務者の上記振込依頼に基づく弁済をもって差押債権者に対抗することができると解するのが相当である。」と判示した上で，本件においては，上記特段の事情も認められないから，Ｙは，本件退職金の弁済をもって仮差押債権者であるＸに対抗することができるとして，Ｘの請求を棄却した。

【最高裁の判断】

　これに対し，最高裁は，「金銭の支払を目的とする債権に対する仮差押えの

執行は，保全執行裁判所が第三債務者に対し債務者への弁済を禁止する命令を発する方法により行うものとされ（民事保全法50条1項），弁済禁止の命令を受けた第三債務者がその対象となった債権の弁済をした場合は，差押債権者はその受けた損害の限度において更に弁済すべき旨を第三債務者に請求することができる（民法481条1項）。この弁済禁止の効力が生ずるのは，仮差押命令が第三債務者に送達された時である（民事保全法50条5項，民事執行法145条4項）。前記事実関係によれば，本件仮差押命令は，本件退職金債権につき，第三債務者である被上告人からA銀行に対する本件振込依頼がされた日の翌日に被上告人に送達されたが，その時点ではまだA銀行から債務者であるBの本件口座への振込みはされておらず，同振込みは本件仮差押命令送達の日の翌日にされたことが明らかである。依頼人から振込依頼を受け，その資金を受け取った銀行（仕向銀行）がこれを受取人の取引銀行（被仕向銀行）に開設された受取人の預金口座に入金するという方法で隔地者間の債権債務の決済や資金移動を行う振込手続が，信頼性の高い決済手段として広く利用されていることは，原判決の判示するとおりであるが，一般に，振込依頼をしても，その撤回が許されないわけではなく，銀行実務上，一定の時点までに振込依頼が撤回された場合には，仕向銀行は被仕向銀行に対していわゆる組戻しを依頼し，一度取り組んだ為替取引を解消する取扱いが行われている（全国銀行協会連合会が平成6年4月に制定した振込規定ひな型・全銀協平6・4・1全事第8号参照）。本件においても，前記事実関係によれば，被上告人は本件仮差押命令が送達された日（本件退職金が本件口座に振り込まれる日の前日）の午後3時までにA銀行茂原支店の窓口に赴けば振込依頼の撤回の手続を執ることが可能であると知っていたことがうかがわれる。以上によれば，取引銀行に対して先日付振込みの依頼をした後にその振込みに係る債権について仮差押命令の送達を受けた第三債務者は，振込依頼を撤回して債務者の預金口座に振込入金されるのを止めることができる限り，弁済をするかどうかについての決定権を依然として有するというべきであり，取引銀行に対して先日付振込みを依頼したというだけでは，仮差押命令の弁済禁止の効力を免れることはできない。そうすると，上記第三債務者は，原則として，仮差押命令の送達後にされた債務者の預金口座への振込みをもって仮差押債権者に対抗することはできないというべきであり，上記送達を受けた時点において，その第

三債務者に人的又は時間的余裕がなく，振込依頼を撤回することが著しく困難であるなどの特段の事情がある場合に限り，上記振込みによる弁済を仮差押債権者に対抗することができるにすぎないものと解するのが相当である。以上と異なる見解に立って，弁済期までに長い期間がある時期に振込依頼がされたなどの特段の事情がない限り，第三債務者は，差押命令（仮差押命令についても同じ。）の送達後にされた振込みによる弁済をもって仮差押債権者に対抗することができるとした原審の判断には，民法481条1項の解釈適用を誤った違法があるといわざるを得ない。」と判示し，原判決を取り消した上，本件を原審に差し戻した。

〔4〕 債権者と第三債務者との利害の調整

判決の事案で問題になっているのは，仮差押命令により第三債務者の弁済禁止を求める債権者と突然に仮差押命令の送達を受けた第三債務者との利害の調整である。

この点につき，原審は，一般論として「弁済期までに長い期間がある時期に振込依頼がなされたなどの特段の事情がない限り」として留保を付することにより，振込依頼した後に仮差押命令の送達を受けた第三債務者が仮差押債権者に対抗できない場合があることを例外的に認めているものの，振込依頼が先行することにより，第三債務者は，仮差押後にされた振込入金を仮差押債権者に対して対抗しうるのが原則になっている。

一方，最高裁は，組戻しに関する実情に照らし，先日付振込みの依頼をした後に仮差押命令の送達を受けた第三債務者は，振込依頼を撤回して債務者の預金口座に振込入金されることを止めることができる限り，弁済できるかどうかについての決定権を依然として有するものというべきであるから，それにもかかわらず，これを阻止しないで，振込入金がされるがままにしていたのであれば，仮差押債権者に対抗できないとすべきであるが，一方，第三債務者に人的又は時間的余裕がなく，振込撤回することが著しく困難であるなどの特段の事情がある場合には，上記振込みによる弁済を仮差押債権者に対抗できるとした。つまり，最高裁判決では，第三債務者は，仮差押後にされた振込入金を仮差押債権者に対して対抗できないのが原則になっている。

最高裁は，取引銀行に対して先日付振込みの依頼がなされた場合に受取人の預金口座に振込入金がなされるのは，先日付で指定されている予定日であることを前提として，「支払の差止を受けた第三債務者が自己の債権者に弁済したときは」差押債権者に対抗できないとする民法481条1項の文理への適合性を考慮したほか，先日付振込みの依頼をした第三債務者には依然としてこれを取りやめる方法が残されており，その実行が第三債務者の意思いかんにかかっているような場合においては，執行手続をとった仮差押債権者の利益の保護を無視しがたいと解しているものと思われる。

なお，最高裁判決が説示する「第三債務者に人的又は時間的な余裕がなく，振込依頼を撤回することが著しく困難であるなどの特段の事情」の有無を判断するにあたっては，第三債務者が差押命令の送達を受けた時点から振込依頼撤回の締切りまでの残り時間，その時点で第三債務者が振込依頼の撤回の手続に向けられる人的余裕の有無，取引銀行までの距離（本人の意思確認という理由から取引銀行の窓口に赴いて手続をすることが求められるような場合），第三債務者において組戻しを依頼すべき正確な金額を把握するのに要する時間，その他関連する諸般の事情を考慮すべきである（髙橋譲・最判解説民事篇平成18年度831頁）。

〔5〕 ま と め

本設例では，第三債務者Zに仮差押命令が送達されたのは，12月27日であり，退職金が振込入金されるよう依頼されていた日は，12月28日である。仮差押命令送達日の時間，振込入金をいつまで止めることが可能であったかは明らかでないが，上記最高裁判決の判断からすると，第三債務者Zは，振込依頼を撤回して債務者の預金口座に振込入金されることを止めることができた可能性が高い。

第三債務者Zが，仮差押後にされた振込入金を仮差押債権者Xに対して対抗するには，「差押命令の送達を受けた時点から振込依頼撤回の締切りまでの残り時間，その時点で第三債務者が振込依頼の撤回の手続に向けられる人的余裕の有無，取引銀行までの距離，第三債務者において組戻しを依頼すべき正確な金額を把握するのに要する時間」を考慮すると，第三債務者には「人的又は時間的余裕がなく，振込撤回することが著しく困難であった」という「特段の

事情」を主張・立証しなければならない。

[丸尾　敏也]

第7章

仮処分の執行に関するQ&A

Q54 代替執行可能な時期

Xは、YがX所有の乙土地上に権限なく甲建物を所有していることから、Yを債務者、乙土地の所有権を被保全権利として、甲建物収去・乙土地明渡しの断行の仮処分命令を申し立てたところ、これが認容され、「仮処分命令送達の日から10日以内に甲建物を収去して乙土地を仮に明け渡せ」との仮処分命令が発令された。これに対して、Yが保全異議の申立てをするとともに上記仮処分命令執行停止の申立てをしたため、保全執行裁判所は、担保を提供させてこれを認めた。そして、Yの保全異議の申立てについて審理した結果、上記仮処分命令は認可された。この場合、Xは、いつまでに代替執行に着手すべきか。

A

〔1〕 はじめに

保全執行は、債権者に対し保全命令が送達された日から2週間を経過したときは、これをしてはならないとされている（民保43条2項）。設問では、建物収去土地明渡しの断行の仮処分命令（「本件仮処分」という）が発令されたが、保全異議の申立てがなされ、仮処分命令執行停止決定が出された。そして、保全

異議の審理の結果，本件仮処分は認可された。本件仮処分は代替的作為を求める仮処分であり，代替執行の申立てを行わなければならないが，執行期間の制限との関係で，いつまでに代替執行の着手をしなければならないか問題となる。

〔2〕 保全処分の着手期間

保全執行の着手時期について，2週間の期間が設けられたのは，保全処分は緊急の必要に応じて，しかも暫定的な性質の処分として発令されるものであり，保全処分の申立ての当否，保証額の決定等の判断は，発令当時を基準としてなされるが，保全処分の必要性に関する事情は，日時の経過により変化し，執行の着手時期が遅れるとし，結果的に不当な執行となり，あるいは債務者に対して不測の損害を与えるおそれも少なくないからである。

保全執行期間は，保全命令が債権者に送達された日から進行する（民保43条2項）。この期間の計算において，初日は算入しない（民保7条，民訴156条1項，民140条）。この期間は，不変期間ではない。しかし，民事保全法43条2項は，債権者の権利行使の確保と債務者の保護の要請を調和させるために国家の執行権を制限する公益的規定であること，同項の期間は，形式的，画一的処理が要請される執行手続における期間であることからすると，訴訟手続における通常の法定期間の場合と異なり，裁判所はこれを伸縮できず，債務者もその利益を放棄できないと解すべきである。

〔3〕 執行期間の停止

法律上の執行期間の制限のない限り，執行期間は進行する。保全異議，保全抗告の申立てがなされても，当然には執行を停止しないから，この期間の進行も停止しない。保全異議等において，認可若しくは変更又は追加担保を条件とする認可若しくは変更の決定があった場合も，前の仮処分の執行が当然には禁止されていないのであるから，この期間の進行は停止せず，変更により新たになされるべき処分についてのみ，決定告知の時から執行期間が進行する。

これに対して，保全異議の申立てに伴い仮処分命令執行停止の申立てがなされ，これが認められたときは，執行期間の進行が停止し，保全処分の認可がなされ，その告知の時から新たに執行期間の進行が始まると解すべきである（丹

野進『民事保全手続の実務』176頁)。このように解さないと、保全異議や停止決定の審理に時間を要し、2週間の期間を経過してしまうおそれがあるからである。

〔4〕 期間内になすべき行為

　2週間の執行期間にどの程度の執行に関する行為がなされなければならないかについては説が分かれている。原則として執行処分の完結を要し、ただ裁判所の執行処分については執行裁判所に執行申立てをすれば足りると解すべきであるという説もあるが、多数説はこの期間をもって執行着手の期間と解している。後説のほうが、制度の趣旨に合致しているものと解される。したがって、執行機関に対する執行申立てだけでは足りないが、必ずしも執行が完了することまでを必要とするものではなく、執行着手さえこの期間内になされれば、その続行行為（その当然の順序過程によりなされる行為）は、期間経過後にされても差し支えない。この期間内に執行に着手したが、債権者がその後の完了をはからないときは、債務者は事情変更により保全処分の取消しを求めることができる（西山俊彦『保全処分概論』246頁)。

　保全処分の執行の着手については、仮差押えや仮処分ごとにその執行の態様が異なるので、個々の保全処分の執行の態様を考慮して具体的に検討する必要がある。

　設問のような妨害物を排除する代替的作為を命ずる仮処分については、期間内に裁判所から授権決定（民414条2項、民執171条）を得なければならないが、この授権決定を得て代替執行に着手しなければならないと考えると、実際はほとんどの場合、作為実施者として執行官が定められることから、執行の着手までに相当の期間を要し、2週間以内に執行の着手を行うことはほとんど不可能となり、あまりに債権者に酷となる。そこで、代替的作為を命ずる仮処分については、裁判所に対する授権決定の申立てをもって執行の着手とみて、これを2週間以内に行えば足りると解すべきであろう（山崎潮監修＝瀬木比呂志編集代表『注釈民事保全法(下)』27頁〔瀬木比呂志〕、西山・前掲248頁)。

　もっとも、仮処分命令中に債務者が一定の期間内に作為義務を履行せず、債権者は代替執行をすることができるとの執行命令が併記されている場合には、

上記一定期間の経過後に執行期間が開始し，その期間内に現実の執行の着手を要すると解すべきである。

〔5〕まとめ

　以上検討したとおり，①建物収去土地明渡しの断行の仮処分命令が発令された後，仮処分命令の執行停止決定がなされたが，異議訴訟で上記仮処分が認可されたときは，その認可の告知の時から新たに執行期間の進行が始まること，②保全執行期間の計算において，初日は算入しないこと，③妨害物を排除する代替的作為を命ずる仮処分については，授権決定の申立てをもって執行の着手とみて，これを2週間以内に行えば足りることからすると，本設例では，Xは，代替執行の申請を本件仮処分の認可の告知（送達）を受けた日の翌日から2週間以内に行えばよいことになる。

　なお，仮処分命令中に債務者が一定の期間内に作為義務を履行しない場合，債権者は代替執行をすることができるとの執行命令が併記されている場合には，上記一定期間の経過後（本設例では10日後）に執行期間が開始されるので，本件仮処分命令の送達の日から10日経過した日の翌日から2週間以内に代替執行の申請をしなければならないことになる。

〔丸尾　敏也〕

Q55 | 不作為を命ずる仮処分の執行

　Xは，Yに対し，X所有の甲土地を，普通建物所有目的の約定で賃貸した（普通借地約款）。ところが，Yは，Y所有の乙土地と借地（甲土地）上の木造2階建てアパートを取り壊し，その跡の甲・乙土地上に鉄筋コンクリート造り5階建てアパートを建築しようとしている。このため，Xは，Yに対し，用法違反を理由として，甲土地に係る建築工事を中止するよう申し入れたが，Yはこれを無視して工事を進行させている。そこで，Xは，YとZ会社（建築工事の請負業者）を債務者，建物収去・甲土地明渡請求権を被保全権利として，上記建築工事差止めの仮処分を申し立て，これに基づく仮処分命令が発令された。しかし，Y及びZ会社は，上記仮処分命令を無視して上記建築工事を進め，すでに2階部分の鉄骨組立工事の段階に至っている。この場合，Xは，どのように対処すべきか。

A

〔1〕　はじめに

　設例において，土地賃借人Yが，無断で木造の建物を取り壊し，堅固な建物の建築に着手したというのであるから，賃貸人Xとしてこれを放置していたのでは，将来堅固な建物の収去，土地明渡しを求めることになり，いっそう面倒な措置を講じなければならない状態に陥るおそれがある。そこで，Xは，甲土地の明渡請求権を被保全権利として建築禁止の仮処分を求めたものと思われる。

　一方，借地契約を締結した後，土地に関する社会経済事情の変動が生じて，社会通念からみて従来の木造建物をコンクリート造りなど堅固の建物に建て替えること，又は増改築をすることが妥当であると認められるときは，地主の意思のいかんにかかわらず変えることができる（借地借家17条）。よって，借地人

であるYは，裁判所に借地条件の変更又は増改築に関する許可の申立てをすることができ，建築禁止の仮処分発令後に許可の裁判があれば，債務者は事情変更による仮処分命令の取消しの申立てができるものと考えられる。

このように利害が対立する中，建築工事差止禁止仮処分が発令されたにもかかわらず，Z会社が，上記仮処分を無視して建築工事を進め，すでに2階部分の鉄骨組立工事をするような緊急を要する状況になった場合，Xにはどのような対処が考えられるだろうか。

〔2〕 不作為を命ずる仮処分

仮処分には，将来における権利の実行の保全を目的とする「係争物に関する仮処分」と，争いのある権利関係について，債権者に生ずる著しい損害又は急迫の危険を避けることを目的とする「仮の地位を定める仮処分」とがある（民保23条）。建築禁止の仮処分は，「仮の地位を定める仮処分」として申し立てられる場合もあるが，「係争物に関する仮処分」として申し立てられる場合もある。

不作為を命ずる仮処分が係争物に関する仮処分としてなされる場合は，将来の強制執行の保全を目的とする。設問の場合は，Xが，将来甲土地上のYの建物を除去する強制執行の実施を容易にするために建築差止めの仮処分を求めるものであれば，土地賃貸借が終了した時点における建物収去土地明渡請求権が被保全権利となり，それは係争物に関する仮処分とみることになる。これに対し，普通建物所有の目的で賃貸するというXY間の契約に違反して鉄筋コンクリート5階建ての建物の建築というYの行為を，土地所有権に基づく妨害予防請求権により差し止めるものであれば，それは不作為請求権そのものを被保全権利とし，その工事禁止という内容を仮に実現するところの仮の地位を定める仮処分にあたるということになる。

不作為を命ずる仮処分の申立てが仮の地位を定める仮処分の場合，通常密行性がなく，現状の変更を求めるなど発令によって債務者に重大な不利益を与えるものが大部分であるから，原則として債務者の審尋又は口頭弁論の手続を経ることが必要である（民保23条4項）。ただし，債務者が立ち会う期日を経ることにより仮処分命令の申立ての目的を達することができないときは，債務者が

立ち会う期日を経る必要はない（民保23条4項但書）。

　係争物に関する仮処分として不作為を命ずる仮処分を発令する場合にも，その実質は債務者の行為の差止めを求めるものであるから，債務者に対する影響が大きいとみられるし，債権者の主張する権利又は権利関係について債務者にも正当な理由，少なくとも相当な言い分を有することであろうことを考慮し，債務者審尋等の手続を経ることが相当であると解されている。

　担保の額は，違法な仮処分命令あるいはその執行によって債務者の被る損害を基準として定めるべきである。不作為を命ずる仮処分の場合の担保の額は，債務者に一定の積極的行為をしないことを命ずる場合，例えば建築工事禁止の仮処分については，債務者が建築工事を禁止されることによって被る損害は，債務者の当該土地に対する使用権原や，工事内容，工事進捗状況等からして算出される。東京地裁保全部の不作為を命ずる仮処分における担保金額決定の基準は，建築禁止又は建築続行禁止の仮処分においては目的物建築費の30％程度となっている（法曹会『例題解説民事保全の実務㈡』244頁）。

〔3〕　建築工事禁止等の仮処分命令の執行

　建築工事禁止の仮処分命令は，仮処分債務者に対する単純不作為命令である。この種の仮処分命令は，仮処分債務者が，同人に送達され告知されたことによって生じた不作為義務の内容に従う限り強制的実現という意味における執行はありえない。

　しかし，仮処分債務者が上記不作為義務に違反したとき，すなわち，建築禁止に違反して建築したときは，仮処分債権者は，上記仮処分命令を債務名義として（民保52条2項），民事執行法171条，民法414条3項に基づき仮処分命令発令裁判所から違反結果の除去ができる旨の授権決定を得て，代替執行の方法により仮処分命令に違反した建築物を除去することができる（東京地裁保全研究会『民事保全実務の諸問題』315頁）。この場合は，債権者は仮処分裁判所の収去命令又は取毀命令，費用前払決定の申立てをし，申立てを受けた裁判所は債務者を審尋したうえ（民執171条3項）債権者自ら又は第三者（実務では執行官によることが多い）をして違反状態の排除をする旨の授権決定及び費用前払いの決定をする。これによって強制的に排除決定をすることになる。

〔4〕 不作為命令に授権決定を含む仮処分

　前述のとおり，債務者が仮処分命令に違反した行為をした場合，債権者は授権決定という執行命令を得てその目的を達成するのが，本来，法の予定する手続であろう。しかし，そのためには，債務者審尋の手続を経なければならず，時間と手間を要することになる。それでは，緊急性が要請される仮処分の執行としては迂遠であることから，この種の仮処分命令において，執行命令に相当する主文を併記して仮処分命令を発令することが実務上行われることがある（東京地決昭25・3・16下民集1巻6号886頁，福岡地決昭35・7・7労民集11巻4号49頁，盛岡地判昭39・2・29下民集15巻2号465頁）。この命令は，民事執行法171条1項の規定に基づく執行命令と同性質のものであると考えられるから，民事執行法171条1項，民法414条3項による授権決定を得る手続を要せず，直ちに除去執行ができることになる。

　このような考えに対し，①裁判手続と執行手続との峻別の原則に反する，②仮処分が判決でなされるときは，判決の形式で執行命令をすることになる，③執行の申立てには仮処分申請とは別個に印紙を貼用すべきであるのにこれに反する，④債務者の必要的審尋を欠く結果を生ずるおそれがある，⑤執行手続では立証方法として証明が要求されているのに疎明で判断されることになる，⑥執行命令は禁止命令の不遵守を条件とする条件付命令であり両者を同時に発することは許されない等の理由で反対する説がある。しかし，これに対しては，この種の主文は独立の仮処分命令と解すれば保全手続に関する法規に基づく発令として適法であり，かつ実務ではこの種の仮処分は要審尋事件として扱っており，条件付命令は本案訴訟における執行不能の場合の代償請求（民執31条2項）が認められるのと同様許されないわけではないこと，同時発令の必要性も審理されるのであるから債務者の利益を不当に害するものではないことからすると，執行命令に相当する主文を併記して仮処分命令を発令する実務上の取扱いを肯定すべきであると解する。

〔5〕 ま と め

　以上検討したとおり，債務者が不作為命令に違反し，その違反行為が物的状

態を伴う場合には，民法414条3項，民事執行法171条に基づき，執行命令を得て代替執行ができる。ところが，不作為を命ずる仮処分を発令する段階で，特に違反行為として物的設備による妨害が予想されるとか，すでに妨害物が存在する場合には，債権者の申立てにより，その命令を発する緊急の必要性がありと認められる限り，仮処分命令の中で執行処分をなすことを許される。この命令は，民事執行法171条1項の規定に基づく執行命令と同性質のものであると考えられるから，民事執行法171条1項，民法414条3項による授権決定を得る手続を要せず，直ちに除去執行ができることになる。そのために主文には，いかなる物的状態を禁止するのか明確に（予想される物的状態を明確に示すことにより，執行官の判断を不必要にすべきであって，単に工作物というような表現を避けて必ず工作物の種類を特定するようにする）示さなければならない。

本設例に則するものとして次のような条項が考えられる。

　第1項　債務者は別紙物件目録記載の建物を収去し，別紙物件目録記載の土地（甲土地）を明け渡さなければならない。
　第2項　債務者が本決定送達の日の翌日から7日内に別紙物件目録記載の建物を収去しないときは，債権者は，○○裁判所執行官に債務者の費用で上記建物を収去させることができる。

［丸尾　敏也］

第7章　仮処分の執行に関するＱ＆Ａ　　Q56　占有移転禁止の仮処分の執行

Q56 | 占有移転禁止の仮処分の執行

　　Xは、Yに対し、X所有の甲土地を、普通建物所有目的の約定で賃貸した（普通借地契約）。ところが、Yは、無断で甲土地上の木造2階建て建物の一部を取り壊し、その跡に鉄筋コンクリート造り4階建てビルを建築するための基礎工事を開始した。このため、Xは、Yに対し、用法違反を理由として、上記建築工事を中止するよう申し入れたが、聞き入れられなかった。そこで、Xは、Yを債務者、建物収去・甲土地明渡請求権を被保全権利として、占有移転禁止の仮処分命令を申し立て、これに基づく仮処分命令が下記のとおり発令され、その執行がされた。しかし、Yは、上記建築工事を止めることなく継続している。この場合、Xは、執行官に対し、Yの上記違反行為を除去させ、原状回復をさせることができるか。

【仮処分命令（物件目録は省略）】
1　債務者は、別紙物件目録記載の土地及び建物に対する占有を他人に移転し、又は占有名義を変更してはならない。
2　債務者は、上記物件の占有を解いて、これを執行官に引き渡さなければならない。
3　執行官は、上記物件を保管しなければならない。
4　執行官は、債務者に上記物件の使用を許さなければならない。
5　執行官は、債務者が上記物件の占有の移転又は占有名義の変更を禁止されていること及び執行官が上記物件を保管していることを公示しなければならない。

A

〔1〕　占有移転禁止の仮処分命令のメリット

　本設問における建物収去・甲土地（以下「本件物件」という）明渡請求権を被保

全権利とする占有移転禁止の仮処分命令は，その執行後に執行官が保管することになる本件物件について，執行官は，債務者Yにその使用を許さなければならないものとして発令されている。これは，債務者使用型の仮処分命令と称され，執行官の許諾の下，Yに本件物件の占有・使用を認めるものであり，執行官が単純に仮処分物件を占有して保管するにとどまる占有移転禁止の仮処分命令とは異なる。

　ところで，債権者が不動産に対する暫定的な占有を取得するためには，直截な方法である引渡又は明渡断行の仮処分命令の申立てをするほうが近道である。

　しかし，占有移転禁止の仮処分の目的物件が不動産である場合，処分が容易な動産の場合とは異なり，仮処分物件に対する債務者の現実の占有を排除する必要性は小さい。また，債権者使用型の占有移転禁止の仮処分命令の申立てがあった場合，その命令が発令されると，債務者の仮処分物件に対する現実の占有が直ちに排除されることになるので，債務者に対する手続保障の観点から債務者審尋が必要的とされる。これに対して，債務者使用型の占有移転禁止の仮処分命令の申立てがあった場合には，債務者審尋を経ずにその仮処分命令が発令されるのが実務の通例である。こうしたことから，実務上，債権者の負担がより少ない債務者使用型の仮処分命令の申立てがなされる場合が圧倒的に多いのである。

　債務者使用型の占有移転禁止の仮処分命令が発令されると，同時に，債務者に対し，目的物の占有を他に移転することを禁止する命令が発令される。そして，占有移転禁止の仮処分命令が執行されると，建物収去・甲土地明渡請求訴訟（本案の訴え）の被告がYに恒定され（当事者恒定効），Xは，その後の占有関係の変更に煩わされることなく訴訟を追行することができ，また，Yが建物の客観的な現状変更を加えた際に支出される金額その他の必要費の償還請求（民196条参照）を阻止することができるという利点がある。

　ここに，当事者恒定効とは，債権者が本案の訴えの債務名義に基づいて強制執行をする時点で執行債務者に交代が生じていても，執行債務者の占有を承継した者や非承継占有者に対し，承継執行文の付与を受けて，仮処分物件の引渡し又は明渡しの強制執行をすることができる効力をいう。

〔2〕 占有移転禁止の仮処分命令の執行方法

　占有移転禁止の仮処分命令の執行方法について，民事保全規則44条は，公示書を掲示する方法及び公示書の損壊に対する制裁の告知等を規定するのみであるから，Yの占有を解いて執行官が保管する部分は，民事執行法168条に基づいて行われる。具体的には，執行官は，Xの申立てによって本件物件の所在場所まで行き，本件物件が仮処分命令に記載された物件と同一であるか否か，Yが本件物件に対する直接的支配を有しているか否かなどを確認したうえで，Yからその占有を取り上げて，執行官自ら保管することになるが，債務者使用型の占有移転禁止の仮処分命令の執行の場合，実務上，仮処分物件に対する占有の外形に変動させることなく，執行の現場で占有移転禁止の仮処分命令の趣旨を宣言することによって行われる。

　したがって，Yに本件物件の使用を許す型の占有移転禁止の仮処分命令の執行の場合，外形的には占有の変動がないことになるから，Xが執行の場所に出頭しない場合や，Yが不在の場合であっても執行することができると解されている。

　執行官は，執行実施後に執行調書を作成しなければならない（民執規13条）が，債務者使用型の占有移転禁止の仮処分命令の執行の場合，その執行後，債務者によって仮処分物件の現状に変更が加えられていることがありうるため，執行時点の現状を調書上明らかにしておく必要がある。

　付言すると，債務者使用型ではなく，債権権者に使用を許す型の占有移転禁止の仮処分命令の執行の場合には，明渡断行の仮処分の場合と同様の執行をすることになることから，X又はその代理人が執行の場所に出頭しない限り，執行官は，執行に着手することができない（民執168条3項）。

　なお，執行調書の記載例は，**図表1**のようになる。

図表1　仮処分調書

	平成○○年（執ハ）第○○号

<table>
<tr><td colspan="2" align="center">仮処分調書</td></tr>
<tr><td>執行着手日時</td><td>平成○○年○月○日午後○時○○分</td></tr>
<tr><td>執行終了日時</td><td>平成○○年○月○日午後○時○○分</td></tr>
<tr><td>執行の場所</td><td>○○市○○区○丁目○番○号</td></tr>
<tr><td rowspan="2">執行に立ち会った者</td><td>債権者代理人　　○○　○○</td></tr>
<tr><td>債務者従業員　　○○　○○</td></tr>
<tr><td colspan="2" align="center">執行の内容</td></tr>
</table>

1　執行の目的

　　○○地方裁判所平成○○年㈲第○○号仮処分決定に基づいて、目的物に対する債務者の占有を解いて執行官保管（債務者に限り使用を許す）とし、別紙公示書記載の公示事項を公示すること。

2　占有の認定

　　債務者従業員及び債権者代理人の陳述によって、目的物が債務者の占有下にあることを認定した。

3　執行内容

　(1)　目的物に対する債務者の占有を解いて、執行官の保管とした。ただし、債務者のみに限り使用を許した。

　(2)　別紙公示書を目的物内の壁面に貼付して公示した。

　(3)　債務者に対し、仮処分物件の処分、公示書の損壊等をした者は、刑罰に処せられる旨を告知した。

　　　　告知方法　　公示書に併記した。

　　　　通知方法　　調書謄本送達

　(4)　債務者に対し、本件執行を実施する旨を通知した。

4　特記事項

　　債務者従業員は、本調書への署名押印を拒否した。

5　当事者の表示	
別紙当事者目録記載のとおり（省略）	
執行に立ち会った者等の署名押印	○○　○○　㊞

平成○○年○月○日
　　　　○○地方裁判所
　　　　　　執行官　○○　○○　㊞

（別紙）

平成○○年（執ハ）第○○号

公　示　書

（事件番号）　○○地方裁判所　平成○○年(ヨ)第○○号
（債権者）　　株式会社○○○○
（債務者）　　株式会社○○○○
　標記の仮処分事件について，○○地方裁判所がした仮処分決定に基づいて，次のとおり公示する。
1　債務者は，別紙物件目録記載の仮処分物件の占有を他人に移転し，又は占有名義を変更することを禁止されている。
2　当職は，平成○○年○月○日，上記仮処分物件に対する債務者の占有を解いて，これを保管中である。ただし，債務者に限り使用を許した。
　　（注意）　本件仮処分物件は，本日，執行官が保管したものであるから，何人もこれを処分できず，また，この公示書を破棄又は無効にした者は，刑罰に処せられる。
平成○○年○月○日
　　　　○○地方裁判所
　　　　　　執行官　○○　○○
　　　　　　　　（別紙物件目録は省略）

〔3〕 公示・制裁の告知

　執行官は，占有移転禁止の仮処分命令の執行をするときは，その仮処分命令の内容を第三者等に知らせるため，はく離しにくい方法によって公示書の掲示その他相当の方法によって，民事保全法25条の2第1項2号所定の公示をしなければならない（民保規44条1項）。また，本件物件をYに保管させるときは，Yに対し，本件物件の処分及び公示書の損壊に対する法律上の制裁その他の執行官が必要と認める事項を告げなければならない（同条2項）。
　公示がされると，占有移転禁止の仮処分命令の執行後にその仮処分物件を占有した者の悪意が推定されるので，占有移転禁止の仮処分命令の債務者からの占有の承継によらずに占有を承継した第三者（非承継占有者）に対しても，占有移転禁止の仮処分命令の債務者に対する債務名義によって強制執行をすることができる（民保62条1項）。

〔4〕 点　　検

　執行官は，債務者，債権者又は第三者に占有移転禁止の仮処分命令の目的物を保管させた場合において，債権者又は債務者の申出があるときその他占有移転禁止の仮処分命令の目的を達するため必要があると認めるときは，職権で仮処分物件の保管状況を点検することができる（民保52条1項，民執規108条1項）。執行官は，この点検をしたときは，仮処分物件の不足又は損傷の有無及び程度並びに不足又は損傷に係る仮処分物件について執行官がとった措置を記載した点検調書を作成しなければならない（民執規108条2項）。
　なお，点検調書の記載例は，**図表2**のようになる。

〔5〕 占有移転禁止の仮処分命令の執行の効力

　占有移転禁止の仮処分命令の執行の効力が当事者恒定効であることは，前述したとおりであるが，その内容を機能面から捉えると，①占有移転を禁止して債務者と目的物件との結びつきを確保し，もって，本案訴訟の審理において債務者（被告）が自己の占有を否定することができないようにし，②占有移転を

図表2 点検調書

	平成○○年（執ハ）第○○号

点 検 調 書		
点検に着手した日時	平成○○年○月○日午前○時○○分	
点検が終了した日時	平成○○年○月○日午前○時○○分	
点検の場所	○○市○○区○丁目○番○号	
点検に立ち会った者	債権者会社代表取締役　　○○　○○	
点検の内容		
1　関係調書と対比して，目的物の保管状況を点検したところ，異常は認められなかった。 2　平成○○年○月○○日の執行時に貼付した公示書を確認した。		
点検に立ち会った者等の署名押印	債務者従業員　　○○　○○　㊞	
平成○○年○月○○日 　　○○地方裁判所 　　　　執行官　○○　○○　㊞		

禁止して本案の被告適格を有する者を保全命令における債務者に固定し，もって，本案訴訟の口頭弁論終結前に不動産の占有移転がされても，承継人による訴訟引受けを不要とし，③占有移転禁止の仮処分命令の執行後に不動産の占有を取得した第三者に対し，民事保全法62条1項が定めるところに従い，本案判決の執行力を拡張することにあるといえる。

〔6〕　現状変更に対する原状回復の方法

　Yは，本件物件の使用を許されたものの，占有移転禁止の仮処分命令が執行された後に，鉄筋コンクリート造り4階建ビルの建築工事（以下「本件建築工事」という）を止めることなく継続している。

　そこで，執行官は，占有移転禁止の仮処分命令の執行後に，Yが行った現状変更の結果を除去（原状回復）することができるかが問題となる。

この点，民事保全法制定以前において，上記除去（原状回復）は，占有移転禁止の仮処分命令によって与えられた執行官としての職責に基づくものであるなどとして，執行官による除去（原状回復）を積極に解する説と，執行官が保管者であるからといって実力除去（原状回復）の権限があるとはいえないなどとして，執行官による除去を消極に解する説とが対立していた。

しかし，民事保全法は，占有移転禁止の仮処分命令の執行後の効力が，現状変更の禁止にまで及ぶかについて何ら規定していない。かえって占有移転禁止の仮処分命令の執行の効力を享受する方法について，本案の債務名義に基づく強制執行によって行うものであることを規定している（民保62条）ことからすると，専ら，占有移転禁止の仮処分命令を当事者恒定のためのものとして位置づけたといえる。とすると，占有移転禁止の仮処分命令の執行の効力としては，債務者に対し，現状変更を禁止するまでの効力はないことになるから，変更部分の除去をするためには第二次仮処分命令の申立てが必要となる。

裁判所は，別途の仮処分命令の申立てを待って，個々の事案ごとに審理し，現状変更のおそれが現実に存在し，かつ，これによって執行が不能又は著しく困難になるというような事情が認められる場合には，当該現状変更行為を禁止する仮処分命令を発令することになろう。

〔7〕 本設問の結論

以上によると，Yに対する占有移転禁止の仮処分命令の執行は，現状変更を禁止する効力を有していないから，Xは，執行官に対し，Yの違反行為を除去させ，原状回復をさせることができない。本件建築工事を継続していることが判明した時点で，Xは，現状変更の禁止を求める第二次仮処分命令の申立てをし，その発令を得て初めて原状回復をさせるほかない。

[西村 博一]

Q57 仮処分の執行と不当利得

　XとYらは，化粧品会社の代表者であった亡Aの共同相続人である。亡Aは，全財産をXに相続させるとの遺言を残していた。その後，XとYらは，Yらがそれぞれ6000万円を，Xがその余の全財産を取得するとの遺産分割協議（以下「本件遺産分割協議」という）を成立させた。Xの取得する財産の中には亡Aの有していた商標権が含まれていた。その後，Yらは，本件遺産分割協議は錯誤によって無効であり，遺留分減殺請求によって上記商標権の持分を取得したと主張して，Xを債務者，上記商標権の持分権を被保全権利として，商標権処分禁止の仮処分命令を申し立て，これに基づく仮処分命令が発令された（以下「本件仮処分命令」という）。しかし，Xは，本件仮処分命令に従わず，第三者に上記商標権の使用を許諾したため，Yらは，本件仮処分命令の保全執行として間接強制決定の申立てをしたところ，Xが本件仮処分命令記載の義務に違反したときは，Yらに対し，間接強制金を支払えとする間接強制決定が発令された。しかし，Xは，なおも本件仮処分命令に従わず，その結果，Yらに合計1億8000万円の間接強制金が支払われた。Yらは，Xに対し，本件仮処分命令に係る本案の訴えを提起したが，その控訴審において，上記遺言分割協議は有効であり，Yらは，上記商標権について持分を有しないとの判決が言い渡され，これが後に確定した。そこで，Xは，本件仮処分命令の事情変更による取消しを申し立て，その旨の取消決定を得た上で，間接強制決定の取消しを申し立て，その旨の取消決定を得た。その後，Xは，上記間接強制決定に基づいて取り立てられた間接強制金1億8000万円は法律上の原因を失い，不当利得にあたると主張して，Yらに対して同額の返還を求める訴えを提起した。Xの主張は認められるか。

A

〔1〕 問題の所在

　債権者は，民事保全法に定める保全手続によって，本案判決前に，被保全権利の実現を図ることができ，債務者がこれに応じない場合は，一定の場合，仮処分命令に係る被保全権利の保全執行として，債務の履行をしない債務者に対して，いわゆる間接強制金の支払を求めることができる（民執172条1項，民保52条1項）。

　一方，その後，仮処分命令・間接強制決定に対して債務者から保全異議，保全抗告が申し立てられ，同申立てが認められた場合，若しくは本案訴訟において仮処分債権者が敗訴した場合，すなわち，被保全権利が存在しないことが確定した場合，債務者は，事情変更にあたるとして，すでになされた仮処分命令・間接強制決定を取り消すことができる（民執172条2項，民保38条1項）。これによって，債務者は，仮処分命令にいう義務の履行や間接強制金の支払を免れることができるわけだが，一方で，債務者がすでに支払った間接強制金の返還を求めた場合，かかる債務者の請求を各種法令の規定に照らして正当化することができるかという点については，議論の余地がある。

〔2〕 間接強制金の法的性質

　本件における議論とは若干対象がずれるが，例えば，債務名義に基づき債務者から債権者に財貨の移転があった場合，これが実体的法律関係を反映するものではなかったとしても，不当利得にあたらず，財貨の返還を求めることができないとされている（大判明38・2・2民録11輯102頁，大判明33・3・10民録6輯3巻51頁）。一方，確定判決が再審により取り消された場合には，その取消しの遡及効により，不当利得にあたるとされ，財貨の返還を求めることができる（前掲各判決）。

　すなわち，ある法律関係に基づき財貨の移転があった場合に，その後，財貨の移転を正当化する法律関係が存在しないこととなったとしても，直ちに法律

関係の不存在を理由に財貨の返還を求めることができるかというと，そう議論は単純なものではなく，さらに一段階，論理を積み上げなければならないこととなる。

このことは，すでに支払った間接強制金の返還を求めることができるかという議論についても同様であって，被保全権利が存在しないこととなったからといってそれだけで返還が認められるという議論で事が済んでいるわけではないのである。

そこで，以下では，すでに支払った間接強制金の返還の可否に関する議論の軸となる，間接強制金の法的性質を分析しつつ，同間接強制金の返還の可否について，検討する（仮処分命令と同命令に基づく間接強制決定との関係については，本件モデル事例と併せて検討する）。

(1) 損害賠償説

間接強制金を損害賠償と捉える説である。

旧民事執行法734条は，間接強制金について，「遅延ノ期間ニ応シ一定ノ賠償ヲ為スベキコトヲ命スル」と規定しており，この文理からは，間接強制金は当然に損害賠償であると理解されていた。

一方，現行民事執行法172条1項は，「債務の履行を確保するために相当と認める」一定額の金銭支払を命ずると規定するにとどまり，損害賠償との明示はされていない。もっとも，間接強制金の支払を受けた者が，別途損害賠償を請求することが妨げられない（民執172条4項）ことから，やはり，間接強制金は損害賠償の一種と説明される（香川保一監修『注釈民事執行法(7)』292頁〔富越和厚〕ほか）。

(2) 制裁金説

間接強制金を制裁金と捉える説である。

間接強制金は，損害額でなく，履行の心理的強制に必要な限度で間接強制金額を決定すべき点（東京高決昭63・1・27判時1262号105頁，東京地決平11・1・18判時1679号51頁など），損害額を基準とすると必ずしも履行に係る諸事情を柔軟に考慮できず，又は低額化のおそれがあり，間接強制の実効性が損われる可能性がある点，平成15年・同16年の民事執行法改正に際し，間接強制の補充性の要件が廃止されたこと，扶養料等，損害賠償にあたらない債権について間接強制

が創設されたこと等（以上，山田文「仮処分における被保全権利の不存在と間接強制金の不当利得」ジュリ1398号151頁）を実質的な根拠とする。

　制裁金説に対しては，損害賠償説の立場から，間接強制金が国家ではなく債権者に支払われること，制裁金的側面を強調すると懲罰的損害賠償と機能的に近似すること等の批判がされる。一方，損害賠償説からの上記批判に対して，制裁金説からは，国家への執行を一部私人が代行するという考え方が可能であること，間接強制金の支払額が債務不履行に基づく損害賠償額よりも高額な場合に，差額の返還を請求できないことに合理的な説明ができないこと等の再批判がされる（以上，山田・前掲152頁）。

(3)　**折　衷　説**

　損害賠償及び制裁金の両面を併せ持つ説である。本件モデル事例の控訴審判決は，この説に立っている。

(4)　**各説からの検討**

(a)　損害賠償説に立って，間接強制金の前提としての被保全権利が存在しないことが確定した場合に，すでに支払った間接強制金の返還を求めることができるかを検討した場合，被保全権利の不存在により，予定された損害も生じていなかったとして，返還を認めやすい。一方，制裁金説に立った場合，適法な間接強制決定に基づいて支払われた間接強制金は，その後被保全権利の不存在が確定したとしても，間接強制決定発令時には制裁の必要性があったことに変わりはない以上，返還を否定しやすい。折衷説に立った場合，損害賠償ないし制裁金のいずれの側面を重視するかによって結論が異なることになろう。

(b)　もっとも，上記間接強制金の法的性質は，そのまま間接強制金の返還の可否という議論に関して画一的な結論を導くものではない。例えば，制裁金説に立っても，仮処分手続の仮定性・付随性の観点から，又は，被保全権利の不存在が確定したことによって制裁の実質的根拠が失われたという観点から，間接強制金の返還を認めることも不可能ではない。

(c)　さらには，間接強制金の法的性質を，すでに支払った間接強制金の返還の可否という論点とリンクさせない考え方もありうる。本件のモデル事案の上告審判決も，後記のとおり，間接強制金の法的性質を論じないまま結論に至っている。

〔3〕 判例の検討

本件事例のモデル事例(最〔2小〕判平21・4・24民集63巻4号765頁・判時2046号79頁・判タ1299号144頁)について,以上の議論をもとに検討する。

(1) 事　案

前提となる事実は,本件事例とほぼ同様,仮処分命令及び同命令に基づく保全執行としての間接強制決定並びに上記仮処分の本案訴訟における仮執行宣言付第一審判決を取得したYらが,これらに基づく執行として,Xから間接強制金の支払を受けたが,その後,本案訴訟の控訴審において,仮処分命令における被保全権利が存在しないことが明らかになった(ただし,第一審口頭弁論終結時には,本案は上告審に係属しており,確定していなかった)ため,Xが,すでに支払った間接強制金が不当利得にあたるとして,Yらに対し,その返還を求めたものである。

(2) 判決内容

(a) 第　一　審

Xの請求は,①間接強制決定等の取消しに基づく不当利得返還請求,②仮執行宣言付第一審判決の取消しに基づく原状回復請求(民訴260条2項)及び損害賠償請求,③その他によって構成されていたが,そのうち,①については,間接強制決定の取消決定が遡及効を有するとして(民執40条1項にいう執行処分の取消しとは,遡って強制執行がなかった状態にすることをいうと解した),②については,原状回復請求の要件としては,第一審判決を取り消した控訴審判決が確定することまでは要しない(前記のとおり,第一審口頭弁論終結時には,本案の上告審が係属しており,控訴審は確定していなかった)として,それぞれXの請求を認容した。

(b) 控　訴　審

第一審口頭弁論終結後,本案訴訟の控訴審判決が確定したこと等を摘示し,「以上の事実によれば」と前置きした上で,「本件間接強制決定の前提となる……仮処分決定の本案訴訟では,一審被告ら(Yら)が当初から仮処分の被保全権利を有していなかったと判断されたのであるから,……仮処分取消決定及び本件間接強制決定等の取消決定に遡及効があると否とにかかわらず,一審被告らが間接強制金を取得することは,正義公平の観念上正当とされる原因を欠

くものであり，不当利得となるというべきである。」旨判示して，第一審判決と同様，Xの請求を認めた。

一方，Yらによる，間接強制金の法的性質が制裁金であるとの主張については，「本件間接強制決定等は……仮処分決定を前提とするものであり，その本案訴訟で当初から仮処分の被保全権利が存在しないと判断されたのであるから，一審原告（X）に対する制裁そのものが正当な根拠を欠くものであった」として，その主張を退けた（なお，控訴審判決では，間接強制金について，制裁金と損害賠償の性質を併せ持つものである旨判示している）。

(c) 上 告 審

「間接強制は，債務の履行をしない債務者に対し，一定の額の金銭（以下「間接強制金」という。）を支払うよう命ずることにより，債務の履行を確保しようとするものであって，債務名義に表示された債務の履行を確保するための手段である。そうすると，保全執行の債務名義となった仮処分命令における保全すべき権利が，本案訴訟の判決において当該仮処分命令の発令時から存在しなかったものと判断され，これが事情の変更に当たるとして当該仮処分命令を取り消す旨の判決が確定した場合には，当該仮処分命令に基づく間接強制決定は，履行を確保すべき債務が存在しないのに発せられたものであったことが明らかであるから，債権者に交付された間接強制金は法律上の原因を欠いた不当利得に当たるものというべきである。」旨判示した。

(3) **判決内容の検討**

(a) 仮処分命令等取消決定の効力

第一審判決は，その口頭弁論終結時に，間接強制金決定の前提となる被保全権利が存在しないとの本案訴訟の判決が確定していなかった。

本件事例ないし本件モデル事例に関する各種議論においても明らかなとおり，すでに支払った間接強制金が不当利得にあたるとしてその返還を求めることができるかという問題を分析するにあたっては，間接強制金の支払根拠たる被保全権利の不存在が確定したという事実が当然の前提になっているのであり，被保全権利の存否が確定していないのであれば，いまだ不当利得にあたるとはいえない（法律上の原因がないことが確定していない）と解することも可能な状況にあったものと思われる。

そのような状況もあってか，第一審において，Xは，仮処分命令及び同命令に基づく間接強制決定の取消しに遡及効があると主張し，第一審判決も，かかるXの主張を容れ，間接強制決定の取消しの遡及効という法解釈によって，仮処分命令及び同命令に基づく間接強制決定当初に「遡って強制執行がなかった状態になる」と解して，間接強制金の返還を認めるという結論に至ったのではないかと思われる。

一方，控訴審判決及び上告審判決においては，被保全権利の不存在が確定した以上，あとは，そのような状況の下ですでに支払われた間接強制金の返還を認めうるかという議論（間接強制金の法的性質論ないし仮処分命令と同命令に基づく間接強制決定の関係論）を行えばよく，間接強制決定の取消しに遡及効があるかという議論を行う必然性はなくなったとも考えられる。実際，控訴審判決及び上告審判決のいずれも，その点について判示していないし，本件モデル事例の判例分析に関する各種文献を見ても，仮処分命令及びそれに基づく間接強制決定の取消しに遡及効があるかという観点から分析を行っているものはほとんど見当たらない。

(b) 間接強制金の法的性質論

本件モデル事例の判決は，控訴審判決が若干の判示を加えているほかは，間接強制金の法的性質について判示しておらず，本件モデル事例の判例分析に関する各種文献がこの点に関する議論に主眼を置いているのと著しく異なる。

このような分析の視点の相違については，判例の考える間接強制金は，債務名義上の請求権に付随する請求権にすぎず，主たる請求権ともいうべき債務名義上の請求権の不存在が明らかになった以上，それに付随する間接強制決定も，その保持を根拠づける正当な根拠は当然に失われるという論理構成をしているのではないかという分析がある（中村心・ジュリ1392号182頁）。やや極端な言い方をすれば，被保全権利の不存在が確定すれば，被保全権利が存在していることを前提に支払われた間接強制金を保持する法律上の原因が失われ，不当利得返還請求の対象となるのは論理必然であり，そのことは，間接強制金の法的性質論など持ち込まなくともあまりに明らかであるということになると思われる。

〔4〕 事例の検討

(1) 本件事例の分析

以上の点を踏まえて本件事例を分析する。

本件事例は，亡Aの相続財産である商標権の持分を取得したとして，

① Yらが，Xに対し，上記商標権の持分権を被保全権利とする商標権処分禁止の仮処分申立てをし，
② 同申立てを認める仮処分命令が発令されたが（本件仮処分命令），Xが本件仮処分命令に従わなかったため，
③ YらがXに対し，本件仮処分命令の保全執行として間接強制決定申立てをし，
④ 同申立てを認める間接強制決定が発令され，
⑤ 同決定に基づき，Xは，Yらに対し，間接強制金として，1億8000万円を支払った。しかし，その後，本件仮処分命令にかかる本案の訴えにおいて，Yらが上記商標権の持分権を有しないとの判決が言い渡され，同判決が確定したため，Xは，
⑥ 本件仮処分命令の事情変更による取消しを申し立てて同取消決定を得て，
⑦ 間接強制決定の取消しを申し立てて同取消決定を得て，
⑧ Yらに支払った間接強制金1億8000万円が不当利得にあたるとして，その返還を求める本訴を提起した

というものである。

(2) 検討

(a) 判例の論旨に基づく検討

すでに分析したとおり，判例は，仮処分命令及び同命令に基づく間接強制決定によって間接強制金が支払われたが，その後，被保全権利が存在しないことが確定した場合は，その支払われた間接強制金は，不当利得になると判示している。

本件では，前記分析のとおり，被保全権利の不存在は確定している以上，XがYらに支払った間接強制金は不当利得にあたる。したがって，Xの請求は認められることとなる。

(b) 間接強制金の法的性質論に基づく検討

これもすでに分析したとおり，損害賠償説によれば，不当利得にあたるとの結論を導きやすく，制裁金説によれば，不当利得にあたらないとの結論を導きやすい。折衷説によった場合は，損害賠償的側面ないし制裁金的側面のいずれを重視するかによって結論を異にするだろうが，折衷説に立っていると思われる上記控訴審判決の論旨に照らすと，「損害賠償の根拠が全面的に否定された場合にまで，間接強制金を保有し得る〔不当利得として返還する義務がない〕というのは，明らかに不合理である」として，不当利得にあたるとの結論を導きやすいであろうか。ただし，各説とも，不当利得の成否に画一的な結論を導くものではない。

〔5〕 その他の分析

(1) 仮処分命令等の遡及効について

本件事例においては，不当利得返還請求訴訟の提起に先立って，被保全権利の不存在を示す本案判決が確定したことが前提となっている。一方，本件モデル事例の第一審判決は，同判決の基準時においては，被保全権利の不存在を示す本案判決が確定していなかったこともあってか，仮処分命令及び同命令に基づく間接強制決定に遡及効があるかという点について判示している。この点に関する議論は，仮処分命令の取消決定，間接強制決定の取消決定を分析するにあたっては，重要な意義を有しているから，本件モデル事案の第一審判決の分析に関連する範囲で，分析することとする。

(a) 仮処分命令の取消しについては，法人の代表者の職務執行停止の仮処分，代行者選任の仮処分のように，法的安全性を重視して明文上形成効を有するものではない限り，遡及効を有すると考えるのが一般的である（山崎潮『新民事保全法の解説』〔増補改訂版〕224頁）。

(b) 一方，間接強制決定の取消しについては，必ずしも仮処分命令の取消しの場合のように議論が充実しているわけではないが，民事保全法に基づく間接強制決定も仮定性・暫定性を有するものに変わりはなく，仮処分命令の取消しのみに遡及効を認めて仮処分命令に基づく間接強制決定については仮処分命令と切り離して遡及効を認めないというのは，当事者間の公平を著しく欠くとい

うべきである以上，仮処分命令の取消しと同様に間接強制決定の取消しにも遡及効を認めるべきである（間接強制決定の取消しに遡及効を認めることができるかという点について言及したものとして，間渕清史・民事執行・保全判例百選〔第2版〕191頁。遡及効を否定したものとして，山本和彦「法学研究」慶應義塾大学86頁注12。）。

(2) **方法選択**

本件事例は，不当利得返還請求訴訟の提起によって間接強制金の返還を求めており，本件モデル事例において原告が掲げた請求原因の1つも，不当利得返還請求権である。

さて，間接強制金の返還を求める方法としては，他に，いわゆる逆断行の仮処分，原状回復の裁判（民保33条）とがあると思われる。うち，原状回復の裁判の対象となるかという議論について，本件のような，不作為を命ずる仮処分命令の執行として徴求された間接強制金に関していえば，「仮処分命令に基づき」支払われたものではない以上，原状回復の裁判の対象とはならないというのが一般的理解であるといわれている（間渕・前掲191頁）。

ただし，これには反対説がある。すなわち，本件モデル事例も判示するとおり，間接強制決定は債務名義たる仮処分命令に付随した執行方法の一態様にすぎないという考え方があり（安達栄司「不作為を命じる仮処分命令の事後的取消しと既払い間接強制金の返還の要否」法律のひろば9号65頁），そのような理解によれば，「仮処分命令に基づき」支払われるという文言に矛盾しないのである。この考え方によれば，上記一般的理解に反して，原状回復の裁判によってすでに支払った間接強制金の返還を求めうるということになる。

原状回復の裁判は，本件事例及び本件モデル事例のような本案訴訟によるよりも，簡易迅速な手続によって権利の実現を図ることができるものであり，実務的にみれば，具体的事案に即して依頼者の利益を最大限図るためにとるべき手段の1つになりうるという点で，傾聴に値する議論であると思われる。

［西村　彬］

Q58 | 満足的仮処分の執行後における目的物の滅失

　Xは，X所有の甲建物を権原なく占有するYに対し，所有権に基づく甲建物の明渡しを求める訴えを提起した。その訴訟の係属中，Xは，Yを債務者，甲建物の明渡請求権を被保全権利として，満足的仮処分命令を申し立て，これに基づく仮処分命令が発令されるとともに，その執行として甲建物の明渡しを受けたが，その直後に甲建物を取り壊し，滅失させた。Xは，上記本案の訴えにおいて，甲建物滅失の事実を斟酌することなく，本案請求の当否について判断されるべきであると主張した。Xの主張は認められるか。

A

〔1〕 問題の所在

　民事保全手続は，本案訴訟によって権利関係が確定されるまでの間の法律状態を規整するものであり，権利関係を終局的に確定するものではなく，執行の結果が本案訴訟に影響を及ぼすことはないのが原則である（保全処分の暫定性）。本案訴訟においては，保全命令及び執行により生じた法律状態を斟酌することなく，請求の当否が審理・判断されなければならない。

　満足的仮処分においては，本案訴訟における被保全権利の確定前に，被保全権利の実現と一致する法律状態が形成されることから，満足的仮処分においても，上記の原則に従うべきなのかどうかが問題となる。具体的には，①満足的仮処分の執行によって被保全権利が消滅したとして，本案訴訟においては，満足的仮処分の執行によって形成された仮の履行状態が斟酌されることになるのかどうか［問題①］，②仮の履行状態が斟酌されないとしても，仮の履行状態の継続中に生じた新たな事態の発生（目的物の滅失・譲渡，被保全権利の一定の存続期間の満了，解除条件の成就等の被保全権利を消滅させる原因の発生）は，本案訴訟にお

いて斟酌されるべきかどうか［問題②］，③本案訴訟において新たな事態の発生を斟酌すべきとした場合に，どのように斟酌すべきか（従来の請求を変更する必要があるのかどうか，従来の請求を維持するとした場合に，本案訴訟における既判力の基準時を変更する必要があるのかどうか）［問題③］などが問題となる。

〔2〕学　説

　学説は，問題①，②，③をどのように解するかにより，多岐に分かれているが，次のように整理できる[*1]。

(1) 仮の履行状態及び新事態不斟酌説

　満足的仮処分の執行により作り出された仮の履行状態及び継続中に生じた新たな事態の発生の一切を，本案訴訟において斟酌すべきでないとする。問題①，問題②のいずれについても消極に解し，問題③については，従来の請求が維持されることになる（請求維持説）。本説は，仮執行宣言付判決による仮執行に基づく執行状態の本案訴訟における不斟酌と満足的仮処分の場合とを同列に考えるものである。

(2) 仮の履行状態及び新事態斟酌説

　満足的仮処分の執行により作り出された仮の履行状態及びその継続中に生じた新たな事態の発生の両方を，本案訴訟において斟酌すべきであるとする。問題①，問題②につき，上記(1)説とは逆に，積極に解するものである。本説には，本案訴訟における請求を，仮処分による満足の結果を是認するような内容のもの（損害賠償債務又は不当利得返還債務の不存在確認）に変更すべきであるとする立場（請求変更説）と，本案訴訟における請求は，仮処分が求められているままの従前の請求として維持され，被保全権利が仮処分による満足以外の理由で消滅している場合には，その旨を請求ないし判決主文で明らかにすべきであり，過去の時点で被保全権利が認められれば請求認容となり，判決は被保全権利消滅以前の過去の時点での権利関係の存否を確定するものとなるとする説（請求維持説）がある。

(3) 仮の履行状態不斟酌及び新事態斟酌説（請求変更説）

　満足的仮処分の執行により作り出された仮の履行状態は，本案訴訟で斟酌すべきでないが，仮の履行状態の継続中に生じた新たな事態の発生については，

本案訴訟で斟酌すべきであるとする。問題①については消極に解し，問題②については積極に解するものである。満足的仮処分によって形成された仮の履行状態は，被保全権利自体の実現（実体法上の権利消滅の結果を生じるもの）ではなく，訴訟法上の法律状態にすぎないのに対して，その後の新たな事態による被保全権利の消滅は，仮の履行状態とは別個の存在であり，民事訴訟の一般原則に従って本案で斟酌しても制度的矛盾を侵すことにはならないことを理由とする。

本説は，本案訴訟において仮の履行状態の継続中に生じた新たな事態の発生を斟酌する結果，本案訴訟においては，原告（仮処分債権者）は，被保全権利の消滅までの仮の履行状態を正当づけるような内容の請求（損害賠償債務又は不当利得返還債務の不存在確認という消極的確認訴訟）に訴えを変更しない限り，請求は棄却されることになるとする。

(4) **仮の履行状態不斟酌及び新事態斟酌例外説**（請求変更説）

基本的には上記(3)説と同旨であるが，新たな事態の発生の態様について例外を設け，満足的仮処分の執行が仮処分債権者に完全な履行状態を付与するものであり（家屋の明渡し，有体物の引渡し），仮処分債権者の支配状態の下で目的物が滅失した場合には，滅失は仮の履行状態とは別個の存在ではないので，本案訴訟の審理において斟酌すべきではないとする。このような満足的仮処分は，仮処分債権者に，権利に基づくのと同様の立場に立って目的物を使用・収益・処分することを認めるものであるから，仮処分債権者の支配状態下における滅失は仮処分命令の当然予想する事態であり，仮処分の執行自体による滅失と区別する理由に乏しいから，本案訴訟で斟酌する必要がないとする。

(5) **仮の履行状態不斟酌及び新事態斟酌説**（請求維持説）

上記(3)説と同じく，仮の履行状態は，本案訴訟で斟酌すべきでないが，満足的仮処分執行後の新たな事態の発生は本案訴訟で斟酌すべきであるとし，後者の場合，本案判決における既判力の基準時を新たな事態の発生の直前という過去の時点に遡らせ，その時点での被保全権利の存否を確定すべきであるする。被保全権利の主張を本案訴訟とすれば，被保全権利の証明責任は仮処分債権者に課せられるのに対し，損害賠償債務又は不当利得返還債務の不存在確認という消極的確認訴訟では（目的物の滅失等の新たな事態の発生を斟酌した場合は，本案訴訟の請求をこのように変更しなければ請求棄却になる），仮処分債務者に被保全権利の

不存在の証明責任を負わせることになり，証明責任が逆になること，また，消極的確認訴訟では，損害額の立証がないという理由で被保全権利の存否（仮処分の当否）が判断されないまま被告（仮処分債務者）が敗訴となることがあるので適切でないことを理由とする*2。

(6) **仮の履行状態及び新事態斟酌原状回復区別説（請求変更説）**

本案訴訟において斟酌すべきどうかを，満足的仮処分の執行により作り出された仮の履行状態であるか，仮の履行状態の継続中に生じた新たな事態の発生であるかによらず，仮の履行状態であるか新たな事態の発生であるかを問わず，自然的な原状回復が可能かどうかによって区別し，原状回復が不可能な場合には，請求の変更が必要であるとする。

(7) **仮の履行状態原状回復区別及び新事態斟酌説（請求変更説）**

満足的仮処分の執行により作り出された仮の履行状態について，原状回復が可能か否かによって本案訴訟において斟酌すべきどうかを区別し，仮の履行状態の継続中に生じた新たな事態の発生については，常に斟酌すべきであるとし，斟酌すべき場合には，仮処分執行持の被保全権利の存在確認請求に請求を変更すべきであるとする。

* 1 　学説の整理については，野村秀敏「満足的仮処分の執行と本案訴訟」同『民事保全法研究』176頁（第5章「仮処分の効力」の中の単元）（初出：竹下守夫＝藤田耕三編『注解民事保全法(下)』205頁）によった。その他，小林秀之「最高裁判所判例研究——最〔3小〕判昭54．4．17（民集33巻3号366頁）」法協97巻12号97頁，吉井直昭「保全執行の結果と本案訴訟の帰趨」中野貞一郎＝原井龍一郎＝鈴木正裕編『民事保全法講座(1)基本理論と法比較』388頁参照。

* 2 　野村秀敏「いわゆる満足的仮処分の執行後に被保全権利の目的物の滅失等被保全権利に関して生じた事実状態の変動と本案の裁判」民商81巻5号717頁，同「いわゆる満足的仮処分と本案訴訟」同『民事保全法研究』230頁（初出：「いわゆる満足的仮処分と本案訴訟(1)—最高裁昭54年4月17日判決を機縁として—」成城法学8号47頁，「同（2・完）」成城法学9号35頁）。証明責任の点に関しては，給付請求から債務不存在確認請求に訴えが変更されたからといって，主張立証責任の所在が変わることはないとの指摘があり（小林秀之・前掲書97頁，伊藤正晴「仮処分による執行の本案訴訟への影響」塚原朋一＝羽成守編『現代裁判法大系⑭民事保全』35頁），さらに，再反論がされている（野村秀敏・前掲「いわゆる満足的仮処分と

本案訴訟」230頁)。

〔3〕 最高裁判所裁判例

(1) 最〔1小〕判昭35・2・4（民集14巻1号56頁・判時217号21頁）

(a) 事案の概要

原告X（国）は，堰堤建設の湛水敷地として買い受けた土地について，売主の一人である被告Yだけが地上に建物を所有して明渡義務を履行しなかったため，Yに対し，建物収去土地明渡しの満足的仮処分命令を受けて，その執行として建物を収去して土地の明渡しを断行するとともに，土地所有権に基づいて，建物収去土地明渡しを求める本案訴訟を提起した。係争土地は堰堤湛水敷地として水没した。原審は，「この種仮処分命令は本案が確定するまでの間被保全権利たる妨害排除請求権の実現遅延により生ずる危険を防止するため申請人に対し仮定的にその履行状態を付与したもので右権利の有無を左右するものではない。従って右被保全権利を訴訟物とする本案訴訟にあっては右仮処分命令による執行がなされたか否かに関係なく審理判決するを相当と解する」旨を判示し，Xの請求を認容した第一審を維持し，Yの控訴を棄却したため，Yが上告した。

(b) 判決の要旨

「特定した土地の引渡を目的とする本件訴の如きものにつき，原告（被上告人）たる申請人をして権利の満足を得せしめた所論内容のような仮処分の執行がされた場合は，仮の履行状態が作り出されているのであり，その当否は本案訴訟の当否にかかっているのであるから，その仮の履行状態及びその状態の継続中に起きた新な事態を本案訴訟の当否の為めの判断の資料と供することはそれ自体論理的矛盾であり，従って本件のように原告（被上告人）が仮処分の執行により特定した土地の引渡を受けた後，該土地が所論のように滅失したとしても裁判所はかかる事実を斟酌することなくして（換言すれば仮処分の執行のなかった状態において）請求の当否を判断すべきものと解するを相当とし，これと同趣旨に出でた第一審判決並びにこれを引用した原判決の各判断はいずれも正当である（昭和13年12月20日大審院第二民事部判決民集17巻23号2502頁，昭和8年4月25日同院第5民事部判決民集12巻8号744頁各参照)。」旨を判示し，上告を棄却した。

(c) 本判決は，満足的仮処分の執行により作り出された仮の履行状態及びその継続中に生じた新たな事態の発生の両方を本案訴訟において斟酌すべきではないとし，前記問題①，問題②のいずれについても消極に解したものである。

(2) 最〔3小〕判昭54・4・17（民集33巻3号366頁・判タ388号63頁・判時929号65頁・金判575号42頁・金法899号40頁）

(a) 事案の概要

原告Xは，被告Yに対し，YがX所有の建物を不法に占拠しているとして，土地所有権に基づいて，建物明渡しを求める本案訴訟を提起し，訴訟係属中に，建物明渡しの満足的仮処分命令を受けて，執行をし，建物の明渡しを受けた後，建物を取り壊して滅失させた。原審は，「建物滅失のような仮処分の目的物につき，仮処分執行後に生じた事実状態の変化は，本案審理においてこれを無視すべき限りでない。」「民事訴訟は，弁論終結時における権利ないし法律関係の確定を目的とするものであって，係属中に訴訟物たる権利につき目的物の滅失その他の権利消滅原因が生ずれば，請求はそのまま維持することができないものである。このことは，本件建物滅失のように，仮処分執行後に生じた事実状態の変化についても同様であって，たまたま明渡の仮処分執行後に火災等により目的物が滅失し，或は本件のように仮処分債権者がこれを取毀したことにより右事実状態の変化が生じたものであるとしても，訴訟係属中仮処分の介在なくこの種事態の発生を見た場合とその取扱いを異にすべき何らの理論的根拠をも見出しがたい。更に言及すれば，右明渡の仮処分が事実上取毀を予定してなされたように見られる場合（たとえば，申請理由において取毀の必要を理由としている場合等）においても，法律的には取毀を明渡の仮処分の執行自体と同視し得ないから，同様の結論に導かれるものと解すべきである。」旨を判示し，Xの請求を棄却したのに対し，Xが上告した。

(b) 判決の要旨

「仮処分における被保全権利は，債務者において訴訟に関係なく任意にその義務を履行し，又はその存在が本案訴訟において終局的に確定され，これに基づく履行が完了して始めて法律上実現されたものというべきであり，いわゆる満足的仮処分の執行自体によって被保全権利が実現されたと同様の状態が事実上達成されているとしても，それはあくまでもかりのものにすぎないのである

から，このかりの履行状態の実現は，本来，本案訴訟においてしんしゃくされるべき筋合いのものではない。しかしながら，仮処分執行後に生じた被保全権利の目的物の滅失等被保全権利に関して生じた事実状態の変動については，本案裁判所は，仮処分債権者においてその事実状態の変動を生じさせることが当該仮処分の必要性を根拠づけるものとなっており，実際上も仮処分執行に引き続いて仮処分債権者がその事実状態の変動を生じさせたものであるため，その変動が実質において当該仮処分執行の内容の一部をなすものとみられるなど，特別の事情がある場合を除いては，本案に関する審理においてこれをしんしゃくしなければならないもの，と解するのが相当である。」旨を判示した上で，本件においては，特別の事情に該当する事由があることは，なんら主張立証されていないとして，上告を棄却した。

(c) 本判決について

(イ) 本判決は，満足的仮処分の執行により作り出された仮の履行状態は，本案訴訟において斟酌すべきでないが，仮の履行状態の継続中に生じた新たな事態の発生については，特別の事情がない限り，本案訴訟において斟酌すべきであるとし，問題①については消極に解し，問題②については，特別の事情があるなどの例外的場合を除き，積極に解するものである。満足的仮処分の執行により作り出された仮の履行状態については，本案訴訟においては，常に斟酌すべきではないが，仮の履行状態の継続中に生じた新たな事態の発生については，仮処分執行の内容の一部をなすものと，そうでないものとに区別し，前者は，特別の事情がある場合として，本案訴訟においては斟酌すべきではないが，後者については本案訴訟において斟酌すべきであるとするものである。

(ロ) 本判決と前掲最〔1小〕判昭35・2・4との関係　本判決は，仮の履行状態の継続中に生じた新たな事態の発生については，特別事情のある場合を除いて本案訴訟において斟酌すべきであるとすることから，前掲最〔1小〕判昭35・2・4（以下「35年判決」という）との関係が問題となる。両判決における仮処分執行後の新たな事態の発生は，満足的仮処分執行直後に原告が目的物件を滅失させたという点では変わらないが，35年判決では，土地を水没させるということが，その満足的仮処分執行における目的となっていたのに対し，本判決では，建物の明渡執行自体が満足的仮処分執行の目的であって，その後

の取毀しはその目的を超えたものであったという点にある。本判決は，建物取毀しは訴訟，仮処分命令の目的を超えたものであったのに対し，35年判決では，水没も明渡しという形式の仮処分執行に実質的に包摂されるような実態のものということができ，35年判決における仮処分執行後の新たな事態の発生は，本判決の判文でいう特別の事情がある場合と抽象化することができる。特別事情がある場合の新たな事態の発生は本案訴訟で斟酌すべきではないが，そういった例外の場合を除いては仮処分執行後の新たな事態の発生はすべて本案訴訟で斟酌すべきものとなるので，両判決は抵触することはないことになる（以上，調査官解説（岨野悌介・最判解説民事篇昭和54年度）196頁による）。

(ハ) 新事態の発生が本案訴訟において斟酌されない特別の事情 本判決は「仮処分債権者においてその事実状態の変動を生じさせることが当該仮処分の必要性を根拠づけるものとなっており，実際上も仮処分執行に引き続いて仮処分債権者がその事実状態の変動を生じさせたものであるため，その変動が実質において当該仮処分執行の内容の一部をなすものとみられるなど」を特別の事情がある場合とするが，具体的にはどのようなものを含むのかが問題となる。調査官解説（前掲書196頁）は，「ごく例外的な場合にすぎず，ほとんどの新たな事態の発生は本案訴訟において斟酌すべき場合に属するといってよいであろう。」とする。

(ニ) 新事態の発生を本案訴訟において斟酌する方法 仮の履行状態の継続中に生じた新たな事態の発生については，特別の事情がある場合を除いて，本案訴訟において斟酌されることになるので，仮処分債権者である原告は，本案訴訟において，特別の事情の存在を主張立証しないと，目的物の滅失を理由に請求は棄却となる。回避するためには，訴えを，目的物滅失までの満足的仮処分による履行状態を正当とする内容の請求（損害賠償債務又は不当利得返還債務の不存在確認）に変更するか，予備的に追加する必要がある*3。

(3) 最〔1小〕判昭55・7・3（裁判集民事130号69頁・判タ429号100頁・判時985号77頁・金判608号50頁・金法942号77頁）

(a) 事案の概要

原告Xは，被告Yに対し，YがX所有のA土地上にA車庫を所有してA土地を不法に占拠し，また，別にX所有のB車庫を不法に占有しているとして，A

土地及びB車庫の所有権に基づいて，A車庫収去A土地明渡しとB車庫明渡しとを求める本案訴訟を提起するとともに，同旨の満足的仮処分命令を得て執行し，それぞれ明渡しを受けたが，Xは，A土地を第三者に売り渡して所有権を失う一方，B車庫を取り壊し滅失させた。原審は，「原告たる申請人のために満足的仮処分が執行され後に，係争地（A土地）を他に売却して所有権を喪失し，また，B車庫を取り壊して滅失させたとしても，裁判所はかかる事実は斟酌することなくして原告の本訴請求の当否を判断すべきものと解するのが相当である（昭和35年2月4日最高裁第一小法廷判決参照）。」旨を判示して，Xの請求を認容した第一審を維持し，Yの控訴を棄却したため，Yが上告した。

(b) 判決の要旨

「被保全権利についてその満足を受けるのと同一の状態の実現を得させる内容の仮処分の執行により仮の履行状態が作り出されたとしても，裁判所はこれを斟酌しないで本案の請求の当否を判断すべきであるが，仮の履行状態の継続中に生じた被保全権利の譲渡，目的物の滅失等被保全権利に関する右とは別個の新たな事態については，仮処分債権者においてその事態を生じさせることが当該仮処分の必要性を根拠づけるものとなっており，実際上も仮処分執行に引き続いて仮処分債権者がその事態を生じさせたものであるため，そのことが実質において当該仮処分の内容の一部をなすものとみられるなど，特別の事情のない限り，裁判所は本案の審理においてこれを斟酌しなければならないものと解するのが相当である（最高裁昭和51年(オ)第937号同54年4月17日第三小法廷判決・民集33巻3号366頁参照）」旨を判示し，原判決を破棄し，特別の事情の存否を審理させるため，原審に差し戻した。

(c) 本判決は，前掲最〔3小〕判昭54・4・17の法理を踏襲し，満足的仮処分の執行により作り出された仮の履行状態の継続中に生じた新たな事態の発生として，被保全権利の目的物の譲渡を含めたところに意義があり，最高裁判所裁判例の立場は確立されたといえる（野村秀敏・前掲「満足的仮処分の執行と本案訴訟」176頁参照）。

　　＊3　特別の事情がある場合は「ごく例外的な場合にすぎず，ほとんどの新事態は本案訴訟において斟酌すべき場合に属するといってよいであろう。」としても，相当微妙な場合もあるものと考えられることからも，特別事情の主張立証や訴えの変更に

つき，裁判所の適切な釈明権の行使が指摘されている（野村秀敏・前掲「いわゆる満足的仮処分の執行後に被保全権利の目的物の滅失等被保全権利に関して生じた事実状態の変動と本案の裁判」717頁，同・前掲「満足的仮処分の執行と本案訴訟」176頁，小林秀之・前掲書97頁，伊藤眞「断行仮処分後の目的物の滅失と本案訴訟に対する影響」丹野達＝青山善充編『裁判実務大系(4)民事保全法』495頁）。

〔4〕 設問の検討

　Xは，X所有の甲建物を不法に占有するYに対し，甲建物の所有権に基づいて，甲建物の明渡請求訴訟（本案訴訟）を提起するとともに，本案訴訟の請求権を被保全権利とする満足的仮処分を得て，執行をし，甲建物の明渡しを受けた直後，甲建物を取り壊し，滅失させたというものである。
　満足的仮処分の執行及びその後の新たな事態の発生と本案訴訟への影響については，満足的仮処分の執行により作り出された仮の履行状態は，本案訴訟において斟酌すべきでないが，仮の履行状態の継続中に生じた新たな事態の発生については，特別の事情がない限り，本案訴訟において斟酌されることになる。
　Xによる甲建物の取壊しによる滅失は，満足的仮処分の執行により作り出された仮の履行状態とは別個の新たな事態の発生である。本案訴訟においては，Xにおいて，Xが甲建物を消滅させることが満足的仮処分の必要性を根拠づけるものとなっており，実際上もXが満足的仮処分の執行に引き続いて甲建物を消滅させたのものであり，甲建物の滅失が実質において満足的仮処分の執行の一部をなすものとみられるなど特別な事情が主張立証されない限り，「本案の訴えにおいては，甲建物滅失の事実を斟酌することなく，本案請求の当否について判断されるべきである。」とのXの主張は認められず，甲建物の滅失の事実は本案訴訟において斟酌され，XのYに対する甲建物明渡請求は棄却されることになる。Xが，請求の内容を，甲建物滅失時におけるYに対する損害賠償債務又は不当利得返還債務の不存在確認請求に変更した場合には，当該債務の存否について判断される。

〔増田　輝夫〕

Q59 | 承継人による仮処分執行の効力の主張

　Aは，YからY所有の甲建物を買った。ところが，YがAへの所有権移転登記手続を行おうとしないため，Yを債務者，上記所有権移転登記手続請求権を被保全権利として，処分禁止の仮処分命令を申し立て，これに基づく仮処分命令が発令されるとともに，甲建物について保全裁判所の嘱託による処分禁止の登記がされた。その後，Yは，Zのために甲建物について賃借権を設定し，その登記をした。その後，Aから甲建物を買ったがXが，上記処分禁止の仮処分の効力を主張するには，承継執行文の付与を要するか。

A

〔1〕 はじめに

　本問の場合，Yから甲建物を購入したAを債権者，Yを債務者とし，かつ，AのYに対する甲建物についての所有権移転登記手続請求権を被保全権利とする処分禁止の仮処分命令が発令され，その仮処分命令の執行として，甲建物に処分禁止の登記がなされ，このような状況において，甲建物につきその後登記のある賃借権を取得したZに対して，Aから甲建物を購入したXが，上記の処分禁止の仮処分の効力を主張するには，Aから甲建物を購入したことを主張・立証するだけでよいか，それとも，承継執行文を得ることが必要かについて問題となっている。すなわち，保全執行終了後に，債権者の承継人が保全執行により生じた効果を主張するには，承継執行文が必要かという点が問題となっている。

　最初に，保全執行の場合の執行文の要否について簡単に説明をし，その後，上記の問題について検討する。

〔2〕 保全執行の場合の執行文の要否

　保全執行について，民事保全法が特別の規定を設けていること以外については，民事執行法の規定を準用するとしている（民保46条）。そのため，最初に，民事執行法による強制執行の場合の執行文の要否について説明する。

(1) 民事執行法による「強制執行」の場合の執行文の要否（原則）

　(a) 民事執行法によると，強制執行は，少額訴訟確定判決，仮執行宣言付少額訴訟判決及び仮執行宣言付支払督促に基づく場合を除き，執行文の付された債務名義の正本に基づいて実施される（民執25条）。

　このように強制執行を実施するにつき原則として執行文が要求されるのは，判決等の債務名義になりうる文書であっても，執行力をもつためには，判決なら確定していること，また，仮執行宣言付判決なら失効していないこと（例えば，上訴審とか再審において取り消されていないこと）などのいくつかの要件を充足しなければならないが，執行機関にとりこれらの要件の有無は必ずしも明らかでなく，そして，執行機関がこれらの要件の有無を判断しなければならないとすると，民事執行の迅速性を阻害することになる。そこで，事件記録のある裁判所（通常は，第一審裁判所）の裁判所書記官が，執行文付与の要件，つまり，執行力をもつための要件を調査し，それらの要件を充足する場合に執行文を付与，すなわち，債務名義の正本の末尾に当該債務名義により強制執行ができる旨を付記することにし（民執26条），そうして，執行機関は執行文の付された債務名義の正本によれば直ちに強制執行をなしうるようにして，民事執行の迅速性を実現しようとしたためである。

　(b) さらに，強制執行は，債務名義に当事者として表示されていない者のために，又は当事者として表示されていない者に対しても，民事執行法23条1項の要件を満たせば実施することができるので，上記の執行文付与機関（裁判所書記官）は，これらの承継等の有無といった要件を審査した上で，執行文（いわゆる承継執行文）を付与するものとしている（民執27条2項）。

(2) 民事保全法による「保全執行」の場合（例外）

　民事保全は，将来の強制執行の保全を図ったり，本案訴訟判決による権利・権利関係の確定までの仮の救済を図ったりするものであり，その手続は迅速に

行われなければならない。そのため，保全命令は，発令・告知により直ちに効力を生じ，執行力も直ちに生じることになる。

そして，上記のような迅速性の要請から，さらには，保全命令の発令とその命令に基づく保全執行は1つの民事保全手続として連続して行われるのが通常であるので，執行文により執行力の現存を公証する必要がないことから，保全執行は，原則として，執行文の付与を受けることなく行うことができるとされている（民保43条1項本文）。これは，上記の民事執行法25条の例外をなすものである。

しかし，保全命令を発令した後に，債権者又は債務者に承継があった場合には，保全命令における当事者と保全執行における当事者が異なるため，その承継関係を公証しなければならず，そのため，保全命令に表示された債務者以外の者に対して，又は保全命令に表示された債権者以外の者のために保全執行をする場合には，保全命令の正本に承継執行文の付与を受ける必要がある（民保43条1項但書）。

〔3〕 「保全執行」終了後に承継がある場合の執行文の要否

次に，本問の場合を検討する。本問の場合は，処分禁止の仮処分命令の目的物（Y所有の甲建物）に，仮処分命令の執行として処分禁止の登記がなされた場合に，その後，当該目的物を賃借した賃借人（登記あり）（Z）に対して，債権者（A）の承継人（X）が，処分禁止の仮処分命令の効力を主張するには，承継執行文が必要か，すなわち，保全執行終了後に，債権者（A）の承継人（X）が保全執行により生じた効果を主張するには，承継執行文が必要かという点が問題になっている。

(1) 積極説

これについて，承継執行文が必要であるとする見解もある（例えば，東京地判昭34・11・10判時208号52頁参照）。このような積極説では，保全命令執行後に債権者に承継があった場合，債権者の承継人がその後の手続において執行による効果を主張することは，保全命令の執行を求めうる執行法上の地位を承継していることが前提となるから，そのような承継の事実を証明するために承継執行文が必要であるなどと主張する。

(2) 消極説

(a) しかし，この場合には，承継執行文は必要でないと考える（消極説：例えば，大阪地判昭36・8・3判タ123号48頁参照）。

なぜならば，承継執行文は，保全命令に表示されていない者が保全執行をしようとする場合に，その者が保全執行をなしうるという当事者適格を有することを公証するためのものである[1]。したがって，すでに保全執行が終了している場合には，もはや債権者の承継人には承継執行文は必要でないと考えるべきだからである。したがって，この場合には，債権者の承継人は，承継の事実を立証して，保全執行により生じた効果を主張することができる。学説における通説も消極説である（例えば，瀬木比呂志『民事保全法』〔第3版〕519頁など）。

[1] 保全命令に表示されていない者に対して保全執行をしようとする場合には，承継執行文は，その者に対して保全執行をなしうるという当事者適格のあることを公証するためのものといいうる。

(b) ただし，消極説においても，保全執行により生じた効果を主張するだけでなく，保全執行に関し，新たな執行行為と認められるものを行おうとする場合には，承継執行文が必要になる。すなわち，新たに執行の目的物の緊急換価を求める場合（民保49条3項・52条1項）や執行官による目的物の点検を求める場合（民保52条1項，民執規108条）などである。

しかし，上記のように保全執行に関し新たな執行行為と認められるものを行おうとするのではなく，保全執行により生じた効果を主張するにすぎない場合，例えば，債権者の承継人が被保全権利につき本案の債務名義を得て，保全執行を前提にして本執行を行おうとする場合などには，承継執行文は不要である。

他方，債務者の承継人についても，保全執行により生じた効果を前提にするにすぎない場合，例えば，保全執行により生じた効果を前提に，執行取消しを求めたり，保全執行の後に保全異議や保全取消しを申し立てたりする場合には，そのような債務者の承継人に承継執行文は不要である，よって，債務者の承継人は，債務者から承継したことを立証すれば，そのような執行取消しなどを求めることができる。

(3) 本問の場合

本問の場合も，消極説に基づくべきである。したがって，Aから甲建物を

買ったXは，承継執行文の付与を受けることなく，Zに対して，処分禁止の仮処分の執行（甲建物に対する処分禁止の登記）による効果を主張することができる。そのため，Xは，Zに対して，Zの甲建物についての賃借権設定登記は上記の仮処分の執行（甲建物に対する処分禁止の登記）よりも後れてなされているとして，当該賃借権設定登記の抹消を請求することができる。

[井手　良彦]

第8章

仮処分の効力に関するQ&A

Q60 | 仮処分の効力(1)——当事者恒定①

　Xは，Yから，Y所有の土地・建物を代金500万円で買った。その契約内容は，支払期日における代金支払と同時に上記土地・建物について所有権移転登記手続を行うというものであった。しかし，Xが支払期日に上記売買代金500万円を支払ったにもかかわらず，Yは，上記土地・建物について所有権移転登記手続を行おうとしない。そこで，Xは，Yを債務者，上記所有権移転登記手続請求権を被保全権利として，上記土地・建物について譲渡並びに質権，抵当権及び賃借権の設定その他一切の処分を禁止する旨の仮処分命令を申し立て，これに基づく仮処分命令が発令されるとともに，上記土地・建物について保全執行裁判所の裁判所書記官の嘱託による処分禁止の登記がされた。同時に，Xは，Yに対し，上記土地・建物の所有権移転登記手続を求める訴えを提起し，その勝訴判決を得た（後に確定した）。ところが，上記土地・建物について，売買を原因とするYからZへの所有権移転登記手続がされていることが判明した。この場合，上記土地・建物についてされたZ名義への所有権移転登記はどうなるか。

A

〔1〕 処分禁止の仮処分命令と当事者恒定効

　民事訴訟手続においては，口頭弁論終結前は訴訟承継主義が採用されているため，例えば，原告が被告から売買により所有権を取得して，所有権移転登記手続の訴訟を提起した場合，訴訟の係属中に被告が第三者に目的不動産を譲渡し，所有権移転の登記をしたときは，原告は第三者に対しても所有権移転登記の抹消登記の訴訟を提起しなければ，権利を実現することができない。そこで，原告（仮処分債権者）が，第三者の所有権移転登記に先立って，被告を仮処分債務者として，目的不動産について，処分禁止の仮処分命令を得て，処分禁止の登記を経由しておけば，不動産の所有名義が第三者に移転されても，被告に対して所有権移転登記を命じる本案訴訟における勝訴判決の効力に基づいて，第三者の登記につき，債務名義を必要としないで抹消することができることとなる。処分禁止の仮処分命令に認められるこのような効力，すなわち，本案訴訟の当事者を被告（仮処分債務者）に固定し，被告に対する債務名義の効力を第三者に及ぼす効力を，当事者恒定効という。

　民事保全法58条1項は，不動産に関する権利についての登記請求権を保全するための処分禁止の仮処分命令に共通する一般的な効力として，民事保全法53条1項の処分禁止の仮処分の登記に後れる登記に係る第三者の権利の取得や処分の制限は，仮処分債権者が処分禁止の仮処分命令によって保全すべき登記請求権（被保全権利）に係る登記をする場合には，その登記に係る権利の取得又は消滅と抵触する限りにおいて，仮処分債権者に対抗することができないことを規定する。仮処分債権者が実現を求める保全すべき権利（被保全権利）と処分禁止の登記の後にされた登記に係る第三者の権利との対抗関係について規定し，処分禁止の仮処分命令が有する当事者恒定効を明らかにするものである。

〔2〕 処分禁止の仮処分命令の効力

(1) 発生要件——保全すべき登記請求権（被保全権利）に係る登記をする場合

(a) 登記をする場合

「登記をする場合」には，仮処分債権者と仮処分債務者が共同申請によって登記をする場合（不登60条）（平2・11・8付け法務省民3第5000号法務局長・地方法務局長あて法務省民事局長通達「民事保全法等の施行に伴う不動産登記事務の取扱いについて」（以下「第5000号通達」という）第3・1・(2)・エ・(エ)参照）と，仮処分債務者（被告）に対する債務名義を取得し，仮処分債権者（原告）が単独申請によって登記をする場合（不登63条1項）の双方が含まれる。

(b) 保全すべき登記請求権（被保全権利）に係る場合

民事保全法58条1項が定める処分禁止の仮処分命令の効力が生じるのは，「保全すべき登記請求権に係る場合」でなければならない。処分禁止の仮処分命令によって保全すべき登記請求権（被保全権利）と登記によって実現される権利が実質的に同一でなければならないこと（権利の同一性）を定めたものである。同一性の判断基準については，厳密な意味での権利の同一性がなくても，請求の基礎の同一性があればよい（最〔1小〕判平24・2・23民集66巻3号1163頁。民訴143条1項参照）。

(2) 効力範囲——処分禁止の登記の後にされた登記に係る権利取得及び処分制限

(a) 処分禁止の登記に後れる登記

民事保全法58条1項の対象となる第三者の登記は，処分禁止の登記に後れる第三者の登記に限られる。処分禁止の登記に後れる第三者の登記とは，処分禁止の仮処分の登記より後順位の登記のうち，保全すべき登記請求権（被保全権利）に抵触し，仮処分債権者に対抗することができない第三者の登記をいう。

(b) 権利の取得又は処分の制限

民事保全法58条1項の対象となるのは，第三者の登記に係る権利の取得又は処分の制限である。権利の取得は，仮処分債権者と対抗関係に立つこととなる第三者の側からみたものであり，権利の設定，保存，移転を意味する。処分の制限とは，所有者その他の権利者の処分権能を制限を意味する。

(c) 保全すべき登記請求権（被保全権利）に係る登記との抵触

　民事保全法58条1項の対象となる場合は，第三者の登記に係る権利の取得又は処分の制限が，保全すべき登記請求権（被保全権利）に係る権利の取得又は消滅と抵触する限度においてである。抵触する場合とは，処分禁止の仮処分命令によって保全すべき登記請求権（被保全権利）からみて，その後にされた第三者の登記に係る権利の取得等によって，登記請求権本来の内容が制限されることになる場合を意味する。例えば，所有権移転登記請求権を保全するために処分禁止の登記がされた後に，第三者への所有権の移転登記がされる場合などである。

〔3〕　処分禁止の仮処分命令の効力の実現

(1)　第三者の登記の抹消

　民事保全法58条2項は，同法58条1項の規定を受けて，同法53条1項の処分禁止の仮処分命令の債権者は，保全すべき登記請求権（被保全権利）に係る登記をする場合には，第三者に対する本案訴訟における債務名義を取得することなく，処分禁止の登記に後れる第三者の登記を抹消することができることを規定する。

(2)　第三者の登記抹消の手続

　不動産登記法111条は，民事保全法58条2項の規定を受けて，民事保全法53条1項が規定する不動産に関する権利についての登記請求権を保全するための処分禁止の仮処分命令（処分禁止の登記のみがされる場合）の効力を実現するための登記申請手続について規定する。

(a)　仮処分債権者の単独申請による第三者の登記の抹消

　民事保全法53条1項の処分禁止の仮処分命令の債権者は，単独で，処分禁止の登記に後れる第三者の登記の抹消を申請することができる（不登111条1項。第5000号通達第3・1・(2)・ア，エ・(ア)参照）。第三者の登記の抹消の原因は，「仮処分による失効」である（第5000号通達第3・1・(2)・カ，別紙「仮処分に関する登記」の記載例の五・1参照。後記〔6〕登記記載例の図1の順位番号4参照）。

(b)　保全すべき登記請求権（被保全権利）と登記によって実現される権利の同

一性についての形式的審査

　民事保全法58条1項による効力が生じるためには、本仮処分命令の被保全権利と登記によって実現される権利との間に実質的な同一性（権利の同一性）がある場合に限られるが、形式的審査権しか有しない登記官は権利の同一性を審査することはできないことから、不動産登記法上においては、所有権について民事保全法53条1項の処分禁止の登記のみがされている場合において、仮処分債権者が、仮処分債務者を登記義務者として、保全すべき登記請求権（被保全権利）の実現の登記を申請するときであれば、登記官は処分禁止の登記に後れる第三者の登記を抹消することができることとされている（不登111条1項）。

　(c)　保全すべき登記請求権（被保全権利）に係る登記と第三者の登記の抹消の同時申請

　仮処分債権者が、処分禁止の登記に後れる登記を単独申請により抹消することができるのは、処分禁止の仮処分命令の効力を援用して本案訴訟における権利を実現するために、仮処分債務者を登記義務者として保全すべき登記請求権（被保全権利）に係る登記の申請をするのと同時に第三者の登記の抹消の申請を行う場合に限られる（第5000号通達第3・1・(2)・ア、エ・(ｱ)参照）。形式的審査権しか有しない登記官にとって、仮処分債権者が処分禁止の仮処分命令の効力を援用して第三者の登記の抹消を申請しているかどうかは、同時申請の場合でなければ確実に判断できないからである。登記の申請はすべて同一の受付番号で行われる（不登19条3項後段）（第5000号通達第3・1・(2)・エ・(ｲ)参照）。保全すべき登記請求権（被保全権利）の実現の登記の申請の前後にわたって第三者の登記の抹消を別個に申請することはできず、保全すべき登記請求権（被保全権利）に係る登記の申請は却下されるとともに、第三者の登記の抹消の申請は不動産登記法25条5号により却下となる（第5000号通達第3・1・(2)・エ・(ｳ)参照）。第三者の登記の抹消については、すべての登記の抹消を申請しなければならない。抹消すべき登記のすべてについて抹消の申請がないときは、保全すべき登記請求権（被保全権利）に係る登記の申請は不動産登記法25条7号により却下となる（第5000号通達第3・1・(2)・エ・(ｳ)参照）。

(3)　処分禁止の登記に後れる登記

　処分禁止の登記に後れる登記とは、処分禁止の登記よりも時間的に後れて登

記手続がされた登記で，登記に係る第三者の権利が処分禁止の仮処分命令により保全すべき権利（被保全権利）に抵触し，仮処分債権者に対抗することができないものをいうが（民保58条1項参照），不動産登記法上は，処分禁止の登記より後順位の登記のうち，処分禁止の仮処分命令に対抗することができることが登記記録上明らかな登記を除いたものである（第5000号通達第3・1・(2)・ウ参照）。

〔4〕 処分禁止の仮処分命令の債権者による第三者に対する登記の抹消の通知

(1) 通知の趣旨

　処分禁止の仮処分命令の債権者が民事保全法58条2項の規定により処分禁止の登記に後れる第三者の登記を抹消するには，あらかじめ，抹消の対象となる登記の権利者である第三者に対して，登記を抹消する旨を通知しなければならない（民保59条1項）。
登記官は，形式的審査権しか有さず，不動産登記法上は，仮処分債権者の処分禁止の仮処分命令によって保全すべき登記請求権（被保全権利）と登記によって実現される権利の同一性について審査しない構造をとっているので（不登111条1項参照），仮処分債権者と仮処分債務者とが通謀して保全すべき登記請求権（被保全権利）と異なる権利で登記申請をする，あるいは本案訴訟において保全すべき登記請求権（被保全権利）と異なる権利について取得した債務名義によって登記の申請をするなどして第三者の権利を害する可能性がある。このような場合，第三者は，登記の抹消を受忍すべき理由はないので，抹消登記の回復を求めることになるが，第三者の権利行使の機会を保障するための手段として，仮処分債権者に対し，第三者への事前の通知を義務づけたものである（第三者の手続保障）。

(2) 通知すべき相手方

　通知すべき相手方は，登記の権利者であるが，抹消されるべき登記の種類により定まる（第5000号通達第3・1・(2)・オ・(イ)参照）。通知をすべき相手方の範囲は，登記の申請時における抹消の対象となるすべての登記の権利者である（第5000号通達第3・1・(2)・オ・(ウ)参照）。通知を発する時点で固定されるのではなく，通知を発した後，登記の申請までの間に新たに抹消の対象となる登記があった

場合には，追加的に通知をしなければならない。

(3) 通知の内容

通知は，どの登記が誰によって抹消されようとしているのかが判断できる程度に特定されていることが必要である。具体的には，登記がされた物件の表示，登記の目的，申請書受付の年月日及び受付番号を明示したうえ，これを抹消する旨を記載する（第5000号通達第3・1・(2)・オ・(エ)参照。誰が抹消しようとしているかは，通知の差出人で明示される）。

(4) 第三者への通知の到達の擬制

通知は，相手方に到達することが必要であるが（民保59条1項），実際の住所又は事務所が登記記録上の記載と異なっている場合，仮処分債権者は第三者と交渉がないのが普通であって，第三者の正確な住所又は事務所を調査するのは困難であり，通知の到達を厳格に要求することは，仮処分債権者に重い手続負担を課すことになるうえに，執行妨害の手段として悪用されるおそれもある。そこで，通知は，発する時の登記の権利者の登記記録上の住所又は事務所に宛てて発することができ（民保59条2項前段），この場合，通知は，遅くとも，発した日から1週間を経過した時に到達したものとみなされる（通知の到達の擬制。民保59条2項後段）。

(5) 登記申請における添付情報

処分禁止の仮処分命令の債権者が民事保全法58条2項の規定により処分禁止の登記に後れる第三者の登記の抹消を申請するには，申請情報と併せて，第三者に通知したことを証明する情報を登記所に提供しなければならない（不登令7条1項6号，不登令別表の71の項の添付情報欄。第5000号通達第3・1・(2)・オ・(ア)参照）。第三者に通知したことを証明する情報としては，原則として，内容証明郵便によることを要する（第5000号通達第3・1・(2)・オ・(エ)参照）。

(a) 登記記録上の住所又は事務所に宛てて発せられた場合

(イ) 通知を発した日から1週間の経過後に第三者の登記の抹消を申請する場合　民事保全法59条2項により，通知の到達が擬制されるので，通知が到達したことの証明は必要なく，第三者に対する配達証明書を添付する必要はない。通知を発したことの証明で足り，到達したことの証明は不要である（第5000号通達第3・1・(2)・オ・(オ)参照）。通知が転居先不明で返送された場合であっ

ても差し支えない。正確な住所又は事務所を登記上に記載しておかなかったり，変更を怠った登記の権利者が不利益を負担することになる。通知を発した日については証明が必要となるが，書留郵便としての内容証明郵便（郵便法44条3項）には差出年月日が記載され，通信日付印（消印）が押捺されるので，内容証明郵便で通知を発したことにより証明が可能である。

(ロ) 通知を発した日から1週間の経過前に第三者の登記の抹消を申請する場合　民事保全法59条2項の適用はなく，民事保全法59条1項によることになり，通知は現実に到達したことを要するから，内容証明郵便のほか，第三者に対する配達証明書を添付する必要がある（第5000号通達第3・1・(2)・オ・(オ)・(カ)参照）。

(b) 登記記録上の住所等以外の住所又は事務所に宛てて発せられた場合

民事保全法59条2項後段の適用はなく，民事保全法59条1項によることになり，通知が現実に到達したことを要する。内容証明郵便のほか，第三者に対する配達証明書を添付する必要があるとともに，登記記録上の住所等から現在の住所又は事務所へ移転したことを証明する情報（住民票の写し，会社の登記簿謄抄本（登記事項証明書）等）も添付する必要がある（第5000号通達第3・1・(2)・オ・(オ)・(キ)参照）。上申書等の私文書（自己証明文書）によることは許されない。

(c) 登記記録上の氏名等以外の氏名又は名称に宛てて発せられた場合

登記記録上の氏名等から現在の氏名又は名称への変更を証明する情報（戸籍の謄抄本又は会社の登記簿謄抄本）も添付する必要がある（第5000号通達第3・1・(2)・オ・(オ)・(ク)参照）。登記記録上の住所等の変更がない限り，民事保全法59条2項によることができるので，1週間経過後に登記申請をするときには，住所等が変更した場合と異なり，配達証明書の添付は不要である。

(6) 通知の効果

第三者への通知は，実体法上の効力発生要件ではなく，第三者に対する債務名義を要することなく第三者の登記を抹消するための手続的要件である。仮に通知がないまま第三者の登記が抹消された場合であっても，実体的に処分禁止の仮処分命令の効力として抹消することができるときであれば，抹消登記は有効であり，第三者は抹消された登記の回復を求めることはできない。

〔5〕 処分禁止の登記の抹消

(1) 登記官の職権による抹消

　不動産登記法111条1項の申請に基づいて処分禁止の登記に後れる第三者の登記を抹消する場合は，仮処分債権者が処分禁止の仮処分命令の効力を援用して第三者の登記の抹消を申請していることが明らかであるので，登記官は，職権で，処分禁止の登記を抹消する（不登111条3項。第5000号通達第3・1・(3)・ア参照）。登記の記載は，「○番仮処分登記抹消　仮処分の目的達成により平成○年○月○日登記」となる（第5000号通達第3・1・(3)・ア，別紙「仮処分に関する登記」の記載例の四・1参照。後記〔6〕登記記載例の図1の順位番号6参照）。

(2) 裁判所書記官の嘱託による抹消

　仮処分債権者が第三者の登記の抹消を申請しない場合（例えば，処分禁止の登記に後れる第三者の登記が存在しない場合）には，登記官には仮処分債権者が処分禁止の仮処分命令の効力を援用したかどうか明白でなく，職権で処分禁止の登記を抹消することができない。処分禁止の登記の抹消は，原則どおり，仮処分債権者は，処分禁止の仮処分命令が目的を達成したことを証明して，保全執行裁判所の裁判所書記官に対して，処分禁止の登記の抹消の嘱託を申し立て，裁判所書記官が嘱託をすることにより行う（民保規48条1項。第5000号通達第3・1・(3)・イ・(ｱ)参照）。登記の記載は，「○番仮処分登記抹消　平成○年○月○日受付第○○○号　原因平成○年○月○日抹消申立」となる（第5000号通達第3・1・(3)・イ・(ｱ)，別紙「仮処分に関する登記」の記載例の四・2参照）。

〔6〕 登記記載例

　次頁の図1は，処分禁止の仮処分命令についての1つの登記記載例を示したものである。以下，登記記載例について，手続の流れに従い，若干の説明を記載する。

(1) 処分禁止の登記と後れる第三者の登記

　仮処分債権者Aは，仮処分債務者Bから不動産を買い受けたが，Bが所有権移転登記手続に応じないことから，目的不動産についての所有権移転登記請求権を被保全権利として，処分禁止の仮処分命令の申立てをし，処分禁止の登記

図1

【権利部（甲区）】(所有権に関する事項)			
【順位番号】	【登記の目的】	【受付年月日・受付番号】	【権利者その他の事項】
1	所有権保存	平成△年△月△日 第△号	原因　平成△年△月△日売買日 所有者　△郡△町△番地 　　　　B
2	<u>処分禁止仮処分</u>	平成◇年◇月◇日 第◇号	原因　平成◇年◇月◇日◇◇地方裁判所仮処分命令 債権者　○市○区○町○丁目○番○号 　　　　A
3	<u>所有権移転</u>	平成▽年▽月▽日 第▽号	原因　平成▽年▽月▽日売買 所有者　▽市▽町▽番▽号 　　　　C
4	3番所有権抹消	平成○年○月○日 第○号	原因　仮処分による失効
5	所有権移転	平成○年○月○日 第○号	原因　平成○年○月○日売買 所有者　○市○区○町○丁目○番○号 　　　　A
6	2番仮処分登記抹消	（余白）	仮処分の目的達成により平成○年○月○日登記

〔注〕下線は抹消事項を示す。

の嘱託がされ，処分禁止の登記がされた（民保53条1項。第5000号通達第3・1・(1)，別紙「仮処分に関する登記」の記載例の一・1参照。甲区順位番号2）。その後，仮処分債務者Bから第三者Cへの所有権移転登記がされた（甲区順位番号3）。

(2)　処分禁止の仮処分命令によって保全すべき登記請求権に係る登記の申請及び処分禁止の登記に後れる第三者の登記の抹消の申請

仮処分債権者Aを原告とし，仮処分債務者Bを被告とする本案訴訟（売買契約に基づく所有権移転登記手続請求）の勝訴判決が確定したので，Aは，処分禁止の仮処分命令の被保全権利に係る登記の申請（売買を原因とする所有権移転登記）と処分禁止の登記に後れる第三者の登記の抹消登記の申請をした。処分禁止の登記に後れる第三者の登記の抹消の申請は，Aが単独ですることができる（不登111条1項）。この2つの申請は同時にしなければならない（第5000号通達第3・1・(2)・ア・エ・(ｱ)参照）。甲の申請に基づき，処分禁止の登記に後れる甲区順位番号3の登記が抹消され（第5000号通達第3・1・(2)・カ，別紙「仮処分に関する登記」の記載例の五・1参照。甲区順位番号4），Aへの売買を原因とする所有権移転登記がされた（甲区順位番号5）。

(3) 処分禁止の登記の職権による抹消

登記官は，不動産登記法111条1項の申請に基づいて処分禁止の登記に後れる第三者の登記を抹消する場合，職権で，処分禁止の登記を抹消する（不登111条3項。第5000号通達第3・1・(3)・ア，別紙「仮処分に関する登記」の記載例の四・1参照。甲区順位番号6）。

〔7〕 設問の検討

(1) 設問における処分禁止の仮処分命令の効力

(a) 当事者恒定効

仮処分債権者をX，仮処分債務者をY，XのYに対するY所有の土地・建物についての所有権移転登記手続請求権を被保全権利とする設問の処分禁止の仮処分命令（以下「本件仮処分命令」という）は，民事保全法53条1項の処分禁止の仮処分命令に該当する。執行としての処分禁止の登記（以下「本件処分禁止の登記」という）がされることにより，仮処分債務者Yには，本件仮処分命令に基づく不作為義務が生じ，Xは，Yを被告とする本案訴訟においては，その後，Y所有の土地・建物の所有名義が第三者であるZに移転されても，その所有権移転を顧慮することなく，本件処分禁止の登記時点における所有権登記名義人であるYを被告として本案訴訟を追行することができる（仮処分債務者の被告適格の恒定）。

(b) 対抗力

本件処分禁止の登記がされることにより，その後にされた登記に係る権利の取得（Y所有の土地・建物についての所有権の取得）又は制限は，本件仮処分命令の被保全権利であるY所有の土地・建物についてのXのYに対する所有権移転登記手続請求権を実現するためのYからXへの所有権移転登記をする場合には，被保全権利に係る権利の取得（XのY所有の土地・建物についての所有権の取得）又は消滅と抵触する限度において，Xに対抗することができない（民保58条1項）。

本件処分禁止の登記がされた後，Y所有の土地・建物について，売買を原因とするYからZへの所有権移転登記がされており，Z名義の所有権移転登記は，本件処分禁止の登記の後にされた登記であり，かつ，Y所有の土地・建物に対するXの所有権の取得と抵触するものであるから，Xは，Zに対し，Y所有の

土地・建物についての所有権の取得を対抗することができる。

(2) Y所有の土地・建物についてされたZ名義の所有権移転登記の抹消

　Xは，本案訴訟において得たY所有の土地・建物についてXへの所有権移転登記手続をYに命じる勝訴判決（確定判決）に基づいて，単独で（不登63条1項），YからXへの所有権移転登記の申請を行うことができる。登記申請と同時に，Zに対する債務名義を取得することなく，Z名義の所有権移転登記の抹消の申請をすることができる（民保58条2項，不登111条1項）。Z名義の登記の抹消の申請については，申請書に，あらかじめZに対して登記を抹消する旨の通知をしたこと（民保59条1項）を証明する情報（内容証明郵便，配達証明書など）を添付しなければならない（不登令7条1項6号，不登令別表の71の項の添付情報欄）。Zへの通知には，Y所有の土地・建物の表示，登記の目的（「所有権移転」），Z名義の登記の申請書受付の年月日及び受付番号を明示した内容証明郵便で，通常は，登記記録に記載されているZの住所に宛てて行うことになる。通知は，遅くとも，発した日から1週間を経過した時に到達したものとみなされるので（民保59条2項），Xは，1週間の経過を待ってZ名義の登記の抹消を申請する場合には，Zへの通知書の到達を証明する必要はなく，申請書への配達証明書の添付は必要はない（通知をしたこと及び通知を発した日の証明は必要であり，内容証明郵便は添付しなければならない）。

〔増田　輝夫〕

Q61 | 仮処分の効力(2) ── 当事者恒定②

　Xは，平成23年12月１日，Aに対し，X所有の甲建物を賃貸した。以後，Aは，甲建物で飲食店を経営していたが，平成25年１月８日，Yに対し，飲食店の営業権とともに甲建物の賃借権を譲渡したことから，Yが甲建物を占有するに至った。これに対して，Xは，上記賃借権譲渡について承諾していないと主張して，Aに対し，無断譲渡を理由に，X・A間の賃貸借契約を解除するとの意思表示をするとともに，Yに対し，甲建物の明渡しを求める訴えを提起した。そして，Xは，この訴訟係属中，Yを債務者，甲建物の明渡請求権を被保全権利として，Yに使用を許す執行官保管の占有移転禁止の仮処分命令を申し立て，これに基づく仮処分命令が発令されるとともに，その執行がされた。ところが，Yは，Y・A間の賃借権譲渡契約を解除するとの意思表示をした上でAに甲建物を引き渡し，以降，甲建物の現実の占有をしていない。この場合，Yは，甲建物の占有喪失を主張することができるか。

A

〔１〕　訴訟承継主義と占有移転禁止の仮処分

(1)　訴訟承継主義

　民事訴訟法は，当事者恒定主義をとらず，訴訟承継主義をとっているため，物の引渡し又は明渡しの請求訴訟の係属中に目的物の占有が被告から第三者に移転した場合（占有の主観的現状変更），占有移転の事実が訴訟に現れたときは，旧占有者を被告とした訴訟は請求棄却を免れず，占有を取得した者に訴訟を引き受けさせない限り（民訴50条１項），口頭弁論終結時の占有取得者に対する債務名義は取得することはできない。占有取得者に訴訟を引き受けさせるために

は，常に目的物の占有状態に注意していなければならず，多大な費用と時間を要するのみならず，注意していても占有の移転がわからないこともあり，占有移転の事実が訴訟に現れないまま旧占有者を被告とした請求を認容する判決が確定しても，判決に基づく旧占有者に対する強制執行は不能になり，かつ，判決の効力は口頭弁論終結前に現れた占有取得者には及ばないから（民訴115条1項3号参照），判決に基づいて占有取得者に対して強制執行をすることはできない（民執23条1項3号参照）。原告が引渡し又は明渡しの目的を達成するためには，改めて占有取得者に対し新たに訴えを提起しなければならないことになるが，新訴を提起しても，訴訟係属中にまた占有が移転されれば，同じことの繰り返しになる。

(2) 占有移転禁止の仮処分と当事者恒定効

このような事態が生じることを防止するため，原告は，被告が占有を第三者に移転するおそれがある場合には，現在の占有者である被告を仮処分債務者とする占有移転禁止の仮処分命令によって，占有関係を固定し，目的物の引渡し又は明渡しの請求権を実現することになる。占有移転禁止の仮処分命令は，係争物に関する仮処分命令（民保23条1項）の一種として認められ，執行されると，目的物の引渡し又は明渡しの請求訴訟の被告は現在の占有者に固定され，原告は，その後の占有関係の変動を顧慮することなく，仮処分債務者，すなわち仮処分執行時点における占有者を被告として本案訴訟を提起，追行することができ（仮処分債務者の被告適格の恒定），仮処分債務者に対する本案訴訟における債務名義を取得すれば，執行力が訴訟係属中の占有取得者に及ぼされ，占有取得者に対し，本案訴訟における債務名義に基づいて目的物の引渡し又は明渡しの強制執行（本案判決に基づく承継執行手続）をすることができる。このような効力を当事者恒定効という。

民事保全法62条は，一定の要件を満たした占有移転禁止の仮処分命令（民保25条の2第1項参照）に当事者恒定効を認めたものである。

〔2〕 民事保全法62条にいう占有移転禁止の仮処分命令の要件

(1) 実体的要件

(a) 保全権利

被保全権利は，物の引渡し又は明渡しの請求権でなければならない。目的物

は，動産であるか不動産であるかを問わない。引渡し又は明渡しの請求権は，物権的請求権であると債権的請求権であるとを問わない。例えば，賃貸人が契約解除に基づき目的物の明渡しを求める返還請求権の場合には背後に所有権が控えていることが多いが，必ずしもそうでなくてもよい。買主が売主に対しあるいは賃貸人が賃借人に対し契約に基づき目的物の引渡しを求める交付請求権のように債権的請求権そのものであっても差し支えない。

(b) 保全の必要性

民事保全法62条にいう占有移転禁止の仮処分命令の保全目的は，占有の主観的現状変更の規制に限定されているから，保全の必要性は，仮処分命令の執行後本案訴訟における債務名義に基づく強制執行までの間に，目的物に対する仮処分債務者の占有が第三者に移転することにより，仮処分債務者を名宛人とする引渡し又は明渡しの債務名義に基づく強制執行が不能又は著しく困難となるおそれがある場合に認められる。例えば，仮処分債務者が目的物を譲渡，転貸することにより占有の移転をするおそれがあることなどである。

(2) **効力要件**

民事保全法62条にいう占有移転禁止の仮処分命令は，民事保全法25条の2第1項に規定されているものをいう。すなわち，占有移転禁止の仮処分命令の執行が当事者恒定効を有するためには，係争物の引渡し又は明渡しの請求権を保全するための仮処分命令のうち，

① 仮処分債務者に対し，目的物の占有の移転を禁止することを命じていること

② 仮処分債務者に対し，目的物の占有の移転を解いて執行官に引き渡すことを命じていること

③ 執行官に目的物を保管させるものであること

④ 仮処分債務者が目的物の占有の移転を禁止されている旨及び執行官が目的物を保管している旨を執行官に公示させるものであること

の4つを内容とするものをいう。

裁判実務においては，③の執行官保管の態様に応じて，次の3種類の定型的主文例が標準例として準備されている（最高裁判所事務総局編『民事保全手続書式集』（民事裁判資料第191号）18頁ないし23頁）。

A．執行官保管・仮処分債務者使用型（基本型）——仮処分債務者に使用を許す場合

> 1．債務者は，別紙物件目録記載の物件に対する占有を他人に移転し，又は債務名義を変更してはならない。
> 2．債務者は，右物件の占有を解いて，これを執行官に引き渡さなければならない。
> 3．執行官は，右物件を保管しなければならない。
> 4．執行官は，債務者に右物件の使用を許さなければならない。
> 5．執行官は，債務者が右物件の占有の移転又は占有名義の変更を禁止されていること及び執行官が右物件を保管していることを公示しなければならない。

B．執行官自己保管型——執行官保管のみの場合
基本型(A)の4．を削除する以外は基本型と同じである。
C．執行官保管・仮処分債権者使用型——仮処分債権者に使用を許す場合
基本型(A)の4．を次の文言に変更する以外は基本型と同じである。

> 4．執行官は，債権者に右物件の使用を許さなければならない。

(a) 占有移転禁止命令

1．の仮処分債務者に対する占有移転禁止命令は，占有移転禁止の仮処分命令に当事者恒定効を生じさせる最も基本的な根拠となるものである。

(b) 執行官への引渡命令

2．の執行官への引渡しの執行の態様は，定型的主文例のA，B，Cの各型において，執行官保管の態様が相違することに対応して異なる。Bの執行官保管型及びCの執行官保管・仮処分債権者使用型においては，執行官が目的物に対する仮処分債務者の占有を解いて直接的現実的に占有を取得する段階までの執行（Cの執行官保管・仮処分債権者使用型においては，仮処分債権者への引渡しの前段階まで）が現実に行われる。これに対し，Aの執行官保管・仮処分債務者使用型（基本型）の場合は，執行官は，現場に臨んで目的物に対する仮処分債務者の占

有を確認した上，仮処分命令の趣旨を告げ公示を施すことにより，仮処分債務者が使用している状態のままの間接的な占有を取得するにとどまるのであり，現実的な占有移転は必要なく，いわば観念的な引渡しの執行で足りる。

(c) 執行官保管命令

3.は，将来の引渡し又は明渡しの本執行の保全として，国が目的物の占有を保持する具体的な方法を定めたものである。執行官保管の法的性質は，執行機関としての保管ではなく，裁判所の職務命令に基づき，国の補助機関として目的物を保管するものである。

(d) 公示命令

5.の公示については，「仮処分債務者が目的物の占有の移転を禁止されている旨及び執行官が目的物を保管している旨を執行官に公示させること」が必要とされている（民保25条の2第1項2号）。当事者恒定効が生じるための公示の内容としては，「仮処分債務者が目的物の占有の移転を禁止されている旨」と「執行官が目的物を保管している旨」の2つが必要である。

公示は，以後，目的物について利害関係をもとうとする第三者に対して占有移転禁止の仮処分命令の執行がされた事実を知らせ，将来の強制執行が不意打ちにならないように警告し，防御の機会を提供することを目的とするものであり，当事者恒定効の発生の重要な根拠となる[*1]。

公示は，はく離しにくい方法による公示書の掲示その他の方法により行わなければならない（民保規44条1項）。具体的な方法は状況によるが，目的物が建物で，屋内に公示する場合は，公示書を透明ビニール等で製造されたファイルに入れてその周囲を閉じ，又は公示書をパウチフィルムで密封するなどして，公示書を露出しない状態にした上，これを粘着力の強い両面ガムテープ，接着剤，くぎ等で建物の壁等の見やすい場所に貼付して掲示するか，建物の状況によっては，木板等に公示内容を記載した公示板をくぎ等で打ちつけて固定することにより公示するのが相当である。目的物が建物で屋外に公示する場合及び目的物が土地の場合には，公示内容を記載した木製，アクリル製等の公示札を木ぐいに打ちつけて立て，又は建物の外壁にくぎ，針金で固定する方法によるか，露出しない状態にした公示書を目的物に固定する方法によるのが相当とされている[*2]。

＊1　非承継占有者であっても，悪意である限り，当事者恒定効が及ぶが（民保62条1項1号），根拠は公示に求められ，また，公示は占有取得者の悪意の推定（民保62条2項）の根拠ともなる。

＊2　最高裁判所事務総局編『条解民事保全規則』〔改訂版〕（民事裁判資料第226号）227頁以下。公示方法の一般的な基準や公示書の様式については，「占有移転禁止仮処分の公示に関する平成2年10月16日地方裁判所長あて民事局長書簡」において指針が示されている（最高裁判所事務総局編『民事保全関係執務資料(2)』（民事裁判資料第194号）227頁以下）。

〔3〕　当事者恒定効の及ぶ者の範囲

　当事者恒定効によって仮処分債務者に対する本案訴訟における債務名義の効力が及ぶ者は，①占有移転禁止の仮処分命令の執行がされたことを知って目的物を占有した者（民保62条1項1号），②占有移転禁止の仮処分命令の執行後に，執行がされたことを知らないで目的物について仮処分債務者の占有を承継した者（民保62条1項2号）である。①の「悪意の占有取得者」とは，占有移転禁止の仮処分命令の執行がされた後，それを知りながら，仮処分債務者から意思に基づいて又は処分により，占有の移転を受けた第三者（悪意の承継占有者）と，占有移転禁止の仮処分命令の執行がされたことを知りながら，仮処分債務者の意思とは無関係に又は自己の固有の権原に基づいて占有を取得した第三者（悪意の非承継占有者）とを含むから，結局，当事者恒定効が及ぶ者は，善意・悪意を問わず承継占有者（民保62条1項1号・2号）と悪意の非承継占有者（民保62条1項1号）ということになる。善意の非承継占有者には当事者恒定効は及ばない。目的物を占有する正当な権原を有する者（正権原者）は，実体法上，仮処分債権者に対抗することができる権原による占有である限り，仮処分命令の執行についての善意・悪意や，占有取得についての承継・非承継にかかわらず，当事者恒定効は及ばない（民保62条1項・63条）。

〔4〕　占有取得者に対する執行手続

(1)　本案訴訟における債務名義に基づく強制執行

　仮処分債権者は，口頭弁論終結前の占有取得者に対して当事者恒定効を実現

するためには，本案訴訟における債務名義に基づいて目的物の引渡し又は明渡しの強制執行をすることになる（民保62条1項）。

(2) 執行文付与の手続

占有移転禁止の仮処分命令の執行後の占有取得者は，本案訴訟における債務名義に当事者として表示されていないので，仮処分債権者が，本案訴訟における債務名義に基づいて強制執行をするためには，民事執行法27条2項による承継執行文の付与を受けなければならない。

民事保全法62条1項1号は，悪意の非承継占有者にも当事者恒定効を及ぼすとともに，民事執行法27条2項の特則である民事保全法62条2項において，悪意に関する推定（法的性質としては，暫定事実である＊3）規定を置いて証明責任を転換している＊4。仮処分債権者は，占有取得者が非承継占有者であっても，悪意であることについて証明責任を負わず，承継占有者についても同様であるから，現占有者の占有が承継によるか非承継によるかを区別することなく，執行文の付与を受ける段階では，①占有移転禁止の仮処分命令の執行がされた事実と，②占有取得者がその後に占有を取得した事実（占有取得者が仮処分命令の執行の時点では目的物を占有していなかったが，現在目的物を占有していること）が最も重要な証明の対象になる。①の事実と②の事実のうちの占有取得者が仮処分命令執行時に目的物を占有していなかった事実は，占有移転禁止の仮処分命令の執行調書により，②の事実のうちの占有取得者が現在目的物を占有している事実は点検調書又は強制執行の不能調書によって容易に証明することができる＊5。

＊3　暫定事実とは，条文の表現上はある法律効果の発生要件であるように見えるものであっても，不存在が法律効果の発生障害事実となることを示す一つの立法技術であり，但書に読み替えることができるものである。例として，民法186条1項が挙げられる（司法研修所『増補民事訴訟における要件事実第1巻』27頁）。

＊4　本来，仮処分債権者が占有取得者に対して承継執行文の付与を受けるためには，①民事保全法25条の2第1項の要件を満たした占有移転禁止の仮処分命令の執行がされた事実，②占有取得者がその後に占有を取得した事実（占有取得者が仮処分命令の執行の時点では目的物を占有していなかったが，現在目的物を占有していること），③占有取得者が占有を仮処分債務者から承継したか，そうではないが①について悪意である事実，④占有移転禁止の仮処分命令の被保全権利と同一の請求権について本案の債務名義を取得した事実を，執行文付与機関である裁判所書記官に明

白である場合を除き（通常は，裁判所書記官に明白であることはない），文書によって証明することが必要である（民執27条2項）。しかし，仮処分債権者が，③の占有承継と占有の経路を文書で証明することは極めて困難であり，その結果，執行文の付与を受けるためには執行文付与の訴え（民執33条）を提起することが必要となる。そこで，民事保全法62条は，悪意に関する推定規定（民保62条2項）を置くことにより，民事執行法27条2項の承継執行文の付与を受けやすくし，占有移転禁止の仮処分命令の実効性を高めることにしたものである。

＊5 平成15年7月25日に成立し，平成16年4月1日から施行された平成15年法律第134号（担保物権及び民事執行制度の改善のための民法等の一部を改正する法律）により，債務名義が不動産の引渡し又は明渡しの請求権を表示したものであり，これを本案訴訟とする仮処分債務者を特定しないで発する占有移転禁止の仮処分命令（民保25条の2第1項）が執行され，かつ，民事保全法62条1項により当該不動産を占有する者に対して当該債務名義に基づく引渡し又は明渡しの強制執行をすることができるものであって，かつ，当該債務名義に基づく不動産の引渡し又は明渡しの強制執行をする前に当該不動産を占有する者を特定することを困難とする特別の事情がある場合において，債権者がこれらを証明する文書を提出したときに限り，債務者を特定しないで承継執行文を付与することができるようになった（民執27条3項1号）。承継執行文が付与された債務名義の正本に基づく強制執行は，承継執行文が付与された日から4週間を経過する前であって，強制執行において不動産の占有を解く際に占有者を特定することができる場合に限ってすることができ（民執27条4項），強制執行によって占有を解かれた者が，債務者となる（民執27条5項）。

〔5〕 執行を受けた占有取得者の救済方法

(1) 救済方法の必要性

仮処分債権者は，占有移転禁止の仮処分命令を得て執行をしておけば，占有取得者における占有の承継・非承継の有無，仮処分命令の執行についての善意・悪意，仮処分債権者に対抗することができる占有権原の有無にかかわらず，すべての占有取得者に対し，仮処分命令の執行後の占有取得であることを文書で証明して，仮処分債務者に対する本案訴訟における債務名義に占有取得者に対する承継執行文の付与を受け，強制執行に着手することができる。しかし，占有取得者のうち，正権原者（仮処分債権者に対抗することができる権原に基づいて目的物を占有している者）や善意の非承継占有者に対しては，本来，占有移転禁止

の仮処分命令の効力（当事者恒定効）は及ばず，仮処分債権者は本案訴訟における債務名義に基づいて強制執行を行うことはできないはずである。正権原者や善意非承継占有者は，執行文付与に対する異議の申立て（民執32条）又は執行文付与に対する異議の訴え（民執34条）によって，執行文の付与を争い，排除する必要があるが（民保62条2項の悪意の推定（暫定事実）による起訴責任の転換），執行文付与に対する異議の申立てにおいては，異議事由としては形式的な要件の欠缺を争うことができるだけで，実体的な要件の欠缺は執行文付与の訴えによるべきであるとの解釈上の疑義が存在する。

民事保全法63条は，執行文の付与に対する異議の申立てにおいて，「仮処分債権者に対抗することができる権原により目的物を占有していること」，「仮処分の執行がされたことを知らず，かつ，仮処分債務者の占有の承継人でないこと」の実体的事由を執行文付与に対する異議の申立ての異議事由とすることができることを明らかにする。

(2) 民事保全法63条が定める異議の事由

(a) 目的物を占有する正当な権原を有すること

正権原を有する者としては，①仮処分命令の執行前からの目的物の真の所有者（仮処分債権者，仮処分債務者以外の目的物の真の所有者であって，仮処分命令の執行後に目的物の占有を取得する至った場合），②仮処分命令の執行後に目的物の所有権等を時効取得した者，③仮処分債務者からの二重譲渡を受けて対抗要件を備えた者，④仮処分債権者と仮処分債務者間の売買契約等の法律行為について，仮処分債権者が虚偽表示による無効（民94条），詐欺による取消し（民96条），契約の解除（民545条）を主張して目的物の引渡し，明渡しを請求している場合において，善意の第三者として目的物の占有権原を取得した者などである。正権原を有すること（正権原の存在）は，占有取得者に立証責任がある。

(b) 善意かつ仮処分債務者の占有の承継人でないこと

善意の立証責任については，占有取得者にある。悪意の推定規定は，法律上の推定であり，証明責任の転換であるから，占有取得者としては，善意であることの完全な証明（本証）が必要である（反証では不十分である）。非承継の事実の立証責任については，占有取得者としては「仮処分債務者の占有の承継人でないこと」を主張すれば足り，仮処分債権者が占有承継の事実を立証しなけれ

ばならない。

(3) 執行文付与に対する異議の訴えとの関係

占有取得者は，執行文付与に対する異議申立ての事由をもって，執行文付与に対する異議の訴えを提起することができる。異議の申立てと異議の訴えの2つを同時に申立てすることができる。一方で異議が認容されて執行文の付与が取り消されれば，他方は訴え又は申立ての利益がなくなる。また，異議の訴えにおいて請求棄却判決が確定すると，既判力によって，異議の申立ては認められなくなるが，異議の申立てが却下されても，この場合は既判力はないから，異議の訴えを提起することができる。

〔6〕 設問の検討

(1) 民事保全法62条にいう占有移転禁止の仮処分命令の該当性

Xを仮処分債権者，Yを仮処分債務者，甲建物の明渡請求権を被保全権利とするYに使用を許す執行官保管の占有移転禁止の仮処分命令（以下「本件仮処分命令」という）が，民事保全法62条にいう占有移転禁止の仮処分命令に該当することは問題ないであろう。賃貸人であるXは，X・A間の賃貸借契約を解除するとの意思表示をするとともに，甲建物の明渡しを求める訴えを提起したということからすれば，本件仮処分命令の被保全権利は債権的な請求権であると解されるが，民事保全法62条にいう占有移転禁止の仮処分命令の被保全権利は，物権的請求権であると債権的請求権であるとを問わない。本件仮処分命令は，当事者恒定効を有する。

(2) 本件仮処分命令による当事者恒定効

本件仮処分命令の執行により，仮処分債務者であるYには甲建物の占有を第三者に移転することが禁止される不作為義務が生じる。Yが本件仮処分命令に違反して甲建物の占有を第三者であるAに移転しても，占有喪失を仮処分債権者であるXに対して主張することはできない。Yから，甲建物の占有を喪失したのは，Y・A間の甲建物の賃貸借契約を解除し，原状回復として従前の賃借人Aに占有を復帰させたにすぎず，当事者恒定効は及ばないとの主張がされることが想定される。YはY・A間の甲建物の賃貸借契約の解除に基づいてAに対して甲建物を返還する義務を負うであろうが，そのような占有移転であって

も，本件仮処分命令の内容であるYに対する占有移転禁止命令によって禁止されており，仮処分命令に違反する点においては，第三者（他人）に対する占有移転と同じである。Yは，甲建物の占有を喪失したとの主張をすることはできない。

(3) **本件訴訟の追行と債務名義の取得及び債務名義に基づく強制執行**

本件仮処分命令の執行により，執行時点による仮処分債務者であるYの占有関係が固定され，仮処分債権者Xは，その後の占有関係の変動に影響されることなく，Yを被告として本案訴訟である甲建物の引渡請求訴訟を追行し，Yに対する認容判決（債務名義）を取得することができる。Xは，Yに対する甲建物引渡しの本案訴訟における債務名義（認容判決）に基づいて，現実の占有者であるAに対して強制執行をすることができる（民保62条1項）が，それには，裁判所書記官に対し，Aが本件仮処分命令の執行後の占有取得者であって，現在甲建物を占有している事実を文書で証明し，民事執行法27条2項の承継執行文を取得した上で行うことになる。

〔増田　輝夫〕

第8章 仮処分の効力に関するQ&A　Q62　仮処分の効力(3)——禁止行為の範囲

Q62 | 仮処分の効力(3)——禁止行為の範囲

　所有権移転登記手続請求権を被保全権利とする処分禁止の仮処分命令の発令後（保全裁判所の嘱託による処分禁止の登記済み）に，同仮処分以前において設定されていた根抵当権を譲渡することは，上記仮処分命令に違反する処分行為にあたるか。

A

〔1〕 処分禁止の仮処分について

　処分禁止の仮処分は，係争物に関する仮処分であり，特定物に関する請求権を有する者が，将来の強制執行を保全することを目的として，債務者の当該特定物又はその権利に対する法律上の処分を禁止するためにされるものである。この仮処分により，債権者は，本執行を保全すると同時に，当該係争物に関する法律関係を固定して（当事者恒定効），民事訴訟法が採用する訴訟承継主義を補完することができるのであるが，この当事者恒定効とは，具体的には，処分禁止の仮処分の登記がされることにより，この仮処分の登記に対抗できない仮処分登記後の第三者の登記を無視し，本案訴訟の被告を仮処分債務者のみに恒定すれば足りるという効力である。

　ところで，本問においては，登記請求権保全のための処分禁止仮処分の効力が問題とされるから，以下においてその制度の概要を説明し，その効力を検討する。

(1) 旧法下における処分禁止仮処分

　民事保全法施行前の旧法下（旧民訴758条3項）においては，処分禁止の仮処分の執行方法や効力について明文の規定がなく，その運用・解釈は，判例や登記実務に委ねられていたが，仮処分に抵触する第三者の登記の抹消に際して，その内容によっては過大な効力が与えられる等の問題があった。例えば，抵当

権設定登記請求権を保全する場合に，本来であればその登記順位を確保するだけで足りるところ，その後，所有権移転登記や後順位の抵当権設定登記がされた場合，債権者が執行するに際して，第三者への所有権移転登記がされていると，仮処分の債務者と登記名義人が異なることから，これを合わせるために当該所有権移転登記を抹消せざるを得ないし，また，後順位に設定された抵当権についても，登記簿上，仮処分は甲区にされていて，乙区には債権者の登記順位を確保する手続がされていないため，その登記順位を確保するためには，当該後順位の抵当権設定登記を抹消せざるを得ないというものである。さらに，上記のように登記を抹消される第三者には，すでに仮処分の登記によって予告されているという理由から，当該登記を抹消される際には，これを知る機会が与えられていない点も問題とされていた。

(2) **民事保全法における処分禁止の仮処分**

(a) 処分禁止の仮処分の効力等

民事保全法は，不動産の登記請求権を保全するための処分禁止の仮処分について，まず民事保全法58条においてその効力を定める。すなわち，同条1項，2項において，民事保全法施行前の運用と同様，仮処分債権者との関係で，当事者恒定効の内容を仮処分登記と抵触する限度で対抗できるものとし，その本登記をする場合は，第三者に対する債務名義なくして仮処分登記に抵触する登記を抹消することができること，また，この効力を得るためには，債務者に対する債務名義を取得する場合のほか，当事者双方の共同申請が許されること，同条3項において，保全仮登記の後に第三者の登記がされている場合，保全仮登記の効力を援用するには，これに基づく本登記をする方法によること，同条4項において，不動産の使用若しくは収益をする権利（所有権を除く）又はその権利を目的とする権利の取得に関する登記で，保全仮登記併用型の処分禁止の仮処分に後れるものについては，同一の不動産について両立させることができないことから，抹消することができるものとしたことである（この場合以外の第三者の登記については，保全仮登記の場合には同条2項のような規定がない以上，抹消することはできない）。ここで「後れる登記」とは，前記の「抵触する登記」を意味するものであり，単に処分禁止の仮処分の後にされた登記という意味ではない。そして，これらの効力を実現させるための手続として，民事保全法53条

において，不動産の登記請求権を保全するための執行方法等について定める。すなわち，同条1項において，すべての登記請求権について処分禁止の登記をすること，同条2項において，所有権以外の権利の保存，設定又は変更の登記請求権を保全する場合は，処分禁止の登記とともに保全仮登記を併用する方法によること，さらにその手続については同条3項において，民事保全法47条2項及び3項を準用し，発令裁判所が保全執行裁判所となって裁判所書記官が登記の嘱託をすること等である。

なお，この仮処分の登記は，不動産登記法3条に定める「処分の制限」であり，民法177条にいう「変更」に該当するものとして，対抗要件の登記と解されている（最判昭30・10・25民集9巻11号1678頁，最判昭30・12・26民集9巻14号2114頁，最判昭43・11・19民集22巻12号2692頁，最判昭45・9・8民集24巻10号1359頁）。

(b) 第三者の保護

登記を抹消される第三者の保護に関しては，民事保全法59条において，仮処分債権者は，登記の抹消に先立ち，当該登記権利者（第三者）に対し，その旨を通知すべきことを定めている。この通知は，第三者において抹消登記の回復を速やかに行使できるよう定められたものであるが，実体上の効力発生要件ではなく，第三者に対する債務名義なくして第三者の登記の抹消をするための手続的要件とされている。

(c) 仮処分命令の更正等

上記のとおり，保全仮登記の効力を援用するには，これに基づく本登記をする方法による（民保58条3項）が，仮処分命令発令時において，被保全権利の表示に正確性を欠き，本案の権利と同一ではあるが，その表示が異なる場合，例えば，その契約年月日の食い違い等双方の権利の表示が一致しない場合には，本登記を申請しても，登記官には実質的な審査権がないことから，保全仮登記に基づく本登記をすることはできず，申請は却下されることとなるため，民事保全法60条は，保全発令裁判所において，仮処分命令の被保全権利の表示と本案の権利との間に実質的な同一性があると認められる場合に限り，仮処分命令の被保全権利と保全仮登記の表示を更正することができることを定める。具体的には，債権者の申立てにより保全裁判所において更正決定を行い（民保60条1項），この決定が確定したときは，裁判所書記官において保全仮登記の更正

を嘱託しなければならず（同条3項），これにより保全仮登記が更正されると，債務名義の権利と一致し，保全仮登記に基づく本登記をすることができるものである。

なお，本案訴訟においては，一般的には仮処分がされていることを考慮する必要はないとされるが，保全仮登記がされている場合は，例外的に，本案の債務名義に当該保全仮登記に基づく本登記をすべき旨の記載が必要である。これは，その旨の記載がなければ，登記官には権利内容の判断ができず，登記ができないためであるとされる。

〔2〕 仮処分債権者に対抗できない権利について

処分禁止の仮処分の登記の後に債務者又は第三者がした登記に係る権利の取得又は処分の制限は，仮処分債権者に対抗できない（民保58条1項）。したがって，これらの権利の取得等は，仮処分債権者において仮処分登記を実現する本登記をする際，当該本登記に係る権利の取得等と抵触する限度において，当該第三者に対する債務名義がなくとも抹消することができるが，どのような場合に抵触が生じるかについては実体法規の解釈に委ねられている。

なお，仮処分登記後にされた第三者の権利の消滅に係る登記は，当該仮処分登記に抵触しない。権利が消滅し，その登記が抹消されるなら，対抗の問題自体が生じないからである。

(1) 法令上抵触しないことが明らかな登記

破産手続開始，民事再生手続開始，更生手続開始又は企業担保権の実行手続の開始の各登記がされた場合には，破産手続開始等の決定により他の処分の制限は効力を失う（破42条2項，民再39条1項・184条，会更50条1項，企業担保法28条）から抵触しない。ただし，これは債務者について破産手続開始決定がされた場合であり，処分禁止の登記後，第三者に所有権が移転され，その第三者に破産手続開始決定等がされた場合には，その所有権移転自体が抵触することになるため，この所有権移転を前提とする破産手続開始の登記等は抵触するものと扱われる。

なお，破産手続開始決定前の保全処分（破28条），再生手続開始前の保全処分（民再30条），更生手続開始前の保全処分（会更28条）については，他の処分の制

限を執行させないので抵触するものと扱われるが，破産，民事再生又は会社更生で他の手続の中止命令が発令されたような場合（破24条，民再26条，会更24条）は抵触しないこととなる。

(2) 抵触する第三者の権利

所有権移転登記請求権を被保全権利とする処分禁止の登記がされた後，所有権移転登記，当該所有権に対する処分制限の登記（差押え，仮差押え，仮処分の登記等），新たな他物権の保存・設定の登記がされた場合は，これらの登記に係る権利の取得等は仮処分債権者の所有権取得に抵触する。この「設定」には，権利の分量的な範囲の増加，例えば，根抵当権の極度額の増加等が含まれる。これに対し抵当権移転登記請求権を被保全権利とする処分禁止の登記がされた後，所有権移転登記，当該所有権に対する処分制限の登記，新たな他物件の保存・設定の登記がされた場合は，これらの登記に係る権利の取得等は仮処分債権者の抵当権取得に抵触しない。これは，処分禁止の登記の対象となっているのが，当該抵当権のみであることによる。

ところで，所有権移転登記請求権を被保全権利とする処分禁止の仮処分の登記がされた後，上記(1)の法令上の場合以外において，権利の取得又は処分の制限に係る登記がされたとしても，仮処分債権者の所有権取得に抵触しない場合がある。すなわち，処分禁止の登記の後にされた登記が，その処分禁止の登記の前にされた登記を基礎とするものである場合である。例えば所有権移転登記請求権を保全するための処分禁止の登記がされる前に抵当権設定登記がされており，当該処分禁止の登記の後に，この抵当権の移転の登記やこの抵当権に基づき競売開始決定による差押えの登記がされている場合であるが，これは，処分禁止の登記前の抵当権は仮処分債権者に対抗できるものであり，その抵当権を前提とする権利の取得又は処分の制限であるから，同じく仮処分債権者に対抗できるものであることによる。

(3) 本問における根抵当権の譲渡と仮処分の登記の関係

本問で譲渡される根抵当権は，処分禁止の登記より以前に登記されていたものであるから，上記(2)で説明したとおり，仮処分債権者に対抗できるものであり，当該処分禁止の登記に抵触しないこととなる。

［上坂　俊二］

第9章

書記官事務に関するQ＆A

Q63 | 保全命令・保全執行における書記官事務(1)

下記事項における書記官事務について説明しなさい。
(1) 受付
(2) 審理（期日呼出し，調書等）
(3) 裁判（担保，解放金，決定書の作成）

A

　民事保全事件の手続における裁判所書記官の役割は，保全命令発令段階においては民事訴訟の判決手続と同様，また，保全執行段階においては，保全命令発令裁判所が保全執行裁判所を兼ねる場合には，民事訴訟の執行手続と同様，裁判官の訴訟指揮の包括的な委任や裁判所書記官固有の権限に基づき，申立ての類型等に対応する事務処理を適切に行うことにあると考えられる。そこで，ここでは，Q64とともに，保全命令の申立て等の手続について，裁判所書記官の事務処理について説明する。

〔1〕 保全事件の受付事務

　民事保全申立書（民保規1条，民保13条）及び添付書類（民保規20条）が提出されると，裁判長はその審査を行うが（民保7条，民訴137条1項），実務上は，受

付を担当する裁判所書記官が迅速な審理及び裁判を目的として，管轄，当事者能力，代理権及び貼用印紙額等の形式的要件のほか，申立ての趣旨及び理由の記載や疎明との対応といった実体的要件についても一応の審査を行い，必要に応じ，申立書の補正の促し（民保規6条，民訴規56条）をする運用が定着しているものと考えられる。

(1) 形式的要件の審査

(a) 管　　轄

(イ) 形式的審査にあたり，特に留意しなければならないのは管轄である。管轄のない裁判所が保全命令を発令したときは，その瑕疵が治癒されない限り，保全異議の申立てにより，管轄違いのみを理由にその命令は取り消されることとなるからである（京都地判昭41・12・21判時479号52頁）。

保全命令事件の管轄は専属管轄であり（民保6条），合意管轄（民訴11条），応訴管轄（民訴12条）又は併合管轄（民訴7条）の規定は準用されない（民保7条，民訴13条）。管轄違いがあれば，裁判所は必ず移送しなければならない（民保7条，民訴16条）が，移送決定をした場合，債務者に対してもその決定謄本を送達するため（民保7条，民訴21条），保全手続の密行性・迅速性を損なうこととなる。そのため，当事者は，裁判所の示唆により保全命令の申立てを取り下げ，改めて管轄裁判所に申立てを行うのが通例であり，移送される例はほとんどないとされている。

(ロ) 保全命令事件の管轄裁判所は，①本案の管轄裁判所又は②仮に差し押さえるべき物若しくは係争物の所在地を管轄する地方裁判所である（民保12条1項）。ここで本案とは，保全命令事件における被保全権利又は法律関係の存否の確定を目的とする訴訟をいい，その係属中の第一審裁判所又は控訴審係属中であれば控訴裁判所が管轄権を有する（民保12条3項）。本案について控訴提起がされ，訴訟記録が第一審裁判所に存在する場合は，第一審裁判所も管轄を有すると解すべきであるが，この見解によらない場合でも，仮に差し押さえるべき物若しくは係争物の所在地を管轄する地方裁判所（民保12条1項）として，当該第一審裁判所が管轄を有する余地もあろう。

なお，上告審に本案が係属する場合は，当該事件の第一審裁判所が管轄裁判所となるが，上告提起後，その手続中で一件記録が上告裁判所に送付されてい

ない間は，上告審への移審の効果が生じていないので，控訴審裁判所が管轄を有する（最決昭52・2・28判タ357号216頁）。

(ハ) 家事審判事項に係る保全命令の申立てについて，離婚成立後の財産分与請求権（民768条）等，その権利の確定が家庭裁判所の審判事項であるものを本案とする場合は，民事訴訟の本案を提起することができないことから，民事保全の申立てをすることはできない。また，離婚に伴う財産分与請求権については，人事訴訟を本案とする保全命令事件の管轄が「本案の管轄裁判所又は仮に差し押さえるべき物若しくは係争物の所在地を管轄する家庭裁判所」（人訴30条2項）であるため，地方裁判所に民事保全の申立てをすることはできない。

なお，離婚に伴う慰謝料請求権を被保全権利とする場合は，本案が係属すべき裁判所として，地方裁判所に民事保全の申立てをすることができるが，本案において離婚の請求と同一の訴えで慰謝料の請求ができる場合は，家庭裁判所に民事保全の申立てをすることができる（民保12条1項，人訴30条2項・17条1項）。

(ニ) 仮に差し押さえるべき物又は係争物の所在地とは，有体物であればその物の所在地であり，債権の場合には，第三債務者の普通裁判籍の所在地である（民保12条4項本文）。債権が物の引渡を目的とする債権又は物上担保権付債権であれば，その物件の所在地，その他の財産権で登記・登録を要するものについては，その登記・登録地である（民保22条3項ないし5項）。

なお，仮差押命令申立てについて，本案の管轄裁判所においては，他の裁判所の管轄区域内にある目的物についても保全命令を発令することができるが，目的物の所在地を管轄する地方裁判所においては，他の裁判所の管轄区域内にある目的物をあわせて仮差押えをすることはできないと解される。これに対し，動産については，目的物を特定しないで仮差押命令を発令することができる（民保21条但書）から，保全すべき請求債権額に満つるまで，全国のどこであっても債務者所有の動産の所在する地の地方裁判所に所属する執行官に仮差押えの執行申立てをすることができる。

(ホ) 詐害行為取消請求権を被保全権利として不動産の処分禁止仮処分を求める申立てについて，本案訴訟においては，受益者と転得者を共同被告として，目的不動産について抹消登記請求訴訟を提起することが考えられるところ，上記のとおり，保全命令事件では併合管轄の規定の適用はないから（民保6条，民

訴13条・7条)，受益者と転得者の双方を債務者として申立てをするには，これらの者双方について管轄が認められるか，そうでなければ，これらの者を共同被告として当該裁判所に訴えを提起したことを証する本案裁判所の受理証明書を添付する必要がある。また，取消しによって形成されるべき法律関係についての義務履行地は，債務者の住所地ではなく，取戻しを求める財産の返還義務の履行地である目的物の所在地とされている（東京高決40・1・28下民集16巻1号133頁）ことに留意する必要がある。

(ヘ) 近時，申立増加傾向が顕著とされるインターネットの掲示板の投稿記事に関する仮処分については，投稿者の特定のための仮処分と投稿記事の削除を求める仮処分があるので，それぞれについて検討を要する。

まず，投稿者の特定のための仮処分は，プロバイダ責任制限法4条1項に基づく発信者情報開示請求権を保全するため，①掲示板運営会社に対する発信者情報（IPアドレスとタイムスタンプ）の開示を求めるもの，又は②経由プロバイダに対する投稿者の住所氏名等の消去禁止を求めるものの2つがある。これらの本案訴訟は，財産権上の訴えにも不法行為に関する訴えにも該当しないので，仮処分事件については，債務者の普通裁判籍の所在地にのみ管轄が認められる。

次に，投稿記事の削除を求める仮処分については，その本案は，人格権としての名誉権に基づく差止請求であると考えられるところ，これを不法行為に関する訴え（民訴5条9号）にあたると解し（最判平16・4・8民集58巻4号825頁参照），結果発生地は名誉を侵害された債権者の住所地として考えることができる。したがって，債務者の普通裁判籍のほか，債権者の住所地を管轄する裁判所にも管轄が認められる。

(b) 当事者の表示

(イ) 当事者の特定には，自然人の場合はその氏名及び住所を，法人の場合はその名称及び本店又は主たる事務所の所在地を記載するが，これらによっても十分に特定できない場合は，必要に応じ，通称，商号等で特定しなければならない。また，債務者の住所や氏名について，疎明資料として提出されている処分証書や不動産登記事項証明上の表示と一致しない場合は，その同一性を住民票等の公的資料で確認する必要がある。

■記載例——サービサーを債権者とする当事者の表示

委託者の住所及び名称	大阪市○○区○○町○丁目○番○○号
	○○銀行株式会社
大阪市○○区○○町○丁目○番○○号	
債権者	××債権回収株式会社
同代表者代表取締役	×　×　×　×
同訴訟代理人弁護士	×　×　×　×

　(ロ)　法定訴訟担当の場合において，①債権者代位（民423条）による申立てについては，債権者（申立人）は，実体法上の債務者（被代位者）の権利を代位行使しているにすぎず，登記権利者は被代位者であるから，登記権利者・義務者・債権者目録は，それぞれ被代位者・保全命令申立ての債務者・同債権者を表示する。また，②破産管財人が債権者である場合は，その肩書地として，当該管財人弁護士の事務所所在地を表示する。さらに，③いわゆるサービサーが債権者である場合は任意的訴訟担当（サービサー法11条1項）であるから，その委託関係を明らかにするため，上記記載例のとおり表示する取扱いがされている。上記①と同様，登記権利者・義務者目録には，実体法上の権利者である金融機関等を表示することに留意する必要がある。

　なお，サービサーが行う簡易裁判所以外の裁判所における民事訴訟手続，民事保全の命令に関する手続及び執行抗告（民事保全の執行の手続に関する裁判に対する執行抗告を含む）に係る手続については，弁護士に追行させなければならない（サービサー法11条2項）。

　(ハ)　当事者が訴訟能力を有しない場合は，法定代理人が申し立て，又はこれに対して申立てがされるので（民保7条，民訴31条・35条），訴訟追行者を明らかにするため，申立書にはその者の氏名及び住所を記載しなければならない。また，法人の代表者氏名についても同様であるが，保全命令の送達は法人の所在地に対してされるので，代表者個人の住所を記載する必要はない（民保7条，民訴37条参照）。

　なお，訴訟代理人についても，訴訟追行者を明らかにするために記載しなけ

ればならないとされている。

(ニ) 保全命令の申立書における当事者の表示は，訴状における必要的記載事項と同旨のものであるから，その記載を欠き，又は，不明確な記載がされた場合，裁判官は補正命令を発し，債権者がその補正をしない場合は，申立書却下命令をすることになる（民保7条，民訴133条2項・137条1項・2項）。

(2) 実体的要件の審査
(a) 申立ての趣旨
　申立ての趣旨は，いかなる種類，態様による保全命令を求めるかという結論の表示である。この表示は，申立てが認容された場合の主文の表示に対応するので，発令される場合の保全命令の主文例を参照しながら審査するのが相当である。

(b) 申立ての理由
　申立ての理由は，「保全すべき権利又は権利関係（被保全権利）」と「保全の必要性」からなり，この両者を明らかにして記載しなければならないから（民保13条1項），裁判所書記官としては，これらに該当する事項が具体的に特定され，また，これを理由づける事実が記載されていることを審査することになる。ただし，保全処分の緊急性，迅速性の要請から，事務処理に遅滞を生じさせないよう配慮する必要があるから，疑問点等があれば付せん等により明らかにした上，裁判官に判断を委ねる扱いが相当であろう。

(イ) 被保全権利　仮差押え又は係争物に関する仮処分については保全すべき権利が，仮の地位を定める仮処分については保全すべき権利関係が，それぞれいわゆる要件事実に沿って記載されていることが必要である。また，債務者から主張されることが予想される抗弁事実に対する反論についても，裁判所が担保の金額や適正な処分を決定するとともに充実した審理を行うために，記載が必要とされていることに留意しなければならない。

(ロ) 保全の必要性　仮差押えについては，債務者の責任財産が濫費，廉売，毀損，隠匿，放棄などによって量的又は質的に財産価値の減少を来すおそれがあったり，担保権を設定したり，換価しがたい財産ばかりにする，債務者の逃亡や度重なる転居等によって執行に事実上の障害を及ぼす等の事情（民保20条1項参照）が具体的に記載されているかを確認する。さらに，仮差押えの目的

物の相当性については，発令により，債務者が被る打撃のより少ない物件について認容すべきであるとされている点にも注意を要する。すなわち，仮差押えの目的物が債権である場合は，第三債務者に債務者が仮差押えを受けたことが知られ，取引先との間で信用不安が生じたり，さらに預金債権であれば，取引金融機関との間で期限の利益を喪失したりすることが考えられ，また，営業中の会社の商品等の動産を仮差押えする場合は，債務者の営業活動に支障を来したりすることも考えられるから，一般的には，仮差押えの目的物が債権や動産である場合には，不動産である場合より，より慎重にその必要性を判断すべきであるとされている。ただし，具体的な判断にあたっては，債権者の主張，疎明を待つほかないとされ，また，実務上は，債権者として通常把握しうる資産状況として，債務者の本店所在地又は住所地の不動産登記事項証明書により，その資産状況や保全余力について審査すべきものとされている。

　係争物に関する仮処分については，その特定物の現状の変更が問題であるから，仮差押えのように，債務者の責任財産の有無や減少ということは問題とならない。したがって，債務者その他の者により係争物について毀損，隠匿，占有移転，譲渡，担保権設定などがされ，又は係争債権が取り立てられて消滅する危険がある場合等が徴証事実として現れているかどうかについて審査することになると考えられる。

　仮の地位を定める仮処分については，その必要性は多種多様であり，事案ごとに検討を要することになる。

(3) 疎明書類，添付書類等

(a) 書　証

　債権者は，保全命令の実体的要件である被保全権利及び保全の必要性について疎明しなければならない（民保13条2項）。疎明の対象はこれらを基礎づける具体的事実であるところ，被保全権利については原則として本案訴訟において債権者が立証責任を負担する事実であり，保全の必要性については上記(2)(b)(ロ)に該当する事実である。また，債務者審尋を行わない事件においては，債務者から主張されることが予想される抗弁の不存在とその再抗弁まで疎明する必要があることに留意しなければならない。

　なお，保全命令申立書の申立ての理由において，被保全権利又は権利関係及

び保全の必要性を具体的に記載し，かつ，立証を要する事由ごとに証拠を記載しなればならないとされ（民保13条2項，民保規13条2項），各主張事実に対応する証拠には「……（甲1）。」等と付記されることが予定されており，さらに「申立ての理由」の記載の後には，「疎明方法」として，疎明書類の号証番号及びその書類の表題が番号順に記載されることが通常であるから，審査にあたってはこれらの記載を参考にすることができる。

(b) 添付書類等

保全命令の申立書には，民事保全規則20条各号に掲げる書面を添付しなければならない（民保規20条・23条）。さらに，一般的に必要とされる書類として，法人の代表者事項証明書，訴訟代理人の訴訟委任状等があり，これらの添付書類は申立書に表示されるので（民保規6条，民訴規2条1項3号），その有無等について確認することになる。

なお，①当事者が法人であれば代表者の資格証明書が必要であるところ，実務上は，会社の規模等が保全の必要性判断の一助となるので，現在事項全部証明書の提出が望ましいこと，②第三債務者については代表者事項証明書で足り，仮差押えの目的が銀行の支店口座の預金債権であって，仮差押え命令の送達場所が支店である場合は，当該支店については，現在の取扱いでは，当該第三債務者の公式ホームページに掲載されている支店一覧を印刷した書面又は登記情報オンライン公開制度によって提供された登記情報を印刷した書面のいずれでも差し支えないものとされていること，③不動産登記事項証明書に共同担保目録が省略されていることが窺える場合は，改めて共同担保目録付の不動産登記事項証明書の提出を要すること，④上記①及び不動産評価証明書については，申立ての日の少なくとも3ヵ月前，上記②については同じく1ヵ月前までに作成されたものの提出を求めること等について注意する必要があろう。

(c) 手数料

保全命令申立ての手数料は2000円の定額制である（民訴費3条1項別表第1の11の2のロ）。ただし，申立書が一通であっても，複数の申立てを含む場合は複数の申立手数料納付義務が生じるところ，申立ての個数は，①申立事項の数（客観的併合），②債権者又は債務者の数（主観的併合）を基準として認定することになる。具体的には，①申立事項について，仮差押えは，被保全債権の併合の有

無，仮差押債権，物件，第三債務者の数にかかわらず，一個とし，仮処分は，原則として一個とするが，申立ての趣旨からまったく別個の複数の紛争関係についてそれぞれ必要な処分を求めていると認められるとき（数個の契約に基づき，異なる物件に数個の仮処分を求める場合等）は数個と考え，それぞれ手数料納付義務が生じる。また，②債権者又は債務者が複数の場合は，原則としてそれぞれ数個の手数料納付義務を生じるが，例えば，主債務者と連帯保証人に対する仮差押命令申立てや，数人の共同占有者を債務者とする仮処分命令申立てのように，債権者にとって経済的利益が事実上同一である場合は，民事訴訟法9条1項但書を類推し，手数料納付義務は一個と解するのが相当であろう。

〔2〕 保全事件の審理

保全命令事件の審理は，常に決定手続で行われ（民保3条），民事保全の暫定性や緊急性等の特質から，被保全権利や保全の必要性は，疎明で足りるとされている（民保13条）。その審理については，民事訴訟法，民事訴訟規則の規定が準用され（民保7条，民保規6条），また，審理方法については，書面審理，審尋及び任意口頭弁論があるが，どの方式によるか，あるいはどのように組み合わせるかは，密行性の存否，緊急性の度合や発令によって債務者が被るべき打撃の度合等により，裁判所が自由な裁量により定めるものとされる。ただし，仮の地位を定める仮処分については，原則として，口頭弁論又は債務者が立ち会うことができる審尋の期日を経なければならない（民保23条4項本文）。

なお，実務上，仮差押命令及び係争物に関する仮処分命令の審理においては，密行性の要請があることや，その目的が現状維持にあること等により，書面審理又は債権者審尋（口頭による債権者面接）に基づいて行われ，債務者審尋や口頭弁論が行われることはほとんどないとされる。これに対し，仮の地位を定める仮処分においては，その発令がされると，債権者には仮にとはいえ現実の満足を与えることになる反面，債務者には著しい損害を与える可能性が高いので，その審理においては，口頭弁論又は債務者審尋を行うべきこととされる（民保23条4項）。ただし，実務上，口頭弁論が行われることはほとんどないとされているので，ここでは，主として債務者審尋が行われる場合の書記官事務について，その留意点を説明する。

(1) 債務者審尋

裁判所は，申立書等により，形式的要件，訴訟要件の具備を確認し，実体的要件としての被保全権利及び保全の必要性について審理を行った上，一応の心証が得られた場合は，その緊急性等を考慮し，一般的には申立ての日から1週間後（3日から10日までの範囲内）の日を審尋期日として指定して債務者を呼び出すことになる（民保23条4項）。

(a) 期日の呼出し

(イ) 期日は双方審尋とするのが一般的であり，その呼出しは，相当と認める方法によることができる（民保規3条1項）。具体的には，債権者に対しては，債権者面接を行った際に口頭により告知し，又は電話等で連絡して期日請書の提出を受ける取扱いである。また，債務者に対しては，呼出状を普通郵便の速達により送付する取扱いが一般的である。

(ロ) 裁判所書記官は，期日の呼出しの手続をしたときは，その旨及び方法を記録上明らかにしなければならない（同条2項）。具体的には，相当と認める方法による呼出しを行ったときは，呼出しをした旨及びその方法を簡易呼出一覧表等の書式を利用して記載し，書記官が押印する取扱いである。

(b) 書面の直送

(イ) 債務者に呼出状を送付する旨の通知を裁判所から受けた場合，債権者は，すでに提出している仮処分命令申立書等の主張書面や書証等について，債務者に直送しなければならない（民保規15条）。具体的な運用例として，大阪地方裁判所第1民事部（保全部）では，債権者による上記主張書面等の送付は，裁判所が呼出状を送付する日と同日となるよう調整して行う取扱いであり，かつ，債権者に対し，送付書面に仮処分命令事件の事件番号等を記載した裁判所のメモを交付してこれを同封するよう指示し，債務者が期日指定前の審理の経過内容を了知して期日に向けた準備ができるよう配慮している。

(ロ) 上記(イ)による主張書面等は，期日指定がされる前にすでに提出され，裁判の資料となった書面であるから，仮に債権者による上記債務者への直送がされなかったとしても，裁判の資料とすることは妨げられない。すなわち，債権者による上記主張書面等の債務者への直送は，上記のとおりもっぱら債務者の手続上の利益を図るためのものであって，一定の手続上の効果等を生じさせる

ものではないから，裁判所において，債務者に対し，直送を受けた書面について受領を証する書面を提出させる必要はないとされている。ただし，債務者において直送を受けていないことが判明したときは，審尋期日等において，当該書面を債権者に交付させたり，債務者に閲読させたりして審理を行うことも考えられる。

(ハ) 当事者は，口頭弁論の期日又は債務者を呼び出す審尋の期日が指定された後に主張書面を提出し，又は書証の申出をするには，これと同時に相手方の数の分の写しを提出すべきものとされており，裁判所書記官は，相手方に対し，遅滞なくその写しを送付する（民保規14条）とともに，記録上，その旨及び送付年月日を明らかにしておくべきことが予定されている。ただし，民事保全の手続においては，主張書面の送達は必要的ではなく，上記のように送付で足りるとされていること，書証の写しについては，直送をすることができるとされていること（民保規6条，民訴規137条2項）等から，実務上は，これらの書面等について直送をする運用が広く行われており，定着しているものといえる。また，このような直送による場合において，相手方から受領したことを証する書面を提出させる必要のないことは上記(ロ)と同様である。

なお，主張書面や書証について当事者間において直送がされた場合，裁判所書記官がその送付をすることは要しない（民保規6条，民訴規47条3項）。

(ニ) 主張書面や書証等の直送を困難とする事由その他相当とする事由があるときは，当事者は，裁判所に対し，相手方への送付を裁判所書記官に行わせるよう申し出ることができる（民保規6条，民訴規47条4項）。実務上は，当事者が直送の運用等を理解した上，なおこの申出をしているのであれば，その事由について厳格な解釈をすることなく，これを認めて差し支えないとされている。この場合，裁判所書記官は，相手方に対し，遅滞なくその写しを送付する（民保規14条）とともに，記録上，その旨及び送付年月日を明らかにしておくことになる。

(c) 期日調書

(イ) 口頭弁論期日が開かれた場合，証人，鑑定人若しくは当事者本人の陳述又は検証の結果については，裁判長の許可を得て省略することができる（民保規7条1項）。

(ロ) 審尋期日については，保全命令の申立て又はこれを却下する裁判に対する即時抗告の申立ての手続における調書は，裁判長が記載を命じたときを除き，作成することを要しない（民保規8条1項・2項）。その理由として，保全命令の申立段階での審尋とは，当事者審尋（民保7条，民訴87条2項），釈明処分としての「当事者のため事務を処理し，又は補助する者で，裁判所が相当と認めるもの」（以下「準当事者」という）の審尋（民保9条）のほか，参考人の審尋（民保7条，民訴187条）を含むが，この段階の審尋は任意的なものであり，かつ，審尋は無方式で適宜の方法で行えば足りることから，審尋期日を開いたことや，期日の方式が遵守されたことを記録する目的で調書を作成する必要はなく，また，提出のあった主張書面や書証等の訴訟資料は，記録に綴り込めば足りること等であるとされる。これに対し，保全命令発令の可否やその内容に影響を及ぼす事項について記録上明らかにする必要があるときや，和解，書面を作成しないでした裁判，口頭による付随的申立て等があったとき等には，調書の作成が必要であると考えられる。

(ハ) 口頭弁論期日や審尋期日における当事者本人，準当事者や参考人等の陳述の結果を省略する場合，裁判長又は当事者の申出があるときには，これらの陳述を録音し，当事者の申出に応じてその録音体の複製を許すことで，調書省略による審理促進と適正な手続の保障との調和を図ることとしている（民保規7条2項）。この録音体は，当事者の裁判上の利用に供するために，調書記載を省略された内容を録音するものであるから，録音体の録音を調書の記載に代える（民訴規68条1項参照）場合や，録音体を調書に引用する（民訴規69条参照）場合とは異なり，事件記録の一部となるものではない。したがって，事件記録とともに保管する必要はなく，通達においても，例えば，録音に係る事件が決定により終了したときは終了の日から1年，和解又は取下げにより終了したときは終了の日から2週間等として，事件記録とは別の保管期間が定められている（平16・3・5最高裁民2第97号民事局長，家庭局長及び総務局長通達「民事保全の手続における録音体の利用，調書の様式等について」第1の1(2)イ参照）。

(ニ) 調書記載の省略の手続について，裁判長は，当事者に録音及びその複製の機会を与えるため，原則として，証拠調べの期日において事前に省略の許可をしなければならないが，裁判所書記官が調書作成の補助手段として録音体を

利用し，証人等の陳述を録音していた場合は，証拠調べ実施後に省略を許可し，その録音は裁判長の命令によって行ったものとして取り扱って差し支えないとされる。

〔3〕 裁　　　判

　保全命令の申立てが適法と認められた場合，裁判所は，債権者に担保を立てさせて，若しくは相当と認める一定の期間に担保を立てることを保全執行の実施の条件として，又は担保を立てさせないで保全命令の発令をする（民保14条1項）。ただし，実務上はほとんどの事件について担保を立てさせている扱いである。ここでは，担保決定，解放金及び決定書の作成における裁判所書記官の事務処理について，その概要を説明する。

(1) 担保決定

　(a) 担保決定は，担保額，担保提供期間をその内容とするが，債権者が支払保証委託契約の方法による立担保の許可（民保4条1項，民保規2条）を申請している場合は，同時に許可の裁判がされることになる。担保決定の裁判は，一般には，事件記録表紙の裏面等に上記決定の書式が印字されており，ここに裁判官が金額等を記入して担保決定とする取扱いである。担保決定がされると，裁判所書記官はその内容等を債権者に告知するが，その方法としては，同決定が債権者面接後直ちに行われる場合は口頭により，そうでない場合は電話等により行った上，告知の旨を記録表紙裏の書式部分に記入し，記録上明らかにする取扱いである。

　(b) 債権者は，上記担保決定に従い，担保を提供した上，保全命令裁判所に対し，その事実を証明するが，裁判所書記官は，立担保の提供が供託の方法であれば，債権者が提出する供託書正本の記載内容について誤りのないことを審査することになる。

　(c) 提出された供託書正本について，供託場所（原則として，担保を立てることを命じた裁判所又は保全執行裁判所の所在地を管轄する地方裁判所の管轄区域内の供託所であるが（民保4条1項），供託の場所の特例（裁判所の許可を得た上でする，いわゆる管外供託）が認められている（民保14条2項）），供託者や被供託者の住所氏名，供託金額又は法令条項等の重要部分に誤りがある場合には，担保提供がされたものと認

めることはできないから、債権者は、供託所において供託書の訂正が可能であればこれを行い、これができない場合は、保全命令裁判所に対し、供託書不受理証明申請（民訴費7条別表第2の3所定の手数料として収入印紙150円の納付を要する）をして、同証明書により法務局において供託金を取り戻し、改めて供託を行って供託書正本を提出することになる。

(d) 立担保の提供が支払保証委託契約の方法であれば、債権者は、銀行等から支払保証委託契約を締結した旨の証明書の交付を受けて保全発令裁判所に提出するが、その内容に誤りがあれば担保提供がされたものと認められないことは上記(c)と同様であり、この場合、債権者は、速やかに契約締結機関で訂正をしてもらうか、再度契約の上、その証明書を裁判所に提出することになる。

なお、支払保証委託契約を締結する金融機関の店舗については、供託の場合と異なり、法文上地理的制限はなく、保全発令裁判所の管轄区域外の店舗との契約も認められている。

(e) 第三者による立担保は、民事保全法14条に定めはないものの、これを禁ずる規定もなく、さらに、これを認めても債務者に特段の不利益も生じないことから、実務上、供託、支払保証委託契約のいずれの方法によることも認められている。この場合、債権者は、供託の方法によるときは第三者供託の方法を希望する旨の上申書を提出して、又は支払保証委託契約を締結する方法によるときは「第三者による支払保証委託契約による立担保の許可申請書」を提出して、それぞれ保全発令裁判所の許可を受ける必要がある。

なお、第三者による立担保では、供託者又は保証委託者の表示が当該第三者名となることに留意しなければならない。

(2) 解放金

(a) 仮差押命令には、仮差押解放金額を定めることとされている（民保22条）。債務者が仮差押解放金額を供託することにより、これを仮差押えの目的物に代わるものとして取り扱い、一方で、当初の仮差押えの目的物を執行から解放して債務者に自由な処分を認め、債権者と債務者との間の利害の権衡を図ろうとするものである。解放金額は、被保全権利の額と同額とするのが通例であるが、その額が目的財産の価額よりも高額である場合には、目的財産の価額を基準とし、また、被保全権利の額よりも目的財産の価額が高額である場合には被保全

権利の額を基準とすべきであるとされる。その供託は金銭ですることが必要で有価証券や支払保証委託契約ですることは許されず，債務者以外の第三者が解放金の供託をすることもできない。

なお，特定の目的物について仮差押命令が発令された後に，同一の被保全権利に基づき，異なる目的物に対して申し立てられた場合の仮差押命令の解放金については，当該事件自体に仮差押解放金額を定めるとともに，「上記仮差押解放金と当庁平成〇〇年(ヨ)第〇〇〇〇号仮差押事件における仮差押解放金とを合計した金額が上記請求債権額を超えるときは，この供託は，当該超過する金額について，上記事件の仮差押決定における仮差押解放金の供託によってもすることができる。」等と付記する必要がある（先行する仮差押事件と新たな仮差押事件とで，本来の請求債権額（被保全権利の額）以上の解放金の供託が必要となるのは不合理であるから，その超過部分について共用が認められることとなる趣旨である）。

(b) 仮処分命令には，保全すべき権利が金銭の支払を受けることをもってその行使の目的を達することができるものであるときに限り，債権者の意見を聴いて仮処分解放金を定めることができる（民保25条）。仮処分解放金の額は，被保全権利の性質，内容，目的物の価額，その他の事情を考慮し，被保全権利が行使されたのと同価値の満足を債権者に与えることのできる額であるか否かという観点から決せられるべきとされる。仮処分解放金額を定めるにはあらかじめ債権者の意見を聴くこととされているから，裁判所書記官としては，意見聴取の事実を記録上明らかにするため，債権者からその旨の上申書が提出されていることに留意する必要があろう。

なお，仮の地位を定める仮処分については，仮処分解放金を定めることができないと解されている。

(3) 決定書の作成

被保全権利や保全の必要性の不存在を理由として保全命令申立てを却下する場合を除き，上記担保決定がされ，その後，担保提供の証明がされると発令の手続をするが，仮差押えや係争物に関する仮処分のように，口頭弁論や債務者審尋を行わない無審尋事件における保全命令については，裁判所書記官において決定書作成の準備をするのが一般的である。そこで，裁判所書記官は，担保提供の証明時までに，保全命令申立書について訂正が必要な場合にその旨の訂

正申立書の提出がされていること（決定に引用する目録類の提出を含む）や，債権仮差押えの場合に第三債務者に対する陳述催告の申立て（民保50条5項，民執147条1項）がされていることを確認する。また，仮差押えや仮処分の目的物が不動産である場合には，上記担保提供の証明時に，登記嘱託に必要な登録免許税（収入印紙）を受け入れる等の準備や確認をすることが必要である。

(a) 保全命令の申立てについての裁判の形式は決定である（民保16条，民保規9条1項）。決定書には，一般的事項として，①事件の表示，②当事者の氏名又は名称及び代理人（訴訟代理人を含む）の表示，③認容決定の場合には当事者の住所，④担保額及び担保提供方法，⑤主文，⑥理由又は理由の要旨，⑦決定の年月日，⑧裁判所の表示を記載する（民保規9条2項）。その他の記載事項を含む債権仮差押決定及び通常型の処分禁止仮処分決定の定型的な書式は，次のとおりである。

■書式例──債権仮差押決定

仮　差　押　決　定

当　事　者　別紙当事者目録記載のとおり
請求債権　別紙請求債権目録記載のとおり

　上記当事者間の平成〇〇年㈦第〇〇〇〇号債権仮差押命令申立事件について，当裁判所は，債権者〇〇の申立てを相当と認め，債権者〇〇に〇〇〇〇〇の担保を立てさせて，次のとおり決定する。

主　　文

　債権者〇〇の債務者〇〇に対する上記債権の執行を保全するため，債務者〇〇の第三債務者〇〇に対する別紙仮差押債権目録〇〇〇〇〇記載の債権は，仮に差し押さえる。
　第三債務者〇〇は，債務者〇〇に対し，仮差押えに係る債務の支払をしてはならない。
　債務者〇〇は，金〇〇〇〇〇円を供託するときは，この決定の〇〇執行の停

止又はその執行処分の取消しを求めることができる。
　　平成○○年○○月○○日
　　　　○○地方裁判所
　　　　　　裁判官

■書式例──不動産処分禁止仮処分決定（通常型）

　　　　　　　　　仮　処　分　決　定

　　当事者　別紙当事者目録記載のとおり

　　上記当事者間の平成○○年(ヨ)第○○○○号仮処分命令申立事件について，当裁判所は，債権者○○の申立てを相当と認め，債権者○○に○○○○○の担保を立てさせて，次のとおり決定する。
　　　　　　　　　　主　　　　文
　　債務者○○は，別紙物件目録○○○○○記載の不動産について，譲渡ならびに質権，抵当権及び賃借権の設定その他一切の処分をしてはならない。
　　平成○○年○○月○○日
　　　　○○地方裁判所
　　　　　　裁判官

(b)　上記いずれの決定書式においても当事者目録等の目録が引用されているところ，これらの目録は，迅速に決定をするため，当事者に提出を求め，これを利用して決定書を作成する運用が行われている。

(c)　前記(a)の「⑥理由又は理由の要旨」は，口頭弁論を経ないで決定をする場合には，理由に代えて理由の要旨を記載することができるとされており（民保16条但書），書式例にあるとおり，「債権者の申立てを相当と認め」といった概括的な記載で足りるものとされている。

(d)　仮差押命令においては，動産を除き，目的財産を特定して発すべきであ

り（民保21条），また，仮差押解放金額を定めること（民保22条）とされている。

(e) 仮処分命令においては，仮差押命令と異なり，民事保全規則22条（保全すべき登記請求権等の記載）の場合を除き，一般に被保全権利の表示をしないのが実務上の慣行である。

(f) 不動産に関する処分禁止の仮処分は，①不動産所有に係る登記請求権（通常型，民保53条１項），②所有権以外の権利（抵当権，地上権等）に係る登記請求権（保全仮登記併用型，民保53条２項），及び，③建物収去土地明渡請求権を保全する場合（建物収去土地明渡請求権保全型，民保55条１項）の３つの類型に分かれる。それぞれの類型によって執行方法や効果が異なるため，これらの保全執行が正しく行われるよう，②については保全すべき登記請求権及びこれを保全するための仮処分命令である旨を，③については建物収去土地明渡請求権を保全するための仮処分命令である旨を，その登記原因証書となる仮処分命令の決定書又はこれに代わる調書に記載しなければならない（民保規22条１項・３項）。具体的には，前文中に，保全仮登記併用型は「別紙登記目録記載の登記の請求権を保全するため」とし，建物収去土地明渡請求権保全型は「債権者の債務者に対する別紙物件目録記載の建物の収去及びその敷地の明渡請求権を保全するため」と記載するのが一般的である。

(g) 手続費用負担の裁判については，保全命令事件は本案とは独立した審理手続であることから，その決定においてすべきものであるが，実務上はされていない。その理由として，保全命令はその審級における事件を完結する裁判ではなく，これにあたる保全異議の裁判において，保全命令申立当初からの費用の裁判がされること等が指摘されている。

(h) 保全命令申立ての手続について決定をするには，口頭弁論又は審尋の期日において決定を口頭で言い渡し，その内容を調書に記載させて決定書に代えることができるとされている。いわゆる調書決定の制度である（民保規10条１項）。調書決定をする場合は，期日において言い渡された時に決定として成立する。すなわち，その期日において呼出しを受けた当事者との関係では，決定が口頭で言い渡されることによって効力を生じ，呼出しを受けなかった当事者との関係では，当該当事者に決定が告知された時（民保７条，民訴119条）に効力を生じる。ただし，保全命令に関する申立てについての決定は当事者に送達しなけれ

ばならない（民保17条・32条4項・37条8項・39条3項・41条4項）から，調書決定がされたときは，その調書の正本を送達することになる（民訴255条2項，民訴規159条2項参照）。上記のように期日において決定の言渡しを受けた当事者に対しても調書正本を送達するが，この送達は，決定の告知としての意味ではなく，当事者に対して裁判内容を確知させるために行うものであり，かつ，当該決定によって保全命令が発令された場合には，債権者に対して保全執行のための債務名義を与えるために行われるものである。したがって，保全執行期間（民保43条2項）は，債権者が調書正本の送達を受けた日から進行する。

なお，保全命令を発令する場合，上記のとおり，定型書式を利用し，債権者から提出される目録を添付して決定書を作成する取扱いが定着していることから，調書決定はほとんど活用されていないのが実態であるとされている。

(4) 決定正本の送達

(a) 保全命令に対する申立ての裁判はすべて決定による（民保3条）。決定の形式による裁判については，相当と認める方法により告知すれば足り（民訴119条），原則として送達を要しないが，保全命令（保全命令の申立てを認容する決定）については，当事者に送達しなければならない（民保17条）。

なお，保全命令を却下する決定については，民事保全法17条による送達の規定は適用されないものの，債権者の即時抗告提起期間（民保19条1項）の起算日を明らかにする必要上，送達によって告知すべきである。ただし，無審事件の債務者に対しては，密行性の要請が保持されていることから，告知は要しないこととされている（民保規16条1項）。

(b) 債権者に対する告知方法は，交付送達による場合のほか，大量の事件処理を一括して定型的に行う裁判所においては，債権者から請書の提出を受けて交付する取扱いもされている。この取扱いについては，請書には書記官による交付送達の実質が具備されていることや，事務の簡素化にも資することを理由に認められるものであるが，請書の提出を受ける際には，記載事項に漏れのないこと，作成日付に誤りのないことを十分に確認する必要があろう。

(c) 債務者に対する送達は，保全処分の密行性の要請から，①執行終了後に行うのが一般的であるが（民保43条3項），その徹底が困難であることが予想される場合，例えば，大量の事件処理を一括して行う裁判所においては，②債権

者に対する保全命令送達後，一律7日後（執行不能であることが判明した場合は送達を留保する）に行うとする例もある。また，執行官が執行機関となる動産仮差押え（民保49条），不動産明渡し等の断行の仮処分（民保52条，民執168条・169条）及び占有移転禁止の仮処分（民保62条・54条の2）の執行については，執行官による同時送達も可能である。さらに，債務者に対する送達によってその効力が生じると解される単純な作為不作為を命じる仮処分の場合については，発令後，直ちに送達を行うことになる。

(d) 債務者に対し，保全執行後相当の期間内に保全命令の送達がされない場合には，債務者は，違法な執行として，執行異議の申立てにより執行の取消しを求めることができるとされる（民保46条，民執11条）。

［上坂 俊二］

Q64 | 保全命令・保全執行における書記官事務(2)

下記事項における書記官事務について説明しなさい。
(1) 執行（保全仮登記の更正手続）
(2) 付随申立て（保全執行の取消し，起訴命令，担保の変換・取戻し）
(3) 保全異議・保全取消し

A

〔1〕 保全命令の執行

　裁判所書記官は，保全命令発令裁判所が保全執行機関となる場合は，執行手続を行う（民保2条3項）。民事保全の執行は，申立てにより裁判所が行う（民保2条1項）が，保全命令発令裁判所が保全執行機関となる場合には，保全執行の申立ては保全命令の申立てに含まれるものと解され，別途，執行申立てをすることは要しない（民保規31条但書参照）。

　保全命令の執行一般については本書別項に概要の説明がされているところ，ここでは，保全仮登記の更正登記手続における書記官事務について，その概要を説明する。

(1) 仮処分命令の更正

　債権者は，保全仮登記併用型処分禁止の仮処分（民保53条2項）による効力を援用するには，保全仮登記に基づく本登記をすべき旨が表示された債務名義により，当該保全仮登記の余白に本登記をすることになる（民保58条3項）。この場合，仮処分段階で主張していた権利の内容と本案の債務名義で表示された権利の内容について，両者が同一であれば問題なく本登記手続をすることができるのに対し，両者が異なる場合には，実質的に同一であったとしても，登記官には形式的審査権しかないことから，本登記の申請は却下される。そこで，両者の権利の表示が異なるときは，通常の更正決定（民保7条，民訴257条）の場合

よりも広く更正を認めて債権者を救済することとし，仮処分命令を発令した裁判所が，債権者の申立てにより，当該仮処分命令を更正する制度が設けられたのである（民保60条）。本登記までの手続の流れとしては，債権者は，①本案裁判所で権利の同一性が認定されたことを前提として仮処分命令の更正を申し立て，②保全命令発令裁判所が更正決定と保全仮登記の更正登記手続の嘱託を行って保全仮登記の内容と本登記すべき権利の内容とを一致させた後，③本登記を行うというものである。

なお，この更正は，本案の債務名義に基づいて本登記をすべき場合に行われるもので，当事者の共同申請によってすることはできない。

(2) 更正の手続

(a) 仮処分命令の更正の申立ては書面でしなければならず，申立書には，仮処分命令事件の表示，当事者の氏名又は名称及び住所並びに代理人の氏名及び住所及び申立ての趣旨及び理由を記載することとされる（民保規46条1項）。さらに，申立ての趣旨には，求める更正の内容を具体的に記載し，申立ての理由には，仮処分命令の本案において保全仮登記に基づく本登記をすべき旨の確定判決があったこと又はこれと同一の効力を有するものが作成されたこと及び仮処分命令中に記載された保全すべき登記請求権（民保53条1項・2項）の表示と本案の債務名義における本登記すべき権利の表示とが符合しないことを記載することになる。

(b) 申立書には，更正の申立てに係る仮処分命令の本案の債務名義の正本を添付しなければならない（民保規46条2項）。これは，仮処分命令を発令した裁判所が，保全仮登記の登記原因と本登記の登記原因とに不一致があることを認定するために必要となるからである。登記原因は，主文又は理由中の記載によって判断するが，主文において，保全仮登記に基づく本登記をすべき旨の記載があれば，本案裁判所は，保全仮登記の権利と本案の権利が同一である旨を認定していることになるので，仮処分命令発令裁判所としてはその判断に従うこととなる。

(c) 更正決定に不服のある当事者は即時抗告をすることができるが，この場合の即時抗告は，民事保全法19条1項によるものではなく，民事保全法7条による民事訴訟法332条の準用によるものなので，その不服申立期間は1週間

であることに留意しなければならない。

(3) 更正登記の嘱託

(a) 更正決定が確定したときは、裁判所書記官は、更正決定正本を登記原因証書として保全仮登記の更正を嘱託しなければならない（民保60条3項）。また、この嘱託をする場合、債権者から、保全仮登記の更正について登記上利害関係を有する第三者若しくはその更正について利害関係を有する抵当証券の所持人及び裏書人の承諾書又はこれらの者に対抗することができる裁判の謄本が提出されたときは、嘱託書にこれらの書面を添付しなければならない（民保規47条）。

(b) 保全仮登記の更正も不動産登記法の更正登記であるから、同法66条によってされることになる。すなわち、同法66条は、更正登記について登記上利害関係を有する第三者若しくは更正登記について利害関係を有する抵当証券の所持人及び裏書人がある場合は、これらの者の承諾書又はこれらの者に対抗することができる裁判の謄本が嘱託書に添付されているときは、更正登記は付記登記で行われ、更正の内容をこれらの者に対抗することができるが、承諾書等が添付されていないときは、更正登記は主登記で行われ、更正の内容をこれらの者に対抗することができないことになる。そこで、債権者から上記承諾書又は裁判の謄本が提出されたときは、嘱託書にこれらの書面を添付するものとされたのである（民保規47条）。

(c) 登記上利害関係を有する第三者とは、更正の付記登記によって損害を受ける者であり、例えば、抵当権設定保全仮登記の債権額や利息を増加する更正登記を行う場合の後順位抵当権者はこれにあたるのに対し、債権額や利息を減少させる更正決定又は住所や日付の更正決定を行う場合であれば、利害関係を有する第三者は存在しないことになる。また、利害関係を有する抵当証券の所持人及び裏書人とは、後順位の抵当権について抵当証券が発行されている場合の当該抵当証券の所持人及び裏書人をいうとされる。

(d) この場合の承諾書には、承諾者の真意を確認するため印鑑証明書を添付する必要があるが、債権者に促してもその提出がないときは、印鑑証明書の添付がないまま嘱託書及び承諾書を登記所に送付するほかないとされる。また、抵当証券の所持人及び裏書人の承諾書等がある場合には、承諾書等が抵当証券の所持人及び裏書人のものであることを登記所に証明する手段として、抵当証

第9章 書記官事務に関するQ&A　Q64 保全命令・保全執行における書記官事務(2)　699

券の写しを嘱託書に添付して登記所に送付し，当該更正登記手続が終了するまでの間，裁判所書記官において，当該抵当証券を民事保管物として保管し，登記所から更正登記の登記済証の還付又は登記完了証の交付を受けたときは，抵当証券を提出者に還付する扱いである（平16・3・5最高裁民2第97号民事局長，家庭局長及び総務局長通達「民事保全の手続における録音体の利用，調書の様式等について」第4）。

　(e)　登録免許税は，不動産一個につき1000円である（登免税9条別表第1の1(14)）が，保全仮登記に係る権利につき，債権額又は極度額を増加する更正の場合は，その増加する部分の金額の1000分の4となる（登免税12条1項類推適用）。

　(f)　登記嘱託書の登記の目的欄は「何番○○権保全仮登記更正」，原因欄は「錯誤」とし，更正事項を記載する。その記載例は，次のとおりである。

■記載例――登記嘱託書

```
　　　　　　　　　　登　記　嘱　託　書

　登記の目的　　　　乙区何番抵当権保全仮登記更正
　原　　因　　　　　錯誤
　更正事項　　　　　債権額を金321万5000円と更正
　権利者・義務者　　別紙目録記載のとおり
　添付書類　　　　　更正決定正本
　　平成○○年○○月○○日
　　　　○○地方裁判所
　　　　　　裁判所書記官　○　○　○　○


　○○法務局　御中
　課税価格　　　　金○○万○○○○円
　登録免許税　　　金○○○○円
　不動産の表示　　別紙物件目録記載のとおり
　※　上記更正事項の記載に代え，以下のとおり「登記原因証明情報」を記載す
```

る方法によることもできる。この場合は、表題を「登記嘱託書兼登記原因証明書」とする。

登記原因証明情報
　　登記原因につき、「債権額を321万5000円」と更正する。
　　平成〇〇年〇〇月〇〇日
　　　　〇〇地方裁判所
　　　　　　裁判所書記官　　〇　〇　〇　〇

〔2〕付随申立て

　保全命令事件においては、民事保全法のほか、民事訴訟法及び民事執行法をそれぞれ準用する（民保7条・46条参照）ことから、多くの付随的申立てに関する規定がある。ここでは、保全執行の取消し、起訴命令、担保の変換及び担保の取戻しについて、その概要を説明する。

(1) 保全執行の取消し

　保全執行の取消しとは、金銭や物の給付の断行のような一回的な断行の仮処分の場合は別として、それ以外の場合に、保全執行によって作り出された状態の除去、あるいは、保全執行の法的効果からの解放を求めるものである。保全執行手続は、保全命令手続とは別個の手続であるから、保全命令が取消決定や取下げによって効力を失っても当然には失効せず、債権者の意思又は一定の事由に基づく債務者の申請等により、別途取消しの手続を必要とすることになる。

(a) 債権者の申立て

(イ) 債権者は、保全執行機関に対して、債務者の同意なしにいつでも保全執行の申立ての取下げをすることができる。また、保全命令発令裁判所が保全執行機関となる場合は、保全執行の取下げを包含する趣旨で、保全命令申立ての取下げをすることになる。これは、保全命令の申立てが保全執行の申立てを兼ねるものと解され、別途保全執行の申立てを要しないとされていることに対応する取扱いである（民保規31条但書参照）。

　なお、保全執行の取下げがあった場合、保全命令発令裁判所が保全執行機関

であっても執行取消決定は要しないとされている（執行官が執行機関である場合は，保全執行の取消しを裁判の形式でする余地はなく，執行官において執行解放の手続をとる）。

(ロ) 保全執行が債権仮差押えの場合，債権者は，保全命令申立ての取下書（口頭弁論又は審尋期日においてする場合を除き，書面でしなければならない（民保規4条1項））に債務者及び第三債務者に対する通知用の郵便切手を添付する。取下書の提出を受けた保全執行裁判所の裁判所書記官は，債務者に対して取下書の副本を，また，第三債務者に対して取下げにより執行が解放された旨の通知書をそれぞれ普通郵便により送付して通知する（民保規4条2項・4項・41条2項・42条2項・45条，民執規136条1項）。第三債務者に対する通知書の書式例は，次のとおりである。

■書式例──第三債務者に対する通知書

平成○○年○○月○○日

第三債務者
　　△　△　△　△　殿

　　　　　　　　　　　　　○○地方裁判所
　　　　　　　　　　　　　　裁判所書記官　　○　○　○　○
　　　　　　　　　　　　　　電話　○○－○○○○－○○○○

通　知　書

　当庁平成○○年(ヨ)第○○○○号□□仮差押命令事件は，債権者から平成○○年○○月○○日別添のとおり保全執行の申立ての取下げがありましたので通知します。

(注)　当裁判所に保全事件の取下げ（執行解放）がされました。これにより仮差押えの効力は消滅しましたので，本件の仮差押えがなかったものとして処理してください。

(ハ) 保全執行が登記又は登録の方法による場合，債権者は取下書に①登記権利者・義務者目録，②物件目録，③登記嘱託等に使用する郵便切手（各裁判所

の定める額）及び④収入印紙（保全執行による登記等抹消に必要な登録免許税額）を添付し，裁判所書記官は，登記・登録機関に対し，原因証書として申立取下書又は執行取下げがあった旨の証明書を添付して抹消登記・登録の嘱託をする（民保47条5項・53条3項・54条・55条2項，民執54条）。

㈢　処分禁止の仮処分の登記について，登記官の職権による抹消の規定が設けられたが（不登111条3項），これは登記官がその当否を明確に知りうる場合に限られるから，これ以外の場合には，債権者の申立てによる裁判所書記官の抹消登記の嘱託に基づき，抹消されることとなる（民保規48条）。この申立書には，仮処分の目的が実現されたことを記載するとともに，裁判所書記官において処分禁止の仮処分の登記が抹消されていないことを確認するため，不動産登記事項証明書（登記簿謄本）の添付を要する。

なお，この場合の登記嘱託書の登記原因証明情報としては，「平成○○年○○月○○日債権者から別紙物件目録記載の不動産につき○区○番の仮処分登記の抹消の申立てがあったことを証明する。」と記載する（平17・2・24最高裁民事局長通知「新しい不動産登記法の施行に伴う登記嘱託書の様式について」登記嘱託書様式例（後注）参照）。

(b)　債務者，第三者の申立て

㈠　保全命令の取消決定

（ⅰ）　債務者が保全異議，保全取消し又は保全抗告の申立てにより，また，第三者が第三者異議の訴えにより，保全命令を取り消す裁判を得た場合，保全執行機関は，これらの取消決定の正本が提出されれば，保全執行を取り消し（民保46条，民執40条1項・39条1項1号），当事者双方に告知する（民保規31条，民執規2条1項3号）。ただし，保全命令発令裁判所が保全執行機関を兼ねている場合は，保全命令の取消決定があったことは保全執行裁判所に明らかであるから，実務上は，執行取消申立書又はその旨の上申書の提出によって執行取消手続を行い，明示の執行取消決定はしない取扱いである。

（ⅱ）　保全執行が債権仮差押えの場合，債務者又は第三者は，上記執行取消申立書又はその旨の上申書に通知用の郵便切手を添付して提出し，裁判所書記官は，当事者及び第三債務者に対し，保全執行が取り消された旨を普通郵便により通知する。

(iii) 保全執行が登記又は登録の方法による場合，債務者又は第三者は，上記執行取消申立書又はその旨の上申書に，①登記権利者・義務者目録，②物件目録，③嘱託等に使用する郵便切手（各裁判所の定める額），及び，④収入印紙（保全執行による登記等抹消に必要な登録免許税額）を添付し，裁判所書記官は，当事者に対し，保全執行が取り消された旨の通知をするほか，登記・登録機関に対し，保全執行の取消決定があった旨の書記官作成の証明書を添付して抹消登記・登録の嘱託をすることになる（民保47条5項・53条3項・54条・55条2項，民執54条）。

(iv) 保全執行に対し，執行抗告，執行異議の申立てをし，又は第三者異議の訴えを提起した場合に，執行の取消しを命じる決定があったときも上記と同様の取扱いである。

(ロ) 解放金の供託

(i) 保全執行裁判所は，債務者が保全命令において定められた解放金額を供託して執行取消しの申立てをしたときは，保全執行の取消決定をする（民保46条，民執40条1項・39条1項1号）。この供託は，保全命令発令裁判所又は保全執行裁判所を管轄する地方裁判所の管轄区域内の供託所にしなければならない（民保22条2項・25条2項）から，裁判所書記官としては，この点を含め，解放金供託による保全執行取消申立書とともに提出される供託書正本の記載事項に留意する必要がある。

なお，解放金は，仮差押え又は仮処分の目的物が供託金還付請求権に代わるものであって，債権者の権利実行の確保が要求されることから，有価証券による供託，支払保証委託契約を締結する方法又は第三者による供託等は認められない。

(ii) 執行取消決定がされた場合，即時に効力が発生するので（民保51条2項），裁判所書記官は，上記(イ)のとおり，執行取消手続をすることになる。また，執行機関が執行官である場合においては，債務者が執行官に対し，保全執行裁判所の執行取消決定を提出することにより，執行取消手続がされることになる。

(iii) 執行の取消しにより，債務者又は執行の目的物について利害関係のある第三者は，当該目的物を自由に処分することができるようになるが，すでに生じた実体上の効果は失効しないとされる。

(ハ) 保全命令発令裁判所と執行機関が異なる場合の保全命令の取下げ　こ

の場合は，債権者が執行機関に対して執行の取消しの申立てをしなければ執行の取消しはされないが，債務者において，保全命令の取下げを証する裁判所書記官作成の文書を執行機関に提出すれば，当該執行機関が執行の取消しを行うことになる（民保46条4項，民執39条1項3号・40条）。

(二) 債務者に対する破産手続開始決定　保全執行は，債務者の破産により破産財団との関係で失効する（破42条2項）。したがって，執行取消決定をして執行解放手続をとる必要はないが，実務上，破産管財人の上申書が提出されたときは，職権で執行解放手続をする取扱いである。ただし，破産手続開始決定の取消決定（破33条3項），破産手続廃止の決定（破216条ないし218条）又は破産手続終結の決定（破220条）がされた場合，債権者は，債務者の財産に対して個別に保全執行をすることができることになり，先に仮差押えの登記がされていた不動産が債務者所有のまま残っているときには，その効力が復活すると解されているから，例えば，東京地方裁判所においては，仮差押登記の抹消は，破産管財人が当該不動産を換価のため任意売却した後，その所有権移転登記のある登記事項証明書を添付して仮差押登記の抹消を求める上申書を提出したときにその嘱託をする取扱いがされており，裁判所書記官としては，その事務処理にあたっては裁判官と協議することなどが必要であろう。

(2) 起訴命令

債務者は，保全命令発令裁判所に対し，債権者が一定期間内に本案訴訟の提起等をすべき旨の命令（起訴命令）を発令することを求め，債権者がその期間内に本案訴訟の提起等をしない場合には，保全命令の取消しを申し立てることができる。この場合，保全命令発令裁判所は，債権者が起訴命令に応じないことだけを理由に保全命令を取り消すことになる（民保37条）。起訴命令の申立ては，民事保全規則24条1項に定める事項を記載した書面によってしなければならない（民保規28条）が，その審査を含め，起訴命令の告知までにおける事務処理について，裁判所書記官が留意すべき事項は次のとおりである。

(a) 起訴命令の申立てをすべき裁判所は保全命令発令裁判所に限られる（民保37条1項）。抗告裁判所が保全命令を発令した場合は，当該発令裁判所が管轄裁判所となる（東京高決昭39・7・8高民集17巻5号316頁）。

(b) 起訴命令の申立権者は，条文上は債務者とされているが（民保37条1項），

その一般承継人又は破産管財人も申立てをすることができる。また，債務者の一般債権者は，債権者代位権によって申立権を代位することができるとされる。

なお，起訴命令の申立てには手数料を要しない。

(c) 本案訴訟の係属は，債権者が保全命令の取消しを免れるために主張立証すべき事項であるから，債務者が主張立証する必要はない。したがって，すでに本案が提起されていたり，債務名義が存在したりしていても，起訴命令の申立ては適法であって裁判所はその点を審査する必要はなく，債権者は，起訴命令において定められた期間内に本案の係属証明書又は債務名義を提出しなければ，保全命令の取消しを免れないものとされる。

(d) 裁判所は，適法な起訴命令の申立てがあれば，本案訴訟の係属の有無を調査することなく，直ちに起訴命令を発令する。この場合，債権者に対しては，起訴命令の期間の始期を明らかにするため，送達の方法により告知するのが相当であるが，債務者に対しては適宜の方法により告知すれば足りる（民保7条，民訴119条）。

なお，起訴命令に定める期間は2週間以上でなければならないが（民保37条2項），実務上は1ヵ月程度とする取扱いである。

(e) 本案訴訟を提起したこと又はこれに準ずる手続を申し立てたことを証する書面として債権者が提出するのは，訴状又は申立書の写しが添付された受理証明書又は係属証明書若しくは本案訴訟の債務名義である。この場合，裁判所書記官は，当該証明書等を一件記録に綴り込むが，当該証明書の本案該当性等の審査は，債務者が本案の訴えの不提起等による保全取消しを申し立てた後，その審理において行われることになる（民保37条3項）。

(3) 担　保

保全命令における担保の性質や担保取消決定の概要については，本書別項において説明がされているので，ここでは，担保の変換及び担保の取戻しの手続と裁判所書記官の事務処理について，その概要を説明する。

(a) 担保の変換

裁判所は，担保提供者の申立てにより，決定で担保の変換を命じることができる（民保4条2項，民訴80条本文）。具体的には，現金供託を有価証券供託又は支払保証委託契約に，有価証券供託を現金，支払保証委託契約，同種又は異種

の有価証券供託に変換すること等が考えられるが，裁判所が相当と認める有価証券としては，一般的には，価格が安定し換価が容易な国債，地方債などとされていることは保全命令申立ての手続における担保と同様である（例えば，大阪地方裁判所第1民事部（保全部）では，国債のみを認める取扱いである）。また，担保権利者との契約によっても担保の変換をすることができる（民保4条2項，民訴80条但書）が，実務上，その例はほとんどないとされている。さらに，明文の規定はないものの，担保の変換を広く解し，担保提供者を第三者とする変更も認められる。

　なお，複数の債権者，債務者である場合においては，共同担保の場合は別として，一括して総額での担保変換は認められず，元の担保決定のそれぞれに対応する担保の変換申立てが必要となる。

　(ｲ)　担保変換の具体的な手続は，①担保変換の申立て，②裁判所による変換すべき担保の提供命令，③申立人による変換すべき担保の提供，及び，④裁判所に対する同担保を提供したことの証明，⑤裁判所による担保変換決定及び申立人に対する変換決定正本の交付，⑥申立人による変換決定前の担保の取戻手続という流れである。

　(ﾛ)　担保変換申立書には，保全命令の事件番号，事件名，申立人（債権者）及び被申立人（債務者）を表示し，その本文に例えば「頭書事件において，申立人が立てた下記担保を別紙担保目録記載の担保に変換したく申し立てる。」として，各担保を表示する。また，申立書には，被申立人に対する通知用の郵便切手のほか，上記申立書記載例の場合は，新担保目録の添付を要する。

　なお，担保変換の申立ての手数料は不要である。

　(ﾊ)　事前に許可が必要となる支払保証委託契約，管外供託又は第三者立担保等については，当該許可申請が事後の変換手続のためであることを記録上明らかにするため，その旨の上申書の提出を求める取扱いである。ただし，各許可申請書中に「担保変換のため」との表示があれば，当該許可がされた申請書原本が記録に綴られるため，上申書は要しない。

　(ﾆ)　例えば，現金供託を有価証券（国債）に変換する場合の担保の変換決定書式は次頁のとおりである。

第9章 書記官事務に関するQ&A　Q64　保全命令・保全執行における書記官事務(2)　707

■書式例——担保変換決定

平成○○年(モ)第○○○号　担保変換決定申立事件

　　　　　　　　　担　保　変　換　決　定

　当事者の表示　別紙当事者目録記載のとおり

　上記当事者間の平成○○年(ヨ)第○○○○号○○仮差押命令申立事件について，債権者は担保として立てた担保の変換を申し立てた。当裁判所は，債権者の申立てを相当と認め，次のとおり決定する。
　　　　　　　　　　　主　　　　　文
　債権者が○○法務局○○支局に供託した金×××万円（平成○○年度金第○○○○号）を別紙担保目録記載の担保と変換することを命ずる。
　　平成○○年○○月○○日
　　　　○○地方裁判所
　　　　　　裁判官　　○　　○　　○　　○

　　　　　　　　（※　当事者目録省略）

　　　　　　　　　　　担　保　目　録
　申立人が被申立人に対し，平成○○年○○月○○日○○法務局○○支局に供託した金×××万円に相当する金○○○万円の下記記載の有価証券（平成○○年度証第○○○○号）
　　　　　　　　　　　　　記
1　名　　称　　利付国庫債券（○○年）
　　額　　面　　金○○万円
　　総券面額　　金○○○万円
　　枚　　数　　○枚
　　同記号　　　第○○回
　　及び番号　　自○○○○　至○○○○

(ホ) 上記(イ)⑥において，申立人は，原則として担保変換決定正本により元の担保を取り戻すことができる。ここで，同③による変換すべき担保の提供が先行するのは，同⑤による担保変換決定が同③に先行すると，上記のとおり，担保変換決定正本により，申立人において元の担保を取り戻すことができることから，当該保全命令について無担保の状態が生じる可能性があるためである。

(ヘ) 担保変換の申立てに対し，申立てを認容するか却下するか，認容する場合に，従前の担保に代えていかなる方法，種類，数量の担保を立てさせるかは，裁判所が裁量により決するところであるとして，却下決定及び担保変換決定のいずれに対しても不服申立てをすることはできないと解するのが通説である。

なお，担保変換決定があったときは，裁判所書記官はその旨を担保権利者に通知しなければならない（民保規12条）。具体的には，担保変換決定の謄本を担保権利者に宛てて普通郵便で発送することになる。

(b) 担保の取戻し

担保の取戻手続は，保全命令により債務者に損害が生じないことが明らかである場合や債務者に担保取戻しについて不服申立ての機会を与える意味のない場合に，担保の事由がやんだことを理由とする担保取消手続によらず，担保提供者が担保の取戻許可申請をして，裁判所からその許可を受ければ直ちに担保の取戻しができる旨の制度である（民保規17条1項・4項）。この手続の概要や，裁判所書記官の事務処理について留意すべき事項は次のとおりである。

(イ) 担保取戻申立ての管轄裁判所は，取戻しを求める当該担保の提供を命じた裁判所である。

(ロ) 担保取戻しの申立ては書面でしなければならない（民保規17条2項・5項）。申立権者は担保提供者又はその承継人であり，また，第三者による立担保の場合には当該第三者である。

なお，担保取戻申立ての手数料は不要である。

(ハ) 担保取戻しの要件は，①保全命令により債務者に損害が生じないことが明らかである場合（民保規17条1項），又は，②債務者が担保に関する債権者の権利を承継した場合（民保規17条4項）であるが，①の場合には，民事保全法43条2項の期間が経過したこと又は保全命令の申立てが取り下げられたことが必要である。

なお、①の場合については、民事保全規則17条1項が「保全執行としてする登記若しくは登録ができなかった場合」と「第三債務者に対する保全命令の送達ができなかった場合」を例示するが、そのほか担保取戻しを認めるのが相当な事案として、各裁判所における運用を踏まえて策定された「担保取戻しの運用基準」（最高裁事務総局民事局編『条解民事保全規則』〔改訂版〕（平11，法曹会）118頁）により、統一的な取扱いが図られている。

(二) 申立書には、①保全命令の決定正本（民保規17条3項1号）又は同決定正本が提出できないときは他の執行機関の使用証明書（民保規17条3項2号）、②保全命令申立ての取下書のほか、③記録上、保全命令により債務者に損害が生じないことが明らかであることを証する書面として、執行官作成の取下証明書、執行不能調書謄本又は執行官作成の執行申立てがない旨の証明書を添付する必要がある（民保規17条3項3号）。また、担保取戻しの理由を、債務者に不服申立てを認める実益がなくなった場合とする申立てについては、上記①及び②の書面のほか、④債務者が担保に関する債権者の権利を承継した場合は、それを証する書面として、相続であれば戸籍謄本（全部事項証明書）、会社合併であれば商業登記簿謄本（登記事項証明書）、転付命令であれば差押・転付命令の正本又は謄本及びその確定証明書、債権者から当該供託物取戻請求権の譲渡を受けたのであれば債権譲渡契約書（私書証書であれば印鑑証明書添付のもの）及び債権者から供託所に対する債権譲渡通知（民467条）がされたことを証する書面（配達証明付内容証明郵便）を添付する必要がある。

担保取戻しの許可に対しては、後記のとおり不服申立てができないから、裁判所書記官としては、申立書審査にあたり、これらの添付書類により、担保の取戻しの要件が充足されていることを慎重に検討する必要がある。

(ホ) 申立てを受けた裁判所は、申立ての理由を審査し、要件を具備すると認める場合は、許可文言が記載された申立書（許可文言が記載されていない場合は以下の書式によるゴム印を申立書余白に押なつする）に記名押印し、申立人に対し、許可書の正本を交付する。申立人は、許可書正本を供託所又は銀行等に提出して担保の取戻し等をすることができる。

(ヘ) 担保取戻しの申立ての許否の判断については、この規定が債権者に申立権を与えたものではないことから、債権者は不許の判断に対して抗告（民訴328

■書式例──担保の取戻しの許可書式印

```
許可する。
    平成○○年○○月○○日
        ○○地方裁判所
            裁判官  ○   ○   ○   ○
```

条1項）をすることができず，また，担保取消しの裁判（民訴79条）とも異なるので，いずれの当事者も即時抗告（同条4項）をすることはできない。また，手続の性質上，取戻許可がされても，債務者に告知することを要しない。

なお，担保取戻許可の申立てと同時に保全命令申立ての取下書が提出されるが，裁判所書記官としては，手続の性質上，通常の取扱いと異なり，債務者に対し，取下書及び未送達の債務者分の保全命令正本を送付してはならないことに留意しなければならない。

〔3〕 保全異議・保全取消し

保全命令に対する異議申立て（民保26条）と，保全取消申立て（民保37条ないし39条）は，異議申立てが先に発令のあった保全命令について被保全権利の存否や保全の必要性等について再審理をするものであるのに対し，保全取消しの申立ては，保全命令の存在を前提として，その後発生し，又は判明した事由について審理するもので，いずれも保全命令の取消し又は変更を求める債務者のための不服申立制度である。これらの手続一般については本書別項に概要の説明がされているところ，民事保全の手続における審理方式は，すべてを通じて決定手続でされることから（民保3条），民事保全申立手続における債務者審尋事件を含め，その手続については共通点も多い。ここでは，保全異議及び保全取消事件の審理手続における書記官事務について，その概要を説明する。

(1) 申立書の審査

(a) 保全異議

(イ) 管轄裁判所は保全命令発令裁判所の専属管轄である（民保26条・6条）。高等裁判所で発令がされた場合は当該高等裁判所が管轄裁判所となる。また，

保全異議の申立時期に制限はなく，保全命令が有効に存在する限り，原則としていつでも申し立てることができる。

　(ロ)　保全異議の申立ては申立書を提出してしなければならない（民保規1条3項）。申立書には保全命令事件の表示，当事者の氏名又は名称及び住所並びに代理人の氏名及び住所，申立ての趣旨及び理由を記載（民保規24条1項）し，申立手数料として500円の収入印紙を納付する（民訴費3条1項別表第1の17ハ）。

　(ハ)　申立権者は，債務者，その一般承継人又は破産管財人であるが，上記のとおり，保全異議は保全命令事件の続審であるから，当事者の呼称は「債権者」及び「債務者」のままで変わらない。

　(ニ)　申立ての理由は，保全命令がその形式的・実体的要件を欠くことであり，具体的には，管轄違い，権利保護要件を欠くこと，担保額が低額すぎること，解放金が高額すぎること，保全命令の内容が不当であること，被保全権利・保全の必要性の不存在，仮差押えの目的物の選択が違法であること等が考えられる。

　(b)　保全取消し

　(イ)　管轄裁判所は，いずれも専属管轄であるが，本案不提起による申立てについて保全命令発令裁判所，事情変更による申立てと特別事情による申立てについて保全命令発令裁判所又は本案裁判所であり（民保38条1項），本案が控訴審に係属しているときは当該控訴審裁判所（民保12条3項但書），本案が上告審に係属しているときは第一審裁判所であるが，上告受理手続中で記録が控訴審にあるときは，本案は控訴審に係属中であるから，控訴裁判所の管轄となる。また，保全取消しの申立時期に制限はなく，保全命令が有効に存在する限り，原則としていつでも申し立てることができる。

　(ロ)　保全取消申立ては書面を提出してすること，申立手数料を要することとその額は上記(a)の保全異議申立ての場合と同様である（民保規1条4号・29条・24条，民訴費3条1項別表第1の17ハ）。ただし，保全取消事件は，保全申立ての手続とは別事件であるから，保全異議事件とは異なり，保全命令申立ての手続における訴訟代理人についても，改めて委任状の提出を要することになる。

　申立権者は，債務者，その一般承継人又は破産管財人であるが，債務者の一般債権者又は特定承継人（保全命令の目的物や対象物の譲渡を受けた者）については，債権者代位の方法による申立てができるとするのが実務の大勢であるとされる。

また，保全取消申立てにおいては，債務者が能動的な当事者たる地位につくので，債務者は申立人，債権者は被申立人と呼ばれる。

申立ての理由は，保全命令の取消しを求めるものとして，本案の不提起による場合は起訴命令において定められた期間内に本案の訴えを提起しなかったこと（民保37条），事情変更による場合は保全命令発令後の被保全権利や権利関係又は保全の必要性の変動によって保全命令の存続の不当性が生じたこと（民保38条），特別事情による場合は仮処分命令により償うことができない損害を生じるおそれがあるなどの特別の事情があり，かつ，仮処分命令の取消しについて担保を立てることを条件とすること（民保39条）である。

(2) 保全異議・保全取消事件の審理

(a) 保全異議・保全取消事件についての審理は，常に決定手続で行われること，書面審理，審尋及び口頭弁論があるが，どの方式によるか，あるいはどのように組み合わせるかは裁判所が自由な裁量により定めるものとされること，立証方法は疎明によること，また，少なくとも1回の口頭弁論又は当事者双方が立ち会うことのできる審尋期日を開かなければならない（民保29条・40条）がその呼出手続については相当と認める方法によること等は保全命令の発令手続と同様（Q63〔2〕参照）である。

(b) 保全異議申立書の送付を受けた債権者は，保全命令申立てについての手続ですでに直送又は送付がされている場合を除き，同手続において提出した主張書面及び書証を債務者に直送しなければならない（民保規26条）。この場合に，債務者に対し，直送を受けた書面について受領を証する書面を提出させる必要はないこと，また，直送を困難とする等の事由により，当該書面の送付を裁判所書記官に行わせるよう申し出ることができること（民保規6条，民訴規47条4項）は，保全命令の申立手続と同様である（Q63〔2〕(1)(b)参照）。

なお，この規定は保全取消しの手続には準用されない（民保規29条）。審理にあたり，続審である保全異議の場合は，保全命令申立手続段階で提出されている主張書面や疎明資料が考慮される一方，保全取消しの場合は，保全取消しの審理において新たに提出されたもののみが考慮されることになるからである。

(c) 保全異議・保全取消しの手続において主張書面を提出するには，その写し1通（債権者が2名以上のときは，その数に1を加えた通数）を，また，書証の申出

をするには，その写し2通（債権者が2名以上のときは，その数に1を加えた通数）を提出しなければならず（民保規25条1項・2項・29条），裁判所書記官は，これを相手方に送付しなければならない（民保規25条3項・29条）。この送付は保全異議の審理の状況を知らせるために行うものであって遅滞なくすべきものであり，裁判所書記官は，送付の旨及びその年月日を記録上明らかにしておく必要がある。また，主張書面について当事者間で直送を行うこと，書証については当事者間で直送できるとされていること（民保規6条，民訴規137条），これらの書面の直送が実務上定着していることは，保全命令申立ての手続と同様である（Q63〔2〕(1)(b)参照）。

(d) 保全異議・保全取消しの手続の審理においては，審尋によって審理が行われる場合であっても調書の作成は必要的であるが，裁判長の許可を得て，参考人又は当事者本人の陳述の記載を省略することができる（民保規7条1項・8条2項）。また，この場合に録音体を使用することができる（民保規7条2項・8条3項）が，その詳細は保全命令の申立手続と同様（Q63〔2〕(1)(c)(ｲ)(ｴ)参照）である。

なお，決定手続であることの性質上，任意的口頭弁論と審尋を問わず，期日において主張書面を陳述したり，書証を提出したりする必要はないことから，期日調書としてこれらを記載する必要はない（書証目録は，提出された書証を一覧する意味において，裁判長が作成を命じた場合に作成する）。ただし，参考人等の陳述があった場合，その記載の省略が許可されても，参考人等目録については記載を要することに留意しなければならない（平16・3・5最高裁民2第97号民事局長，家庭局長及び総務局長通達「民事保全の手続における録音体の利用，調書の様式等について」第2の3参照）。

(e) 保全異議・保全取消しの審理を終結するためには，裁判所は，相当の期間をおいて審理を終結する日を決定しなければならない。ただし，口頭弁論又は双方審尋の期日においては，直ちに審理を終結する旨を宣言することができる（民保31条・40条）。裁判所が審理終結宣言をしないまま，保全異議又は保全取消しについての決定をした場合は当然に手続違背となり，保全抗告事由となることから，裁判所書記官としては，期日外において上記決定があった場合，当事者に対する通知とその旨を決定書に付記することについて漏れのないよう

留意しなければならない。

　なお，審理終結決定は受命裁判官が行うことができないので，受命裁判官による審尋期日の調書に審理終結決定の旨を記載することのないよう留意する必要がある。

(3) 保全異議・保全取消事件の裁判等

　(a)　保全異議の申立てに理由がある場合の決定は，保全命令の認可，変更又は取消しのいずれかである（民保32条1項）。取消決定の場合には，保全命令の申立てを却下する主文を掲げなければならない。申立費用の裁判は，その審級における事件を完結する裁判であるから，保全命令申立ての費用を含め，必ず行われることになる（民訴67条1項本文参照）。

　なお，申立てが不適法な場合は却下する決定をするが，実務上は，保全異議の申立ての利益を欠く場合がその例であるとされる。

　(b)　保全取消しの申立てに理由がある場合は，保全命令を取り消す決定を，申立てが不適法であるか理由がない場合は，申立てを却下する決定をする。また，保全取消しの審理においては，保全命令の申立ての当否を対象としていないから，保全命令の申立てを却下すべきではないとされる。費用の裁判については，取消申立ての費用についてのみ定めるのが一般的である。

　(c)　保全異議・保全取消しの決定については，調書決定をすることができる（民保規10条1項）。ただし，決定の理由として，主要な争点及びこれに対する判断を示す必要があり，理由の要旨では足りない（民保32条4項・37条8項・38条3項・39条3項・16条）こと等から，本案の訴え不提起等による保全取消しのように記載事項が定型的な場合を除き，ほとんど活用されていないのが実情であるとされる。

　なお，本案の訴え不提起等による保全取消しの認容決定に係る調書決定の主文及び理由部分の記載例は，次頁のとおりである。

　(d)　保全異議・保全取消しの決定は告知によって効力を生じる（民保7条，民訴119条）。この決定に不服のある当事者は保全抗告（民保41条）の申立てができることから，不服申立期間の始期を明らかにするため，通常は送達によって告知する取扱いである。

　(e)　保全命令取消しの決定がされた場合，債務者は，その決定正本を執行機

■記載例——本案不提起による保全取消しの調書決定

```
                    主        文
  1  申立人を債務者，被申立人を債権者とする当庁平成○○年(ヨ)第○○○○号
     不動産仮差押命令申立事件について，同裁判所が平成○○年○○月○○日に
     した仮差押決定は，これを取り消す。
  2  申立費用は，被申立人の負担とする。
                    理        由
     申立人は，主文掲記の仮差押命令申立事件について，当庁に起訴命令の申
  立てをし，同裁判所において平成○○年○○月○○日起訴命令が発せられ，
  同命令は被申立人に送達されたが，被申立人は，同命令において命じられた
  期間内に本案の訴えの提起をしたこと，又は本案の訴えが係属していること
  を証する書面を提出しない。
```

関に提出して執行の取消しを求めることができる（民保46条，民執39条1項1号・40条1項）が，その概要は上記〔2〕(1)(b)のとおりである。

(f) 保全異議・保全取消しの申立てを取り下げるには，債権者の同意を得ることを要しない（民保40条1項本文・35条）。

(g) 和解が成立した場合，申立ての表示としては，保全異議については保全命令申立書を，保全取消しについては保全取消申立書をそれぞれ引用する。

なお，保全命令の申立てを取り下げる和解条項があっても，保全命令申立てについては別途取下手続を要する取扱いである。

［上坂　俊二］

第3編

審判前の保全処分に関するQ&A

Q65 財産管理者選任等の保全処分

　　Aは高齢者であり，現在は認知症により入院・退院を繰り返している。Aは過去に貯蓄から不必要な大金を下したりしたことがある。このような場合，Aの財産を確保するために，どのような措置をとったらよいか。
(1)　誰がどのような審判を申し立てたらよいか。高齢者の判断能力に応じて，どのような審判類型があるか。後見開始・保佐開始・補助開始の審判のそれぞれについて，判断能力の程度，申立権者等の要件について説明せよ。
(2)　どのような保全処分を申し立てたらよいか。財産管理者の候補者としては，どのような者が望ましいか。
(3)　財産管理者にはどのような権限があるか。

A

〔1〕 はじめに

　解答に先立ち，保全処分の本案事件としての後見開始，保佐開始，補助開始の各制度の概要について触れておきたい。
(1) 成年後見制度
　精神上の障害（加齢による認知・記憶障害・知的障害等）により判断能力が不十分となっている成年者（制限行為能力者）を法律的に保護し援助するために法が用意しているのが「成年後見制度」である（親権者がいない場合に付される未成年後見制度と区別する意味でこのように総称される）。この成年後見制度には，法定後見制度と任意後見制度の2種類がある。さらに，前者の法定後見制度には，判断能力の状態に応じて，後見，保佐，補助の3つの類型がある。
　この法定後見制度を利用しようとする者が，どの類型の保護対象者（以下「本

人」という）に該当するものとして申立てをするかは，基本的には，医師の診断書の内容を基準に選択することになる。いわば，通常人の判断能力を100％としたときに，本人の能力が0％であるかそれに近いのが後見であり，そして，判断能力がいくらかはあるもののその％の数値が小さいのが保佐であり，逆に％の数値が大きいのが補助ということになろう。

例えば，預金の解約，福祉サービスを受ける契約，遺産分割協議あるいは不動産の売買契約や手続をするときに，本人に判断能力がまったくなければそのようなことはできないし，また，判断能力が不十分な状況下でそれを本人だけで行うと，本人にとって不利益な結果となることがある。そのため，本人の判断能力を補って法的に援助する人を選んでおく必要がある。

(2) 後見の類型

後見の類型に属する本人とは，精神上の障害により事理を弁識する能力（以下「判断能力」という）を欠く常況にある者のことである（民7条）。「精神上の障害」とは病気や傷害によるものばかりでなく，単に加齢によるものも含まれる。「判断能力を欠く」とは，自己の行為の結果について合理的な判断をするに足りるだけの意思能力（例えばクレジット契約の物品購入をすることでどのような法的効果の利害得失が発生するかを弁識する能力）を欠くため自己の財産を管理・処分することができない状態であり，かつ，それの「常況にある」とは，一時的に意思能力を回復することはあるが，通常は意思能力を欠く状態にあるということである。具体的には，家族の名前や自分の居場所がわからないなど日常の買い物すら自分ではできないことや完全な植物状態であることである。

(3) 保佐の類型

保佐の類型に属する本人とは，判断能力が著しく不十分な者（ただし，後見の対象者は除く）のことである（民11条）。具体的には，日常の買い物程度は自分でできるが，重要な財産行為は，自分では適切に行うことができず，常に他人の援助を受ける必要があって，いわゆるまだら状態（あることはよくわかるが他のことはまったくわからない，あるいは，日によって正常のときと認知の症状が出るときがあるような状態）であるがそれが重度である者のことである。

この点，日常的に必要な買い物程度は単独でできるが，幼い頃から軽度の知的障害があり，そのため，訪問業者に強く勧められて高価な絵画などをよくわ

からないままに買わされてしまったことがあるような者が問題である。このような場合，本人が単独でできないのは民法13条に列挙されている重要な財産行為（不動産・自動車の売買や自宅の増改築，金銭の貸借り等）だけであって，相当な対価を伴わない雇用・委任の契約のような行為は原則的に本人が単独でできるのであるから，本人の主体性を重視する観点から，後見ではなくむしろ保佐に該当するとみるのが基本であろう。その上で，例えば20万円以上の物品の購入をするようなときには保佐人の同意を要する旨の同意権拡張の追加申立て（家手別表第1の18項）をしておく必要がある。また，相当な対価を伴わない雇用契約などについても，必要に応じてこの同意権拡張の追加申立てをすればよい。

(4) 補助の類型

補助の類型に属する本人とは，判断能力が（単に）不十分な者（ただし，後見・保佐の対象者は除く）のことである（民15条）。具体的には，重要な財産行為について，自分でできるかもしれないが，適切にできるかどうか危惧がある状況により，いわゆるまだら状態であるがそれが軽度である者のことである。本人の財産行為に対する主体性が保佐以上に重視されている類型である。

(5) 各類型の援助者とその権限

いずれかの類型に該当するとして開始の審判がなされるときには，職権で，本人の権利援助者となるべく用意された者が選任される。後見開始には成年後見人が（民8条・843条1項），保佐開始には保佐人が（民12条・876条の2第1項），補助開始には補助人が（民16条・876条の7第1項），それぞれ選任される。それぞれの援助者には，本人保護の必要性の度合いの大きさに応じた一定の（法定）権限が付与されている。

保護の必要性が最も高い後見開始に伴う成年後見人には，本人の財産に関する法律行為についての包括的な代理権（民859条1項）とともに，本人が行った法律行為に関する取消権（民9条・120条1項）が付与される。つまり，成年後見人は幅広い代理権（本人に代わって，本人のために取引や契約等を行う権限）をもち，かつ，本人がなした行為についての取消権（その行為を無効なものとして，原状に戻す権限）をもつなど，本人の日常生活が円滑に営まれるように配慮して財産を管理していくこととなる。

保佐開始における保佐人には民法13条1項に規定する重要な財産上の行為

について，同意権と取消権が付与される。つまり，保佐人は，本人が一定の重要な行為（金銭の貸借，不動産の売買，自宅の増改築など上記の条文に列挙されるもの）を行う際に，それに対する同意権（内容が本人に不利益でないかを検討して，問題がない場合に了承する権限）をもち，かつ，保佐人の同意を得ずに本人がなした行為に対する取消権をもつ。さらに，家庭裁判所で認められると，特定のことがら（本人所有の不動産の売買など）について代理権をもつこともできる。

　保護の程度が最も軽い補助開始における補助人には民法13条1項に規定する重要な財産上の行為の一部に限って，同意権と取消権が付与される。つまり，補助人は，本人が望む特定のことがら（例えば，預貯金の払戻し，商品取引やクレジット契約の締結等）についてだけ，同意権（取消権）あるいは代理権を与えられ（両方を望むことも可能），それによって本人を援助する。

　以上3つの類型うち，法定後見の用語にふさわしい典型は後見ということになる。これに対し，一定の判断能力が残存し保護の必要性が後見ほどは高くないとされる保佐と補助については，本人の申立て又は同意を要件としたうえで，その援助者の権限の範囲（同意を要する行為や代理を要する行為について）を任意に追加・選択する余地が大幅に認められており，そのため，①自己決定を尊重し，②残存能力を活用し，③ノーマライゼーション（障害のある人も家庭や地域で通常の生活をすることができるような社会を作ること）を実現するという理念に即した柔軟かつ弾力的な制度となっている。

〔2〕　小問(1)——本案としての後見開始等の審判申立て

　設例の高齢者であるAは認知症により入退院を繰り返しており，かつ，悪徳商法や訪問販売業者により大金を詐取されたことがすでにあったという事案である。すると，Aは意思能力がゼロではないものの「自己の財産を管理・処分できない」程度に判断能力が欠けている者，すなわち，日常的に必要な買い物も自分ではできず誰かに代わってやってもらう必要がある程度の判断能力者ということに一応はなろう。そして，診断書にある判断能力の判定意見も後見程度ということであれば，Aは後見の対象者にあたるとみてよい。

　そこで，医者の診断書（認知症による後見相当）や過去の詐取の事実を明らかにする報告書等を証拠資料として，家庭裁判所に，Aの事情をよく知る家族の

者（配偶者や子など4親等内の親族）から「成年後見開始の審判」の申立て（民7条，家手117条別表第1の1項）をすることになる。なお，（身寄りのない）65歳以上の者についてその福祉を図るため特に必要があるときは，市町村長においても成年後見開始等の審判の請求をすることができる（老人福祉法32条）とされる。

家庭裁判所は，A本人の精神鑑定や必要な事実調査をしたうえで，後見開始の原因事実があると判断したときに後見開始の審判をし，併せて，Aの援助者としての成年後見人を職権で選任することになる。

〔3〕 小問(2)——保全処分としての財産管理者選任等の申立て

この保全処分の内容は，財産管理者を選任し，さらに必要に応じて，関係人に対する本人の財産管理又は監護に関する事項を指示することである。基本規定は後見開始に関する，家事事件手続法126条1項（財産管理者の選任の要件）であり，保佐開始・補助開始についても，この規定が準用されている（家手134条1項・143条1項）。

したがって，設問における本人Aについて，本案事件として後見，保佐，補助のいずれの類型が選択されたとしても，上記の財産管理者選任等の保全処分の申立てをすることができる。以下，財産管理者選任の保全処分と事件の関係人に対する指示の保全命令について制度趣旨を概観し，財産管理者の候補者として望ましい者について検討し，最後に，財産管理者選任の申立手続とその審理手続について触れることとする。なお，審判前の保全処分の申立ての手続と効力については第1編第4章〔3〕で総論的な解説があるので参照されたい。

(1) 財産管理者の選任の保全処分

後見開始の審判の申立てがあっても，審判がなされて確定するまでは，事案によっては（親族間紛争の対立の激化や後見人候補者に対する思惑の違いなど）相当の期間がかかることがある。ところが，その審判が効力を生ずるまでの間に，成年被後見人となるべき本人の生活，療養看護又はその有する財産の管理のため，緊急の措置を講ずる必要が生ずることがある。具体的には，現金・預金通帳や賃料等についての管理不能状態の解消，財産の散逸・窃取・火災の防止措置，滞納税金等の支払などである。そのような事態に対処するため，審判前の保全処分として財産管理者選任の規定（家手126条1項）が置かれているのである。

(2) 事件の関係人に対する指示の保全処分

家庭裁判所は，後見開始の申立てがあった場合において，成年被後見人となるべき者の生活，療養看護又は財産の管理のため必要があるときは，申立てにより又は職権で，事件の関係人に対し，成年被後見人となるべき者の生活，療養看護又は財産管理に関する事項を指示することができる（家手126条1項）。この指示の保全処分の申立ては，財産管理者選任の保全申立てと同時になされることが通常である。

事件の関係人に対する指示は，強制執行に親しまない勧告的効力を有するものであり，財産の管理者あるいは同居者に対する，財産の管理方法や本人の監護に関するものが考えられる。例えば，「利害関係人○○は，治療のため事件本人を○○病院に入院させること」，あるいは，「利害関係人○○は，財産の管理者に対し，別紙目録記載の預・貯金通帳及びその届出印並びにキャッシュカードを引き渡すこと」などがそうである。

この点，家庭内における経済的虐待，つまり親族等の同居者が本人の同意なしに本人の年金や金銭を独占使用し，本人の希望する日常生活に必要な金銭を渡さず，必要な医療費等も支払わないなどの事態が発生しているような場合に特に効果的である。虐待者に対して適切な指示を勧告することができる。

この指示は，当該指示を受ける者に対し告知することによって効力を生じ（家手74条2項・109条2項），本案の後見開始審判の発効まで効力を有する。

(3) 財産管理者の候補者として望ましい者

保全処分として選任される財産管理者は，保全発効時から本案発効時（後見開始）までの間の，本人の暫定的な一種の法定代理人であって，後見開始と同時に選任される成年後見人にそれまでの管理財産の一切を引き継ぐことが当然に予定されている。このように考えた場合，本案審判で選任される後見人候補者と同一人を財産管理者の候補者とすることが，連続性の確保という点で望ましい。すると，民法843条4項において成年後見人を選任する際の考慮事情として定められる事項が，財産管理者の適格性の判断の場合にも共通した考慮事項ということになる。

すなわち，選任にあたっては，①本人の身上面（心身の状態・生活の状況）と財産面（財産の状況，特に報酬の財源確保の有無），②成年後見人となるべき者の職業

及び経歴（後見事務の職責にふさわしいかどうか），③本人と成年後見人となるべき者との利害関係の有無（親族関係の有無，親族間紛争の有無や利益相反関係の有無等），④成年被後見人となるべき本人の意見（自己決定の尊重に配慮して），⑤その他一切の事情（後見人候補者の心身の状態や財産の状況，候補者の意見等）を考慮しなければならない。

　現状は，配偶者や子などの親族が本人に対する情愛のある者として選任されることが多い。しかし，親族間紛争がすでにある場合あるいは推定相続人間で遺産分割の前哨戦となることが予想される事案では，利害関係のない第三者のほうが無難ということになろう。特に，他人との間での訴訟が予想される事案，あるいは財産が預金や不動産だけでなく株券など複雑多岐にわたる事案では，法律専門家である弁護士，税理士や司法書士等が適任とされる。特に療養看護の保護の面が含まれる事案では，社会福祉士など福祉の専門家も含まれる。

　本案において選任される成年後見人は1人である必要はないが，このことに関連して，例えば，資産家で身寄りのいない高齢者を本人とする後見開始事件において，財産管理の面ではB弁護士を後見人候補者とし，療養看護の面ではC社会福祉士を後見人候補者とする事案であったとする。これを本案事件として，財産管理者選任の保全処分の申立てがあった場合に，財産管理者としては（福祉の専門家としてのC社会福祉士ではなくむしろ）法律専門家であるB弁護士が適任ということになろう。

　ちなみに，後見人となることができない欠格事由者は以下の者である（民847条）が，これらの者が，財産管理者となれないのは当然である。

① 未成年者
② 家庭裁判所で免ぜられた法定代理人，保佐人又は補助人
③ 破産者
④ 被後見人に対して現に訴訟をし，又は過去にした者及びその配偶者や直系血族
⑤ 行方の知れない者

(4) 申立手続

　財産管理者選任の申立ての要件は本案審判事件の係属を前提とするが，本案の申立てと同時に保全処分の申立てがされるのが通常である。この保全処分の

目的は，A本人の当面の利益代表者としての財産管理者を選任してもらうことである。例えば，Aが有する現金や銀行通帳，賃貸マンションなどの管理が放置状態となっており，財産管理者がAに代わって任意に財産の管理ができるような状況であった場合には特に効果的である。つまり，Aからそれらの財産の管理事務が財産管理者に全面的に移管されること（現金，通帳，印鑑やキャッシュカード，不動産の権利証・登記識別情報等の引渡受領）により，財産の不当減少の防止（財産の紛失・盗難・火災等に対する保安措置）あるいは適切な財産の現状維持（マンションの賃料回収の管理業務等）を図ることが現実的に可能となる。しかもA本人の手元には自由にできる現金や通帳がない状態となることから，結果的に，悪徳訪問業者からの勧誘に応じた不当弁済や振り込め詐欺の電話に応じた送金という財産放出の被害防止にも資することになる。

ちなみに，本人の利益代表者についての法文上の肩書用語の問題であるが，家事審判の本案事件として選任される場合は，例えば成年後見人，不在者財産管理人，相続財産管理人などのように「人」と呼ばれるが，保全処分では一律に財産の管理「者」として呼ばれている。

(a) 立件根拠

家事事件手続法126条1項に基づく「財産の管理者の選任等の申立て」の保全処分は家事雑事件である（平4・8・21付け最高裁総三第26号事務総長通達別表第5・10・(4)）。

(b) 申立権者

申立権者については規定されていないものの，利害関係人であることを要すると解されており，本案である後見開始の申立人（民7条）以外の者も，財産管理者の選任の申立てをすることができる。これは，財産の管理者の選任が，本人の財産処分権を奪うものではないし，むしろ，本人保護の見地から，成年後見人の選任を待つまでもなく，早期にその財産を保全するため，家庭裁判所が早い段階から後見的に関わる必要性があることから，本人の事情を知る者に広く申立権を認めたものである。さらには，申立てがない場合にも家庭裁判所は必要に応じて，職権により財産管理者を選任することができる。

(c) 管　轄

本案の後見（保佐・補助）開始事件が係属する家庭裁判所又は高等裁判所であ

る（家手105条）。

　(イ)　申立費用
　　(ⅰ)　収入印紙　　不要。
　　(ⅱ)　予納郵便切手　　各裁判所ごとの所定の費用。
　(ロ)　添付書類　　付随事件としての性格上，本案事件のほうで添付されている書類は原則として不要。ただし，保全処分を求める事由（本案認容の蓋然性と保全の必要性・緊急性）を疎明する申立人作成の事実報告書等の資料，財産管理者の候補適格性を示す資料（住民票等）は必要である。

(5)　審理手続

　財産管理者選任の保全処分についての審理手続は，原則として，本案審判の手続と同様に進められる。ただし，保全処分一般の規律として家事事件手続法105条から115条までの定め（第2編第1章「総則」中の第4節「審判前の保全処分」）に注意する必要がある。申立てが手続的要件を充足し，本案審判認容の蓋然性及び保全処分の必要性について疎明があったときに申立ては認容される。

　本案認容の蓋然性は診断書から判断される。保全処分の必要性は，本案発効前の現時点において本人の財産を現状のまま保全すべき緊急措置が必要であるかどうかの観点で判断される。具体的には，本人による現金や預金通帳の管理能力が失われていること，紛失・盗難・失火等の保安上の心配があること，緊急の入院や施設入所が必要になったこと，本人がその意味を理解しないままに自宅や重要な財産を詐取されるおそれが高いこと，あるいは財産を事実上管理している者の管理自体に（不正等の）問題があることなどである。

　この保全処分の申立てに対する却下あるいは認容のいずれの審判に対しても即時抗告はできない（却下につき家手110条1項1号，認容につき同条2項の括弧書）。

　(a)　保全命令の担保

　この財産の管理者の選任をする際には，担保を立てさせることができないとされるが（家手126条1項），これも上記と同様の趣旨から，財産の管理者の選任自体によって損害が発生することは考えにくく，その性質上保証になじまないためである。この点，選任された者が適切に財産を管理しないことによって損害を生じることが予想される場合については，別途，財産の管理者に担保を立てさせることを可能として対処されている（家手126条8項で準用する民29条1項）。

(b) 保全処分の始期

財産の管理者の選任の認容審判は，審判を受けるべき者である財産の管理者に選任される者に対し告知されることによってその効力を生ずる（家手74条2項本文）。

(c) 保全処分の終期

財産管理者選任の審判の効力が維持されるのは，「後見開始の申立てについての審判が効力を生ずるまでの間」である。これは，後見開始の本案審判が効力を生ずれば，後見人が財産管理を開始し，後見開始の申立てが却下されれば成年被後見人となるべき者が自ら管理するのが相当であるという判断がされたことを意味するのである。したがって，いずれにしても財産の管理者の役割は終えたということになる（保佐開始，補助開始についても同様）。

そのため，後見開始の申立てについての審判が効力を生じた場合には，財産の管理者の選任の審判の取消審判をする必要はない。逆に，本案である後見開始申立ての審判が却下された場合には，申立てを却下する審判は申立人への告知により直ちに効力を生ずるから（家手74条3項），財産の管理者の保全処分もその時に失効する。この点，後見開始の申立てを却下する審判に対して即時抗告がされた場合であっても，すでに保全処分は失効しているから，財産管理者の選任を求める必要があれば，改めて保全処分の申立てをするか，裁判所の職権発動を促すほかはない。

〔4〕 小問(3)——財産管理者の権限

財産管理者の権限については民法の不在者財産管理人の規定が適用される。すなわち，財産の管理者は，成年被後見人となるべき者の財産について管理行為（民103条による保存・利用・改良）の範囲内で代理権を有する一種の法定代理人（「一種の」とは処分の代理権は含まないという意味）である（私的自治の補充）。仮に，本案発効までの間に管理行為の権限しか有しない財産管理者が管理している財産について，売却処分をすべき緊急事態（例えば施設入所費ねん出のための売却処分）が生じたときは，財産管理者は家庭裁判所の権限外行為許可の保全処分を得たときに，売却の代理行為（私的自治の拡張）をすることができる（家手126条8項において準用する民28条）。

以上のように，財産管理者の権限は，財産行為に関する包括的な代理権（管理行為と処分行為）が付与される成年後見人の権限（民859条1項）とは明確に異なっている。
　財産管理者には上記の管理行為の範囲内での代理権だけが，すなわち，本人との関係ではその行為能力を補充するための権限があるにすぎない。他方，本人はその財産管理者の存在とは無関係に，（行為能力の制限を受けているわけではないから）単独で有効な財産処分をすることができる。本人が所持する銀行通帳や印鑑あるいはキャッシュカードなどを任意に財産管理者に引き渡してくれれば，財産管理者の保管となるから少なくとも振り込め詐欺による現金送金などの被害は防止できるが，それでも悪徳商法に騙されて本人が財産放出を伴う財産契約をする可能性が高い場合には，さらに，（本人の行為能力を制限する目的での）「財産管理者の後見を受けるべきことを命ずる」追加的な審判前の保全処分で対処する必要がある（Q66参照）。
　ところで，本案事件（後見開始，保佐開始，補助開始）において選任される後見人，保佐人，補助人の三者の間には，権限の違いがあることに対応して，保全処分において選任されるそれぞれの財産管理者の権限にも自ずと違いが生ずることになる。保全は本案を超えることはできないからである。そもそも，後見開始により選任される後見人は成年後見人の財産について包括的な代理権を有する（民859条）。しかし，保佐開始や補助開始により選任される保佐人や補助人は，原則として，民法13条1項各号に掲げる行為の全部あるいは一部についての同意権・取消権を有しているにすぎない（民13条・17条）。
　このように考えると，後見開始を本案とする財産管理者の権限は本人の財産の全体を対象としての管理行為となるが，保佐開始ないし補助開始を本案とする財産管理者の権限は，本案の申立てにおいて同意権・取消権の対象とされる財産の範囲に限って，必要とされる管理行為ができるということになろう。仮に保佐が開始していれば保佐人が同意権・取消権・代理権を行使しうるとされる行為に関連する療養看護あるいは財産管理のため必要があるといえて初めて，保佐開始の審判事件を本案とする保全処分をすることができると解されている（金子修編著『逐条解説家事事件手続法』438頁・465頁参照）。
　なお，家庭裁判所は，保全処分として自ら選任した財産管理者を後に改任す

ることができるなど，財産管理者についてのその余の規律としての基本的規定は，後見開始に関する家事事件手続法126条8項である。保佐開始・補助開始についてもまったく同様の定め（家手134条6項・143条6項）がなされている。

財産管理者に対するその余の規律としては以下のようなものがある。

(1) 財産管理者の改任

本人の財産を保護する観点から，家庭裁判所が適切と認めた者を管理者として選任したものの，その者が管理をすることができなくなった場合や管理者として不適切であることが発覚したような場合には，当該管理者を解任して新たな管理者を選任することができる（家手126条8項において準用する同125条1項）。

(2) 財産管理者の注意義務

財産の管理者は，善良な管理者の注意をもって，成年被後見人となるべき者の財産を管理しなければならず，管理中に，受領した金銭その他の物やその収受した果実を成年被後見人となるべき者に引き渡し，成年被後見人となるべき者のために自己の名で取得した権利を成年被後見人となるべき者に移転しなければならない（以上につき，家手126条8項において準用する同125条6項，民644条・646条参照）。

(3) 財産管理者の職務

財産の管理者は，管理すべき財産の目録を作成しなければならず，その費用は成年被後見人となるべき者の財産の中から支弁する（家手126条8項において準用する民27条1項）。さらに，家庭裁判所は，財産の管理者に対し，成年被後見人となるべき者の財産の保存に必要と認める処分を命ずることができる（家手126条8項において準用する民27条3項）。そのため，家庭裁判所は財産管理者に対し，財産状況の報告と管理計算を命ずることができ，その費用は，成年被後見人となるべき者の財産の中から支弁する（家手126条8項において準用する同125条2項・3項）。

(4) 財産管理者の担保提供

家庭裁判所は，財産の管理及び返還について相当の担保を立てさせることを前提に（家手126条8項において準用する民29条1項），その増減，変更又は免除を命ずることができる（家手126条8項において準用する同125条4項）。財産の管理者の不動産の上に抵当権の設定を命ずる審判が効力を生じたときは，裁判所書記官

は，その設定の登記を嘱託しなければならない（家手126条8項において準用する同125条5項）。

(5) 財産管理者への報酬

裁判所は成年被後見人となるべき者の財産の中から，相当な報酬を財産の管理者に与えることができる（家手126条8項において準用する民29条2項）。

〔5〕 保佐（補助）開始の申立てに伴う代理権付与の追加申立ての必要性

後見開始を本案とする保全処分として選任される財産管理者の場合は，本人が不在者の場合と同様に管理能力を有しないものとしての前提があり，財産管理者には，（管理行為の範囲内における）一定の代理権が当然に付与される。しかし，保佐（補助）開始を本案として選任される財産管理者の場合は，本人に一定水準以上の判断能力，すなわち財産管理能力があるものとの前提があり，本人の意思を無視する形で，ここで選任される財産管理者にも上記と同様の一定の代理権が当然に付与されると解することはできない。

つまり，開始審判によって保佐人（補助人）に本来的に与えられる権限は，本人がなした行為についての取消権（同意権）だけであって，現金や預貯金等の財産管理についての代理権までもが当然に与えられるものではない。そのため，保全処分として選任された財産管理者が本人に代わって財産管理を権限としてできるようにするには，本人自身の意思又は同意を要件として，本案の保佐（補助）開始の審判申立てとともにあるいは追加的にその旨の代理権付与の審判の申立て（保佐：家手別表第1の32項，民876条の4第1項，補助：家手別表第1の51項，民876条の9第1項）がなされていることが必要である。

この代理権付与の申立てがあることを条件に，保佐（補助）開始を本案とする保全処分で選任される財産管理者についても，その本来的な取消権に加えて財産管理に関する所定の代理権（公的な関与と本人の意思による私的自治の補充）が発生することになる。そして，本案の開始審判と代理権付与審判が発効した時点で，財産管理者の管理にかかる預金あるいは不動産等の財産については，所定の代理権を有する保佐人（補助人）に引き継ぐことが予定される。

〔貴島　慶四郎〕

■審判前の保全処分（財産管理者の選任）の申立書

受付印	準口頭		
予納郵便切手　　　　円	審判前の保全処分申立書(1)　事件名（財産管理者の選任）		

横浜　家庭裁判所 平成○○年○○月○○日	申立人（又は法定代理人など）の署名押印又は記名押印　　　甲野一郎　㊞
添付書類	財産の管理者の候補者の戸籍謄本（全部事項証明書）1通　住民票　1通
本案審判事件	平成　○○　号（家）第　○○○　号　　後見開始　　事件
当事者	別紙当事者目録記載のとおり　　　（省略）
管理すべき財産又は遺産	別紙（財産）遺産　目録記載のとおり　（省略）

求める保全処分

① 1　⑦　本　人（　甲野太郎　）の財産
　　　イ　相手方（　　　　　　）の管理する財産　の管理者を選任する審判を求める。
　　　ウ　被相続人（　　　　　）の遺産
2　後記※印欄記載の者（　　　　　　　　）に対し，次の事項を指示する審判を求める。
3　本人（　　　　　　）の財産上の行為につき，財産管理者の　ア　後見
　　　　　　　　　　　　　　　　　　　　　　　　　　　　　　イ　保佐　を受けるべきことを命ずる審判を求める。
　　　　　　　　　　　　　　　　　　　　　　　　　　　　　　ウ　補助

保全処分を求める理由
（本案の申立てを相当とする事情及び緊急に保全処分を必要とする事情）
1　申立人は，本日，事件本人に対し後見開始の申立てをなした。
2　事件本人は，認知症により入院中である。
3　事件本人には別紙財産目録記載の財産があるが，上記2のとおり，財産を管理したり維持することはできず，後見開始の審判が確定するまでの間，財産の管理者が必要である。
4　事件本人の財産である土地の一部について，現在第三者との間で紛争があり，訴訟の係属が予想されるため，財産管理者には弁護士である下記候補者を選任されたい。

財産の管理者の候補者

本　籍	川崎市川崎区○○町○丁目○番地
住　所	〒○○○-○○○○　川崎市川崎区○○町○丁目○番○号　　電話×××（×××）××××
連絡先	〒○○○-○○○○　川崎市川崎区○○町○丁目○番○号　弁護士ビル102号　電話×××（×××）××××
フリガナ 氏　名	ヘイノ　イチロウ 丙野　一郎　　昭和○○年○○月○○日生　本人等との関係　他人
職　業	弁護士　　勤務先　○○法律事務所

※ 財産の管理等に関し，指示を受けるべき者

本　籍	
住　所	〒　　　　　　　　　　　　　　　　　　　　　　　電話　（　　　）
連絡先	〒　　　　　　　　　　　　　　　　　　　　　　　電話　（　　　）
フリガナ 氏　名	昭和　　年　　月　　日生　本人等との関係
職　業	勤務先

【備考】
1．本申立書は定型書式に基づくものではない。

Q66 財産管理者の後見等を受けるべきことを命ずる保全処分

Aが振り込め詐欺や悪徳商法に騙されて所有財産の放出に係る契約を締結するおそれがあるような場合には，どのような措置をとったらよいか。

(1) 後見命令の保全処分はどのような場合に発令することができるか。保佐命令・補助命令はどうか。
(2) 後見（保佐・補助）命令の保全処分の審理手続はどのようになされるか。
(3) 財産管理者の後見等を受けるべきことを命ずる保全処分によってどのような効力が認められるか。

A

〔1〕 小問(1)——後見命令等の発令の要件

後見命令の発令要件は，「後見開始の申立てがあったこと」及びA本人の財産の保全のため「特に必要があること」である。この2つの要件を満たすことを条件に，本案事件の申立人の申立てにより，Aのなす財産上の行為につき，財産管理者の後見を受けるべきことを命ずることができる（家手126条2項）。

第1類型の保全処分である財産管理者が選任されたとしても，その財産管理者の権限は本人が有する財産の維持・保存の管理行為だけにとどまるものであって，本人の財産処分権を失わせるものではない。このことに関連して，本人がその所持する財産（現金，預金通帳，届出印鑑やキャッシュカード等）を財産管理者に任意に引き渡してくれる状況下であれば，結果的に本人の手元には放出できる金銭はないことになるから，少なくとも振り込め詐欺による現金手渡しや振込送金という不測の事態を未然に防ぐことが可能となる。

しかし，本人が所持している現金や通帳について「絶対に現金と預金通帳は

渡さない」と言い張っているような場合をも含め，単に財産管理権の権限しか有しない財産管理者としては，本人が第三者との間でなす不必要な財産契約の締結を防止することまではできない。このように，判断能力が衰えた本人がうまい口車に乗せられて財産を放出させられる危険が切迫し，本案の発効まで待てない緊急の事情があるときに備え，本人の財産の保全のため「特に必要があるときは」，として後見命令の保全処分が用意されているのである。つまり，本人が悪徳業者からの訪問勧誘あるいは送りつけ商法により契約を強制されようとしているとき，不動産ブローカーが甘言をもって廉価に不動産を買い受けようとしているとき，ギャンブルに熱中しその資金ねん出のため自宅を処分するおそれがあるとき，見境もなく高価な品を買いあさって放蕩しているときなどがそうである。

　本人が意味をよく解さないままになす財産放出行為が想定されるときの次善の策としての緊急措置が，この第2類型の保全処分としての後見命令である。この後見命令は，本人が先方のいうままになした財産処分の法律行為について，財産管理者がそれを事後的に取り消して，先方から財産を取り戻す方法による援助措置である。この点，取消しの対象となるのは，本人がなした（一応は適式の）売買・請負契約などの「法律行為」であって，前述の巧妙な振り込め詐欺によって振込送金をさせるという犯罪行為までを阻止できるものではない。

　後見命令が出されても，財産管理者が成年後見人と同じ立場になるものではなく，やはり一種の法定代理人（「一種の」とは処分権を含まずに管理権と同意権・取消権だけという意味）ということになる。本案発効までの臨時的な援助者であるから，後見命令に反した行為を取り消して財産管理者が取り戻した財産はそのまま保存し，本来的な援助者である成年後見人に引き継ぐことになる。

　保佐開始・補助開始の本案審判についても，後見命令と同様の規定が定められている（家手134条2項の保佐命令，同143条2項の補助命令）。本人がこの保佐と補助の類型に該当するときに特に注意する点がある。悪徳商法とまではいえないものの巧妙な勧誘により，本人がクレジットを利用して不必要な布団などの物品購入をするような場合である。クレジット契約自体は民法13条1項2号の借財に該当し取消しの対象となるので問題はないが，布団の購入契約は，民法13条1項3号の重要な財産契約にはあたらない可能性がある。そこで，保佐

類型であれば本案とは別に，例えば「○○万円以上の物品の購入」には同意が必要であるとしてその旨の同意権（取消権）拡張の追加申立てをしておく必要がある。また，補助類型であれば，本案の申立ての趣旨において同意権（取消権）付与の対象範囲内のものとして，クレジット契約の点と併せて上記の旨を選択しておく必要がある。

〔2〕 小問(2)——後見命令等の保全処分の審理手続

保全処分について，家庭裁判所における手続的な流れの側面から検討する。

(1) 立件根拠

家事事件手続法126条2項の規定に基づく「財産の管理者の後見等を受けることを命ずる保全処分の申立て」は家事雑事件である（平4・8・21付け最高裁総三第26号事務総長通達別表第5・10・(5)）。

(2) 申立手続

(a) 申立権者

本案である後見（保佐・補助）開始審判事件の申立人である。保全処分としての後見（保佐・補助）命令は本人の行為能力を制限するものであって，それを行うことには慎重であるべきであることが考慮されたことから，本案の申立人だけに限られている。つまり，第1類型の財産管理者選任の場合は，本人の行為能力の制限ではなくむしろ本人の行為能力の補充であることから申立人については柔軟に利害関係人でもよいとされるのとは異なる。

(b) 管　轄

本案の後見（保佐・補助）開始事件が係属する家庭裁判所又は高等裁判所である（家手105条）。

(c) 申立費用

(イ) 収入印紙　　不要。

(ロ) 予納郵便切手　　裁判所ごとの所定の費用。

(ハ) 登記印紙　　1400円。

(d) 添付書類

本案認容の蓋然性を疎明するものとしては医師の診断書，保全の必要性を疎明するものとしては緊急処理を要する事実に関する報告書が必要である。

(3) 保全の審理手続

　財産管理者選任の保全処分に続いて，さらに後見命令の保全処分（選任の申立てと同時の場合が多い）についての審理手続も，原則として，本案審判の手続と同様に進められる。ただし，保全処分一般の規律として家事事件手続法105条から115条までの定めに注意する必要がある。①申立てが手続的要件を充足し，②本案審判認容の蓋然性，及び，③保全処分の必要性について疎明があったときに申立ては認容される。この点，第1編第4章〔3〕の審判前の保全処分全般について解説した「申立ての手続と効力」も参照されたい。

(a) 疎明義務

　本案認容の蓋然性及び保全の必要性（本人の処分行為によって財産を失うおそれがあること）についての疎明義務を負う（家手106条2項）。疎明とは，裁判官が事実の存否について確信の程度に至らないものの一応確からしいとの推測を得た状態又はそのために資料を提出する行為であって，この疎明は，簡易迅速な処理のため即時に取調べができる資料に限られる（家手57条）。

　つまり，本案の審判とは異なり保全処分の性質上，裁判所の心象の程度が証明の程度に至らなくても疎明の程度を満たせばよいとされている（家手109条1項）。本案審判の手続では，当事者は，「事実の調査及び証拠調べに協力する」とされ（家手56条2項），自ら積極的に資料を収集して裁判所に提出する一般的義務（責任）までは課されていない。しかし，緊急性が高く迅速処理が要請される保全処分の手続では，迅速な裁判資料収集のために申立人自身に第一次的な疎明義務があるとされるのである。

(b) 審理において注意すべき点

　保全処分に関する疎明責任は前記のとおり原則として申立人にある。もっとも，家庭裁判所の後見的機能を発揮させて事案に即した適正妥当な結果を得るために，家庭裁判所が必要であると認めるときは，職権で，事実の調査及び証拠調べをすることができる（家手106条3項）。審理手続は，本案審判の手続とほぼ同様に進められるが，以下の点で違いがある。

　(イ) 成年被後見人となるべき者の陳述の聴取　　後見命令が，保全処分の通則を定める家事事件手続法107条に記載の「仮の地位を定める（行為能力を制限する）仮処分」の1つであることを前提とすれば，原則としては，家庭裁判所

は，陳述を聴く手続を経ることにより保全処分の目的を達することができない事情があるときを除き，成年被後見人となるべき本人の陳述を聴かなければ，後見命令を発することができないとされる。しかし，上記保全処分の特則として，後見命令について定める同法126条3項においては，本人の心身の障害によりその者の陳述を聴くことができないときは，本人の陳述を聴かずに後見命令をすることができる旨が定められている。

(ロ) 審判の通知及び告知　裁判所は，後見命令の審判をした場合には，その審判を成年被後見人となるべき者に通知する（家手126条5項）とともに，家事事件手続法74条1項に規定する者のほか，財産の管理者に告知しなければならない（家手126条4項及び6項は，このことを前提とする）。この点，成年被後見人となるべき者は，審判を受ける者であり，知らせる内容は裁判であるから，本来は告知すべきであるとも思われるが，告知の場合には，告知の対象となる者に告知を受ける能力が必要であるという観点が加味されて，ここでは通知をするものとされているのである（金子修編者『一問一答家事事件手続法』20頁参照）。ちなみに，告知は裁判の内容（告知は，即時抗告期間の起算点あるいは審判の効力発生の起算点となる）を知らせることであり，通知は裁判以外の内容（家手63条の事実の調査の通知など）を知らせることである。

ただし，上記は後見命令の場合についてだけであり，保佐命令と補助命令については，本人に告知を受ける能力があることを前提に，いずれも本人と財産の管理者あてに告知がなされる（家手134条3項・143条3項）。

(ハ) 審判の効力の発生時期　後見命令の審判は，財産の管理者に告知された時から効力が生ずる（家手126条4項）。これは，後見命令の審判における審判を受ける者（家手74条2項）は，成年被後見人となるべき者であるが，成年被後見人となるべき者は後見命令の審判がされたことを知らされてもその内容を理解することができないことが多いと考えられることから，財産の管理者に告知した段階で効力を発生させるのが相当であると考えられたからである。

ただし，保佐命令・補助命令の審判は，家事事件手続法74条2項本文にあるとおり（家手109条2項により同74条2項但書は不適用），審判を受ける者である本人（被保佐人又は被補助人となるべき者）に告知することによってその効力が発生する。

(4) 即時抗告

　保全処分の申立人は，申立てを却下する審判に対し，即時抗告をすることができる（家手110条1項本文）。本案の認容審判に対し即時抗告をすることができる者（後見開始：家手123条1項1号，保佐開始：家手132条1項1号，補助開始：家手141条1項1号）は，審判前の保全処分の認容審判に対し，即時抗告をすることができる（家手110条2項）。

　後見命令の審判に対する即時抗告の期間である2週間は，（家手86条2項の起算点を定める規律の特則として）財産の管理者が審判の告知を受けた日から進行する（家手126条6項）。この点，後見開始の本案審判に対する即時抗告期間の起算点について定める家事事件手続法123条2項の規律と同趣旨である。保佐命令と補助命令に対する即時抗告の期間は，本人（被保佐人・被補助人）が審判の告知を受けた日及び財産の管理者が告知を受けた日のうち最も遅い日から進行する（家手134条4項・143条4項）。

(5) 保全処分発効後の登記嘱託

　後見命令等には対世効があるところから本人と取引関係に入ろうとする第三者のために公示をする必要がある。そのため，裁判所書記官は，後見命令（保佐命令・補助命令）の発効後，遅滞なく，後見登記等に関する法律に基づく登記を嘱託することになる（家手116条，家手規77条2項1号）。

　ちなみに，財産管理者の選任だけの保全処分であれば，財産管理者には取消権はないので選任の登記は必要ではない。財産管理者は本人の私的自治の補充者にすぎないからである。しかし，後見命令が出されたときは，本人がなした行為は一定の場合に本人あるいは財産管理者から取り消される可能性がある。そのため取引安定のために登記が必要とされるのである。取引の相手方があやしいと感じれば，本人に「登記事項証明書（記載がない場合はその旨が証明される）」を添付させることで，後見命令等の有無を確認することができる。

(6) 事情変更による審判前の保全処分の取消し

　家事事件手続法126条1項の規定による財産の管理者の選任あるいは同条2項の規定による後見命令の保全処分が発効後にそれを取り消す場合は，（事情変更による）審判前の保全処分の取消しの規定（家手112条）によることとなる。

〔3〕 小問(3)——後見命令等の保全処分の効果

　本案の申立てをした者からの保全処分の申立てにより，本案の法定後見の3つの類型に対応して，家庭裁判所は，A本人の財産上の行為につき財産管理者の後見，保佐又は補助を受けるべきことを命ずること（後見命令，保佐命令又は補助命令）ができる。この後見命令等の保全審判がされたときは，本人及び財産の管理者は，本人が単独でなした財産上の行為を取り消すことができる。つまり，第1類型の保全処分によってA本人の財産管理についての代理権を与えられた財産管理者に対し，さらに，この第2類型の後見命令等の保全処分によってA本人がなした財産行為についての取消権が追加的に与えられることになる。要するに，財産管理者の選任は本人の「行為能力の補充」，すなわち財産管理者の代理権に関わる問題であり，後見命令等の処分は本人の「行為能力の制限」，すなわち財産管理者の同意権・取消権に関わる問題である。

(1) 3類型において共通する点

　3類型に共通するのは，本人が自らの判断でなした重要な財産上の行為（日用品の購入等の日常生活に関する行為は除かれるという意味で「重要な」という）について，本人あるいは財産の管理者（以下，取消権者は財産管理者だけとして）に取消権が与えられているという点である（後見：家手126条7項，保佐：家手134条5項，補助：家手143条5項）。この取消権とは，本人が行った法律行為を取り消すことができる権限である（取り消された法律行為は，はじめから無効であったものとみなされる。民121条本文）。この点，後見命令における取消権と，保佐命令や補助命令における取消権とは性格が異なる。前者は財産管理者の同意権を前提としない（一種の包括的代理権に基づく）取消権であり，後者は財産管理者の同意権の存在を前提とした（その同意権に基づく）取消権である。

(2) 3類型において異なる点

　3類型に顕著な違いがあるのは，財産管理者による取消権の対象となる「財産上の行為」の範囲の大きさが異なっている点である。この点はわかりにくいので例によって考えることとしたい。後見，保佐，補助のいずれかの保全命令が発効した後に，本人が自宅の家について自己の勝手な判断で請負会社と大修繕の請負契約をしたとする。この請負契約には本人財産の出捐，つまり対価を

伴う効果があるところから重要な法律行為とされる。

　まず，行為能力の制限が最も大きい被後見人となるべき者を対象とした後見命令の保全処分であったとする。この場合は，本人の判断能力すなわち意思能力はゼロの常況に等しいとの推測のもとで選任された財産管理者であり，かつ，後見命令である。したがって，本人が請負会社との間でなした大修繕という請負契約は，意思能力を欠く状態でなされたもので，（民法13条1項に定める行為に該当するか否かとは関係なく）本来は「無効とされるべき行為」である。そのために，（事前の同意の有無とも関係なく）本人がなした請負契約を財産管理者は取り消すことができる（家手126条7項）。

　次に，行為能力の制限が被後見人より緩やかな保佐人となるべき者を対象とした，保佐開始を本案としての保佐命令の保全処分であったとする。この場合は，本人は民法13条1項に列挙する重要な財産行為について財産管理者の事前の同意があれば自ら有効な財産上の行為をすることができるとの推測のもとで選任された財産管理者であり，かつ，保佐命令である。そして，大修繕の請負契約は，民法13条1項8号に定める「大修繕」に該当するから，本人が財産管理者の「同意なしになした行為」であることの理由によって，その請負契約を取り消すことができる（家手134条5項）。

　軽度の認知症などのように判断能力が（保佐には至らないものの）不十分である補助人となるべき者を対象とした，補助命令の保全処分であったとする。この場合は，上記の民法13条1項に列挙されている1号から9号までの重要な財産上の行為のうちで，本人が選択した特定の財産上の行為に限っては財産管理者の事前の同意があれば自ら有効な財産上の行為をすることができるとの推測のもとで選任された財産管理者であり，かつ，補助命令である。したがって，補助開始の本案事件の申立ての趣旨において，補助人の同意を要する行為として「大修繕をすること」を本人が選択していたとすれば，保佐の場合と同様に，「同意なしになした行為」であることの理由によって，財産管理者はその請負契約を取り消すことができる（家手143条5項）。仮に，本案の申立ての趣旨で選択していた同意を要する行為が「（2号に定める）借財又は保証をすること」だけであって，「大修繕」の選択がなされていなかったとする。このときは，本人がなした大修繕の請負契約は完全に有効であって，もはや取り消すことはで

きない。

　本案における 3 類型における行為能力の制限が緩やかになることに比例して，保全命令において取消しの対象となる行為の範囲も小さくなる。保全は本案を超えることはできないとの前提があるからである。すなわち，設問のAについて，後見命令であれば財産行為の内容いかんを問わずそのすべてが取消しの対象となり，保佐命令であれば民法13条 1 項に列挙する行為に該当するもののすべてが取消しの対象となり，最後に，補助命令であれば上記13条 1 項に列挙する行為のうちで，さらにA本人が本案の申立ての趣旨で任意に選択した行為だけが取消しの対象となる。

(3) 取消権の行使による原状回復に伴い返還すべき財産の受領権者

　財産行為の取消しによって取引相手方が原状回復をする際に，返還財産の受領権者を本人あるいは財産管理者のいずれとすべきかが問題となる。

　まず，後見命令における財産管理者には，（あたかも本人が不在者である場合と同様であるかのようにみて）財産管理の法定代理権が本来的に与えられるから，取消権行使による返還財産についての代理受領の権限も当然にある。

　次に，一定水準以上の判断能力が残存する本人を対象とした保佐（補助）命令における財産管理者の場合は上記と同様に考えることはできない。つまり，保佐人（補助人）に与えられる権限は，取消権（同意権）だけであって，本来的に本人の意思でなすべき現金・預貯金等の財産管理についての代理権が当然に与えられるものではない。したがって，返還財産についての受領権者は，代理権を有しない財産管理者ではなく依然として本人ということになる。

　この点で，財産管理者が返還財産の代理受領ができるようにするには，（自己決定尊重の観点から）本人の意思又は同意を要件として，本来的な保佐（補助）開始の審判申立てと同時あるいは追加的に，所定の代理権付与審判の申立て（家手別表第 1 の32項，同51項）をしておく必要がある。このような代理権付与の本案申立てが追加されている限り，保全処分で選任される財産管理者についても，本来的な取消権に加えて所定の代理権が発生する。したがって，この場合における返還財産の受領権者は財産管理者ということになる。

〔貴島　慶四郎〕

■財産管理者の後見等を受けるべきことを命ずる処分申立書

受付印	準口頭		
予納郵便切手　　　　円	審判前の保全処分申立書(1)　事件名（　　後見命令　　）		
横浜　　家庭裁判所 平成○○年○○月○○日	申立人（又は法定代理人など）の署名押印又は記名押印	甲　野　一　郎	㊞
添付書類	財産の管理者の候補者の戸籍謄本（全部事項証明書）　1通　　住民票　1通 指示を受けるべき者の戸籍謄本（全部事項証明書）　　1通　　住民票　1通		
本案審判事件	平成　○○　号（家）第　○○○　号　　　後見開始　　　　　　事件		
当　事　者	別紙当事者目録記載のとおり　　　　　（省略）		
管理すべき財産又は遺産	別紙　財産　遺産　目録記載のとおり　　（省略）		

求　め　る　保　全　処　分

1　［ア　本　　人（　　　　　）の財　産
　　イ　相　手　方（　　　　　）の管理する財産　　　の管理者を選任する審判を求める。
　　ウ　被相続人（　　　　　）の遺　産］
2　後記※印欄記載の者（　　　　　　　　　）に対し、次の事項を指示する審判を求める。
③　本人（　横浜太郎　）の財産上の行為につき、財産管理者の　［⑦　後見／イ　保佐／ウ　補助］　を受けるべきことを命ずる審判を求める。

保　全　処　分　を　求　め　る　理　由

（本案の申立てを相当とする事情及び緊急に保全処分を必要とする事情）
1　申立人は、後見開始の審判事件の審判前の保全処分として財産の管理者に選任された。
2　事件本人には、別紙目録記載の財産があるが、病院や施設に入らず自宅におり、一人でいる際、度々悪質商法にかかり契約を強制されている。
3　そのため、後見命令の保全処分により、財産管理者として本人の財産の保全を図りたい。

財　産　の　管　理　者　の　候　補　者

本　籍	
住　所	〒　　　　　　　　　　　　　　　　　　　　　　電話　（　　　）
連絡先	〒　　　　　　　　　　　　　　　　　　　　　　電話　（　　　）
フリガナ 氏　名	昭和　　年　　月　　日生　本人等との関係
職　業	勤務先

※　財産の管理等に関し、指示を受けるべき者

本　籍	
住　所	〒　　　　　　　　　　　　　　　　　　　　　　電話　（　　　）
連絡先	〒　　　　　　　　　　　　　　　　　　　　　　電話　（　　　）
フリガナ 氏　名	昭和　　年　　月　　日生　本人等との関係
職　業	勤務先

財　産　目　録

1　土地（1筆）
　　横浜市中区○○町○丁目○○番　宅地　　○○．○○平方メートル
2　建物（1棟）
　　同所同番地　家屋番号　○○番○　木造瓦葺平家建居宅　床面積　○○．○○平方メートル
3　預貯金（2口）
　　(1)　定期預金　　○○銀行○○支店（口座番号○○○○○○○）
　　(2)　普通預金　　○○銀行○○支店（口座番号○○○○○○○）

【備考】
1．本申立書は定型書式に基づくものではない。

Q67 | 任意後見人の職務執行停止の保全処分

信頼して選任したはずの任意後見人Bが被後見人の預金を使い込むなどの不正が発覚した場合はどうか。また、Bに積極的な不正行為はないものの、任意後見監督人の財産状況の調査等に協力しない場合はどうか。
(1) 本案事件としてどのような審判を申し立てることができるか。
(2) 任意後見人の職務執行停止の保全処分を申立てることができるか。
(3) 職務代行者選任の保全処分はどうか。

A

〔1〕 小問(1)——本案事件としての任意後見人の解任

設例のような不正行為あるいは財産調査への非協力という任務怠慢が任意後見人Bにあった場合には、本案事件として、Bについて任意後見人の解任審判申立て（家手別表第1の120項）をすることができる。つまり、任意後見監督人の監督等を通じて、任意後見人の不正な行為、著しい不行跡、財産調査への非協力等任務の怠慢、その他その任務に適しない事由があるとされるときは、家庭裁判所は一定の者（任意後見監督人等）からの申立てにより、任意後見人を解任することができる（任意後見8条）。

判断能力の不十分となった本人保護の観点から、任意後見人の権限濫用を防止するための公的機関の監督の制度化の一環として、任意後見監督人の監督を通じて任意後見人の不正行為等の事実が判明した場合について、家庭裁判所に任意後見人の解任権を付与することにより監督権の実効性を担保することとされているのである。そして、任意後見人が解任されると、任意後見契約の委任事務の履行が不能となり、任意後見契約自体が終了することとなる。

「不正な行為」とは，違法な行為又は社会的に非難されるべき行為を意味し，主として任意後見人が本人の財産を横領し，あるいは私的に流用する（背任）などの財産管理に関する不正がこれに当たる。「著しい不行跡」とは，品行ないし素行がはなはだしく悪いことを意味し，その行状が本人の財産の管理に危険を生じさせるなど，任意後見人としての適格性の欠如を推認させる場合がこれにあたる。「その他その任務に適しない事由」とは任意後見人の権限濫用，管理失当（財産の管理方法が不適当であること），任務怠慢などを意味する（小林昭彦＝大門匡編著『新成年後見制度の解説』160頁参照）。

任意後見監督人は，監督の過程で不正行為等の不適任な事由の存在を知った場合には，家庭裁判所に対し自ら任意後見人の解任の請求をすることができる。この点，本人は，家庭裁判所の許可を得て，正当な事由に基づく任意後見契約の解除の手続をとることもできるが，不正行為等の立証が可能な場合には，任意後見人の解任の手続をとることにより，解除の書面の送付及び終了登記の申請の手続的な負担を回避するとともに，任意後見人の不正行為等の事実を手続的に明確にすることができる。この点，任意後見制度に関しては，私的自治の尊重の観点から，基本的には各種請求の請求権者から検察官が除外されているが，解任についてだけは，横領・背任等の不正行為について捜査・公判等の過程で検察官が事実を探知することがありうるので，検察官にも請求権が付与されている（小林＝大門編著・前掲268頁参照）。

なお，家庭裁判所が選任した成年後見人等に対する解任の場合とは異なり，職権による解任は認められないこととされる。主な理由は次の3つである。①本人が私的な契約により自ら選任した任意後見人の解任は，私的自治に対する介入として必要最小限度にとどめるのが相当であること，②法定後見における成年後見監督人等とは異なり，任意後見監督人は必須の機関であり，常に任意後見監督人による解任請求権の適切な行使を期待することができること，③任意後見における家庭裁判所の監督は，法定後見における直接の監督とは異なり，任意後見監督人を通じての間接的な監督であることである（小林＝大門編著・前掲269頁参照）。

〔２〕 小問(2)——保全処分としての任意後見人の職務執行停止

　上記本案の解任事件の申立てがあった場合においてその本案審判が発効するまでの間は，任意後見人は依然としてその地位にあり職務を継続できる。しかし，これを許すと，解任の本案が発効するまでの間に，本人の利益が害される場合が想定される。そこで，その間の応急措置として，家庭裁判所は上記本案の申立人の申立てにより，任意後見人の職務執行停止の保全処分をすることができる（家手225条2項で準用する同127条1項）。

　この保全処分について，手続的な流れの側面から以下検討する。

(1) 「任意後見人の職務執行停止の保全処分」の立件根拠

　任意後見契約法8条に基づく「任意後見人解任の申立て」を本案とする，家事事件手続法225条2項の規定に基づく「任意後見人の職務の執行を停止する保全処分の申立て」は家事雑事件である（平4・8・21付け最高裁総三第26号事務総長通達別表第5・10・(8)）。

(2) 申立手続

(a) 申立権者

　本案審判の申立人である任意後見監督人，本人，その親族，検察官である（任意後見8条）。なお，任意後見人の解任の本案審判は職権ですることができないから，この保全処分についても職権ですることはできない。

(b) 管　　轄

　本案の任意後見人解任審判の申立て事件が係属する家庭裁判所又は高等裁判所である（家手105条）。

(c) 申立費用

(イ) 収入印紙　　不要。

(ロ) 予納郵便切手　　各裁判所ごとの所定の費用。

(ハ) 登記印紙　　1400円。

(d) 添付書類

　保全処分を求める事由（本案認容の蓋然性と保全の必要性）を疎明する申立人作成の事実報告書。

(3) 審理手続

(a) 任意後見人の職務執行停止の保全処分の根拠条文

任意後見人の解任事件を本案とする保全処分については，家事事件手続法225条2項において，成年後見人解任の審判事件を本案とする保全処分についての規定（家手127条1項）が準用されている。その結果，家庭裁判所は，任意後見人解任の本案審判の係属している場合において，本人の利益のため必要があるときは，本案審判の申立人の申立てにより，本案審判が効力を生ずるまでの間，任意後見人の職務を停止することができる。

任意後見人の職務執行停止の保全処分においては，職務代行者を選任することとはされていない。その代わり，職務執行停止の保全処分が発効した後に本案審判が発効するまでの間に緊急の処分が必要とされる場合は，任意後見監督人が任意後見人の代理権の範囲内において必要な処分をすることが認められている（任意後見7条1項3号）。

(b) 審判前の保全処分における疎明（一般論）

保全の申立人は，本案認容の蓋然性及び保全の必要性についての疎明義務を負う（家手106条2項）。疎明とは，裁判官が事実の存否について確信の程度に至らないものの一応確からしいとの推測を得た状態又は裁判官にこの推測を得させようとして資料を提出する行為であるが，この疎明は，簡易迅速な処理のために，即時に取調べができる資料による必要がある（家手57条）。

審判前の保全処分については，その性質上，本案の審判とは異なり，裁判所の心証の程度が証明の程度に至らなくても疎明の程度を満たせばよいとされる（家手109条1項）。この点，本案審判の手続では，当事者は，「事実の調査及び証拠調べに協力する」とされているにとどまり（家手56条2項），自ら積極的に資料を収集して裁判所に提出する一般的義務（責任）までは課されていない。しかし，緊急性が高く迅速処理が要請される保全処分の手続では，迅速な裁判資料収集のために，申立人自身に第一次的な疎明義務を負わせることとされているのである。もっとも，家庭裁判所の後見的機能を発揮させて事案に即した適正妥当な結果を得るために，家庭裁判所が必要ありと認めるときは，職権で事実の調査及び証拠調べをすることができる（家手106条3項）。

(c) 任意後見人の職務執行停止の保全処分における疎明の目的

　任意後見人解任の本案審判において事実の調査及び証拠調べの対象とされるのは，前記のとおり，「任意後見人に不正な行為，著しい不行跡その他その任務に適しない事由があること」であるから，保全処分の審理において，疎明によって裁判官に一応の推測を得させる目的は2つある。本案で主張する上記の解任事由に該当する事実があるらしいとの推測とその事実をこのまま放置し本案審判の発効まで待っていては本人の利益が害されるおそれがあるので職務停止の措置を現時点においてとる必要があるとの推測である。

(d) 任意後見人の職務執行停止の保全処分の発効

　任意後見人の職務執行停止の審判は，職務の執行を停止される任意後見人，他の任意後見人又は任意後見監督人に告知することによって，その効力を生ずることとなる（家手225条2項で準用の同127条2項）。

(e) 即時抗告

　任意後見人の職務執行停止の保全処分の申立てを却下する審判に対しては，保全処分の申立人は即時抗告をすることができる（家手110条1項）。申立てを認容する保全処分に対しては，本案の（解任を求める）認容審判に対し即時抗告をすることができる者が即時抗告をすることができる（家手110条2項）とされる。すなわち，本案の認容審判に対し即時抗告をすることができる者とされる本人（申立人である場合は除く）及び任意後見人が職務執行停止の保全処分に対し即時抗告をすることができる（家手223条4号）。

(f) 保全処分発効後の登記嘱託

　職務の執行停止の保全処分は対世的効力を有するので取引安定のため公示の必要がある。そのため，この保全処分の発効後，裁判所書記官によって，遅滞なく，後見登記等に関する法律に基づく登記が嘱託されることになる（家手116条2号，家手規77条2項3号）。

〔3〕 小問(3)——職務代行者選任の保全処分は認められない

　任意後見人の職務執行停止の保全処分に併せて職務代行者選任の保全処分をすることはできない。任意後見人の解任の審判事件を本案とする保全処分としては，成年後見人の解任の審判事件を本案とする保全処分の規定だけが準用さ

れている（家手225条2項による同127条1項・2項の準用においては職務代行者に関する部分は除外）。任意後見制度は，将来誰の後見を受けるかという選択を本人の意思に委ねた制度であるから，本人が選択した任意後見人に不正等があると認められる場合であっても，本人の選択によらない他の者によって代替できるとするのは相当ではないからである。そのために，委任事務の履行自体が不能となるところから，任意後見人の解任は任意後見契約の終了事由とされている。

〔4〕 任意後見制度と法定後見制度について

(1) 任意後見制度の概要

　成年後見制度には大きく任意後見と法定後見があるが，任意後見制度は，将来事理弁識能力を失った場合に備えて，本人が健常な間（契約に必要な判断能力を有している間）に，自らが選んだ者（任意後見受任者）との間で，後見事務の内容について代理権授与の契約を事前に結んでおくものである。任意後見人の選任とその権限は，すべて任意の契約によって定められる（「任意後見」と呼ばれるゆえんである）。この任意後見は，後見が必要になった段階で，家庭裁判所が任意後見監督人を選任することで契約の効力が発効するもので，いわば将来配慮型の制度である。この対極にあるのが，加齢等を原因として判断能力が低下ないし喪失した時点において開始されるのが法定後見であり，いわば事後処理型の制度ということになる。

　高齢社会を迎えて，精神的能力の低下が誰にでも訪れる現象として意識されるようになってきたことから，平成11年に成年後見制度の導入がなされたが，これと同時に，公的機関の監督を伴う任意後見契約の制度が新設された。

　任意後見契約とは，本人が精神上の障害により事理を弁識する能力が不十分な状態になった場合に備えて，自分の生活・療養看護・財産の管理に関する事務の全部又は一部を他人に委託し，委託した事務について任意代理権を付与する委任契約であって（任意後見2条1号），法務省令で定める様式の公正証書により締結されなければならない要式契約である（任意後見3条）。通常の任意代理と比べた特色は，家庭裁判所による任意後見監督人の選任を停止条件として効力を生ずる点にある。すなわち，委任者が代理人を監督できない状態になってから代理権が行使されることに配慮し，代理人（任意後見人と呼ばれる）を監

督するための制度を用意したのである。

　任意後見契約は，任意後見監督人が選任された時から効力を生ずる（任意後見2条1号）。任意後見契約は，任意後見代理人をコントロールすべき本人の事理弁識能力が衰えた状態で機能するため，本人に代わって代理人をコントロールする主体が必要であり，そのため任意後見監督人がその主体となるために選任されるのである。任意後見監督人の選任前の任意後見契約の受任者は任意後見受任者と呼ばれ，任意後見監督人の選任後は任意後見人と呼ばれる。

　法定の成年後見制度（後見・保佐・補助の3種で「法定後見」と総称される）と任意後見制度が競合する場合は，本人の利益のために特に必要である場合を除き，任意後見が優先する（任意後見4条1項2号・10条）。自分の身上監護や自分の財産は自分で守るという自己責任・自己決定の尊重の精神に基づくものであるから，法定後見に優先するものとされる。

(2) 任意後見と法定後見との関係

　任意後見と法定後見との関係については，本人の自己決定を尊重し，かつ，両者の権限の抵触・重複を回避するため，任意後見契約が締結されている場合には原則として任意後見による保護を優先させるとともに，両者が併存することがないような法的枠組みが設計（法律上一方が存在する場合には他方は存在しえないものとする）されている。

　任意後見契約法10条ではその1項において，任意後見契約が登記されている場合には，家庭裁判所は原則として法定後見（後見・保佐・補助）の開始の審判をすることができず，「本人の利益のため特に必要があると認めるときに限り」法定後見の開始の審判をすることができるものとするとともに，3項において，法定後見の開始の審判がされたときは，すでに効力の発生している任意後見契約は当然に終了するものとされている。また，任意後見から法定後見への円滑な移行を可能にするため，同条2項において，任意後見受任者，任意後見人又は任意後見監督人に法定後見開始の審判の申立権が付与されている。さらに，法定後見の開始の審判を受けている本人について任意後見監督人選任の申立てがされた場合でも，同条1項との均衡の観点から，家庭裁判所は，「本人の利益のため特に必要があると認めるとき」を除き，任意後見監督人を選任して法定後見の開始の審判を取り消すべきものとされている（任意後見4条

1項2号・2項,小林＝大門編著・前掲272頁参照)。

〔5〕 任意後見契約の終了事由

　任意後見人の解任は，任意後見契約の終了事由の1つであるが(任意後見8条)，任意後見契約法に定める他の終了事由としては，①契約の合意解除（任意後見9条）と，②任意後見監督人の選任後に法定後見開始の審判がされた場合（任意後見10条3項）がある。そのほか，委任契約の一般原則に従い，民法653条に定める終了事由としては，委任者本人又は任意後見受任者（任意後見人）のいずれかの死亡又は破産手続の開始，任意後見受任者（任意後見人）の後見開始がある。

　以下，任意後見契約法に定める終了事由について概観しておきたい。

⑴　任意後見契約の解除

　通常の委任契約の当事者はいつでも自由に契約を解除できる（民651条1項）が，任意後見契約においては，能力の低下した本人に自由な解除を認めると判断を誤る可能性があり，また，任意後見人の無責任な辞任を防止する必要もあるため，本人保護の観点から解除は制限されている。

　まず，任意後見監督人が選任される前においては，本人又は任意後見受任者は，自由に任意後見契約を解除することができるが，解除は公証人の認証を受けた書面によってなす必要がある（任意後見9条1項）。解除の方式を公証人が認証した書面によることとしたのは，真意を確認するためである。次に，任意後見監督人が選任された以降においては，本人又は任意後見人は，「正当な事由がある」ときに限り（実体的要件），家庭裁判所の許可を得て（手続的要件），任意後見契約を解除することができる（同条2項）。

　「正当な事由がある」と認められる典型例は，①任意後見人が職業上の必要等から遠隔地に住居を移転し，後見の事務の遂行に支障が生じた場合，②老齢・疾病などにより後見の事務の遂行に支障が生じた場合（例：気軽に受任者を引き受けたが，こんなに大変な任務とは思わなかった），③本人又はその親族との間に不和が生じた場合（例：娘婿を受任者としたが，その後娘夫婦は離婚した。受任者から借金の無心を受け信用できなくなった）などである。そのほか，職務遂行の債務不履行による解除の場合にも，家庭裁判所の許可が必要になるが，その場合には，

債務不履行の事実（任意後見人の職務怠慢）が正当な事由に該当するものと考えられる。また，合意解除の場合にも家庭裁判所の許可が必要となるが，本人の意思能力や真意を確認したうえで，当事者双方の真意に基づく合意が成立しているものと認められる場合には，原則として，当該合意の事実自体が「正当な事由」に該当するものとして，解除の許可がなされることになるものと考えられる（小林＝大門編著・前掲265頁参照）。

なお，任意後見監督人の選任後に任意後見契約が解除されると，本人を保護すべき援助者がいなくなるので，その空白期間が発生しないように，任意後見人や任意後見監督人などから事前に法定後見開始の申立てをしておく必要がある。

要するに，任意後見契約を解除するには，任意後見契約発効の前後を問わず，かつ，一方的解除あるいは合意解除のいずれであっても，解除が当事者の本心であることをチェックするために，公証人の認証を受けた書面によってなす必要がある。さらに，任意後見監督人の選任により任意後見契約が発効した後にあっては，解除に正当な事由があることをチェックするため，事前に家庭裁判所の許可審判（家手別表第1の121項）を得る必要がある（二重のスクリーニング）。

(2) 任意後見監督人の選任後に法定後見開始の審判がされた場合

任意後見監督人が選任された後に法定後見開始の審判がされたときは，任意後見人と成年後見人等との権限の抵触・重複を回避する観点から，既存の任意後見契約は当然に終了することとされている（任意後見10条3項）。これは，家庭裁判所が，すでに効力の発生している任意後見契約による保護では，本人の保護として十分であるとはいえず「本人の利益のため特に必要がある」と判断して法定後見による保護を開始した以上，当該任意後見契約を存続させることは相当ではないと考えられることによるものである（小林＝大門編著・前掲275頁参照）。

ちなみに，「本人の利益のため特に必要がある」場合とは，例えば，本人が任意後見人に授権した代理権の範囲が不十分ないし狭すぎるため，法定代理権の追加付与が必要であるものの，本人の精神状況により任意の授権が困難である場合や，合意された任意後見人の報酬が高すぎる場合などが考えられる。

なお，任意後見人が選任される前に法定後見の開始の審判がされたときは，

既存の任意後見契約はなお存続するものとされる（任意後見10条3項の反対解釈）。これは，効力未発生の任意後見契約については，当該任意後見契約による保護の相当性自体を否定する確定的な司法判断がされたとまではいえないので，権限の抵触等が顕在化していない任意後見受任者との関係では，なお任意後見契約を存続させるのが相当と考えられることによる（小林＝大門編著・前掲276頁参照）。

(3) **任意後見人の代理権消滅の対抗要件**

任意後見人の代理権の消滅は，登記しなければ善意の第三者に対抗することができない（任意後見11条）。第三者の過失の有無を問わない点で民法112条と異なるが，あくまで登記を基準に処理しようという立法政策である。

任意後見人の解任による場合及び任意後見監督人の選任後に法定後見開始の審判がされた場合におけるそれぞれの任意後見契約の終了登記はいずれも家庭裁判所からの嘱託によりなされることになる（家手116条，家手規77条1項5号・3項）。これに対し，合意解除の場合は，本人，任意後見人又は任意後見監督人が終了の登記を申請する必要がある（後見登記8条2項）。

［貴島　慶四郎］

■任意後見人の職務執行停止の申立書

受付印	準口頭		
		審判前の保全処分申立書(2) 事件名（☆ 任意後見人の職務執行停止）	
予納郵便切手　　円			

横浜家庭裁判所　御中 平成 ○○ 年 ○○ 月 ○○ 日	申立人 又は法定代理人 などの署名押印 又は記名押印	丁野　太郎　　　　　　　　　㊞
添付書類	職務代行者の候補者の戸籍謄本（全部事項証明書）　通　住民票　通	
本案審判事件	平成 ○○ 号（家）第 ○○ 号　　　　任意後見人解任　事件	
当　事　者	別紙当事者目録記載のとおり	

求　め　る　保　全　処　分

```
ア　未 成 年 者      オ　任意後見契約の
イ　成年被後見人          委任者（本人）    （　甲野太郎　）の
ウ　被 保 佐 人      カ　遺 言 者
エ　被 補 助 人

ア　親 権 者        カ　任意後見監督人
イ　管 理 権 者      キ　後見監督人      （　甲野花子　）につき，
ウ　後 見 人        ク　遺言執行者
エ　保 佐 人        ㋕　その他（任意後見人）
オ　補 助 人

㋐　職務の執行を停止する
イ　職務代行者を選任する    審判を求める。
```

(注)　太枠の中だけ記入してください。☆印欄には，記入しないこと。
「求める保全処分」欄は，該当数字を○で囲む。

保　全　処　分　を　求　め　る　理　由
（本案の申てを相当とする事情及び緊急に保全処分を必要とする事情）

1　申立人は，本日，任意後見人甲野花子を解任する審判の申立てをした。
2　任意後見人甲野花子は，任意後見監督人に対する任意後見事務の報告を怠っており，さらに任意後見監督人が行う任意後見事務の調査及び本人の財産の状況の調査に非協力の態度を示すなど，その任務に適しない行為がある。
3　このまま甲野花子を任意後見人の地位にとどまらせた場合，任意後見解任の本案審判が発効するまでの間に，本人に測り知れない不利益を及ぼすおそれが顕著である。よって，本件申立てをする。

第3編　審判前の保全処分に関するQ&A

職務代行者の候補者					
本　籍		都　道 府　県			
住　所		〒　　－			電話　（　　）
					（　　　　方）
連絡先		〒　　－			電話　（　　）
					（　　　　方）
フリガナ 氏　名		明治 大正 昭和	年　月　日生		本人等との 関　係
職　業		勤務先			

(注) 太枠の中だけ記入してください。

当事者等目録

		当事者等目録		
申立人	本　籍	(戸籍の添付が必要とされていない申立ての場合は，記入する必要はありません。) 都　道 府　県		
	住　所	〒○○○－○○○○ 横浜市中区○○町○丁目○番○号		電話　×××（×××）×××× （　　　　方）
	連絡先	〒○○○－○○○○ 横浜市中区○○町○丁目○番○号　○○法律事務所		電話　×××（×××）×××× （　　　　方）
	フリガナ 氏　名	テイ ノ タ ロウ 丁　野　太　郎		昭和 平成　○○年○○月○○日生
	職　業	弁　護　士　勤務先		電話　（　　）
任意後見人	本　籍	(戸籍の添付が必要とされていない申立ての場合は，記入する必要はありません。) 都　道 府　県		
	住　所	〒○○○－○○○○ 横浜市中区○○町○丁目○番○号		電話　×××（×××）×××× （　　　　方）
	連絡先	〒　　－		電話　（　　） （　　　　方）
	フリガナ 氏　名	コウ ノ ハ ナ コ 甲　野　花　子		昭和 平成　○○年○○月○○日生
	職　業	会　社　員　勤務先		電話　（　　）
委任者本人	本　籍	(戸籍の添付が必要とされていない申立ての場合は，記入する必要はありません。) 都　道 府　県		
	住　所	〒　　－ 申立人の住所と同じ		電話　（　　） （　　　　方）
	連絡先	〒　　－		電話　（　　） （　　　　方）
	フリガナ 氏　名	コウ ノ タ ロウ 甲　野　太　郎		
	職　業	無　　職　勤務先		電話　（　　）

【備考】
1. 本申立書は定型書式に基づくものではない。

Q68 任意後見監督人の職務執行停止と職務代行者の選任の保全処分

裁判所から選任された任意後見監督人が、被後見人の財産を任意後見人が使い込んでいる不正行為の事実を知りながら、それについて何らの監督措置を講じない。
(1) 本案事件としてどのような審判を申し立てることができるか。
(2) 任意後見監督人の職務執行停止の保全処分はどうか。
(3) 職務代行者選任の保全処分はどうか。

A

〔1〕 小問(1)——本案事件としての任意後見監督人の解任

本案事件として、任意後見監督人の解任の審判申立て（家手別表第1の117項）をすることができる。つまり、任意後見監督人に不正な行為、著しい不行跡、その他その任務に適しない事由があるときは、家庭裁判所は一定の者（本人、その親族又は検察官）からの申立て又は職権により、任意後見監督人を解任することができる（任意後見7条4項で準用する民846条）。

設例のように、本人の財産を任意後見人が使い込んでいる不正行為の事実を知りながら、任意後見監督人がそれについて何らの監督措置を講じない場合は、任意後見監督人の職務について定める任意後見契約法7条1項1号の「任意後見人の事務を監督すること」に明らかに反していることになる。ほかに、任意後見人が死亡し又は急病により任務を果たせないなどの事情があるときに必要な職務の代行をすべきなのに漫然と放置したような場合、あるいは家庭裁判所の命令を無視した場合等が解任事由になるものと考えられる。

〔2〕 小問(2)——任意後見監督人の職務執行停止の保全処分

前記の任意後見監督人の解任の本案申立てがあった場合においても、当該任

意後見監督人は依然としてその地位にあり職務を継続することができる。しかし，本案審判が効力を生ずるのを待っていては本人の利益が害される懸念があるような場合が想定される。そこで，その間の応急措置として，家庭裁判所は本案の申立人の申立てにより，任意後見監督人の職務執行停止の保全処分をすることができるとされる（家手225条1項で準用する同127条1項）。

〔3〕 小問(3)——職務代行者選任の保全処分

前記の任意後見監督人の職務執行停止は，その不適切・不正な行為が行われることにより本人の利益が害されるおそれがあって，緊急にこれを防止する必要がある場合の措置であり，職務代行者の選任は，任意後見監督人が事実又は法律上任務を果たせなくなって，緊急にその者に代わって職務の遂行をする者を必要とする場合の措置である（家手225条1項で準用する同127条1項）。

以上の保全処分は，家庭裁判所の後見的な要請からなされる性質のものであるため，基本的には，保証を立てさせることは考えにくいとされている（最高裁判所編『改正民法及び家事審判法規に関する執務資料』106頁参照）。

この職務執行停止と職務代行者選任の保全処分の申立てについて，家庭裁判所における手続の流れを以下検討する。

〔4〕 審理手続

(1) 立件根拠

任意後見契約法7条4項に基づく「任意後見監督人解任の申立て」を本案としての，家事事件手続法225条1項の規定に基づく「任意後見監督人の職務の執行停止又は職務代行者選任の保全処分の申立て」は家事雑事件である（平4・8・21付け最高裁総三第26号事務総長通達別表第5・10・(8)）。

(2) 申立手続

(a) 管　轄

任意後見監督人の解任を求める本案家事審判事件が係属する家庭裁判所又は高等裁判所である（家手105条）。

(b) 申立権者

任意後見監督人解任の本案審判の申立人となった者である（家手225条1項で

準用する同127条1項)。ちなみに，本案審判の申立人となれるのは，他の任意後見監督人（任意後見監督人が数人の場合），本人，その親族又は検察官である（任意後見7条4項で準用の民846条)。任意後見人の申立権は消極に解されているが，その理由は，監督を受ける立場にある者に監督機関の解任請求権を付与することは，監督制度の趣旨に照らして適当ではないことからである（小林昭彦＝大門匡編著『新成年後見制度の解説』258頁)。

(c) 職権による保全処分の立件

ところで，本案の解任審判事件についての立件端緒の問題として，家庭裁判所による任意後見監督調査事務の過程において解任事由が存在する疑いが生じた場合には，職権立件（任意後見7条4項で準用する民846条）の可否が検討されることとなる。このことに関連して，家庭裁判所調査官は，調査の過程で民法846条に規定する解任事由があると思料するときは，その旨を家庭裁判所（裁判官）に報告することとされており，その報告の内容は，解任すべき事由その他参考となる事項等である（家手規118条で準用する同79条1項・2項)。

以上は，本案の解任審判についての職権立件の問題であるが，保全処分としての任意後見監督人の職務の停止等についても，同様に職権での立件ができる旨が規定された（家手225条1項で準用する同127条1項)。この点，旧法下においては，少なくとも条文上は，職務の執行の停止等をすることは認められていなかった（旧特別家事審判規則3条の9第3項で準用する旧家事審判規則74条)。しかし，裁判所は職権で任意後見監督人を解任することができる（任意後見7条4項で準用する民846条）とされる以上は，職権でその職務の執行停止等をすることができるものとするのが相当であることから，新法ではこれを認めることとされた（金子修『逐条解説家事事件手続法』413頁参照)。

いずれにしても，付随事件としての保全処分について職権立件がなされる前提は，本案事件がすでに立件されていることである（家手105条1項)。

(d) 申立費用

(イ) 収入印紙　不要。

(ロ) 予納郵便切手　各裁判所ごとの所定の費用。

(ハ) 登記手数料　1400円。

(e) 添付書類

付随事件としての性格上，本案事件のほうに添付されている書類は原則として不要。ただし，保全処分を求める事由（本案認容の蓋然性と保全の必要性・緊急性）を疎明する申立人作成の事実報告書等の資料，職務代行者の候補適格性を示す資料（住民票等）は必要である。

(3) 審理手続

(a) 本案の手続と比較した場合の審判前の保全処分の手続の特徴

審判前の保全処分を命ずる裁判は，申立てにより，又は職権で開始した審判前の保全処分事件について裁判所がする終局判断としての裁判すなわち審判である（家手105条1項参照）。また，この保全処分は，家事事件手続法第2編に規定する事項（家手105条1項・126条・127条等）について審判をするものであるから，同編に定める家事審判の手続が適用されることになる。もっとも，審判前の保全処分が暫定的なものであること，緊急性が高いこと，本案の手続と比較してより簡易迅速処理の要請が高いこと等の性格を反映して，本案手続とは異なるいくつかの特徴を挙げることができる。

なお，保全処分の審理は，本人保護の上からは迅速に行うことも必要であるが，反面，親族間紛争あるいは任意後見人等との対立を背景に，自己に有利に導くために本案の先取り的な目的から保全処分の申立てがされることもあり，事案の本質に即して行われる必要がある。

(b) 任意後見監督人の職務執行停止等の保全処分についての根拠条文

審判前の保全処分の審理全般についての総論的な定めは，家事事件手続法の第2編第1章「総則」中に第4節として（家手105条から115条まで）があり，そして，任意後見監督人の解任の審判事件を本案とする保全処分についての各論的な定めは，同法第2編第2章「家事審判事件」第19節「任意後見契約法に規定する審判事件」の225条1項（成年後見人の解任の審判事件等を本案とする保全処分の定めである家手127条を準用）である。

以上の定めを前提に，具体的な審判前の保全審理の一連の流れを示すと，以下のようになる。

(c) 審理の概要

申立人は，(イ)求める保全処分と当該保全処分を求める事由を明らかにし，そ

の事由を疎明しなければならない（家手106条1項・2項）が，必要に応じて家庭裁判所も職権で事実の調査及び証拠調べをすることができる（同条3項）。㈠仮の地位を定める仮処分については，審判を受ける者となるべき者の陳述の聴取が原則として必要である（家手107条）。㈏審判前の保全処分の申立ては，その保全処分があった後であっても取り下げることができる（家手106条4項）。㈡保全処分の認容判断についての心証の程度は疎明で足りる（家手109条1項）。㈸保全処分審判の告知対象者は当事者・利害関係参加人と審判を受ける者である（家手74条1項）。㈻保全処分の審判は告知によって効力を生ずる（家手109条2項）。㈷保全処分の審判（却下・認容）の結果により不利益を被るとされる所定の者は即時抗告をすることができる（家手110条）。

　㈤　本案における職権探知主義と保全処分における疎明義務との関係　本案の家事審判手続においては，裁判資料の収集について，（弁論主義すなわち主張立証責任ではなく）いわゆる職権探知主義がとられ，裁判所は，職権で事実の調査をし，必要と認める証拠調べをしなければならないとされている（家手56条1項）。この点，緊急性の要請の高い審判前の保全処分においては，迅速かつ的確な処理を可能とするため，第一次的には保全処分の申立人にそれを求める事由について疎明義務を負わせている（家手106条2項）。疎明は即時に取り調べることができる資料によってしなければならない（家手57条）。

　もっとも，申立人の疎明資料のみによって判断したのでは，場合によっては，申立人や保全処分によって影響を受ける事件本人の保護に著しく欠ける結果となったりするなど家庭裁判所の後見的機能に反する結果を招きかねない場合がある。そこで，事案に応じた妥当な結果を導くために，必要な事実の調査や証拠調べを職権で補充的にすることができるものとしている（家手106条3項）。適切かつ専門的な事実調査をするために，行動科学等の専門的知見を有する家庭裁判所調査官を通じた事実調査（家手58条）がなされることが多い。

　とりわけ，任意後見監督人の職務執行停止の保全処分については，職権によっても立件・発令がなされることとされる（家手225条1項で準用の同127条1項）が，この場合は裁判所が主体的かつ積極的に事実の調査及び証拠調べをすることになる。

　㈺　仮の地位を定める仮処分のための必要的陳述聴取　任意後見監督人の

職務執行停止等の審判前の保全処分は，本案の解任審判において問題とされる解任事由の存否をめぐり，本人の現在の危険や不安を除去するために，本案審判発効までの間の暫定的な法律関係（職務の執行停止）を形成することを目的とするものである。その意味で，本案執行の保全を目的とした（民事保全法の適用を前提とする）第4類型の仮差押え・仮処分とは異なり，法的権利関係の変動すなわち形成力の発生を目的とするものであって，いわゆる仮の地位を定める保全処分として第3類型に属する保全処分である。なお，審判前の保全処分の4つの類型については第1編第4章〔2〕で総論的な解説があるので参照されたい。

　本案の審判手続において当該審判を受ける者となるべき者の陳述聴取が必要的とされているか否かを問わず，仮の地位を定める仮処分においては，一種の断行の仮処分であり本案の内容を暫定的にせよ実現させてしまう強力なものであるため，それが必要的とされている（家手107条本文）。その理由は，①仮の地位を定める仮処分が将来の本案執行を現段階で保全することを目的とするものではないこと，②本案よりも簡易迅速な手続により自己に関係する法律関係が形成されることとなる者の手続保障を図る必要があることである。

　もっとも，審判前の保全処分の緊急性に鑑みて，（民事保全法23条4項にあるような審尋の期日での陳述聴取という規律ではなく）陳述の聴取方法に限定は加えられていない。そのため陳述を裁判官の審問期日において行うか，調査官調査によるか，あるいは書面照会によることで足りるものとするかは事案に応じて裁判所の適正な裁量に委ねられている。この点，密行性が要請される場合，つまり，その陳述を聴くことにより保全処分の目的を達することができない事情があるときは，陳述聴取は必要的ではないとされる（家手107条但書）。

　(ハ)　申立ての取下げの特則　　本案の家事審判については，審判があった後は取り下げることができないとされる（家手82条1項）。ただし，後見開始の申立て（家手121条）や任意後見監督人の選任の申立て（家手221条）については，本人保護の後見的配慮が強く要請されることから，たとえ審判がされる前であっても，家庭裁判所の許可を得なければ取り下げることができない。

　以上の本案事件における取下げの規律の点は別として，審判前の保全処分は，あくまで本案審判がされるまでの暫定的な処分である。そうであれば，その後

の事情変更により保全の必要性が失われるに至った場合には速やかに原状に戻すのが相当であることから，審判前の保全処分がなされた後であってもこれを取り下げることができるという特則が設けられている（家手106条4項）。なお，保全処分が確定した後について，事情変更により保全の必要性が失われた場合は，審判前の保全処分の取消審判の申立てをすることができる（家手112条）。

　㈡　保全処分の発令についての心証の程度　　民事訴訟におけると同様，家事審判の本案手続においても事実の存否の判断には証明を要するのが原則であるが，そのことを前提に，審判前の保全処分の発令についての心証の程度は疎明（事実の存否について確信の程度に至らないものの一応確からしいとの推測を得た状態）で足りる旨の特則が設けられている（家手109条1項）。保全処分の緊急性及び暫定性を踏まえて証明の程度に達するまでの必要はなく，疎明の程度に達することで足りるものとされる。

　㈢　審判の告知の対象者　　審判は，原則として，当事者，利害関係参加人及びこれらの者以外の審判を受ける者に相当と認める方法で告知される（家手74条1項）。旧法では，審判を受ける者に対する告知のみを規定していたが（旧家審13条），手続の主体として関与した者には広く告知するのが相当であると考えられたことによる（梶村太市『実務講座家事事件法』〔新版〕95頁参照）。「当事者」とは，形式的意味の当事者，すなわち申立人（及び相手方）のことであり，「審判を受ける者」とは，審判の名宛人となる者のことである。したがって，保全申立てを却下する（門前払いの）審判においては，当事者である申立人だけが審判の名宛人としての審判を受ける者であり，かつ，告知の対象者ということになる。これに対し，積極的認容の審判においては，（手続の主体として関与した者としての）当事者である申立人のほか，自己の法律関係が形成（創設，消滅，変更）される者，すなわち任意後見監督人と職務代行者が審判の名宛人としての審判を受ける者であり，かつ，告知の対象者ということになる。

　このことに関連して，「審判を受ける者となるべき者」（家事事件手続法41条2項の括弧書にある文言）とは，積極的内容の裁判がされた場合に審判を受けることとなるべき者であり，これは事件の類型ごとにあらかじめ定められている。上記の「審判を受ける者」という用語では，上述のように，審判の内容（却下あるいは認容）によって告知対象者が変わるので，審判の結果をみてからでない

と誰が審判を受ける者であるかが決まらない。そのため，手続中に定型的に利害関係を有するのは，積極的内容の裁判がされたとすれば法律関係が形成されることになる者であって，これらの者には，手続保障の観点からあらかじめ手続追行の機会を与えることが求められる。そこで，これらの者を事件類型ごとに「審判を受ける者となるべき者」と呼び，「審判を受ける者」の用語とは区別して，手続上一定の手当てがなされているのである（金子修編著『一問一答家事事件手続法』18頁参照）。なお，本問において審判を受ける者となるべき者は，任意後見監督人と職務代行者ということになる。

　ちなみに，本設問における任意後見契約の委任者本人は，審判を受ける者ではないが，審判の結果により自己の法的地位や権利関係に直接の影響を受ける者であるから，「審判の結果により直接の影響を受けるもの」と呼ばれ（家手42条2項の利害関係参加がその例），手続追行上主体的な地位と権能が一応与えられている（金子修編著・前掲19頁参照）。

　(ハ)　職務執行停止等の保全処分の効力の発生時期についての特則　任意後見監督人の職務の執行を停止する審判については，本来は，職務の執行を停止される任意後見監督人に対して告知されたときに効力を生じることになる（家手109条2項による同74条2項但書の適用除外）。しかし，家事事件手続法225条1項において準用する同法127条2項の規定により，当該任意後見監督人のほか他の任意後見監督人又は職務代行者に告知することによっても，その効力を生ずることとされた。

　これは，職務の執行を停止される任意後見監督人が審判の告知を受けることを拒んでいる場合や，当該任意後見監督人が行方不明で速やかに審判を告知することができない場合に対処するものである。これによって，職務を停止された任意後見監督人に当該審判を告知することができていない段階でも，当該審判の告知を受けた職務代行者は，例えば，職務執行を停止された任意後見監督人が預金を引き出すのを防ぐことが可能となり，本人を保護することができる。

　職務代行者選任の保全処分は，審判を受ける者である当該代行者となるべき者に告知することによって効力を生ずる（家手74条2項本文）。この点，職務執行停止の保全審判が効力を生じたことを前提に代行者選任審判は発効するのが本来的である。しかし，職務執行停止の審判は職務代行者に告知されることに

よっても効力を生ずるとの家事事件手続法127条2項の規定が新設されたことから，結局，職務代行者選任の保全審判が代行者に選任された者に告知されたにもかかわらず，代行者選任の審判が効力を生じないという従前の不都合は発生しなくなった。

(ト) 即時抗告　任意後見監督人の職務執行停止の申立てを却下する審判に対しては，保全処分の申立人は即時抗告をすることができる（家手110条1項）。また，その申立てを認容する保全処分に対しては，本案の（解任を求める）認容審判に対し即時抗告をすることができる者が即時抗告をすることができる（家手110条2項）。すなわち，本案の認容審判に対し即時抗告をすることができる者とされる任意後見監督人が即時抗告をすることができる（家手223条2号）。

職務代行者選任の保全処分については，却下，認容のいずれにも即時抗告は認められていない（却下につき家手110条1項2号，認容につき同条2項）。

(4) 登記嘱託

任意後見監督人の職務執行停止及び職務代行者選任の保全処分には対世効があることから本人と取引関係に入ろうとする第三者のために公示をする必要がある。そのため，この保全処分が効力を生じた場合には，公示方法のために，裁判所書記官から後見登記等に関する法律に定める登記の嘱託がなされることになる（家手116条2号，家手規77条2項2号）。

[貴島　慶四郎]

■任意後見監督人の職務執行停止・代行者選任の申立書

受付印	準口頭	
	審判前の保全処分申立書(2) 事件名（☆ 任意後見監督人の職務執行停止等）	
予納郵便切手　　円		

横浜家庭裁判所　御中 平成○○年○○月○○日	申立人又は法定代理人などの署名押印又は記名押印	甲野花子　　㊞

添付書類	

本案審判事件	平成○○年（家）第○○号　　任意後見人解任　事件
当　事　者	別紙当事者目録記載のとおり

求める保全処分

ア　未成年者
イ　成年被後見人
ウ　被保佐人
エ　被補助人
㋔　任意後見契約の委任者（本人）
カ　遺言者
（　甲野太郎　）の

ア　親権者
イ　管理権者
ウ　後見人
エ　保佐人
オ　補助人
㋕　任意後見監督人
キ　後見監督人
ク　遺言執行者
ケ　その他（　　）
（　丙野一郎　）につき，

㋐　職務の執行を停止する
㋑　職務代行者を選任する
審判を求める。

(注)　太枠の中だけ記入してください。☆印欄には，記入しないこと。
「求める保全処分」欄は，該当数字を○で囲む。

保全処分を求める理由

（本案の申立てを相当とする事情及び緊急に保全処分を必要とする事情）

1　申立人は，本日，任意後見監督人丙野一郎を解任する審判の申立てをした。
2　任意後見監督人丙野一郎は，任意後見人に対して任意後見事務の報告を求めることを怠っており，さらに，家庭裁判所から任意後見人の事務の報告を求められているのに，まったくこれに応じない態度であり，その任務に適しない行為がある。
3　このまま丙野一郎を任意後見監督人の地位にとどまらせた場合，任意後見監督人解任の本案審判が発効するまでの間に，本人に測り知れない不利益を及ぼすおそれが顕著である。よって，本件申立てをする。
4　任意後見監督人の職務代行者には，家庭裁判所において適任者を選任していただきたい。

Q68 任意後見監督人の職務執行停止と職務代行者の選任の保全処分

職務代行者の候補者					
本　籍		都道府県			
住　所	〒　－			電話 　（　　）	（　　　　　　方）
連絡先	〒　－			電話 　（　　）	（　　　　　　方）
フリガナ 氏　名		明治 大正 昭和	年　月　日	本人等との関係	
職　業		勤務先			

(注) 太枠の中だけ記入してください。

当事者等目録

	本　籍	（戸籍の添付が必要とされていない申立ての場合は，記入する必要はありません。）都道府県		
申立人	住　所	〒○○○－○○○○ 横浜市西区○○町○丁目○番○号	電話 ×××（×××）××××	（　　　　方）
	連絡先	〒　－	電話 　（　　）	（　　　　方）
	フリガナ 氏　名	コウノ　ハナコ 甲野　花子	昭和 平成	○○年○○月○○日生
	職　業	会社員　勤務先	電話 　（　　）	
任意後見監督人	本　籍	（戸籍の添付が必要とされていない申立ての場合は，記入する必要はありません。）都道府県		
	住　所	〒○○○－○○○○ 横浜市中区○○町○丁目○番○号　○○法律事務所	電話 ×××（×××）××××	（　　　　方）
	連絡先	〒　－	電話 　（　　）	（　　　　方）
	フリガナ 氏　名	ヘイノ　イチロウ 丙野　一郎	昭和 平成	○○年○○月○○日生
	職　業	弁護士　勤務先	電話 　（　　）	
委任者本人	本　籍	（戸籍の添付が必要とされていない申立ての場合は，記入する必要はありません。）都道府県		
	住　所	〒　－ 申立人の住所と同じ	電話 　（　　）	（　　　　方）
	連絡先	〒　－	電話 　（　　）	（　　　　方）
	フリガナ 氏　名	コウノ　タロウ 甲野　太郎	昭和 平成	○○年○○月○○日生
	職　業	無職　勤務先	電話 　（　　）	

【備考】
1．本申立書は定型書式に基づくものではない。

Q 69 | 人事訴訟の保全処分と民事保全処分

(1) 離婚訴訟の前に，離婚で認められる親権者指定や子の監護に関する処分（子の引渡し・養育費など）あるいは財産分与請求権を本案として民事保全処分の申立てをすることができるか。
(2) それは通常仮処分か特殊仮処分か。
(3) 人事訴訟の保全処分の「本案」は何か。
(4) できるとすれば管轄裁判所はどこか。
(5) 離婚訴訟等の附帯処分等とは何か。
(6) 審判前の保全処分の申立てはどうか。
(7) 人事訴訟法上の保全処分と審判前の保全処分とのすみわけ。

A

〔1〕 はじめに

　人事訴訟法30条各項は，「人事訴訟を本案とする保全処分事件」については，民事保全法11条の管轄規定を適用せず（1項），また同法12条1項の規定にかかわらず，本案の管轄裁判所又は仮差押物若しくは係争物の所在地を管轄する家庭裁判所の管轄に属し（2項），さらに人事訴訟に係る請求と当該請求の原因である事実によって生ずる損害賠償請求に係る保全処分命令の申立ては，仮差押物又は係争物の所在地を管轄する家庭裁判所にもすることができる（3項）と定めている。
　この規定は，直接的には人事訴訟を本案とする保全処分の管轄規定を定めたものであるが，それにとどまらず，人事訴訟を本案とする保全処分の意義・範囲・性質等，すなわちそれは通常仮処分＝民事仮処分の一態様か，それともそれとは異なる特殊仮処分とみるべきかの問題について関連する規定ともなっており，それに伴って審判前の保全処分との関係などの問題が派生してくる。

〔2〕 通常仮処分か特殊仮処分か

　平成15年制定の人事訴訟法の前身である旧人事訴訟手続法16条は，子の監護その他の仮処分については仮の地位を定める仮処分に関する民事保全法の規定（平成元年の改正前は旧民事訴訟法756条ないし763条）を準用するとしていた。

　これは人事訴訟における仮処分の基本規定であるが，同条の仮処分の性質に関しては，通常仮処分説（民事保全説）と特殊仮処分説とが対立していた。通常仮処分説は，旧人事訴訟手続法16条の仮処分は，削除された旧民事訴訟法ないし現行の民事保全法の仮処分と同一の性質のものと解し，民事保全法の仮の地位を定める仮処分と同一の要件のもとにこれを認めるべきものであるとする見解である。これに対し，特殊仮処分説は，同条の仮処分は人事訴訟の処理に必要なものとして人事訴訟（手続）法が特に認めた仮処分であって，民事保全法の要件によらず軽減された要件のもとに，あるいは裁判官の自由裁量により発せられるべきものとする見解である。

　旧人事訴訟手続法時代には特殊仮処分説も有力であったが（この点の学説・判例の展開の詳細は吉村徳重＝牧山市治編『注解人事訴訟手続法』〔改訂〕234頁以下〔岩井俊〕参照），平成元年の民事保全法制定以後は，管轄を除くその他の部分については一般の民事保全処分に属することを前提として民事保全法が適用されるものとされ，結局現行法の人事訴訟法30条のもとでは，人事訴訟を本案とする保全処分も特殊保全処分ではなく，一般の民事保全処分であると解するのが通説的見解であり，実務の取扱いとなった。

〔3〕 人事訴訟法上の仮処分の「本案」とは何か

　そうすると，次の課題は，人事訴訟の保全処分の「本案」は，人事訴訟法32条の規定により，人事訴訟の附帯処分として申し立てられる「子の監護者の指定その他の子の監護に関する処分」，「財産の分与に関する処分」，「標準報酬等の按分割合に関する処分」なのか，それとも人事訴訟の本体である離婚請求権等そのものなのか，が問題となる。

　この点はしかし，旧人事訴訟手続法15条を引き継いだ現行人事訴訟法32条の離婚訴訟等の附帯処分規定，及び旧人事訴訟手続法16条を引き継いだ現行

人事訴訟法30条のもとでは，人事訴訟の保全処分は，これを一般の民事保全処分の一部としてとらえつつ，離婚訴訟等に附帯して申し立てられる附帯処分事項等を本案とする民事保全として構成していると解するのが一般である。かつては，本案である以上，離婚請求権という実体法上の権利を被保全権利だと構成せざるを得ないという見解もあったが，離婚訴訟を提起しても附帯処分の申立てがない以上，当然には附帯処分に関する裁判はできず，離婚訴訟等に附帯して申し立てられるにせよ，子の監護に関する処分（養育費請求など）や財産分与に関する処分の申立てが存在することが前提となるから，それらの付帯処分の申立てを本案としてこれらを保全するものであると構成するのが妥当であるとされるようになった（瀬木比呂志『民事保全法』〔新訂版〕24頁参照）。

したがって，人事訴訟を本案とする保全処分とは，人事訴訟の附帯処分を本案とする保全処分ということになる。

〔4〕 **人事訴訟を本案とする保全処分の管轄**（人訴30条）

人事訴訟法30条1項及び2項の規定は，人事訴訟の第一審裁判所の管轄が地方裁判所から家庭裁判所に移管されたことに伴い新設されたもので，その点を除けば実質的な変更は認められない。

人事訴訟法30条3項の規定にいう，人事訴訟に係る請求と当該請求の原因である事実によって生じた損害の賠償に関する請求の例としては，離婚や離縁に伴う慰謝料請求とか，配偶者の不貞行為の相手方とか嫁いびり祖父母など共同不法行為者などに対する慰謝料請求などがありえよう。これらの関連請求は離婚等の人事訴訟と一の訴えですることができるので（人訴17条），当該損害賠償請求に係る保全処分の申立ては，本来その申立てが可能な地方裁判所又は家庭裁判所のほか，仮に差し押さえるべき物又は係争物件所在地を管轄する家庭裁判所にもすることができることになったわけで，その限りでは管轄について競合管轄を認めたことになる。

〔5〕 **本案としての離婚訴訟等の附帯処分**

人事訴訟法32条1項は，婚姻取消し又は離婚の訴えに係る請求を認容する判決において，附帯処分として，「子の監護者の指定その他の子の監護に関す

る処分」,「財産の分与に係る処分」又は「標準報酬等の按分割合に関する処分」等の附帯処分について裁判しなければならない,と定める。

　これらの処分は,それぞれの内容の権利義務や法律関係を形成・創設すること自体を目的とするものであって,そこには給付義務自体の履行を命ずる給付文言を当然には内包するものではない。養育費として月額5万円を支払え(う)とか,財産分与として所有権を移転する(せよ)と定めても,それ自体はそのような内容の権利義務や法律関係を形成・創設する限りにおいて効力を有するにとどまる。そこで,当該附帯処分の目的が給付義務の内容確定とともに,というよりもそれ以上に重要な目的としてその内容の給付命令を審判や調停条項の文言上明確にする必要があるということにあるときは,同法32条2項の規定を活用することになる。すなわち,同項は1項の規定を受けて,「前項の場合においては,裁判所は,同項の判決において,当事者に対し,子の引渡し又は金銭の支払その他の給付……を命ずることができる」と定める。その意味は,1項において例えば財産分与の附帯処分において,「不動産について所有権を移転する」としてその義務を形成すれば,2項においてその履行のために「所有権移転登記をせよ」と命ずるということであり,これによってはじめて給付義務が実現できることになる。

　したがって,理論的には,1項との関連で「養育費として月額5万円と定める」,「財産分与として300万円の支払義務があると定める」とした上で,2項との関係で「月額5万円の養育費を支払え」,「300万円の財産分預金を支払え」とする主文(条項)とすべきであるが,実務的には前者の義務の形成は理由中にとどめる場合も多いようである。

　そして,同条3項は,離婚等を認容する判決をする場合には,親権者の指定は必要的であって,当事者の申立てを待つことなく職権でしなければならず,その意味では離婚判決等の附帯処分ではないが,附帯処分と同じように給付命令が必要な場合があるので,この場合も同条2項の規定を準用することとしたものである。

〔6〕　審判前の保全処分

　審判前の保全処分は,人事訴訟を前提としないで,あくまで家事審判を前提

として，それに伴う権利の保全を目的とするものである。家事事件手続法別表第2の3項の「子の監護に関する処分」（養育費・子の引渡しなど）や，4項の「財産の分与に関する処分」（分与金の支払や分与不動産の引渡しなど）等の審判事件を本案とするものである。

〔7〕 人事訴訟法上の保全処分と審判前の保全処分とのすみわけ

人事訴訟を本案とする保全処分は，人事訴訟法32条に規定する離婚訴訟等の附帯処分として申し立てられる場合にのみ，それを保全するためにのみ申し立てることができる。

したがって，時期的には離婚等の前であることを要し，離婚成立後はすべて審判前の保全処分の守備範囲である。

しかも，離婚等の前でも子の養育費を含む婚姻費用を確保するために婚姻費用分担審判の申立てをする場合には，人事訴訟法上の保全処分ではなく，審判前の保全処分の申立てとなる。

［梶村　太市］

Q70 | 債権仮差押えの保全処分

家事審判事件には，金銭や金銭債権の支払を命ずる本案審判が少なからず存在する。そこで，債権仮差押えの必要が生ずる場合がある。
(1) 金銭の支払が命じられる本案審判にはどのような類型のものがあるか。
(2) 離婚に伴う財産分与審判を本案とする場合，仮差押えの方法を選択すべき事案としてはどのような場合があるか。
(3) 仮差押えの保全処分の要件と手続を説明せよ。
(4) 債権に対する仮差押えの執行はどのように行われるか。

A

〔1〕 設問(1)について

金銭の支払を求める本案審判の類型としては，以下のものがある。
① 婚姻費用分担（家手157条1項2号）

民法760条に規定するもので，離婚成立までの配偶者や未成熟子の生活費を婚姻費用として申し立てるものである。未払婚姻費用を離婚に伴うあるいは離婚後にも請求可能な財産分与の中に含めて請求することもできるとするのが判例の立場である（最判昭53・11・14民集32巻8号1529頁）。
② 子の監護費用（養育費）分担（同項3号）

民法766条の子の監護に関する事項の1つとして申し立てられるもので，通常は養育費といっている。後記④「扶養金」とは区別している。
③ 財産分与金（同項4号）

民法768条の離婚に伴う財産分与として支払われるもので，慰謝料もこれに含めて請求することもできるとされている。

④　扶養金（家手187条）

　民法877条の扶養金として支払われるものである。成人に対する扶養金は端的にこの条文が用いられるが，未成熟に対する扶養金は，民法766条の養育費として請求する場合が通常である。養育費は監護者である父母が申立人となるが，扶養金は被扶養者たる権利者（未成年者を含む）自身が申立人となる。

⑤　遺産分割金（家手200条2項）

　民法906条以下の遺産分割の結果支払われる遺産分割金ないし調整金等がここでの仮処分の本案である。

〔2〕　設問(2)について

　財産分与の場合は，共有の預貯金等の現金や分与すべき金銭債権があった場合が典型である。不動産等のもらいすぎの場合の調整金（代償金）の支払も含まれる。扶養的財産分与は一時払いのほかに毎月等の定期払いもあるので，その態様ごとに必要性の吟味が必要であろう。

　財産分与金の支払を本案とする保全処分が認められるためには，離婚原因の存在や上記のような金員支払の財産分与が認められる蓋然性の存在の主張・立証が必要である。

〔3〕　設問(3)について

　金銭債権の仮差押えの要件と手続は以下のとおりである。

　すなわち，金銭の支払を求める審判前の保全処分は，目的物が動産の場合を除き，申立ての趣旨において，仮に差し押さえるべき物を特定しなければならない。すなわち，申立書において民事保全規則18条及び同19条2項に掲げる事項を明らかにしたうえ，同20条に定める添付書面を差し出して行う。また，保全されるべき金銭債権について，養育費か婚姻費用か財産分与かという前記の債権の種別と金額を明示する必要がある。

　要件は，保全の蓋然性と保全の必要性である。保全の蓋然性は，一切の事情を斟酌したうえで，当該金銭債権の存在の蓋然性がある場合であることを要する。保証金の納付については，養育費や婚姻費用は性質上少額となるし，財産分与や遺産分割では高額となることもありえよう。

〔4〕 設問(4)について

　仮差押えは，その審判の告知によって直ちに執行力を生じ，仮差押えの登記をする方法又は強制管理の方法によって行われる（民保47条1項）。債権の仮差押えの執行は，保全執行裁判所が第三債務者に対して債務者への弁済を禁止する命令を発することにより行われ（民保50条5項），執行の効力は同命令が第三債務者に送達されたときに生ずる（同条5項，民執145条5項）。保全処分の認容審判に対しては相手方が，却下審判に対しては申立人が，それぞれ即時抗告できる（民保50条5項，民執145条4項）。

[梶村　太市]

Q71 | 係争物に関する仮処分

家事審判事件には，不動産や物の所有権移転などの給付命令を伴う本案事件が少なからず存在する。これに伴い必要となるのが係争物に関する仮処分であるが，これには処分禁止の仮処分と占有移転の仮処分の2類型がある。
(1) 係争物に関する仮処分が必要となりうる審判事件にはどのようなものがあるか。
(2) 係争物関係事件において，不動産の処分禁止を求める方法を選択すべき事案としてはどのような場合があるか。
(3) 係争物に関する仮処分の要件と手続を述べよ。
(4) 係争物に関する仮処分の執行について説明せよ。

A

〔1〕 設問(1)について

係争物の仮処分が必要となりうる事件類型としては，以下のものがある。
① 財産管理者変更又は共有財産分割（家手158条2項）
家庭裁判所は，夫婦財産契約による財産管理者変更審判の申立てがあった場合において，強制執行を保全し又は事件の関係人の急迫の危険を防止するために必要があるときは，当該申立てをした者又は夫婦の他の一方の申立てにより，仮処分その他の必要な保全処分を命ずることができる（家手158条2項）。変更前の管理者が権限外の処分をするおそれが高い場合等に活用される。
② 財産分与（家手157条1項4号）
財産分与として，債務者所有の不動産が現物分与され，債権者に所有権移転等の登記手続が命じられる蓋然性がある場合には，不動産の処分禁止の仮処分が可能であろう。それが認められる要件として重要なのは，当該不動産が双方

の実質的共有財産であること，債権者が当該財産の居住の必要など現物自体の分与が不可欠であること，当事者双方の資力（分与分の代償金支払能力等）などであろう。

③　遺産分割（家手200条2項）

現物分割が認められる蓋然性が高い場合である。

〔2〕　設問(2)について

係争物関係事件において，当該共有不動産の全部又は一部持分の移転を命ずる場合には，まさに保全処分として当該不動産自体の確保が必要不可欠となる。しかし，その場合，当該不動産にはたいてい抵当権やその他の物的担保が付着しており，そのもの自体の所有権移転を命じても，担保権の実行等によって無意味になってしまうことも多く，この仮処分で解決すべきだと考えられる事例は比較的少ないと思われる。

土地などで現物分割が可能な広さがあり，分割しても建物所有や農地その他の用途に有効に活用できるような場合に，当該物件の第三者への流失を防ぐために処分禁止の仮処分や占有移転禁止の仮処分が有効な場合もありえよう。

〔3〕　設問(3)について

係争物に関する仮処分の要件と手続は，以下のとおりである。

例えば，人事訴訟における保全処分は離婚成立前も可能であるが，審判前の保全処分では，財産分与は離婚を前提とするものであるから，家事審判手続では本案としても財産分与請求権の審判をすることはできず，したがってそれを保全するための係争物に関する仮処分をすることはできない。

係争物に関する仮処分ができる場合には，仮処分の態様（処分禁止か占有移転禁止か）のほかにその対象財産に応じて民事保全規則18条に規定する事項を明示し，同20条に掲げる添付書面を指し出す必要がある。

そして，事件類型ごとに，本案審判が認容される蓋然性と保全の必要性の疎明が必要である。財産分与では，上述したように，その財産自体が分与される蓋然性のあることが必要である。すなわち，財産分与として債務者名義の不動産が債権者に現物分与され，当該不動産の登記を移転することを命じられる蓋

然性が高い場合には，当該登記請求権を保全するために不動産の処分禁止の仮処分をすることができる（東京地裁保全研究会編著『民事保全の実務(上)』〔第3版〕256頁〔脇村真治〕参照）。

遺産分割の場合には，遺産管理のための保全処分であれば，遺産の散逸や減少等を防止するために用いられるが，本案審判の執行保全のためであれば，その遺産が自己に分割される蓋然性の存することを疎明しなければならない。

遺産が被相続人名義ではなく，相続人の一人又は第三者名義である場合には，通常の民事保全法上の仮処分を利用するしかないとされる。

〔4〕 設問(4)について

係争物に関する仮処分も，告知によって効力が生じ，不動産について処分禁止の仮処分の登記がされたときは，同時に執行力が生じ，相手方が保全処分に反して行った処分については，申立人に対抗できない。保全処分を認容する審判に対しては相手方が，却下する審判に対しては申立人が，それぞれ即時抗告できる（家手110条1項・2項）。特定物の占有移転禁止を命じた審判前の保全処分に対し，相手方は当該目的物が第三者の所有に属することを理由に即時抗告はできない。第三者において第三者異議の訴えを提起すべきものとされる。

［梶村　太市］

Q72 仮の地位を定める仮処分

現在別居中の相手が離婚に応じないので，離婚調停を申し立て，それでも離婚が成立しなければ離婚訴訟を提起したいが，その前に下記の点について当面の課題を確保しておきたい。
(1) 毎月の婚姻費用あるいは養育費の仮払いを求める仮処分を申し立てることができるか。
(2) 結婚の際の持参物である家財道具や衣類等の引渡しに応じないので，それらの引渡しを求める仮処分を申し立てることができるか。
(3) 子の引渡しを求める仮処分を求めることができるか。人身保護請求との関係はどうか。

A

〔1〕 設問(1)について

　審判前の保全処分のうち，仮の地位を定める仮処分は，本案審判による給付命令が出されるまで，申立人に著しい損害又は危険が生じかねない場合に，これを避けるため，現在の危険に対して，直ちに給付命令を実行して，これに適合する仮の状態を作出する仮処分である。その効果を先取りすることから，断行の仮処分とか，満足的仮処分とかの別名がある。
　仮の地位を定める仮処分としては，養育費・扶養料・婚姻費用の仮払仮処分，子の引渡しの仮処分が典型的である。設問は肯定できる。

〔2〕 設問(2)について

　持参物である家財道具や衣類等は一般的にその者の特有財産であるから，その者がそれらの引渡しを求めるのは，所有権に基づく返還請求権の行使であり，

財産分与の対象とはならない。

したがって，審判前の保全処分の対象とならず，一般の民事保全の手続を利用するしかない。この場合には，民事保全法23条2項の規定に従うので，厳しい要件が課されることになろう。

〔3〕 設問(3)について

子の引渡しを命ずる審判前の仮処分は，その例が多い。かつては，審判前の仮処分が執行力を有しなかった時期もあって，子の引渡しを求める人身保護請求がかなり多く利用された。

両手続の関係に関しては，審判前の保全処分により子の引渡しを求める仮処分を申請する方法が可能だということがあるにしても，人身保護請求による子の引渡請求を妨げるものではないとしていた（最判昭59・3・29家月37巻2号241頁）。

しかし，夫婦間の子の奪い合いの場合は，家庭裁判所調査官等が活躍する家庭裁判所での審理が望ましいことから，夫婦のいずれに監護させるのが子の幸福に適するかを主眼として子に対する拘束状態の当不当を定め，その請求の許否を決すべきである（最判昭43・7・4民集22巻7号144頁）とした後，夫婦の一方が他方に対して請求した場合において，拘束者による監護・拘束が権限なしにされていることが顕著であるというためには，拘束者が監護することが子の幸福に反することが明白であることを要するとして，人身保護請求の活用場面を制限した（最判平5・10・19民集47巻8号5099頁）。

そして，具体的には，夫婦の一方が他方に対し請求するときには，拘束者の監護が子の幸福に反することが明白であることを要するが，その要件を満たす場合としては，①拘束者に対し引渡しを命じる仮処分又は審判が出されているのに従わない場合，また②拘束者の幼児に対する処遇が親権行使という観点からみてもこれを容認することができない，というような例外的な場合がこれにあたる（最判平6・4・26民集48巻3号992頁）として，家庭裁判所の子の引渡しの保全処分等を原則的方法とすべきものとした。

その結果，子の引渡紛争が多い，夫婦が不和別居した時期の類型の場合を中心とする夫婦間の子の引渡請求をする場合は，原則として子の引渡しの審判又は審判前の保全処分によることを要し，人身保護請求を求めることができるの

は例外的な事例に限られることになった。

[梶村　太市]

Q73 審判前の保全処分等の執行停止・執行処分取消し

審判前の保全処分に対し即時抗告が提起された。
(1) 執行は当然に停止されるか。執行停止の裁判が必要か。保全処分の執行の停止が必要なのはどのような場合か。また，その要件は何か。
(2) 執行処分の取消しはどうか。

A

〔1〕 はじめに

家事事件手続法110条2項の審判前の保全処分の審判に対し即時抗告が提起された場合において，高等裁判所は，原審判の取消しの原因となることが明らかな事情及び審判前の保全処分の執行により償うことができない損害を生じさせる事情があることについて疎明があったときは，申立てにより，原審判の執行停止を命じ，又はすでにした執行処分の取消しを命じることができる。審判前の保全処分の事件記録が家庭裁判所にある間は審理の迅速性の要請に基づき，家庭裁判所でもこれらの処分をすることができる（家手111条1項）。

〔2〕 小問(1)について

(1) **執行は当然に停止されるか**

審判前の保全処分は，緊急性の要請から，即時抗告ができるか否かにかかわらず，審判確定を待たずに審判を受ける者への告知により効力が生ずる（家手109条2項（同74条2項但書の規定の適用除外））が，同様の理由から，即時抗告の提起がされても当然には執行停止の効力は認められていない（家手111条1項参照）。

しかし，事案によっては，即時抗告審の裁判の効力が生ずるまでの間，保全処分の審判の執行を停止又はすでにした執行処分の取消し（以下「執行停止等」

という)をする必要が生ずることがある。そこで，即時抗告を提起した者から，原審判の取消しの原因となることが明らかな事情及び原審判の執行により償うことができない損害の発生のおそれがあることについての疎明があったときは，抗告裁判所(高等裁判所。事件の記録が家庭裁判所にある間は家庭裁判所も可)は，申立てに基づき，執行の停止を命じ又はすでにした執行処分の取消しを命ずることができると規定されている(家手111条1項)。

(2) **執行停止の裁判が必要か**

審判前の保全処分に対する即時抗告を提起しても，当然には執行停止の効力は生じないことから，即時抗告の申立人は，即時抗告の提起に併せて，原審判の取消しの原因となることが明らかな事情及び原審判の執行により償うことができない損害が生ずるおそれがあることについての疎明をして，原審判の執行停止等の申立てを行い，抗告裁判所(高等裁判所。事件の記録が家庭裁判所にある間は家庭裁判所も可)から，即時抗告についての裁判が効力を生ずるまでの間，原審判の執行を停止し，又はすでにした執行処分の取消しの裁判を得る必要がある。

(3) **保全処分の執行停止が必要な場合とその要件**

(a) **保全処分の執行の停止が必要な場合**

前述のとおり，審判前の保全処分は告知によってその効力が生じることから，即時抗告がされても当然には執行停止の効力が認められていない。そこで，原審判の取消しの原因となることが明らかな事情及び原審判の執行により償うことができない損害が生ずるおそれがある場合には，執行停止等の裁判を得ることが必要となる。

原審判の取消しの原因となることが明らかな事情があり，執行により償うことができない損害が生ずるおそれのある事例としては，次のような場合が考えられる。

(イ) 子の引渡仮処分の事例 申立人(妻)と相手方(夫)は平成○○年○○月○○日に婚姻し長男(生後3ヵ月)をもうけたが，性格の不一致から別居した。申立人は別居の翌日に相手方宅から長男を連れ出し，以来長男を事実上監護養育して母乳で育てていたところ，原審は申立人が別居後に相手方宅に侵入し，相手方の母の制止を振り切り一方的に長男を連れ出したことを理由に，申

立人に対し，相手方に長男の引渡しを命じたものである。しかし，申立人は相手方と同居して長男を養育していた当時はもちろん，長男の出生間もなくから長男を母乳で育てており，離乳前の長男の養育に関しては母親である申立人を欠かすことはできない状況にある。子の引渡仮処分の認容審判に基づき長男を相手方に引き渡し，即時抗告審の審理結果を待っていたのでは，申立人の母乳で養育されている長男にとっては生育上償うことができない損害が生じることが明らかである。

　(ロ)　扶養料仮払仮処分の事例　　申立人は妻，長男（3歳）及び長女（0歳）の4人暮らしであるところ，申立人の母である相手方の生活が困窮しているとして審判前の保全処分により，申立人は相手方に対し，毎月○○万円の生活費の仮払いを命じられた。申立人は，申立人の収入のみで妻子を扶養しており，長男が仮払いの審判前の保全審判発令の数日前に心臓手術を受けたことにより，今後も保険診療外の高額の医療費がかかるため，相手方の生活費を負担することが不可能な状況にある。仮払いの仮処分に基づき，申立人が相手方に対し生活費の支払を続けて即時抗告審の審理結果を待っていたのでは，申立人の経済生活は破綻し，長男の医療費の支払をすることもできなくなり，長男の生育上償うことができない損害が生じることが明らかである。

　(b)　保全処分の執行の停止等の要件
　　執行停止等の申立てについては，家事事件手続法111条2項において106条2項及び3項を準用している。執行停止等の要件は，原審判の取消しの原因となることが明らかな事情があり，審判前の保全処分の執行により償うことができない損害の発生のおそれがあることの疎明があることである。執行停止等の申立人には，この疎明義務（責任）が課されている（家手111条2項・106条2項）。

　(c)　担　　保
　　抗告裁判所（高等裁判所。事件の記録が家庭裁判所にある間は家庭裁判所も可）は，即時抗告人の申立てに基づき，即時抗告についての裁判が効力を生じるまでの間，①予め担保を立てさせ，若しくは担保を立てることを条件として，若しくは担保を立てさせないで原審判の執行の停止を命じ，②予め担保を立てさせ，若しくは担保を立てることを条件としてすでにした執行処分の取消しを命じる裁判をすることができる（家手111条1項）。すなわち，執行停止の裁判は，執行

停止事由の疎明の程度に応じて，(i)無担保，(ii)予め担保を立てさせて，(iii)担保を立てることを条件としてすることができるが，執行処分の取消しの裁判は，①予め担保を立てさせるか，ⅱ担保を立てることを条件とする場合に限ってすることができる。

〔3〕 小問(2)について

すでにした執行処分の取消しについても，前記の執行停止と同様，即時抗告の申立人は，即時抗告の提起に併せて，すでにした執行処分の取消しの申立てをし，審判前の保全処分の取消しの原因となることが明らかな事情があり，審判前の保全処分の執行により償うことができない損害の発生のおそれのあることを疎明し，抗告裁判所（高等裁判所。事件の記録が家庭裁判所にある間は，家庭裁判所も可）は，即時抗告人の申立てに基づき，即時抗告についての裁判が効力を生じるまでの間，予め担保を立てさせ，若しくは担保を立てることを条件として，すでにした原審判の執行処分の取消しを命じる裁判をすることができる（家手111条1項）。執行処分取消しの裁判は，無担保ではすることができない。その他の説明は，前記〔2〕の記述を参考にされたい。

〔4〕 審判前の保全処分等の執行停止・執行処分の取消しの申立手続

(1) 申立手続

審判前の保全処分の執行停止又は執行処分の取消しの申立ては，家事雑事件である（平4・8・21付け最高裁総三第26号事務総長通達（平24・12・11付け第000340号通達により一部改正）別表第5・10・(1)）。

(a) 申立権者

審判前の保全処分等に対する即時抗告の申立人（家手110条2項・111条1項・113条3項・111条1項）。

(b) 管轄裁判所

抗告裁判所（高等裁判所。事件の記録が家庭裁判所にある間は家庭裁判所も可（家手111条1項））。

(c) 申立手続費用

(イ) 収入印紙　500円（民訴費3条1項別表第1の17項イ(ハ)。最高裁事務総局家庭局監修『家事事件手続法執務資料』170頁，最高裁事務総局家庭局監修『条解家事事件手続規則』361頁参照）。

(ロ) 予納郵便切手　各裁判所の定めた額（1072円×当事者の数，82円×10枚程度）。

(d) 申立書の記載

審判前の保全処分に関する即時抗告に伴う執行停止等の申立ては，書面により行う（家手49条1項，家手規75条2項・67条）。申立ては，執行停止等求める執行を特定し，かつ，②執行停止等を求める事由を明らかにしなければならない（家手111条2項・106条1項）。

(e) 疎　　明

執行停止等の申立人は，①原審判の取消しの原因となることが明らかな事情があること，②審判前の保全処分の執行により償うことができない損害の発生のおそれのあることを疎明する義務を負う（家手111条2項・106条2項）。

疎明は，即時に取り調べることが可能な資料によらなければならない（家手57条）。

(f) 添付書類

原審判の取消しの原因となることが明らかな事情及び原審判の執行により償うことができない損害が生ずるおそれがあることを疎明する資料。

(g) 書式例――執行停止の例

末尾の申立書記載例参照。

(2) 審理手続

(a) 職権調査等

執行停止等の申立人は，執行停止等を求める事由についての疎明義務を負うが（家手111条2項・106条2項），他方，高等裁判所（家庭裁判所）は，その後見的機能から，必要に応じ，職権により，補充的に，事実の調査及び証拠調べを行うことができる（家手111条2項・106条3項）。

(b) 執行停止等の裁判

抗告裁判所（高等裁判所。事件の記録が家庭裁判所にある間は家庭裁判所も可）は，

申立人の疎明により，申立てに理由があると認めるときは，審判前の保全処分に対する即時抗告についての裁判が効力を生ずるまでの間，申立人の疎明の程度に応じて，次の裁判をすることができる（家手111条1項）。

(イ) 原審判の執行の停止を命じる裁判
　① 予め担保を立てさせて，原審判の執行停止を命ずる。
　② 担保を立てることを条件として，原審判の執行停止を命ずる。
　③ 担保を立てさせないで，原審判の執行停止を命ずる。
(ロ) すでにした執行処分の取消しを命じる裁判
　① 予め担保を立てさせて，すでにした執行処分の取消しを命ずる。
　② 担保を立てることを条件として，すでにした執行処分の取消しを命ずる。

　すでにした執行処分の取消しの裁判は，一時停止にすぎない執行停止とは異なり，執行処分を解放する効果があることから，保全処分を維持していれば避けられた損害が発生する場合の担保が必要となるため無担保で発令することはできない。

　(c) 家事事件手続法112条の審判前の保全処分を取り消した審判及び同法115条において準用する民事保全法33条の規定による原状回復の審判に対して即時抗告が提起された場合の執行停止等についても，上記と同様である（家手113条3項・111条）。

(3) 不服申立て

　執行停止等の申立てを認容する裁判又は却下する裁判のいずれにも即時抗告をすることはできない。

[平本　美枝子]

第3編 審判前の保全処分に関するQ&A

■書式例——審判前の保全処分の執行停止申立書

受付印	家事審判申立書 事件名（ 審判前の保全処分の執行停止 ）
収入印紙　500　円 予納郵便切手　　　　円 予納収入印紙　　　　円	（この欄に申立手数料として1件について800円分の収入印紙を貼ってください。） 　　　　　　　　　　　　　　（貼った印紙に押印しないでください。） （注意）登記手数料としての収入印紙を納付する場合は，登記手数料としての収入印紙は貼らずにそのまま提出してください。

準口頭	関連事件番号	平成○○年（家ロ）第　　　　○○○○　　　　号

	○○　家庭裁判所　御中 平成○○年○○月○○日	申　立　人 （又は法定代理人など） の 記 名 押 印	甲　野　花　子　　㊞

添付書類	（審理のために必要な場合は，追加種類の提出をお願いすることがあります。） 養育状況についての報告書　　　　母子手帳

申立人	本　籍 （国　籍）	（戸籍の添付が必要とされていない申立ての場合，記入する必要はありません。） 　　　　都　道 　　　　府　県
	住　所	〒○○○－○○○○　　　　　　　電話×××（×××）×××× 　　○○県○○市○○町○丁目○○番○○号（　　　　　　　方）
	連絡先	〒　　－　　　　　　　　　　　　　電話　　　（　　　） 　　　　　　　　　　　　　　　　　　　　　（　　　　　　　方）
	フリガナ 氏　名	コウノ　ハナコ 甲　野　花　子	大正 昭和　○○年○○月○○日生 ㊢平成 　　　　（　○○　歳）
	職　業	なし

※相手方	本　籍 （国　籍）	（戸籍の添付が必要とされていない申立ての場合，記入する必要はありません。） 　　　　都　道 　　　　府　県
	住　所	〒○○○－○○○○　　　　　　　電話×××（×××）×××× 　　○○県○○市○○町○丁目○○番○○号（　　　　　　　方）
	連絡先	〒　　－　　　　　　　　　　　　　電話　　　（　　　） 　　　　　　　　　　　　　　　　　　　　　（　　　　　　　方）
	フリガナ 氏　名	コウノ　タロウ 甲　野　太　郎	大正 ㊢昭和　○○年○○月○○日生 平成 　　　　（　○○　歳）
	職　業	会社員

（注）　太枠の中だけ記入してください。
　　　※の部分は，申立人，法定代理人，成年被後見人となるべき者，不在者，共同相続人，被相続人等の区別を記入してください。

申　立　て　の　趣　旨

平成○○年（家ロ）第○○○○号子の引渡仮処分事件の審判前の保全処分に対する即時抗告についての裁判が効力を生じるまでの間，相手方の申立人に対する同審判前の保全処分の執行を停止するとの裁判を求める。

申　立　て　の　理　由

1　上記審判前の保全処分により，申立人は相手方に対し，長男甲野の孝（平成○○年○○月○○日生。以下「孝」という。）の仮の引渡しを命じられた。

2　申立人は，現在孝と同居し，事実上孝を監護養育している。孝は，生後3か月の乳児であり，申立人は孝の出生直後から現在まで，相手方と同居生活をしている間も含めて，孝を母乳で育てている。未だ離乳ができていない孝の養育にとっては，母である申立人の存在は欠かせないものである。

3　上記審判前の保全処分は，孝の養育状況を無視し，申立人が別居中の相手方宅に侵入し，相手方の母の制止を振り切って相手方宅から孝を連れ出したことを理由に，申立人に対し，孝を相手方に仮に引き渡せと命じたものであり，取り消されるべきである。

4　申立人は，本日，上記審判前の保全処分に対して即時抗告の申立てをしたが，即時抗告審の審理結果を待っていたのでは，孝の生育上償うことができない損害が生じることが明らかであるので，本申立てをする。

Q74 | 審判前の保全処分の取消し

保全処分の審判が確定した。
(1) 審判前の保全処分の取消しはどのような場合に行うのか。
(2) 審判前の保全処分を取り消す審判の効力について説明せよ。

A

〔1〕 はじめに

　審判前の保全処分が確定した後に，保全処分を求める事由が消滅し，その他の事情の変更があるときは，本案の審判事件（家事審判事件に係る事項について家事調停の申立てがあった場合にあっては，その家事調停事件）が係属する家庭裁判所（本案の審判事件が高等裁判所に係属する場合は当該高等裁判所）又は審判前の保全処分をした家庭裁判所は，申立て又は職権で，審判前の保全処分の取消しの審判をすることができる（家手112条1項・2項）。

〔2〕 小問(1)について

(1) 審判前の保全処分の取消し

　審判前の保全処分が確定した後に，本案の家事審判事件の審理が進み，保全処分を求める根拠となった事由が消滅したことが明らかになった場合，あるいは，保全処分を発令した当時の事情が変更し，保全の効力を維持継続させる必要がなくなった場合には，申立てにより，又は職権で，審判前の保全処分の取消しの審判（家庭裁判所）又は審判に代わる裁判（高等裁判所）をすることができる（家手112条1項・2項）。

(2) 申立てによる取消し

　申立てによる取消しは，審判前の保全処分により権利を制限され又は義務を命じられた者の地位を保護するために認められた制度である。

例えば、無職の妻（申立人）から夫（相手方）に対する婚姻費用分担申立ての調停事件の係属中に、夫に対して平成〇〇年〇〇月から本案審判確定まで婚姻費用分担金として1ヵ月〇〇万円ずつの仮払いを命ずる旨の審判前の保全処分がされたが、妻は同保全処分の審判確定後である平成〇〇年〇〇月から〇〇株式会社に勤務し、少なくとも月額〇〇万円以上の収入を得るようになった。その結果、妻の生活はすでに窮迫を伴う状況にはなくなったとして、夫から審判前の保全処分の取消しを求める申立てがされる場合がある。

　審判前の保全処分の取消しの申立権者は、本案の家事審判の申立てについての審判（申立てを却下する審判を除く）に対して即時抗告をすることができる者である（家手112条1項）。この本案の家事審判の申立ては、本案の家事審判事件が係属している場合はその家事審判の申立てそのものであり、家事調停事件が係属している場合には、調停不成立による家事調停事件の終了に伴い家事調停の申立ての時に申立てがあったものとみなされる家事審判の申立て（家手272条4項参照）を指すものである。

(3) 職権による取消し

　裁判所が審判前の保全処分を命じた後に、本案の審判事件を審理している家庭裁判所又は高等裁判所が審理の過程において本案を認容することができない、すなわち、その保全処分を維持しておく必要性がなくなったとの心証を得るに至った場合には、当事者の申立てを待つまでもなく、職権をもって迅速に審判前の保全処分を取り消すことができる（家手112条1項・2項）。

　なお、新法下においては、即時抗告権者については基本的に全部網羅的に規定されていることから、事情変更が生じたことを覚知した利害関係人には本条に基づく取消しの申立権はないものと解される（金子修編著『逐条解説家事事件手続法』362頁）。同利害関係人としては、裁判所に対しその旨を上申して、審判前の保全処分の取消しの職権発動を促すということになろう。

〔3〕 審判前の保全処分取消しの申立手続

(1) 申立手続

　審判前の保全処分取消しの申立ては、家事雑事件である（平4・8・21付け最高裁総三第26号事務総長通達（平24・12・11付け第000340号通達により一部改正）別表第

5・10・(2))。

(a) 申立権者

本案の家事審判の申立てを認める審判に対して即時抗告権を有する者(家手112条1項)。

(b) 管轄裁判所

本案の家事審判事件が係属している家庭裁判所(本案の家事審判事件が高等裁判所に係属しているときは当該高等裁判所)又は審判前の保全処分をした家庭裁判所(家手112条1項・2項)。

(c) 申立手続費用

(イ) 収入印紙　申立手数料は不要(最高裁事務総局家庭局監修『家事事件手続法執務資料』170頁参照)。

(ロ) 予納郵便切手　各裁判所の定めた額(1072円×当事者の数，82円×10枚程度)。

(d) 申立書の記載

審判前の保全処分取消しの申立ては，書面により行う(家手49条1項)。申立書には申立ての趣旨及び理由を記載する(家手112条3項・106条1項，家手規75条3項，民規24条2項)。具体的には，①当該保全処分の取消しの趣旨及びその取消しを求める事由を記載し，②取消しを求める範囲を特定し，③本案審判が認容される蓋然性が低いか保全の必要性が消滅したことを示す具体的事情を明示する必要がある。

(e) 疎　明

申立人は，取消しを求める事由を疎明しなければならない(家手112条3項・106条2項)。疎明は，即時に取り調べることが可能な資料による(家手57条)。

(f) 添付書類

保全処分の理由が消滅したことを疎明する資料。

(g) 書式例

末尾の申立書記載例参照。

(2) 審理手続

(a) 職権調査等

取消しの申立人は，取消しを求める事由についての疎明義務を負うが(家手

112条3項・106条2項），他方，家庭裁判所（高等裁判所）はその後見的機能から，必要に応じ，職権により，補充的に，事実の調査及び証拠調べをすることができる（家手112条3項・106条3項）。

(b) 審判前の保全処分の取消しの審判

審判前の保全処分の取消しの審判（審判に代わる裁判）は，取消しの申立人の疎明に基づいて行うが（家手112条3項・109条1項），必要に応じ，補充的に，前記の職権証拠調べ等を行い，その上で，取消しを求める事由が疎明されたときは，家庭裁判所（高等裁判所）は，審判前の保全処分を取り消す審判（審判に代わる裁判）をし，他方，疎明されたと認められないときは，申立てを却下する。

審判前の保全処分の取消しの審判（審判に代わる裁判）は，これを受ける者に告知することによりその効力が生ずる（家手112条3項・109条2項）。

(3) 不服申立て

家事事件手続法112条1項の審判前の保全処分の取消しの審判を求める申立人は，同取消しの申立てを却下する審判（家手110条1項各号に掲げる保全処分の取消しの申立てを却下する審判を除く）に対して，即時抗告をすることができる（家手113条1項）。

審判前の保全処分の申立人は，家事事件手続法112条1項の審判前の保全処分の取消しの審判（家手110条1項各号に掲げる保全処分の取消しの審判を除く）及び115条において準用する民事保全法33条の規定による原状回復の審判に対して即時抗告をすることができる（家手113条2項）。また，同即時抗告の申立人は，同取消しの審判（これと同時に原状回復を命ずる審判（家手115条，民保33条）をする場合にはこの審判を含む）により償うことができない損害が生ずることを疎明して，同取消審判の執行停止の申立てをすることができる（家手113条3項・111条1項）。なお，即時抗告に伴う執行停止の申立てについては，**Q73**を参照されたい。

保全処分の取消審判に対して即時抗告をした者が，取消審判の執行停止の裁判を得た場合は，保全処分の効力は復活する。

〔4〕 小問(2)について

(1) 取消しの審判の告知

　審判前の保全処分を取り消す審判（審判に代わる裁判）については，審判前の保全処分と同様，家事事件手続法74条2項本文の規定により，審判（審判に代わる裁判）を受ける者への告知によって直ちに審判前の保全処分取消しの効力が生ずる（家手112条3項・109条2項（同74条2項但書の適用除外））。

　審判前の保全処分を取り消す審判を受ける者とは，当該保全処分の取消しによって自己の権利義務に直接影響を受ける者であると解されている（例えば，財産の管理者の選任等の保全処分の場合は財産の管理者，財産の管理者の後見等の保全処分の場合は本人及び財産の管理者，仮差押えの場合は仮差押債権者，仮処分の場合は仮処分権利者などである）。

(2) 取消しの審判の効力

　審判前の保全処分の取消しの審判（審判に代わる裁判）は，これを受ける者への告知によって効力を生じるが（家手112条3項・109条2項），この効力は，遡及をすることなく，将来に向かってのみ生じるものである。

　審判前の保全処分の申立人は，審判前の保全処分取消しの申立人から物の引渡し・明渡し・金銭の支払を受け，又は物の使用等をしている場合，審判前の保全処分の確定後の事情変更を理由に審判前の保全処分を取り消す裁判により，審判前の保全処分取消しの申立人が引渡し又は明渡しをした物の返還，支払われた金銭又は使用等をしている物の返還をしなければならない。しかし，この原状回復が任意に行われない場合もあることから，審判前の保全処分の確定後の事情変更を理由に審判前の保全処分を取り消す裁判等において，裁判所は審判前の保全処分の取消しの申立人等の申立てにより，原状回復を命ずることができる（家手115条，民保33条）。なお，保全処分取消審判の原状回復処分については，Q77を参照されたい。

〔平本　美枝子〕

Q74 審判前の保全処分の取消し　793

■書式例──審判前の保全処分取消申立書

受付印	家事審判申立書　事件名（審判前の保全処分取消し）
収入印紙　　　円 予納郵便切手　円 予納収入印紙　円	（この欄に申立手数料として1件について800円分の収入印紙を貼ってください。） 　　　　　　　　　　　　　　　　（貼った印紙に押印しないでください。） （注意）登記手数料としての収入印紙を納付する場合は，登記手数料としての収入印紙は貼らずにそのまま提出してください。

準口頭	関連事件番号　平成○○年（家ロ）第　　○○○○　号

○○　家庭裁判所 　　　　御中 平成　○○　年　○○　月　○○　日	申　立　人 （又は法定代理人など） の　記　名　押　印	甲　野　二　郎　㊞

添付書類	（審理のために必要な場合は，追加種類の提出をお願いすることがあります。） 相手方及び養父母の戸籍謄本（全部事項証明書），養父の収入に関する報告書

申立人

本　籍 （国　籍）	（戸籍の添付が必要とされていない申立ての場合，記入する必要はありません。） 　　　　都　道 　　　　府　県
住　所	〒○○○－○○○○　　　　　　　　　電話×××（×××）×××× ○○県○○市○○町○丁目○○番○○号（　　　　　方）
連絡先	〒　　－　　　　　　　　　　　　　電話　　（　　） （　　　　方）
フリガナ 氏　名	コウノ　ジロウ 甲　野　二　郎	大正 昭和　○○年○○月○○日生 平成　　（　○○　歳）
職　業	

※ 相手方

本　籍 （国　籍）	（戸籍の添付が必要とされていない申立ての場合，記入する必要はありません。） 　　　　都　道 　　　　府　県
住　所	〒○○○－○○○○　　　　　　　　　電話×××（×××）×××× ○○県○○市○○町○丁目○○番○○号（　　　　　方）
連絡先	〒　　－　　　　　　　　　　　　　電話　　（　　） （　　　　方）
フリガナ 氏　名	オツヤマ　ユキコ 乙　山　由　希　子	大正 昭和　○○年○○月○○日生 平成　　（　○○　歳）
職　業	

（注）　太枠の中だけ記入してください。
　※の部分は，申立人，法定代理人，成年被後見人となるべき者，不在者，共同相続人，被相続人等の区別を記入してください。

申　　立　　て　　の　　趣　　旨
平成○○年（家ロ）第○○○○号養育費仮払仮処分事件の審判前の保全処分を取り消すとの審判を求める。

申　　立　　て　　の　　理　　由
1　申立人と相手方は，長女乙山真理子（平成○○年○○月○○日生。以下「未成年者」という。）の親権者を相手方と定め協議離婚した。
2　○○家庭裁判所は，平成○○年○○月○○日，「相手方（本件申立人）は，申立人（本件相手方）に対し，未成年者の養育費として，平成○○年○○月から本案審判の効力が生ずるまでの間，毎月○○日限り○万円を仮に支払え」との審判前の保全処分をした。
3　しかし，相手方は，前記審判前の保全処分の審判確定後である○○月○○日に，申立外乙山史朗と再婚し，再婚相手との同居を嫌った未成年者は，同日，相手方の両親である祖父母と養子縁組をし，同祖父母に養育されていることが判明した。
4　未成年者が養子縁組した場合には，第一次的に養父母に扶養する義務が発生するところ，養父となった祖父は，会社役員として高額の報酬を得て十分に未成年者を養育できる状況にあることから，従前の養育費負担者の前提条件に変更が生じた。
5　よって，上記審判前の保全処分を事情変更により取り消されたく，本申立をする。

Q75 財産の管理者の権限外行為許可

審判前の保全処分として財産の管理者が選任された。
(1) 財産の管理者の権限外行為としてはどのようなものがあるか。
(2) その手続について説明せよ。

A

〔1〕 はじめに

　家事審判の本案申立てに伴う審判前の保全処分として，財産の管理者が選任される場合がある（家手126条1項（同134条1項，143条1項において準用する場合を含む），同158条1項（同242条3項において準用する場合を含む），同200条1項（同附則5条3項において準用する場合を含む））。

　この財産の管理者の職務，権限，担保提供及び報酬付与については，不在者の財産管理人に関する規定（民27条（同条2項を除く）から29条）が準用されることから，家事審判の本案の申立てに伴う審判前の保全処分により選任された財産の管理者（以下「財産の管理者」という）は，民法103条所定の管理行為（保存・利用・改良）の範囲内で代理権を有するもので，一種の法定代理人であると解されている。

　財産の管理者を選任する保全処分は，あくまでも本案の審判が効力を生ずるまでの間，例えば，成年被後見人となるべき者（以下「本人」という）の財産や遺産等の管理をするために認められた暫定的な制度である。

　なお，財産の管理者が選任された場合，本人や相続人が本人の財産や遺産等について処分権を失う旨の実体法上の規定もないことから，本人等の財産の管理処分権は失われないと解されている。

〔2〕 小問(1)について

(1) 財産の管理者の権限

　家事審判の本案（後見・保佐・補助開始，夫婦財産契約による財産の管理者の変更，遺産分割，破産手続が開始された場合における夫婦財産契約による財産の管理者の変更等）申立てに伴う審判前の保全処分として選任された財産の管理者の権限は，不在者財産管理人（民25条）の権限に準じた範囲に限定される（家手126条8項，民27条（同条2項を除く）から29条）。

　財産の管理者は，原則として民法103条の所定の行為を行う範囲内で代理権を有し，①財産の現状を維持する行為（管理行為。家屋の修繕，消滅時効の中断，未登記不動産の登記，期限の到来した債務の弁済，期限の到来した通常の債権の取立て，応訴，上訴の提起，不法占有者に対する妨害排除請求，賃貸借契約の解除などがこれにあたると解されている），②物又は権利の性質を変えない範囲で利用する行為（利用行為。現金を銀行預金することはこれにあたるが，預金を株式に代えること，預金を個人への貸付けにすることは，権利の性質を変ずることになり許されない。また，物の賃貸しは一般に利用行為にあたるが，不動産の賃貸しは消極に解されている），③物又は権利の使用価値を増加する行為（改良行為。家屋に造作を施すこと，無利息の貸金を利息付きに改めることはこれにあたるが，田を宅地に変更することは改良行為にはあたらないと解されている）しか行うことができない。

　民法103条にあたる行為かどうかは，その行為が，結果的に本人にとって利益になったかどうかではなく，問題となる行為の性質によって客観的・外形的に判断すべきである。

(2) 財産の管理者の権限外行為

　家事審判の本案申立てに伴う審判前の保全処分として選任された財産の管理者が，民法103条所定の権限を超える行為をする場合，すなわち処分行為を行うについては，別途家庭裁判所の許可を受ける必要がある（家手126条8項・134条6項・143条6項・158条3項（242条3項において準用する場合を含む）・200条3項（附則5条3項において準用する場合を含む)，民28条）。

　成年後見開始を本案とする保全処分において選任された財産の管理者が本人の施設への短期入所契約を締結すること，遺産分割審判事件を本案とする保全

処分において選任された財産の管理者が遺産である不動産を売却すること等は権限外行為にあたり，これらの行為をするには，別途家庭裁判所の権限外行為許可を受ける必要がある。このほかの権限外の例としては，遺産分割，保険の解約，動産の処分（売却・贈与・廃棄等），不動産の処分（売却・賃貸・建物の解体等），抵当権の設定，訴えの提起・取下げ，訴訟上の和解，調停の成立等が挙げられる。なお，本人の預・貯金の払戻し及び解約は保存行為の一種であり，家庭裁判所の許可は必要ないとされている（東京家裁後見問題研究会編著『後見の実務』（別冊判タ26号）63頁）。

家庭裁判所の許可を受けることなく行った民法103条所定の権限を超える行為は，無効である（名古屋高判昭35・8・10 家月13巻10号96頁）。ただし，実務においては，財産の管理者が権限外行為を行う必要がある場合は少ないであろう。

〔3〕 小問(2)について

(1) 財産の管理者の権限外行為許可申立手続

家庭裁判所に対する財産の管理者の権限外行為許可の申立ては，家事雑事件である（平4・8・21付け最高裁総三第26号事務総長通達（平24・12・11付け第000340号通達により一部改正）別表第5・10・(6)）。

(a) 申立権者

保全処分として選任された財産の管理者。

(b) 管轄裁判所

本案の家事審判事件（家事審判事件に係る事項について家事調停の申立てがあった場合においては，その家事調停事件）が係属している家庭裁判所又は高等裁判所（家手105条1項・2項）。

(c) 申立手続費用

(イ) 収入印紙　申立手数料は不要（最高裁事務総局家庭局監修『家事事件手続法執務資料』170頁・171頁参照）。

(ロ) 予納郵便切手　各裁判所の定めた額（82円×5枚程度）。

(d) 申立書の記載

財産の管理者の権限外行為許可の申立ては，書面により行う（家手49条1項）。申立書には申立ての趣旨及び権限外行為許可を求める事由を記載する（家手106

条1項)。

本設問の場合、具体的には、①本人が年金暮らしで預金も少なく、費用の安い特別養護老人ホームに入居できないときにはすぐに資金不足となる実情等を記載することになる。

(e) 疎　明

申立人は、権限外行為の緊急性、必要性、相当性等の権限外行為許可を求める事由を疎明しなければならない（家手106条2項）。疎明は、即時に取り調べることが可能な資料に限る（家手57条）。

(f) 添付書類

権限外行為を相当とする疎明資料（本設問の場合は、入所契約のしおり、入所契約書（案）、預金通帳写しなど、短期施設入所契約締結の緊急性・必要性・相当性を裏づける資料）。

(g) 書式例

末尾の申立書記載例参照。

(2) 審理手続

(a) 申立人の疎明資料及び家庭裁判所（高等裁判所）による補充的な職権調査（家手106条3項）により、申立人の許可を求める事項が財産の管理者の権限を超える行為に該当するか、その行為の緊急性、必要性、相当性が審理され、申立てに理由があると認められるときは当該権限外行為を許可する審判（審判に代わる裁判）を、理由があると認められないときは当該申立てを却下する審判（審判に代わる裁判）をする。

(b) この審判（審判に代わる裁判）は、財産の管理者に告知されることにより効力を生じる（家手74条2項本文・3項）。

財産の管理者の権限外行為許可の申立ては、審判前の保全処分に付随する申立てであり、保全処分そのものではないことから、この申立てに関する審判に対しては、不在者財産管理人の権限外行為許可に関する審判と同様、許可・却下いずれの審判に対しても不服申立ては認められていない。

(c) 許可審判（審判に代わる裁判）の告知を受けた財産の管理者は、許可を得た処分行為を実行し、その結果を管理状況報告書として裁判所に提出する。

[平本　美枝子]

■書式例——財産の管理者の権限外行為許可申立書

受付印	家事審判申立書　事件名（　財産の管理者の権限外行為許可　）
収入印紙　　　円 予納郵便切手　円 予納収入印紙　円	（この欄に申立手数料として1件について800円分の収入印紙を貼ってください。） 　　　　　　　　　　　　（貼った印紙に押印しないでください。） （注意）登記手数料としての収入印紙を納付する場合は，登記手数料としての収入印紙は貼らずにそのまま提出してください。

準口頭	関連事件番号　平成○○年（家　）第　　○○○○　　号

○○家庭裁判所　御中 平成○○年○○月○○日	申立人 （又は法定代理人など） の記名押印	甲　野　慎　吾　㊞

添付書類	（審理のために必要な場合は，追加種類の提出をお願いすることがあります。） 入所契約のしおり　入所契約書（案）　預金通帳写し

申立人

本　籍 （国　籍）	（戸籍の添付が必要とされていない申立ての場合，記入する必要はありません。） 　　　　都　道 　　　　府　県
住　所	〒○○○-○○○○　　　　　　　　　電話×××（×××）×××× ○○県○○市○○町○丁目○○番○○号　（　　　　　方）
連絡先	〒　　-　　　　　　　　　　　　　　電話　　（　　　） 　　　　　　　　　　　　　　　　　　　（　　　　　方）
フリガナ 氏　名	コウノ　シンゴ 甲　野　慎　吾	大正 昭和　○○年○○月○○日生 平成　　（　　○○　歳）
職　業	会社員

※本人

本　籍 （国　籍）	（戸籍の添付が必要とされていない申立ての場合，記入する必要はありません。） 　　　　都　道 　　　　府　県
住　所	〒○○○-○○○○　　　　　　　　　電話×××（×××）×××× ○○県○○市○○町○丁目○○番○○号　（　　　　　方）
連絡先	〒　　-　　　　　　　　　　　　　　電話　　（　　　） 　　　　　　　　　　　　　　　　　　　（　　　　　方）
フリガナ 氏　名	オツヤマ　ユウコ 乙　山　有　子	大正 昭和　○○年○○月○○日生 平成　　（　　○○　歳）
職　業	なし

（注）　太枠の中だけ記入してください。
※の部分は，申立人，法定代理人，成年後見人となるべき者，不在者，共同相続人，被相続人等の区別を記入してください。

申　立　て　の　趣　旨
申立人が本人の財産の管理者として、○○家庭裁判所平成○○年（家）第○○○○号成年後見開始の審判が確定するまでの間、別紙目録記載の短期施設入所契約を締結することの許可を求める。

申　立　て　の　理　由
1　申立人は、本案である平成○○年（家）第○○○○号成年後見開始審判事件につき、審判前の保全処分として本人乙山有子（以下「本人」という。）の財産の管理者に選任されている。
2　本人は、身寄りがなく、一人暮らしのため、数年前から特別養護老人ホームの入所を希望し複数個所の申込みをして入所待ちをしていたところ、ようやく入所ができるとの連絡を受けたが、同ホームには順番待ちの入所希望者が多数いるため、申込期間内に入所契約を締結できない場合は、今回の入所は見送らなければならない。
3　上記審判事件は現在審理中であり、同審判が確定するまでには、なお、相当の時間が見込まれる。そこで、申立人が本人の財産の管理者として同ホームとの間で、上記審判確定までの間の短期入所契約を締結し、同審判確定後は選任された成年後見人が新たに入所契約を締結することで、本人が希望していた特別養護老人ホームに入所できる見込みである。
よって、申立ての趣旨記載の短期施設入所契約をすることの許可を求める。
（別紙目録は省略）

Q76 財産の管理者に対する報酬付与

審判前の保全処分によって選任された財産の管理者が財産管理の職務を執行した。
(1) 報酬を求めたい場合，どのような申立てをすればよいか。
(2) その手続はどうか。

A

〔1〕 小問(1)について

裁判所は，本人の財産等の中から相当の報酬を財産の管理者に与えることができる（家手126条8項・134条6項・143条6項・158条3項（242条3項において準用する場合を含む）・200条3項（附則5条3項において準用する場合を含む），民29条2項）。

財産の管理者は，その職務に対する報酬の付与を求める場合は，家庭裁判所に対し，報酬付与の申立てをする必要がある。財産の管理者に報酬請求権が認められているものではなく，裁判所の決定により形成されるものである。

〔2〕 小問(2)について

(1) 財産の管理者の報酬付与申立手続

財産の管理者の報酬付与の申立ては，家事雑事件である（平4・8・21付け最高裁総三第26号事務総長通達（平24・12・11付け第000340号通達により一部改正）別表第5・10・(7)）。

(a) 申立権者

保全処分として選任された財産の管理者。

(b) 管轄裁判所

本案の家事審判事件（家事審判事件に係る事項について家事調停の申立てがあった場合はおいては，その家事調停事件）が係属している家庭裁判所又は高等裁判所（家手

105条1項・2項)。

　(c)　申立手続費用

　　(イ)　収入印紙　　申立手数料は不要(最高裁事務総局家庭局監修『家事事件手続法執務資料』171頁参照)。

　　(ロ)　予納郵便切手　　各裁判所の定めた額(82円×5枚程度)。

　(d)　申立書の記載等

　財産の管理者に対する報酬付与の申立ては，書面により行う(家手49条1項)。申立書には申立ての趣旨及び報酬付与を求める事由(管理事務の内容，管理期間，財産の管理者自身の業務への影響等)を記載する(家手106条1項)。

　疎明についてはQ75を参照されたい。

　(e)　添付書類

　管理事務の経過及びその内容を明らかにする管理報告書，財産目録，その他申立てを求める事由を証する資料等。

　(f)　書式例

　末尾の申立書記載例参照。

(2)　審理手続

　(a)　申立人の疎明資料及び家庭裁判所(高等裁判所)による補充的な職権調査により，報酬付与を求める事由の存否(具体的には財産の管理者と本人等の関係，管理事務の内容，管理期間，難易度，財産の管理者自身の業務への影響等)が審理され，裁判所の裁量により報酬を付与すべきかどうかを判断し，付与する場合はその報酬額を決定する。なお，この審判(審判に代わる裁判)において，給付を命ずることはできないと解されている。

　(b)　この審判(審判に代わる裁判)は，財産の管理者に告知されることにより効力を生じ(家手74条2項本文・3項)，財産の管理者の権限外行為許可審判と同様，許可・却下いずれの審判に対しても不服申立ては認められていない。

　(c)　付与審判(審判に代わる裁判)の告知を受けた財産の管理者は，同審判に基づいて，通常，管理財産の中から報酬額を差し引き受領した上で，例えば，成年後見開始の審判において選任された成年後見人，遺産分割事件における共同相続人などに管理財産を引き継ぐ扱いである。

[平本　美枝子]

■書式例──財産の管理者に対する報酬付与申立書

受付印	家事審判申立書　事件名（財産の管理者に対する報酬付与）
	（この欄に申立手数料として1件について800円分の収入印紙を貼ってください。）
収入印紙　　　円 予納郵便切手　円 予納収入印紙　円	（貼った印紙に押印しないでください。） （注意）登記手数料としての収入印紙を納付する場合は，登記手数料としての収入印紙は貼らずにそのまま提出してください。

準口頭	関連事件番号　平成○○年（家　）第　　○○○○　　号

	○○家庭裁判所　御中 平成○○年○○月○○日	申立人 （又は法定代理人など） の記名押印	甲　野　慎　吾　㊞

添付書類	（審理のために必要な場合は，追加種類の提出をお願いすることがあります。） 管理報告書　　財産目録　　収支計算書

申立人

本　籍 （国　籍）	（戸籍の添付が必要とされていない申立ての場合，記入する必要はありません。） 　　　　都　道 　　　　府　県
住　所	〒○○○－○○○○　　　　　　　　　電話　×××（×××）×××× ○○県○○市○○町○丁目○○番○○号　（　　　　　方）
連絡先	〒　　－　　　　　　　　　　　　　　電話　　　（　　） 　　　　　　　　　　　　　　　　　　　　（　　　　　方）
フリガナ 氏　名	コウ　ノ　シン　ゴ 甲　野　慎　吾	大正 昭和　○○年○○月○○日生 平成　（　　○○　　歳）
職　業	

※ 本人

本　籍 （国　籍）	（戸籍の添付が必要とされていない申立ての場合，記入する必要はありません。） 　　　　都　道 　　　　府　県
住　所	〒○○○－○○○○　　　　　　　　　電話　×××（×××）×××× ○○県○○市○○町○丁目○○番○○号　（○○園内　方）
連絡先	〒　　－　　　　　　　　　　　　　　電話　　　（　　） 　　　　　　　　　　　　　　　　　　　　（　　　　　方）
フリガナ 氏　名	オツ　ヤマ　ユウ　コ 乙　山　有　子	大正 昭和　○○年○○月○○日生 平成　（　　○○　　歳）
職　業	

（注）　太枠の中だけ記入してください。
　　※の部分は，申立人，法定代理人，成年被後見人となるべき者，不在者，共同相続人，被相続人等の区別を記入してください。

申　立　て　の　趣　旨
本人乙山有子の財産の管理者である申立人に対し，その報酬として相当額を付与するとの審判を求める。

申　立　て　の　理　由
1　申立人は，本人乙山有子（以下「本人」という。）に対する平成○○年（家）第○○○○号成年後見開始の審判申立てに基づき，その審判前の保全処分として本人の財産の管理者に選任され，同管理者に就職以来管理報告書記載のとおり，その職務を行ってきた。
2　このたび，本人に対する成年後見開始の審判が平成○○年○○月○○日に確定し，成年後見人が就職したので事務引継ぎを行った。これにより申立人の職務は終了した。
3　よって，申立人に対し，相当額の報酬付与をされたく，本申立てをする。

【備考】
　本申立ては，通常，財産の管理者の財産管理の終了（本案審判の効力発効時）の直前，直後に行われる。

Q77 保全処分取消審判の原状回復処分

仮の地位を定める仮処分である金銭支払や物の引渡し等の執行が完了したが，その後仮処分が事情変更により取り消された。
(1) その場合の原状回復の方法としてどのようなものがあるか。
(2) その手続はどうか。

A

〔1〕 はじめに

設問にあたり，(i)仮の地位を定める仮処分が認められる本案事件類型，(ii)保全処分の取消しについて触れる。

(1) **仮の地位を定める仮処分が認められる本案事件類型**

仮の地位を定め金銭支払や物の引渡し等の仮処分が認められる保全処分の本案事件の類型は**図表1**のとおりである。

これら本案事件では，家庭裁判所が当事者に対し金銭の支払，物の引渡し等給付を命ずることができるので，これらの保全処分としても仮の地位を定め，金銭支払や物の引渡し等の仮処分が認められる。③の子の監護に関する処分や，⑤の親権者指定や親権者変更等の本案審判事件については，その審判前の保全処分において，子の引渡しを求めることもできる。

①ないし⑦の事件は，家事事件手続法別表第2に掲げる審判事件（旧乙類事件）なので調停申立てにおいても審判前の保全処分を求めることができるが（家手105条1項），⑧は同法別表第1に掲げる審判事件なので調停の申立てはできない。

(2) **保全処分の取消し**

審判前の保全処分の取消しについての詳細は，**Q74**を参照されたいが，原状回復の前提として保全処分の取消申立ての係属が必要であるので，ここでも

図表1　本案事件類型

① 夫婦間の協力扶助に関する処分の審判（調停申立てを含む）（家手157条1項1号）
② 婚姻費用の分担に関する処分審判（調停申立てを含む）（家手157条1項2号）
③ 子の監護に関する処分（子の監護者指定・変更，面会交流，子の監護に関する費用分担，その他子の監護（例：子の引渡し等））審判（調停申立てを含む）（家手157条1項3号）
④ 財産分与に関する処分審判（調停申立てを含む）（家手157条1項4号）
⑤ 親権者の指定，変更審判（調停申立てを含む）（家手175条1項）
⑥ 扶養審判（調停申立てを含む）（家手187条1号・2号）
⑦ 遺産の分割審判（調停申立てを含む）（家手200条2項）
⑧ 夫婦財産契約による財産の管理者の変更及び共有財産の分割審判（家手158条2項），破産手続が開始された場合の破産法61条1項による夫婦財産契約による財産の管理者の変更及び共有財産の分割審判（家手242条3項・158条2項）

簡単に触れる。

　審判前の保全処分の執行及び効力は，民事保全法及びその他の仮差押え及び仮処分の執行及び効力に関する規定に従うので，申立人（債権者）が，物の引渡しや明渡し，若しくは金銭の支払を受け，又は物の使用若しくは保管をする旨の仮処分の命令を受けると，この仮処分は，確定を待たずに，審判を受ける者（債務者）に告知する前であっても，申立人（債権者）は保全執行をすることができる（家手109条3項において準用する民保43条1項～3項）。その場合，明渡しや引渡しの断行仮処分，金員仮払いを命ずる仮処分についての具体的方法は，仮処分で形成された権利の内容に応じて，本案審判の認容に基づく執行方法と同様な方法による執行命令が出されるので，満足的仮処分といわれる。

　一方，審判前の保全処分が確定した後に，保全処分を求める根拠となった事由が消滅その他の事情変更があるときには，本案の認容審判に対し即時抗告を

することができる者の申立て又は職権により，家庭裁判所は，保全処分の取消しの審判をすることができる（家手112条1項）。また，本案の家事審判事件が高等裁判所に係属する場合には，その高等裁判所が保全処分の取消しの審判に代わる裁判をすることができる（家手112条2項）。

〔2〕 小問(1)——原状回復の方法

(1) 原状回復

(a) 制度の趣旨

審判前の保全処分に基づいて，審判前の保全処分の申立人（債権者）が，物の引渡しや明渡し，金銭の支払を受け，又は物の使用若しくは保管をする満足的仮処分の執行が行われた後，その仮処分が保全処分の事由の消滅やその他の事情変更により取り消された場合には，債権者の受けた給付は根拠を欠くことになるので，給付前の原状に復させるのが公平である。その場合，元の状態に戻すのには，債権者から債務者への逆の給付等が必要である。そこで，家事事件手続法115条は，審判前の保全処分に対し即時抗告に基づき抗告裁判所が理由があるとして原審判を取り消す裁判及び審判前の保全処分の確定後の事情変更を理由に審判前の保全処分を取り消す裁判につき民事保全法33条を準用し，債務者（抗告人又は審判前の保全処分の取消しの申立人）の申立てにより，債権者に債務者が引き渡し若しくは明け渡した物の返還，債務者が支払った金銭の返還又は債権者が使用若しくは保管している物の返還などの原状回復を命ずることができるとしている（旧法の審判前保全処分の取消審判の原状回復につき，旧家事審判法15条の3第7項，即時抗告に基づく審判前保全処分を取り消す裁判の原状回復につき，旧家事審判規則15条の5を維持している）。したがって，原状回復を命ずる裁判は，以下(b)の保全処分を取り消す審判又は裁判において，債務者から原状回復の裁判の申立てがなされる場合に限りすることができる。

(b) 原状回復の裁判ができる審判前の保全処分を取り消す裁判

① 家庭裁判所が，審判前の保全処分確定後に，事情変更により審判前の保全処分を取り消す審判の場合（家手112条1項）

② 本案事件が高等裁判所に係属し，高等裁判所が事情変更により審判前の保全処分を取り消す審判に代わる裁判の場合（家手112条2項）

③　事情変更による審判前の保全処分の取消しの申立てを却下する家庭裁判所の審判に対する即時抗告に基づいて，高等裁判所が原審判を取り消した上で審判前の保全処分を取り消す裁判の場合（家手113条1項）
④　審判前の保全処分を認める審判に対する即時抗告に基づき高等裁判所が原審判を取り消す裁判の場合（家手91条2項）
(c)　原状回復の要件
①　債務者の申立てがあること（職権では原状回復はできない）
②　給付等が審判前の保全処分の審判に基づくこと（まったく任意に給付された場合は該当しない）
③　債権者が，(i)物の引渡しや明渡し，金銭の支払を受けた場合，又は(ii)物の使用若しくは保管をしている場合であること。
　　(i)は断行の仮処分あるいは満足的仮処分と呼ばれる仮処分である。(ii)は断行的仮処分又は半断行の仮処分といわれ，基本的には物の給付を命ずる本案執行に基づく執行を保全するため債権者に使用を許す類型の不動産，動産の占有移転禁止の仮処分で，係争物に関する仮処分が執行された場合である。(ii)の仮処分が取り消された場合は，債権者から民事執行法40条1項の執行処分の取消しで目的物を強制的に取り上げることはできず，原状回復の裁判によることになる（原井龍一郎＝河合伸一編『実務民事保全法』〔三訂版〕483頁〔清水正憲〕）。

(d)　原状回復の範囲
　返還を命じることができるのは，債権者が，引渡しや明渡しを受けた物，債権者が支払を受けた金銭，又は債権者が使用・保管をしている物あるいはこれらの物の一部に限られる（民保33条）。金銭に対する受領時以降の利息については特に返還の範囲に含ませる定めがないので，原状回復の範囲から除外される。
　原状回復の対象は物と金銭なので，審判前の保全処分として子の引渡しがされた場合，この保全処分が取り消されても原状回復を求めることはできない（斎藤秀夫＝菊池信夫編『注解家事審判法』〔改訂版〕655頁〔安倍嘉人〕，斎藤秀夫＝菊池信夫編『注解家事審判規則』159頁〔阿部潤〕）。

(2)　**原状回復の方法**
(a)　債務者が引き渡し，明け渡した物の原状回復は，物の返還（債権者が使用，

保管している物も含む）によって行われる。

　(b)　金銭の仮払いを受けた場合の原状回復は，当初から被保全権利がなかったときはその全額，保全処分命令発令後に保全処分が消滅したときは消滅後以降の分について返還を求められる。したがって，婚姻費用や養育費のように，継続的な金銭の支払を命ずる仮処分が発せられたが，その審判後に，一定時期以降は必要性が消滅したとして，その審判前の保全処分が取り消された場合には，保全の必要性が消滅する以前に支払われた仮払金についての返還を求めることはできない。この場合には，審判前の保全処分を取り消す審判において，いつの時点以降の仮払いを命ずる部分を取り消すかについて主文で明らかにする必要がある。また，子の養育費（子の監護に関する費用分担）事件で月5万円の仮払いの保全処分が出され，本案審判で4万円の支払を命じる場合，審判前の保全処分の仮払額のほうが本案審判で認められる額より多額となるので本案審判から本案審判確定までの間本案審判の先取りとして給付を命ずる保全処分は，判決の仮執行宣言と同じ機能を有するため，本案で認定された給付額まで切り下げるように保全処分の一部を取り消し（申立て又は職権），本案審判において先行する保全処分に沿った形成処分を認可することになる。仮払中の過払金については債務者から保全処分取消し及び原状回復の申立てが出ていれば，原状回復により債務者はその返還を求めることができる。

　(c)　原状回復の裁判は仮処分ではなく，その執行は保全執行ではないので，民事保全法43条や同52条1項の適用は受けない（瀬木比呂志『民事保全法』418頁）。給付の裁判である原状回復の裁判は民事執行法22条3号（抗告によらなければ不服を申し立てることができない裁判）の債務名義としての効力を有するから，保全処分の裁判のように2週間の執行期間の制限がない。また，家事事件手続法75条の適用があり（高等裁判所による審判に代わる裁判は家手84条による75条の準用，即時抗告により高等裁判所がする原状回復の裁判は家手93条による75条の準用），執行力のある債務名義と同一の効力を有するので，単純執行文の付与は不要である（斎藤＝菊池編・前掲『注解家事審判規則』159頁）。

　(d)　原状回復の申立てをしなかった債務者の対抗処置は，逆断行仮処分を申し立てるか，所有権に基づく物の返還請求や，仮払金の返還請求権に基づく不当利得返還による金銭の返還等の民事上の請求によることになる（参考・最判昭

63・3・15民集42巻3号170頁，最判平21・4・24民集63巻4号765頁）。

〔3〕 小問(2)——原状回復処分の手続

(1) 申立手続

原状回復の申立ては，保全処分取消しの付随申立てとして保全処分取消しの申立てと同時になされるが，保全処分取消し係属中であれば追加して申立てもできる。債務者は，申立てにおいて返還を求める物又は金額を特定すべきである（原井＝河合編・前掲482頁）。

保全処分取消しと原状回復の申立てはいずれも家事雑事件としてそれぞれ立件される（保全処分取消申立ては受付通達別表第5・10・(2)，原状回復の申立ては受付通達別表第5・10・(3)に該当する）。

(a) 申立権者

保全処分の債務者。

(b) 管轄裁判所

本案事件が係属する家庭裁判所（本案事件が高等裁判所に係属しているときは当該高等裁判所）又は審判前の保全処分をした家庭裁判所（家手112条1項・2項）。上記〔2〕(1)(b)②の保全処分取消し及び原状回復の申立て，③④の即時抗告及び原状回復の申立ては高等裁判所。

(c) 申立手続費用

(イ) 収入印紙　　不要。

(ロ) 予納郵便切手　　各裁判所の定めによる。

(d) 添付書類

債権者が給付を受けた内容，その他申立て理由を疎明する資料を添付する。

(e) 書式例

後掲の申立書記載例参照。

(2) 審理手続

原状回復の申立ては独立した申立てではなく，保全処分取消申立てに付随して審理されるので，手続は保全処分の取消しの手続と一体のものとして取り扱われる。したがって，原状回復の申立ての審判は疎明に基づいてする（家手109条1項）。疎明義務は，原状回復を求める債務者である申立人が負い（家手106条

2項），申立人（保全処分の債務者）が原状回復を求める給付が取り消されるべき保全処分に基づくこと，早期の原状回復がないと損害が発生する事情について疎明する必要がある。裁判所もその後見的機能として必要があると認めるときは補充的に職権で事実の調査及び証拠調べをすることができる（家手106条3項・74条2項）。原状回復の審判は，これを受ける者への告知により直ちに効力を生じる（家手112条3項・109条2項本文）。なお，審判前の保全処分を取り消す審判においては，民事保全法34条の準用により，審判の効力を一定期間生じないこととする旨を宣言することもできる。しかし，この宣言は即時抗告をするものに限られるので保全処分を取り消す審判に代わる裁判は，この旨の宣言をすることはできない（家手115条，民保34条但書）。

(3) **不服申立て**

保全処分の取消し（家手110条1項各号に掲げる保全処分の取消しの申立てを却下する審判を除く）及び原状回復の申立てを認容する審判に対しては，審判前の保全処分の申立人（保全処分の債権者）は，即時抗告をすることができる（家手113条2項）。

保全処分の取消し及び原状回復を却下する審判（家手110条1項各号に掲げる保全処分の取消しの申立てを却下する審判を除く）に対しては，保全処分取消しの申立人（保全処分の債務者）は，基本事件である保全処分取消しの却下を通じ不服申立てができる（家手113条1項）。

なお，保全処分の取消しの審判に対する即時抗告をせずに，これに付随する原状回復の審判のみについて即時抗告をすることができるかについては，家事事件手続法下においても消極に解されるようである（金子修編『逐条解説家事事件手続法』364頁，民事保全については，同旨，東京地裁保全研究会編・前掲345頁）。

原状回復の裁判の債務名義性については，〔2〕(2)(c)のとおりである。

[石井　久美子]

■書式例──保全処分の取消審判における原状回復申立書

受付印	家事審判申立書 事件名（原状回復申立て）
	（この欄に申立手数料として1件について800円分の収入印紙を貼ってください。） （貼った印紙に押印しないでください。） （注意）登記手数料としての収入印紙を納付する場合は、登記手数料としての収入印紙は貼らずにそのまま提出してください。

収入印紙	円
予納郵便切手	円
予納収入印紙	円

| 準口頭 | 関連事件番号　平成〇〇年（家ロ）第　　　　〇〇〇〇　号 |

| 〇〇　家庭裁判所
　　　御中
平成〇〇年〇〇月〇〇日 | 申　立　人
（又は法定代理人など）
の記名押印 | 甲　野　太　郎　㊞ |

| 添付書類 | （審理のために必要な場合は、追加書類の提出をお願いすることがあります。）
仮払済みの金額一覧表、平成〇〇年〇月から〇〇月までの仮払振込書 |

申立人（債務者）

本　籍 (国　籍)	（戸籍の添付が必要とされていない申立ての場合は、記入する必要はありません。） 　　　都　道 　　　府　県
住　所	〒〇〇〇-〇〇〇〇　　　　　　　　　　電話×××(×××)×××× 横浜市神奈川区〇〇町〇丁目〇番〇号　　　　　　(　　　方)
連絡先	〒　　-　　　　　　　　　　　　　　　電話　(　　　) 　　　　　　　　　　　　　　　　　　　　　　　(　　　方)
フリガナ 氏　名	コウノ　タロウ 甲　野　太　郎	大正 昭和 〇〇年〇〇月〇〇日生 平成 (　〇〇　歳)
職　業	会　社　員

相手方（債権者）※

本　籍 (国　籍)	（戸籍の添付が必要とされていない申立ての場合は、記入する必要はありません。） 　　　都　道 　　　府　県
住　所	〒〇〇〇-〇〇〇〇　　　　　　　　　　電話×××(×××)×××× 横浜市中区〇〇町〇丁目〇番〇号　　　　　　　(　　　方)
連絡先	〒　　-　　　　　　　　　　　　　　　電話　(　　　) 　　　　　　　　　　　　　　　　　　　　　　　(　　　方)
フリガナ 氏　名	オツヤマ　ハナコ 乙　山　花　子	大正 昭和 〇〇年〇〇月〇〇日生 平成 (　〇〇　歳)
職　業	会　社　員

（注）太枠の中だけ記入してください。
　　※の部分は、申立人、法定代理人、成年被後見人となるべき者、不在者、共同相続人、被相続人等の区別を記入してくだ

申　　立　　て　　の　　趣　　旨
平成○年（家ロ）第○号養育料仮払仮処分事件の保全処分により，債務者が債権者に仮払いとして支払ってきた合計○○万円のうち○○万円を原状回復として，債権者は債務者に支払えとの審判を求めます。

申　　立　　て　　の　　理　　由
1　御庁に債権者を申立人，債務者を相手方とする長男乙山一郎の養育費請求の審判事件（平成○○年（家）第○○号）が係属しています。
2　債務者は，上記事件を本案として，平成○○年（家ロ）第○○号審判前の保全処分事件において，「債務者は債権者に対し，長男乙山一郎の養育費として毎月○万円を仮に支払え。」との保全処分の審判を受け，平成○○年○月から債権者に毎月○万円を支払っています。
3　債務者は本日，事情変更を理由として前記保全処分の取消しを求める申立てをしました。
4　よって，保全処分の取消しに併せて申立ての趣旨記載の審判を求めるものです。

【備考】
　保全処分取消申立書式は**Q74**掲記書式を参照されたい。

Q78 | 特別養子縁組成立審判の際の養子監護者選任処分

特別養子縁組成立審判があり，現在試験養育期間中である。
(1) どのような場合に養子となるべき者の監護者選任の保全処分をすることができるか。
(2) その申立手続・審理手続はどうか。
(3) その効力はどうか。

A

〔1〕 はじめに

(1) 特別養子縁組
(a) 概　説

特別養子縁組とは，子の福祉の理念と，実子として育てたいという養親の心情を満たす目的で，養子となる者と実父母及びその血族との親族関係を終了（断絶型）する縁組である。

家庭裁判所は以下の要件があるとき，養親となる者の請求によりその養子縁組を成立させる（宣言型）ことができる（民817条の2第1項）。

① 夫婦共同縁組（民817条の3第1項・2項）　養親となる者は配偶者のある者で，原則として夫婦共同縁組によらなければならない。

② 養親の年齢（民817条の4第1項・2項）　養親となる者の年齢は原則として審判時に25歳に達していなければならないが，他方の養親が25歳に達していなくても，その者が20歳に達していればよい。

③ 養子となる者の年齢（民817条の5）　養子は，原則として審判申立時に6歳未満でなければならない。例外として，6歳に達する以前から養親となる者に監護されている場合は8歳未満でもよい。

④ 父母の同意（民817条の6）　原則として養子となる者の法律上の父母す

べての同意が必要である。ただし，父母がその意思を表示できない場合，又は父母による虐待，悪意の遺棄その他養子となる者の利益を著しく害する事由がある場合には，不要である。

⑤ 特別の必要性（民817条の7）　父母による監護が著しく困難又は不適当であることその他特別の事情がある場合において，子の利益のため特に必要があると認めるときに成立させるものとする。

（なお，家事事件手続法は「養子となるべき者」，「養親となるべき者」と表記するので以後その表現とする。）

(2) 試験養育期間

特別養子縁組を成立させるためには，養親となるべき者が養子となるべき者を原則として申立時を起点として6ヵ月以上の期間，監護した状況を考慮しなければならない（民817条の8第1項）。ただし，申立以前の監護状況が明らかである場合には，申立以前の監護養育期間を含めて6ヵ月以上であればよい（民817条の8）。この試験観察養育から，裁判所は，養親が特別養子の親となるのに必要な監護能力その他の適格性を備えているかを判断することになる。

〔2〕 小問(1)——監護者選任の保全処分をする場合

特別養子縁組成立の申立てを本案とする保全処分には，①申立人を養子となるべき者の監護者に選任する処分，②養子となるべき者の親権者若しくは未成年後見人の職務の執行を停止し，若しくはその職務代行者を選任する処分の2類型がある（家手166条1項）。このうち，監護者選任の保全処分は，子の試験養育観察中の養親となるべき者の監護状況を保護するために，養親となるべき申立人の申立てにより，申立人を養子となるべき者の監護者に選任するものである。

監護者選任の保全処分の要件は，特別養子縁組の成立の申立てがあり，養子となるべき者の利益のため監護者選任の必要がある場合である。

監護者選任の保全処分が必要な場合とは，①父母が，特別養子縁組の同意を撤回した場合，②父母が，試験観察の開始に納得して子を養親となるべき者に預けながら，後に不当に介入してきた場合，③父母の虐待があり，特別養子縁組に父母の同意を要しないとされた場合でも（民817条の6但書），父母から不当に介入されるおそれがある場合，④父母の所在不明等により，監護委託の成立

又は内容が不明確の場合，⑤父母は同意しているのに，親権代行者等の父母以外の法定代理人の不同意などで，養子となるべき者の取戻請求がなされるおそれがある場合等である。

上記のような場合はいずれも，試験観察養育をする養親となるべき者の監護状況を不安定にするので，養親となるべき者を監護者に選任し，養親となるべき者の監護状況を保護して，安定した監護状況で試験観察養育を行わせ，その結果，家庭裁判所が，縁組の可否について適切に実体判断を可能にしようとするものである。

なお，養子となるべき者の親権者若しくは未成年後見人の職務執行を停止する保全処分，又はその職務代行者を選任する保全処分は通常，父母の不同意にもかかわらず縁組成立を相当と認める場合に行われる（中川善之助＝山畠正男編『注釈民法(24)』〔新版〕595頁〔大森政輔〕）。

〔3〕 小問(2)——保全処分の申立手続・審理手続

(1) 申立手続

保全処分の手続自体は，本案（特別養子縁組成立）審判事件から独立しており，申立ては家事雑事件として立件される（平4・8・21最高裁総三第26号事務総局長通達別表第5・10・(10)）。

(a) 申立権者

本案事件の申立人。

(b) 管轄裁判所

本案である特別養子縁組成立審判事件が係属している裁判所（本案の家事審判事件が高等裁判所に係属している場合は，その高等裁判所）。

(c) 申立手続費用

(イ) 収入印紙　不要。

(ロ) 予納郵便切手　各裁判所の定めによる。

(d) 添付書類

本案認容の蓋然性，保全処分の必要性・緊急性の事由について即時に取り調べることができる資料を添付し，保全処分を求める事由を疎明しなければならない（家手106条2項・57条）。

(e) 申立書の記載

保全処分の申立ては，その趣旨と保全処分を求める事由を明らかにしなければならない（家手106条1項）。申立ての趣旨は養子となるべき者の監護者の選任を求めることであり，その理由としては保全処分の要件である本案たる審判認容の蓋然性と保全処分の必要性があることを要する。また，必要性としてもどのような緊急性があるのか，監護者の選任が子の福祉にかなうことの事情を具体的に記載することが求められる。

(f) 書 式 例

後掲の申立書記載例参照。

(2) 審理手続

(a) 保全処分の要件

申立ての端緒は，本案申立人の申立てによる。職権で選任することはできない。特別養子縁組申立認容の蓋然性，養親となるべき者の監護状況を保護する必要性が養子となるべき者の利益のために必要か否かの観点に立って審理される。

(b) 疎　　明

監護者選任の保全処分は仮の地位を定める保全処分である。この審判は疎明に基づいてする（家手109条1項）。疎明義務は，申立人が負う（家手106条2項）。この疎明は，即時に取り調べることが可能な資料によらなければならない（家手57条）。もっとも，裁判所は，その後見的機能として必要に応じて，補充的に職権で事実の調査及び証拠調べをすることができる（家手106条3項）。職権調査等は，申立人の提出した疎明を補充する方向だけでなく，これを否定する方向もなしうる（最高裁判所事務総局編『改正民法及び家事審判法規に関する執務資料』（家裁資料121号）104頁）。

(c) 陳　　述

本類型の保全処分は，仮の地位を定める保全処分であるので，審判を受ける者となる監護者として選任される者の陳述を聴取しなければならない。

陳述聴取の方法は限定されていないので，書面でも可能である。また，保全処分の緊急性，暫定性の要請から，聴取の手続を経ることにより保全処分の目的を達することができない事情があるときは聴取をしないこともできる（家手107条但書）。

(d) 審判告知

保全処分の効力は一般原則に従い，これを受ける者である申立人に審判告知されると効力が生じる（家手109条2項・74条2項本文）。

(e) 不服申立て

申立人は，監護者選任を却下した保全処分の審判（家手105条2項の高等裁判所の審判に代わる裁判を除く）について即時抗告ができる（家手110条1項）。保全処分認容の審判については，本案の認容に対し即時抗告ができる者（養子となるべき者の父母，養子となるべき者に対し親権を行う者で養子となるべき者の父母でない者，養子となるべき者の未成年後見人，養子となるべき者の父母に対し親権を行う者及び養子となるべき者の父母の後見人）が即時抗告をすることができる（家手110条2項）。

〔4〕 小問(3)——保全処分の効力

保全処分により監護者に選任された監護者は，養子となるべき者を監護することができ，その限度で親権者，未成年後見人等の監護権に優先する。親権者等は，監護者の監護権と競合する範囲では，その監護権を行使することができないが，その余の親権等は行使することができると解されている（金子修編『逐条解説家事事件手続法』543頁）。

監護者選任の保全処分の効力の終期は，本案である特別養子縁組成立の審判の効力が生じるまでである（家手166条1項）。特別養子縁組成立の申立てが認容された場合は，その審判の効力は確定により生じ（家手74条2項但書），養親としての監護が開始される。特別養子縁組成立の申立てが却下された場合は，その効力は，申立人への審判告知により直ちに生じ（家手74条3項），監護者選任の保全処分の審判の効力はその時に失効する。そのため，本案の縁組成立却下の審判に対し即時抗告がされた場合，監護者選任審判の保全処分は失効しているので，当該保全処分の取消しの審判をする必要はない。なお，その場合に本案審判確定まで監護者選任の必要があれば，改めて申立人は，監護者選任の保全処分を求めることになる（金子修編・前掲542頁）。旧家事審判法下（同法13条）では，即時抗告ができるものは，却下であっても確定まで監護者選任等の保全処分は有効であったが，家事事件手続法は，この点を変更している。

　　　　　　　　　　　　　　　　　　　　　　　　　　　　〔石井　久美子〕

■書式例——養子となるべき者の監護者選任申立書

受付印	審判前の保全処分 家事審判申立書　事件名（養子となるべき者の 監護者選任申立て）
	（この欄に申立手数料として1件について800円分の収入印紙を貼ってください。） 　　　　　　　　　　　　　　　（貼った印紙に押印しないでください。） （注意）登記手数料としての収入印紙を納付する場合は，登記手数料としての収入印紙は貼らずにそのまま提出してください。

収入印紙	円
予納郵便切手	円
予納収入印紙	円

| 準口頭 | | 関連事件番号　平成○○年（家　）第　○○　　　　　　　　　　号 |

| ○○　　家庭裁判所
　　　　　御中
平成○○年○○月○○日 | 申　立　人
（又は法定代理人など）
の記名押印 | 甲　野　太　郎　　㊞
甲　野　花　子　　㊞ |

| 添付書類 | （審理のために必要な場合は，追加書類の提出をお願いすることがあります。）
乙山春子の手紙，申立人甲野花子陳述書 |

申立人	本　籍 （国　籍）	（戸籍の添付が必要とされていない申立ての場合は，記入する必要はありません。） ○○　　都道府㊥　　　○○市○○町○丁目○番地
	住　所	〒○○○－○○○○　　　　　　　　　電話×××（×××）×××× 　　○○県○○市○○町○丁目○番○号　　　　　　（　　　　　方）
	連絡先	〒　　　　　　　　　　　　　　　　　電話　　（　　　） 　　　　　　　　　　　　　　　　　　　　　　（　　　　　方）
	フリガナ 氏　名	コウノ　タロウ 甲　野　太　郎	大正 昭和○○年○○月○○日生 平成 （　○○　歳）
	職　業	

※申立人	本　籍 （国　籍）	（戸籍の添付が必要とされていない申立ての場合は，記入する必要はありません。） ○○　　都道府㊥　　　○○市○○町○丁目○番地
	住　所	〒　　－　　　　　　　　　　　　　　電話　　（　　　） 　　上記申立人の住所と同じ　　　　　　　　　　（　　　　　方）
	連絡先	〒　　－　　　　　　　　　　　　　　電話　　（　　　） 　　　　　　　　　　　　　　　　　　　　　　（　　　　　方）
	フリガナ 氏　名	コウノ　ハナコ 甲　野　花　子	大正 昭和○○年○○月○○日生 平成 （　○○　歳）
	職　業	

（注）太枠の中だけ記入してください。
　　※の部分は，申立人，法定代理人，成年被後見人となるべき者，不在者，共同相続人，被相続人等の区別を記入してください。

※ 養子となるべき者	本　籍	○○ 都道府県 ○○市○○町○丁目○番地	
	住　所	〒　　-　　　申立人らの住所と同じ	
	フリガナ 氏　名	オツ　ヤマ　ミユキ 乙　山　みゆき	大正 昭和○○年○○月○○日生 平成　（　○　歳）
※ 養子となるべき者の父	本　籍	都道府県　養子となるべき者の本籍と同じ	
	住　所	〒○○○-○○○○ ○○県○○市○○町○丁目○番○号	
	フリガナ 氏　名	オツ　ヤマ　イチ　ロウ 乙　山　一　郎	大正 昭和○○年○○月○○日生 平成　（　○○　歳）
※ 養子となるべき者の母	本　籍	都道府県　養子となるべき者の本籍と同じ	
	住　所	〒○○○-○○○○ ○○県○○市○○町○丁目○番○号	
	フリガナ 氏　名	オツ　ヤマ　ハル　コ 乙　山　春　子	大正 昭和○○年○○月○○日生 平成　（　○○　歳）
※	本　籍	都道府県	
	住　所	〒　　-	
	フリガナ 氏　名		大正 昭和　　年　　月　　日生 平成　（　　歳）

（注）太枠の中だけ記入してください。※の部分は，申立人，相手方，法定代理人，不在者，共同相続人，被相続人等の区別を記入してください。

申　立　て　の　趣　旨

　申立人らと養子となるべき者である乙山みゆき間の特別養子縁組を成立させる審判に至るまで申立人らを養子となるべき者乙山みゆきの監護者に選任するとの審判を求めます。

保全処分を求める~~申　立　て~~の　理　由

1　申立人らは養子となるべき者乙山みゆきを特別養子とすることにつき養子となるべき者の父・母双方の同意を得て，平成○○年○月○日から養子となるべき者乙山みゆきを引き取り試験養育中です。

2　養子となるべき者乙山みゆきを申立人らの特別養子とする旨の審判申立ては，御庁平成○○年（家）第○○号として係属しています。

3　申立人らが養子となるべき者乙山みゆきを引き取ってから3カ月を経過した平成○○年○○月○日になって，母乙山春子が気持ちが変わったので自分に返してもらいたいと言ってきました。しかし，父乙山一郎は育てられないので特別養子にやる気持ちに変わりはないと言っています。

4　父乙山一郎は失業中で経済的に困窮し，母乙山春子も確たる方針を持っていないのに引取りを執拗に要求しています。

5　このような次第では，申立人らの試験養育は安定を欠き支障を生じていますので，申立人らを養子となるべき者乙山みゆきの監護者に選任していただきたく，この申立てをします。

Q79 職務執行停止・職務代行者選任の保全処分

(1) 審判前の保全処分の第3類型である職務執行停止・職務代行者選任の保全処分ができる審判類型のはどのようなものがあるか。
(2) その申立手続・審理手続・事後手続について説明せよ。

A

〔1〕 小問(1)──職務執行停止・職務代行者選任の保全処分ができる審判類型

(1) 職務執行停止・職務代行者選任の保全処分ができる本案事件

　家事事件手続法で認める審判前の保全処分の第3類型である本人の職務の執行の停止の保全処分ができるのは，**図表1の①から⑪に掲げる本案審判事件**（家事審判事件に係る事項についての家事調停があった場合にあっては，その家事調停事件）である。

　これら本案事件は，⑥の任意後見人の解任事件を除き，職務代行者選任の保全処分も認められている。

　保全処分の申立ては，本案事件が係属している場合にのみ申立てをすることができる。

(2) 職務執行停止の保全処分と職務代行者の選任

　この第3類型の保全処分は，仮の地位を定める仮処分の性質を有し，職務執行の停止の保全処分により，本案審判が効力を生ずるまでの間本人の職務の執行を停止する。

　①～⑦までの解任事件で職務の停止を受ける本人は，解任されるべき者である。

　⑧，⑨では，親権者又は未成年後見人，⑩，⑪では親権者が職務執行の停止を受ける対象者である。

図表1　本案事件の類型

① 成年後見人の解任（家手127条1項），成年後見監督人の解任（家手127条5項・127条1項）
② 保佐人の解任，保佐監督人の解任（家手135条・127条1項）
③ 補助人の解任，補助監督人の解任（家手144条・127条1項）
④ 未成年後見人の解任又は未成年後見監督人の解任（家手181条・127条1項）
⑤ 任意後見監督人の解任（家手225条1項・127条1項）
⑥ 任意後見人の解任（家手225条2項・127条1項）
⑦ 遺言執行者解任（家手215条1項）
⑧ 特別養子縁組成立（家手166条1項）
⑨ 特別養子縁組の離縁（家手166条5項・166条1項準用）
⑩ 親権喪失，親権停止又は管理権喪失（家手174条1項），破産法61条において準用する民法835条による親権を行う者につき破産手続が開始された場合における管理権喪失（家手242条3項・174条1項）
⑪ 親権者の指定又は変更（又は家事調停事件）（家手175条3項）

　職務執行停止の保全処分をした場合に，職務代行者を選任するかについては，裁量的である。しかし，単独親権者が職務執行停止がされた場合は，職務代行者が選任されると思われる。

　親権者が職務執行停止の処分を受けると，子に対する親権者の有していた法定代理権その他の権限は，保全処分の申立人との関係にとどまらず第三者との関係においても絶対的にその行使が停止される。また，職務代行者の地位は，実体的には職務を停止された親権者と同一である。

　⑥の任意後見人の解任事件の保全処分として，任意後見人の職務執行停止のみを規定し（家手225条2項），職務代行者の選任の規定がないが，それは，職務代行者を選任することができないことによる（Q67を参照）。

　職務執行停止等の保全処分の申立てには保全の必要性が必要である。

　①〜⑥では成年被後見人等（被保佐人，被補助人，任意被後見人）の利益のため必要があるときであり，⑧〜⑪では子，未成年の利益のため必要があるとき

ある。⑦の遺言執行者解任事件では，相続人の利益のため必要があるときである。

〔2〕 小問(2)──その申立手続・審理手続・事後手続

(1) 申立手続

保全処分は，本案事件と手続自体は独立しており家事雑事件として立件される（平4・8・21最高裁総三第26号事務総局長通達別表第5・10・(8)）。

保全処分の申立ては，その趣旨と保全処分を求める事由を明らかにしなければならない（家手106条1項）。

申立ての趣旨は，本人の職務執行停止又は職務代行者選任を求めることであり，その理由としては保全処分の要件である本案たる審判認容の蓋然性と保全処分の必要性（〔1〕(1)で掲げる①～⑥の本案事件では成年被後見人等（被保佐人，被補助人，任意被後見人）の利益のため必要があるときであり，同⑧～⑪の本案事件では子，未成年の利益のため必要があるときである。また，同⑦の遺言執行者解任事件では，相続人の利益のため必要があるときである）があることを要する。また，必要性としてどのような緊急性があるのか，その事情を具体的に記載することも求められる。

なお，申立人は保全処分を求める事由を疎明しなければならない（家手106条2項）。

(a) 申立権者

本案事件の申立人。

本案事件の類型のうち，〔1〕(1)で掲げる①～⑥の解任事件については，本案係属裁判所は，職権で職務の執行の停止を，①～⑤の解任事件については，職務代行者選任の保全処分をすることができる。

(b) 管轄裁判所

本案の家事審判事件（家手別表第2に掲げる家事審判事件に係る事項についての家事調停があった場合にあっては，その家事調停事件）が係属している裁判所（本案の家事審判事件が高等裁判所に係属している場合は，その高等裁判所）。

(c) 申立手続費用

(イ) 収入印紙　　不要。

(ロ) 予納郵便切手　　各裁判所の定めによる。

(ハ) 後見登記手数印紙　成年後見等・任意後見関係につき1400円（登記手数料令15条1項4号・18条1項3号）。

(d) 添付資料

本案審判の認容の蓋然性，保全の必要性を疎明する資料。

(e) 書式例

後掲の申立書記載例参照。

(2) 審理手続

(a) 保全処分の端緒

保全処分の端緒は，原則として申立てによるが，本案が解任事件類の場合は，成年被後見人等を保護するため，公益上の要請からも職権でも命ずることができる。

(b) 疎　明

保全処分の審判は疎明に基づいてする（家手109条1項）。疎明義務は，申立人が負う（家手106条2項）。この疎明は，即時に取り調べることが可能な資料によらなければならない（家手57条）。もっとも，裁判所は，その後見的機能として必要に応じて，補充的に職権で事実の調査及び証拠調べをすることができる（家手106条3項）。職権調査等は，申立人の提出した疎明を補充する方向だけでなく，これを否定する方向もなしうる（最高裁判所事務総局編『改正民法及び家事審判法規に関する執務資料』（家裁資料121号）104頁）。

(c) 陳　述

本類型の保全処分は，仮の地位を定める保全処分であるので，審判を受ける者となるべき者（成年後見人解任事件では後見人，親権停止では当該親権者）の陳述の聴取が必要とされる（家手107条）。また，親権者の指定又は変更の審判又は調停の申立てがあった場合の保全処分については，15歳以上の子の陳述を聴かなければならない（家手175条2項）。

陳述聴取の方法は限定されていないので，書面でも可能である。また，保全処分の緊急性，暫定性の要請から，聴取の手続を経ることにより保全処分の目的を達することができない事情があるときは聴取をしないこともできる（家手107条但書）。

(d) 審判告知

保全処分の効力は一般原則に従い，これを受ける者に告知することにより効力を生ずるが（家手109条2項・74条2項本文），職務執行停止の保全処分では以下の(イ)，(ロ)，(ハ)のとおり告知対象者についての特別の定めがなされている。職務執行停止される者以外も告知の対象者とされているので，職務執行停止される者が審判書の受領を拒否したり，所在不明で告知ができない場合も，職務代行者や他の告知対象者に告知することによって，その効力を生ずることができる。

　(イ)　解任関係事件類型　　成年後見人等の職務を停止する審判は，職務を停止される成年後見人等，複数後見の場合にも他の成年後見人等，職務代行者等に告知する（家手127条2項，ないし127条2項準用）。

　また，任意後見人・任意後見監督人の各職務の執行を停止する審判，未成年後見人・未成年後見監督人の各職務の執行を停止する審判も，その告知につき家事事件手続法127条2項が準用されている（家手225条1項・2項・181条）。遺言執行者の職務の執行を停止する審判は，職務を停止される遺言執行者，他の遺言執行者又は職務代行者に告知する（家手215条2項）。

　(ロ)　親権者関係事件類型　　親権者の職務の執行を停止する審判は，停止される親権者，子に対し親権を行う者，又は職務代行者に告知する（家手174条2項・175条4項・166条2項）。

　(ハ)　特別養子縁組事件型　　家事事件手続法166条1項による養子となるべき者の親権者若しくは未成年後見人の職務の執行を停止する場合の告知対象者は，職務を停止される親権者若しくは未成年後見人，養子となるべき者に対し親権者を行う者若しくは他の未成年後見人又は選任した職務代行者に告知する（家手166条2項）。

　(e)　保全処分の効力と公示

　職務の停止・職務代行者の選任の審判前の保全処分の効力は，形成力が認められ，第三者効があるので，職務執行停止又はその職務代行者選任について効力が生じた場合，裁判所書記官は次の(イ)，(ロ)について公示をする。

　(イ)　家事事件手続法127条1項の規定（同条の準用を含む）により成年後見人等や任意後見人，任意後見監督人の職務の執行を停止し，又はその職務代行者を選任する保全処分の審判の効力が生じれば，裁判所書記官は，その保全処分の審判の公示のため遅滞なく後見登記法に定める登記嘱託を行う（家手116条2号，

家手規77条2項2号・3号)。

(ロ) 親権者の職務の執行を停止し，又はその職務代行者を選任する保全処分や未成年後見人，若しくは未成年後見監督人の職務の執行を停止し，又はその職務代行者を選任する保全処分の効力が生じれば，裁判所書記官は，その保全処分の審判の公示のため遅滞なく戸籍事務管掌者に戸籍記載の嘱託をしなければならない（家手116条2項，家手規76条2項2号・3号)。

(f) 即時抗告

(イ) 職務停止の保全処分　職務の停止の保全処分の審判については，申立人は申立てを却下する審判について即時抗告ができる（家手110条1項)。また，申立てを認容する審判については本案の認容に対し即時抗告ができる者が即時抗告をすることができる（家手110条2項)。

(ロ) 職務代行者の選任の審判　保全処分の認容・却下のいずれも即時抗告ができない（家手110条1項2号・2項括弧書)。

(3) 事後手続

(a) 保全処分の審判の効力の終期

第3類型の保全処分の効力の終期は，本案審判の効力が生ずるまでである（家手127条1項・174条1項等)。本案審判が申立認容であれば確定により（家手74条2項但書)，却下であれば本案審判の告知により（家手74条3項)，保全処分の効力はなくなるので，改めて保全処分の取消しはしない。本案審判手続が申立ての取下げその他の事由で終了した場合も保全処分の効力を失う。

なお，保全処分の認容審判後，本案審判が確定するまでの間，以下の(b), (c)の審判が出ることもある。

(b) 事情変更による審判の取消し

審判前の保全処分の審判が確定した後にその理由が消滅し，その他事情が変更したときは，家庭裁判所は当該審判を取り消すことができる（家手112条1項)。例えば，本案である成年後見人の解任が却下されたが，申立人が即時抗告した場合，保全処分の必要性や，審判認容の蓋然性を減殺するような事情変更があるので保全処分たる後見人の職務の停止・職務代行者の選任の審判を取り消す場合がある。保全処分が取り消された場合，裁判所書記官は公示のため前記(2)(e)(イ)(ロ)について保全処分の失効の嘱託をする（家手116条2項，家手規76条2項2

号・3号，77条2項2号・3号)。

(c) 職務代行者の改任

家庭裁判所は選任した職務代行者をいつでも職権で改任できる（家手127条3項及び同項の規定を準用する135条等，215条3項，174条3項)。

[石井　久美子]

■書式例──親権者の執行停止と職務代行者選任申立書

受付印	審判前の保全処分 家事審判申立書　事件名（親権者の職務執行停止及び職務代行者選任）
	（この欄に申立手数料として1件について800円分の収入印紙を貼ってください。）
収入印紙　　　　円 予納郵便切手　　円 予納収入印紙　　円	（貼った印紙に押印しないでください。） （注意）登記手数料としての収入印紙を納付する場合は、登記手数料としての収入印紙は貼らずにそのまま提出してください。

準口頭	関連事件番号　平成○○年（家　）第　　　　　○○○○号

○○　　家庭裁判所 　　　　　御中 平成○○年○○月○○日	申　立　人 （又は法定代理人など） の記名押印	申立人手続代理人 弁護士　丙川　正　㊞

添付書類	（審理のために必要な場合は，追加書類の提出をお願いすることがあります。） 相手方実母乙山キクの陳述書，預金残高証明書

申立人

本　籍 （国籍）	（戸籍の添付が必要とされていない申立ての場合は、記入する必要はありません。） 　　　　都　道 　　　　府　県
住　所	〒○○○－○○○○　　　　　　　　　電話×××（×××）×××× ○○県○○市○○町○丁目○番○号　　　（　　　　方）
連絡先	〒　　　－　　　　　　　　　　　　　電話　　（　　　） 　　　　　　　　　　　　　　　　　　　（　　　　方）
フリガナ 氏　名	コウノ　ハナコ 甲　野　花　子	大正 昭和○○年○○月○○日生 平成 （○○歳）
職　業	

※ 申立人手続代理人

本　籍 （国籍）	（戸籍の添付が必要とされていない申立ての場合は、記入する必要はありません。） 　　　　都　道 　　　　府　県
事務所 住　所	〒○○○－○○○○　　　　　　　　　電話×××（×××）×××× ○○県○○市○○町○丁目○番○号○○法律事務所（　方）
連絡先	〒　　　－　　　　　　　　　　　　　電話　　（　　　） 　　　　　　　　　　　　　　　　　　　（　　　　方）
フリガナ 氏　名	ヘイカワ　タダシ 丙　川　正	大正 昭和　　年　　月　　日生 平成 （　　歳）
職　業	弁　護　士

（注）太枠の中だけ記入してください。
※の部分は、申立人，法定代理人，成年被後見人となるべき者，不在者，共同相続人，被相続人等の区別を記入してください。

※ 相手方	本　籍	○○ 都道府(県) ○○市○○町○丁目○番地
	住　所	〒○○○-○○○○　　　　電話×××(×××)×××× ○○県○○市○○町○丁目○番○○号 (　　　　　　　　　方)
	フリガナ 氏　名	オツヤマ タロウ 乙 山 太 郎	大正 (昭和)○○年○○月○○日生 平成　　(　○○　歳)

※ 未成年者	本　籍	○○ 都道府(県) ○○市○○町○丁目○番地
	住　所	〒○○○-○○○○　　　　電話　(　　　) ○○県○○市○○町○丁目○番○○号 (　　　　　　　　　方)
	フリガナ 氏　名	オツヤマ ミユキ 乙 山 み ゆ き	大正 昭和○○年○○月○○日生 (平成)　(　○○　歳)

※	本　籍	都道府県
	住　所	〒　　-　　　　電話　(　　　) (　　　方)
	連絡先	〒　　-　　　　電話　(　　　) (　　　方)
	フリガナ 氏　名		大正 昭和　年　月　日生 平成
	職　業	

※	本　籍	都道府県
	住　所	〒　　-　　　　電話　(　　　) (　　　方)
	連絡先	〒　　-　　　　電話　(　　　) (　　　方)
	フリガナ 氏　名		大正 昭和　年　月　日生 平成
	職　業	

(注)　太枠の中だけ記入してください。※の部分は，申立人，相手方，法定代理人，不在者，共同相続人，被相続人等の区別を記入してください。

申　立　て　の　趣　旨

　未成年者乙山みゆきの親権者乙山太郎につき職務の執行を停止し，申立人を職務代行者として選任するとの審判を求める。

保全処分を求める理由

1　申立人と相手方は，未成年者みゆきの親権者を相手方と定め協議離婚した。

2　相手方は，未成年者を自宅に放置し，満足な食事もさせず，学校へも行かせず，酒を飲み酔払うと未成年者に暴力をふるっている。

3　申立人は協議離婚の際，未成年者の親権を相手方が譲らないため，仕方なく親権をあきらめたが，未成年者の現状を伝え聞き，どうしても，手許に引き取り養育をしたく御庁に対し親権者変更の審判申立てをした（平成○○年（家）第○○○号）。

4　審判申立後，相手方が未成年者名義の○○銀行預金（未成年者が相手方亡父喜助より遺贈を受けた1000万円）のうち500万円を勝手に費消していることが判明した。

5　よって，未成年者の身上の保護と利益のために親権者変更の本案審判が効力を生ずるまでの間，相手方の親権者としての職務執行を停止し，その職務代行者として申立人を選任されたく本申立てをする。

Q80 児童つきまとい等禁止命令

保護者による虐待があるとして，一時保護が加えられている。
(1) どのような要件の下に保護者に対し児童へのつきまとい等を禁止する保全処分をすることができるか。
(2) その申立手続・審理手続はどうか。
(3) その効力はどうか。

A

〔1〕 はじめに

　児童つきまとい等禁止命令は，児童福祉法28条条1項の都道府県の措置についての承認審判申立事件を本案とする審判事件（家手別表第1の127項）において認められている保全処分である（家手239条）。
　本案である児童福祉法28条1項の都道府県の措置についての承認審判申立事件（以下「28条1項の都道府県の措置承認事件」という）は，児童を現に監護する者（保護者）がその児童を虐待し，著しくその監護を怠り，その他保護者に監護させることがその児童の福祉を害する場合において，その児童の保護をはかるため，児童を小規模住宅型児童養育事業を行う者若しくは里親に委託し，又は乳児院，児童養護施設若しくは児童自立支援施設等に入所させること（児福27条1項3号）について親権者，未成年後見人の意に反するときに，家庭裁判所に申し立て，裁判所の承認審判により，親権を行う者又は未成年後見人の意に反する場合であっても，児童の保護のため，当該児童を現に監護する者の手から引き離し，施設に入所等をさせるものである。
　児童福祉法が対象とする児童とは，満18歳に満たない者である（児福4条1項）。
　虐待とは，児童虐待の防止等に関する法律（児童虐待防止法）2条に定義され，それによると親権者等の保護者が，その監護する児童について，①児童の身体

に外傷が生じ，又は生じるおそれのある暴行を加えること，②児童にわいせつな行為をすること又は児童をしてわいせつな行為をさせること，③児童の心身の正常な発達を妨げるような著しい減食又は長時間の放置，保護者以外の同居人による①，②又は，次の④の行為と同様の行為の放置，その他の保護者として監護を著しく怠ること，④児童に対する著しい暴言又は著しく拒絶的な対応，児童が同居する家庭における配偶者（事実婚を含む）に対する暴力その他の児童に著しい心理的外傷を与える言動を行うことである。

保護者の児童虐待に対する法的対応としては，一般的には，(i)刑法による対応，(ii)民法による対応，(iii)人身保護法による対応，(iv)児童福祉法による対応が考えられるが，本問は児童福祉法による法的対応の措置である。

設問では，児童に保護者の虐待を理由として一時保護が加えられているが，一時保護とは，施設入所等の措置をとるに至るまで，児童相談所長をして児童に一時保護を加え，又は適当な者に委託して一時保護を加えることである（児福33条2項）。

〔2〕 小問(1)——つきまとい等を禁止する保全処分の要件

(1) つきまとい等を禁止する保全処分

児童福祉法28条1項の都道府県の措置承認事件審判事件の申立てがあると，その保全処分として，都道府県知事等は，家事事件手続法239条による要件が具備した場合に，児童虐待を行った保護者に対して，児童の身辺のつきまとい・はいかいの禁止を求めることができる（家手239条）。

この保全処分は，現在の危険を回避し，本案審判の実効性及び適正を確保するためのものである。

児童福祉法28条の規定による施設入所等の措置がとられた場合には，都道府県知事は，児童虐待防止法12条の4第1項により，児童虐待をした保護者について，児童虐待防止法12条1項の規定により，当該児童との面会・通信を全面的に制限された場合に，児童虐待の防止及び児童虐待を受けた児童の保護のため特に必要があると認めるときは，知事の権限で，厚生労働省令で定めるところにより，6ヵ月を超えない期間を定めて，その児童虐待をした保護者に対し，その児童の身辺のつきまとい，又はその児童の通常所在する場所付

近のはいかいを禁止することができる。家事事件手続法239条による，つきまとい・はいかい禁止の保全処分は，この児童虐待防止法12条の4第1項による都道府県知事等の権限によるつきまとい・はいかいの禁止と同内容である。

(2) つきまとい・はいかいを禁止する保全処分の要件

つきまとい・はいかいを禁止する保全処分の要件は，次のとおりである。

① 児童虐待を受けた児童について，児童福祉法33条2項による一時保護が加えられていること
② 一時保護を加えられている児童について都道府県の措置についての承認の申立てがあること
③ 児童虐待を行った保護者について面談・通信が全面的に制限されていること
④ 虐待を受けた児童の保護のため，必要があると認めたときであること

以上①～④の要件が具備すると，都道府県知事等は家庭裁判所に対し，児童虐待を行った保護者によるその児童の身辺へのつきまとい又はその児童の通常所在する場所付近のはいかいを禁止する保全処分の申立てをすることができる。

〔3〕 小問(2)——その申立手続・審理手続

(1) 申立手続

申立ては，「申立ての趣旨」及び「保全処分を求める事由」を記載した申立書によってなされ（家手106条1項），家事雑事件（高等裁判所においては民事雑事件）として立件される（平4・8・21総三第26号事務総局長通達別表第5・10・(11)）。

(a) 申立権者

本案事件の申立人（都道府県知事又は都道府県知事等からその権限の委任を受けた児童相談所長）。

(b) 管轄家庭裁判所

本案の家事事件が係属している家庭裁判所（家手105条1項），又は，本案が高等裁判所に係属している場合は，係属している高等裁判所。

(c) 申立手続費用

(イ) 収入印紙　　不要。

(ロ) 予納郵便切手　　各裁判所の定めによる。

(d) 添付書類

施設職員等の陳述書のほか保全処分を必要とすることを疎明する資料。

(e) 書式例

後掲の申立書記載例参照。

(2) 審理手続

保全処分は，本案審判事件から独立した手続ではなく，保全を求める理由としても，他の保全処分と同様に本案審判認容の蓋然性が必要とされる。一時保護を加え，面会・通信の全面的な制限をしても，児童の身辺のつきまといやはいかいがあるため，本案審判に至る前にその児童の心理面等に悪影響を及ぼし児童の福祉を害するようなときは児童の保護のため本案の承認審判の効力が生ずるまで，保全処分が認められることになる。

(a) 疎　明

保全処分の審判は疎明に基づいてする（家手109条1項）。疎明義務は，申立人が負う（家手106条2項）。この疎明は即時に取り調べることが可能な資料によらなければならない（家手57条）。もっとも，裁判所は，その後見的機能として必要に応じて，補充的に職権で事実の調査及び証拠調べをすることができる（家手106条3項）。職権調査等は申立人の提出した疎明を補充する方向だけでなく，これを否定する方向もなしうる。

(b) 陳　述

本保全処分は，仮の地位を定める保全処分であるので（金子修編『逐条解説家事事件手続法』350頁），家事事件手続法107条による虐待をした保護者の陳述を聴くことが必要である。しかし，その陳述を聴く手続を経ることにより保全処分の目的を達することができない事情があれば聴かなくてもよい。

(c) 保全処分の審判書

審判書の主文は，形成力はあるが執行力はない保全処分の性質上，給付条項と紛らわしい表現は相当ではない。

(例1)

「上記本案申立事件の審判が効力を生じるまでの間，保護者甲野太郎に対し児童の住所又は居所，就学する学校その他の場所における同人の身辺へのつきまとい及び同人の住所または居所，就学する学校その他その通常所在する場所

(通学路その他同人が日常又は社会生活を営むために通常移動する経路を含む)のはいかいを禁止する。」

(例2)
「上記本案申立事件の審判が効力を生じるまでの間，保護者甲野太郎は，児童の住所又は居所，就学する学校その他の通常所在する場所（通学路その他同人が日常又は社会生活を営むために通常移動する経路を含む）における身辺のつきまといおよびその付近をはいかいすることができない。」

(d) 不服申立て

却下する審判については申立人（家手110条1項）が，認容の審判については，本案審判に対し即時抗告をすることができる者（児童を現に監護する者，児童に対し親権を行う者，児童の未成年後見人（家手110条2項・238条1項））が即時抗告をすることができる。

〔4〕 小問(3)──保全処分の効力

本保全処分は，児童の身辺へのつきまとい又は児童の通常所在する場所付近のはいかいが禁止され，親権・監護権の一部制限効が生じる。本案が家事事件手続法別表第1に掲げる審判事件で相手方が存在しない事件なので，保全処分の審判には執行力はない。

保全処分の効力の終期は承認の申立てについて審判が効力を生ずるまでである。本案審判が申立認容であれば確定により（家手74条2項但書），却下であれば告知により（家手74条3項），改めて保全処分の取消しをするまでもなく効力がなくなる。本案審判手続が申立ての取下げその他の事由で終了した場合も保全処分の効力を失う。

なお，つきまとい・はいかい禁止の保全処分が出て確定した後，児童を虐待した保護者について，一時保護中の当該児童との面会・通信の制限が，その全部又は一部について制限解除がされるなどの事情が変更したときには，即時抗告ができる者の申立て又は職権で，家庭裁判所は当該保全処分の取消しをすることができる（家手112条1項）。

〔石井　久美子〕

■書式例——つきまとい等の禁止命令申立書

受付印	審判前の保全処分 家事審判申立書　事件名（つきまとい等の禁止命令）
収入印紙　　円 予納郵便切手　円 予納収入印紙　円	（この欄に申立手数料として1件について800円分の収入印紙を貼ってください。） （貼った印紙に押印しないでください。） （注意）登記手数料としての収入印紙を納付する場合は，登記手数料としての収入印紙は貼らずにそのまま提出してください。

準口頭	関連事件番号　平成○○年（家　）第　　○○○○　　号

○○家庭裁判所　御中 平成○○年○○月○○日	申立人（又は法定代理人など）の記名押印	○○県○○児童相談所長 甲　野　太　郎　　㊞

添付書類	（審理のために必要な場合は，追加書類の提出をお願いすることがあります。）

申立人

本　籍 （国籍）	（戸籍の添付が必要とされていない申立ての場合は，記入する必要はありません。） 都道府県
所在地	〒○○○－○○○○　　　　　電話　×××（×××）×××× ○○県○○市○○町○丁目○番○号　神奈川県○○児童相談所（　　方）
連絡先	〒　　－　　　　　　　　　　　電話　　（　　　） （　　　方）
フリガナ 氏　名	○○県○○児童相談所長　コウノ　タロウ　甲　野　太　郎	大正・昭和・平成　　年　月　日生（　　歳）
職　業	

※ 児童

本　籍 （国籍）	（戸籍の添付が必要とされていない申立ての場合は，記入する必要はありません。） 都道府県
住　所	〒○○○－○○○○　　　　　　電話　（　　　） ○○市○○区○○町○丁目○番○号　（　　方）
連絡先	〒　　－　　　　　　　　　　　電話　（　　　） （　　方）
フリガナ 氏　名	オツヤマ　ハナコ 乙　山　花　子	大正・昭和・平成○○年○○月○○日生（○○歳）
職　業	小学1年生

（注）太枠の中だけ記入してください。
　　※の部分は，申立人，法定代理人，成年被後見人となるべき者，不在者，共同相続人，被相続人等の区別を記入してください。

※	本　籍	都　道 府　県		
保護者	住　所	〒　　－ 児童の住所に同上		
	フリガナ 氏　名	オツ　ヤマ　イチ　ロウ 乙　山　一　郎	大正 昭和〇〇年〇〇月〇〇日生 平成 （　〇〇　歳）	

申　立　て　の　趣　旨

御庁平成〇〇年（家）第〇〇号福祉施設収容承認審判申立事件の審判の効力が生ずるまでの間，保護者に対し，児童の住所又は居所，就学する学校その他の場所における同人の身辺へのつきまとい及び同人の住所又は居所，就学する学校その他通常所在する場所（通学路その他同人が日常生活又は社会生活を営むために日常移動する経路を含む）におけるはいかいを禁止するとの審判を求めます。

保　全　処　分　を　求　め　る
~~申　　立　　て　　の~~　理　由

1　申立人は，神奈川県知事から権限の委任を受けた〇〇児童相談所長である。

2　児童に対しては，児童福祉法33条2項の一時保護が加えられている。

3　申立人は，児童福祉法28条1項1号の措置承認の申立てをしており（平成〇〇年（家）第〇〇〇〇号），また申立人によって，保護者乙山一郎に対しては，児童との面会通信の全部を制限されている。

4　ところが，保護者は，児童が通う〇〇小学校付近で児童を待ち伏せして連れていこうとすることが度々あり，児童が安心して生活できない状況下にあり，児童の安全や精神，心理に悪影響を与えるおそれがある。

5　よって，保護者に接近禁止，はいかいの禁止を命じていただきたく，この申立てをする。

（注）太枠の中だけ記入してください。※の部分は，申立人，相手方，法定代理人，不在者，共同相続人，被相続人等の区別を記入してください。

事項索引

あ
明渡断行の仮処分命令… 344
争いのある権利関係…… 286

い
遺産共有……………… 300
遺産分割……………… 302
異常損害………… 468, 505
一事不再理の原則……… 177
違法な民事保全………… 591

う
訴え却下判決…………… 492

か
外観主義……………… 246
解放金………………… 689
　――の供託…………… 703
各種の保全命令における執行の着手……………… 61
家事事件手続法上の審判前の保全処分…………… 4
家事事件手続法に基づく子の引渡し……………… 293
仮差押え
　――による時効中断事由の終了時期………… 558
　――による時効中断の効力の終了時… 552
　――の執行の効力…… 76
　――の対象…… 73, 197
　――の必要性………… 14
　――の被保全権利…… 13
仮差押解放金
　…… 17, 86, 177, 251, 594
　――に対する仮差押債権者、仮差押債務者の権利関係…………… 90
　――の供託による仮差押えの執行の取消し…… 89

仮差押命令……………… 13
仮差押申立書…………… 154
仮差押目的動産
　――の換価…………… 75
　――の保管等………… 75
仮差押目的物…………… 17
仮処分
　――の必要性………… 286
　――の流用…………… 415
仮処分解放金… 34, 116, 317
　――一般型…………… 323
　――詐害行為取消型… 324
　――に対する権利関係
　………………………… 119
仮処分債務者を特定しないで発令する占有移転禁止の仮処分命令…………… 104
仮処分命令
　――の競合, 抵触…… 402
　――の更正…… 673, 696
仮処分命令等の遡及効… 631
仮登記を命ずる処分…… 330
仮の地位を定める仮処分
　………… 30, 285, 537, 777
仮払仮処分……………… 537
管　轄………… 7, 150
監護者選任の保全処分… 815
　――の効力…………… 818
間接強制金……………… 624
管理人………………… 546

き
期日調書……………… 686
起訴命令
　……… 459, 473, 482, 704
却下の裁判に対する即時抗告
　………………………… 11
客観的現状変更…… 135, 341
強制管理……………… 542
供託場所……………… 10
共同相続……………… 300

共有物分割の訴え……… 303
許可抗告……………… 511
記録閲覧請求権………… 231
緊急換価…… 193, 260, 420
銀行取引
　――におけるオンラインシステム…………… 598
　――における振込手続
　………………………… 598
銀行預金債権…………… 228
禁止命令型……………… 359
金銭及び手形等に対する仮差押えの執行………… 76
金銭的補償の可能性
　………………… 468, 498, 505

け
形式的要件の審査……… 677
係争物に関する仮処分
　………………… 20, 774
競売手続停止の仮処分… 392
決定主義………………… 4
原状回復……………… 807
　――の裁判…………… 45
　――の範囲…………… 808
　――の方法…………… 808
建設機械又は小型船舶に対する仮差押えの執行…… 86
建築禁止の仮処分……… 610
建築工事禁止
　――の仮処分…… 375, 503
　――の仮処分命令の執行
　………………………… 382
権利供託……………… 531
権利行使催告…………… 270
権利能力なき社団……… 205

こ
航空機に対する仮差押えの執行……………… 82
後見登記法に定める登記の嘱

託‥‥‥‥‥‥‥‥‥‥ 763
後見命令等
　　——の処分‥‥‥‥‥ 141
　　——の保全処分‥‥‥ 735
後行仮差押命令‥‥‥‥ 177
工事続行禁止の仮処分‥ 458
公示命令‥‥‥‥‥‥‥ 366
工場財団‥‥‥‥‥‥‥ 202
工場抵当‥‥‥‥‥‥‥ 198
更正登記の嘱託‥‥‥‥ 698
国税優先の原則‥‥‥‥ 222
子の引渡し‥‥‥‥‥‥ 291

さ

債権仮差押えの保全処分
　‥‥‥‥‥‥‥‥‥‥ 771
債権者使用型‥ 22, 134, 338
　　——の占有移転禁止の仮
　　　処分命令‥‥‥‥‥ 616
債権者敗訴判決‥‥‥‥ 492
債権に対する仮差押えの執行
　‥‥‥‥‥‥‥‥‥‥ 77
財産管理者
　　——の権限‥‥‥‥‥ 728
　　——の権限外行為許可申立
　　　手続‥‥‥‥‥‥‥ 797
　　——の選任等の処分‥ 141
　　——の選任の保全処分
　　‥‥‥‥‥‥‥‥‥‥ 723
　　——の報酬付与申立手続
　　‥‥‥‥‥‥‥‥‥‥ 801
財産分与請求権‥‥‥‥ 224
裁判所書記官の嘱託による抹
　消‥‥‥‥‥‥‥‥‥‥ 656
債務者
　　——の異常損害‥‥‥ 498
　　——を特定しないで発する
　　　占有移転禁止の仮処分
　　‥‥‥‥‥‥‥‥‥‥ 39
債務者帰属性‥‥‥‥‥ 248
債務者使用型の仮処分命令
　‥‥‥‥‥‥‥‥‥‥ 616
債務者審尋
　‥‥‥ 345, 355, 396, 685

債務者保管型‥ 21, 133, 338
詐害行為取消権‥‥‥‥ 314
先日付振込み‥‥‥‥‥ 599

し

事件の関係人に対する指示の
　保全処分‥‥‥‥‥‥ 724
事情変更‥‥‥‥ 463, 491
　　——による保全取消し
　　‥‥‥‥‥‥ 49, 145, 480
執行官保管型‥ 21, 134, 338
執行官保管命令‥‥‥‥ 366
執行期間‥‥‥‥‥‥‥ 60
　　——の停止‥‥‥‥‥ 607
執行停止‥‥‥‥‥‥‥ 262
執行文‥‥‥‥‥‥‥‥ 644
執行命令‥‥‥‥‥ 363, 608
実体的要件の審査‥‥‥ 681
自動車
　　——に対する仮差押えの執
　　　行‥‥‥‥‥‥‥‥ 83
　　——の仮差押え‥‥‥ 185
　　——の取上保管命令‥ 191
　　——の引渡しを求める断行
　　　の仮処分‥‥‥‥‥ 350
児童へのつきまとい等の禁止
　の保全処分‥‥‥‥‥ 833
主観的現状変更‥‥ 136, 343
授権決定‥‥‥ 363, 608, 612
受忍限度‥‥‥‥‥‥‥ 375
受忍命令型‥‥‥‥‥‥ 359
順位保全効‥‥‥‥ 26, 130
承継執行文‥‥‥‥ 339, 645
勝訴の和解‥‥‥‥‥‥ 280
譲渡担保‥‥‥‥‥‥‥ 263
除去執行‥‥‥‥‥‥‥ 368
職務執行停止の保全処分
　‥‥‥‥‥‥‥‥ 141, 822
職務代行者選任の保全処分
　‥‥‥‥‥‥ 747, 756, 822
処分禁止
　　——の仮処分‥‥ 23, 124
　　——の仮処分の効力
　　‥‥‥‥‥‥‥‥ 650, 672

　　——の仮処分命令の債権者
　　　による第三者に対する登
　　　記の抹消の通知
　　‥‥‥‥‥‥‥‥‥‥ 653
　　——の登記の抹消‥‥ 656
所有権留保付売買契約‥ 352
人事訴訟法上の保全処分
　‥‥‥‥‥‥‥‥‥ 4, 766
人事訴訟法に基づく子の引渡
　し‥‥‥‥‥‥‥‥‥ 293
人事訴訟を本案とする保全処
　分事件‥‥‥‥‥‥‥ 766
審　尋‥‥ 33, 287, 361, 611
人身保護法に基づく引渡し
　‥‥‥‥‥‥‥‥‥‥ 291
審判前の保全処分‥‥‥ 140
　　——等の執行停止‥‥ 783
　　——の取消し‥‥‥‥ 788

せ

先行仮差押命令‥‥‥‥ 176
全店一括順位付け方式‥ 235
船舶に対する仮差押えの執行
　‥‥‥‥‥‥‥‥‥‥ 71
占有移転禁止の仮処分
　‥‥‥‥‥‥‥ 20, 132, 660
占有移転禁止の仮処分命令
　‥‥‥‥‥‥‥‥‥‥ 336
　　——の執行方法‥‥‥ 617
　　——の要件‥‥‥‥‥ 661

そ

相対的無効‥‥‥‥‥‥ 126
即時抗告‥‥‥‥‥ 145, 174
訴訟物の同一性‥‥‥‥ 278
その他の財産権に対する仮差
　押えの執行‥‥‥‥‥ 82

た

第三債務者順位付け方式
　‥‥‥‥‥‥‥‥‥‥ 243
第三債務者の供託‥‥‥ 531
第三者の登記の抹消‥‥ 651
退職金‥‥‥‥‥‥‥‥ 230

代替的作為を命ずる仮処分
　………………………… 608
滞納処分…………… 220
建物収去土地明渡請求権を保
　全するための建物の処分禁
　止の仮処分命令の発令と執
　行………………… 108
他人名義…………… 246
断行的仮処分（断行の仮処
　分）………… 31, 338, 355
担　保
　──の提供………… 4
　──の取戻し……… 708
　──の変換………… 705
担保決定………… 173, 688
担保事由の消滅… 268, 277
担保取消し………… 267, 277
担保取消事由……… 268
担保取消条項……… 269
担保取消手続……… 272

　　　　ち

超過仮差押え…… 14, 152
超過仮差押禁止の原則… 216
調停前置主義……… 477

　　　　つ

通常生ずべき範囲の損害
　………………………… 592

　　　　て

定期金の給付を命ずる仮処分
　命令……………… 537
抵当権実行禁止の仮処分
　………………………… 392
抵当権の処分禁止の仮処分
　………………………… 398
手形金の支払禁止命令… 411
手形の取立禁止の仮処分
　………………………… 409
店舗間店舗順位付け方式
　………………………… 241
店舗間番号順序方式…… 241
店舗名個別指定方式…… 238

　　　　と

登記官の職権による抹消
　………………………… 656
動産仮差押え
　──の執行の効力…… 525
　──の執行の方法…… 522
　──の対象………… 520
　──の申立て……… 521
動産に対する仮差押えの執行
　………………………… 73
当事者恒定効……… 20, 129,
　　　136, 337, 661, 671
　──の及ぶ者の範囲… 665
特定の動産に対する仮差押命
　令
　──の執行………… 169
　──の発令………… 168
特別（の）事情
　………… 467, 498, 504
　──に基づく損害…… 592
　──による保全取消し
　………… 51, 481, 497

　　　　に

任意後見監督人の職務執行停
　止の保全処分……… 755
任意後見人の職務執行停止の
　保全処分…………… 745

　　　　は

売得金の保全……… 263
場所単位主義……… 520
パブリシティ権…… 385
半断行の仮処分… 338, 355

　　　　ひ

被保全権利………… 681
　──と保全の必要性の疎明
　………………………… 8
被保全債権………… 150
ピンクレディー事件…… 385

　　　　ふ

不作為を命ずる仮処分
　………………… 359, 611
不動産
　──に関する権利以外の権
　利についての登記又は登
　記請求権を保全するため
　の処分禁止の仮処分の執
　行………………… 102
　──に対する仮差押えの執
　行………………… 67
　──の登記請求権を保全す
　るための処分禁止の仮処
　分の執行………… 95
振込日当日までの組戻し
　………………………… 599
振り込め詐欺……… 246
分筆登記…………… 309

　　　　ほ

包括的清算条項…… 280
法人の代表者その他法人の役
　員の職務執行停止・職務代
　行者選任の仮処分命令の意
　義………………… 111
保全異議…… 174, 500, 710
　──と保全取消しとの関係
　………………………… 434
　──の移送………… 431
　──の一部認容(却下)の場
　合の不服申立ての調整
　………………………… 433
　──の決定………… 448
　──の審理及び終結…… 43
　──の審理手続…… 437
　──の審理の終結… 446
　──の取下げ……… 452
　──の本質………… 427
　──の申立て…… 41, 427
　──の申立ての趣旨・被保
　全権利の変更の可否
　………………………… 443
保全仮登記…… 25, 126, 333

――併用型・・・・・・・・・・・・・ 328
保全抗告・・・・・・・・・・・・・・・・・ 54
　――をすることのできる裁
　　判・・・・・・・・・・・・・・・・・・・ 54
保全事件
　――の受付事務・・・・・・・・ 676
　――の審理・・・・・・・・・・・・ 684
保全執行
　――から本執行への移行
　　・・・・・・・・・・・・・・・・・・・・ 577
　――の着手時期・・ 536, 607
　――の停止・・・・・・・・・・・・ 452
　――の取消し・・・・・・・・・・ 700
　――の要件・・・・・・・・・・・・・ 58
保全執行期間・・・・・・・・・・・・ 607
保全取消し・・・・ 479, 710, 711
保全の必要性
　・・・・・・・・ 151, 162, 217, 681
保全命令の申立ての取下げ
　・・・・・・・・・・・・・・・・・・・・・・・ 11

本案勝訴・・・・・・・・・・・・・・・・ 278
本案訴訟の不提起等による保
　全取消し・・・・・・・・・・・・・ 481
本案の訴え・・・・・・・・ 460, 474
　――の不提起等による保全
　　取消し・・・・・・・・・・・・・・・ 47
本執行移行後の仮差押えの取
　下げ・・・・・・・・・・・・・・・・・ 569

ま

マーク・レスター事件・・・ 385
満足的仮処分
　・・・・・・・・ 30, 287, 356, 633

み

未登記不動産に対する仮差押
　命令の申立て・・・・・・・・・ 183
みなし解放金・・・・・・・・・・・・ 532
民事調停・・・・・・・・・・・・・・・・ 475
民事保全・・・・・・・・・・・・・・・・・・ 3

　狭義の――・・・・・・・・・・・・・・ 3
　広義の――・・・・・・・・・・・・・・ 3
　――による損害賠償責任
　　・・・・・・・・・・・・・・・・・・・・ 591
　――の付随性・・・・・・・・・・ 480

む

無剰余・・・・・・・・・・・・・・・・・・ 161
　――を理由とする本執行の
　　取消し・・・・・・・・・・・・・ 588

も

申立ての方式・・・・・・・・・・・・・ 42

よ

預金額最大店舗指定方式
　・・・・・・・・・・・・・・・・・・・・・・ 242
預貯金債権・・・・・・・・・・・・・・ 235

■編集者

梶村 太市（常葉大学法学部教授・弁護士）
西村 博一（宇治簡易裁判所判事）
井手 良彦（東京簡易裁判所判事）

《SEIRIN PRACTICE》
プラクティス　民事保全法

2014年9月26日　初版第1刷印刷
2014年10月8日　初版第1刷発行

編集者　梶村　太市
　　　　西村　博一
　　　　井手　良彦

発行者　逸見　慎一

発行所　東京都文京区本郷6丁目4-7　株式会社　青林書院
振替口座　00110-9-16920／電話03（3815）5897〜8／郵便番号113-0033
ホームページ☞ http://www.seirin.co.jp

印刷／三松堂印刷　落丁・乱丁本はお取り替え致します。
©2014　Printed in Japan
ISBN978-4-417-01632-8

〈(社)出版者著作権管理機構　委託出版物〉
本書の無断複写は著作権法上での例外を除き禁じられています。複写される場合は、そのつど事前に、(社)出版者著作権管理機構（電話03-3513-6969、FAX03-3513-6979、e-mail：info@jcopy.or.jp）の許諾を得てください。